이렇게
기막힌
적중률

KB049886

한국사능력검정시험
기본

제 67회 한국사능력검정시험

시험지
다운로드

정답
다운로드

해설 강의
무료 접속

제 66회 한국사능력검정시험

시험지
다운로드

정답
다운로드

해설 강의
무료 접속

제 64회 한국사능력검정시험

시험지
다운로드

정답
다운로드

해설 강의
무료 접속

제 63회 한국사능력검정시험

시험지
다운로드

정답
다운로드

해설 강의
무료 접속

제 61회 한국사능력검정시험

시험지
다운로드

정답
다운로드

해설 강의
무료 접속

제 60회 한국사능력검정시험

시험지
다운로드

정답
다운로드

해설 강의
무료 접속

역사에서
배우는
삶과 지혜

한국사가 여러 가지 이슈로 떠오르고 있는 요즈음입니다. 한국사의 위상을 바르게 확립하기 위해 역사 과목의 중요성을 강조하면서 대학수학능력시험에서 한국사가 필수가 되었고, 공무원 시험에서도 한국사는 필수로 지정되어 있습니다. 특히 우리 역사에 관한 관심을 확산시키는 계기를 마련하고, 역사 학습을 통한 문제해결 능력을 육성하기 위해 한국사능력검정시험을 실시하고 있습니다.

한국사능력검정시험은 현재 한국사 학습 능력을 측정할 수 있는 대표적인 시험으로 다양한 사람들이 응시하고 있으며, 교원임용시험 응시 자격을 부여하거나 공기업과 민간 기업의 채용이나 승진 시 반영되는 등 다양한 분야에서 활용되고 있습니다. 게다가 군무원 시험의 한국사 과목과 7급 공무원 시험의 한국사 역시 한국사능력검정시험으로 대체된 가운데 과거 고급·중급·초급으로 나누어져 있던 시험을 2020년 5월부터는 심화·기본 2종류로 개편하여 시행하고 있습니다.

개편된 한국사능력검정시험은 기존 문제 유형과 난이도가 유지되고 있으니 기출문제 유형을 꼼꼼하게 분석하여 출제율이 높은 키워드는 반드시 기억해 두기를 바랍니다. 또 다양한 영역에서 여러 접근 방법을 통해 풀 수 있는 참신한 고난도 유형이나 신유형 문제들이 다수 출제되고 있으므로 좀 더 다채롭게 학습하는 방법도 추천합니다.

한국사능력검정 자격증을 필요로 하는 곳은 점점 많아지고 응시생들도 점차 증가하고 있습니다. 하지만 한국사능력검정시험은 한국사 학습 능력을 인증하는 시험이므로 한국사에 대한 애정과 관심을 가지고 한국사 전반에 걸쳐 역사적 사고력과 문제해결 능력을 키운다면 좋은 결과가 있을 것입니다. 이 책이 한국사능력검정시험을 준비하는 수험생들이 짧은 시간에 고득점을 올리는 데 도움이 되기를 바랍니다.

저자 오윤슬

차례

정오표   자료실   기출문제   해설 강의

〈자료 다운로드〉

01 합격생의 벼락치기 정리노트 PDF
01 합격생의 벼락치기 초성노트 PDF
03 최신 기출문제 시험지 & 해설 강의

부록은 이기적 홈페이지에서 제공됩니다.(암호 : 23h*)

초성 박스를 채우며 복습하세요!
요약된 한국사가 머릿속에 쏙!!

〈동영상 강의 무료〉

한국사 핵심만 정리한 이론 강의와 회차별 기출문제 해설을 이기적 홈페이지(license.youngjin.com)에서 무료로 제공하고 있으니
추가 설명이 필요하시다면 시청하세요!

※ 본 도서에서 제공하는 동영상 시청은 1판 1쇄 기준 2년간 유효합니다. 단 출제 기준안에 따라 변경될 수 있습니다.

이 책의 구성

① 출제 도표로 읽는 출제 경향

최신 350문항의 기출문제를 철저하게 분석하여 빈출 키워드와 출제 경향을 제시하였습니다. 파트별로 출제 비중 파악과 연표를 통해 학습 방향을 정확하게 잡을 수 있도록 도와드립니다.

② 알차고 다양한 본문

이론을 깔끔하게 정리하고 풍부한 이미지 자료를 준비했습니다. 이론에서 시험에 자주 출제되는 포인트는 무엇인지, 빈출 키워드는 무엇인지 표시하여 효율적으로 학습할 수 있도록 구성되어 있습니다. 이기적 홈페이지에서는 핵심을 다시 한번 정리한 이론 핵심 강의도 무료로 제공합니다.

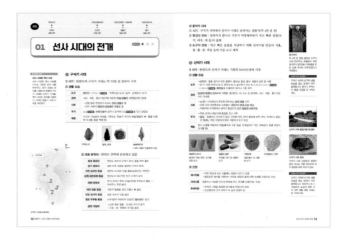

③ 합격을 다지는 대단원 기출문제

이론을 학습한 후 객관식 문제로 다시 한 번 이론을 반복 학습하고, 출제 유형을 파악할 수 있도록 준비했습니다. 틀린 문제의 이론을 앞으로 돌아가 복습하세요.

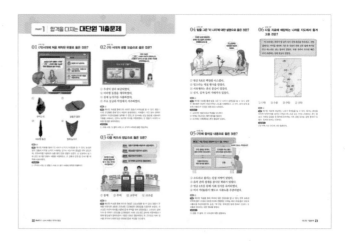

④ 이미지로 보는 한국사

파트마다 암기해야 할 중요 내용을 정리한 것으로, 한국사 흐름을 이미지와 표로 정리한 자료로 한눈에 정리하기 좋습니다. 시험에 자주 출제되는 부분이므로, 꼭 확인하세요.

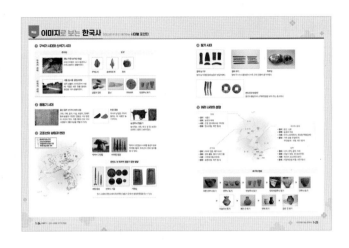

⑤ 흐름 타고 합격하는 한국사 암기노트

1권에서 공부한 이론 중 시험에 자주 나오는 부분만 한 번 더 학습할 수 있도록 한국사 암기노트를 준비했습니다. 시험 전까지 반복 학습이 필요한 중요 포인트만 흐름별로 정리되어있습니다.

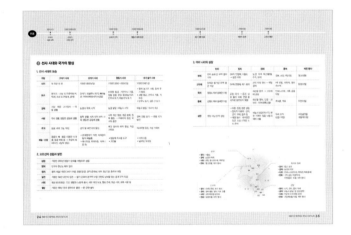

⑥ 최신 기출문제와 해설

최신 출제 경향에 따라 실전에 대비할 수 있도록 최신 기출 문제를 수록하였습니다. 맨 뒷장에 있는 답안지에 마킹하며 실전처럼 풀어보세요. 친절한 해설지와 동영상 강의로 풀이를 쉽게 이해할 수 있습니다.

시험 안내

① 출제 유형

역사 지식의 이해
역사 탐구에 필요한 기본적인 지식, 즉 역사적 사실·개념·원리 등의 이해 정도를 묻는 영역입니다. 그러나 단순 사실의 암기를 측정하는 것은 아니며 구체적인 문제 상황에서 활용될 수 있는 역사적 사실·개념·원리를 정확하게 이해하고 있는가를 묻는 문제입니다.

연대기의 파악
역사의 연속성과 변화 및 발전을 이해하고 있는지를 묻는 영역입니다. 즉, 시간과 관련된 여러 용어를 이해하고 활용하는 능력, 연표에 제시된 항목 간의 시간 관계를 해석하는 능력 등을 측정하는 것입니다.

역사 상황 및 쟁점의 인식
제시된 자료에서 해결해야 할 구체적 역사 상황과 핵심적인 논쟁점, 주장 등을 찾을 수 있는지를 묻는 영역입니다. 문헌자료, 도표, 사진 등의 형태로 주어진 자료에서 해결해야 할 과제를 포착하거나 변별해내는 능력이 있는지를 측정하는 것입니다.

역사 자료의 분석 및 해석
자료에 나타난 정보를 해석하여 그 의미를 파악할 수 있는가를 묻는 영역입니다. 역사 자료에서 목적과 필요에 따라 적합한 정보를 찾아 이용할 수 있으며, 정보의 신빙성과 총체성을 분석하여 핵심 내용을 정확하게 포착할 수 있는가를 검사하는 것입니다. 또한 정보 분석을 바탕으로 자료의 시대적 배경과 사회적 의미를 해석할 수 있는가를 묻는 영역입니다.

역사 탐구의 설계 및 수행
제시된 문제의 성격과 목적을 고려하여 절차와 방법에 따라 역사 탐구를 설계하고 수행할 수 있는 능력이 있는가를 묻는 영역입니다. 즉, 주어진 자료에서 개념이나 요소들의 연관 관계를 추론하여 가설을 설정할 수 있는지, 문제 해결을 위한 절차를 제시하고 그것에 적합한 사료 수집과 방법을 선택할 수 있는지를 묻는 것입니다.

결론의 도출 및 평가
주어진 자료의 타당성을 판별하고, 여러 자료를 종합하여 일반화할 수 있는 결론을 도출할 수 있는가를 묻는 영역입니다. 즉, 역사적 사실의 인과관계나 법칙성 또는 논리적 관계를 이해하고 이를 이론화 또는 체계화할 수 있는지, 사료의 내용을 바탕으로 적절한 결론을 도출하면서 판단을 내릴 수 있는지를 묻는 것입니다.

② 시행 기관과 시험 관리

시험 총괄 및 주관 · 시행 : 국사편찬위원회

- 시험 문제 출제
- 시험 실시 및 채점
- 성적 및 인증서 관리
- 기본 계획 수립 및 업무 처리 지침 제작 배부
- 홍보물 및 원서 제작 배포
- 응시 원서 교부 및 접수

❸ 평가 등급 및 합격 기준

배점 : 100점 만점(문항별 1~3점 차등 배점)

기존의 고급·중급·초급 3종의 시험을 심화·기본의 2종으로 개편(2020년 6월부터)하여 실시

기본 시험의 경우 4회 시행(심화 6회 시행)

47회 시험부터 개편 기준

시험 구분	평가 등급		문항 수(객관식)
심화	1급	만점의 80% 이상	50문항 (5지 택1)
	2급	만점의 70% 이상	
	3급	만점의 60% 이상	
기본	4급	만점의 80% 이상	50문항 (4지 택1)
	5급	만점의 70% 이상	
	6급	만점의 60% 이상	

❹ 응시자 유의 사항

◆ 응시자는 홈페이지(www.historyexam.go.kr)에서 수험표를 출력한 후 신분증(주민등록증, 여권, 공무원증, 운전면허증, 주민등록발급신청확인서, 학생증, 청소년증 중 1개)을 지참(초등학생은 수험표만 지참하여도 됨)

◆ 응시자는 시험 당일 10:00까지 해당 시험실 지정 자리에 앉아 있어야 함

◆ 답안지(PMR 카드) 작성 방법

● 반드시 컴퓨터용 수성 사인펜 사용(다른 펜으로 표기하거나 이중 표기는 무효 처리)

● 컴퓨터용 수성 사인펜과 수정 테이프(수정액)는 수험생이 준비

● 시험 종료 시간이 되면 필기 도구를 놓고 답안지는 오른쪽, 문제지는 왼쪽에 놓아야 함

● 시험 시간이 끝난 후에도 작성하면 부정 행위로 간주

❺ 활용 및 특전

● 2012년부터 한국사능력검정시험 2급 이상 합격자에 한해 인사혁신처에서 시행하는 5급 국가공무원 공개경쟁채용시험 및 외교관후보자 선발시험에 응시자격 부여

● 2013년부터 한국사능력검정시험 3급 이상 합격자에 한해 교원임용시험 응시자격 부여

● 국비 유학생, 해외파견 공무원, 이공계 전문연구요원(병역) 선발 시 국사시험을 한국사능력검정시험(3급 이상 합격)으로 대체

● 일부 공기업 및 민간기업의 사원 채용이나 승진 시 반영

● 2014년부터 한국사능력검정시험 2급 이상 합격자에 한해 인사혁신처에서 시행하는 지역인재 7급 수습직원 선발시험에 추천 자격요건 부여

● 일부 대학의 수시모집 및 육군·해군·공군·국군간호사관학교 입시 가산점 부여

● 2015년부터 공무원 경력경쟁채용시험에 가산점 부여

● 2018년부터 군무원 공개경쟁채용시험에서 국사 과목을 한국사능력검정시험으로 대체

● 국가직과 지방직 7급 공무원 공개채용 시험에 동 시험 2급 이상 응시 자격화

※ 인증서 유효 기간은 인증서를 요구하는 각 기관에서 별도로 정함

최신350문항 **빈출 키워드 랭킹**

기출문제 **출제경향 분석**

1. 선사 시대와 국가의 형성

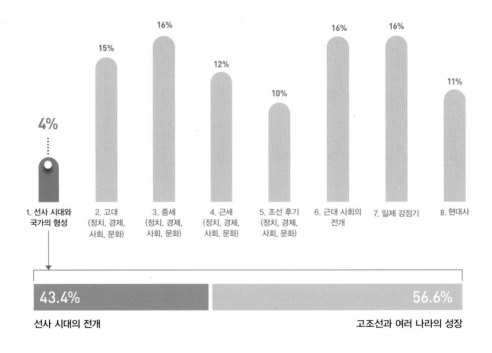

구분	비율
1. 선사 시대와 국가의 형성	4%
2. 고대 (정치, 경제, 사회, 문화)	15%
3. 중세 (정치, 경제, 사회, 문화)	16%
4. 근세 (정치, 경제, 사회, 문화)	12%
5. 조선 후기 (정치, 경제, 사회, 문화)	10%
6. 근대 사회의 전개	16%
7. 일제 강점기	16%
8. 현대사	11%

43.4% 선사 시대의 전개   56.6% 고조선과 여러 나라의 성장

연표

70만 년 전	기원전 8000년경	기원전 2333년	기원전 2000년 ~ 1500년경
구석기 시대 시작	신석기 시대 시작	고조선 건국	청동기 문화의 보급

1 PART

선사 시대와 국가의 형성

기원전 5세기경	기원전 194	기원전 108	기원전 57	기원전 37	기원전 18
철기 문화의 보급	위만, 고조선의 왕이 됨	고조선 멸망, 한 군현 설치	신라 건국	고구려 건국	백제 건국

70만 년 전		기원전 8000년경	기원전 2000년 ~ 1500년경	기원전 5세기경
구석기 시대 시작		신석기 시대 시작	청동기 보급 시작	철기 보급 시작

01 선사 시대의 전개

출제빈도 **상** | 중 | 하

❶ 구석기 시대

1) 시기 : 한반도의 구석기 시대는 약 70만 년 전부터 시작

2) 생활 모습

도구	뗀석기 : 주먹도끼 **빈출** · 찍개(사냥 도구), 밀개 · 긁개(조리 도구)
경제	사냥 · 채집 · 물고기잡이에 의존한 이동 생활을 하였음(자연 경제)
사회	• 경험 많은 연장자가 이끄는 무리 생활을 함 • 모든 사람이 평등한 공동체적 생활을 함
주거	동굴 **빈출**, 바위그늘에 살거나 강가에 막집 **빈출** 을 짓고 살았음
예술	다산과 사냥감의 번성을 기원하는 주술적 의미의 예술(동물의 뼈 · 뿔을 이용한 조각품, 동굴 벽화 등)

주먹도끼

밀개, 긁개

슴베찌르개
나무나 뼈에 연결하여 사용

3) 대표 유적지 : 한반도 전역에 분포하고 있음

종성 동관진	한반도 최초의 구석기 유적, 동물 화석 출토
웅기 굴포리	광복 이후 최초로 발견된 구석기 유적
덕천 승리산 동굴	한반도 내 최초 인골 출토(승리산인, 덕천인)
상원 검은모루 동굴	한반도의 대표적인 전기 구석기 유적
연천 전곡리	전기 구석기 유적, 아슐리안형 주먹도끼 출토 → 모비우스 학설 붕괴
제천 점말 동굴	사람의 얼굴을 새긴 코뿔소 뼈 출토
단양 상시리 동굴	남한 최초의 인골 발견
청원 두루봉 동굴	5세가량의 어린아이 인골인 '흥수아이' 발견
공주 석장리	• 남한 최초 발굴 · 조사된 구석기 유적 • 고래 · 새 · 멧돼지 조각품 출토

● 구석기 유적

종성
옹기
백두산
덕천
동 해
상원
연천
파주
제천
단양
황 해
청원
공주
순천

구석기 시대의 유적지

4) 중석기 시대
① 시기 : 구석기 시대에서 신석기 시대로 넘어가는 전환기(약 1만 년 전)
② 환경의 변화 : 빙하기가 끝나고 기후가 따뜻해지면서 작고 빠른 동물(토끼, 여우, 새 등)이 출현
③ 도구의 변화 : 작고 빠른 동물을 사냥하기 위해 잔석기를 만들어 사용, 톱·활·창·작살 등의 이음 도구 제작

❷ 신석기 시대

1) 시기 : 한반도의 신석기 시대는 기원전 8000년경에 시작

2) 생활 모습

도구	• 간석기 : 돌을 갈아서 만든 돌괭이, 돌보습, 돌삽, 돌낫, 갈돌과 갈판 등 사용 • 토기 : 이른 민무늬 토기, 덧무늬 토기, 눌러찍기 무늬 토기, 빗살무늬 토기 🕮 빈출 • 가락바퀴 🕮 빈출, 뼈바늘을 이용하여 옷이나 그물 제작
경제	농경과 목축이 시작되어 식량을 생산함(조, 피, 수수 등 잡곡류), 사냥·채집·물고기잡이도 계속함
사회	• 농경이 시작되면서 한곳에 머무르는 정착 생활 시작 • 씨족 간의 족외혼으로 씨족들이 결합하여 부족 사회 형성 • 지배자와 피지배자의 관계가 형성되지 않은 평등한 사회였음
주거	• 주로 강가나 바닷가에 움집을 짓고 거주 • 움집 : 원형이나 모서리가 둥근 사각형 바닥, 바닥 중앙에 화덕 위치, 화덕이나 출입문 옆에는 저장 구덩이가 있어 식량이나 도구 보관
예술	원시 신앙을 바탕으로 만듦(흙으로 구운 얼굴, 조개껍데기 가면, 치레걸이, 동물 모양의 조각품 등)

빗살무늬 토기
음식의 저장, 운반, 조리를 위한 토기

갈돌과 갈판
곡식을 가는 데 사용한 도구

가락바퀴
실을 뽑는 데 사용한 도구

조개껍데기 가면

3) 신앙

애니미즘	• 자연 현상과 모든 사물에는 정령이 있다고 믿음 • 풍요로운 생산을 기원하는 의미로 태양과 물에 대한 숭배를 으뜸으로 여김
샤머니즘	영혼이나 하늘을 인간과 연결해 주는 존재를 믿음(무당, 주술)
토테미즘	• 부족의 기원을 특정한 동식물과 연결시켜 숭배 • 단군왕검의 건국 이야기 속 곰과 호랑이 등

흥수아이
약 4만 년 전에 살았던 구석기 시대 아이이다. 유골에서 국화 꽃가루가 발견되어 국화꽃을 뿌린 장례 의식이 이루어졌다고 추측한다.

신석기 시대 움집(서울 암사동)

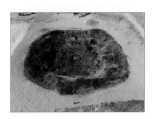

신석기 시대 집터
신석기 시대 사람들이 살았던 움집 자리로, 원형 바닥이며 바닥 중앙에 화덕 자리가 있다.

신석기 시대의 유적지

4) 대표 유적지

봉산 지탑리	탄화된 곡물(좁쌀 또는 피) 출토
양양 오산리	흙으로 빚어 구운 사람 얼굴, 덧무늬 토기 출토
서울 암사동	대표적인 신석기 유적지, 빗살무늬 토기와 돌도끼 · 돌화살촉 출토
부산 동삼동	패총 출토
제주 고산리	최고(最古)의 신석기 시대 유적지, 뗀석기와 덧무늬 토기 출토

제주도 고산리 유적 발굴 현장
유적의 최하층에서 이른 민무늬 토기가 출토됨에 따라 신석기 시대가 기원전 8000년경부터 시작되었음을 알 수 있다. 이 외에도 화살촉, 갈돌, 갈판 등의 석기가 출토되었다.

③ 청동기 시대

1) 시기 : 기원전 2000년경에서 기원전 1500년경 만주와 한반도에서 시작되었음

2) 생활 모습

도구	• 청동기 : 청동 검, 청동 거울, 청동 방울 등 무기와 제기(제사용 도구), 장신구로 사용 → 지배층의 치장용이나 의식용 도구 • 석기 : 반달 돌칼 **빈출**(곡식을 수확하는 데 사용), 바퀴날 도끼, 홈자귀 등 대부분 농기구로 사용 • 토기 : 덧띠새김무늬 토기, 미송리식 토기, 민무늬 토기, 붉은 간 토기 등
경제	농경의 발달 : 조, 수수, 콩, 보리 등 밭농사 중심, 일부 저습지에서 벼농사 시작
사회	• 계급의 분화 : 농경의 발달 → 생산력 증대, 잉여 생산물 발생 → 사유 재산 발생 → 계급 출현(고인돌 제작) • 부족 국가의 등장 : 활발한 정복 활동, 선민 사상을 통해 지배자(군장) 등장
주거	• 위치 : 방어와 농경에 유리한 구릉 지역에 위치, 배산임수의 집단 취락 • 형태 : 직사각형의 움집으로 지상 가옥으로 변화, 화덕은 벽면으로 이동, 저장 구덩이 설치
예술	• 제사장이나 족장들의 청동 제품(청동 방울, 청동 거울 등) → 정치 및 종교와 연결 • 사냥과 고기잡이의 성공, 풍성한 생산 등을 기원(울주 반구대 바위그림, 고령 장기리 바위그림)

부여 송국리 유적
우리나라의 대표적인 청동기 시대 유적지이다. 내부 중앙에 타원형 구덩이와 함께 기둥이 배치된 형태의 집자리가 출토되었다.

청동 방울

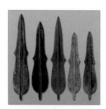

비파형 동검

거친무늬 거울

반달 돌칼

미송리식 토기

민무늬 토기

울산 울주 반구대 바위그림

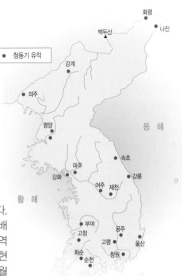
청동기 시대의 유적지

3) 무덤 : 고인돌, 돌널무덤, 돌무지 무덤 등

고인돌
족장 또는 가족의 무덤으로 당시 계급이 발생하였음을 보여 준다. 고인돌을 제작하는 데 많은 인력이 동원되었다는 사실로 당시 지배층이 가진 정치권력과 경제력이 막강하였음을 알 수 있다. 인천광역시 강화, 전라북도 고창, 전라남도 화순에 권력을 가진 군장의 출현을 보여 주는 고인돌 유적지가 있다. 고인돌 유적지는 2000년 12월 유네스코 세계문화유산에 등재되었다.

농경무늬 청동기
농경무늬 청동기에는 따비로 밭을 가는 모습, 괭이로 땅을 일구는 모습, 항아리에 곡식을 담는 모습 등이 그려져 있다. 이를 통해 청동기 시대의 생활상을 짐작할 수 있다.

❹ 철기 시대

1) 시기 : 기원전 5세기경부터 만주와 한반도에서 철기를 사용하였음

2) 생활 모습

도구	• **철제 농기구** 사용 : 삽, 괭이, 보습, 낫 등 사용 • **철제 무기** 등장 : 칼, 창, 화살촉 등 → 부족 간의 싸움 발생 • **청동 제품의 의기화** : 청동 거울, 청동 방울 등 의식용 도구로 한정 • 한반도의 독자적 청동기 문화 형성 : 세형 동검(한국식 동검), 잔무늬 거울, 거푸집(청동기를 만들 때 쓰는 제작 틀) 등 • 토기 : 민무늬 토기, 덧띠 토기, 검은 간 토기 등 사용
경제	• 철제 농기구의 사용으로 농업 생산량 증대, 인구 증가 • 돼지, 말, 소 등 가축 사육 성행
사회	경제력의 증가 → 활발한 정복 전쟁 → 국가의 형성(연맹 왕국 등장)
주거	움집, 귀틀집, 초가집 등

철제 농기구

세형 동검

잔무늬 거울

거푸집

3) 무덤 : 널무덤, 독무덤

널무덤

독무덤

4) 중국과의 교류

① 명도전(연), 반량전(진), 오수전(한) 등의 출토로, 당시 중국과 활발하게 교류하였음을 알 수 있음

② 경남 창원 다호리 유적에서 출토된 붓을 통해 당시 문자(한자)를 사용하 였음을 짐작할 수 있음

시험에 자주 등장해요

철기 시대의 생활 모습을 묻는 문제가 자주 출제됩니 다. 또 독자적인 청동기 문 화, 중국과의 교류도 출제 됩니다. 철제 농기구 사용, 세형 동검, 잔무늬 거울, 거 푸집, 명도전, 반량전은 꼭 기억하세요.

명도전

반량전

오수전

연표

기원전 2333	기원전 5세기경	기원전 194	기원전 108	기원전 37
고조선 건국	철기 문화 보급	위만의 집권	고조선 멸망	고구려 건국

02 고조선과 여러 나라의 성장

출제빈도 상 | 중 | 하

❶ 고조선의 성립과 발전

1) 고조선의 성립

① 기원전 2333년 청동기 문화를 바탕으로 단군왕검이 아사달을 도읍으로 건국함

② 중국 랴오닝(요령) 지방을 중심으로 성장하여 이후 한반도의 대동강 유역까지 세력을 확대함

출제 사료 단군왕검의 건국 이야기

고기에 이런 말이 있다. 옛날에 환인의 서자 환웅이 계셔, 천하에 자주 뜻을 두고 인간 세상을 매우 갈구했다. 아버지는 아들의 뜻을 알고 삼위태백을 내려다보니 인간 세계를 널리 이롭게 할 만 했다. 이에 천부인 세 개를 주어 내려가서 다스리게 했다. 환웅은 그 무리 3,000을 거느리고 태백산 신단수 아래 내려와 그곳을 신시라 불렀다. 환웅은 풍백 · 우사 · 운사를 거느리고 곡식, 수명, 질병, 형벌, 선악 등을 주관하고 인간의 360여 가지의 일을 주관하여 인간 세계를 다스리고 교화시켰다. 이때 곰 한 마리와 호랑이 한 마리가 같은 굴에 살았는데, 늘 환웅에게 사람이 될 수 있게 해달라고 빌었다. 이에 환웅은 신령한 쑥 한 다발과 마늘 스무 개를 주며 말했다. "너희들이 이것을 먹고 100일 동안 햇빛을 보지 않는다면 곧 사람이 될 것이다." 곰과 호랑이는 이를 받아먹으며 동굴에서 지냈다. 곰은 약속한 지 삼칠일 만에 여자가 되었고 환웅과 혼인하여 아들을 낳았다. 그가 단군왕검이다. — 『삼국유사』 —

● 출제 포인트 분석

- **선민사상** : 하늘의 자손임을 내세운 환웅 부족이 자기 부족의 우월성을 과시하였음
- **농경 사회** : 풍백, 우사, 운사를 두어 바람, 비, 구름 등 농경에 관계되는 일을 주관하였음
- **계급 발생** : 사유 재산이 성립하고 계급이 발생하였음
- **홍익인간** : '인간을 널리 이롭게 한다.'는 통치 이념이 제시되었음
- **토테미즘** : 환웅 부족과 곰을 숭배하는 부족이 연합하여 고조선을 이루었음
- **제정일치** : 단군은 제사장, 왕검은 정치적 지배자를 의미하므로, 단군왕검은 제사장과 정치적 지배가 일치하는 제정일치 사회의 지배자였음

2) 고조선의 성장

① 고조선의 세력 범위 : 비파형 동검, 미송리식 토기, 탁자식 고인돌의 분포 지역을 통해 고조선의 범위를 짐작할 수 있음

비파형 동검 　　　 미송리식 토기 　　　 탁자식 고인돌

합격생의 비법

단군왕검의 건국 이야기

단군 신화는 『삼국유사』, 『제왕운기』, 『응제시주』, 『세종실록지리지』, 『동국여지승람』, 『신증동국여지승람』에 수록되어 있으며, 이를 통해 당시의 사회와 경제 모습을 짐작할 수 있다.

참성단(강화도 마니산)
단군이 하늘에 제사를 지내기 위해 쌓았다고 전해진다.

시험에 자주 등장해요

단군왕검의 건국 이야기를 통해 알 수 있는 고조선의 사회 모습을 묻는 문제가 자주 출제됩니다. 특히 고조선 사회가 제정일치 사회였음을 꼭 기억하세요.

■ 동이족의 분포 지역
■ 고조선의 문화 범위
⚒ 고인돌(탁자식) 분포 지역
▲ 비파형 동검 분포 지역

고조선의 문화 범위

합격생의 비법

위만 조선

위만은 고조선으로 들어올 때 상투를 틀고 조선인의 옷을 입고 있었다. 또 왕이 된 이후에도 나라 이름을 그대로 조선이라 하였고, 토착민 출신으로 높은 지위에 오른 자가 많았다. 이러한 사실을 통해 위만 조선이 단군의 고조선을 계승한 것으로 볼 수 있다.

시험에 자주 등장해요

위만 조선의 발전 과정을 묻는 문제가 자주 출제됩니다. 중계 무역, 철기 문화, 한의 침략은 꼭 기억하세요.

시험에 자주 등장해요

범금 8조를 통해 알 수 있는 사회상을 묻는 문제가 자주 출제됩니다. 8조법(범금 8조)의 내용을 꼭 기억하세요.

② 왕위 세습 : 기원전 3세기경 부왕·준왕 등 강력한 왕이 등장하여 왕위를 세습하였음

③ 관직 설치 : 왕 아래 상·대부·장군 등의 관직이 존재함

④ 대외 관계 : 랴오허 강을 경계로 중국 전국 시대의 연(燕)과 대립함 → 기원전 3세기 연의 장수 진개의 침입을 받고 수도를 왕검성으로 옮김

3) 위만의 집권(기원전 194~기원전 108)

배경	중국의 진·한 교체기에 유이민이 동쪽으로 이주 → 위만이 1,000여 명의 무리를 이끌고 고조선으로 이주 → 준왕의 신임을 얻은 위만이 서쪽 변경 지역의 수비를 담당하게 됨
발전	• 세력을 확대한 위만이 고조선의 왕검성에 쳐들어가 준왕을 몰아내고 왕위에 오름(기원전 194) • 철기 문화를 본격적으로 수용하여 활발한 정복 활동을 벌임 • 중국의 한(漢)과 동쪽의 예(濊), 남쪽의 진(辰)이 직접 교역하는 것을 막고 중계 무역의 이익을 독점함

4) 고조선의 멸망 : 우거왕 때 한 무제가 대규모로 침략 → 지배층의 내분, 왕검성 함락 → 위만 조선 멸망(기원전 108)

5) 한 군현의 설치와 폐지

① 고조선 멸망 이후 한(漢)은 고조선 일부 지역에 4개의 군(한사군 : 낙랑군, 진번군, 임둔군, 현도군)과 여러 현을 설치하였음

② 한사군은 토착민들의 저항에 폐지되거나 쫓겨났고, 고구려의 낙랑군 축출로 한 군현은 소멸되었음(고구려 미천왕, 313)

출제 사료 　범금 8조 👍 빈출

······ 사람을 죽인 자는 즉시 죽이고, 남에게 상처를 입힌 자는 곡식으로 배상하게 하며, 도둑질한 자는 노비로 삼는다. 스스로 용서받고자 하는 자는 50만 전을 내게 한다. 그러나 비록 노비를 면하여 평민이 되더라도 사람들은 이를 수치스럽게 여겼고 혼인을 하고자 하여도 짝을 구할 수 없었다. 이 때문에 백성들이 도둑질을 하지 않아 문단속을 하는 일이 없었고, 여자는 정숙하며 음란하지 않았다.

－『한서지리지』－

● **출제 포인트 분석**

범금 8조 중 세 가지 조항만이 『한서지리지』에 전해지고 있다. 이를 통해 고조선 사회가 생명과 노동력, 사유 재산을 중시하였으며, 형벌이 존재하였음을 알 수 있다. 또 노비가 발생하였으며(신분과 계급의 발생), 가부장 중심의 가족 제도가 존재했다는 사실, 화폐 사용 등을 확인할 수 있다. 그러나 한 군현이 설치된 이후 법 조항이 60여 조로 증가할 만큼 풍속이 각박해졌다.

❷ 여러 나라의 성장

합격생의 비법

사출도
가축의 이름을 딴 마가(馬加), 우가(牛加), 저가(豬加), 구가(狗加) 등의 가(加)는 각각 행정 구획인 사출도를 다스렸다. 이들은 대사, 대사자 등의 관리를 두고 자기 부족을 통치하였다.

시험에 자주 등장해요

초기 국가의 사회 모습을 지도와 함께 묻는 문제가 자주 출제됩니다. 특히 부여, 고구려, 동예의 제천 행사를 꼭 기억하세요.

1) 부여

위치	만주 쑹화강 유역의 평야 지대
정치	• 5부족 연맹체 : 왕이 중앙을 다스리고, 마가 · 우가 · 저가 · 구가의 4부족장이 지방을 다스림(사출도 🌱빈출) • 왕권 미약 : 가(加)에 의해 왕 추대, 흉작의 책임을 왕에게 묻기도 함 • 대외 관계 　– 북쪽으로 선비족, 남쪽으로 고구려와 접함 　– 3세기 말 선비족의 침입으로 쇠퇴 　– 5세기 말 고구려에 병합(문자명왕)
경제	밭농사 위주의 농경과 목축을 겸함, 특산물로 말 · 주옥 · 모피 등 생산
사회 · 풍속	• 사회 　– 신분 질서 : 귀족인 가, 부유층인 호민, 피지배층인 하호 존재 　– 1책 12법 : 엄격한 법률 제정, 남의 물건을 훔쳤을 때 물건 값의 12배 배상 • 풍속 : 영고(12월, 제천 행사), 순장(껴묻거리), 형사취수제(형이 죽은 뒤 동생이 형수와 같이 사는 혼인 제도, 노동력 확보), 우제점복(소를 죽여 그 굽으로 길흉을 보는 점복)

출제 사료	부여

산릉(山陵)과 넓은 연못이 많아서 동이 지역에서는 가장 넓고 평탄하다. 토질은 오곡이 자라기에는 적당하지만 오과는 나지 않는다. …… 12월에 지내는 제천 행사에는 날마다 마시고 먹고 노래하고 춤추는데, 그 이름을 영고(迎鼓)라 하였다. …… 형벌은 엄하고 각박하여 사람을 죽인 사람은 사형에 처하고 집안사람은 적몰하여 노비로 삼는다. 도둑질을 하면 12배를 변상하게 하였다. 남녀가 음란한 짓을 하거나 질투하는 부인은 모두 죽였다. …… 옛 부여 풍속에는 가뭄이나 장마가 계속되어 오곡이 영글지 않으면 그 허물을 왕에게 돌려 왕을 마땅히 바꿔야 한다고 하거나 죽여야 한다고 하였다.
－『삼국지』 위서 동이전 －

2) 고구려

위치	압록강 동가강 유역의 졸본에서 성장하여 평야 지대인 국내성으로 도읍을 옮김
정치	• 5부족 연맹체 　– 계루부, 절노부, 소노부, 관노부, 순노부 　– 왕 아래 상가, 고추가 등 대가 존재, 대가들은 각각 사자, 조의, 선인 등의 관리를 거느림 • 제가 회의 : 국가의 중대사 결정, 중대 범죄자는 사형에 처함 • 정복 활동 : 한 군현을 공략하여 요동 지역으로 진출, 옥저와 동예 압박
경제	산악 지대에 위치하여 약탈 경제 발달
풍속	• 동맹(10월, 제천 행사), 국동대혈에서 제사(주몽과 유화 부인 숭배) • 서옥제 🌱빈출(데릴사위제, 신랑이 혼인 후 서옥에서 자식이 클 때까지 살다가 자기 집으로 돌아가는 풍습, 노동력 중시), 형사취수제, 1책 12법

여러 나라의 성장

국동대혈
나라 동쪽에 있는 큰 동굴이라는 뜻으로, 고구려의 왕과 신하들이 함께 제사를 지냈던 곳이다.

- 큰 산과 깊은 골짜기가 많고 넓은 들은 없다. 좋은 논이 없어 부지런히 농사를 지어도 식량이 넉넉하지 못하다. 사람들의 성품이 흉악하고 급해서 노략질하기를 좋아한다.
- 10월에 하늘에 제사 지낼 때 도성에서 큰 모임을 여는데, 이를 동맹이라고 부른다.
- 감옥이 없고 범죄자가 있으면, 제가들이 모여 회의하여 사형에 처하고, 처자는 노비로 삼는다. 그 풍속을 보면 혼인할 때 구두(口頭)로 미리 정하고, 여자의 집 본채 뒤편에 작은 별채를 짓는데, 그 집을 서옥이라 부른다. …… 아들을 낳아서 장성하면 남편은 아내를 데리고 자기 집으로 돌아간다.

― 『삼국지』 위서 동이전 ―

3) 옥저와 동예

위치	옥저 : 함경도 일대, 동예 : 강원도 북부의 동해안	
정치	• 철기 문화를 배경으로 성장하였으나 변방에 치우쳐 선진 문화의 수용이 늦고 고구려의 압박을 받아 크게 성장하지 못함 • 군장 국가 : 읍군이나 삼로에 의한 지배, 연맹 왕국으로 성장하지 못함	
경제	• 소금과 해산물 풍부, 토지가 비옥하여 농사가 잘 됨 • 고구려에 소금, 해산물 등 공납 • 동예의 특산물 : 단궁(활), 과하마(키가 작은 말), 반어피(바다표범 가죽) 🔖빈출 생산	
풍속	옥저	• 민며느리제 : 장래에 혼인할 것을 약속하면 여자가 어렸을 때 남자 집에 가서 성장하고, 후에 남자가 예물을 치르고 혼인을 하는 일종의 매매혼 • 가족 공동 무덤 : 가매장한 뒤 뼈만 추려 목곽에 안치, 골장제
	동예	• 족외혼 : 같은 씨족이 아닌 다른 씨족과 혼인 • 책화 : 다른 부족의 영역을 침범하였을 때 노비나 소, 말로 배상하도록 하는 것, 부족 간의 경계 분명 • 무천 : 10월, 제천 행사

동예의 철(凸)자형과 여(呂)자형 집터

출제 사료　옥저

- 신부 집에서는 여자가 10살이 되기 전에 혼인할 것을 약속하고, 신랑 집에서는 여자를 맞이하여 성장할 때까지 데리고 있다가 아내로 삼는다. 여자가 어른이 되면 친정으로 돌려보내고, 친정에서는 예물을 요구한다. 신랑 집은 예물을 치르고 신부를 다시 신랑 집으로 데려온다.
- 장사를 지낼 적에 큰 나무 곽을 만드는데 …… 사람이 죽으면 시체는 모두 가매장을 하되 겨우 형체가 보일 만큼 묻었다가 가죽과 살이 모두 썩은 다음에 뼈만 추려 곽 속에 안치한다.

― 『삼국지』 위서 동이전 ―

출제 사료　동예

풍속을 보면 산천을 중요시하여 산과 내를 각각 구분하여 놓고 함부로 들어가지 않는다. 동성(同姓)끼리는 결혼하지 않는다. …… 해마다 10월이면 하늘에 제사를 지내는데 밤낮으로 술 마시며 노래 부르고 춤추니, 이를 무천(舞天)이라고 한다. …… 부락을 함부로 침범하면 벌로 노비와 소, 말을 부과하는데, 이를 책화라고 한다.

― 『삼국지』 위서 동이전 ―

4) 삼한

성립	청동기 문화를 바탕으로 성장한 진(辰)의 토착 문화 + 고조선의 유이민들에 의한 철기 문화 = 마한, 진한, 변한의 연맹체 형성
정치	• 진(辰)의 해체 이후 마한(54개), 진한(12개), 변한(12개)의 소국들이 연맹체 형성 • 마한 목지국의 지배자가 마한 왕 또는 진왕으로 추대되어 삼한 전체 주도, 각국은 군장이 지배 • 제정 분리 사회 : 정치적 지배자(신지, 견지, 읍차, 부례) + 제사장(천군이 신성 지역인 소도 🔄빈출 지배)
경제	• 농경 사회 : 철제 농기구 사용, 벼농사 발달, 저수지 축조 • 변한의 철 생산 : 풍부한 철을 바탕으로 철 생산, 낙랑과 왜 등에 수출 🔄빈출, 철을 화폐처럼 사용함 • 두레 조직 : 벼농사를 짓기 위해 공동 작업을 하는 두레를 조직함 • 초가지붕의 반 움집이나 귀틀집에 거주
풍속	계절제(5월 · 10월, 제천 행사)

마한의 토실
『삼국지』위서 동이전에 나오는 마한의 집 형태이다. 최근에 발견되어 기록이 확인되었다.

마한의 무덤
마한은 널무덤을 만들면서 주위에 도랑을 파고 그 안에 봉토를 씌운 주구묘를 만들었다.

출제 사료　삼한

• 삼한 중 큰 나라는 만여 호(戸)고, 작은 나라는 수천 가(家)이다. 각각 산과 바다 사이에 자리 잡고 있었는데, …… 모두 옛 진국(辰國)이다. 마한이 가장 크므로 여러 나라가 함께 마한 사람을 진왕(辰王)으로 삼으니, 목지국(目支國)에 도읍하여 전체 삼한 땅의 왕으로 군림한다.
　　　　　　　　　　　　　　　　　　　　　　　　　　　　　　　　 – 『후한서』 –

• 귀신을 믿기 때문에 국읍(國邑)에서 각각 한 사람씩을 세워서 천신(天神)에 대한 제사를 주관하게 하는데, 이를 천군(天君)이라고 부른다. 또한 여러 나라에는 각각 별읍(別邑)이 있으니, 이를 소도라고 한다. 큰 나무를 세우고 방울과 북을 매달아 놓고 귀신을 섬긴다. 도망하여 그 안으로 들어온 사람은 누구든 돌려보내지 아니하였다.　　　　　　　　　 – 『삼국지』 위서 동이전 –

합격생의 비법

소도
천군이 주관하는 소도는 군장의 세력이 미치지 못하는 곳으로, 죄인이라도 이곳에 도망쳐 숨으면 잡아가지 못하였다. 천군은 소도에서 농경과 종교에 대한 의례를 주관하였다.

솟대
소도에 큰 나무를 세우고 방울, 새 등을 달아 신성한 지역이라는 표시를 하기 위해 세운 것이다. 제사를 지낼 때 땅의 기운을 하늘에 전해주는 것이라 생각하고 그 매개체로 새를 꽂아 놓았다.

시험에 자주 등장해요

삼한의 특징을 묻는 문제가 자주 출제됩니다. 특히 목지국, 천군, 소도, 제정 분리는 꼭 기억하세요.

01 (가)시대에 처음 제작된 유물로 옳은 것은?
47회 1번

①
주먹도끼

②
갈돌과 갈판

③
비파형 동검

④
철제 농기구

정답 ②

해설 제시된 자료를 통해 (가) 시대가 신석기 시대임을 알 수 있다. 농경과 정착 생활이 시작된 신석기 시대에는 강가나 바닷가에 움집을 지어 살았으며, 가락바퀴를 이용하여 실을 뽑아 옷을 만들어 입었다. 또 빗살무늬 토기와 같은 토기를 만들어 식량을 저장하였고, ② 갈돌과 갈판 등 간석기를 제작해 사용하였다.

오답 피하기
① 구석기 시대, ③ 청동기 시대, ④ 철기 시대에 제작된 유물이다.

02 (가) 시대의 생활 모습으로 옳은 것은?
48회 1번

① 우경이 널리 보급되었다.
② 비파형 동검을 제작하였다.
③ 철제 농기구를 사용하였다.
④ 주로 동굴과 막집에서 거주하였다.

정답 ②

해설 제시된 자료를 통해 (가) 시대가 청동기 시대임을 알 수 있다. 청동기 시대 고인돌을 통해 당시 계급이 발생하였고, 지배층이 가진 정치 권력과 경제력이 막강하였음을 짐작할 수 있다. 또 당시에는 반달 돌칼을 사용하여 곡물을 수확하고, 민무늬 토기에 곡식을 저장하였다. ② 청동기 시대에 비파형 동검을 제작하였다.

오답 피하기
① 고려 시대, ③ 철기 시대, ④ 구석기 시대의 생활 모습이다.

03 다음 퀴즈의 정답으로 옳은 것은?
49회 2번

① 동예   ② 부여   ③ 고구려   ④ 고조선

정답 ④

해설 제시된 자료를 통해 퀴즈의 정답은 고조선임을 알 수 있다. 청동기 문화를 바탕으로 성립한 고조선은 단군왕검이 평양성을 도읍으로 삼았다. 고조선은 지리적 위치를 이용해 중계 무역을 하며 성장하였고, 고조선이 강해지자 한 무제가 고조선을 공격하였다. 이에 고조선은 강하게 저항하였으나 한에 왕검성이 함락되면서 기원전 108년 멸망하였다. 또 고조선은 사회 질서를 유지하기 위해 범금 8조(8조법)로 백성을 다스렸다.

04 밑줄 그은 '이 나라'에 대한 설명으로 옳은 것은?

47회 3번

① 범금 8조로 백성을 다스렸다.
② 영고라는 제천 행사를 열었다.
③ 서옥제라는 혼인 풍습이 있었다.
④ 신지, 읍차 등의 지배자가 있었다.

정답 ④

해설 제시된 자료를 통해 밑줄 그은 '이 나라'가 삼한임을 알 수 있다. 삼한은 제사장인 천군이 신성 지역인 소도를 지배하였고, ④ 신지, 읍차 등의 정치적 지배자가 있었던 제정 분리 사회였다.

오답 피하기
① 고조선은 범금 8조로 백성을 다스렸다.
② 부여는 영고라는 제천 행사를 열었다.
③ 고구려는 서옥제라는 혼인 풍습이 있었다.

05 (가)에 들어갈 내용으로 옳은 것은?

50회 2번

① 소도라고 불리는 신성 지역이 있었다.
② 읍락 간의 경계를 중시한 책화가 있었다.
③ 범금 8조를 통해 사회 질서를 유지하였다.
④ 여러 가(加)들이 별도로 사출도를 주관하였다.

정답 ④

해설 제시된 자료를 통해 부여에 대한 힌트임을 알 수 있다. 만주 쑹화강 유역의 평야 지대에 위치한 5부족 연맹체인 부여는 여러 가(加)들이 별도로 사출도를 주관하였으며, 순장, 1책 12법, 우제점법 등의 풍속이 있었다. 또 12월에 영고라는 제천 행사를 열었다.

오답 피하기
① 삼한, ② 동예, ③ 고조선에 대한 설명이다.

06 다음 자료에 해당하는 나라를 지도에서 옳게 고른 것은?

48회 3번

> 이 나라에는 여자가 열 살이 되기 전에 혼인을 약속하고, 신랑 집에서는 여자를 데려와 기른 후 성인이 되면 신부 집에 대가를 주고 며느리로 삼는 풍속이 있었다. 또한 가족이 죽으면 뼈만 추려 보관하는 장례 풍습이 있었다.

① (가)　② (나)　③ (다)　④ (라)

정답 ③

해설 제시된 자료에 해당하는 나라가 옥저임을 알 수 있다. 옥저는 혼인을 약속한 여자아이를 데려다 키워서 며느리로 삼는 민며느리제라는 혼인 풍속과 가족의 유골을 한 목곽에 안치하는 가족 공동 묘라는 장례 풍속이 있었다. 옥저의 위치는 (다)이다.

오답 피하기
(가) 부여, (나) 고구려, (라) 동예이다.

대단원 기출문제 **23**

이미지로 보는 한국사 이미지로 한 번 더 체크하는 시대별 포인트!

❶ 구석기 시대와 신석기 시대

	주거지	도구
구석기 시대	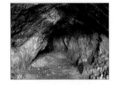 평남 덕천 승리산 동굴 구석기인들은 대개 동굴이나 바위그늘에서 생활하였다.	 주먹도끼　슴베찌르개　긁개
신석기 시대	 서울 암사동 움집(복원) 정착 생활이 시작되면서 사방에 기둥을 세워 원뿔 형태로 움집을 지어 생활하였다.	 갈돌과 갈판　돌낫　가락바퀴　빗살무늬 토기

❷ 청동기 시대

울산 울주 반구대 바위그림
고래, 거북, 물개, 사슴, 호랑이, 멧돼지 등의 동물과 다양한 인물상, 사냥 장면이 새겨져 있다. 이를 통해 선사 시대 사람들의 생활 모습을 엿볼 수 있다.

반달 돌칼
곡식의 낟알을 거두어 들이는 데 사용한 농기구이다.

농경무늬 청동기
농사짓는 사람, 토기, 밭 등 농경과 관련된 그림이 그려져 있다.

❸ 고조선의 성립과 변천

☐ 동이족의 분포 지역
☐ 고조선의 문화 범위
⸺ 고인돌(탁자식) 분포 지역
▲ 비파형 동검 분포 지역

탁자식 고인돌　비파형 동검

탁자식 고인돌과 비파형 동검의 분포 지역을 통해 고조선의 문화 범위를 알 수 있다.

한반도 내 독자적 청동기 문화 발달

세형 동검　잔무늬 거울　거푸집

철기 시대에 한반도에서 독자적인 청동기 문화가 발달하였음을 알 수 있다.

❹ 철기 시대

철제 농기구
철제 농기구를 통해 농업이 발달하였다.

철제 무기
철제 무기가 사용되면서 부족 간의 전쟁이 증가하였다.

독무덤

명도전과 반량전
중국과 활발하게 교역하였음을 보여 주는 증거이다.

❺ 여러 나라의 성장

부여
- **정치** : 사출도
- **경제** : 농경과 목축
- **사회** : 순장, 형사취수제, 1책12법
- **문화** : 영고(12월, 제천 행사)

옥저와 동예
- **정치** : 읍군, 삼로
- **경제** : 농경과 어로
- **사회** : 민며느리제(옥저), 족외혼/책화(동예)
- **문화** : 가족 공동 무덤(옥저),
  무천(동예 : 10월, 제천 행사)

고구려
- **정치** : 5부족 연맹, 제가 회의
- **경제** : 정복 활동, 평야 지대 진출
- **사회** : 서옥제(데릴사위제)
- **문화** : 동맹(10월, 제천 행사)

삼한
- **정치** : 신지, 견지, 읍차, 부례
- **경제** : 벼농사 발달, 철 생산(변한)
- **사회** : 천군과 소도(제정 분리)
- **문화** : 계절제(5월/10월, 제천 행사)

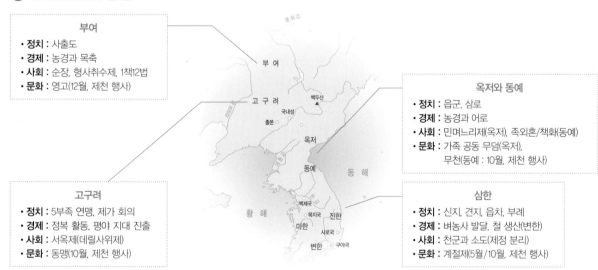

토기의 변화

이른 민무늬 토기

덧무늬 토기

빗살무늬 토기

덧띠새김무늬 토기

민무늬 토기

미송리식 토기

붉은 간 토기

덧띠 토기

검은 간 토기

최신350문항 빈출 키워드 랭킹

기출문제 출제경향 분석

2. 고대(정치, 경제, 사회, 문화)

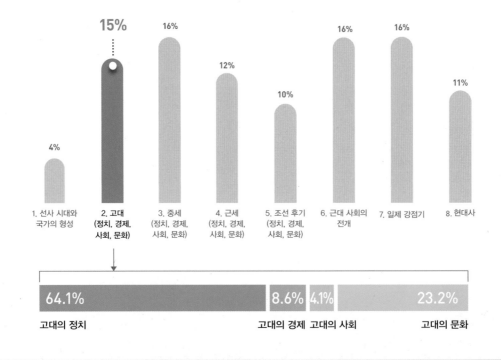

- 4% 1. 선사 시대와 국가의 형성
- 15% 2. 고대 (정치, 경제, 사회, 문화)
- 16% 3. 중세 (정치, 경제, 사회, 문화)
- 12% 4. 근세 (정치, 경제, 사회, 문화)
- 10% 5. 조선 후기 (정치, 경제, 사회, 문화)
- 16% 6. 근대 사회의 전개
- 16% 7. 일제 강점기
- 11% 8. 현대사

- 64.1% 고대의 정치
- 8.6% 고대의 경제
- 4.1% 고대의 사회
- 23.2% 고대의 문화

연표

53	194	260	356	372	384	427	433	475	520	538	552
고구려, 태조왕 즉위	고구려, 진대법 실시	백제, 16관등과 공복 제정	신라, 내물왕 즉위	고구려, 불교 전래, 태학 설치	백제, 불교 전래	고구려, 평양 천도	나·제 동맹 성립	백제, 웅진 천도	신라, 율령 반포, 백관의 공복 제정	백제, 사비 천도	백제, 일본에 불교 전래

2 PART

고대(정치, 경제, 사회, 문화)

612	645	660	668	676	698	771	788	828	900	901	918	926	935
고구려, 살수 대첩	고구려, 안시성 싸움 승리	백제 멸망	고구려 멸망	신라, 삼국 통일	발해 건국	성덕 대왕 신종 주조	독서삼품과 설치	장보고, 청해진 설치	견훤, 후백제 건국	궁예, 후고구려 건국	왕건, 고려 건국	발해 멸망	신라 멸망

기원전 1세기경	427	538	612	660	668	676	698	900	901	926	936
삼국 건국	고구려, 평양 천도	백제, 사비 천도	살수 대첩	백제 멸망	고구려 멸망	삼국 통일	발해 건국	후백제 건국	후고구려 건국	발해 멸망	후삼국 통일

연표

01 | 고대의 정치

출제 빈도 **상** | 중 | 하

❶ 고대 국가의 성립

연맹 왕국	고대 국가
• 성립 : 철기 문화의 보급으로 인한 생산력 증대를 바탕으로 성장한 여러 군장 국가 중 우세한 집단의 족장을 왕으로 삼음 • 특징 : 왕권은 미약하고 각 부족장의 독자성이 유지됨	• 성립 : 주변 지역을 정복하여 영토를 확대하고, 그 과정에서 성장한 경제력과 군사력을 바탕으로 왕권이 더욱 강화됨 • 특징 : 왕위 세습의 확립, 율령 반포, 관등제 · 신분제 등 마련, 불교 수용 → 중앙 집권적 고대 국가 형성

❷ 고구려의 성립과 발전

1) 건국

동명성왕	• 압록강의 지류인 동가강 유역의 졸본 지방에서 건국(기원전 37) • 부여의 유이민 세력(주몽)과 압록강 유역의 토착 집단의 결합
유리왕	졸본 지방에서 국내성으로 천도

2) 발전

고구려의 전성기(5세기)

태조왕	• 한 군현을 공략하여 요동 지방 진출, 옥저와 동예 정복 • 계루부 고씨의 왕위 독점적 세습
고국천왕	• 부자 상속의 왕위 계승제 확립, 부족적 전통의 5부(계루부, 절노부, 소노부, 순노부, 관노부)가 행정적 성격의 5부로 개편 → 왕권 강화 • 재상 을파소의 진대법 실시
동천왕	3세기 중반 요동의 서안평 공격, 중국 위나라의 장군 관구검의 침입
미천왕	낙랑군 축출, 서안평 점령
고국원왕	• 전연의 침입 : 국내성 함락, 국가적 위기 • 백제 근초고왕의 평양성 공격으로 전사(평양성 전투, 371)
소수림왕	불교 수용(전진), 태학 설립(유학 교육 기관), 율령 반포(형률과 법령) → 중앙 집권 체제 강화

3) 전성기

광개토 대왕	• 영토 확장 : 거란과 후연 격파 → 요동 확보, 백제 압박(한강 이북 지역 차지), 신라에 침입한 왜 격퇴(한반도 남부에 영향력 행사, 호우명 그릇) • 독자적 연호 사용 : '영락(永樂)'이라는 연호 사용 → 고구려를 천하의 중심으로 여김
장수왕	• 중국의 남북조와 각각 교류 • 남진 정책 추진 : 평양 천도(국내성에 기반을 둔 귀족 세력을 약화시키고 백제와 신라를 압박하기 위해 국내성에서 평양으로 천도, 427), 백제의 수도 한성 함락(475) → 한강 유역 차지(충주 고구려비), 나·제 동맹 결성 • 지방에 경당 설치, 광개토 대왕릉비 건립

시험에 자주 등장해요

고구려 주요 왕의 업적을 묻는 문제가 자주 출제됩니다. 특히 전성기 지도와 함께 소수림왕, 광개토 대왕, 장수왕의 업적은 꼭 기억하세요.

충주 고구려비

충주 고구려비는 고구려 장수왕 시기 백제의 수도 한성을 점령하고 충북 충주 지역까지 영토가 확대되어 죽령~남양만을 연결하는 선까지 이르렀음을 알려주는 비석이다. 이를 통해 고구려 국력의 강대함과 독자적인 천하관을 엿볼 수 있다.

광개토 대왕릉비

장수왕이 아버지인 광개토 대왕의 업적을 기리기 위해 세운 비석이다. 높이는 6.39m이고, 사면에 비문이 기록되어 있다. 비문에는 고구려의 건국 신화, 광개토 대왕의 정복 활동 등이 기록되어 있다.

출제 사료 | 장수왕의 남진 정책

고구려왕 거련이 몸소 군사를 거느리고 백제를 공격하였다. 백제왕 경이 아들 문주를 신라에 보내 구원을 요청하였다. 왕이 군사를 내어 구해 주려 했으나 미처 도착하기도 전에 백제가 이미 무너졌다. 경 또한 피살되었다.

— 『삼국사기』 —

4) 쇠퇴(6세기) : 귀족 사회의 분열로 왕권 약화, 백제와 신라의 협공(나·제 동맹)으로 한강 유역 상실

❸ 백제의 성립과 발전

1) 건국과 성장

건국	• 고구려계 유이민 세력과 한강 유역 토착 집단의 결합으로 성립(기원전 18) • 풍부한 경제력, 중국으로부터 수용한 선진 문화, 철기 문화를 바탕으로 성장
고이왕	• 체제 정비 : 관등제 정비(6좌평, 16관등), 공복 제정, 율령 반포 • 영토 확장 : 대방군 공격, 마한의 목지국 복속, 한강 유역 장악
근초고왕	• 왕권 강화 : 부자 상속에 의한 왕위 계승 확립 • 역사서 편찬 : 『서기』 편찬 • 영토 확장 : 마한 정복, 고구려의 평양성 공격(고국원왕 전사), 낙동강 유역의 가야에 지배권 행사 • 대외 교류 : 중국의 요서 지방 진출, 일본의 규슈 지역과 교류, 왜왕에 칠지도 하사 → 고대 해상 무역의 패권 장악, 동아시아 국제 교역의 중심지 역할
침류왕	동진으로부터 불교 수용 및 공인(384) → 사상적 통합
비유왕	나·제 동맹 결성(433, 신라 눌지마립간)
개로왕	북위에 원병 요청(개로왕의 국서), 한성 함락(475)

석촌동 계단식 돌무지무덤

고구려의 장군총

고구려의 돌무지무덤인 장군총과 백제 한성 시기의 계단식 돌무지무덤인 석촌동 무덤의 양식이 비슷하다는 사실을 통해 백제의 건국 세력이 고구려계 유이민이었음을 알 수 있다.

백제의 전성기(4세기)

칠지도
7개의 칼날이 가지 모양으로 붙어 있는 74.9cm의 철기이다. 몸체에 백제의 왕세자가 왜왕에게 하사하는 것이라고 해석되는 글자가 새겨져 있다.

2) 중흥

문주왕	장수왕의 남진 정책으로 웅진(공주) 천도(475)
동성왕	신라와의 동맹 강화(493, 소지마립간)
무령왕	• 22담로 설치 **빈출** : 왕족을 지방관으로 파견 → 지방 통제 강화 • 중국 남조와 교류 : 벽돌무덤 양식의 무령왕릉, 양직공도의 백제 사신
성왕	• 중흥 노력 : 사비(부여) 천도(538), 국호를 '남부여'로 변경 • 체제 정비 : 22부의 중앙 관청 설치, 수도와 지방을 5부와 5방으로 정비 • 대외 교류 – 중국 남조의 양과 국교 강화, 왜에 불교 전파(노리사치계) – 신라의 진흥왕과 연합하여 한강 하류 일시 회복 → 신라 진흥왕에게 한강 유역 빼앗김, 관산성 전투에서 전사(554) → 나·제 동맹 결렬
무왕	금마저(익산)로 천도 시도, 미륵사 창건, 왜에 천문·지리·역법에 관한 서적 전수

양직공도

시험에 자주 등장해요

백제의 중흥을 이룬 주요 왕의 업적을 묻는 문제가 자주 출제됩니다. 특히 성왕의 업적은 꼭 기억하세요.

출제 사료 **관산성 전투**

왕 32년, 신라를 습격하기 위해 왕이 직접 보병과 기병 50명을 거느리고 구천에 이르렀다. 그런데 신라 복병을 만나 싸우다 신라군에 살해되었다.   – 『삼국사기』 –

백제의 도읍 변천
농업 문화가 발달하고 선진 문화를 수용하는 데 유리한 한강 유역에 위치했던 한성이 백제의 도읍지였다. 이후 문주왕 때 고구려 장수왕의 공격으로 한성에서 웅진(공주)으로 도읍을 옮겼으며, 성왕 때 백제를 중흥시키기 위해 사비(부여)로 다시 천도하였다.

④ 신라의 성립과 발전

1) 건국과 성장

건국	• 진한의 소국 중 하나인 사로국에서 출발 • 경주 지역의 토착민 집단과 유이민 집단의 결합으로 혁거세 거서간이 건국(기원전 57) • 신라의 지배자 칭호 변화 : 거서간 → 차차웅 → 이사금 → 마립간 → 왕 • 석탈해 집단의 등장으로 박, 석, 김의 3성이 교대로 이사금 차지
내물마립간	• 왕권 강화 : 김씨에 의한 왕위 세습제 확립, '마립간' 칭호 사용 • 영토 확장 : 낙동강 동쪽의 진한 지역을 거의 장악 • 대외 교류 : 광개토 대왕의 도움으로 왜 격퇴(호우명 그릇) → 신라에 고구려 군대 주둔, 고구려의 간섭, 고구려를 통한 중국의 전진과 수교
눌지마립간	부자 상속제 확립, 나 · 제 동맹 체결(433, 백제 비유왕), 불교 수용
소지마립간	혼인 동맹 체결(493, 백제 동성왕)

왕호	사용 시기	의미
거서간	박혁거세	군장
차차웅	남해	무당, 제사장
이사금	유리~흘해	연장자
마립간	내물~소지	대군장
왕	지증왕	중국식 왕호

신라의 왕호 변천

호우명 그릇

경주 호우총에서 출토된 호우명 그릇의 밑바닥에 '을묘년국강상광개토지호태왕호우십'이라는 글씨가 새겨져 있다. 이를 통해 당시 신라와 고구려가 교류하고 있음을 알 수 있다.

2) 발전

지증왕	• 왕의 칭호를 마립간에서 '왕'으로 변경, 국호를 '신라'로 정함 • 지방 행정 구역 정비 : 주 · 군 · 현 설치, 관리 파견 • 우산국 정복 빈출 (512, 이사부), 우경 장려 빈출 (소를 이용하여 밭을 갈기 시작), 순장 폐지, 시장 감독 관청인 동시전 설치(509)
법흥왕	• 체제 정비 : 율령 반포(울진 봉평 신라비), 17관등제 정비, 공복 제정, 골품제 정비, 상대등과 병부 설치, '건원(建元)' 연호 사용, 불교 공인(이차돈의 순교) • 대외 교류 : 대가야와 혼인 동맹 체결(522), 금관가야 정복
진흥왕	• 영토 확장 – 백제와 함께 고구려 공격 → 한강 상류 지역 차지(단양 적성비), 한강 하류 지역 정복(북한산 진흥왕 순수비), 당항성 건설 – 대가야 정복(창녕 신라 진흥왕 척경비), 원산만 진출(마운령 진흥왕 순수비, 황초령 진흥왕 순수비) • 체제 정비 : 화랑도 개편(인재 양성, 국가적 조직으로 정비), 불교 교단 정비(사상 통합 도모), 사정부와 품주 설치, 거칠부의 『국사』 편찬(역사서)
선덕 여왕	고구려와 동맹 시도(김춘추, 실패), 분황사 건립, 황룡사 구층 목탑 건립
진덕 여왕	품주를 집사부와 창부로 분리

신라의 전성기(6세기)

출제 사료 법흥왕의 불교 공인

이차돈이 아뢰기를, "바라건대 신의 목을 베어 여러 사람의 논의를 진정시키십시오."라고 하였다. 왕이 말하기를, "본래 도를 일으키고자 함인데 죄가 없는 사람을 죽이는 것은 옳지 않다."라고 하였다. "만약 도가 행해질 수 있다면 신은 비록 죽어도 여한이 없겠습니다."라고 (이차돈이) 대답하였다.

– 『삼국사기』 –

시험에 자주 등장해요

신라의 주요 왕의 업적을 묻는 문제가 자주 출제됩니다. 특히 지증왕, 법흥왕, 진흥왕의 업적을 구분해서 꼭 기억하세요.

울진 봉평 신라비
울진 지방 주민들의 항쟁을 진압하는 과정이 기록되어 있다. 이를 통해 법흥왕 때 율령의 반포 사실을 확인할 수 있다.

단양 신라 적성비
진흥왕 때 고구려의 적성을 빼앗은 뒤 그 지역 주민을 위로하기 위해 세워졌다.

북한산 신라 진흥왕 순수비
'순수'는 천자가 천하를 돌아다니며 산천에 제사를 지내고 지방의 민심을 살핀다는 의미이다.

창녕 신라 진흥왕 척경비

황초령 신라 진흥왕 순수비

마운령 신라 진흥왕 순수비

⑤ 삼국의 통치 체제

구분	고구려	백제	신라
귀족 회의	제가 회의	정사암 회의	화백 회의
수상	대대로(막리지)	상좌평	상대등
관등	10여 관등	16관등	17관등
중앙	5부	5부	6부
지방	5부	5방	5주

합격생의 비법

귀족 회의
삼국은 각 부의 귀족들이 모인 귀족 회의에서 국가의 중요한 일을 결정하였다. 고구려에는 제가 회의, 백제에는 정사암 회의, 신라에는 화백 회의가 있었다.

⑥ 가야의 성립과 발전

1) 성립 : 변한 12국을 바탕으로 낙동강 하류(김해평야)에서 연맹 왕국 형성

출제 사료	가야의 건국 이야기

북쪽 구지봉(龜旨峯)에 신비한 기운이 있어 사람들이 모이니 하늘에서 나라를 새로 세워 임금을 모시라는 소리가 들렸다. 얼마 후 하늘에서 붉은 보자기에 싸인 금으로 만든 상자가 내려와 열어 보니 황금 알 여섯 개가 있었다. 여섯 알은 얼마 후 어린 아이가 되었는데 첫 번째 아이를 왕으로 모셨다. 세상에 처음 나타났다고 하여 이름을 수로(首露)라고 하였다.

● **출제 포인트 분석**
42년 김해의 구지봉에 황금알이 내려와 6명의 가야국 시조가 탄생하였는데, 그중 금관가야의 시조인 김수로왕은 부족장 9명의 추대를 받아 왕이 되었다.

2) **특징** : 낙랑과 왜를 잇는 중계 무역 발달, 철 생산, 중앙 집권 국가로 발전
하지 못함

3) **가야 세력의 변화**

전기 가야 연맹 **(3세기)**	• 김해의 금관가야를 중심으로 전기 가야 연맹체 형성 • 질 좋은 철 생산 : 무기나 농기구 생산, 화폐로 덩이쇠 사용, 낙랑과 왜에 수출 • 쇠퇴 　– 백제와 신라의 압박, 고구려의 낙랑군과 대방군 점령으로 중계 무역 타격 　– 신라를 후원하는 고구려군의 낙동강 유역 진출 → 낙동강 동쪽 영토 상실 　　→ 금관가야 세력 약화
후기 가야 연맹 **(5세기)**	• 고령의 대가야를 중심으로 후기 가야 연맹체 형성 • 소백산맥 서쪽의 남원 및 하동 지역까지 세력 확장 • 쇠퇴 　– 백제를 막기 위해 신라와 결혼 동맹 체결 → 신라의 결혼 동맹 파기 → 　　백제와 신라의 가야 지역 양분 가속 　– 백제와 신라의 침략으로 세력 약화

합격생의 비법

가야 연맹이 중앙 집권 국가로 발전하지 못한 이유

• 지역적으로 백제, 신라의 중간에 위치하여 백제와 신라의 세력 다툼 때문에 정치 상황이 불안하였다.
• 각 소국들의 독자적 정치 기반이 오래 유지되어 이를 통합하고자 하는 의지가 부족하였다.

시험에 자주 등장해요

가야 연맹 지도와 함께 가야의 발전 내용을 묻는 문제가 자주 출제됩니다. 특히 가야 연맹의 주도 세력, 철의 생산 등 가야 연맹의 특징은 꼭 기억하세요.

가야 연맹

4) **해체** : 금관가야는 신라 법흥왕(532), 대가야는 신라 진흥왕(562)에게
멸망

철로 만든
갑옷과 투구

덩이쇠

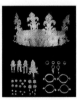

가야 금동관
(지산동 고분 출토)

김해 대성동 고분군

고령 지산군 고분군

❼ 대외 항쟁과 신라의 삼국 통일

1) **6~7세기 동아시아 국제 질서** : 남북 진영과 동서 진영의 형성
① **중국** : 수 문제의 중국 통일(589), 중국 중심의 동아시아 질서 개편
　(고구려와 수·당의 전쟁, 신라와 당의 전쟁 등)
② **한반도** : 신라의 한강 유역 차지로 여·제 동맹 체결, 신라 고립
③ **남북 진영 vs 동서 진영의 대립** : 고구려·돌궐·백제·왜의 남북 진영
　과 신라·당의 동서 진영이 대립 구도 형성

2) **고구려와 수·당의 전쟁**

6세기 말 ~ 7세기의 동아시아
국제 질서

합격생의 비법

을지문덕의 오언시

신기한 책략은 하늘의
원리를 꿰뚫고 / 기묘한
계책은 땅의 이치를 통
달하였도다.
싸움에 이미 이겨 공이
높으니 / 만족함을 알고
그만두기를 바라노라.
　　　　－『삼국사기』－

고구려와 수의 전쟁	• 배경 : 수의 중국 통일로 동아시아 지배 야욕, 돌궐과 고구려의 통교 관계 형성, 수와의 대립 • 경과 : 수와의 대결이 불가피하다 여긴 고구려 영양왕이 요서 지방 선제 공격(598) → 수 문제의 침입(30만 대군의 원정 실패) → 수 양제의 침입 → 살수에서 수군 격파 **빈출**(612, 살수 대첩, 을지문덕) • 결과 : 여러 차례 침입 실패 후 국력 소모와 내란으로 수 멸망(618)
고구려와 당의 전쟁	• 당과의 관계 : 초기 친선 관계 유지, 당 태종 즉위 이후 당의 국력이 강화되면서 팽창 정책 추진 • 고구려의 대응 　－ 국경 지역에 천리장성 축조(630~646), 군사력 강화 　－ 연개소문의 권력 장악(대막리지) : 대당 강경책, 백제의 대야성 공격에 위기에 처한 신라의 구원 요청을 거절 • 당의 침입 : 연개소문의 정변을 구실로 당 태종의 고구려 침입 → 요동성, 백암성 등 함락 → 안시성 싸움 승리(양만춘, 645) → 당 태종 퇴각 • 결과 : 나·당 연합의 계기 마련(648), 고구려의 국력 소모
의의	고구려는 자국의 안전을 도모하였을 뿐 아니라 중국의 한반도에 대한 침략을 저지하였음

시험에 자주 등장해요

고구려와 수·당의 전쟁에
대한 내용이 자주 출제됩니
다. 특히 살수 대첩(을지문
덕)과 안시성 싸움(양만춘)
은 꼭 기억하세요.

출제 사료 | 고구려와 수·당의 전쟁

• **을지문덕의 살수 대첩** : 살수에 이르러 군사가 반쯤 강을 건넜을 때 아군이 뒤에서 적군을 공격하니 … 처음 군대가 요하에 이르렀을 때는 무릇 30만 5천 명이었는데, 요동성으로 돌아간 것은 겨우 2천 7백 명이었다.　　　　－『삼국사기』－
• **안시성 싸움** : 밤낮으로 쉬지 않고 무릇 60일에 50만 인을 동원하여 토산을 쌓았다. … 수백 명이 성이 무너진 곳으로 나가 싸워 마침내 토산을 빼앗아 차지하고 주위를 깎아 지켰다. … 황제가 군사를 돌리도록 명하였다.　　　　－『삼국사기』－

고구려와 수의 전쟁

고구려와 당의 전쟁

합격생의 비법

김춘추(602~661)
당 태종으로부터 군사 지
원을 약속받았으며, 상대등
알천 등의 추대로 진골 출
신 최초로 왕위에 올랐다
(654, 태종 무열왕).

3) 나·당 동맹의 결성 : 신라의 위기(백제 의자왕의 대야성 등 공격) → 신라의 김춘추, 고구려와 왜에 도움 요청, 실패 → 김춘추, 당에 군사 동맹 제의 → 당의 군사 지원 약속 → 나·당 연합군 결성

4) 백제와 고구려의 멸망

① 백제의 멸망(660)

　㉠ 원인 : 의자왕의 실정, 신라와의 전투로 인한 국력 소모, 지도층의 내분

　㉡ 멸망 : 나·당 연합군의 공격, 황산벌에서 계백의 결사대 격파(김유신), 당군의 금강 하구 침입 → 사비성 함락

<table>
<tr><td>출제 사료</td><td>황산벌 전투</td></tr>
</table>

백제 의자왕은 당군과 신라군이 백강과 탄현을 지났다는 소식을 듣고 장군 계백에게 결사대 5천 명을 거느리고 황산으로 가서 신라 군사와 싸우게 하였다.   － 『삼국사기』 －

② 고구려의 멸망(668)

    ㉠ 원인 : 수·당과의 오랜 전쟁으로 국력 소모, <mark>연개소문 사후 지도층의 내분</mark>, 당의 세력 확대로 거란과 말갈족이 당에 복속되어 요동 방어선 약화

    ㉡ 멸망 : 나·당 연합군의 공격 → 평양성 함락

5) 백제와 고구려의 부흥 운동

백제	• 복신, 흑치상지, 도침, 왕자 풍을 중심으로 주류성과 임존성에서 전개 • 왕자 풍을 왕으로 추대 → 주류성 함락, 왜의 수군이 지원(백강 전투) → 나·당 연합군의 진압, 지도층의 내분으로 실패
고구려	• 검모잠과 고연무를 중심으로 왕족 안승을 왕으로 추대하고 한성과 오골성에서 전개 • 신라의 지원으로 안승을 보덕국왕으로 임명(금마저, 익산) • 당은 보장왕을 내세워 고구려 유이민을 회유하려 시도하였으나 실패

6) 신라의 삼국 통일

① 나·당 전쟁

배경	• 당의 한반도 지배 야욕 : 웅진 도독부(백제), 계림 도독부(신라), 안동 도호부(고구려) 설치 • 영토 문제, 유민 포섭 문제로 대립 → 관계 악화
전개	• 신라는 고구려와 백제 유민과 연합하여 당에 대응(당 세력을 축출하기 위해 고구려의 부흥 운동 지원) • 신라의 사비성 공략, 소부리주 설치(671) : 백제 땅에 대한 지배권 확보 • 당의 20만 대군을 매소성에서 격파(매소성 전투), 당의 수군을 금강 하구의 기벌포에서 섬멸(기벌포 전투) → 당군 축출, 대동강에서 원산만에 이르는 영토 확보, 삼국 통일 완성(676)

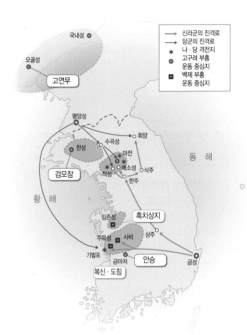

백제와 고구려의 부흥 운동

<table>
<tr><td>출제 사료</td><td>나·당 전쟁</td></tr>
</table>

• 적장 이근행이 군사 20만 명을 이끌고 매소성에 진을 쳤다. 우리 군사가 이를 격퇴하여 전마(戰馬) 3만 380필과 많은 병기를 얻었다.

• 사찬 시득이 수군을 거느리고 소부리주 기벌포에서 설인귀가 이끄는 군대와 싸웠는데 연이어 패배하였다. 그러나 이후 크고 작은 22번의 싸움에서 승리하여 4천여 명을 죽였다.

      － 『삼국사기』 －

나·당 전쟁의 전개

② 삼국 통일(676)
  ㉠ 의의 : 당의 세력을 자주적으로 축출함, 고구려와 백제 문화를 수용하여 **민족 문화 발전의 토대를 마련함**
  ㉡ 한계 : 외세의 협조를 구함, **대동강에서 원산만 이남으로 영토가 한정됨**

⑧ 통일 신라의 발전

1) 통일 이후의 정치적 변화 : 전제 왕권의 강화, 진골 세력(상대등)의 약화, 6두품의 성장

구분	『삼국사기』 (혈통)	『삼국유사』 (왕호)
혁거세~ 지증왕	상대(上代)	상고(上古)
법흥왕~ 진덕 여왕		중고(中古)
무열왕~ 혜공왕	중대(中代)	하고(下古)
선덕왕~ 경순왕	하대(下代)	

신라 시대의 시기 구분

태종 무열왕	• **최초의 진골 출신 왕** → 이후 무열왕계 진골 세력의 왕위 독점 • 집사부 장관인 시중 설치(**상대등 세력 억제**) → 전제 왕권의 기반 마련
문무왕	삼국 통일 완성(676), 나 · 당 전쟁과 삼국 통일에 이바지한 사람에게 식읍과 사전 수여, 지방에 외사정 파견
신문왕	• **전제 왕권 확립** : 김흠돌의 모역 사건(681) 진압, 진골 귀족 세력 숙청, 6두품 세력 성장, 만파식적 · 감은사 · 이견대 등 • **국학 설립** : 유교 교육 기관 → 유교적 정치 이념 표방, 인재 양성 목적 • 지방 제도 정비 : **9주 5소경 조직 완비**(중앙 집권 체제 강화), 주요 군 · 현에 태수와 현령 파견, 외사정 파견 • 군사 조직 정비 : 9서당(중앙군) 10정(지방군) 조직 • 녹읍 폐지 : **관료전 지급**, 귀족의 경제적 기반 약화
성덕왕	• 국학 재정비, 백성에게 **정전 지급**(국가의 토지 지배력 강화 목적) • 당과 활발한 외교 활동 전개
경덕왕	• 국학 기능 강화 : 국학의 명칭을 태학감으로 변경, 박사와 조교 등을 둠 → 유교 교육 강화 • 전제 왕권 동요 : 진골 귀족 세력 반발 → 관료전 폐지, **녹읍 부활** • 불국사 창건, 석굴암 건립, 성덕 대왕 신종 제작
혜공왕	**진골 귀족의 왕위 쟁탈전 전개** 심화

출제 사료 **김흠돌의 모역 사건**

반란의 괴수 흠돌과 흥원, 진공 등은 그들의 재능이 훌륭하여 지위가 올라간 것이 아니며, 관직도 실로 은전에 힘입었다. 그런데도 의롭지 못한 행동으로 관료를 능멸하고 상하를 기만하였으며, 흉악하고 사악한 자들을 끌어 모아 거사일을 정하여 반란을 일으키려 하였다. …… 이제 요사한 무리가 진압되어 근심이 없어졌으니 병사들을 속히 돌려보내고, 사방에 포고하여 이 뜻을 알도록 하라. -『삼국사기』-

2) 통치 체제의 개편

① 중앙 통치 조직 : 왕의 직속 기관인 **집사부** 중심 운영(장관은 **시중**, 국정 책임), 공장부와 예작부 등 13부를 두고 행정 업무 분담, **사정부** 설치(감찰 기구)

② 지방 행정 조직 : 9주 5소경 체제 정비, **외사정** 파견(지방관 감찰), **상수리 제도** 실시(지방 세력 견제)

○ 5소경

9주 5소경

9주	• 주의 장관은 총관에서 도독으로 변화, 주 아래 군과 현을 두고 지방관 파견 • 말단 행정 구역인 촌은 토착 세력인 촌주가 지방관의 통제를 받아 다스림
5소경	• 군사상 · 행정상 요충지에 설치 • 수도 경주가 지역적으로 동쪽에 치우쳐 있는 문제 보완, 피정복민의 불만 무마, **지역의 균형적 발전을 위해 설치**

출제 사료　상수리 제도

거득공이 민정을 시찰하기 위해 거사의 모습을 하고 여러 지방을 거쳐 무진주에 이르니 …… 주의 향리 안길이 그를 비범한 사람이라 생각하고 정성껏 대접하였다. 이튿날 아침 거득공이 떠나면서 말하기를 "나는 서울 사람으로 이름은 단오이며, 집은 황룡과 황성 두 절 사이에 있으니 서울에 올라오면 찾아오라."라고 하였다. 거득공은 서울로 돌아와 재상이 되었다. 나라에서는 매년 각 주의 향리 한 사람을 도성에 있는 여러 관청에 올려 보내 지키게 하였다. 안길이 지킬 차례가 되어 도성으로 왔다. …… "무진주에 사는 안길이 상공을 뵈러 왔습니다."라고 하자 거득공이 쫓아 나와 손을 붙잡고 궁으로 들어가 잔치를 열었다.

− 『삼국유사』 −

● **출제 포인트 분석**

신라는 삼국을 통일한 이후 넓어진 영토와 늘어난 인구를 효율적으로 다스리고 지방 세력을 통제하기 위해 상수리 제도를 실시하였다. 상수리 제도는 각 주의 촌주 1명을 수도의 여러 관청에 보내어 일정 기간 근무하도록 한 제도로, 고려 시대의 기인 제도로 이어졌다.

---

③ 특수 행정 구역 설치 : 향·부곡 설치(반란을 일으킨 지역, 정복 지역 등)

④ 유교 정치 이념 수용 : **국학 설립**(유교 정치 이념 교육), 독서삼품과 실시 **빈출** (원성왕, 관리 채용 시도 → 귀족 반발 실패)

⑤ 군사 조직 개편

9서당 (중앙군)	• 국왕 직속 부대 • 고구려, 백제, 말갈인 등 피정복민 포함 → 민족 융합 정책
10정 (지방군)	9주에 1정씩 배치, 국경 지대인 한주에만 2정 배치

⑥ 민족 융합 정책 실시

ㄱ 백제와 고구려 지배층 편입 : 옛 백제와 고구려의 관리를 골품제 안으로 흡수

ㄴ 지방 제도 정비 : 옛 신라 땅, 고구려 땅, 백제 땅에 3주를 각각 나누어 9주 5소경 설치

ㄷ 군사 제도 정비 : 9서당에 고구려인, 백제인, 신라인, 말갈인까지 포함하여 편성

합격생의 비법

국학의 설립

행정 실무에 뛰어난 관료를 양성하는 데 목적이 있었던 국학에서는 유교 경전과 문학서를 교육하였다. 또한 박사와 조교를 두고 있었으며, 학업 기간은 9년을 원칙으로 하였다.

합격생의 비법

독서삼품과(讀書三品科)

유학 교육 기관인 국학의 학생들을 독서 능력(유교 경전)에 따라 상·중·하로 구분하여 관리로 채용하는 제도이다.

시험에 자주 등장해요

삼국 통일 이후 신라의 통치 체제 정비 내용과 관련된 문제가 자주 출제됩니다. 독서삼품과, 9주 5소경, 상수리 제도는 꼭 기억하세요.

신라 말의 사회 혼란

3) 신라 말의 혼란

① 전제 왕권의 동요 : 내물왕계 진골의 왕위 세습, **혜공왕 피살 이후 왕위 쟁탈전 심화**(150여 년간 20명의 왕 교체) → 왕권 약화, 상대등 세력 강화, 집사부(시중) 권한 약화

김헌창의 난 ⚔빈출 (822)	웅주 도독 김헌창이 자신의 아버지 김주원이 왕위에 오르지 못한 것에 불만을 품고 반란을 일으킴
장보고의 난 (846)	청해진 ⚔빈출을 중심으로 세력을 키운 장보고의 왕위 쟁탈전 가담(딸을 왕비로 세우려다 진골 귀족들의 반대에 부딪힘) → 중앙 정부에 대항하여 반란을 일으켰으나 실패함

② 농민 봉기의 발생

㉠ 배경 : 중앙 정부의 **지방 통제력 약화**, 귀족의 대토지 소유 확대, 국가 재정의 부족으로 과중한 조세 부담, 흉년과 전염병으로 농민 생활 피폐 등

㉡ 농민 봉기 발생 : 정부의 조세 독촉, 과도한 수취 → 도망민 증가, 초적 형성 → 전국적으로 농민 봉기 발생(원종과 애노의 난, 적고적의 난 등)

출제 사료	신라 말 농민 봉기의 발생

- 진성 여왕 3년(889) 나라 안의 여러 주·군에서 공부(貢賦)를 나르지 않으니 창고가 비어 버리고 나라의 쓰임이 궁핍해졌다. 왕이 사신을 보내어 독촉하였지만, 이로 말미암아 곳곳에서 도적이 벌 떼같이 일어났다. 이에 원종과 애노 등이 사벌주(상주)에 의거하여 반란을 일으키니 왕이 나마 벼슬의 영기에게 명하여 잡게 하였다.
- 도적들이 나라의 서남쪽에서 일어났는데, 붉은 바지를 입어서 그들을 적고적(赤袴賊)이라 불렀다. 그들은 주현을 공격하고 수도의 서부 모량리까지 이르렀다.

－『삼국사기』－

합천 해인사 길상탑(경남 합천)
"전쟁과 흉년 두 재앙이 당에서 멈추어 신라로 왔다. 어디고 이보다 나쁜 것이 없었고, 굶어 죽고 싸우다 죽은 시체가 들판에 즐비하였다."라고 탑지에 신라 말의 상황이 기록되어 있다.

③ 새로운 세력의 성장

호족	• 등장 배경 : 왕위 쟁탈전으로 인한 사회 혼란, 중앙의 지방 통제력 약화 • 성장 : 성주나 장군을 칭하며 행정과 군사에 실질적인 지배력 행사, 반독립적 세력으로 성장, 6두품 세력 및 선종 세력과 손잡고 신라 정부에 대항
6두품	• 진골 귀족 중심의 골품제 한계로 관직 승진 제한 → 골품제의 폐단 비판(최치원 등), 유교 정치 이념과 과거제 실시 등 개혁 요구 → 진골 귀족의 반발로 실패 • 신라 말 호족 세력과 결합하여 새로운 사회 건설 모색(최언위, 최승우 등)

최치원

당에 유학하면서 빈공과에 급제한 최치원은 당의 황소의 난 때 '토황소격문'을 지었고, 시문집인 『계원필경』을 저술하였다. 진성 여왕에게 시무책 10여 조를 건의하여 정치를 바로잡으려 노력하였으며, 6두품으로서는 최고의 관등인 아찬에 올랐다. 그러나 그의 정치적 개혁안은 진골 귀족들의 거부로 좌절되었다.

합격생의 비법

호족의 출신 성분

호족의 출신 성분은 토착 촌주 세력, 낙향한 중앙 귀족 세력(김주원, 왕순식), 대외 무역을 통해 성장한 해상 세력(장보고), 군진 세력(견훤), 초적 세력(기훤, 양길, 궁예) 등 다양하였다.

④ 새로운 사상의 유행

선종	교리와 경전을 중시하는 전통적 권위 부정, 깨달음을 얻으면 누구나 부처가 될 수 있다는 주장, 참선과 수행 중시 → 호족의 지원으로 9산 성립, 농민 호응
풍수 지리설	• 산, 하천, 땅이 이루는 형세로 길흉화복이 결정된다는 이론 • 도선과 같은 선종 승려에 의해 보급 → 지방의 중요성 강조 → 호족의 환영

시험에 자주 등장해요

신라 말의 사회 모습을 묻는 문제가 자주 출제됩니다. 특히 원종과 애노의 난, 6두품과 호족 세력, 선종은 꼭 기억하세요.

4) 후삼국의 성립

후백제	• 건국 : 상주 출신 견훤이 완산주(전주)에 도읍(900) • 발전 : 충청도와 전라도 차지, 경제력 바탕으로 군사적 우위 확보, 중국과 외교 관계 체결 • 한계 : 신라에 적대적, 농민에게 과도한 수취, 호족 세력 포섭 실패
후고구려	• 건국 : 신라 왕족 출신 궁예가 송악(개성)에 도읍(901) • 발전 : 철원으로 도읍을 옮기고 국호를 마진 · 태봉으로 고침, 독자적 관제 정비(광평성 등 설치) • 한계 : 호족 탄압, 미륵 신앙을 이용한 전제 정치 → 신망을 잃은 궁예 축출, 왕건을 왕으로 추대
신라	경주 일대의 경상도 지역으로 영토 축소

시험에 자주 등장해요

후삼국의 성립은 자주 출제됩니다. 지도와 함께 견훤과 궁예는 꼭 기억하세요.

후삼국의 성립

남북국 시대

대조영이 고구려 유민과 말갈인을 이끌고 발해를 건국하자 한반도는 남북국의 형세를 이루었다. 조선 후기 실학자 유득공은 『발해고』의 서문에서 한반도 남쪽을 차지한 신라를 남국으로, 고구려의 후예가 고구려 옛 땅에 세운 발해를 북국으로 하는 '남북국 시대론'을 제시하였다.

시험에 자주 등장해요

발해의 고구려 계승 의식 문제가 자주 출제됩니다. 발해가 고구려를 계승한 나라라는 근거를 꼭 기억하세요.

❾ 발해의 성립과 발전

1) 건국

① 배경 : 고구려 멸망 이후 당이 대동강 이북 고구려의 옛 땅 지배, 고구려 유이민의 요서 지역 이주, 거란의 반란을 계기로 당의 통제력 약화

② 건국 : 대조영이 고구려 유민과 말갈인을 이끌고 지린(길림) 성의 동모산 부근에서 건국(698) → 남북국 시대의 성립

③ 발해의 고구려 계승 의식

㉠ 발해의 지배층 대다수가 고구려 유이민이었음

㉡ 일본에 보낸 국서(國書)와 일본에서 발해에 보낸 국서에 '고려' 또는 '고려 국왕'이라는 명칭을 사용함

㉢ 고구려와 문화적 유사성을 보임(모줄임천장 구조, 온돌 양식, 기와 치미 등)

출제 사료	발해의 고구려 계승

- 발해 말갈의 대조영은 본래 고구려의 별종이다. 고구려가 망하자, 대조영은 그 무리를 이끌고 영주로 이사하였다. 696년에 거란 이진충이 반란을 일으켰다. …… 대조영은 마침내 그 무리를 이끌고 동쪽 계루의 옛 땅으로 들어가 동모산에 성을 쌓고 살았다.　　　　　　　－『구당서』－

- 부여씨가 망하고 고씨가 망하자 김씨의 신라가 남쪽에 있고 대씨의 발해가 북쪽에 있으니 이것이 남북국이다. …… 무릇 대씨가 누구인가? 바로 고구려 사람이다. 그들이 차지하고 있던 땅은 어떤 땅인가? 바로 고구려 땅이다.　　　　　　　－유득공, 『발해고』－

- 발해국은 고구려의 옛 땅이다. 그 넓이는 2,000리이고, 주·현의 숙소나 역은 없으나 곳곳에 마을이 있는데, 대다수가 말갈의 마을이다. 백성은 말갈인이 많고 원주민은 적다. 모두 원주민을 마을의 우두머리로 삼는데, 큰 마을은 도독이라고 하고 그 다음 마을은 자사라 한다. 백성들은 마을의 우두머리를 수령이라고 부른다.　　　　　　　－『유취국사』－

고구려의 수막새　　　발해의 수막새　　　고구려의 온돌　　　발해의 온돌

2) 발전

무왕 (대무예)	• 독자적 연호인 '인안' 사용 • 영토 확장 : 동북방의 여러 세력 복속, 북만주 일대 장악 • 당과 대립 : 당의 흑수부 설치(발해를 견제하기 위해 흑수 말갈 포섭), 관리 파견 → 흑수말갈 공격 → 장문휴의 수군이 당의 산둥 지방 공격(732) • 외교 관계 : 돌궐·일본과 연결, 당·신라 견제 → 동북아시아의 세력 균형 유지
문왕 (대흠무)	• 독자적 연호인 '대흥' 사용 • 당과 친선 관계 : 당의 선진 문물과 제도를 수용하여 체제 정비, 주자감(국립 대학) 설치, 상경 용천부에 주작대로 설치 • 신라와의 상설 교통로 개설 : 신라도, 신라와의 대립 해소 • 상경 천도 : 영토 확장에 따라 국토 재편, 권력 기반 강화
선왕 (대인수)	• 독자적 연호인 '건흥' 사용 • 영토 확장 : 말갈족 복속, 요동 지역 진출 → 최대 영역 확보 • 지방 제도 정비 : 5경 15부 62주 • 전성기를 이루며 중국으로부터 '해동성국(海東盛國, 바다 동쪽의 번성한 나라)'이라 불림

발해의 영역

출제 사료 | 발해와 당의 대립

발해의 왕이 말하기를, "흑수말갈이 처음에는 우리에게 길을 빌려 당과 통교하였다. 그런데 지금 당에 관직을 요청하면서 우리에게 알리지 않으니 이는 반드시 당과 함께 우리를 공격하려는 것이다."라고 하였다. 이어 동생 대문예와 외숙부 임아에게 군사를 거느리고 흑수를 공격하도록 명하였다.

– 『구당서』 –

3) 멸망

① 지배층의 권력 다툼으로 쇠퇴 → 거란족의 침입으로 멸망(926)

② 발해 유민의 고려 망명, 후발해·정안국 등 발해 계승 국가 건국

4) 통치 체제

중앙 정치 조직	• 당의 3성 6부 수용 → 명칭과 운영의 독자성 유지 (유교적 성격의 6부 명칭 사용, 정당성 아래 좌사정과 우사정의 이원적 운영) • 정당성의 장관 대내상이 국정 총괄 • 감찰 기구인 중정대, 교육 기관인 주자감, 서적 관리를 담당하는 문적원, 외교 의례를 담당한 사빈시 설치
지방 행정 조직	• 5경 15부 62주 조직 : 전략적 요충지에 5경 설치, 지방을 15부 62주로 나누어 통치, 주 밑에 현 설치 • 부에는 도독, 주에는 자사, 현에는 현승 등 지방관 파견 • 촌락 : 토착 세력이 지배, 말갈인을 촌장으로 임명
군사 조직	• 중앙군 : 10위(왕궁과 수도의 경비) • 지방군 : 해당 지방관이 지휘

합격생의 비법

연호의 사용

연호는 중국을 비롯한 한자를 사용하는 아시아의 군주 국가에서 쓰던 해의 차례를 세는 방법이다. 연호의 사용은 대내적으로 왕권 강화, 대외적으로 중국과의 대등한 지위에 있다는 자주적 성격을 드러내기 위함이다.

합격생의 비법

신라도

발해의 수도 상경을 출발하여 동경과 남경을 거쳐 신라로 이어지는 교통로이다. 오늘날의 동해안을 따라 발해와 신라가 연결되었음을 알 수 있다.

발해의 중앙 관제

5) 대외 관계

① **당과의 관계** : 초기에는 대립 관계였으나 문왕 이후 친선 관계 유지

    ㉠ 8세기 초반(무왕) : 장문휴가 수군을 이끌고 산둥 지방의 덩저우 공격

    ㉡ 8세기 후반(문왕) : 국교 재개, 산둥 반도에 발해관 설치, 책·비단 수입, 사신과 유학생 파견(빈공과 합격)

② **신라와의 관계** : 활발한 교류는 없었으나 때에 따라 사신 교환

    ㉠ 대립 : 당의 요청으로 신라가 발해 공격(733), 쟁장 사건(897), 등제 서열 사건(906)

    ㉡ 친선 : 대조영의 신라 사신 파견(대아찬 부여), 원성왕과 헌덕왕 때 발해에 사신 파견, 신라도 실지, 거란 침입 때 신라에 구원 요청

합격생의 비법

쟁장 사건

897년 당에 간 발해의 사신이 신라 사신보다 윗자리에 앉을 것을 요청하였다가 거절당한 사건이다.

합격생의 비법

등제 서열 사건

906년 신라의 최언위가 발해의 오광찬보다 빈공과의 등제 석차가 앞서자 오광찬의 아버지인 재상 오소도가 아들의 석차를 올려달라고 청하였다가 거절당한 사건이다.

시험에 자주 등장해요

발해의 발전 과정과 통치 체제를 묻는 문제가 자주 출제됩니다. 특히 발해 왕들의 업적(무왕, 문왕, 선왕), 당과 발해의 관계, 당과 신라의 관계, 통치 체제의 특징은 꼭 기억하세요.

출제 사료	발해와 신라의 관계

- 원성왕 6년 3월 사신을 북국(北國)에 보내 빙문(聘問)하였다. …… 요동 땅에서 일어나 고구려의 북쪽 땅을 병합하고 신라와 더불어 경계를 서로 맞대었지만, 교빙한 일이 역사에는 전하는 것이 없었다. 이때에 와서 일길찬 백어를 보내어 교빙하였다.   - 『동사강목』 -
- 헌덕왕 4년 가을 9월 급찬 숭정을 북국(北國)에 사신으로 보냈다.   - 『삼국사기』 -

● **출제 포인트 분석**

    사료의 북국(北國)은 발해를 나타내는 말로, 신라 원성왕과 헌덕왕 때 발해에 사신을 파견하는 등 우호적인 관계를 맺기도 하였다.

③ **일본과의 관계** : 당과 신라의 협공으로 인한 고립에서 벗어나기 위해 발해와 우호적 관계 유지

6) 자주 의식

① **중앙 정치 조직** : 당의 3성 6부를 수용하였으나 독자성을 유지함

② **독자적 연호 사용** : 천통(대조영), 인안(무왕), 대흥(문왕), 건흥(선왕) 등 독자적 연호를 사용하여 왕권 강화를 상징하고 독립국임을 표방함

③ **황상, 황제, 황후 등의 호칭 사용** : 중국과 대등한 지위임을 대외적으로 표방함

02 | 고대의 경제

출제빈도 상 | 중 | 하

❶ 삼국의 경제

1) 수취 체제

조세	재산의 정도에 따라 호(戶)를 나누어 곡물과 포 징수
공물	각 지역의 특산물 징수
역	15세 이상 남자의 노동력 징발(왕궁이나 성, 저수지 등 축조)

2) 경제 활동

① 농업 중심
　㉠ 농업 생산력 증대 : 철제 농기구의 보급, 농사철 부역의 징발 금지, 우경의 확대, 저수지 축조, 황무지 개간
　㉡ 농민 생활 안정 : 흉년에 가난한 백성에게 관청의 곡식 대여(고구려 고국천왕의 진대법)

출제 사료	진대법

겨울 10월에 왕이 질산 남쪽에서 사냥을 하다가 …… 흉년이 들어 부모를 섬길 수 없다며 우는 사람을 보고 다음과 같은 명령을 내렸다. "아아! 내가 백성의 부모가 되어 백성들을 이 지경에 이르게 했으니, 이는 나의 죄다. …… 매년 봄 3월부터 가을 7월까지 관의 곡식을 내어 …… 빌려 주었다가 겨울 10월에 갚게 하는 것을 일정한 법으로 삼도록 하라." － 「삼국사기」 －

② 수공업 발달 : 수공업 제품을 생산하는 관청 설치, 수공업자 배정 → 무기, 장신구 등 필요한 물품 생산
③ 상업 발달 : 대도시 중심 전개, 수도에 시장 설치(신라 금성의 동시), 시장 감독 관청인 동시전 설치(신라 지증왕 때)
④ 무역 전개 : 귀족의 필요에 따라 무역 전개, 주로 공무역 형태

고구려	남북조 및 유목 민족과 교류
백제	남조 및 왜와 활발한 무역 전개
신라	고구려와 백제를 통해 중국과 무역 → 한강의 당항성 확보 이후 직접 교역
가야	낙랑군 및 백제와 왜 사이에서 중계 무역 전개

합격생의 비법

징세 기준
삼국은 생산력이 미약하였으므로 합리적으로 세금을 부과하기 위해 토지보다 사람의 수와 호(戶)를 기준으로 하였다.

합격생의 비법

진대법
고구려 고국천왕 때 국상 을파소의 건의로 실시하였다. 국가가 흉년이나 춘궁기에 농민에게 양곡을 대여해 주고 수확기에 갚게 한 구휼 제도로, 가난한 농민을 구제하여 국가 재정을 확보하고 국방력을 유지하려는 데 목적이 있었다.

시험에 자주 등장해요

고구려의 진대법을 묻는 문제가 자주 출제됩니다. 꼭 기억하세요.

3) 경제생활

귀족	• 자기 소유의 토지와 노비, 국가가 준 녹읍 · 식읍에서 조세 및 노동력 징수, 고리대를 통해 토지와 노비 등 재산 확대 • 화려하고 풍족한 생활 유지(비단, 보석 등)
농민	자기 소유의 토지나 부유한 자의 토지를 빌려 경작 → 조세 부담, 자연재해, 고리대 등으로 몰락(유랑민, 도적 등)

합격생의 비법

녹읍과 식읍
녹읍은 관료에게, 식읍은 왕족이나 공신 등에게 지급된 것으로, 일정한 지역의 조세 수취, 노동력 징발 등의 권리를 부여하였다.

❷ 통일 신라의 경제

1) 경제 정책
① 수취 체제의 정비

조세	통일 이전보다 완화, 농지에서 수확한 생산량의 10분의 1 수취
공물	촌락 단위로 그 지역의 특산물 징수
역	16~60세의 남자 대상, 군역과 요역 부과

합격생의 비법

촌락
10호 가량의 혈연 집단이 거주하는 말단 행정 구역으로, 3~4개의 촌이 합쳐져 하나의 행정촌을 형성한다. 몇 개의 촌을 관리하는 촌주를 통해 국가의 지배를 받았다.

② 토지 제도의 변화 : 왕권과 귀족 간의 세력 변화 파악
ㄱ **관료전 지급**
• 신문왕 때 녹읍 폐지, 식읍 제한 → 관료전 지급
• 노동력을 징발할 수 없어 귀족들의 농민 지배력 약화 → 왕권 강화, 귀족 세력 약화
ㄴ **정전 지급**
• 성덕왕 때 왕토 사상에 근거하여 백성에게 토지 지급
• 농민 경제 안정, 국가의 토지 지배권 강화
ㄷ **녹읍 부활** : 경덕왕 때 진골 귀족의 반발로 부활 → 귀족 세력 견제 실패, 왕권 약화

시험에 자주 등장해요

통일 신라 시대 토지 제도의 변화 내용과 민정 문서를 묻는 문제가 자주 출제됩니다. 특히 신라의 토지 제도가 관료전 지급과 녹읍 폐지 → 정전 지급 → 녹읍 부활의 순서로 변화했다는 사실을 꼭 기억하세요.

> **출제 사료**   통일 신라의 토지 제도
>
> • 문무왕 8년, 김유신에게 식읍을 주었다.
> • 신문왕 7년, 문무 관료전을 지급하되 차등을 두었다.
> • 신문왕 9년, 내외관의 녹읍을 혁파하고 매년 조(租)를 내리되 차등이 있게 하여 이로써 영원한 법식을 삼았다.
> • 성덕왕 21년, 처음으로 백성에게 정전을 지급하였다.
> • 경덕왕 16년, 여러 내외관의 월봉을 없애고 다시 녹읍을 나누어 주었다.
>
>   ―『삼국사기』―

민정문서
1933년 일본 도다이 사(동대사) 쇼소인(정창원)에서 발견된 통일 신라 시대 문서이다. 서원경 부근 4개 촌락을 조사한 일부분으로 토지, 가축, 과실수, 호구(인구수 9등급), 인구(남녀별, 연령별 6등급) 등의 내용이 기록되어 있다.

③ 민정 문서(촌락 문서)의 작성 : 조세, 공물, 부역 징수의 근거
ㄱ 조사 지역 : 서원경 부근의 4개 촌락
ㄴ 조사 주체 : 촌주가 세금을 수취하기 위해 매년 촌락의 변동 사항을 조사하여 3년마다 문서 작성
ㄷ 조사 내용 : 촌의 면적, 호구의 수, 인구의 수, 말과 소의 수, 토지의 종류와 면적, 가축과 과실수의 수 등 기록
ㄹ 의의 : 촌락 단위의 조세 부과는 지방에 대한 중앙 통제력 강화를 보여 줌

2) 경제 활동

① **수공업** : 왕실과 귀족의 생활용품을 생산하는 관청 정비(관청 수공업 중심), 기술자와 노비를 귀속시켜 생산

② **상업** : 농업 생산력의 성장을 토대로 상업 규모 확대, 경주 인구의 증가로 동시·서시·남시 설치, 시장 감시를 위한 시전 설치

③ **무역** : 울산항, 청해진, 영암, 당항성 등의 무역항 번성

당	공무역과 사무역 활발히 전개
일본	초기에는 교류 제한, 8세기 이후 무역 활발
이슬람	이슬람 상인들의 울산항 왕래

④ **장보고의 활동** : 9세기 초 완도에 **청해진** 설치 → 해적 소탕, 남해와 황해의 해상 무역권 장악

⑤ **신라인의 중국 진출** : 당의 산동 반도와 양쯔 강 하류에 **신라방과 신라촌**(신라인의 집단 거주지), **신라소**(신라인의 감독 기관), **신라관**(여관), **신라원**(사찰, 장보고의 법화원) 설치

3) 경제생활

귀족	• 국가에서 지급받은 식읍과 녹읍을 통해 조세와 공물 수취, 노동력 동원 • 물려받은 토지·노비·목장·섬 등 소유, 서민을 상대로 고리대업 성행 • 당과 아라비아에서 수입한 비단, 양탄자, 유리그릇, 귀금속 등 사치품 사용 • 경주 근처에 호화스러운 별장(사절유택) 소유
농민	• 시비법의 미발달로 매년 경작이 어려움, 척박한 토지 소유 → 타인의 토지를 빌려서 경작(수확량의 반 이상을 소작료로 납부) • 8세기 후반 이후 세력가의 수탈과 토지 겸병, 고리대 성행 → 유랑민, 도적으로 전락 • 향·부곡민은 일반 농민보다 더 많은 공물을 부담함

❸ 발해의 경제

1) 수취 체제 : 조세(조·보리·콩 등의 곡물), 공물(특산물), 역(노동력) 징수

2) 경제 활동

① **농업** : 밭농사 중심, 일부 지역에서 벼농사 발달

② **목축과 수렵** : 주요 수출품은 말(솔빈부), 모피·녹용·사향 수출

③ **수공업** : 금속 가공업, 직물업, 도자기업 발달

④ **상업** : 도시(수도인 상경)와 교통 요충지를 중심으로 발달

⑤ **무역**

　㉠ 수출품 : 모피, 인삼, 철, 말, 불상

　㉡ 수입품 : 비단, 서적 등

당	해로와 육로를 통해 무역, 산동 반도의 덩저우에 발해관 설치
일본	한 번에 수백 명이 오갈 정도로 활발함
신라	문왕 때부터 신라도를 통해 교류

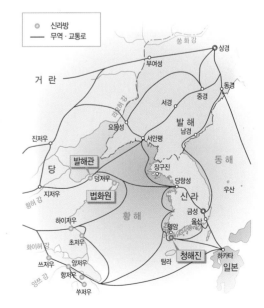

남북국 시대의 무역로

194	676	685	698	874	889	926
고구려, 진대법 실시	신라, 삼국 통일	9주 5소경 정비	발해의 건국	최치원, 빈공과 급제	원종과 애노의 난	발해 멸망

연표

03 고대의 사회

출제빈도 상 | 중 | **하**

고구려 귀족의 모습(안악 3호분)
신분의 차이에 따라 사람의 크기를 다르게 그린 것을 통해 당시 신분 질서가 존재하였다는 사실을 알 수 있다.

❶ 삼국의 사회

1) 신분제 사회의 성립
① 중앙 집권 국가를 확립하는 과정에서 지배층 사이의 위계질서 마련 → 신분제 확립
② 왕족을 포함한 귀족·평민·천민의 신분 구조로 재편

귀족	왕족을 비롯한 옛 부족장 세력이 귀족으로 재편성, 정치권력 장악, 사회적·경제적 특권 유지 → 특권을 유지하기 위해 율령 등 통치 체제 마련
평민	• 대부분 농민, 자유민이지만 정치적·사회적 제약을 받음 • 조세 납부, 노동력 징발, 귀족의 수탈과 고리대 등으로 빈곤한 생활
노비	• 대부분 재산으로 취급, 왕실과 관청 및 귀족에 예속, 자유롭지 못한 신분 • 전쟁 포로, 범죄를 지었을 경우, 귀족에 진 빚을 갚지 못한 경우 → 노비로 전락

2) 삼국의 사회 모습

고구려	• 상무적이고 씩씩한 기풍(산간 지역에서 형성, 대외 정복 활동 전개) • 지배층인 왕족 계루부 고씨, 5부 출신의 귀족 등 + 피지배층은 대부분 자영 농민, 천민과 노비 • 엄격한 형법 적용 : 반역자는 화형(가족은 노비로 삼음), 살인자·적에게 항복한 자·전쟁에서 패한 자는 사형, 도둑질한 자는 12배로 배상(1책 12법) • 혼인 풍습 : 지배층은 형사취수제와 서옥제, 평민은 자유로움 • 진대법 실시 : 고국천왕 때 가난한 농민의 몰락을 방지하기 위해 실시
백제	• 언어·풍속·의복은 고구려와 유사, 상무적 기풍(말타기와 활쏘기), 중국의 선진 문화 수용 • 지배층인 왕족 부여씨와 8성의 귀족 → 중국의 역사책을 즐겨 읽고 관청 실무에 뛰어남, 투호·바둑·장기 등 오락을 즐김 • 엄격한 형법 적용(고구려와 유사) : 반역자·전쟁에서 패한 자·살인자는 사형, 도둑질한 자는 귀양 보내고 2배 배상, 뇌물을 수수하고 공금을 횡령한 자는 3배 배상하고 종신 금고형
신라	• 국가 체제 정비가 가장 늦어 초기 부족 사회의 전통이 오랫동안 유지됨 • 화백 회의 🔺빈출 : 귀족 회의체, 국가의 주요 의사 결정(만장일치제), 왕권 견제 역할 • 골품제 : 혈연에 따라 사회적 제약, 골품에 따라 개인의 정치적·사회적 활동을 엄격하게 제한(승진 상한선, 가옥 규모, 장식물, 복색, 수레 등 일상생활 규제) • 화랑도 : 원시 사회의 청소년 집단에서 기원, 진흥왕 때 국가 차원에서 활동 장려 및 조직 확대(원광의 세속 오계) → 계급 간의 대립과 갈등 조절 및 완화, 인재 양성(삼국 통일에 기여)

4두품에서 백서에 이르기까지는 방의 길이와 너비가 15척을 넘지 못한다. 느릅나무를 쓰지 못하고, 우물천장을 만들지 못하며, 당기와를 덮지 못하고, 짐승 머리 모양의 지붕 장식이나 높은 처마 등을 두지 못하며, 금은이나 구리 등으로 장식하지 못한다. 섬돌로는 산의 돌을 쓰지 못한다. 담장은 6척을 넘지 못하고, 또 보를 가설하지 않으며 석회를 칠하지 못한다. 대문과 사방문을 만들지 못하고, 마구간에는 말 2마리를 둘 수 있다.

— 『삼국사기』 —

(귀신 등이 이르자) 원광법사가 말하기를 "지금 세속 오계가 있으니, 첫째는 임금을 충성으로 섬기는 것이요(사군이충), 둘째는 부모를 효성으로 섬기는 것이요(사친이효), 셋째는 벗을 신의로 사귀는 것이요(교우이신), 넷째는 전쟁에 임하여 물러서지 않는 것이요(임전무퇴), 다섯째는 살아있는 것을 죽일 때는 가려서 죽여야 한다는 것이니(살생유택), 그대들은 이를 실행함에 소홀하지 말라."라고 하였다.

— 『삼국사기』 —

② 통일 신라의 사회

1) 민족 융합 정책

① 백제와 고구려 귀족에게 관직 수여

② 9주 설치 때 고구려와 백제의 옛 땅에 3개 주씩 할애

③ 중앙군 9서당에 백제와 고구려 유민들을 포함하여 편성

2) 골품제의 변화 : 통일 이후 골품제 유지(성골 소멸, 3~1두품의 평민화)

진골 귀족 중심	중앙 관청의 관직 독점, 국가의 중대사 결정
6두품의 성장	• 신라 중대 : 종교 활동, 학문적 식견, 실무 능력을 바탕으로 전제 왕권 보좌, 진골 귀족 세력 견제 → 신분적 제약으로 중앙 관청의 우두머리나 지방 장관은 되지 못함 • 신라 하대 : 도당 유학생 증가(숙위 학생), 골품제의 한계로 호족 세력 · 선종 승려와 결합하여 반신라적 성향을 지님(골품제 비판, 새로운 정치 이념 제시)
3~1두품	평민과 동등하게 간주됨

3) 신라 말의 사회 모순

지배층	금입택에서 많은 노비와 사병을 거느리고 생활, 안압지(동궁과 월지)에서 향락 생활, 국제 무역을 통해 수입한 사치품 선호
피지배층	자영농 몰락, 농민의 조세 부담 증가 → 원종과 애노의 난, 적고적의 난 등 농민 봉기 확산

안압지(동궁과 월지)에서 출토된 주사위(주령구)

1975년 경주 안압지(동궁과 월지)에서 발견된 14면체 주령구에는 '한꺼번에 세 잔 마시기', '혼자 노래 부르고 혼자 마시기', '얼굴 간질여도 꼼짝하지 않기' 등 여러 가지 벌칙이 새겨져 있다. 이를 통해 당시 신라 귀족들의 놀이 문화를 짐작할 수 있다.

골품제

중앙 집권 국가로 발전하는 과정에서 족장 세력을 중앙의 지배 체제 속으로 편제하면서 골품제가 성립되었다. 골품제는 성골, 진골의 골제와 6~1두품의 두품제로 구성되었으며, 골품에 따라 관등 승진의 상한선이 결정되고 관직에 임명되었다. 특히 혈연에 따라 사회적 제약이 있었고, 혼인, 가옥, 의복, 우마차 장식 등 일상생활까지 규제하였다.

시험에 자주 등장해요

삼국의 사회 모습에 대해 묻는 문제가 자주 출제됩니다. 특히 신라의 골품제와 화랑도는 꼭 기억하세요.

합격생의 비법

9서당

통일 신라의 중앙군으로, 고구려와 백제인은 물론 말갈인까지 포함하여 민족을 통합하고자 노력하였다.

시험에 자주 등장해요

통일 신라 말의 사회 모순을 묻는 문제가 자주 출제됩니다. 특히 호족의 등장, 6두품 세력의 골품제 비판, 농민 봉기의 발생은 꼭 기억하세요.

- 최치원이 서쪽으로 당에 가서 벼슬을 하다가 고국에 돌아왔는데 전후에 난세를 만나서 처지가 곤란하였으며 걸핏하면 모함을 받아 죄에 걸리게 했으므로 스스로 때를 만나지 못한 것을 한탄하고 다시 벼슬할 뜻을 두지 않았다. 그는 세속과 관계를 끊고 자유로운 몸이 되어 숲속과 강이나 바닷가에 정자를 짓고 소나무와 대나무를 심으며 책을 벗하여 자연을 노래하였다.

- 설계두는 신라 귀족 가문의 자손이었다. 일찍이 친구 네 사람과 모여 술을 마시면서 각자 자기의 뜻을 말하였는데, 계두는 이렇게 말하였다. "신라에서 사람을 등용하는 데 골품을 따져 그 족속이 아니며, 큰 재주와 뛰어난 공이 있어도 한계를 넘을 수 없다. 원컨대 서쪽 중국으로 가서 세상에서 보기 드문 지략을 드날려 특별한 공을 세워 내 힘으로 영광스런 관직에 올라 의관을 차려입고 칼을 차고서 천자의 측근에 출입하면 만족하겠다." 무덕(武德) 4년 신사에 몰래 배를 따라 당나라에 들어갔다.

　　　　　　　　　　　　　　　　　　　　　　　　　　　　　　　　　－ 『삼국사기』 －

❸ 발해의 사회

1) 사회 구조

지배층	• 대씨(왕족), 고씨(귀족) 등 고구려계가 다수를 차지함, 말갈계는 일부임 • 품계의 높낮이에 따라 지위나 대우, 복색이 달랐음
피지배층	• 말갈인이 다수를 차지함, 토착 세력이 말갈인을 다스림 • 국가에 조세를 내고 노동력을 제공함

합격생의 비법

빈공과
당에서 외국인을 대상으로 실시한 과거 시험이다. 신라인과 발해인이 대거 합격하여 당의 관리로 진출하였다.

2) 당과의 교류 : 당에 유학생 파견, 빈공과 응시, 당의 제도와 문화 수용

3) 사회 모습 : 지방 촌락은 토착 세력인 말갈인 수령이 다스림(말갈인의 전통 인정), 고구려와 말갈 사회의 전통적인 생활 모습 유지

04 | 고대의 문화

출제 빈도 **상** | 중 | 하

① 고분과 고분 벽화

1) 고분 양식

① **돌무지무덤** : 돌을 정밀하게 쌓아 올린 무덤(고구려와 백제 초기)

② **굴식 돌방무덤** : 돌로 널방을 짜고 그 위에 흙으로 덮어 봉분을 만든 무덤
→ 널방의 벽과 천장에 벽화를 그림

③ **벽돌무덤** : 중국 남조의 영향, 널방을 벽돌로 쌓은 무덤

④ **돌무지덧널무덤** : 지상이나 지하에 시신과 껴묻거리를 넣은 나무덧널을
설치하고, 그 위에 냇돌을 쌓은 다음 흙으로 덮은 무덤 → 도굴이 어려움
(껴묻거리 다수 발견), 벽화는 그릴 수 없음

굴식 돌방무덤

2) 고분의 변화

고구려	초기 : 돌무지무덤(장군총, 계단식) → 후기 : 굴식 돌방무덤(벽화 발달, 강서대묘 · 무용총)

백제	• 한성 시대 : 돌무지무덤(계단식, 석촌동 무덤) → 백제 건국 설화 뒷받침(건국 세력이 고구려 계통임을 보여 줌)
	• 웅진 시대
	  – 굴식 돌방무덤(송산리 고분군 : 사신도 · 일월도 같은 벽화 있음)
	  – 벽돌무덤(무령왕릉 : 중국 남조의 영향, 오수전 · 매지권 · 지석 · 금제 관장식 등 출토)
	
	오수전 지석 금제 관장식
	
	• 사비 시대 : 굴식 돌방무덤(능산리 고분군 : 규모가 작음, 벽화 있음)

신라	돌무지덧널무덤 유행(벽화 없음, 도굴 어려움) → 천마총(천마도 발견), 황남대총(금관 출토)
통일 신라	• 불교의 영향으로 화장 유행 • 굴식 돌방무덤 : 규모가 작음, 둘레돌, 12지신상 조각(김유신 묘, 괘릉 등)
발해	• 정혜 공주 무덤 : 굴식 돌방무덤, 모줄임천장 구조(고구려의 영향), 돌사자상 출토 • 정효 공주 무덤 : 벽돌무덤, 당과 고구려 양식 결합, 묘지와 벽화 출토

돌무지덧널무덤

천마도
자작나무 껍질을 겹쳐 만든 말의 가리개에 하늘을 나는 천마를 그렸다.

시험에 자주 등장해요

삼국의 고분에 대한 문제가 자주 출제됩니다. 특히 각국의 시대별 고분 양식과 특징은 꼭 기억하세요. 장군총, 무령왕릉은 사진도 함께 알아두세요.

장군총(고구려)

석촌동 무덤(백제)

무령왕릉(백제)

황남대총(신라)

괘릉(통일 신라)

정효 공주 무덤(발해)

시험에 자주 등장해요

고구려 굴식 돌방무덤의 벽과 천장에 벽화가 그려져 있다는 사실을 꼭 기억하세요. 벽화를 통해 생활, 문화, 종교 등을 짐작할 수 있습니다. 특히 신라의 천마도는 벽화가 아님을 알아두세요.

3) 고구려의 고분 벽화

① 당시 고구려인들의 생활, 문화, 종교 등을 알 수 있음
② 초기 : 무덤 주인의 생활을 표현함(내세·재생과 관련된 생활도와 행렬도, 종교를 나타내는 일월성신도와 불교도 등)
③ 후기 : 추상적·상징적 그림으로 변화(사신도 일색)

안악 3호분(황해도)	지배층의 행렬 모습, 마구간·우물·부엌 등 가옥 모습
쌍영총(평안남도)	기마인물도, 예불행렬도, 사신도(도교), 불교 공양도
각저총(만주)	씨름도, 별자리 그림
무용총(만주)	무용도(춤추는 그림), 수렵도
강서대묘(평안남도)	사신도(도교의 영향, 가장 우수한 사신도)
오회분(만주)	사신도, 일월성신도(남성 모습의 해의 신과 여성 모습의 달의 신), 불의 신·대장장이신·수레바퀴신 등 여러 신의 모습

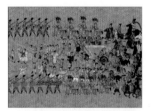
안악 3호분 대행렬도

쌍영총 말 탄 무사

각저총 씨름도

무용총 무용도

강서대묘 현무도

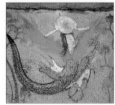
오회분 달의 신

❷ 학문의 발달과 역사 편찬

1) 유학의 발달

① 한자의 사용

ㄱ 중국의 영향을 받아 한자 사용, 각종 행정 업무 수행 및 외교 문서 작성

ㄴ 한문의 토착화 : 한자를 우리말 순서대로 배열, 이두와 향찰을 만들어 사용함

② 교육 기관의 설립

ㄱ 삼국의 교육

고구려	태학(수도, 유교 경전과 역사서 교육), 경당(지방, 한학과 무술 교육)
백제	오경박사(유교 경전), 의박사(의학), 역박사(천문 · 역법) → 유교 경전과 기술학 교육
신라	화랑도(세속 오계), 청소년들의 유교 경전 학습(임신서기석)

ㄴ 통일 신라와 발해의 교육

통일 신라	국학	• 설립 : 신문왕 때 → 경덕왕 때 태학감으로 개칭 • 목적 : 유교 이념에 입각한 인재 교육 및 양성 • 교육 : 9년간, 박사와 조교를 둠, 『논어』와 『효경』 등 유교 경전이 필수 과목 → 충 · 효 일치의 윤리 강조
	독서 삼품과	• 시기 : 원성왕 때 • 목적 : 골품보다 실력 위주의 인재 등용 • 내용 : 유교 경전의 이해 수준에 따라 관리 등용, 성적을 3등급(상 · 중 · 하)으로 나누어 선발 → 학문과 유교 보급에 기여 • 한계 : 진골 귀족 세력의 반발로 제대로 시행되지 못함
	발해	• 주자감 설치, 귀족 자제에게 유교 경전 교육 • 당에 유학생 파견, 빈공과 합격자 다수 배출

③ 유학자의 배출 : 주로 6두품 출신

김대문	『화랑세기』(화랑들의 전기), 『한산기』(지리지), 『고승전』(승려들의 전기) 저술 → 신라 문화를 주체적으로 인식
최치원 (빈출)	• 6두품 출신 도당 유학생(숙위 학생) → 빈공과 급제, 문장가로 유명('토황소격문'), 귀국 후 진성 여왕에 사회 개혁안 10여 조 건의(수용×) • 『계원필경』 저술 : 현존하는 최고(最古)의 문집
강수	6두품 출신, 외교 문서 작성에 능함(청방인문표, 답설인귀서 등) → 무열왕과 문무왕의 통일 사업 보좌
설총	• 6두품 출신, 이두 정리 • 『화왕계』 저술 : 국왕에 조언, 유교적 도덕 정치 강조

④ 발해의 수준 높은 한문학 발달

    ⊙ 정혜 공주 무덤과 정효 공주 무덤에서 세련된 4·6변려체 문장 구사

    ⓒ 함화 4년명 비상에 조상의 공덕을 세련된 문장으로 표현

    ⓒ 한시에 능한 인물이 많음(양태사, 왕효렴 등)

2) 역사서 편찬

① 목적 : 대외적으로 나라의 정통성과 권위 과시, 백성의 충성심 유도

② 편찬

고구려	『유기』 → 『신집』 5권(영양왕 때 이문진이 정리)
백제	『서기』 : 근초고왕 때 고흥이 편찬
신라	『국사』 : 진흥왕 때 거칠부가 편찬

❸ 불교의 수용과 발전

1) 불교의 수용

① 배경 : 4세기 지방 세력을 통합하고 중앙 집권 체제를 강화하는 과정에서 수용, 왕권을 뒷받침하기 위한 사상으로 수용

② 역할 : 왕실 불교(국가 불교) → 국가 정신 확립, 왕권 강화의 사상적 뒷받침, 호국적 성격(국가의 발전), 선진 문화 수용에 기여

③ 삼국의 수용

시험에 자주 등장해요

삼국의 불교 수용 과정을 묻는 문제가 자주 출제됩니다. 고구려와 백제는 중국에서 수용하였고, 신라는 고구려로부터 전래되어 이차돈의 순교로 공인되었음을 꼭 기억하세요.

고구려	• 소수림왕 때 중국 전진에서 수용(순도, 372) • 격의불교 → 삼론종, 섭론종 → 천태종, 열반종(백제와 신라 불교에 영향)
백제	• 침류왕 때 중국 동진에서 수용(마라난타, 384) • 귀족의 주도로 수용, 중국의 선진 문화 수용, 계율종 성행, 호국적 성격(왕흥사, 미륵사 건립)

신라	• 눌지왕 때 고구려로부터 전래 → 법흥왕 때 이차돈의 순교로 공인(527)
	• 불교 공인 이후 왕즉불 사상 유행, 불교식 왕명 사용, 미륵불 신앙 유행, 업설 전파
	  – 미륵불 신앙 : 미륵불 신앙은 미륵불이 나타나 이상적인 불국토를 건설한다는 사상, 신라인들은 화랑을 미륵불의 화신으로 여기기도 하였음
	  – 왕즉불 사상 : 삼국은 '왕이 곧 부처'라는 사상을 내세워 왕권 강화, 불교가 왕권과 밀착되어 성행하였음을 알 수 있음
	  – 업설 : 사람이 행위에 따라 업보를 받는다는 이론, 왕과 귀족의 우월한 지위는 선한 공덕을 많이 쌓은 결과로 보아 그들의 권위와 특권을 인정함
	• 선덕 여왕 때 황룡사 구층 목탑 건립

이차돈의 순교비

2) 불교 사상의 발달

① 통일 신라의 불교 대중화

원효	• 화쟁 사상 : 모든 것이 한 마음에서 나온다는 일심(一心) 사상을 바탕으로 다른 종파들과의 사상적 대립 해소, 『대승기신론소』, 『금강삼매경론』, 『십문화쟁론』 저술 • 아미타 사상 : 불교의 대중화를 위해 보급, '나무아미타불' 염불을 하면 누구나 극락정토에 간다는 정토 신앙 바탕
의상	• 화엄종 : '화엄일승법계도'로 체계화, 모든 것은 상호 의존적이고 조화를 이루고 있다는 내용 • 관음 신앙 : 관세음보살에 기대어 현세에서의 고난을 구원 받고자 염원함
혜초	인도와 서역 순례, 『왕오천축국전』 저술
원측	당에서 활약, 중국 법상종 비판, 유(有)와 공(空)의 조화를 중시하는 법상종의 시조

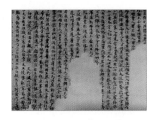

『왕오천축국전』
신라 승려 혜초가 인도와 서역을 순례하고 쓴 여행기로 프랑스의 탐험가 펠리오가 둔황 석굴에서 발견하였다. 현재 원본은 프랑스 파리국립도서관에 소장되어 있다.

합격생의 비법

화엄일승법계도
화엄 사상의 핵심적인 내용을 7언(言) 30구(句) 210자(字)로 요약하여 상징적인 정사각형 도안에 새겨 넣었다. 가장 핵심은 '하나가 전체요, 전체가 하나다.'라는 구절이다. 통일 직후 신라 사회를 통합하는 데 이바지하였다.

② 발해의 불교 : 왕실과 귀족 중심으로 성행, 문왕은 전륜성왕(무력 없이 전 세계를 통일하여 정법으로 통치하는 속세의 이상적인 왕) 자처, 수도 상경에서 10여 개의 절터와 불상 발견

3) 신라 말 선종의 유행

① 전래 : 삼국 통일 전후 전래 → 신라 말 유행
② 교리 : 구체적 실천 수행을 통한 깨달음 중시, 참선 강조
③ 발전 : 지방 호족 세력과 결탁하여 확산, 각 지역에 근거지 마련(9산 선문 성립), 승탑(부도) 제작
④ 영향 : 지방 문화 발달에 기여, 고려 왕조 건설의 사상적 바탕 마련

시험에 자주 등장해요

통일 신라 시기 불교 사상의 발달을 묻는 문제가 자주 출제됩니다. 특히 원효와 의상의 업적을 구분해서 꼭 기억하세요.

쌍봉사 철감선사 승탑 (전남 화순)
승려들의 사리를 담은 묘탑으로 기단부, 탑신부, 상륜부로 구성되어 있다. 특히 기단과 탑신, 옥개석이 8각형으로 된 팔각원당형이 전형적인 부도 형식이다. 대표적인 부도로 쌍봉사 철감선사 승탑이 있다.

9산 선문

구분	교종	선종
특징	불경, 교리 중시	참선, 수양 중시
분파	5교	9산
지지 세력	왕실, 중앙 귀족	지방 호족, 6두품
융성 시기	신라 중대	신라 하대
예술	조형 미술 발달	승탑(부도) 제작, 탑비 유행

교종과 선종의 비교

❹ 도교와 풍수지리설

1) 도교

① 내용 : 산천 숭배, 신선 사상과 결합 → 불로장생과 현세구복 추구, 귀족
사회를 중심으로 발달

② 발전

고구려	연개소문이 불교 억압을 위해 장려, 고분 벽화에 그린 도교의 방위신인 사신도
백제	산수무늬 벽돌, 사택지적비, 무령왕릉 지석(매지권), 금동 대향로(신선이 사는 이상 세계 표현)
신라	화랑을 국선 · 풍월이라 칭함, 귀족 문화에 대한 반발로 도교와 노장 사상 확산
통일 신라	12간지, 경주 동궁과 월지(신선 사상과 불로장생)
발해	정효 공주 무덤 비문(불로장생 사상)

사택지적비

부여에서 발견된 백제의 비석으로 늙어가는 것을 한탄하며 불교에 귀의한다는 문장이 새겨져 있다. 노장 사상이 세련된 문자로 표현되어 있음을 보여 준다.

백제 금동 대향로   산수무늬 벽돌   사신도(백호)

2) 풍수지리설

① 수용 : 통일 신라 말 선종 승려 도선 등에 의해 전래

② 내용 : 산세와 지세, 수세를 살펴 도읍, 주택, 묘지 등을 선정하는 인문 지
리적 학설 → 신라 말 선종, 유학과 함께 새로운 사회를 건설하려는 사상
적 기반이 됨

③ 영향 : 경주 중심의 지리 개념에서 벗어나 지방의 중요성 자각 → 지방 중
심의 국토 재편성 주장, 신라 정부의 권위 약화

❺ 과학 기술의 발달

1) 천문학

① 배경 : 농경과 밀접한 관련이 있다고 인식, 왕의 권위를 하늘과 연결하여
중요시함

② 내용 : 천체와 천문 현상 관측 → 별자리를 그린 천문도 제작(고구려),
첨성대 축조(신라 선덕 여왕)

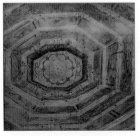 

고구려 고분 벽화(천문도)   첨성대(신라)

2) 수학 : 정밀한 수학적 지식 활용

고구려	고분의 석실이나 천장의 구조
백제	정림사지 오층 석탑 🌿빈출
신라	황룡사 구층 목탑
통일 신라	석굴암의 구조, 불국사 삼층 석탑(석가탑)과 다보탑

3) 금속 기술

고구려	고분 벽화의 철의 제련 모습
백제	칠지도, 금동 대향로
신라	금관, 금귀고리 등 제작
통일 신라	성덕 대왕 신종(아연이 함유된 청동으로 제작) 등

칠지도(백제)

금관(신라)

성덕 대왕 신종(통일 신라)

4) 인쇄술 및 제지술
① 배경 : 불교 문화의 발달 → 불교 경전을 인쇄하기 위한 인쇄술과 제지술 발달 → 통일 신라의 기록 문화 발전에 기여
② 목판 인쇄술 : 8세기 무구정광대다라니경 제작(불국사 삼층 석탑에서 발견) → 현존하는 세계 최고(最古)의 목판 인쇄물
③ 제지술 : 불경 인쇄 목적, 닥나무를 원료로 하는 질 좋은 종이 생산

❻ 조형 예술

1) 건축 : 궁궐과 사원 건축 → 당시의 불교 문화와 귀족 문화 확인

삼국	안학궁(고구려), 궁남지 · 미륵사(백제), 황룡사(신라) 등
통일 신라	경주 불국사와 석굴암, 안압지(동궁과 월지), 이견대 등
발해	상경 용천부(당의 장안성 모방 건설, 온돌 장치 발견)

2) 탑 : 부처의 사리 봉안

삼국	• 초기에는 목탑이 유행하였으나 점차 석탑으로 변화 • 고구려 : 주로 목탑 건립, 현존하는 탑 없음 • 백제 : 익산 미륵사지 석탑(목탑 양식의 석탑), 부여 정림사지 오층 석탑(균형과 간결의 미, 우리나라 석탑 양식의 기틀 마련) • 신라 : 경주 황룡사 구층 목탑(호국 불교 성격, 몽골 침입 때 소실), 경주 분황사 모전 석탑(석재를 벽돌 모양으로 만들어 축조)

통일 신라	• 중대 : 이중 기단 위에 3층으로 쌓는 양식 유행 → 경주 감은사지 삼층 석탑, 경주 불국사 삼층 석탑(석가탑), 경주 불국사 다보탑(복잡하고 화려함) • 하대 : 양양 진전사지 삼층 석탑(기단과 탑신에 부조로 불상 조각), 화엄사 사사자 삼층 석탑, 선종의 유행으로 승탑(팔각원당형)과 탑비 유행
발해	벽돌로 만든 전탑 유행(영광탑)

시험에 자주 등장해요

삼국 시대와 남북국 시대의 탑을 제시하고 시대를 묻는 문제가 자주 출제됩니다. 특히 부여 정림사지 오층 석탑, 경주 불국사 삼층 석탑, 경주 감은사지 삼층 석탑은 사진과 함께 꼭 기억하세요.

익산 미륵사지 석탑(백제)

부여 정림사지 오층 석탑(백제)

경주 분황사 모전 석탑(신라)

경주 불국사 삼층 석탑
(통일 신라)

경주 불국사 다보탑
(통일 신라)

양양 진전사지 삼층 석탑
(통일 신라)

구례 화엄사 사사자 삼층 석탑
(통일 신라)

경주 감은사지 삼층 석탑
(통일 신라)

영광탑(발해)

3) 불상

삼국	• 금동 미륵보살 반가사유상 제작 → 일본에 영향 • 고구려 : 금동 연가 7년명 여래 입상(중국 북조 양식 모방) • 백제 : 서산 용현리 마애여래 삼존상(백제의 미소로 불리는 온화한 미소 표현) • 신라 : 경주 배동 석조여래 삼존 입상
통일 신라	• 중대 : 석굴암 본존불상과 보살상(균형미가 뛰어난 불상 제작) • 하대 : 철불의 등장, 마애석불 유행 등
발해	고구려 양식 계승(상경과 동경의 절터에서 발굴), 이불 병좌상 발견

금동 미륵보살 반가사유상
(삼국)

금동 연가 7년명 여래 입상
(고구려)

서산 용현리 마애여래 삼존상
(백제)

경주 배동 석조여래 삼존 입상(신라)

석굴암 본존불상(통일 신라)

이불 병좌상(발해)

4) 석조

통일 신라	법주사 쌍사자 석등(단아함, 균형미)
발해	석등, 벽돌과 기와 무늬(고구려의 영향), 치미, 돌사자상 등

법주사 쌍사자 석등

발해 석등

발해 돌사자상

합격생의 비법

금동 미륵보살 반가사유상

미륵보살은 미래에 부처로 태어나 중생을 구제하기로 전해져 있는 보살로 미륵보살 반가상은 이를 형상화한 것이다. 특히 국보 제83호 금동 미륵보살 반가사유상은 뛰어난 조각 수법으로 눈, 코, 입 등이 뚜렷하게 조각되어 있다.

합격생의 비법

금동 연가 7년명 여래 입상

국보 제119호로 지정된 연가 7년명 금동 여래 입상은 전체 높이가 16.2cm로 작은 금동 불상이어서 이동이 쉽기 때문에 조각 양식 등 전파에 가장 중요한 매개체였다.

시험에 자주 등장해요

문화 부분에서 불상 문제는 자주 출제됩니다. 각국의 대표적인 불상의 모습은 사진과 함께 꼭 기억하세요. 특히 금동 미륵보살 반가사유상, 석굴암 본존불상, 이불 병좌상은 꼭 알아두세요.

합격생의 비법

치미

고대의 목조 건축에서 용마루의 양 끝에 높게 부착하던 장식 기와이다.

❼ 글씨, 그림, 음악

1) 글씨 : 신라 김생의 독자적 서체 개발(질박하고 굳셈)

2) 그림 : 신라 천마총의 천마도, 솔거의 황룡사 벽화

3) 음악 : 고구려 왕산악의 거문고 제작, 신라 백결선생의 방아타령, 가야 우륵의 가야금 제작(신라에 귀화)

❽ 고대 국가의 대외 교류

1) 삼국과 가야의 대외 교류

삼국 문화의 일본 전파

중국과 일본	• 고구려 : 고분 벽화에 중국 신화에 등장하는 신이나 동물 모습이 그려짐, 중국 궁중에서 고구려악 연주, 고구려 무용 공연 • 백제 : 풍납 토성에서 중국 동진과 남조의 영향을 받은 토기 발견, 남조의 영향을 받은 벽돌무덤 양식(웅진 시기), 북위와 일본에 음악 소개
서역	• 고구려 : 서역 계통의 인물이 고분 벽화에 등장(각저총 벽화의 서역인, 아프라시아브 궁전 벽화의 고구려 사신) • 신라 : 서역의 유리그릇, 금제 장식 보검, 뿔 모양 잔 등이 무덤에서 출토 • 가야 : 중국계 청동 거울, 유라시아 지역의 청동솥이 무덤에서 출토

2) 고대 문화의 일본 전파

고구려	• 담징 : 종이와 먹의 제조 방법 전수, 호류 사지 금당 벽화 • 혜자 : 일본 쇼토쿠 태자의 스승 • 다카마쓰 고분 벽화는 수산리 고분 벽화의 영향을 받음
백제	• 아직기 : 일본의 태자에게 한자를 가리킴 • 왕인 : 천자문과 논어 전수 • 노리사치계 : 성왕 때 불경과 불상 전수 • 오경박사, 의박사, 역박사, 화가, 공예 기술자 등 파견 → 백제 가람 양식, 목탑 건립 등
신라	배 만드는 기술과 제방 쌓는 기술 전파 → '한인의 연못'
가야	토기 제작 기술 전수(스에키 토기)
통일 신라	• 유교 문화 전파 → 하쿠호 문화 성립에 기여 • 화엄 사상 전파 → 일본 화엄종 성립에 기여
발해	일본 궁중에서 발해의 음악 연주

합격생의 비법

삼국 문화 전파의 영향

삼국이 일본에 선진 기술과 문화를 전파하여 야마토 조정이 성립되었고, 일본 아스카 문화 형성에 이바지하였다. 또한 호류 사의 백제 관음상, 고류 사 목조 미륵보살 반가사유상 등 일본 국보에 영향을 주었다.

고구려 수산리 고분 벽화

다카마쓰 고분 벽화

01 (가)~(다)를 일어난 순서대로 옳게 나열한 것은?
47회 2번

고구려의 발전 과정

(가) 영락 연호 사용
(나) 태학 설립
(다) 평양 천도

① (가)-(나)-(다) ② (가)-(다)-(나)
③ (나)-(가)-(다) ④ (다)-(나)-(가)

정답 ③

해설 (가) 광개토 대왕은 요동 지역을 정복하고, 신라에 침입한 왜를 물리치면서 한반도 남부 지역까지 영향력을 확대하였다. 또 '영락'이라는 연호를 사용하였다.
(나) 소수림왕은 국립 교육 기관인 태학을 설립하고, 율령을 반포하여 체제를 정비하였다. 또 불교를 수용하여 사상을 통합하였다.
(다) 장수왕은 남진 정책을 추진하여 국내성에서 평양으로 천도하였다. 또 백제를 공격하여 한성을 함락시키고, 한반도 중부 지역까지 영토를 확장하였다.
따라서 일어난 순서는 (나)-(가)-(다) 순이다.

02 밑줄 그은 '이 나라'에 대한 설명으로 옳은 것은?
49회 3번

> 호암사에는 정사암이 있다. 이 나라에서 장차 재상을 의논할 때에 뽑을 만한 사람 서너 명의 이름을 써서 상자에 넣고 봉하여 바위 위에 두었다가, 얼마 후에 열어 보아 이름 위에 도장이 찍힌 자국이 있는 사람을 재상으로 삼았기 때문에 정사암이라고 하였다.
> ― 『삼국유사』 ―

① 22담로를 두었다.
② 국학을 설립하였다.
③ 진대법을 실시하였다.
④ 골품제라는 신분제가 있었다.

정답 ①

해설 제시된 자료를 통해 밑줄 그은 '이 나라'가 백제임을 알 수 있다. 백제는 호암사에 있는 정사암에서 정치를 논의하고 재상을 뽑았다. ① 백제 무령왕은 지방에 22담로를 두고 왕족을 관리로 파견하였다.

오답 피하기
② 통일 신라 신문왕 때 국학을 설립하였다.
③ 고구려 고국천왕 때 진대법을 실시하였다.
④ 신라에는 혈연에 따라 사회적 제약이 있는 골품제라는 신분제가 있었다.

03 다음 가상 인터뷰에 등장하는 왕으로 옳은 것은?
47회 4번

이차돈의 순교를 계기로 불교를 공인하셨습니다. 이후 어떠한 일들을 하셨나요?

금관가야를 병합하여 영토를 넓혔습니다.

① 성왕
② 법흥왕
③ 지증왕
④ 근초고왕

정답 ②

해설 제시된 가상 인터뷰에 등장하는 '왕'이 신라 법흥왕임을 알 수 있다. 신라 법흥왕은 율령을 반포하고 공복을 제정하였으며, '건원'이라는 연호를 사용하였다. 또 이차돈의 순교를 계기로 불교를 공인하였고, 김해의 금관가야를 병합하여 영토를 넓혔다.

오답 피하기
① 백제 성왕은 사비로 천도하고, 국호를 남부여로 변경하는 등 백제 중흥을 위해 노력하였다.
③ 신라 지증왕은 마립간에서 왕으로 왕의 칭호를 변경하였고, 국호를 신라로 정하였다.
④ 백제 근초고왕은 왕권을 강화하여 부자 상속에 의한 왕위 계승을 확립하였고, 중국의 요서 지방 및 일본의 규슈 지역과 교류하였다.

04 (가) 국가에 대한 설명으로 옳은 것은?

이곳은 (가) 이/가 고구려의 공격을 받아 옮긴 도읍으로 당시에는 웅진성이라 불렸습니다. 2015년 유네스코 세계유산으로 등재되었습니다.

공주 공산성

① 과거제를 도입하였다.
② 기인 제도를 실시하였다.
③ 지방에 22담로를 두었다.
④ 신분 제도인 골품제가 있었다.

정답 ③

해설 제시된 자료를 통해 (가) 국가가 백제임을 알 수 있다. 백제는 고구려 장수왕의 남진 정책으로 공격을 받아 한성에서 웅진성(공주)으로 도읍을 옮겼다. 공주 공산성은 2015년 유네스코 세계문화유산으로 등재되었다. ③ 백제 무령왕은 지방에 22담로를 두고 왕족을 관리로 파견하였다.

오답 피하기
① 고려 광종은 시험으로 관리를 선발하는 과거제를 도입하였다.
② 고려 태조는 호족 세력을 견제하기 위해 기인 제도를 실시하였다.
④ 신라는 골품에 따라 개인의 정치적·사회적 활동을 엄격하게 제한하는 신분 제도인 골품제가 있었다.

05 밑줄 그은 '이 전투'로 옳은 것은?

나는 이 전투에서 우문술, 우중문이 이끄는 수의 30만 대군을 격퇴하였소.

① 귀주 대첩   ② 살수 대첩
③ 안시성 전투   ④ 처인성 전투

정답 ②

해설 제시된 자료를 통해 밑줄 그은 '이 전투'가 살수 대첩임을 알 수 있다. 612년 수 양제가 우문술, 우중문 등에게 30만 명의 별동대를 이끌고 고구려를 공격하게 하였으나 고구려의 을지문덕은 평양까지 침입한 수의 군대를 살수에서 크게 물리쳤다. 이를 살수 대첩이라고 한다.

오답 피하기
① 거란이 고려를 침략하자 강감찬이 귀주에서 크게 물리쳤다(귀주 대첩).
③ 당 태종이 고구려 안시성을 공격하자 안시성 성주와 백성들이 저항하여 크게 물리쳤다(안시성 전투).
④ 몽골이 고려를 침략하자 처인성에서 김윤후가 몽골 장수를 살리타를 사살하였다(처인성 전투).

06 다음 퀴즈의 정답으로 옳은 것은?

퀴즈 한국사

제시된 힌트를 종합하여 알 수 있는 문화유산은 무엇일까요?

1단계 국보 제126-6호로 지정
2단계 경주 불국사 삼층 석탑에서 발견
3단계 현존하는 세계에서 가장 오래된 목판 인쇄물

① 팔만대장경   ② 왕오천축국전
③ 직지심체요절   ④ 무구정광대다라니경

정답 ④

해설 제시된 자료를 통해 퀴즈의 정답이 무구정광대다라니경임을 알 수 있다. 무구정광대다라니경은 현존하는 세계에서 가장 오래된 목판 인쇄물로 경주 불국사 삼층 석탑(석가탑)에서 발견되었다.

오답 피하기
① 팔만대장경은 고려 시대 부처의 힘을 통해 몽골의 침입을 격퇴하기 위해 만들어졌다. 경남 합천 해인사에 보관 중이며 세계문화유산으로 지정되었다.
② 『왕오천축국전』은 신라 승려 혜초가 인도와 서역을 순례하고 쓴 여행기로, 둔황 석굴에서 발견되어 프랑스 파리국립도서관에 소장되어 있다.
③ 『직지심체요절』은 고려 시대 청주 흥덕사에서 간행된 현존하는 세계 최고의 금속 활자본으로 세계 기록 유산으로 지정되었다.

07 (가), (나) 사이의 시기에 있었던 사실로 옳은 것은?

47회 8번

(가) 헌덕왕 14년, 웅천주 도독 김헌창이 아버지 김주원이 왕위에 오르지 못함을 이유로 반란을 일으켜 국호를 장안, 연호를 경운이라 하였다.

(나) 진성왕 8년, 최치원이 시무 10여 조를 올리자 왕이 좋게 여겨 받아들이고 그를 아찬으로 삼았다.

① 원종과 애노가 봉기하였다.
② 김흠돌이 반란을 도모하였다.
③ 이사부가 우산국을 복속시켰다.
④ 을지문덕이 살수에서 대승을 거두었다.

정답 ①

해설 제시된 자료를 통해 (가)는 신라 말 822년 헌덕왕 때 일어난 김헌창의 난, (나)는 894년 진성 여왕 때 최치원이 올린 정치 개혁안인 시무책 10여 조임을 알 수 있다. 신라 말 진골 귀족들의 왕위 쟁탈전과 거듭된 흉년과 전염병으로 사회가 혼란스러워지자 ① 889년 진성 여왕 때 원종과 애노가 사벌주에서 봉기하는 등 전국 각지에서 농민들이 반란을 일으켰다.

오답 피하기
② 681년 신라 신문왕 때 김흠돌이 반란을 도모하였다.
③ 512년 신라 지증왕 때 우산국을 복속하였다.
④ 612년 고구려 을지문덕이 살수에서 수에 대승을 거두었다.

08 (가)에 해당하는 인물로 옳은 것은?

47회 7번

검색 결과입니다.

귀족 출신의 신라 승려로 당에 유학하였다. 귀국 후 낙산사 등 여러 절을 창건하고, 관음 신앙을 전파하였다. 신라에서 화엄종을 개창하였으며 화엄일승법계도를 남겼다.

(가) 에 대해 검색해 줘.

① 원효   ② 일연   ③ 의상   ④ 지눌

정답 ③

해설 제시된 자료를 통해 (가)에 해당하는 인물이 의상임을 알 수 있다. 귀족 출신의 신라 승려인 의상은 당에 유학하였으며, 귀국 후 낙산사 등 여러 절을 창건하고 관음 신앙을 전파하였다. 또 화엄종을 개창하여 '화엄일승법계도'를 남겼고, 통일 직후 신라 사회를 통합하는 데 이바지하였다.

오답 피하기
① 신라 원효는 불교의 대중화를 위해 누구나 나무아미타불을 외면 극락정토에 간다는 아미타 사상을 보급하였다.
② 고려 일연은 단군왕검의 건국 이야기를 수록한 『삼국유사』를 저술하였다.
④ 고려 지눌은 수선사 결사를 통해 불교 개혁을 추진하였고, 조계종을 개창하였다.

09 밑줄 그은 '제도'로 옳은 것은?

50회 5번

<역사 연극 대본>

S# 7. 왕이 길가에서 울고 있는 백성을 만난다.
고국천왕: 왜 그렇게 슬피 우느냐?
백성: 흉년으로 곡식을 구하기 어려워 어떻게 어머니를 봉양해야 할지 걱정이 되어 울고 있습니다.

S# 8. 궁에서 신하와 국정을 논의하고 있다.
고국천왕: 어려운 백성을 구제할 해결책을 찾아보아라.
을파소: 봄에 곡식을 빌려주고 겨울에 갚게 하는 제도를 마련하겠습니다.

① 의창   ② 환곡   ③ 사창제   ④ 진대법

정답 ④

해설 제시된 자료를 통해 밑줄 그은 '제도'가 진대법임을 알 수 있다. 고구려 고국천왕은 어려운 백성을 구제하기 위해 봄에 곡식을 빌려주고 겨울에 갚게 하는 진대법을 시행하였다.

오답 피하기
① 의창은 고려 및 조선 초기에 곡식을 저장해 두었다가 어려운 백성을 구제하기 위해 만든 제도이다.
② 환곡은 조선 시대에 흉년이나 춘궁기에 농민들에게 곡식을 대여하고 추수기에 갚도록 한 제도이다.
③ 사창제는 흥선 대원군 때 환곡의 폐단을 개혁하기 위해 지역민들이 공동으로 운영하도록 한 제도이다.

10 다음 대화 이후에 있었던 사실로 옳은 것은?

47회 6번

자네 소식 들었는가? 며칠 전 김유신 장군이 이끄는 우리 신라군이 황산벌 전투에서 마침내 승리하였다네.

나도 들었네. 계백이 이끄는 결사대와 싸워 힘겹게 승리했다더군.

① 대가야가 신라에 정복되었다.
② 고구려가 안시성에서 당군을 격퇴하였다.
③ 흑치상지가 백제 부흥 운동을 전개하였다.
④ 김춘추가 당과의 군사 동맹을 성사시켰다.

정답 ③

해설 신라 김춘추가 당과 군사 동맹을 맺은 후 신라와 당의 연합군은 백제를 먼저 공격하였다. 김유신 장군이 이끄는 신라군이 황산벌로 진격하자 계백이 이끄는 백제군은 결사 항전하였으나 결국 패배하면서 수도인 사비성이 함락되고 백제는 멸망하였다. ③ 660년 백제가 멸망하자 흑치상지를 중심으로 복신, 도침, 왕자 풍이 주류성과 임존성에서 백제 부흥 운동을 전개하였다.

오답 피하기
① · ② · ④ 660년 백제가 멸망하기 이전에 일어난 일이다.

11 (가)에 들어갈 문화유산으로 옳은 것은?

50회 4번

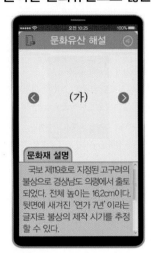

문화재 설명

국보 제119호로 지정된 고구려의 불상으로 경상남도 의령에서 출토되었다. 전체 높이는 16.2cm이다. 뒷면에 새겨진 '연가 7년'이라는 글자로 불상의 제작 시기를 추정할 수 있다.

① ② ③ ④

정답 ③

해설 제시된 자료를 통해 (가)에 들어갈 문화유산이 연가 7년명 금동 여래 입상임을 알 수 있다. ③ 고구려의 불상인 연가 7년명 금동 여래 입상은 국보 제119호로 전체 높이는 16.2cm이며, 뒷면에 '연가 7년'이라는 글자로 불상 제작 시기를 추정할 수 있다.

오답 피하기
① 삼국 시대 금동 미륵보살 반가사유상. ② 통일 신라 석굴암 본존불상. ④ 발해 이불병좌상이다.

12 (가) 국가에 대한 설명으로 옳은 것은?

47회 11번

할아버지, 이 우표는 무엇을 기념한 거예요?

이 우표는 고구려를 계승하여 (가) 을/를 건국한 대조영을 기념한 거란다.

① 독서삼품과를 실시하였다.
② 낙랑과 왜에 철을 수출하였다.
③ 2군 6위의 군사 조직을 두었다.
④ 전성기에 해동성국이라 불렸다.

정답 ④

해설 제시된 자료를 통해 (가) 국가가 발해임을 알 수 있다. 대조영은 고구려를 계승하여 동모산 부근에서 발해를 건국하였다. 발해는 선왕 때 전성기를 이루며 중국으로부터 해동성국이라 불렸다.

오답 피하기
① 통일 신라 원성왕 때 독서삼품과를 실시하였다.
② 가야는 낙랑과 왜에 철을 수출하였다.
③ 고려 시대에 2군 6위의 군사 조직을 두었다.

13 (가)에 들어갈 내용으로 옳은 것은?

54회 3번

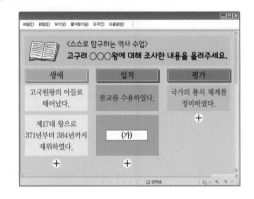

〈스스로 탐구하는 역사 수업〉
고구려 ○○○왕에 대해 조사한 내용을 올려주세요.

생애	업적	평가
고국원왕의 아들로 태어났다.	불교를 수용하였다.	국가의 통치 체제를 정비하였다.
제17대 왕으로 371년부터 384년까지 재위하였다.	(가)	

① 태학을 설립하였다.
② 병부를 설치하였다.
③ 화랑도를 정비하였다.
④ 웅진으로 천도하였다.

정답 ①

해설 제시된 자료를 통해 (가)에 들어갈 내용이 고구려 소수림왕의 업적임을 알 수 있다. 고구려 고국원왕이 백제 근초고왕에게 공격을 받아 전사하자 즉위한 소수림왕은 중국 전진과 교류하며 불교를 수용하였고, 태학을 설립하여 인재를 양성하였다. 율령을 반포하여 국가 체제를 정비한 것도 소수림왕이다.

오답 피하기
② 신라 법흥왕, ③ 신라 진흥왕, ④ 백제 문주왕의 업적이다.

14 (가) 나라의 경제 상황에 대한 설명으로 옳은 것은?

① 낙랑과 왜에 철을 수출하였다.
② 모내기법이 전국으로 확산하였다.
③ 물가 조절을 위해 상평창을 두었다.
④ 활구라고도 불린 은병을 제작하였다.

정답 ①

해설 제시된 자료를 통해 (가) 나라가 가야임을 알 수 있다. 전기 가야 연맹을 주도한 김해 금관가야는 변한 지역에서 생산되는 풍부한 철을 바탕으로 성장하여 낙랑과 왜에 철을 수출하였고, 신라 법흥왕 때 멸망하였다.

오답 피하기
② 조선 후기에 모내기법이 전국으로 확산되었다.
③ 고려 시대에 물가 조절을 위해 상평창을 두었다.
④ 고려 시대에 활구라고도 불린 은병을 제작하였다.

15 다음 사건이 일어난 시기를 연표에서 옳게 고른 것은?

나는 신라의 영토를 한강 유역까지 넓힌 것을 기념하여 이곳 북한산에 순수비를 세우노라.

475	523	642	660	676
(가)	(나)	(다)	(라)	
백제 웅진 천도	백제 성왕 즉위	대야성 전투	황산벌 전투	신라 삼국 통일

① (가)   ② (나)   ③ (다)   ④ (라)

정답 ②

해설 제시된 자료를 통해 신라 진흥왕 시기임을 알 수 있다. 신라 진흥왕은 백제 성왕과 함께 고구려를 공격하여 한강 유역을 되찾았는데, 한강 상류 지역을 차지한 이후 다시 백제를 공격하여 한강 하류 지역까지 빼앗아 한강 유역을 모두 장악하였다. 신라 진흥왕은 신라의 영토를 한강 유역까지 넓힌 것을 기념하여 북한산 순수비를 세웠다.

16 밑줄 그은 '이 인물'에 대한 설명으로 옳은 것은?

신라 왕실의 후예로 알려진 이 인물은 양길의 부하가 되어 세력을 키웠다.

이후 그는 송악을 도읍으로 삼아 새로운 국가를 세웠다. 스스로를 미륵불이라 칭하였다.

① 훈요 10조를 넘겼다.
② 청해진을 설치하였다.
③ 백제 계승을 내세웠다.
④ 국호를 태봉으로 바꾸었다.

정답 ④

해설 제시된 자료를 통해 밑줄 그은 '이 인물'이 궁예임을 알 수 있다. 양길에게 의탁하여 세력을 키운 궁예는 901년 송악에 도읍을 정하고 후고구려를 건국하였다. 이후 국호를 마진, 태봉으로 바꾸고 철원으로 천도하였으며, 정치 기구인 광평성을 설치하였다. 하지만 스스로 미륵불이라 칭하는 등 궁예의 실정이 계속되자 왕건에 의해 축출되었다.

오답 피하기
① 고려 태조 왕건은 훈요 10조를 남겼다.
② 통일 신라 장보고는 청해진을 설치하였다.
③ 후백제 견훤은 백제 계승을 내세우며 후백제를 건국하였다.

❶ 삼국의 전성기

백제의 건국과 발전

고구려의 건국과 발전

신라의 건국과 발전

고구려 장군총

서울 석촌동 돌무지무덤

고구려의 돌무지무덤인 장군총과 백제 한성 시기의 계단식 돌무지무덤인 석촌동 무덤의 양식이 비슷하다는 사실을 통해 백제의 건국 세력이 고구려계 유이민이었음을 알 수 있다.

충주 고구려비

장수왕이 한강 유역을 차지하고 세운 기념비

광개토 대왕릉비

국내성에 광개토 대왕의 업적을 기리기 위해 세운 비석

단양 신라 적성비

진흥왕 때 고구려의 적성을 빼앗은 뒤 그 지역 주민을 위로하기 위해 세움

❷ 남북국 시대

통일 신라의 9주 5소경

발해의 영역

❸ 고대의 문화

고구려

금동 연가 7년명 여래 입상

수렵도(무용총)

사신도 중 청룡(강서 대묘)

사신도 중 현무(강서 대묘)

백제

정림사지 오층 석탑

익산 미륵사지 석탑

서산 용현리 마애여래 삼존상

금동 대향로

산수무늬 벽돌

칠지도

신라

경주 분황사 모전 석탑

경주 배동 석조여래 삼존 입상

임신서기석

첨성대

금관총 금관

통일 신라

불국사

석굴암 본존불상

경주 불국사 삼층 석탑

경주 불국사 다보탑

경주 감은사지 삼층 석탑

구례 화엄사
4사자 삼층 석탑

양양 진전사지
삼층 석탑

쌍봉사 철감
선사 승탑

상원사 동종

성덕 대왕 신종

법주사
쌍사자 석등

발해

발해 영광탑

이불 병좌상

발해 돌사자상

발해 석등

최신350문항 빈출 키워드 랭킹

기출문제 출제경향 분석

3. 중세(정치, 경제, 사회, 문화)

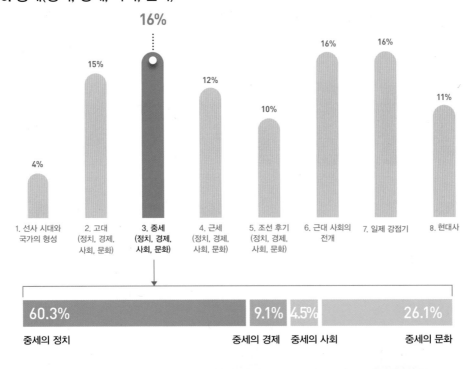

1. 선사 시대와 국가의 형성	2. 고대 (정치, 경제, 사회, 문화)	3. 중세 (정치, 경제, 사회, 문화)	4. 근세 (정치, 경제, 사회, 문화)	5. 조선 후기 (정치, 경제, 사회, 문화)	6. 근대 사회의 전개	7. 일제 강점기	8. 현대사
4%	15%	16%	12%	10%	16%	16%	11%

60.3%	9.1%	4.5%	26.1%
중세의 정치	중세의 경제	중세의 사회	중세의 문화

연표

918	926	935	936	1009	1019	1086	1126	1135
왕건, 고려 건국	발해 멸망	신라 멸망	고려, 후삼국 통일	강조의 정변	귀주 대첩	의천, 교장도감 설치	이자겸의 난	묘청의 서경 천도 운동

3 PART

중세(정치, 경제, 사회, 문화)

1145	1170	1231	1270	1281	1359	1388	1392
김부식, 『삼국사기』 편찬	무신 정변	몽골 1차 침입	개경 환도, 삼별초의 대몽 항쟁	일연, 『삼국유사』 편찬	홍건적의 침입	위화도 회군	고려 멸망, 조선 건국

01 중세의 정치

출제빈도 상 | 중 | 하

고려의 민족 재통일

❶ 고려의 후삼국 통일

1) 고려의 건국(918) : 송악의 호족 출신인 왕건이 호족 세력을 바탕으로 건국, 고구려 계승 표방, **송악(개성)으로 천도**(919)

2) 민족의 재통일

① 고려의 통합 정책 : 지방 세력의 흡수 및 통합, 신라에 대한 우호 정책, 중국 5대와 외교 관계 수립

② 후삼국 통일 과정 : 발해 멸망(926) → 공산(대구) 전투에서 후백제 승리 → 고창(안동) 전투에서 고려 승리 → 신라 **경순왕 항복**(935), 후백제 **견훤 귀순**(935) → 일리천 전투에서 고려 승리, 후백제 멸망(936) → **고려의 후삼국 통일**(936)

③ 후삼국 통일의 의의 : 후삼국과 발해의 고구려계 유민을 포용하여 **민족의 재통일 이룩**, 새로운 민족 문화 발전의 토대 마련

❷ 국가 기틀의 마련

1) 태조

합격생의 비법

사심관 제도

사심관은 출신 고을의 부호장 이하 향직을 임명하고 백성을 지배하였다. 이들은 부역을 부과하고 풍속을 단속하며 인재를 뽑는 등 상당한 영향력을 행사하였다.

합격생의 비법

만부교 사건

고려 태조 때 거란에서 보내온 낙타 50필을 만부교 아래 매어 놓아 굶어 죽게 한 사건이다.

민생 안정 정책	• 백성에 대한 과도한 수취 금지(취민유도 정책), 10분의 1로 세율 인하 • 연등회와 팔관회 거행 : 민심 수습 차원 • 흑창 설치 : 고구려의 진대법 계승, 빈민 구제 기관 → 성종 때 의창으로 개칭
호족 통합 정책	목적 : 지방 호족 세력과 중앙의 공신 세력을 중앙 집권 체제 안에 편제하여 왕권 강화(회유책) • **사성(賜姓) 제도** : 호족들에게 왕씨 성을 하사하고 가족적인 관계를 맺어 유대 강화 • **결혼 정책** : 호족과의 유대 관계 강화 → 정치적 안정 도모, 군사적 지지 기반 확대, 고려 왕실의 번성 도모 • **역분전 지급** : 후삼국 통일 과정에서 공을 세운 사람들에게 공로에 따라 토지 지급, 개국 공신과 중앙 관리의 경제 기반
호족 견제 정책	• **사심관 제도** : 중앙의 고위 관리를 사심관으로 삼아 그들의 출신 지역을 관리하게 한 제도 • **기인 제도** : 지방 향리의 자제를 뽑아 인질로 중앙에 파견하게 한 제도

북진 정책	• 고구려 계승 의식 : 국호 – 고려, 연호 – 천수(天授) 사용, 서경(평양) 중시 • 청천강~영흥만에 이르는 영토 확장, 거란에 대한 강경책(만부교 사건), 발해 유민 포용
왕실 안정책	• 『정계』, 『계백료서』 : 중앙 관료와 지방 호족에게 군주에 대한 신하의 도리 규정 • 훈요 10조 빈출 : 후대 왕들에게 정책 방향 제시 → 왕권 강화, 불교 숭상, 풍수지리설을 통한 집권의 정당화, 고려 왕조의 기반 마련

시험에 자주 등장해요

고려 태조 왕건의 정책을 묻는 문제가 자주 출제됩니다. 특히 호족 통합 및 견제 정책과 북진 정책의 내용은 꼭 기억하세요.

출제 사료 | 훈요 10조 빈출

1조 불교의 힘으로 나라를 세웠으므로, 사찰을 세우고 주지를 파견하여 불도를 닦도록 할 것.
2조 도선의 풍수 사상에 따라 사찰을 세우고, 함부로 짓지 말 것.
3조 왕위 계승은 적자적손을 원칙으로 하되 장자가 불초할 때에는 인망 있는 자가 대통을 이을 것.
4조 거란과 같은 야만국의 풍속을 배격할 것.
5조 서경(西京)을 중시할 것.
6조 연등회, 팔관회 등의 중요한 행사를 소홀히 다루지 말 것.
7조 왕이 된 자는 공평하게 일을 처리하여 민심을 얻을 것.
8조 차현 이남 금강 이외의 산형 지세는 배역하니 그 지방의 사람을 등용하지 말 것.
9조 백관의 기록을 공평히 정해줄 것.
10조 경전과 역사서를 널리 읽고 온고지신의 교훈으로 삼을 것.

2) 광종 : 왕권 강화 정책, 공신과 호족 세력 제거

노비안검법 실시 빈출	• 불법으로 노비가 된 자를 조사하여 양인으로 해방시킴 • 호족의 경제적 · 군사적 기반 약화, 국가의 재정 기반 확대
과거제 실시	• 후주 쌍기의 건의로 실시, 시험으로 관리 선발 • 유학을 익힌 신진 관료를 등용하여 신구 세력 교체 도모
주현 공부법 실시	국가 수입을 증대하기 위해 주 · 현에서 공물 수량을 정하여 부과
공복 제정	관리의 복색을 관등에 따라 구분 → 지배층의 위계질서 확립
칭제 건원	황제 칭호 사용, 광덕 · 준풍의 독자적 연호 사용, 개경을 황도 · 서경을 서도로 부름
숭불 정책	귀법사 창건(민생 안정), 균여를 등용하여 교선 통합 모색

시험에 자주 등장해요

광종의 왕권 강화를 묻는 문제가 자주 출제됩니다. 노비안검법, 과거제, 독자적 연호 사용 등은 꼭 기억하세요.

출제 사료 | 광종의 정책

• **노비안검법 실시**
광종 7년 병진에 노비를 조사해서 옳고 그름을 분명히 밝히도록 명령하였다. 이 때문에 주인을 배반하는 노비들을 도저히 억누를 수 없으므로, 주인을 업신여기는 풍속이 크게 유행하였다.
– 『고려사절요』 –

• **과거제 실시**
광종 9년 처음 과거를 시행하였다. 한림학사 쌍기에게 명하여 진사를 뽑았다. – 『고려사』 –

• **백관 공복 제정**
광종 11년 백관의 공복을 정하였다. 원윤 이상은 자색 옷, 중단경 이상은 붉은색 옷, 도항경 이상은 비색 옷, 소주부 이상은 녹색 옷으로 하였다. – 『고려사』 –

합격생의 비법

최승로
신라 6두품 출신의 유학자로, 유교 사상에 입각한 28조의 개혁안을 성종에게 건의하여 고려의 유교적 질서를 확립하는 데 크게 기여하였다. 현재는 22조만 전해지고 있다.

3) 성종 : 유교 정치 이념 채택
① 유교 정치 실시 : 최승로의 시무 28조 건의를 수용함(지방 세력의 통제, 지방관의 파견, 유교 진흥, 불교 행사 축소, 토속적 신앙 의례 폐지 등)

② 통치 체제 정비

중앙 정치 제도 정비	• 당의 제도를 수용한 2성 6부제 기반 • 중추원과 삼사(송의 관제), 식목도감과 도병마사(독자적 관제)
지방 통치 제도 정비	12목에 지방관 파견 빈출, 향리 제도 정비
유교 교육 장려	국자감 설치(중앙), 12목에 경학박사와 의학박사 파견, 과거제 정비
민생 안정	• 흑창을 확대하여 빈민 구제 기관인 의창 설치 • 연등회 축소, 팔관회 폐지(국가적 불교 행사 억제)

시험에 자주 등장해요

성종의 유교 정치를 묻는 문제가 자주 출제됩니다. 최승로의 시무 28조, 지방관 파견, 2성 6부, 국자감, 의창은 꼭 기억하세요.

출제 사료	최승로의 시무 28조

제7조 국왕이 백성을 다스림은 집집마다 가서 돌보고 날마다 이를 보는 것은 아닙니다. 그런 까닭으로 수령을 보내어 가서 백성의 이익이 되는 일과 손해가 되는 일을 살피게 하는 것입니다. 청컨대 외관(外官)을 두십시오. → **지방관 파견을 통한 중앙 집권화**

제13조 우리나라에서는 봄에는 연등회를, 겨울에는 팔관회를 베풀어 사람을 많이 동원하여 힘든 일을 시키니, 이를 줄여서 백성이 힘을 펴게 하십시오. → **민생 안정**

제19조 공신의 등급에 따라 그 자손을 등용하여 업신여김을 받고 원망하는 일이 없도록 하십시오. → **공신 및 호족 세력의 포용**

제20조 불교를 행하는 것은 수신의 근본이요, 유교를 행하는 것은 치국의 근원입니다. 수신은 내생의 복을 구하는 것이며, 치국은 금일의 중요한 업무입니다. → **유교 정치 이념의 수용**

－『고려사』－

❸ 통치 체제의 정비

1) 중앙 정치 제도 : 당의 3성 6부제 도입, 고려 실정에 맞게 운영 (2성 6부 체제, 6부의 서열 다름, 삼사의 기능 약화, 상서성의 기능 약화)

① 중앙 정치 조직 : 2성 6부 체제(성종)

고려의 중앙 정치 조직

중서문하성	장관인 문하시중이 국정 총괄, 재신과 낭사로 구성 → 중추원과 함께 고려의 핵심 권력 기구, 정책 심의
상서성	중서문하성에서 결정된 정책을 집행하는 실무 기관, 6부 통솔
6부	이부, 병부, 호부, 형부, 예부, 공부 → 행정 실무 담당, 정책 집행
삼사	화폐와 곡식의 출납 회계 담당
중추원	추밀(추신, 2품, 군사 기밀 담당)과 승선(3품, 왕명 출납 담당)으로 구성
어사대	• 정치의 잘잘못을 논하고 관리들의 비리 감찰 • 중서문하성의 낭사와 함께 대간으로 불림
기타 기관	• 한림원 : 왕명으로 왕의 교지나 외교 문서 제작 • 춘추관 : 시정 기록, 역사 편찬 • 서적포 : 국자감에 설치한 한시적 출판 기구(숙종) • 청연각과 보문각 : 궁내에 설치한 학술 기관(예종) • 수서원(서경), 비사성(개경) : 국립 도서관 • 사천대 : 천문 관측 기관

② 회의 기구 : 고려 귀족 정치의 특징을 보여 줌

도병마사	• 중서문하성의 재신과 중추원의 추밀로 구성 • 군사 기밀과 국방상 중요한 일을 결정하는 회의 기구 • 고려 후기 도평의사사로 개편(모든 국사를 합의하고 시행하는 최고 정무 기관, 상설 기관)
식목도감	국가의 중요한 제도와 격식, 법률을 제정하는 회의 기구

③ 대간 제도 : 어사대 관원과 중서문하성의 낭사로 구성 → 왕권의 규제, 고위 관원들의 횡포 견제, 정치 운영의 균형 도모

④ 대간의 권한

    ㉠ 간쟁 : 왕의 잘못이나 정책의 잘못을 비판함

    ㉡ 봉박 : 잘못된 명령을 시행하지 않고 되돌려 보냄

    ㉢ 서경 : 관리들의 임명이나 법령의 개정과 폐지에 대한 동의권을 행사함

시험에 자주 등장해요

고려의 중앙 정치 제도를 묻는 문제가 자주 출제됩니다. 2성 6부, 중서문하성, 삼사, 중추원, 도병마사와 식목도감, 대간 제도는 꼭 기억하세요.

2) 지방 행정 제도

① 특징

    ㉠ 일반 행정 중심의 5도, 군사 행정 중심의 양계로 이원화된 불완전한 조직

    ㉡ 지방관이 파견된 주현보다 파견되지 않은 속현이 많음 → 중앙의 지방 통제력 약화

    ㉢ 향리의 영향력 강화 → 속현에서 조세 및 공물 징수, 노역 징발 등 행정 실무 담당

    ㉣ 개경의 관아를 서경에도 설치한 분사 제도 실시(서경 우대 정책 반영) → 묘청의 서경 천도 운동 이후 폐지

② 정비 과정 : 호족의 자치권 인정(건국 초기) → 12목 설치, 지방관 파견(성종) → 경기, 5도 양계 설치(현종)

③ 지방 행정 조직

고려의 5도 양계

5도	일반 행정 구역, 각 도에 안찰사 파견, 도 아래 주·군·현 설치
양계	군사 행정 구역, 병마사 파견, 군사적 요충지에 진 설치
3경	개경(개성), 서경(평양), 동경(경주) → 풍수지리설의 영향으로 동경 대신 남경(한양) 설치
향·부곡·소	• 특별 행정 구역, 일반 군현보다 더 많은 세금 부담 • 향과 부곡 주민은 농업, 소 주민은 수공업에 종사
속현	• 주현이 속현을 통솔, 계수관(중앙과 지방을 잇는 중간 기구) 설치 • 속현은 향리가 지배, 중기 이후 속현에 감무 설치(속군과 속현 안정, 조세와 역 수취)

시험에 자주 등장해요

고려의 지방 행정 조직을 묻는 문제가 자주 출제됩니다. 5도 양계, 향·부곡·소, 속현, 향리는 꼭 기억하세요.

3) 군사 제도

중앙군	• **2군** : 국왕의 친위 부대(응양군, 용호군), 왕궁 수비 • **6위** : 개경의 경비, 국경 방어 임무, 경군의 주력 부대 • 직업 군인으로 편성(군인전 지급), 직역 세습 • 2군 6위의 상장군과 대장군이 중방 구성
지방군	• 주현군 : 5도의 일반 군현에 주둔, 예비군 • 주진군 : 국경 지역 수비 담당, 상비군 • 16~60세 양인 장정으로 조직

4) 관리 등용 제도

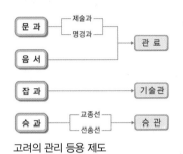

고려의 관리 등용 제도

① **과거제**

　㉠ 응시 자격 : 법적으로 양인 이상 응시 가능, 실제 양인은 주로 잡과 응시

　㉡ 종류

제술과	문학적 재능과 정책, 귀족과 귀위 향리 자제 응시
명경과	유교 경전에 대한 이해 능력
잡과	법률, 회계, 지리 등 실용 기술학, 기술관 선발
승과	불교 경전의 이해 능력, 승려 대상

　㉢ **좌주 문생 관계** : 과거를 주관하는 시험관 지공거(좌주)와 합격자(문생) 사이에 정치적·사회적 관계 형성

출제 사료　**인맥을 통한 관직 진출**

문생이 종백(과거를 맡아 합격자를 선발하는 시험관으로 좌주라고도 한다.)을 대할 때는 아버지와 자식 사이의 예를 차린다. …… 평장사 임경숙은 4번 과거의 시험관이 되었는데, 몇 해 지나지 않아 그의 문하에 벼슬을 한 사람이 10여 명이나 되었고, ……

● **출제 포인트 분석**

시험을 관장하는 좌주와 그 합격자인 문생은 부자의 예를 차릴 정도로 강한 인적 결속 관계를 보였다. 이는 인맥을 통해 관직 진출이 가능하였기 때문이다.

---

② **음서제** : 공신 및 5품 이상 고위 관리의 자손이 과거를 거치지 않고 관직에 진출하는 제도 → 고려 관료 체제의 **귀족적 특징**을 보여 줌

❹ 문벌 귀족 사회의 성립과 동요

1) 문벌 귀족 사회의 성립과 전개

① 형성 : 지방 호족 출신과 신라 6두품 계통 유학자들의 정계 진출 → 여러 대에 걸쳐 일부 가문이 높은 관직과 권력을 차지하면서 **문벌 형성**

② 특징

　㉠ 정치적·경제적 특권 독점 : **과거와 음서**를 통해 관직 독점, 관직에 따라 과전과 **공음전**을 받아 경제적 기반 강화

　㉡ 사회적 특권 유지 : **왕실과의 혼인 관계**, 문벌 귀족 간의 혼인 관계를 맺어 권력 유지

시험에 자주 등장해요

고려의 관리 등용 제도를 묻는 문제가 자주 출제됩니다. 특히 과거제와 음서제는 비교해서 꼭 기억하세요.

왕실과 이자겸의 혼인 관계도

경원 이씨 가문은 80여 년 동안 10명의 왕비를 배출하였다. 특히 이자겸은 예종, 인종에게 딸을 시집보냈다.

③ 대표적 가문 : 경원 이씨(이자겸), 해주 최씨(최충), 경주 김씨(김부식), 안산 김씨(김은부), 파평 윤씨(윤관) 등

④ 전개

숙종	• 국자감에 서적포를 두고 인쇄 · 출판 담당 • 숙종의 후원으로 의천이 천태종을 창립하여 인주 이씨와 연결된 법상종을 누르고 불교 통합 • 산업 발달에 따라 주전관 설치(은병, 해동통보 주조) • 윤관의 건의로 별무반 창설
예종	• 대외적으로 여진 정벌, 대내적으로 문화 발전 • 관학 진흥(7재, 양현고), 학문 연구 기관 설치(청연각, 보문각), 예의상정소 설치, 속현에 감무 설치, 구제도감 · 혜민국 설치
인종	• 김부식에게 『삼국사기』 편찬 지시 • 이자겸의 난과 묘청의 서경 천도 운동 발생 • 경사 6학, 향학, 동 · 서대비원, 제위보 설치

합격생의 비법

예의상정소
고려 중기 신분에 따른 의복 제도와 공문서 양식, 예의 등 유교적인 제도를 정하기 위하여 설치한 기구이다.

2) 문벌 귀족 사회의 동요

① 이자겸의 난(1126)

배경	• 경원 이씨 집안이 왕실 외척으로 문종~인종 때까지 80여 년 동안 정권 장악 • 이자겸의 권력 독점을 반대하는 왕의 측근 세력과 대립
전개	인종이 이자겸 제거를 시도(실패) → 이자겸이 반대파를 제거하고 척준경과 반란을 일으킴 → 왕에게 포섭된 척준경이 이자겸 제거 → 경원 이씨 세력 몰락
영향	중앙 지배층의 분열을 드러냄 → 문벌 귀족 사회의 붕괴 촉진

② 묘청의 서경 천도 운동(1135)

배경	• 개경의 문벌 귀족 세력과 서경 출신 관료의 외교 문제 대립(이자겸의 사대 외교 수용, 이자겸 제거 이후에도 사대 외교 유지) • 인종이 서경 세력(묘청, 정지상)을 이용하여 개혁 추진(서경 천도, 칭제 건원, 금국 정벌 등 주장) → 김부식 등 개경 세력 반대
전개	개경 세력의 반대로 서경 천도 좌절 → 묘청 등 서경에서 반란(국호 '대위', 연호 '천개', 천경충의군 등 자주 의식 표현) → 김부식의 관군에 의해 진압
결과	서경 세력의 몰락, 문벌 귀족 사회 내부의 분열 → 문벌 귀족 사회의 모순 심화
의의	지역 세력 간의 대립, 풍수지리설이 결부된 자주적 전통 사상과 유교 정치 사상의 충돌, 고구려 계승 이념과 신라 계승 이념의 대립

구분	서경파	개경파
인물	묘청, 정지상	김부식
성향	신진 세력, 진취적, 자주적	문벌 귀족 세력, 사대적, 보수적
대외 정책	북진 정책, 고구려 계승	사대 정책, 신라 계승
중심 사상	자주적 전통 사상, 풍수지리설	유교 사상
주장	서경 천도, 금국 정벌, 칭제 건원	묘청의 주장 반대, 정권 안정 도모

서경파와 개경파

출제 사료	묘청의 서경 천도설

묘청 등이 글을 올리기를, "신들이 서경의 임원역 땅을 보니 이는 음양가가 말하는 대화세입니다. 만약 궁궐을 세워 옮기시면 천하를 합병할 수 있을 것입니다. ……."라고 하였다.
－『고려사』－

● **출제 포인트 분석**
묘청은 서경 출신의 승려로 '상경의 지덕은 쇠하고 서경에는 왕기(王氣)가 있으니 서경으로 천도할 것과 서경으로 천도하면 금나라가 스스로 항복할 것'이라는 서경 천도설을 주장하며 서경에 대화궁까지 만들었다가 받아들여지지 않자 난을 일으켰다.

시험에 자주 등장해요

묘청의 서경 천도 운동을 묻는 문제가 자주 출제됩니다. 특히 묘청의 주장, 서경파와 개경파의 대립은 꼭 기억하세요.

⑤ 무신 정권의 성립과 변천

1) 무신 정변의 발생(1170)

배경	• 문벌 귀족 지배 체제의 모순 심화 • 고려의 숭문천무(崇文賤武)의 정책으로 무인에 대한 차별이 심함 • 하급 군인들의 불만 고조(잡역 동원, 군인전 미지급)
전개	정중부, 이의방 등 무신들이 의종의 보현원 행차를 계기로 반란 → 다수의 문신 제거 → 의종을 폐위하고 명종 옹립 → 중방 중심으로 정권 장악

2) 무신 정권의 성립

① 형성기(정중부 – 경대승 – 이의민)

ⓐ 무신 간 권력 다툼으로 최고 집권자 교체 → 중방을 중심으로 권력 행사, 주요 관직 독점(경대승은 도방 중심)

ⓑ 무신 정권에 대한 반발 : 김보당의 난(1173), 조위총의 난(1174), 교종 승려의 난

② 확립기(최씨 무신 정권)

최충헌	• 봉사 10조 제시 : 명종에게 봉사 10조를 올려 정치 기강을 세우려고 노력 • 교정도감 설치 : 최씨 무신 정권의 최고 권력 기구(인사권, 재정권, 감찰권 등 행사), 장관인 교정별감은 최씨 무신 정권의 집권자가 세습 • 도방 부활 : 신변 경호를 위해 사병 집단인 도방을 확대 설치, 삼별초와 함께 최씨 무신 정권의 군사적 기반이 됨
최우	• 정방 설치 : 자신의 집에 설치한 독자적인 인사 행정 기구, 정권 유지 수단으로 활용 • 서방 설치 : 정치 자문과 협조를 구하기 위해 만든 문신들의 숙위 기관, 문학과 행정 능력을 갖춘 문신들이 자문 기능 담당 • 삼별초 : 도적을 막기 위해 만든 야별초에서 분리된 좌별초와 우별초, 몽골에 포로로 잡혀갔던 병사들로 조직된 신의군이 합쳐진 특수 부대 → 최씨 무신 정권의 군사적 기반, 몽골의 침입에 끝까지 항쟁

③ 붕괴기(김준 – 임연) : 몽골의 압력으로 붕괴, 왕정 복구, 개경 환도

3) 농민과 천민의 봉기

① 배경 : 무신 정변 후 정치적 혼란, 무신들의 토지 겸병 및 지방 관리의 가혹한 징세, 무신들 간의 권력 다툼으로 인한 지방 통제력 약화, 무신 집권 후 하층민에서 권력자 배출(신분제 동요)

② 대표적인 봉기

서북 지역 농민 봉기	서경 유수 조위총이 무신 정권에 반발하여 서경에서 봉기했을 때 많은 농민이 가세, 진압된 이후에도 농민 항쟁 지속
망이·망소이의 봉기	특수 행정 구역인 공주 명학소에서 봉기, 무거운 조세 부담에 반발
김사미·효심의 봉기	김사미(운문), 효심(초전)에서 봉기, 경상도에서 시작해 경주·강릉 지방으로 확대, 신라 부흥 주장
전주 관노비의 봉기	지방관의 수탈에 관노비와 군인이 합세하여 봉기

이의방·정중부(**중방**)
↓
경대승(**도방**)
↓
이의민(**중방**)
↓
최충헌(**교정도감**)

무신 정권의 권력 쟁탈전

합격생의 비법

중방

최고위 무신들로 구성된 회의 기구이다. 무신 집권 초기에는 1인자인 무인 집정의 지위가 확고하지 못하여 중방을 통해 정치를 실행하였으며, 최충헌 집권기까지 최고 권력 기구였다.

합격생의 비법

서방

1277년 최우가 설치하여 문인들을 숙위하게 하였다. 이는 문인들로부터 자문을 받기 위함이었는데, 최씨 정권은 무인들의 숙위 기관인 도방과 함께 문무를 겸비하게 되었다.

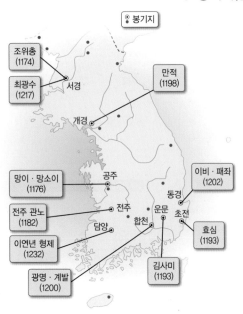

무신 정권기 농민과 천민의 봉기

만적의 봉기	최충헌의 사노비인 만적이 신분 해방 운동 전개 → 실패
삼국 부흥 운동	고구려 부흥(최광수), 백제 부흥(이연년 형제), 신라 부흥(이비, 발좌)

시험에 자주 등장해요

무신 집권기의 내용을 묻는 문제가 자주 출제됩니다. 특히 무신 정권의 집권 기구인 중방, 교정도감, 정방, 서방, 도방, 삼별초와 망이·망소이의 봉기, 만적의 봉기와 같은 농민과 천민의 봉기는 꼭 기억하세요.

⑥ 고려의 대외 관계

1) 송과의 교류 : 발해를 멸망시킨 거란 견제, 송의 선진 문물 수용(문화적·경제적 실리 추구)

2) 거란과의 관계(10~11세기)

① 건국 초의 관계

　㉠ 태조 : 훈요 10조에서 거란을 금수의 나라로 규정, 거란과 적대적, 만부교 사건

　㉡ 정종 : 거란의 침입에 대비하기 위해 광군 조직

② 거란의 침입과 격퇴

1차 침입 (성종, 993)	• 원인 : 고려의 북진 정책 및 친송 정책 • 전개 : 거란 장수 소손녕의 침입 → 서희의 외교 담판으로 거란 철수(강동 6주 획득) 빈출
2차 침입 (현종, 1010)	• 원인 : 고려가 송과의 관계 유지, 강조의 정변 구실 • 전개 : 거란 성종의 침입 → 개경 함락(나주 피란) → 현종의 입조 조건으로 거란군 철수, 양규의 거란군 격파
3차 침입 (현종, 1018)	• 원인 : 현종의 입조 회피, 거란의 강동 6주 반환 요구 • 전개 : 거란 장수 소배압의 침입 → 강감찬의 귀주 대첩 (1019) 빈출

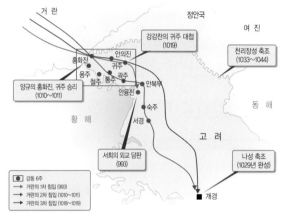

거란의 침입과 격퇴

출제 사료 ｜ 서희의 외교 담판

성종 12년 거란이 고려를 침략하였다. 소손녕이 서희에게 말하였다. "그대의 나라는 신라 땅에서 일어났으니, 고구려 땅은 우리의 땅인데 당신들이 침범하였다. 또 우리와 국경을 마주하면서도 송을 섬겼기에 출병한 것이다." 서희가 대답하였다. "아니다. 우리나라는 고려를 계승하였기 때문에 나라 이름을 고려라 하였다. …… 압록강 동쪽의 여진을 내쫓고 우리 옛 땅을 돌려준다면 어찌 서로 왕래하지 않겠는가?

– 『고려사』 –

합격생의 비법

강조의 정변

목종의 모후인 천추 태후와 김치양이 모의하여 왕위를 빼앗으려 하자 강조가 군사를 일으켜 김치양 일파를 제거하고 목종을 폐위하였다.

③ 거란 침입 후 국방 강화책 : 고려, 송, 거란의 세력 균형 유지 → 나성 축조(개경), 천리장성 축조(압록강~도련포)

3) 여진과의 관계(12세기)

① 초기 관계

　㉠ 고려를 부모의 나라로 섬김, 귀순한 여진족은 자치주를 설치하여 통치

　㉡ 여진은 토산물(말, 화살 등)을 바침, 고려의 식량·농기구·포목을 가져감

② 여진 정벌과 동북 9성 설치

　㉠ 여진족의 성장 : 12세기 완옌부 중심으로 여진족 통합 후 고려와 충돌

　㉡ 여진 정벌 : 여진의 국경 침입 → 윤관 빈출 의 건의에 따라 별무반 편성 빈출 → 윤관의 여진 정벌(예종, 1107) → 동북 9성 설치 빈출

척경입비도

윤관이 여진을 물리친 후 9성을 쌓고 비석을 세우는 장면을 그린 조선 후기 그림이다.

ⓒ 여진족의 강성 : 여진의 금 건국(1115) → 거란을 멸망시킨 후 고려에
군신 관계 요구 → 이자겸의 사대 요구 수락(정권 유지 위해 수용) →
이후 평화 관계 유지

4) 몽골의 침입과 항쟁

① 배경 : 몽골의 성장(칭기즈 칸의 몽골 통일, 동아시아로 세력 확
장) → 몽골군에 쫓겨 온 거란을 고려와 몽골이 연합하여 강동
성에서 격퇴(강동의 역)

② 침입과 격퇴 : 40여 년간 몽골과 전쟁 지속

몽골의 침입과 항쟁

1차 침입 (1231)	• 원인 : 고려에 무리한 조공 요구 → 몽골 사신 저고여 피살 구실로 침입 • 전개 : 살리타의 침입 → 박서의 귀주성 항전, 마산 초적의 활약 • 결과 : 강화 후 다루가치를 주둔시키고 철수, 강화도로 천도 후 장기 적인 대몽 항쟁 추진
2차 침입 (1232)	• 원인 : 살리타가 개경 환도와 친조 요구하며 침입 • 전개 : 처인 부곡에서 김윤후가 살리타 사살 • 대구 부인사의 초조대장경 손실
3차 침입 (1235)	죽주성에서 민병 승리, 경주 황룡사 구층 목탑 소실, 팔만대장경 조판 시작

시험에 자주 등장해요

고려의 대외 관계 내용은 골
고루 자주 출제됩니다. 거
란, 여진, 몽골의 침입 내용
을 꼭 정리해서 기억하세요.

③ 대몽 항쟁의 전개 : 초적의 활동, 처인성 전투(김윤후와 부곡민)와 충주성
전투(노비와 부곡민 등 하층민 참여)

④ 몽골과의 강화 : 강화를 주장하던 무신들이 최고 집권자인 최의 피살 →
최씨 정권의 몰락 → 김준, 임연, 임유무로 무신 정권 지속 → 몽골과의
강화 추진 → 무신들의 개경 환도 거부 → 임유무 피살, 고려 정부의 개
경 환도(1270)

⑤ 삼별초의 항쟁⚔️빈출 : 정부의 개경 환도 → 배중손의 지휘로 몽골과의 강
화 및 개경 환도에 반발(승화후 온을 왕으로 추대) → 강화도, 진도, 제주
도로 이동하며 항전 → 여·몽 연합군에 의해 진압(1273)

⑥ 전쟁의 피해 : 국토의 황폐화, 문화재 소실(대구 부인사 초조대장경, 경주
황룡사 구층 목탑)

❼ 고려 후기의 정치 변동

1) 원의 내정 간섭

조, 종	→	왕
폐하	→	전하
태자	→	세자

원 간섭기 왕실 호칭의 격하

중서문하성 상서성	→	첨의부
도병마사	→	도평의사사
6부	→	4사
중추원	→	밀직사
어사대	→	감찰사

원 간섭기 관제의 격하

원의 부마국 전락	원의 승인을 받아 왕위 계승, 고려왕과 원 공주의 결혼, 왕실 호칭과 관제의 격하
정동행성 설치	원의 일본 정벌을 위해 설치(1280), 일본 원정 실패 후 의례적 기구로 변하 여 하부 기구인 이문소를 통해 내정 간섭
만호부 설치	고려 군사 조직에 영향력을 행사하기 위해 설치
다루가치 파견	몽골이 점령 지역 사람들을 직접 다스리기 위해 파견한 관리, 감찰관으로 파견

영토 상실	쌍성총관부(철령 이북), 동녕부(자비령 이북), 탐라총관부(제주도) 설치
경제적·문화적 영향	• 조혼 풍습, 몽골풍 유행(몽골어 사용, 몽골식 의복·변발), 원에서 고려의 풍속 유행(고려양) • 금·은·포·곡물·인삼 등 수탈, 내시·공녀 징발

2) 권문세족의 집권

등장	원 간섭기에 원의 세력을 배경으로 등장하여 친원적 성향을 지님
특권	도평의사사 장악, 음서로 관직 진출 및 세습, 불법적으로 토지와 노비를 차지하여 대농장 경영 → 사회 모순 심화, 왕권 약화, 국가 재정 궁핍, 농민 생활 빈곤

3) 원 간섭기의 개혁 정치

충렬왕	전민변정도감 설치, 국학 진흥, 국자감을 국학으로 개칭
충선왕	사림원 설치(신진 관료 중용), 전농사 설치(토지 제도 문란 시정), 각염법 시행(소금 전매제), 원에 만권당 설치(학문 연구소, 유학 연구)
충숙왕	찰리변위도감 설치
충목왕	응방 폐지, 정치도감 설치

합격생의 비법

정치도감

권세가들의 토지 탈점과 겸병을 조사하여 폐단을 적발하고 응징하였다. 권세가들이 경기도에 가지고 있었던 토지를 혁파하여 일반 관리와 국역 부담자들에게 지급하였다.

4) 공민왕의 개혁 정치

① 시기 : 14세기 중엽 원·명 교체기

② 개혁 정책

반원 자주 정책	기철 등 친원 세력 숙청, 관제 복구(정동행성 이문소 폐지), 몽골풍 금지, 원의 연호 폐지, 쌍성총관부 공격 🔺빈출(철령 이북의 땅 수복), 친명 정책 표명
왕권 강화 정책	3성 6부의 구관제 복구, 정방 폐지(왕의 인사권 장악), 성균관 중건·과거제 개혁(신진 사대부 등용), 신돈 등용, 전민변정도감 설치(권문세족 압박)

□ 수복한 지역

공민왕의 영토 수복

출제 사료	전민변정도감

신돈이 왕에게 전민변정도감의 설치를 청하여 스스로 판사가 되었다. 전국에 방을 붙여 알리기를, "…… (백성이) 대대로 지어내려오던 땅을 힘 있는 가문들이 거의 다 빼앗아 버렸다. 이미 땅 주인에게 돌려주라고 판결을 내렸는데도 그대로 가지며, 때로는 백성을 노비로 삼았다. …… 이에 도감을 설치하여 이를 바로잡고자 한다."라고 하였다.　　　　　　　　　　　－『고려사』－

● 출제 포인트 분석

공민왕 때 설치한 전민변정도감은 권문세족에게 억울하게 빼앗긴 토지를 돌려주고 노비가 된 자를 양인으로 회복시키는 기구이다. 전민변정도감을 통해 권문세족의 경제적 기반을 약화시키고, 국가 재정 기반을 강화하고자 하였다.

시험에 자주 등장해요

원 간섭기 공민왕의 개혁 정치를 묻는 문제가 자주 출제됩니다. 몽골풍 금지, 정동행성 이문소 폐지, 쌍성총관부 수복, 전민변정도감 등은 꼭 기억하세요.

③ 결과 : 권문세족의 압력과 간섭, 신진 사대부 세력의 미약, 홍건적과 왜구의 침입 → 공민왕의 시해로 실패

5) 신진 사대부의 성장

성장	지방 향리 출신으로 과거를 통해 중앙 관리로 진출 → 공민왕의 개혁 정치 때 개혁을 뒷받침할 세력으로 성장
활동	권문세족과 불교의 폐단 비판, 유교의 원리에 따른 국가 운영 주장, 성리학을 개혁 사상으로 수용, 각종 개혁 정치에 참여
한계	관직 진출 제한, 경제적 기반 미약 → 고려 말 온건 개혁파(고려의 전통 질서 유지, 이색과 정몽주), 급진 개혁파(고려 부정, 새 왕조 수립 주장, 정도전과 조준)로 분열

6) 고려의 멸망

① **고려 말 사회 모순 심화** : 공민왕의 개혁 좌절, 권문세족의 토지 겸병과 권력 독점 심화
② **신흥 무인 세력의 성장** : 홍건적과 왜구의 침입을 격퇴하는 과정에서 **최영**, **이성계** 등 무인 세력 성장 → 고려 정치의 중심 세력으로 성장
③ **고려의 멸망** : 명의 철령위 설치 통보 → 우왕과 최영 등의 명의 요구 거절, 요동 정벌 추진 → 이성계 요동 정벌 반대, **위화도 회군** 🏅**빈출**(1388) → 이성계의 정권 장악(우왕 폐위, 최영 제거) → 공양왕 추대 → **과전법 공포**(1391) → 정도전 등 급진 개혁파의 온건 개혁파 제거 → 이성계를 왕위에 추대 → 고려 멸망, 조선 건국(1392)

합격생의 비법

과전법
공양왕 때 신진 사대부 세력의 경제적 기반을 마련하기 위해 권문세족 등 구세력의 토지를 몰수하여 현직 관리와 퇴직 관리에게 토지의 수조권을 지급하였다.

시험에 자주 등장해요

고려 말 성장한 권문세족과 신진 사대부를 비교하는 문제가 자주 출제됩니다. 각각의 특징을 꼭 기억하세요.

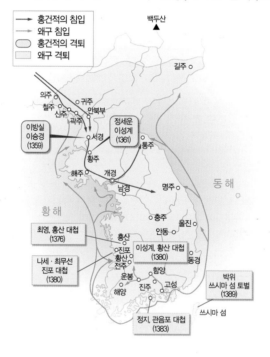

홍건적과 왜구의 침입 및 격퇴
홍건적은 원의 지배에 반대하여 반란을 일으킨 한족이고, 왜구는 일본의 해적 집단이다. 이들을 물리치는 데 최영과 이성계가 크게 활약하였다.

02 | 중세의 경제

출제빈도 상 | 중 | **하**

❶ 경제 정책

1) 경제 정책의 방향

① 중농 정책의 추진 : 개간 장려(일정 기간 면세), 농번기 잡역 금지, 재해 시 세금 감면, 고리대 이자 제한, 의창제 실시 등 → 민생 안정, 국가 재정 확보

② 상공업 정책 : 농업을 기본으로 자급자족적 경제 구조 형성 → 상업과 수공업 발달 부진

③ 토지 제도와 수취 체제 정비 : 호부와 삼사 설치, 조세 수취와 집행은 각 관청이 담당 → 귀족 사회의 안정적 운영

2) 토지 제도의 정비

① 전시과 제도의 성립

　㉠ 운영 원칙 : 관리들에게 관직 복무와 직역의 대가로 토지의 **수조권 지급**, 문무 관리·군인·향리 등을 18등급으로 나누어 **전지**(경작지, 조세 징수)와 **시지**(땔감 확보 가능한 임야) 차등 있게 지급

　㉡ 정비 과정

역분전(태조, 930)	후삼국 통일에 기여한 공신들에게 **인품과 공로**에 따라 토지 지급
시정 전시과(경종, 976)	• 공복 제도와 역분전 제도를 토대로 제정 • 관직의 고하와 인품을 반영하여 전·현직 관료에게 지급 • 전지와 시지에 대한 수조권만 인정
개정 전시과(목종, 998)	관직만을 기준으로 전·현직 관료에게 18등급으로 나누어 지급
경정 전시과(문종, 1076)	현직 관리에게만 지급, 관료에게 지급할 토지 부족, 무관의 차별 대우 시정

합격생의 비법

수조권
토지에서 조세를 거둘 수 있는 권리이다. 국가가 수조지를 분급할 때 대개 다른 사람의 민전 위에 설정하는 것이 원칙이었는데, 수조권을 분급받은 전주는 전객인 농민에게 직접 세금을 거두었다. 그 결과 전주가 전객을 경제적으로 지배하고 수탈하였다.

출제 사료　전시과의 성립

고려의 토지 제도는 대체로 당의 제도를 본받았다. 개간된 농지를 모아서 기름지고 메마른 것을 구분하여 문무백관으로부터 부병(府兵), 한인(閑人)에 이르기까지 등급에 따라 주었으며, 또 등급에 따라 땔감 얻을 땅을 지급하였다. 이를 전시과라고 하였다. 　　　　　－「고려사」 －

시험에 자주 등장해요

고려 시대 토지 제도인 전시과를 묻는 문제가 자주 출제됩니다. 전시과의 운영 원칙과 정비 과정, 특징을 정리해서 꼭 기억하세요.

ⓒ 특징 : 전지와 시지 지급(소유권이 아닌 수조권 지급), 관직 복무와 직역에 대한 대가로 지급, 원칙적으로 상속 금지(퇴직·사망 시 국가에 토지 반납), 원칙적으로 국가가 징수하여 수조권자에게 지급(후기로 갈수록 개인이 징수하여 폐단 발생)

② 토지의 종류

과전	문무 관리에게 직역에 대한 대가로 지급, 원칙적으로 세습이 불가능하지만 직역의 세습으로 토지도 세습
공음전	5품 이상 고위 관료에게 지급, 자손에게 세습 가능(음서제와 함께 지위 유지 기반)
군인전	중앙의 군인에게 군역의 대가로 지급, 군역의 세습에 따라 토지도 세습 가능
한인전	6품 이하 하급 관리의 자제로 관직을 얻지 못한 사람에게 지급(관인 신분 세습)
외역전	향리에게 직역에 대한 대가로 지급, 향직의 세습으로 토지도 세습 가능
구분전	하급 관리와 군인의 유가족에게 지급, 생활 대책 마련
민전	매매·상속·증여·양도 등이 가능한 귀족이나 농민의 사유지, 소유권 보장, 국가에 일정한 세금 납부
기타	내장전(왕실의 경비 충당), 공해전(관청의 경비 충당), 사원전(사원의 경비 충당)

시험에 자주 등장해요

고려 시대 전시과 제도 아래 운영된 토지의 종류도 자주 출제됩니다. 과전, 공음전, 한인전, 군인전, 외역전, 민전의 내용을 구분해서 꼭 기억하세요.

③ 전시과 제도의 붕괴 : 귀족들의 토지 독점과 세습 경향 확대, 조세를 거둘 수 있는 토지 감소(관리의 생계 위해 녹과전 일시 지급), 권문세족의 대농장 소유 → 무신 정변 이후 사실상 전시과 제도가 붕괴됨

3) 수취 체제의 정비
① 목적 : 양안(토지 대장)과 호적을 작성하여 조세, 공물, 역을 부과하는 기준으로 삼음
② 수취 제도

조세	• 토지를 논과 밭으로 구분하고 비옥도에 따라 3등급으로 나누어 생산량의 1/10 징수 (공전은 1/4 징수) • 수령의 책임 아래 각 군현의 향리가 징수하여 조창과 조운을 통해 개경으로 운반
공물	• 집집마다 지역 토산물, 수공업 제품, 광물 등 각종 현물을 거둠 • 중앙에서 필요한 공물을 주현에 할당 → 속현과 향·부곡·소에 할당 → 향리가 호(戶)를 기준으로 징수 • 매년 거두는 상공과 수시로 거두는 별공이 있었음
역	• 16~59세 남자인 정남의 노동력을 무상으로 징발 • 군역(군 복무)과 요역(각종 공사 동원)으로 구분

합격생의 비법

조창과 조운

군현에서 징수한 조세를 개경으로 운반하기 위해 조운 제도가 운영되었다. 전국 각지에 조창을 설치하여 한강의 수로나 연안의 해로를 통해 개경으로 조세를 운반하였고, 국경 지역인 양계에서 거둔 조세는 현지의 경비로 사용되었다. 몽골과 왜구가 침입한 시기에는 운영에 어려움을 겪어 국가 재정이 악화되었다.

③ 특징 : 군현제와 부곡제·주현과 속현 간의 차별적 운영, 부곡제와 속현 주민은 일반 군현의 주민보다 과중한 세금을 부담함

❷ 경제 활동

1) 경제생활

귀족	• 대대로 상속받은 토지와 노비, 관료가 되어 받은 과전과 녹봉을 경제적 기반으로 함 • 과전에서 생산량의 1/10 징수, 자기 소유지에서 생산량의 1/2 소작료 징수, 노비에게 경작시킴 • 권력이나 고리대를 이용하여 토지 소유 확대, 화려하고 사치스러운 생활 영위
농민	• 민전 경작(자영농), 국공유지나 타인의 소유지를 경작(소작농)하며 생계 유지 • 농업 기술의 발달로 농업 생산량이 증대하면서 자영 농민 성장, 농민의 지위도 향상

2) 산업의 발달

① 농업의 발달

경작지 확대	개간과 간척 사업, 수리 시설 발달(김제 벽골제, 밀양 수산제)
농법 개량	• 소를 이용한 깊이갈이(심경법) 확대, 논밭에 거름을 주는 시비법의 발달로 경작지 증대, 휴경 기간 단축 • 밭농사 : 2년 3작 윤작법 보급 • 논농사 : 고려 말 일부 남부 지방에 이앙법(모내기법) 보급 • 문익점의 목화 전래 : 의생활의 변화, 물레의 개발
농서 편찬	고려 후기 이암이 원으로부터 『농상집요』 소개 → 중국 화북 지방의 농업 기술에 대한 학문적 연구가 이루어짐

② 수공업의 발달

고려 전기	• 관청 수공업 : 중앙과 지방의 관청에 소속된 수공업자들이 물품 생산(공장안에 등록) • 소(所) 수공업 : 특수 행정 구역인 소 거주민이 물품 생산 → 관청에 납부
고려 후기	• 민간 수공업 : 농촌의 가내 수공업으로 물품 생산, 공물로 납부하거나 직접 사용(삼베, 모시, 명주 등 생산), 시장에 판매하기도 함 • 사원 수공업 : 기술이 좋은 승려와 노비가 물품 생산, 제지 · 베 · 모시 · 기와 · 소금 등

③ 상업의 발달

고려 전기	• 도시 : 개경에 시전 설치(왕실과 귀족의 생활용품 공급, 상행위를 감독하는 경시서 설치), 대도시에 관영 상점 설치(관영 수공업장에서 생산된 물건 판매, 개경 · 동경 · 서경 등에 설치) • 지방 : 장시 중심으로 물품 교역(관아 근처의 비상설 시장, 일회용품 교환), 행상의 활동으로 발달
고려 후기	• 개경의 상업 활동이 점차 도성 밖으로 확대(조운로와 원을 중심으로 발달) → 시전의 규모 확대, 업종별 전문화 • 소금 전매제 실시(충선왕, 각염법)

고려 후기 강화도 간척지
고려는 강화도로 도읍을 옮긴 후 식량 자급을 위한 비상 대책으로 해안 저습지를 간척하였다.

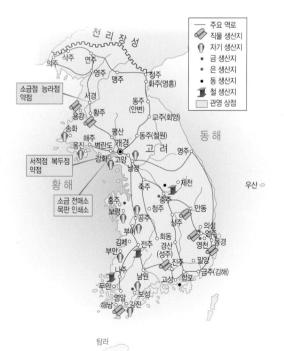

고려의 상업 활동

④ 화폐의 주조

　㉠ 발행 목적 : 국가 재정 수입 증대, 화폐 유통을 통한 정부의 경제 활동
　　 장악

　㉡ 화폐 주조 : 성종 때 건원중보(철전) → 숙종 때 의천의 건의로 주전도
　　 감 설치, 삼한통보·해동통보 등의 동전과 은병(활구) 발행 → 공양왕
　　 때 저화(지폐) 발행(원의 지폐인 교초 유통)

　㉢ 한계 : 농업 중심의 자급자족 경제 구조 안에서 널리 유통되지 못함,
　　 거래에 곡식이나 베를 주로 사용

　　해동통보　　　　건원중보　　　　삼한통보　　　은병(활구)

고려의 화폐

⑤ 대외 무역

송	• 사신과 상인의 왕래가 활발함, 유학생과 유학승 파견 • 예성강 하구의 벽란도가 국제 무역항으로 발전(주요 무역항이자 전략적 요충지로 사용됨) • 비단·서적·약재·귀족의 사치품 등 수입, 금·은·동·인삼·종이·먹·나전 칠기 등 수출
거란·여진	은, 말, 모피를 가져와 농기구, 곡식과 교환
일본	유황·수은 등 수입, 인삼·서적·곡식 등 수출
아라비아	• 향료, 산호, 수은 등 거래 • 고려의 이름이 '코리아'로 서역에 알려짐

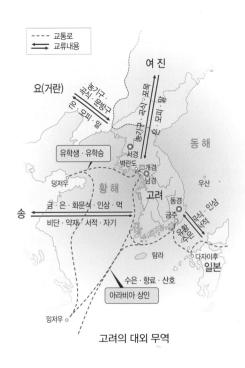

고려의 대외 무역

03 │ 중세의 사회

출제빈도 상 | 중 | **하**

❶ 신분 제도

1) 귀족 : 왕족과 왕실의 외척 및 5품 이상의 관료들이 주류 형성, 정치적 특권인 음서와 경제적 특권인 공음전의 혜택을 누리며 고위 관직 독점

문벌 귀족	• 여러 대에 걸쳐 고위 관직에 오르며 문벌 형성 • 음서와 공음전을 통해 권력과 경제력 장악, 유력한 가문과 중첩된 혼인 관계를 맺음
무신	무신 정변으로 문벌 귀족 세력 약화 → 무신의 권력 장악
권문세족	• 고려 후기 지배층으로 원을 배경으로 형성된 친원 세력 • 도평의사사 등 정계의 요직 장악, 대농장 소유, 음서로 신분 세습
신진 사대부	• 고려 후기 과거를 통해 정계 진출(향리나 하급 관리 출신), 중소지주로 성장 • 권문세족의 권력 독점과 대농장 소유 등 비판, 사회 개혁 추진, 신흥 무인 세력과 정치적으로 결합

귀족
왕족·고위 관리
중류층
서리·향리·남반
양민
백정(농민)·상민·수공업자
천민
노비

고려의 신분 구조

구분	권문세족	신진 사대부
신분	중앙 보수적 집권 세력	지방 출신 신흥 관료
경제 기반	대지주	중소지주, 자영농
정치 진출	음서 진출	과거 진출
권력 기반	도평의사사 장악	행정적, 정치적 실무 능력 구비
외교	친원파	친명파

권문세족과 신진 사대부

2) 중류층(하급 관리)

① 구성 : 서리(중앙 관청의 실무 담당), 향리(지방 행정 실무 담당), 남반(궁중의 숙직, 왕의 시중 담당), 군반(직업 군인, 2군 6위 등 중앙군 형성), 역리(역 관리)

② 특징 : 귀족과 양민 사이에 있는 중간 지배 계층, 주로 중앙과 지방 행정 기구의 말단 행정 실무 담당, 직역에 대한 대가로 국가에서 토지 지급(직역 세습)

③ 향리 제도의 마련

　㉠ 성종 때 지방 행정 제도 개편, 지방 호족을 향리로 편제 → 호장과 부호장 배출

　㉡ 지방관이 파견되지 않은 속군과 속현에서 실질적인 지배 계층으로 세습적 지위 보장

　㉢ 조세 징수 및 감면, 공부 징수, 공사 동원, 장교 직무 수행, 권농, 교화, 구휼, 불사 동원 등 담당

　㉣ 기인 제도와 사심관 제도를 통해 향리 통제

합격생의 비법

호장과 부호장

향리직의 우두머리로, 이들은 대개 고려 초 지방 호족 출신이었다. 이들 고위 향리층은 과거를 통해 중앙 관리로 진출하는 것이 가능하였으며, 하위 향리층과는 구분되었다.

3) 양민(평민)
① 구성 : 대다수는 백정으로 불리는 농민층, 향·부곡·소의 주민

백정	• 양민의 대다수인 농민으로 특정한 직역을 부여받지 않고 농업에 종사하던 농민층 • 법제적으로 과거 응시 가능, 조세·공물·역 부담
상인과 수공업자	농민보다 신분적으로 천시, 조세·공물·역 부담
향·부곡·소 주민	• 신분은 양민이나 일반 양민에 비해 차별 대우를 받음(향·부곡·소에 거주 → 거주 이전의 자유가 없음, 군현민에 비해 더 많은 세금 부담) • 향·부곡 주민은 주로 농업에 종사, 소 주민은 수공업에 종사

② 특징 : 본인 소유의 토지나 남의 토지를 경작하여 생계 유지, 일반 주·부·군·현에 거주하며 농업이나 상공업에 종사, 조세·공물·역 부담

출제 사료	고려의 특수 행정 구역, 소(所)

왕이 명을 내리기를, "경기 주현들은 상공 외에도 요역이 많고 무거워 백성이 고통을 받아 나날이 도망쳐 떠돌아다니고 있다. 관청에서는 담당 관리에게 물어보아 공물과 역의 많고 적음을 참작하여 결정하고 시행하라. 구리·철·자기·종이·먹 등 여러 소에서 별공으로 바치는 물건들을 함부로 징수해 장인들이 살기가 어려워 도망하고 있다. ─『고려사』─

4) 천민
① 구성 : 대다수 노비(공노비와 사노비), 양수척(버들고리를 만들어 파는 사람)·화척(가축 도살)·재인(광대)·기생 등

공노비	• 입역 노비(공역 노비) : 궁궐이나 관청 등에서 급료를 받고 잡역에 종사 • 외거 노비(납공 노비) : 토지를 경작하면서 얻은 수입 중 일정한 액수를 관청에 납부
사노비	• 솔거 노비 : 귀족의 집이나 사원에 살면서 잡역에 종사 • 외거 노비 : 주인과 따로 살면서 주로 농업에 종사하고 일정량의 신공을 바침. 독자적인 재산 소유 및 가정 유지 가능

송광사 노비 문서

② 특징 : 매매·증여·상속이 가능한 재산으로 간주, 부모 중 한 명이 노비이면 그 자녀도 노비로 간주(일천즉천), 요역이나 군역의 의무는 없음

5) 신분 상승 : 제한적이었으나 계층 간 신분 상승이 가능함

지방 향리	고위 향리층의 경우 과거를 통해 중앙 관리로 진출
군인	군공을 쌓아 무관으로 진출
향·부곡·소 주민	적극적인 항거나 대몽 항쟁 속에서 군공을 세워 일반 군현으로 상승 (→ 일반 군현민들이 반란을 일으킨 경우 부곡 등으로 강등)
외거 노비	재산을 모아 주인에게 바치고 양인 신분 획득 가능

출제 사료	노비의 신분 상승

평량은 평장사 김영관의 집안 노비로, 경기도 양주에 살면서 농사에 힘써 부유하게 되었다. 그는 권세가 있는 중요한 길목에 뇌물을 바쳐 천인에서 벗어나 산원동정의 벼슬을 얻었다. 그의 처는 소감 왕원지의 집안 노비인데 …… 원지의 부처와 아들을 죽이고, 스스로 그 주인이 없어졌으므로 계속해서 양민으로 행세할 수 있음을 다행으로 여겼다. ─『고려사』─

❷ 백성의 생활 모습

1) 사회 시책
① 농민 보호 정책 : 농번기 부역 동원 금지, 재해를 당하였을 때 조세와 부역 감면, 법으로 이율을 정하여 이자가 원곡을 넘을 수 없게 함(고리대 제한)
② 권농 정책 : 황무지를 개간하거나 진전을 새로 경작하면 일정 기간 소작료 나 조세 면제, 원구단과 사직단 건립

2) 사회 제도

사회 제도		시기	주요 활동
빈민 구제 기관	흑창	태조	양곡 대여
	의창	성종	흑창 개편, 춘대추납
물가 조절 기관	상평창	성종	풍년에는 곡식을 사들이고 흉년에는 곡물을 싸게 팜, 개경·서경 및 12목에 설치
의료 기관	동·서 대비원	정종	개경 설치, 환자 치료, 빈민 구제
	혜민국	예종	의약품 제공
	구제도감, 구급도감	예종	재해 발생 시 백성 구제, 임시 기관
보	팔관보	숙종	팔관회의 경비 충당
	제위보	광종	빈민 구제를 위한 기금 마련
계	공동의 이해를 가진 혈연적·지연적 상호 협동계		

시험에 자주 등장해요

고려 시대 사회 제도를 묻는 문제가 자주 출제됩니다. 특히 의창, 상평창, 제위보, 동·서 대비원, 혜민국 같은 사회 시설은 꼭 기억하세요.

출제 사료 | 상평창의 설치

왕이 이르기를 "금 1냥 값이 베 40필에 해당하므로 금 1천 근은 베 4만 필에 해당하고, 쌀로는 12만 8천 섬이 되니 그 절반은 쌀 6만 4천 섬이다. 그중 5천 섬은 서울 경시서에 맡기어 팔거나 사게 하고 태부시, 사헌대로 하여금 그 출납을 관할하게 하며, 나머지 5만 9천 섬은 서경 및 주, 군의 창고 15개 소에 나누어 두되 서경에서는 분사 사헌대에 위임하고 주, 군에서는 그 수령들에게 위임하여 관할하게 하고 빈약한 백성들의 생활에 도움을 주게 할 것이다."라고 하였다.

– 『고려사』 –

3) 법률과 풍속
① 법률
  ㉠ 중국의 당률 참조, 일상생활은 관습법이 중심임
  ㉡ 지방관이 행정권과 사법권을 지님, 중요한 사건만 개경의 상부 기관에 보고함
  ㉢ 반역죄·불효죄는 중벌에 처함(유교 윤리 강조), 사형은 3심제 적용, 태형·장형·도형·유형·사형의 형벌 적용

합격생의 비법

고려의 형벌
• 태형 : 회초리로 볼기를 치는 것
• 장형 : 곤장으로 볼기를 치는 것
• 도형 : 감옥에 가두는 것
• 유형 : 유배를 보내는 것
• 사형 : 죽이는 것

② 풍속

    ⊙ 국가는 유교적 규범에 따라 상장제례 시행, 민간은 토착 신앙과 융합된 불교의 전통 의식과 도교 신앙의 풍속을 따름

    ⓛ 불교 행사 : 연등회와 팔관회 개최

    ⓒ 명절 : 정월 초하루, 삼진날, 단오, 유두, 추석 등

4) 농민 공동체 조직(향도)

합격생의 비법

매향 활동

불교 신앙의 하나로 위기가 닥쳤을 때를 대비하여 향나무를 바닷가에 묻어 두었다가, 이를 통해 미륵을 만나 구원받고자 하는 것이다. 이러한 활동을 하는 무리를 향도라고 한다.

고려 초기	• 불교 신앙에 바탕을 둔 공동체 조직 • 매향 활동 주관, 불상 · 종 · 석탑 등 조성, 법회에서의 대규모 노동력 및 경제력을 제공하는 불교 신앙 활동 단체
고려 후기	• 마을 공동체 조직으로 변화 • 신앙 활동에서 벗어나 마을 노역, 혼례와 상장례, 마을 제사 등을 주관하는 농민 조직

사천 매향비

보물 제614호로 경상남도 사천시 곤양면 흥사리에 있다. 1387년 고려 우왕 때 향나무를 묻고 세운 것으로, 내세의 행운과 왕의 만수무강, 국태안민을 기원하는 내용을 담고 있다.

5) 혼인과 여성의 지위

① 결혼 : 일부일처제 원칙(여자 18세, 남자 20세 전후 결혼 → 고려 후기 원의 영향으로 일부다처제 시작), 고려 왕실은 친족 간 혼인 성행(→ 고려 후기 유교의 영향으로 동성 불혼)

② 여성의 지위 : 자녀의 균분 상속, 남녀 구분 없이 출생 순 호족 기재(여성이 호주도 가능), 여성의 재가 가능, 자녀 구분 없이 제사 봉양, 사위가 처가의 호적에 입적하기도 함, 사위와 외손자에게도 음서 혜택, 부부 간에도 여성의 재산 보호 → 일상생활에서 남녀의 차별이 크지 않음

시험에 자주 등장해요

고려 시대 가족 제도와 여성의 지위를 묻는 문제가 자주 출제됩니다. 특히 여성의 지위가 남성과 거의 대등했다는 사실을 꼭 기억하세요.

출제 사료	고려 시대 여성의 지위

손변이 송사를 맡았는데, 남동생이 "다 같은 부모의 자식인데, 어째서 유산을 누이 혼자서 차지하느냐?"라고 하였다. 누이는 "아버지가 세상을 떠날 때 집안 재산을 모두 나에게 주었다."라고 하였다. 손변이 "부모 마음은 어느 자식에게나 다 같은 법이다. 어찌 자성해서 이미 출가한 딸에게만 후하고, 어미도 없는 어린 아들에게는 박하게 하겠는가?"라고 타일렀다. 누이와 동생이 비로소 깨닫고 서로 붙들고 울었다. 드디어 남매에게 재산을 반반씩 나누어 주었다.

                                           - 『고려사』 -

1087	1097	1145	1190	1234	1281	1377
초조대장경 간행	의천, 천태종 창시	김부식, 『삼국사기』 저술	지눌, 수선사 결사 제창	『상정고금예문』 편찬	일연, 『삼국유사』 편찬	『직지심체요절』 간행

연표

04 | 중세의 문화

출제 빈도 **상** | 중 | 하

❶ 유학의 발달과 역사서 편찬

1) 유학의 발달

고려 초기	• 특징 : 유교적 정치 기틀 마련, 자주적·주체적 성격 • 태조 : 6두품 계통의 유학자 활약(최언위, 최응, 최지몽 등 유교주의에 입각한 국가 경영을 건의) • 광종 : 과거제 시행, 유교적 소양을 갖춘 관리 등용(유교 발달에 기여) • 성종 : 유교 정치 이념 확립(최승로의 시무 28조 채택), 유교 교육을 위해 국자감과 향교 설치, 12목에 경학박사 파견

고려 중기	• 특징 : 문벌 귀족 사회의 발달로 유학의 보수화, 귀족적(시문 중시)·사대적 성격
	• 사학의 발전 : 사학 12도 융성 → 관학 위축 → 관학 진흥책 실시(서적포, 7재, 양현고)
	  – 최충 : 해동공자로 칭송, 9재 학당(문헌공도)을 설립하여 인재 양성, 훈고학적 유학에 철학적 경향 가미
	  – 김부식 : 고려 중기 보수적·현실적 유학을 대표함

고려 후기
(원 간섭기)
	• 성리학의 전래
	  – 특징 : 남송의 주희가 집대성, 우주의 원리와 인간의 심성을 철학적으로 탐구하는 새로운 유학
	  – 수용 배경 : 무신 정변 이후 문벌 귀족 세력의 몰락으로 고려의 유학 위축, 불교계의 타락으로 사회적·경제적 폐단 발생
	  – 수용 과정 : 충렬왕 때 안향이 소개 → 이제현이 만권당에서 원의 학자와 교류하며 성리학에 대한 이해 심화 → 성균관을 중심으로 확산(이색) → 정몽주, 정도전 등 신진 사대부에 계승
	  – 영향 : 사회 모순 개혁 시도(불교의 폐단과 권문세족의 횡포 비판), 형이상학적 측면보다 실천적 측면 강조(『소학』, 『주자가례』 보급)
	• 유교 교육 강화 : 국학을 성균관으로 개칭하고 확대 개편함

합격생의 비법

국자감
• **유학부** : 7품 이상 관료의 자제 교육, 국자학·태학·사문학
• **기술학부** : 8품 이하 관료와 서민의 자제 교육, 율학·서학·산학

합격생의 비법

7재
예종은 교육 과정을 체계적으로 관리하기 위해 국자감에 전문 강좌를 설치하였다.

합격생의 비법

만권당
충선왕이 원나라 연경에 세운 서재이다. 고려와 원의 문화 교류가 만권당을 중심으로 활발하게 이루어졌으며, 이후 고려에 성리학이 보급되는 계기가 마련되었다.

2) 교육 기관의 설립

고려의 교육 제도

시험에 자주 등장해요

고려 시대 유학의 발달을 묻는 문제가 자주 출제됩니다. 특히 고려 후기 성리학의 전래와 관련된 내용은 꼭 정리해 두세요.

사학의 융성

문종 때 유학자인 최충은 관직에서 물러나 인재 양성을 목적으로 9재 학당을 설립하였다. 대체로 과거를 주관한 경력이 있는 고위 관료 출신들이 설립하였으므로 당시 귀족 자제들은 국자감보다 12도로 몰렸고, 그 결과 국자감이 위축되는 결과를 가져왔다.

고려 시대 관학 진흥책을 묻는 문제가 자주 출제됩니다. 특히 최충의 9재 학당(문헌공도) 등 사학 12도 융성으로 관학이 위축되어 관학 진흥책을 실시하였다는 사실을 꼭 기억하세요.

기전체와 편년체

• **기전체** : 사마천(전한)의 『사기』를 기원으로 하고 있다. 정사(正史)를 서술할 때 주로 사용하며, 본기·열전·표·지 등으로 나누어 구성한다.
• **편년체** : 사마광(송)의 『자치통감』을 기원으로 하고 있다. 역사를 서술할 때 연대에 따라 서술하는 방식이다.

『삼국사기』

① 교육 기관의 변천

초기	• 중앙 : 국자감 설치, 유학부와 기술학부로 구분, 관료와 기술 인력 양성 • 지방 : 향교 설치, 지방 관리와 서민 자제의 교육 담당
중기	• 사학 융성 : 문헌공도 등 사학 12도 융성 → 관학 위축 • 관학 진흥 : 서적포, 7재, 양현고, 경사 6학
후기	관학 진흥 : 섬학전 시행, 국학을 성균관으로 개칭, 문묘 건립

② 관학 진흥책

숙종	국자감에 서적포를 두어 도서 출판을 활발히 함
예종	국자감을 재정비하여 전문 강좌인 7재 설치, 장학재단인 양현고 설치, 궁내에 청연각·보문각 등 학문 연구소 및 도서관 설치
충렬왕	국학에 문묘 건립, 국자감을 성균관으로 개칭, 부실한 양현고를 보충하기 위해 장학재단인 섬학전 설치
공민왕	성균관을 순수 유교 교육 기관으로 개편
기타	식목도감으로 하여금 학제를 상정하여 개경에 경사 6학 제도 정비, 지방 각 주현에 향학을 세워 관학 기관 정비, 과거 응시자의 국자감 수학 의무화(본시험인 예부시 응시 자격 부여)

3) 역사서의 편찬

초기	• 『왕조실록』(거란 침입으로 소실), 『7대실록』(태조~목종, 편년체) • 자주적·주체적 서술, 오늘날 전하지 않음
중기	• 문벌 귀족 사회의 발달로 보수적·사대적 성격을 지님 • 김부식의 『삼국사기』(1145) 　– 목적 : 묘청의 서경 천도 운동으로 분열된 민심을 재수습하여 국왕 중심의 중앙 집권 체제를 이루려 함 　– 특징 : 기전체 서술, 본기·열전·지·표 구성, 신라 계승 의식을 바탕으로 유교적 합리주의 사관 제시 　– 의의 : 현존하는 최고(最古)의 사서
후기	• 무신 정변 이후 사회적 혼란, 몽골의 침입 속에서 민족적 자주 의식 반영, 우리의 전통 문화에 대한 올바른 이해 노력 • 각훈의 『해동고승전』 : 삼국 시대 이래 명승들의 일대기 정리 • 이규보의 『동명왕편』(1193) : 고구려를 건국한 동명왕의 업적을 서사시 형태로 서술, 고구려 계승 의식 표현 • 일연의 『삼국유사』(1281) : 역사의 시작을 단군 조선으로 설정, 우리의 고유문화와 전통 중시, 불교사를 중심으로 고대의 설화와 야사 수록 • 이승휴의 『제왕운기』(1287) : 단군 이야기 수록, 우리 고유의 신화와 전설 등 신이한 사실을 있는 그대로 서술, 유교적 합리주의 사관 비판, 우리 역사를 중국과 대등하게 파악하여 자주성 표현 • 이제현의 『사략』(1357) : 정통 의식과 대의명분을 중시하는 성리학적 유교 사관 반영

- 성상께서 …… "또한 그에 관한 옛 기록은 표현이 거칠고 졸렬하며, 사건의 기록이 빠진 것이 있으므로, 이로써 군주의 착하고 악함, 신하의 충성됨과 사특함, 나랏일의 안전함과 위태로움, 백성의 다스려짐과 어지러움을 모두 펴서 드러내어 권하거나 징계할 수 없다. 그러므로 마땅히 재능과 학문과 식견을 겸비한 인재를 찾아 권위 있는 역사서를 완성하여 만대에 전하여 빛내기를 해와 별처럼 하고자 한다."고 하였습니다.
  – 『삼국사기』 서문 –
- 대체로 성인은 예악으로 나라를 일으키고, 인의로 가르침을 베푸는데, 괴이하고 신비한 것은 말하지 않는 것이었다. 그러나 제왕이 장차 일어날 때에는 천명과 비기록을 받게 되므로, 반드시 남보다 다른 일이 있었다. 그래야만 능히 큰 변화를 타서 대기를 잡고 큰 일을 이룰 수 있는 것이다. …… 그렇다면 삼국의 시조가 모두 신비스러운 데서 탄생하였다는 것이 무엇이 괴이하랴.
  – 『삼국유사』 기이편 서문 –

구분	삼국사기	삼국유사
시기	고려 중기 (인종)	고려 후기 (충렬왕)
저자	김부식	일연
사관	유교 사관	불교 사관
특징	• 기전체 서술 • 신라 계승 의식	• 불교사 중심, 고대 설화나 야사 수록 • 단군 신화 정리

『삼국사기』와 『삼국유사』

❷ 불교의 발전

1) 고려 불교의 특징

① 유교는 정치와 관련된 치국의 도로, 불교는 신앙생활과 관련된 수신의 도로 공존함(유교와 불교의 융합)
② 호국 불교와 현세 구복 불교

시험에 자주 등장해요

고려 시대 역사서를 묻는 문제가 자주 출제됩니다. 『삼국사기』와 『삼국유사』의 내용을 비교하여 꼭 기억하세요.

2) 불교 정책

태조	불교 지원, 불교 숭상과 연등회·팔관회의 개최 당부(훈요 10조)
광종	• 승과 제도 시행 : 승과에 합격한 자에게 품계(승계)를 주어 승려의 지위를 보장함 • 국사·왕사 제도 실시 : 승려에 준 최고의 승직으로 국교로서의 권위 부여, 왕실 고문 역할 • 불교 보호 : 사원에 토지 지급, 승려에게 면역의 혜택 부여
성종	연등회와 팔관회 일시 폐지(최승로의 시무 28조 수용, 현종 때 부활)

3) 고려 전기의 불교

화엄종과 법상종 융성	• 종교적 분열이 정치적 분열을 가져와 체제 정비의 일환으로 불교 통합을 시도함 • 교종 통합을 위해 화엄종을 중심으로 교종 정리 → 균여의 화엄종이 성행함 • 왕실의 지원을 받던 화엄종과 문벌 귀족의 지원을 받던 법상종이 융성함 → 교종의 양대 종파 형성
의천의 교단 통합	• 배경 : 귀족 불교인 법상종이 융성하자 화엄종과 대립 • 목적 : 고려 불교의 폐단 정리, 법상종 세력을 견제하기 위해 화엄종 중심으로 교단 통합 • 과정 : 국청사 중심, 천태종 창시 → 교종의 입장에서 선종 통합 시도, 교관겸수(敎觀兼修) 주장 • 의의 : 국왕 중심의 집권 체제를 옹호하는 입장에서 불교계 통합을 위해 노력, 선교 대립을 극복하려는 시도 • 한계 : 의천 사후 선종 독립, 화엄종 분열

합격생의 비법

교관겸수(敎觀兼修)
교리·형식과 참선·수양을 함께 수행하되, 교종의 입장에서 선종을 포용하려는 통합 이론이다.

시험에 자주 등장해요

고려의 불교 통합을 묻는 문제가 자주 출제됩니다. 특히 의천의 교종 중심의 천태종 창시는 꼭 기억하세요.

대각국사 의천

문종의 넷째 왕자로, 흥왕사의 주지로 있으면서 중국으로부터 3천여 권의 책을 수집하였다. 불교 서적을 수집하여 교장도감을 설치하고 교장을 간행하였으며 '신편제종교장총록'이라는 목록을 편찬하였다. 그는 송에 가서 천태종을 배우고 돌아와 국청사가 완공되자 주지가 되어 천태교학을 강의하였고, 숙종의 지원을 받아 해동 천태종을 개창하였다. 또한 숙종에게 화폐 유통을 건의하기도 하였다.

4) 고려 후기의 불교

① **선종 부흥** : 무신 정변 이후 교종 세력이 급격히 쇠퇴함, 선종의 참선과 혁신성이 무신 정권의 관심을 받음

② **신앙 결사 운동** : 불교계의 세속화로 인한 사회의 폐단 증가 → 불교계의 혁신, 기층 사회의 교화(불교 본연의 모습을 찾으려는 신앙 결사 운동 대두)

지눌의 선교 통합	• 선교 일치 사상의 완성 : 선종을 중심으로 교종 포용 　– 조계종 : 무신 정변 이후 불교계에서 선종이 조계종이라는 이름으로 번성함 　– 정혜쌍수(定慧雙修) : 참선을 통해 깨달음을 얻되 교리 공부를 병행해야 한다는 주장 　– 돈오점수(頓悟漸修) : 인간의 마음이 곧 부처의 마음이라는 사실을 깨닫고, 깨달은 뒤에 신념을 굳게 하고 부처에게 나아가는 길을 꾸준히 닦아야 한다는 주장 • 결사 운동 : 순천 송광사를 중심으로 수선사 결사 제창(독경과 선 수행 강조, 노동에 고루 힘쓰자는 개혁 운동)
혜심의 유불 일치설	지눌의 사상 계승, 유불 일치설 주장(유교와 불교 모두 도를 추구, 심성의 도야 강조) → 성리학을 수용할 수 있는 사상적 토대를 마련함
요세의 백련 결사	• 전남 강진 지방의 호족 세력이 수선사 결사에 맞서 법화 신앙에 바탕을 둔 백련사 결사 제창 • 참회와 염불 수행을 통한 극락왕생 주장 → 지방민의 적극적 호응을 얻음

③ **원 간섭기의 불교계**

　㉠ **불교계 폐단** : 불교의 귀족화 경향 심화, 개혁 운동 의지 위축, 사원 경제의 비대화, 권문세족과 연결되어 불교의 세속화가 이루어짐(농장 확대와 고리대)

　㉡ **보우의 노력** : 공민왕 때 원으로부터 임제종 도입, 교단 정비 노력 → 성과를 거두지는 못하였음

　㉢ **신진 사대부의 불교 비판** : 성리학을 사상적 배경으로 삼고 있는 신진 사대부 세력이 불교계의 사회적·경제적 폐단을 비판함

보조국사 지눌

고려 무신 집권기의 승려이며, 수선사 결사를 조직해 불교의 개혁을 추진하였다. 정혜쌍수와 돈오점수를 주장하며 선종과 교종의 일치를 추구하였다.

출제 사료 | 고려 불교의 발달

• 교리를 배우는 이는 마음을 버리고 외적인 것을 구하는 일이 많고, 참선하는 사람은 밖의 인연을 잊고 내적으로 밝히기를 좋아한다. 이는 다 편벽된 집착이고 양극단에 치우친 것이다.

– 의천, 『대각국사문집』 –

• 하루는 같이 공부하는 사람 10여 인과 약속하였다. 마땅히 명예와 이익을 버리고 산림에 은둔하여 같은 모임을 맺자, 항상 선을 익히고 지혜를 고르는 데 힘쓰고, 예불하고 경전을 읽으며 힘들여 일하는 것에 이르기까지 각자 맡은 임무에 따라 경영한다.

– 지눌, 『권수정혜결사문』 –

5) 대장경의 간행 : 호국적·현세 구복적 성격

초조대장경	• 현종 때 거란의 침입을 격퇴하기 위한 염원으로 제작 • 개경에 보관하였다가 대구 부인사로 옮겼으나, 몽골의 침입으로 소실
교장	• 의천의 주도로 교장도감 설치 • 송, 요, 일본 등 각 국에 흩어진 불교 서적을 모아 '신편제종교장총록' 제작 • 고려, 송, 요의 대장경에 대한 주석서 간행
재조대장경 (팔만대장경)	• 목적 : 부처의 힘을 통해 몽골의 침입을 격퇴하고 자주적인 문화국으로의 긍지를 높임 • 특징 : 목판 제작의 정교한 글씨(뒤틀리지 않는 단아한 목판) 등 제조 기술, 오탈자가 거의 없는 내용의 정확성 등이 높이 평가됨 • 대장도감을 설치하여 16년에 걸쳐 새로 판각함, 경남 합천 해인사에 보관 중임(1995년 세계 문화유산으로 지정됨)

경남 합천 해인사 팔만대장경판

③ 도교와 풍수지리설의 발달

1) 도교의 발달
① 특징 : 불로장생과 현세의 구복을 추구하고 국가의 안녕과 왕실의 번영 기원, 예종 때 도교 사원 건립
② 도교 행사 : 초제 성행(도사가 주관, 국가의 안녕과 왕실의 번영 기원), 팔관회 개최(부처와 토속신에게 나라와 왕실의 태평을 기원)
③ 한계 : 일관된 교리 체계와 교단을 형성하는 데 실패, 도참사상이 수용되면서 민간 신앙으로 전개

2) 토속 신앙과 풍수지리설의 발달
① 토속 신앙 : 산신 신앙, 성황 신앙, 무속 신앙 등
② 풍수지리설
㉠ 내용 : 인간이나 국가의 길흉화복을 예언하는 도참사상이 더해져 유행 → 풍수지리설을 통해 도읍지나 궁궐 선택
㉡ 영향 : 서경 길지설(북진 정책, 묘청의 서경 천도 운동의 이론적 근거), 남경 길지설(한양 명당설, 한양을 남경으로 승격)

④ 과학 기술의 발달

1) 발달 배경 : 고대 사회의 전통적 과학 기술 계승, 중국과 이슬람의 과학 기술 수용, 국자감에서 율학·서학·산학 등 잡학 교육 및 잡과 시행

2) 천문학과 의학의 발달

천문학	• 천문 관측 : 사천대(서운관) 설치, 첨성대에서 관측 업무 수행 • 역법 : 초기에는 당의 선명력, 후기에는 원의 수시력과 명의 대통력 사용
의학	• 우리나라 고유의 의학 발달(향약), 독자적인 처방전(향약방) • 태의감 설치 : 의학 교육 시행, 의과 주관 • 『향약구급방』 편찬 : 현존하는 우리나라 최고의 의서, 각종 질병에 대한 처방과 국산 약재 소개

고려 첨성대

3) 인쇄술의 발달

목판 인쇄술	송의 영향을 받아 더욱 발전, 한 종류의 책을 다량으로 인쇄하는 데 적합함, 쉽게 닳아 없어짐 → 초조대장경, 팔만대장경 등 대장경 조판

금속
활자
인쇄술
	• 배경 : 신라 이후 발달한 금속 세공 기술과 청동 주조 기술 계승, 몽골과의 전쟁으로 많은 책이 소실되면서 수요 증대, 다양한 종류의 책을 소량으로 인쇄하는 데 적합함
	• 금속 활자본
	  – 『상정고금예문』(1234) : 몽골과의 전쟁 중이던 강화도 피란 시 금속 활자로 인쇄, 오늘날 전해지지 않음
	  – 『직지심체요절』(1377) : 청주 흥덕사에서 간행, 현존하는 세계 최고(最古)의 금속 활자본
	• 서적원 설치(1392) : 활자의 주조와 인쇄를 담당함

시험에 자주 등장해요

고려 시대 인쇄술의 발달을 묻는 문제가 자주 출제됩니다. 현존 최고의 금속 활자본인 『직지심체요절』은 꼭 기억하세요.

『직지심체요절』
승려 백운 화상이 석가모니의 가르침에서 중요한 내용을 뽑아 해설한 책이다. 현재는 파리 국립도서관에 보관되어 있으며, 유네스코 세계 기록 유산으로 지정되었다.

4) 화약 무기 제조와 조선술의 발달
① 화약 무기 제조
  ㉠ 배경 : 고려 말 잦은 왜구의 침입을 효율적으로 방어하기 위해 무기 제조가 필요해짐
  ㉡ 화약의 제조 : 화통도감 설치, 최무선을 중심으로 화약과 화포 제조(왜구의 침입을 격퇴하기 위해 중국의 화약 제조 기술 터득) → 진포 싸움에서 화포를 이용하여 왜구 격퇴
② 조선술의 발달 : 송과의 해상 무역에 이용할 대형 범선 제조, 고려 말 전함에 화포를 설치(왜구 격퇴에 활용), 원의 강요로 일본 원정에 필요한 전함 건조

❺ 문화의 발달

1) 불교 미술의 발달
① 건축 : 궁궐(만월대) · 사원(현화사, 흥왕사) 중심, 주심포 양식에서 다포 양식으로 발전

안동 봉정사 극락전
봉정사 극락전은 정면 3칸, 측면 4칸의 주심포 양식의 맞배지붕 건물이다. 기둥은 배흘림 양식이며, 건립 연대가 1200년대 초로 추정되어 우리나라에서 가장 오래된 목조 건축물로 보고 있다.

주심포 양식	• 공포가 기둥 위에만 짜여 있는 건축 양식 • 건물이 간소하고 단아해 보임, 간결미가 있음 • 안동 봉정사 극락전(현존하는 가장 오래된 목조 건축물), 영주 부석사 무량수전(배흘림 기둥, 팔작지붕), 예산 수덕사 대웅전(배흘림 기둥, 맞배지붕)
다포 양식	• 공포가 기둥 위뿐만 아니라 기둥 사이에도 짜여 있는 건축 양식 • 웅장한 지붕이나 건물을 화려하게 꾸밀 때 사용 • 사리원 성불사 응진전(원의 영향, 조선 시대 건축물에 영향)

주심포 양식 구성도

영주 부석사 무량수전

다포 양식 구성도

사리원 성불사 응진전

시험에 자주 등장해요

고려의 문화유산을 묻는 문제가 자주 출제됩니다. 특히 주심포 양식의 건축물인 안동 봉정사 극락전, 영주 부석사 무량수전, 예산 수덕사 대웅전과 다포 양식의 건축물인 사리원 성불사 응진전을 구분하여 꼭 기억하세요.

② **석탑** : 신라 양식 일부 계승, 독자적 조형 감각, 다각 다층탑 유행

전기	개성 불일사 오층 석탑(고구려 양식 계승), 평창 월정사 팔각 구층 석탑(송의 영향, 다각 다층 양식)
후기	개성 경천사지 십층 석탑(원의 영향, 목조 건축 양식) → 조선 시대 원각사지 십층 석탑에 영향

개성 불일사 오층 석탑

평창 월정사 팔각 구층 석탑

개성 경천사지 십층 석탑

③ **승탑** : 여주 고달사지 승탑(신라 후기 승탑 형태, 팔각원당형 계승), 원주 법천사 지광국사탑(뛰어난 조형미)

④ **불상**

   ㉠ 시기와 지역에 따라 독특한 모습, 조형미와 균형미 부족(거대 불상 제작)

      ⑩ 논산 관촉사 석조 미륵보살 입상, 안동 이천동 마애여래 입상, 파주 용미리 마애이불 입상

   ㉡ 고려 초기 대형 철불 조성

      ⑩ 하남 하사창동 철조 석가여래 좌상

   ㉢ 신라 양식 계승

      ⑩ 영주 부석사 소조 아미타여래 좌상

여주 고달사지 승탑

시험에 자주 등장해요

고려의 탑과 불상을 묻는 문제가 자주 출제됩니다. 문화유산의 사진과 내용을 연결해서 기억하세요. 특히 평창 월정사 팔각 구층 석탑, 개성 경천사지 십층 석탑, 논산 관촉사 석조 미륵보살 입상은 꼭 알아두세요.

논산 관촉사 석조
미륵보살 입상

하남 하사창동 철조
석가여래 좌상

영주 부석사 소조
아미타여래 좌상

파주 용미리 마애이불 입상

안동 이천동 마애 여래 입상

2) 청자와 공예

① 고려자기

㉠ 순수 청자 : 신라와 발해의 전통과 기술을 토대로 송의 자기 기술을 수용하여 11세기 독자적인 경지 개척

㉡ 상감청자 : 12세기 중엽 고려만의 독창적 기법인 상감법 적용

㉢ 원 간섭기 이후 상감청자가 퇴조하고 소박한 분청사기로 바뀜

합격생의 비법

상감법
청자의 겉부분을 파낸 후 그 자리에 백토나 흑토를 메워 무늬를 만들어내는 방법이다.

시험에 자주 등장해요

상감청자를 자료로 제시하고 고려 시대와 관련된 내용을 묻는 문제가 자주 출제됩니다. 상감청자, 상감법을 꼭 기억하세요.

청자 참외모양 병

청자 상감 운학문 매병

② 금속 공예 : 송의 영향으로 불교 도구를 중심으로 발전, 은입사(청동기 표면을 파내고 실처럼 만든 은을 채워 넣어 무늬를 한 장식) 기술 발달

③ **나전칠기** 공예 : 옻칠한 바탕에 자개를 붙여 무늬를 새김, 경합·화장품
갑·문방구

청동 은입사 포류수금문 정병

나전 대모 국당초문 염주함

3) 글씨, 그림, 음악
① 글씨 : 전기에는 구양순체(탄연), 후기에는 송설체(이암)가 유행하였음
② 그림 : 도화원 소속 전문 화원이나 문인 중에 화가 다수 배출

   예 문인화·산수화 – 이령의 예성강도, 공민왕의 천산대렵도(원의 영향),
   불화 – 혜허의 수월관음도(귀족적 느낌의 우아한 양식의 불화 유행), 부
   석사 조사당 벽화의 보살상(사천왕상, 보살상)

천산대렵도

수월관음도

③ 음악 : 아악(송에서 수입된 대성악이 궁중 음악으로 발전), 향악(속악, 고
유 음악이 당악의 영향을 받아 발전)

01
47회 10번

다음 가상 영화에서 볼 수 있는 장면으로 적절하지 않은 것은?

6월 영화 상영작 안내

후삼국을 통일하라!

왕 건

감독 ○○○, 주연 △△△

① #1 진포에서 왜구를 물리치는 최무선

② #2 왕위에서 쫓겨나는 궁예

③ #3 고려에 항복하는 경순왕

④ #4 일리천 전투에서 패배하는 신검

정답 ①

해설 제시된 가상 영화 포스터를 통해 왕건이 고려를 건국한 이후 후삼국을 통일한 영화임을 알 수 있다. 후고구려를 건국한 궁예는 거듭된 잘못으로 왕위에서 쫓겨나고 918년 왕건이 고려를 건국하였다. 이후 927년 후백제가 신라를 침략하자 고려와 후백제가 공산에서 싸웠으나 후백제가 승리하였고(공산 전투), 930년 고창에서 후백제와 고려가 다시 싸웠을 때 고려가 승리하였다(고창 전투). 935년 신라 경순왕은 고려에 스스로 항복하였으며, 936년 후백제의 견훤이 고려로 귀순하자 고려는 일리천 전투에서 신검이 이끄는 후백제를 물리치고 후삼국을 통일하였다.

오답 피하기
① 고려 말 최무선은 화통도감 설치를 건의하고 화약과 화포를 제작하였으며, 이를 활용해 진포에서 왜구를 물리쳤다.

02
47회 12번

(가)에 들어갈 인물로 옳은 것은?

(가)

(앞면)

• 고려 전기의 관리
• 시무 28조를 성종에게 건의
• 유교 정치 이념에 근거한 통치 체제 확립에 기여

(뒷면)

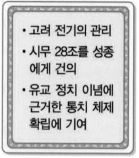

① 김부식

② 최승로

③ 정몽주

④ 이제현

정답 ②

해설 제시된 자료를 통해 (가)에 들어갈 인물이 최승로임을 알 수 있다. 고려 전기의 관리인 최승로는 성종 때 시무 28조를 건의하여 유교를 통치 이념으로 확립시키는 데 기여하였다.

오답 피하기
① 김부식은 현존하는 가장 오래된 역사서인 『삼국사기』를 편찬하였다.
③ 정몽주는 고려 왕조를 유지하며 점진적 개혁을 추구한 온건파 신진 사대부였다.
④ 이제현은 고려 말 『사략』을 저술하였다.

03 (가)에 들어갈 내용으로 옳은 것은?

47회 13번

① 관료전   ② 대동법   ③ 전시과   ④ 호포제

정답 ③

해설 제시된 자료를 통해 (가)에 들어갈 내용이 전시과임을 알 수 있다. 고려 시대 전시과는 관직 복무 등에 대한 대가로 전지와 시지를 차등 지급한 토지 제도이다.

오답 피하기
① 통일 신라 신문왕 때 녹읍을 폐지하고 관료에게 관료전을 지급하였다.
② 조선 광해군 때 특산물 대신 토지 결수에 따라 쌀이나 화폐 등으로 공납을 납부하게 한 대동법을 실시하였다.
④ 흥선 대원군은 양반에게도 군포를 징수하는 호포제를 실시하였다.

04 다음 발표에 해당하는 국가의 경제 상황으로 옳은 것은?

47회 14번

① 벽란도가 국제 무역항으로 번성하였다.
② 담배, 인삼 등의 상품 작물이 재배되었다.
③ 관청에 물품을 조달하는 공인이 활동하였다.
④ 시장을 감독하기 위한 동시전이 설치되었다.

정답 ①

해설 제시된 자료는 고려의 화폐임을 알 수 있다. 고려 성종 때 건원중보를 발행하였고, 숙종 때 의천의 건의로 주전도감에서 삼한통보, 해동통보 등의 동전과 은병(활구)을 발행하였으나 활발하게 유통되지 못하였다. ① 고려 시대 예성강 하구의 벽란도는 국제 무역항으로 번성하였으며, 송, 거란, 여진, 일본, 아라비아 상인들과 교류하였다.

오답 피하기
② · ③ 조선 후기, ④ 신라 지증왕 때의 경제 상황이다.

05 밑줄 그은 '나'에 해당하는 인물로 옳은 것은?

47회 15번

① 서희   ② 강감찬
③ 김종서   ④ 연개소문

정답 ②

해설 제시된 자료를 통해 밑줄 그은 '나'가 강감찬임을 알 수 있다. 거란의 3차 침입 때 강감찬이 이끄는 고려군은 귀주에서 거란군에게 대승을 거두었다(귀주 대첩, 1019). 이후 고려는 개경에 나성을 쌓고 천리 장성을 쌓아 북방 세력의 침입에 대비하였다.

오답 피하기
① 거란이 침입하자 서희는 소손녕과의 외교 담판을 통해 거란을 물러가게 하고 강동 6주를 획득하였다.
③ 조선 세종 때 김종서를 파견하여 두만강 지역에 6진을 개척하였다.
④ 고구려의 연개소문은 당의 침입에 대비하여 천리 장성을 쌓았다.

06 다음 자료를 활용한 탐구 주제로 가장 적절한 것은?

47회 18번

우왕과 최영이 요동 공격을 결정하자 이성계가 이르기를, "지금 출병하는 것은 네 가지 이유로 불가합니다. 작은 나라가 큰 나라를 공격할 수 없는 것이 첫 번째요, 여름에 군사를 동원할 수 없는 것이 두 번째요, 왜구가 빈틈을 노릴 수 있는 것이 세 번째요, 장마철이어서 활은 아교가 풀어지고 질병이 돌 것이니 이것이 네 번째입니다." 라고 하였다.

① 위화도 회군의 배경
② 동북 9성의 축조 과정
③ 훈련도감의 설치 목적
④ 고구려의 남진 정책 추진

정답 ①

해설 제시된 자료를 활용한 탐구 주제로 가장 적절한 것은 위화도 회군의 배경이다. 고려 우왕과 최영이 요동 정벌을 결정하자, 이성계는 요동 정벌을 반대하며 요동으로 진군하던 중 위화도에서 회군하였다. 개경으로 돌아온 이성계는 최영을 제거하고 정권을 장악하였다.

07 (가)에 들어갈 문화유산으로 옳은 것은?

①
전등사 대웅전

②
부석사 무량수전

③
금산사 미륵전

④
법주사 팔상전

정답 ②

해설 제시된 자료를 통해 (가)에 들어갈 문화유산이 부석사 무량수전임을 알 수 있다. 고려 시대의 목조 건축물인 부석사 무량수전은 주심포 양식 건물로, 배흘림기둥이 특징이다.

오답 피하기
① · ③ · ④ 조선 시대 건축물이다.

08 다음 조치가 내려진 시기를 연표에서 옳게 고른 것은?

① (가)　　② (나)　　③ (다)　　④ (라)

정답 ④

해설 제시된 자료의 조치가 내려진 시기는 원 간섭기인 (라) 시기이다. 고려는 몽골의 침입을 받고 강화도로 천도하여 항쟁하였으나 결국 몽골과 강화를 맺고 개경으로 환도하면서 원의 내정 간섭을 받았다. 이후 공민왕 때 친원 세력 숙청, 정동행성이문소 폐지, 쌍성총관부 수복 등 적극적인 반원 정책과 정방 폐지, 전민변정도감 설치 등 왕권 강화 정책 등의 개혁 정치를 추진하였다.

09 (가)에 들어갈 기구로 옳은 것은?

① 어사대　　　　② 의정부
③ 중추원　　　　④ 도병마사

정답 ①

해설 제시된 자료를 통해 (가)에 들어갈 기구가 어사대임을 알 수 있다. 고려 시대 중앙 정치 기구인 어사대는 풍속 교정, 관리의 비리 감찰, 관리 임명에 대한 서경권을 지녔으며, 중서문하성의 낭사와 함께 대간으로 불렸다.

10 밑줄 그은 '왕'의 업적으로 옳은 것은?

① 교정도감을 설치하였다.
② 천리장성을 축조하였다.
③ 쓰시마 섬을 정벌하였다.
④ 쌍성총관부를 공격하였다.

정답 ④

해설 고려 공민왕은 14세기 중반 원이 쇠퇴하는 시기를 이용하여 반원 자주 개혁 정책을 추진하였다. 대표적 친원 세력인 기철을 숙청하였고, 고려의 관제와 복식을 회복하였다. 또 신돈을 등용하여 전민변정도감을 설치하였으며, 쌍성총관부를 공격하여 철령 이북 땅을 수복하였다.

오답 피하기
① 고려 무신 정권 시기에 최충헌이 교정도감을 설치하였다.
② 고려는 거란의 침입을 물리치고 천리장성을 축조하였다.
③ 조선 세종 때 이종무는 쓰시마 섬을 정벌하였다.

11 다음 퀴즈의 정답으로 옳은 것은?

① 지눌   ② 요세   ③ 혜초   ④ 원효

정답 ①

해설 제시된 자료를 통해 퀴즈의 정답은 지눌임을 알 수 있다. 고려 시대 조계종을 창시한 보조국사 지눌은 정혜쌍수와 돈오점수를 내세우며 선교 일치를 주장하였고, 불교계의 세속화를 반대하여 수선사(송광사)를 중심으로 결사 운동을 전개하였다.

12 다음 상황이 일어난 시기를 연표에서 옳게 고른 것은?

918	1019	1170	1270	1388
(가)	(나)	(다)	(라)	
고려 건국	귀주 대첩	무신 정변	개경 환도	위화도 회군

① (가)   ② (나)   ③ (다)   ④ (라)

정답 ③

해설 1170년 정중부와 이의방 등 무신들이 무신정변을 일으키고 권력을 장악하였다. 무신 정권이 성립된 이후 몽골 사신 피살 사건을 구실로 1231년 몽골이 침략하였다. 이후 30년간의 대몽 항쟁이 지속되었는데, 처인성, 충주성 등 전국 각지에서 백성들과 몽골군을 물리쳤다. 무신 정권도 강화도로 도읍을 옮겨 저항하였으나 끝내 몽골과 강화를 맺고 개경으로 환도하였다.

13 다음 역사 다큐멘터리의 제목으로 가장 적절한 것은?

① 광종, 왕권 강화를 도모하다.
② 인종, 서경 천도를 계획하다.
③ 태조, 북진 정책을 추진하다.
④ 현종, 지방 제도를 정비하다.

정답 ④

해설 제시된 자료가 고려 광종의 업적임을 알 수 있다. 고려 광종은 호족 세력을 약화하고 왕권을 강화하기 위해 불법으로 노비가 된 자들을 양민으로 돌려놓도록 하는 노비안검법을 실시하였다. 또 인재 등용을 위해 후주 출신 쌍기의 건의로 과거제를 실시하였으며, 광덕, 준풍 등의 독자적인 연호를 사용하여 국가의 위상을 높였다.

이미지로 보는 한국사 이미지로 한 번 더 체크하는 시대별 포인트!

① 고려 시대의 정치

후삼국의 성립

고려의 민족 재통일

- **후백제(900)** : 견훤이 완산주에서 후백제를 건국하였다. 건국 이후 남중국의 오월, 후당이나 거란과의 외교 관계를 통해 국제적 지위를 높이고자 하였다.
- **후고구려(901)** : 신라 왕족 출신인 궁예가 송악에서 후고구려를 건국하였다. 그 후 철원으로 수도를 옮기고, 국호를 마진 · 태봉으로 변경하였다.

송악의 호족 출신인 왕건은 궁예의 부하가 된 후 금성(현재의 나주)을 점령한 후 광평성 시중의 지위까지 올랐다. 이후 신숭겸, 홍유 등의 추대를 받아 궁예를 몰아내고, 고려를 건국하였다(918).
왕건은 발해 유민을 흡수하고, 후백제를 멸망시킨 이후 민족을 재통일하였다(936).

중앙 통치 제도

고려는 당의 3성 6부 제도를 수용하여, 고려 실정에 맞게 2성(중서문하성과 상서성) 6부로 운영하였다. 또한 송의 제도인 중추원과 삼사를 채택하였고, 고려의 독자적 기구인 도병마사와 식목도감을 운영하였다.

고려는 유교적 정치를 실현하기 위해 중서문하성의 낭사와 어사대의 관원들을 중심으로 대간(대성)을 형성하여, 서경 · 봉박 · 간쟁권을 주어 왕권을 견제하였다.

지방 통치 제도

고려는 행정적 성격의 5도와 군사적 성격의 양계를 두어 지방 행정 제도를 이원적으로 운영하였다.

5도에는 행정 책임자인 안찰사를 파견하였고, 양계에는 군사 책임자인 병마사를 파견하였다. 지방 행정 요충지에는 8목, 군사 요충지에는 도호부를 설치하였다.

거란과의 관계

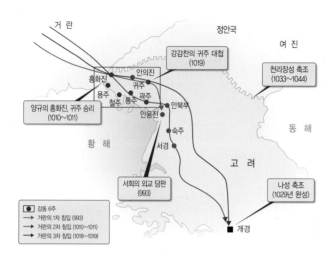

1차 : 서희의 외교 담판으로 거란으로부터 강동 6주를 획득하였다.

2차 : 강조의 정변을 구실로 거란이 침략하였다.

3차 : 강감찬은 귀주에서 거란군을 섬멸하였다(귀주 대첩).

몽골과의 관계

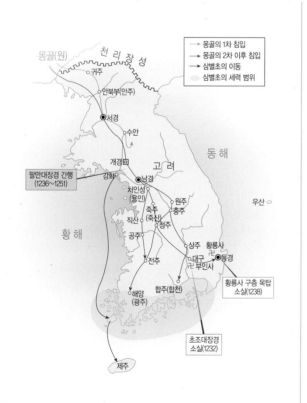

공민왕의 영토 수복

14세기 원 · 명 교체기를 이용해 공민왕은 반원 자주 정책(기철 등 친원 세력 숙청, 정동행성 이문소 폐지, 쌍성총관부 수복 등)과 왕권 강화 정책(전민변정도감 설치, 유교 교육 강화 등)을 추진하였다.

② 고려 시대의 사회·경제

고려의 신분 구조

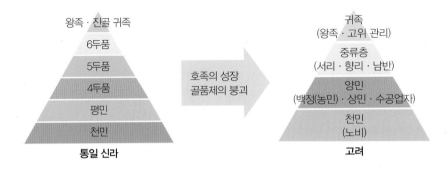

| 종파 | 승려 | 활동 시기 | 중심 교리 |

통일 신라
- 왕족 · 진골 귀족
- 6두품
- 5두품
- 4두품
- 평민
- 천민

호족의 성장
골품제의 붕괴

고려
- 귀족 (왕족 · 고위 관리)
- 중류층 (서리 · 향리 · 남반)
- 양민 (백정(농민) · 상민 · 수공업자)
- 천민 (노비)

| 귀족의 생활 | 농민의 생활 | 노비의 생활 |

아집도대련

귀족이 의자에 앉아 그림을 감상하는 모습이 보인다. 이를 통해 귀족들의 취미 생활을 알 수 있다.

사천 매향비

1387년 고려 우왕 때 향나무를 묻고 세운 것으로, 내세의 행운과 왕의 만수무강, 백성의 평안을 기원하는 내용을 담고 있다.

송광사 노비 문서

충렬왕 때 수선사의 주지가 아버지에게 물려받은 노비를 수선사에 바친다는 내용이 기록되어 있다.

③ 고려 시대의 문화

| 불교의 발달 | 역사서 |

의천

지눌

종파	승려	활동 시기	중심 교리
천태종	의천	고려 중기	교관겸수
조계종	지눌	고려 후기	돈오점수, 정혜쌍수

『삼국사기』(김부식)
유교 사관, 기전체

『삼국유사』(일연)
불교사 중심, 단군 신화 기록,
자주적 사관

건축

주심포 양식 건물

안동 봉정사 극락전

영주 부석사 무량수전

다포 양식 건물

사리원 성불사 응진전

철원 심원사 보광전

석탑

삼국 시대 양식을 계승한 석탑

개성 불일사 오층 석탑

송의 영향을 받은 석탑

평창 월정사 팔각 구층 석탑

원의 영향을 받은 석탑

개성 경천사지 십층 석탑

불상과 공예

대형 석불

논산 관촉사
석조 미륵보살 입상

대형 철불

하남 하사창동 철조 석가여래 좌
상(광주 춘궁리 철불)

신라 양식 계승

영주 부석사
소조 아미타여래 좌상

상감청자

청자 상감 운학문 매병

최신350문항 빈출 키워드 랭킹

1위 쓰시마 섬, 이종무   1-108p

2위 4군 6진   1-108p

3위 경국대전   1-108p

4위 직전법   1-108p

5위 성균관   1-112p

6위 동의보감   1-116p

7위 과전법   1-106p

8위 양부일구   1-108p

9위 농사직설   1-108p

10위 동국통감   1-109p

기출문제 출제경향 분석

4. 근세(정치, 경제, 사회, 문화)

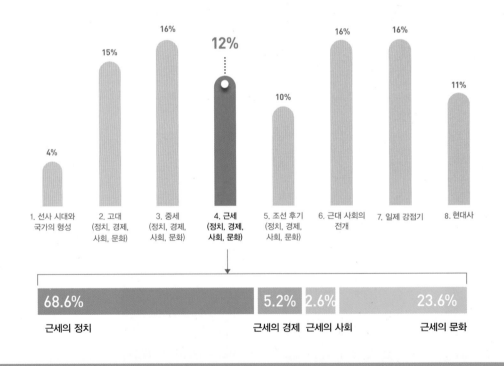

1. 선사 시대와 국가의 형성	2. 고대 (정치, 경제, 사회, 문화)	3. 중세 (정치, 경제, 사회, 문화)	4. 근세 (정치, 경제, 사회, 문화)	5. 조선 후기 (정치, 경제, 사회, 문화)	6. 근대 사회의 전개	7. 일제 강점기	8. 현대사
4%	15%	16%	12%	10%	16%	16%	11%

근세의 정치	근세의 경제	근세의 사회	근세의 문화
68.6%	5.2%	2.6%	23.6%

연표

1392 조선 건국

1394 한양 천도

1418 세종 즉위

1441 측우기 제작

1446 훈민정음 반포

1466 직전법 실시

1485 『경국대전』 시행

1498 무오사화

1510 3포 왜란

1519 기묘사화

4 PART

근세(정치, 경제, 사회, 문화)

1543	1545	1555	1592	1608	1609	1610	1623	1624	1627	1636
백운동 서원 설립	을사사화	을묘왜변	임진왜란	경기도에 대동법 실시	기유약조 체결	허준, 『동의보감』 완성	인조반정	이괄의 난	정묘호란	병자호란

01 | 근세의 정치

출제 빈도 **상** | 중 | 하

❶ 조선의 건국

1) 이성계의 위화도 회군(1388) : 명의 철령위 설치 요구 → 요동 정벌을 두고 최영과 이성계의 대립(최영, 요동 정벌 계획 vs. 이성계, 4불가론을 내세워 반대) → 최영을 중심으로 요동 정벌 단행, 이성계에 정벌 지시 → 이성계, 위화도에서 회군하여 개경으로 진격 → 최영 제거, 우왕과 창왕 폐위, 공양왕 옹립하며 정권 장악

2) 신진 사대부의 분열 : 신흥 무인 세력과 함께 권문세족 비판, 사회 개혁의 지님을 지님, 성리학을 사상적 기반으로 삼음 → 온건 개혁파와 급진 개혁파로 분열

구분	온건 개혁파	급진 개혁파
대표 인물	이제현, 이색, 정몽주 등	정도전, 남은, 조준 등
개혁 방향	고려 왕조 내에서 개혁	역성혁명을 통한 개혁(고려 왕실 부정)
계승	16세기 사림파	15세기 훈구파
경제 기반	중소지주로 출발하여 대토지 소유자로 성장	관직에 진출하였으나 정치적·경제적 혜택으로부터 소외
불교에 대한 태도	불교에 타협적, 불교의 현실적 기능 인정	불교를 이단시하여 배척
성리학에 대한 입장	• 이(理)에 편중하여 관념적, 윤리적 경향 • 패도 정치 반대, 왕도 정치 추구	패도 정치를 인정하면서 왕도 정치와 민본 이념, 주례에 입각하여 이상 국가 건설에 관심

정몽주
고려 말 대표적인 온건 개혁파 신진 사대부이다. 고려 왕실을 부정하고 조선을 건국하는 역성혁명에 반대하여 태종 이방원에게 살해되었다.

3) 조선 건국(1392) : 급진 개혁파와 이성계의 연결 → 과전법 시행 **빈출** (1391, 국가 재정 확충, 신진 사대부의 경제 기반 마련) → 새 왕조 건설에 반대한 온건 개혁파 제거(정몽주 등) → 이성계의 국왕 추대, 조선 건국

출제 사료	과전법

공양왕 3년 도평의사사가 글을 올려 과전을 주는 법을 정하자고 요청하니 왕이 따랐다. …… 경기는 사방의 근원이니 마땅히 과전을 설치하여 사대부를 우대한다. 무릇 경성에 살며 왕성을 호위하는 자는 직임관과 무직임관을 막론하고, 과(科)에 따라 과전을 받는다.

— 『고려사』 —

② 국가의 기틀 마련

1) 태조
① 고조선을 계승한다는 의미로 국호를 '조선'이라 정함
② **한양 천도**(1394) : 경복궁, 종묘, 사직, 관아 등을 건설하여 도읍의 기틀 마련
③ **정도전의 활약** : 조선 초기 문물제도 마련에 공헌함
  ㉠ 한양 도성의 기본 계획을 세움, 주례적 질서를 추구함
  ㉡ 『조선경국전』, 『경제문감』 저술 : 민본적 통치 규범 확립
  ㉢ 『불씨잡변』 저술 : 불교의 폐단 비판, 성리학적 통치 이념 확립
  ㉣ **재상 중심의 정치** 주장 : 재상에게 위로는 임금을 올바르게 인도하고, 아래로는 백관을 통괄하고 만민을 다스리는 중책을 부여할 것을 주장
  ㉤ 요동 정벌 추진 : 명 홍무제의 부당한 요구에 반발

출제 사료	정도전의 재상 중심의 정치

훌륭한 재상을 얻으면 육전(六典)이 잘 거행되고 모든 직책이 잘 수행된다. 그러므로 임금이 할 일은 한 사람의 재상을 정하는 데에 있다고 하였다. 재상은 위로는 임금을 받들고 밑으로는 모든 관리를 통솔하여 만민을 다스리는 자리이니, 그 직분이 매우 큰 것이다.　　　　　- 『조선경국전』 -

2) 태종
① 왕자의 난을 거쳐 개국 공신을 축출하고 즉위함
② **왕권 강화** : 6조 직계제 실시(6조의 권한 강화), 사간원 독립(대신 견제)
③ **재정 기반 확대** : 양전 사업 시행, **호패법 실시**, 사원전과 사원 노비 제한
④ **국왕의 군사권 장악** : **사병 혁파**
⑤ **문물제도 정비** : 주자소 설치(계미자 주조), 혼일강리역대국도지도 제작 (세계 지도)
⑥ 백성이 억울한 일을 고할 수 있도록 신문고 제도를 실시함

출제 사료	신문고 제도

신문고를 치는 법은 고발 내용이 사실이면 들어주고 허위이면 죄를 준다. 절차를 밟지 않고 직접 상관에게 호소하기 위해 치는 자도 죄를 준다. 만일 지방 사람이 수령에게 호소하여 수령이 밝게 처리하지 못하면 관찰사에게 호소한다. 관찰사가 옳은 판단을 못하면 사헌부에 호소한다. 사헌부에서도 옳게 판단하지 못한 다음에야 쳐야 한다. 이 때문에 관리가 백성의 송사를 판결할 때 임금에게 아뢸까 두려워하여 마음을 다해 정밀하게 규찰하게 된다. 백성이 그 복을 받으니 실로 자손만대의 좋은 법이다.
　　　　　- 『태종실록』 -

3) 세종
① 의정부 서사제 실시(왕권과 신권의 조화 추구)
② **유교적 왕도 정치의 실현** : **집현전 설치**(정책 연구 기관), **경연의 활성화**, **의정부 서사제 채택**(왕권과 신권의 조화 추구), 4부 학당제 시행, 『**삼강 행실도**』 · 『**국조오례의**』 간행(유교 윤리 보급)

정도전

고려 말에서 조선 초까지 활동한 문신인 정도전의 호는 삼봉이다. 정도전은 이성계를 도와 조선을 건국하였고, 한양 도성의 축조 계획을 세우는 등 국가의 기틀을 마련하기 위해 힘을 썼다. 특히 『조선경국전』, 『경제문감』 등을 저술하면서 훌륭한 재상을 뽑아 재상 중심으로 정치를 운영할 것을 강조하였다.

③ **민본주의 강조** : 조세 제도 정비(전분 6등법·연분 9등법), 의창제 실시(빈민 구제), 재인과 화척 등 양민화, 천인 인재 발탁(장영실), 사법 제도 개선, 여자종에게 출산 휴가 지급 등

④ **국방 강화** : 4군(최윤덕) 6진(김종서) 개척 **빈출**, 쓰시마 섬 정벌 **빈출**(이종무), 3포 개항(부산포·제포·염포), 계해약조 체결

⑤ **문화 발달** : 훈민정음 창제 및 반포, 갑인자 주조, 박연에게 아악과 당악 정리, 정간보 창안(동양에서 가장 오래된 악보), 측우기·자격루·앙부일구 **빈출** 등 제작, 『칠정산』 내외편·『농사직설』 **빈출** ·『향약집성방』 등 편찬

4) 세조

① 수양 대군이 계유정난을 통해 단종을 폐하고 즉위함 → 단종 복위를 꾀한 성삼문, 박팽년 등 사육신 처형

② **왕권 강화** : 6조 직계제 부활, 집현전 폐쇄, 경연 폐지

③ **부국강병 추구 및 국방력 강화** : 직전법 실시 **빈출**(과전의 지급 대상을 현직 관리로 한정), 보법·진관 체제·5위제 실시

④ **문물제도 정비** : 인지의·규형(토지의 고저 측량), 상평창 부활, 『경국대전』 편찬 시작 **빈출**

⑤ **불교 정책** : 사찰과 승려에 대한 억압 정책 실시, 왕실의 안녕을 비는 행사를 통해 명맥 유지

출제 사료	6조 직계제와 의정부 서사제

• 6조 직계제
정부의 사무를 나누어 6조에 귀속시켰다. …… 처음에 임금께서는 의정부의 권한이 막중함을 염려하여 이를 없앨 생각이 있었고 신중히 급작스럽게 않게 이를 행하였다. 의정부가 관장한 일은 사대문서와 중죄수의 심의뿐이었다. 지금 의정부의 권중한 폐단을 없애더라도 권한이 6조로 나누어져 통일되어 있지 않고 서사를 담당하기에 적합하지 않아 많은 일이 막히고 쌓였다.

－『태종실록』－

• 의정부 서사제
6조는 각기 모든 직무를 먼저 의정부에 품의하고, 의정부는 가부를 헤아린 뒤에 왕에게 아뢰어 왕의 전지를 받아 6조에 내려 보내어 시행한다. 다만 이조·병조의 제수, 병조의 군사 업무, 형조의 사형수를 제외한 판결 등은 종래와 같이 각 조에서 직접 아뢰어 시행하고 곧바로 의정부에 보고한다. 만약 타당하지 않으면 의정부가 맡아 심의·논박하고 다시 아뢰어 시행토록 한다.

－『세종실록』－

● **출제 포인트 분석**
태종과 세조가 실시한 6조 직계제는 6조에서 의정부를 거치지 않고 곧바로 왕에게 재가를 받아 시행하는 제도로 의정부의 힘을 약화시켰다. 반면 세종은 6조에서 올라온 모든 일을 의정부에서 논의하고 합의된 사항을 왕에게 올려 결재를 받는 의정부 서사제를 시행하였다. 이토록 의정부에 많은 권한을 넘겨주었지만 인사와 군사에 대한 일은 직접 처리하여 왕권과 신권의 균형을 유지하였다.

6조 직계제

의정부 서사제

5) 성종

① **통치 체제의 확립** : 홍문관 설치, 경연 활성화, 『경국대전』 완성 **빈출**

② **사림 세력의 등용** : 훈구 세력을 견제하여 훈구와 사림 세력의 균형을 도모(홍문관의 언관화, 사간원·사헌부의 언론 기능 강화)

③ 편찬 사업 : 『동국통감』 📖빈출 (고조선~고려 정리한 역사서), 『악학궤범』(음악 서적), 『동국여지승람』(각 도의 지리와 풍속 등 수록된 지리서), 『동문선』(서거정, 시와 산문 수록) 등 편찬
④ 억불 정책 실시 : 도첩제 폐지

시험에 자주 등장해요

조선 시대 각 왕의 업적을 묻는 문제가 자주 출제됩니다. 특히 태종, 세종, 성종의 업적은 꼭 기억하세요.

❸ 통치 체제의 정비

1) 중앙 정치 조직 : 『경국대전』으로 법제화함, 관리는 문반과 무반의 양반으로 구성, 관직은 중앙 관직인 경관직과 지방 관직인 외관직으로 구성

의정부	3의정 중심의 합좌 기관, 6조를 통솔하며 **국정 운영을 총괄함**		
6조	• 의정부 아래에서 왕의 명령을 집행하는 행정 기관, 각 조의 수장은 판서라고 부름 • 이조(인사)·호조(재정)·예조(교육, 과거, 외교)·병조(군사)·형조(사법)·공조(건설)		
3사	사헌부	현실 정치와 정책 시행의 시비 논의, 관리들의 부정부패 탄핵, 관리들의 비리 감찰, 풍속 교정	
	사간원	왕의 행위에 대한 간언, 정책에 대해 의논하거나 잘못에 대해 반박	
	홍문관	경연 주관, 왕의 자문, 궁궐 안의 서적 관리, 중요 문서 작성	
	역할	• 관리와 사대부의 여론을 이끄는 **언론의 기능을 수행함**(언론 3사), 3사의 관리는 언관이라고 부름 • 간쟁권(국왕의 정치 비판), 서경권(법률의 개정과 폐지 심사) 부여	
승정원	국왕의 비서 기관, **왕명 출납**, 『승정원일기』 기술(세계 기록 유산으로 지정)		
의금부	**국왕 직속 사법 기관**, 국가의 중죄인 처벌		
기타	춘추관(역사 편찬), 한성부(수도의 치안과 행정 담당), 성균관(최고 교육 기관)		

합격생의 비법

홍문관
성종 때 설립된 학술 언론 기관으로 옥당, 옥서라고도 불린다. 세조 때 폐지된 집현전을 계승한 것으로 관원으로 대제학, 제학, 부제학 등이 있었다. 사헌부, 사간원과 함께 청요직이라 하여 이곳을 거쳐야 고위 관리가 될 수 있었다.

시험에 자주 등장해요

조선 시대 중앙 정치 조직을 묻는 문제가 자주 출제됩니다. 특히 의정부, 3사, 6조, 승정원, 의금부의 특징을 꼭 기억하세요.

출제 사료	3사의 역할

• 사간원은 국왕에게 잘못이 있으면 간언하고, 정책에 대해 의논하거나 반박하는 직무를 관장하였다.
• 사헌부는 관원을 규찰하고, 풍속을 바로잡고, 억울한 것을 풀어 주며, 그때그때의 정사를 논하여 바르게 이끌었다.
• 홍문관은 궁내의 경전과 서적을 관리하고 문서를 처리하며 왕의 자문에 대비하는 일을 관장하였으며, 수시로 휴가를 받아 독서에 전념할 수 있는 특전을 받았다.

– 『경국대전』 –

조선의 중앙 정치 기구

2) 지방 행정 조직
① 특징
　㉠ 전국을 8도로 구분, 그 아래 330여 개의 부·목·군·현 설치 → **전국을 일원화**시켜 통치
　㉡ **모든 군현에 지방관 파견** → 국가가 직접 지배하며 중앙 집권적 통치 체제가 성립

```
■ 한성부
○ 유수부
* 부
○ 목
• 관찰사
▶ 병영
↓ 수영
-- 좌·우도의 경계
```

조선 시대의 8도

© 특수 행정 구역인 향·부곡·소 폐지, 일반 군현으로 승격 → 지방에 대한 통치 강화

② 면리제 실시 : 군현 아래 면·리·통을 두고 5가를 1통으로 편성, 책임자인 면장·이정·통주는 향민 중에서 임명 → 인구 파악, 부역 징발 목적

② **지방관의 파견**

관찰사	• 8도에 파견, 임기는 360일(함경도, 평안도 제외), 감사·도백으로도 불림 • 수령 지휘·감독·비리 견제·근무 평가, 감찰권·행정권·사법권·지방의 병권(군사권) 행사
수령	• 부·목·군·현에 파견, 임기는 5년, 현감·현령으로 불림, 고려 시대보다 품계와 권한 강화(지방 토호의 자의적 지배 금지) • 왕의 대리인으로 지방의 행정·사법·군사권 장악 • 암행어사 시찰 : 당하관의 관원 중에서 임시로 임명, 수령의 비행 감찰, 봉고파직 권한을 가짐 • 수령의 임무 : 조세·공물 징수, 수령 7사로 규정

③ **향리의 지위 격하** : 지방 관아에 소속되어 행정 실무 담당, 수령을 보좌하는 역할(6방) → 대대로 직역 세습(아전으로 격하)

④ **유향소와 경재소** : 고려 후기 사심관으로부터 유래, 지방 양반과 향리의 협조를 얻어 지방 통치, 지방 세력 견제로 중앙 집권 강화 효과(경재소)

유향소	• 지방 양반들의 향촌 자치 조직, 좌수·별감 등 향임직을 선발하여 운영, 선조 때 경재소 혁파 이후 향청으로 개칭 • 역할 : 향리의 비리 감찰, 수령 자문 및 보좌, 수령 비행 고발, 지방 여론 수렴, 풍속 교정, 백성 교화 등
경재소	• 구성 : 각 지방 출신 중앙 관리로 구성, 한양에 설치 • 역할 : 유향소와 정부 사이의 연락 기능 담당(정부와 향촌 연결), 중앙 관료들의 유향소 통제 및 연고지에 영향력 행사

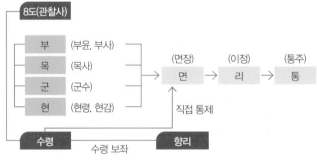

조선의 지방 행정 조직

3) 군사 제도

① **군역 제도**

③ 원칙 : 16~60세의 양인 남자에게 모두 군역 부과(양인개병제) + 농병 일치 → 현직 관료와 향리, 성균관과 향교의 학생 등은 면제

© 구성 : 현역 군인인 정군, 비용을 부담하는 보인(봉족)으로 편성

© 변천 : 봉족제 → 보법 → 대립제·방군수포제 → 군적수포제 → 균역법 → 호포법

② 군사 조직

중앙군	5위(궁궐과 수도 수비 → 조선 후기 : 5군영), 정군을 중심으로 직업 군인인 갑사와 특수군으로 구성, 문반 관료의 지휘
지방군	• 각 도마다 육군인 병영, 수군인 수영으로 구성, 병마절도사와 수군절도사가 지휘 초기 : 국방상 요지에 영, 진 설치 • 방위 체제의 변천 : 세조 이후 진관 체제 실시 → 명종 이후 제승방략 체제 실시
잡색군	• 평소에는 본업에 종사하다가 유사시에 동원되는 일종의 예비군 • 서리, 잡학인, 신량역천인, 공·사노비 등으로 구성

4) 교통과 통신 제도

역원제	• 역 : 물자 수송과 공문 전달을 위해 역참 설치, 마패 소지자에게 역마 제공, 역참은 교통의 요지에 30리마다 설치 • 원 : 관리나 상인에게 숙식 제공, 전국 주요 도로에 설치된 역 가운데 숙박 시설이 있는 곳(사리원, 조치원, 장호원 등)
조운제	지방에서 거둔 조세(세곡)를 서울로 운송(지방 : 조창 → 서울 한강변 : 경창), 전기에는 바닷길 이용 → 후기에는 내륙의 강 길 이용
봉수제	불과 연기로 위급 상황을 알림(군사적 위급 사태)

5) 관리 등용 제도
① 과거제
  ㉠ 특징 : 관리 임용 시 능력과 시험 중시, 문과 우대, 부정기 시험인 별시가 식년시보다 횟수가 많음, 학교 제도와 연관이 없음
  ㉡ 과거의 종류

문과	• 소과(생진과) : 생원시, 진사시 → 성균관에 입학, 문과 응시, 하급 관리로 진출 • 대과(문과) : 33명의 문관 선발 　– 식년시 : 초시(각 도의 인구 비례) → 복시(33명 선발) → 전시(왕 앞에서 실시, 순위 결정) 　– 별시 : 국가에 경사가 있거나 특별한 일이 있을 때 수시로 선발
무과	무관 선발, 문과와 같은 절차로 28명 선발, 주로 상민이나 향리의 자제가 응시
잡과	• 역과(통역)·율과(법률)·의과(의학)·음양과(지리) 등 기술관 선발 • 해당 관청에서 별도로 실시, 3년마다 치러지며 초시와 복시만 있음 • 주로 기술관이나 향리의 자제가 응시

  ㉢ 응시 자격 : 원칙적으로 양인 이상이면 누구나 응시 가능
  ㉣ 시험 시기 : 정기 시험(식년시, 3년마다 실시), 부정기 시험(별시인 증광시, 알성시 등)
② 특별 채용 제도

취재	재주가 부족하거나 나이가 많아 과거 응시가 어려운 자를 간단한 시험을 통해 하급 실무 관리로 선발하는 제도
천거	고위 관리의 추천을 받아 과거를 거치지 않고 간단한 시험을 치른 후 관직에 등용됨 (조광조의 건의로 현량과 실시)
음서	공신이나 2품 이상 관리의 자제 대상(고려에 비해 대상 축소), 문과에 합격하지 않으면 승진하기 어려움

조선 시대 과거 제도

6) 교육 제도

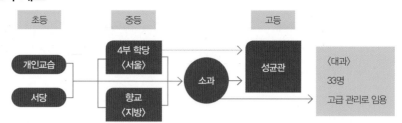

성균관 🔰 빈출	• 유학 교육을 위해 설립된 관학 교육 기관, 최고 교육 기관 • 원칙적으로 소과에 합격한 생원이나 진사가 입학 • 성적이 우수할 경우 문과의 초시를 면제	
향교	• 관립 중등 교육 기관, 지방에 설립(부·목·군·현에 하나씩 설립), 중앙에서 교관인 교수나 훈도 파견 • 성현에 대한 제사와 유생 교육, 지방민의 교화 기능 • 양반뿐만 아니라 평민 자제도 입학 가능, 고을의 크기에 따라 학생 정원이 다름	
4부 학당	관립 중등 교육 기관, 서울에 설립(동, 서, 남, 중학)	
서당	사립 교육 기관, 초등 교육 담당	
기술 교육	• 잡학은 해당 기술 관청에서 직접 교육 담당 • 외국어(사역원), 의학(전의감·혜민서), 천문·지리·점복(관상감), 도교(소격서), 도화서(그림)	

성균관 명륜당

시험에 자주 등장해요

조선 시대 교육 기관을 묻는 문제가 자주 출제됩니다. 특히 향교, 4부 학당, 성균관을 꼭 기억하세요.

❹ 사림의 대두와 붕당의 형성

1) 훈구파와 사림파

사림의 계보

구분	훈구파(관학파)	사림파(사학파)
기원	급진 개혁파 사대부(권근, 정도전)	온건 개혁파 사대부(길재, 정몽주)
정치	조선 개창 주도, 중앙 집권과 부국강병, 패도 정치 인정	역성혁명 거부, 도덕과 의리 숭상, 왕도 정치와 향촌 자치 추구
경제	대농장 소유한 대지주	지방의 중소지주
학풍	사장 중심(경제적 기능 중시)	경학 중심(관념적인 이기론 중심)
사상	성리학 이외의 사상에 관대(도교와 불교 포용)	성리학 이외의 사상 배격
사관	자주적 사관(단군 중시)	존화주의(기자 중시)
양성	성균관, 집현전	서원
출신지	주로 기호 지방 출신	영남 일대에서 세력 형성, 기호 지방까지 확대
업적	15세기 민족 문화 창달	16세기 이후 사상 주도

2) 사림의 성장

① 배경 : 성종이 훈구 세력을 견제하고 개혁을 실현하기 위해 사림 세력을 주로 3사(언관직)에 등용 → 훈구 세력의 비리 비판, 정치 개혁 주장

② 성장 : 성종 때 김종직을 비롯한 문인들이 중앙 정계에 진출하면서 정치적으로 성장

③ 사화(士禍)의 발생
  ㉠ 훈구 세력과 사림 세력의 정치적·학문적 대립
  ㉡ 무오사화 → 갑자사화 → 중종반정 → 조광조의 개혁 → 기묘사화 → 을사사화

무오사화 (연산군, 1498)	사관 김일손이 사초에 김종직의 '조의제문'을 실은 것을 훈구 세력이 문제 삼아 사림을 제거함
갑자사화 (연산군, 1504)	연산군의 생모인 폐비 윤씨의 죽음을 문제 삼아 관련자 축출 과정에서 사림이 피해를 입음
기묘사화 (중종, 1519)	• 중종의 조광조 등 사림 등용, 조광조의 급진적인 개혁 정치에 훈구 세력이 반발하여 사림 세력 제거 • 조광조의 개혁 정치 : 향약 시행 및 『소학』 보급(사림의 향촌 지배력 확대), 현량과 실시(신진 사림 등용, 일종의 천거제), 소격서(하늘에 제사를 지내던 도교 행사 기구) 폐지, 방납의 폐단 시정, 위훈 삭제 주장, 경연의 강화 주장, 3사의 언관직 차지(언론 활동의 활성화)
을사사화 (명종, 1545)	인종과 명종의 왕위 계승을 둘러싸고 외척 세력인 대윤(윤임)과 소윤(윤원형) 간의 대립 발생 → 윤원형 등 외척 세력이 정국을 주도함

④ 사화의 결과 : 사화로 사림 세력 위축 → 서원과 향약을 기반으로 향촌 사회에서 세력 확대 → 선조 때 다시 중앙 정계 진출, 정국 주도

출제 사료	사화의 발생

• **무오사화** : 정축년 10월 어느 날 나는 밀성에서 경산으로 가다가 답계역에서 자는데, 꿈에 신인(神人)이 헌걸찬 모습으로 나타나 말하길 "나는 초나라 회왕의 손자 심(의제)인데, 서초 패왕(항우)에게 살해되어 침강에 던져졌다."하고는 갑자기 사라졌다. 꿈에서 깨어나 놀라 생각하기를 …… '역사를 상고해 보아도 강에 던져졌다는 말은 없는데, 정녕 항우가 사람을 시켜서 심을 몰래 죽이고 그 시체를 물에 던진 것인가? 이는 알 수 없는 일이다.'하고, 마침내 글을 지어 조문하였다. ― 김종직, '조의제문' ―

• **갑자사화** : 이파의 자손은 폐하여 서인으로 하고, 한명회, 심회, 정창손, 정인지, 김승경 등은 만일 종묘에 배향된 자가 있으면 내치라. 또 이세좌의 아들, 사위, 아우로서 부처된 자는 폐하여 서인으로 하여 영구히 사판(仕版)에 오르지 못하게 하라. ― 『연산군일기』 ―

• **기묘사화** : 경연에서 조광조가 중종에게 아뢰기를, "국가에서 사람을 등용할 때 과거 시험에 합격한 사람을 중요하게 여깁니다. 그러나 매우 현명한 사람이 있다면 어찌 꼭 과거 시험에만 국한하여 등용할 수 있겠습니까. 중국 한을 본받아 현량과를 실시하여 덕행이 있는 사람을 천거하여 인재를 찾으십시오."라고 하였다. ― 『중종실록』 ―

• **을사사화** : 이덕응이 자백하기를 "평소 대윤(大尹), 소윤(小尹)에 휘말리지 않으려고 조심하였는데 그들과 함께 모반을 꾸민다는 것은 말도 안 됩니다."라고 하였다. 계속 추궁하자 그는 "윤임이 제게 이르되 경원 대군이 왕위에 올라 윤원로가 권력을 잡게 되면 자신의 집안은 멸족될 것이니 봉성군을 옹립하자고 하였습니다."라고 실토하였다. ― 『명종실록』 ―

폐비 윤씨 사사 사건
성종의 비 윤씨를 폐비시킨 뒤 사약을 내린 사건이다. 왕과 후궁을 독살하려 했던 혐의로 윤씨는 왕과 대비로부터 미움을 사고 폐비가 되어 쫓겨났다가 죽었다.

합격생의 비법

위훈 삭제
조광조 등은 반정 공신 2, 3등 중 과장된 것을 개정하고, 4등 50여 인은 사실상 공이 없으므로 삭제해야 한다고 주장하였다. 이로 인해 공신의 76명(3/4)의 위훈이 삭제되었다.

시험에 자주 등장해요

사림의 정치적 성장과 사화의 발생을 묻는 문제가 자주 출제됩니다. 특히 조광조의 개혁 정치와 기묘사화는 꼭 기억하세요.

합격생의 비법

이조 전랑
정5품인 정랑(正郎)과 정6품인 좌랑(佐郎)을 말한다. 품계는 낮았으나 정승도 관여하지 못할 정도로 권한이 컸으며, 3사의 관원을 뽑을 때도 전랑의 동의가 있어야 할 정도로 이들의 인사권 비중이 컸다.

시험에 자주 등장해요

붕당의 형성에 대해 묻는 문제가 자주 출제됩니다. 척신 정치의 청산 문제, 이조 전랑 임명 문제, 동인과 서인의 분열 등은 꼭 기억하세요.

3) 붕당의 형성

① 의미 : 학연·지연·정치적 이념을 바탕으로 하는 상호 비판 체제, 사림에 의해 주도되었던 성리학적인 정치 운영 방식의 한 형태

② 배경 : 16세기 후반 선조 때 향촌에서 세력을 확대한 사림 세력이 대거 중앙 정계로 진출하여 정치의 주도권을 잡음

③ 형성 : 척신 정치(외척 세력에 의해 주도) 청산과 이조 전랑 임명권 문제를 두고 동인과 서인으로 분열(학문과 정치 성향이 같은 사람들끼리 붕당 형성, 중앙 정계 진출을 두고 대립)

구분	동인	서인
출신 배경	김효원을 중심으로 하는 신진 사림	심의겸을 중심으로 하는 기성 사림
성향	• 척신 정치 척결에 적극적 • 이(理) 강조, 원칙 충실, 심성론 강조	• 척신 정치 척결에 소극적 • 기(氣) 강조, 현실 문제 해결에 관심
학통	• 이황, 조식, 서경덕의 학문 계승 • 영남 학파	• 이이, 성혼의 학문 계승 • 기호 학파

출제 사료	붕당의 형성

김효원이 과거에 장원으로 급제하여 전랑의 물망에 올랐으나, 심의겸은 그가 윤원형의 문객이었다 하여 반대하였다. 그 후에 심충겸이 장원 급제하여 전랑으로 천거되었으나, 외척이라 하여 김효원이 반대하였다. 이때 양쪽 사람들이 다른 주장을 내세우면서 서로 배척하였는데, 김효원의 세력을 동인, 심의겸의 세력을 서인으로 부르기 시작하였다. 이는 김효원의 집이 동쪽 건천동, 심의겸의 집이 서쪽 정릉동에 있었기 때문이다.   – 『연려실기술』 –

⑤ 조선 전기의 대외 관계와 양 난의 극복

1) 조선 전기의 대외 관계 : 사대교린이 기본 원칙임

① 명과의 관계 : 명분론적 사대 관계(조공·책봉 체제) → 왕권과 국가의 안정 보장

관계 변화	태조 때 정도전이 요동 정벌을 추진하면서 관계 악화 → 태종 이후 관계가 안정되며 문물 교류, 자주적 실리 외교 추구
사대 정책	사신의 왕래를 통한 조공 무역(공무역)을 통해 실리 도모, 매년 사절을 교환하며 활발하게 교류, 문화·경제 등 선진 문물 수용, 내정 간섭은 없었음

② 여진과의 관계 : 교린 관계 → 영토 확보, 국경 지방의 안정

강경책	• 세종 때 4군(최윤덕, 압록강 유역) 6진(김종서, 두만강 유역) 개척, 여진의 국경 침입 시 정벌 • 사민 정책 실시 : 삼남 지방의 일부 주민을 북방으로 이주시키는 제도, 토지 지급 및 개간을 통해 촌락을 이룸 • 토관 제도 실시 : 토착민을 토관(특수 관직)으로 임명하는 제도 → 효율적인 지방 지배와 군사 조직 강화, 이민족과의 연결 방지
회유책	사절의 왕래를 통한 무역 허용(조공 무역), 경성·경원에 무역소를 설치하고 국경 무역 허락, 여진인의 귀순 장려

합격생의 비법

사대교린
큰 나라를 섬기고 이웃 나라와 대등하게 교류하는 정책을 말한다. 조선은 명에 조공을 바치면서 일본과는 대등한 관계를 맺었고, 여진이나 류큐에게는 조공을 받기도 하였다.

시험에 자주 등장해요

조선 전기의 대외 관계를 묻는 문제가 자주 출제됩니다. 특히 여진과의 대외 관계(4군 6진 개척)은 꼭 기억하세요.

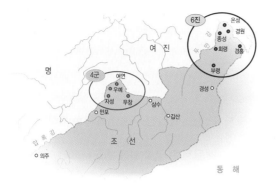

4군과 6진
세종 때 4군 6진이 개척됨으로써 압록
강과 두만강을 경계로 하는 오늘날과
같은 국경선이 확정되었다.

③ 일본과의 관계 : 교린 관계

강경책	왜구 격퇴, 세종 때 이종무의 쓰시마 섬(대마도) 토벌
회유책	쓰시마 섬(대마도) 도주의 무역 요청으로 3포 개항(부산포, 제포, 염포), 계해약조 체결(1443, 제한된 범위 내에서 무역 허용)

④ 동남아시아와의 관계 : 류큐(오키나와), 시암(태국), 자와(인도네시아) 등
과 조공·진상의 형식으로 문물 교류

2) 임진왜란의 전개와 극복

① 임진왜란 전의 국내와 일본의 상황

조선	• 수포제와 대립제가 성행하면서 군역제가 해이해져 국방력 약화 • 3포 왜란(1510), 을묘왜변(1555) 이후 비변사 설치 → 상설화 • 을묘왜변 이후 진관 체제에서 제승방략 체제로 방위 체제 전환
일본	도요토미 히데요시의 전국 시대 통일 → 다이묘의 불만을 무마하기 위해 대륙과 한반도 침략 야욕을 보임

② 임진왜란의 전개 : 명을 공격하기 위한 길을 빌린다는 구실로 왜군의 조선
침략(1592) → 부산(정발), 동래(송상현)를 함락하고 3방향으로 공격 →
충주 탄금대 방어 실패(신립) → 선조의 의주 피란 → 왜군의 한양 점령
→ 왜군의 평양성 공격 및 함경도 진출 → 조선은 명에 지원군 요청

③ 임진왜란의 극복

ㄱ 이순신과 수군의 활약 : 옥포·사천·한산도 등에서 승리 →
왜군의 해상로 봉쇄, 남해의 제해권 장악, 전라도와 충청도의
곡창 지대 보호

ㄴ 의병의 활약 🏅빈출 : 향토 지리에 맞는 전술 사용, 일본군의
보급로 공격, 전직 관리·승려·양반 등이 조직(곽재우 🏅빈출,
고경명 🏅빈출, 정문부 🏅빈출, 조헌 🏅빈출, 유정, 휴정 등) → 전
란이 장기화되면서 관군으로 편입 → 관군의 전투력 강화

ㄷ 조선의 반격 : 조·명 연합군의 참전, 평양성 탈환 → 진주 대
첩(김시민), 행주 대첩(권율) 승리 → 명과 일본 사이의 휴전
협상(협상 중 훈련도감 설치, 속오군 편성 등 조선의 전열 정
비) → 명과 일본의 협상 결렬, 일본이 다시 전쟁을 일으킴
(1597, 정유재란) → 조·명 연합군의 직산 전투 승리, 이순신
의 명량 해전 승리 → 도요토미 히데요시 사망 후 왜군 철수

동래성 전투

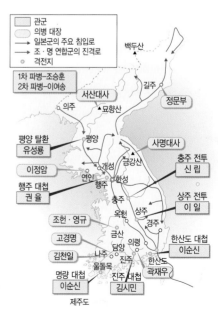

관군과 의병의 활동

『징비록』

임진왜란 당시 영의정 겸 도체 찰사였던 유성룡은 군사력 강화를 위해 훈련도감의 설치를 건의하였다. 이후 전쟁이 끝나자 지난 일을 경계하고 후환을 삼가기 위해 전쟁의 원인과 상황 등을 기록한 『징비록』을 저술하였다.

시험에 자주 등장해요

임진왜란의 전개 과정과 영향을 묻는 문제가 자주 출제됩니다. 특히 이순신과 관군, 의병의 활약상을 꼭 기억하세요.

시험에 자주 등장해요

광해군의 중립 외교를 묻는 문제가 자주 출제됩니다. 명과 후금 사이에서 실리를 추구하였다는 점을 기억하세요.

④ 임진왜란의 영향

조선	• 경제 : 국토의 황폐화, 인구의 감소와 유민화, 호적·토지 대장 소실 → 농촌 사회 파탄, 국가 재정 악화 • 사회 : 국가 재정 부족을 해결하기 위해 납속책 시행, 공명첩 발행 → 신분제 해이 • 문화재 소실 : 경복궁, 불국사, 사고 등 소실
일본	• 조선인 포로들을 통해 인쇄술·도자기·성리학 발전 → 일본의 문화 발달 • 정권 교체 : 도쿠가와 이에야스의 에도 막부 성립 • 조선과 외교 단절 : 쇄환 문제(포로 송환 문제)로 국교 회복, 통신사 파견
중국	명 쇠퇴, 여진족의 성장 → 금 건국(1616)

3) 호란의 발발과 극복

① 광해군의 전후 복구와 중립 외교

㉠ 왜란 이후 전후 복구 사업 실시 : 양안과 호적 작성, 농지 개간 장려, 성곽 수리, 사고 재건, 대동법 실시, 허준의 『동의보감』 **빈출** 편찬 → 국가 재정 수입의 기반 확보

㉡ 중립 외교 정책 추진 : 광해군과 북인 정권 중심

• 배경 : 여진이 후금을 건국하며 명을 공격함 → 명이 조선에 원군을 요청

• 전개 : 명의 요청에 광해군의 강홍립 파견, 조·명 연합군이 패배한 후 강홍립은 후금에 항복 → 명과 후금 사이에서 실리 추구, 중립 외교 추진

출제 사료   광해군의 중립 외교

강홍립이 장계를 올리기를, "신이 배동관령(背東關嶺)에 도착하여 먼저 통역관을 보내어 밀통하기를, '비록 명나라에게 재촉을 당하여 여기까지 오기는 하였으나 항상 진지의 후면에 있어서 접전(接戰)하지 않을 계획이다.'라고 하였기 때문에 전투에 패한 후에도 서로 잘 지내고 있습니다. 만일 화친이 속히 이루어진다면 신들은 돌아갈 수 있을 것입니다."라고 하였다.

ㅡ 『광해군일기』 ㅡ

② 인조반정 **빈출**(1623)

㉠ 배경 : 전후 수습책을 둘러싼 내부 이해관계의 대립, 명에 대한 의리와 명분을 강조하는 사림과의 갈등, 광해군의 중립 외교 비판, 광해군의 인목 대비 폐위와 영창 대군 살해

㉡ 결과 : 서인 세력의 반정, 광해군과 북인 세력 축출 → 인조 즉위, 서인 집권, 친명 배금 정책 추진

③ 호란의 전개

정묘호란 (1627)	• 배경 : 서인 정권의 **친명 배금 정책**, 이괄의 난(1624) • 전개 : 후금이 광해군을 위해 보복한다는 명분으로 침입 → 정봉수 · 이립 등 의병의 활약 → 후금의 보급로 차단 → 후금의 강화 제의 • 결과 : 후금과 형제 관계를 맺는 조약을 체결함
병자호란 (1636)	• 배경 : 후금이 '청'으로 국호를 개칭하며 **군신 관계를 요구하자 조선이 거절함**(주전론 우세), 후금의 요구에 최명길의 주화론과 윤집의 주전론(척화론)이 나뉘어 대립 • 전개 : 청 태종의 침입 → 한양 함락 → 인조의 남한산성 피란, 45일 동안 항전 → 청에 굴복(삼전도의 굴욕) • 결과 : 청과 군신 관계 체결, 명과의 국교 단절, 소현 세자 · 봉림 대군 등이 청에 볼모로 잡혀감, 북벌론 제기

주화론	주전론(척화론)
최명길 등	윤집 등
국내외 정세를 고려하여 청의 요구 수용, 화친 주장, 실리적 관점	성리학의 대의명분을 중시해 청의 요구 거부, 청에 맞서 싸울 것을 주장

주화론과 주전론

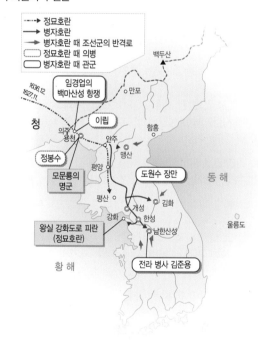

정묘호란과 병자호란

남한산성
병자호란 때 인조가 피란하여 청의 침입에 저항한 곳이다. 2014년 유네스코 세계문화유산으로 등재되었다.

합격생의 비법

이괄의 난
인조반정 때 공신인 이괄이 공신 책정에 불만을 품고 반란을 일으켰다. 평안도에 주둔하던 이괄의 군대는 한양을 점령하였으며, 인조는 공주로 피란하였다. 반란이 진압되자 이괄의 잔당이 후금으로 가 인조 즉위의 부당성을 호소하자, 후금이 이를 명분으로 정묘호란을 일으켰다.

시험에 자주 등장해요

병자호란의 내용을 묻는 문제가 자주 출제됩니다. 청의 군신 관계 요구를 거절하였고, 삼전도에서 청에 굴복하였다는 사실을 기억하세요.

02 근세의 경제

출제빈도 상 | 중 | 하

❶ 토지 제도와 수취 체제

1) 토지 제도의 변화

과전법 **(공양왕, 1391)**	• 목적 : 고려 말 신진 사대부의 경제적 기반 마련 → 관리의 경제적 기반 확보, 국가 재정 확보 • 원칙 : 전 · 현직 관리에게 수조권 지급(국가 소유가 원칙), 사망 시 국가에 반환, 경기 지방의 토지에 한정 • 수조권의 귀속 여하에 따라 사전과 공전으로 구분(공전의 조세는 국가가, 사전의 조세는 개인이 징수), 경작권 보호(공전은 경기도를 제외한 전국의 토지, 사전은 경기도만 지급) • 수조권을 가진 관리가 생산량의 1/10 징수, 국가가 지급한 토지 매매 금지 → 농민에게 유리 • 일부 토지의 세습을 예외적으로 허용(수신전 · 휼양전 세습, 공신전도 세습 허용) • 과전의 종류 : 과전(관리에 지급, 반환 원칙), 공신전(공신들에 지급, 세습 가능), 공해전(중앙 관청에 지급), 학전(성균관과 4부 학당, 향교 소속), 늠전(지방 관아 경비), 사원전(사원에 지급)
직전법 **(세조, 1466)**	• 배경 : 토지의 세습으로 관리에게 지급할 토지 부족 • 내용 : 현직 관료에게만 수조권 지급, 수신전 · 휼양전 폐지
관수 관급제 **(성종, 1470)**	• 배경 : 관료의 퇴직 · 사망 후 경제적 보장이 없어 재직 중 농민으로부터 과다 수취 • 내용 : 관청에서 생산량을 조사하여 국가에서 직접 거두어 관리에게 나누어 주는 방식 → 수조권을 통한 관료의 농민 지배 불가, 국가의 토지 지배권 강화
직전법 폐지 **(명종, 1556)**	• 16세기 중엽 수조권 지급 소멸, 관리에 녹봉만 지급 • 자신의 소유지를 농민에게 빌려 주고 대가를 받는 지주 전호제의 일반화

합격생의 비법

수신전과 휼양전

• **수신전** : 과전을 받은 관리가 사망한 이후 재가하지 않은 아내에게 생계 유지 명목으로 지급된 토지

• **휼양전** : 과전을 받은 관리와 아내가 사망하고 자녀가 어릴 경우 그 자녀에게 지급한 토지

시험에 자주 등장해요

조선 시대 토지 제도를 묻는 문제가 자주 출제됩니다. 특히 과전법의 내용과 토지 제도의 시행 순서를 꼭 기억하세요.

출제 사료 직전법 시행에 대한 반발

신이 생각하기에 이 법은 국초의 법이 아닙니다. 수신전과 휼양전을 폐지하고 이 법을 만드는 바람에 지아비에게 신의를 지키려고 하는 자는 의지할 바를 잃게 되었고, 어버이에게 효도하려는 자는 곤궁해져도 호소할 곳이 없게 되었습니다. 이는 선왕(先王)의 어진 법과 아름다운 뜻을 하루아침에 없앤 것입니다. 원컨대 전하께서는 이 법을 혁파하고 수신전과 휼양전을 회복하도록 하옵소서. - 「세조실록」-

2) 수취 체제의 정비

① 전세 · 공납 · 역

전세	• 민전을 소유한 토지 소유자에게 부과한 세금
	• 원칙 : 1결의 토지세를 수확량의 1/10(30두) 징수, 1결의 최대 생산량은 300두로 정함, 매년 풍흉을 조사하여 수확량에 따라 납부액을 조정함
	• 세종 때 공법 제도 실시
	   – 목적 : 풍년과 흉년의 정도를 조세에 반영, 답험손실의 시행 과정에서 나타난 폐단 시정, 농민 부담 감소
	   – 내용 : 토지의 비옥도에 따라 6등급, 풍흉년에 따라 9등급으로 차등 징수함
	   – 전분 6등법 : 비옥도에 따라 토지를 1등전에서 6등전으로 나누어 조세를 부과함
	   – 연분 9등법 : 풍흉 정도에 따라 9등급으로 나누고 1결당 최대 20두에서 최하 4두로 세금을 부과함

공납	• 지방의 토산물을 납부하는 제도 • 원칙 : 중앙에서 필요한 공물의 품목과 수량을 각 군현에 부과 → 군현의 토지와 호구를 기준으로 각 가호에 부과, 향리들이 집집마다 거두어들임 • 종류 : 상공(정기적으로 매년 지정된 품목의 토산물을 납부), 별공(부정기적으로 국가의 필요에 따라 납부), 진상(왕이나 왕실에 바치는 공물) • 문제점 : 조세보다 납부의 어려움과 부담이 가중됨, 공납 부과 기준이 분명하지 않음 → 16세기 대납과 방납이 성행하며 폐단이 발생
역	• 16~60세의 정남에게 부과하는 노동력 징발 • 군역 : 양인을 대상으로 하며 정군과 보인으로 구분, 양반 · 서리 · 향리 등은 군역 면제 • 요역 : 토목 공사에 동원, 가호를 기준으로 정남의 수를 고려하여 징발 • 문제점 : 규정 이상으로 동원하거나 임의로 징발하는 경우가 많음 → 16세기 대립제와 방군수포가 불법으로 성행함

> **합격생의 비법**
>
> **방납**
> 중앙 관청의 서리가 공물을 대신 내고 그 대가를 받아 막대한 이익을 챙기는 행위이다.

> **합격생의 비법**
>
> **대립제와 방군수포**
> • 대립제 : 다른 사람을 사서 군역을 대신하게 하는 것을 말한다.
> • 방군수포 : 관청이나 군영에서 군역에 복무해야 할 사람에게 포를 받고 군역을 면제해 주는 것을 말한다.

> **출제 사료**   연분 9등법
>
> 무릇 토지는 매년 9월 보름 이전에 수령이 그해의 농사 형편을 살펴 등급을 매긴다. 관찰사가 이를 심의 보고하면 의정부와 6조가 함께 의논하여 임금에게 보고하고 조세를 거둔다. 소출이 10분의 10이면 상상년으로 정해 1결당 20말, 9분이면 상중년으로 18말, 8분이면 상하년으로 16말, 7분이면 중상년으로 14말, 6분이면 중중년으로 12말, 5분이면 중하년으로 10말, 4분이면 하상년으로 8말, 3분이면 하중년으로 6말, 2분이면 하하년으로 4말씩 거두며, 1분이면 면세한다.
>
> － 『세종실록』 －

> **시험에 자주 등장해요**
>
> 조선 시대 수취 제도를 묻는 문제가 자주 출제됩니다. 특히 세종 때 시행된 공법 제도인 전분 6등법과 연분 9등법의 내용은 꼭 기억하세요.

② 국가 재정의 운영

㉠ 양전 사업

목적	전결을 파악하고 양안에 누락된 토지를 적발해 탈세 방지, 토지 경작 상황의 변동을 조사하여 전세 징수
의미	토지의 실제 경작 상황을 파악하기 위해 시행한 토지 측량 제도
운영	20년마다 전국의 토지를 측량하여 토지 대장인 양안을 작성함

㉡ 호적 : 호구를 조사하여 3년마다 호적을 작성하여 공납과 역을 부과하였음

> **합격생의 비법**
>
> **양안**
> 양전에 의해 작성된 토지 대장을 말한다. 『경국대전』에 의하면 20년에 한 번씩 양전을 실시하여 3부의 양안을 작성하고 이를 호조, 본도, 본읍에 각각 보관하도록 하였다. 양안에는 논밭의 소유주, 위치, 면적(결의 수) 등을 기록하였다.

조선 시대의 조운로

함경도는 국경에 가깝고, 평안도는 사신의 왕래가 잦은 곳이어서 그 지역의 조세는 군사비와 사신 접대비로 사용하게 하였으며, 제주도는 운반이 곤란하여 조운의 대상에서 제외되었다. 이 지역을 잉류 지역이라 부른다.

ⓒ 조운 제도 : 쌀·콩 등으로 거둔 조세를 수로를 통해 한양으로 운송, 강가나 바닷가의 조창으로 운반하였다가 바닷길(전라도·충청도·황해도), 한강(강원도), 낙동강과 남한강(경상도)을 통해 경창으로 운송

3) 16세기 수취 체제의 문란

환곡	농민에게 곡물을 빌려주고 1/10 정도의 이자 징수 → 지방 수령과 향리들이 정한 이자보다 많이 징수함, 환곡을 고리대 수단으로 이용함
공납	• 방납의 폐단 발생 → 농민 부담, 유망 농민 발생(임꺽정의 난) • 공납의 개선책 등장 　- 이이는 공물을 쌀 대신 거두는 방법인 수미법 제안 　- 유성룡은 상공의 대가로 1년 통산하여 전결에 나누어 매긴 액수를 쌀로 환산하여 차별 없이 부과 징수할 것을 제안
역	• 농민들이 생업에 지장을 주는 요역 기피, 정부에서 군인들 각종 공사에 동원 • 군인도 요역을 기피하자 대립이나 방군수포 현상이 나타남 • 중종 때 군적수포제 시행(군포 2필 받고 군역 면제) → 군역 기피, 유망 농민 증가, 군적 부실

❷ 경제생활과 상업 활동

1) 양반과 평민의 경제생활

양반	• 경제 기반 : 과전, 녹봉, 자기 소유의 토지, 노비 등 • 토지 경영 : 양반 소유의 토지는 비옥한 삼남 지방에 집중, 규모가 큰 농장의 형태 → 노비에게 직접 경작시키며 농장 확대, 병작반수의 형태로 소작(지주와 소작인이 수확량을 반반씩 나눔)
농민	• 지배층의 권농 정책 : 개간 장려, 각종 수리 시설 보수 및 확충, 농서 간행 등 • 농업 형태 변화 : 밭농사에서 2년 3작 널리 시행(조·보리·콩 등), 논농사에서 모내기법 보급, 일부 지방에서 이모작 가능, 목화 재배의 확대로 의생활 개선 • 농업 생산력 발달 : 시비법의 발달로 연작상경 가능, 쟁기·낫·호미 등 농기구 개량 • 농민의 몰락 : 자연재해, 고리대, 세금 부담 등으로 소작농 증가 → 명종 때 『구황촬요』 간행, 호패법과 오가작통법을 실시해 농민에 대한 통제 강화

2) 수공업 활동

관영 수공업	• 전문적인 기술자를 공장안에 등록하여 관청에 필요한 물품 제작·공급 • 서울과 지방 각 관청에 소속되어 물품 생산 • 16세기 이후 부역제 해이, 상업 발전 → 관영 수공업 쇠퇴
민영 수공업	민영 수공업 미약, 농민을 상대로 농기구 등의 물품 제작·공급, 양반의 사치품 생산
가내 수공업	자급자족 형태로 생활필수품 제작, 무명·명주·모시·삼베 등 생산

합격생의 비법

모내기법 금지

이앙법은 이모작이 가능하고 면적당 수확량이 월등하나 가뭄에 매우 취약하기 때문에 수리 시설을 필요로 하였다. 이에 남부 일부 지역에서만 이앙법이 가능하였다. 정부는 수확량은 적으나 가뭄에 강한 직파법을 권장하였는데, 이모작이 불가능하고 제초 작업에 많은 노동력을 투입해야 해서 이앙법에 비해 생산력이 낮았다.

합격생의 비법

공장안

조선 시대 공장(工匠)을 기록한 장부로, 공조와 그 소속 관청 및 도읍에 보관하였다. 공장들에게 공장세를 부과하기 위해 관청에 소속된 공장을 등록한 것이다.

3) 상업 활동

① 정부의 상업 통제 : 시전 상인과 지방 행상 파악, 경시서 운영

② 시전의 설치

    ㉠ 시전 : 개성에서 한양으로 천도한 이후 태종 때 종로에 시전 조성(육의전 : 명주, 종이, 모시, 어물 등을 파는 점포, 정부에서 점포를 빌려 상업 활동 전개)

    ㉡ 시전 상인 : 궁중과 관청에서 필요한 물품을 조달하는 대가로 그 물품에 대한 독점 판매권(금난전권)을 가진 어용상인

③ 경시서(평시서) : 정부는 시전 상인으로부터 세금을 징수하고, 도량형과 물가 등을 감독하는 기구 설치 → 불법적 상행위 통제

출제 사료	시전

왕도의 제도에 따르면 (궁궐) 왼쪽에는 종묘, 오른쪽에는 사직을 둔다. 앞에는 조정, 뒤에는 시장을 둔다. 시전은 일반 백성이 물건을 사고파는 곳이고, 조정이나 왕실에서 필요한 물품을 조달하는 데 없어서는 안 되기 때문에 나라를 다스리는 자가 중히 여기는 도성 안에 …… 큰 것이 여섯 개 있다. 선전(비단 파는 가게), 면포전(무명 파는 가게), 명주전(명주 파는 가게), 내외어물전(고기 파는 가게), 지전(종이 파는 가게), 저포전(모시베 파는 가게), 포전(삼베 파는 가게)이다. 이것을 육의전이라 한다.

－『만기요람』－

④ 장시

    ㉠ 발달 : 농업 발달에 힘입어 15세기 후반 남부 지방에 등장 → 16세기 중엽 전국적 확대 및 일부 장시의 상설 시장화 → 장시 금지령을 선포했지만 소용이 없었음

    ㉡ 보부상의 활동 : 장시에서 농산물, 수공업 생산품 등을 판매하여 유통시킴

⑤ 화폐 : 저화(태종), 조선통보(세종) 등 발행하여 화폐를 보급하려 노력 → 자급자족 경제 하에서 유통 부진, 쌀·무명을 지급 수단으로 사용함

조선통보
세종과 인조 때 발행된 화폐로, 당시 사용한 저화는 액면 가치가 높아 소액 거래를 할 때 불편하였기 때문에 이를 보완하려고 만들었으나 활발히 유통되지는 않았다.

⑥ 무역 : 명과는 사신을 통한 공무역과 사무역, 여진과는 무역소, 일본과는 왜관을 중심으로 무역

명	• 정기·부정기 사절을 통한 공무역과 국경 지방에서 행해진 사무역 허용 • 금·은·인삼 등 수출, 약재·자기·서적 등 수입
여진	• 북평관에서 행해진 조공 무역, 경원·경흥 등 무역소를 통한 교역 활동 • 식량이나 농기구 등 수출, 모피 등 수입
일본	• 동래에 설치한 왜관을 중심으로 제한된 범위의 무역 실시 • 부산포·염포·제포 등 3포 개항 • 쌀·불상·도자기·화문석·범종·서적 등 수출, 구리·유황·염료 등 수입

합격생의 비법

북평관
오늘날의 동대문 일대에 여진의 사신을 접대하기 위해 설치한 기구이다. 서울에 들어오는 여진인의 수는 90~120명 정도로 제한되었다.

1401	1477	1485	1543
신문고 설치	과부의 재혼 금지	『경국대전』 완성	백운동 서원 건립

03 | 근세의 사회

출제 빈도 상 | 중 | 하

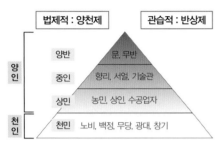

```
법제적 : 양천제        관습적 : 반상제
```

	양반	문, 무반
양인	중인	향리, 서얼, 기술관
	상민	농민, 상인, 수공업자
천인	천민	노비, 백정, 무당, 광대, 창기

조선의 신분 제도

① 신분 제도

1) 신분제의 운영 : 법적으로는 양천제를 추구하였으나 점차 반상제가 일반화되었음

① **양천제의 법제화** : 법제적 신분 제도, 국역 대상 확보 및 파악, 양인과 천인으로 구분, 갑오개혁(1894) 이전까지 유지

양인	• 자유민, 조세와 국역의 의무 부담, 과거 응시 가능 • 직업, 가문 등에 따라 양반, 중인, 상민으로 나뉨
천인	• 비자유민, 국가나 개인에 속하여 천역 담당, 과거 응시 불가능 • 노비가 대부분, 백정 · 광대 · 무당 · 창기 등

② **반상제** : 16세기 이후 지배층인 양반과 피지배층인 상민을 구분 → **양반, 중인, 상민, 천민**의 신분 제도로 정착

2) 신분 구조

양반	• 원래 문반과 무반을 통칭, 양반 관료 체제가 정비되면서 문 · 무반 관료와 그의 가족 · 가문까지 포함(직역 개념 → 신분 개념) • 과거 · 음서 · 천거 등을 통해 **고위 관직 독점**, 각종 군역 면제(특권 보장), 형벌이나 사회적 예우에서 특별 대우, 토지와 노비를 소유하여 여유로운 생활 영위, 과전 · 녹봉 등을 경제적 기반으로 삼음 • 정치적으로 **관료층**, 경제적으로 **지주층** • 기득권 유지 노력 : 지배층 증가를 막기 위한 조치, 문 · 무 양반의 관직을 받은 자만 사족(士族)으로 인정, 양반과 중인 신분 고정(하급 지배 신분은 중인 격하, 서얼의 관직 진출 제한 등)
중인	• 넓은 의미 : 양반과 상민의 **중간 신분 계층**, 좁은 의미 : 역관, 의관, 율관, 산관 등의 **기술관** → 점차 향리, 서얼 등 포함 • **전문 기술이나 행정 실무 담당**, 직역 세습, 같은 신분끼리 혼인, 관청 가까운 곳에 거주, 한품서용제 적용 • **서얼** : 첩의 소생, 문과에 응시할 수 없음, 간혹 무반직에 등용되는 등 차별 대우를 받음 • **향리** : 고려 시대보다 사회적 지위 격하(수령 아래에서 일하는 **아전으로 격하**), 지방 관아의 행정 실무 담당, 군역 면제, 잡색군에 편재, 녹봉을 지급하지 않음

합격생의 비법

서얼

양반 출신의 아버지와 첩인 어머니 사이에 태어난 자손을 말한다. 이들은 기득권을 유지하려는 양반들에게 차별을 받아 양반 계층에 들지 못하고, 하급 지배층인 중간 계층에 편재되었다. 또 서얼금고법에 따라 관직 진출에 제한을 받았다.

상민 **(평민, 양민)**	• 농민, 수공업자, 상인 등 대부분의 백성 • 각종 국역 부담의 의무를 지님, 법적으로는 과거 응시 가능(실제적으로는 응시 불가능), 신분 상승이 어려움 • 농민 : 상민의 대다수를 차지, 조세 · 공납 · 역의 의무를 지님 • 수공업자와 상인 : 조선의 농본억상 정책으로 농민보다 천대 받음, 수공업자는 공장안에 기재되어 국가의 통제를 받음, 수공업자는 공장세 · 상인은 상인세 부담 • 신량역천 : 양인 신분이나 천역에 종사하는 신분, 수군 · 역졸 · 봉수군 등
천민	• 사회적으로 가장 천대를 받음, 대부분은 노비(일천즉천 적용), 백정(가축의 도축) · 무당 · 창기 · 광대 등 포함 • 소유에 따라 구분, 일종의 재산으로 취급, 매매 · 상속 · 증여의 대상, 신분은 대대로 세습되며 주인은 노비의 생계를 책임짐, 노비의 형벌은 장례원에서 담당 • 구분 : 공노비와 사노비로 구분 　- 공노비 : 국가에 예속된 노비, 매년 정해진 액수의 신공을 관청에 납부하는 납공 노비와 매년 일정 기간 소속 관청에 노동력을 제공하는 입역 노비로 구분 　- 사노비 : 개인에게 예속된 노비, 주인과 같은 집에서 사는 솔거 노비와 주인과 떨어져 살며 일정한 신공을 주인에게 바치는 외거 노비로 구분

출제 사료 | **노비의 처지**

• 천민의 계보는 어머니의 역을 따른다. 천민이 양인 아내를 맞이하여 낳은 자식은 아버지의 역을 따른다.
• 무릇 노비의 매매는 관청에 신고하여야 한다. 사사로이 몰래 매매하였을 경우에는 관청에서 그 노비 및 대가로 받은 물건을 모두 몰수한다. 나이 16세 이상 50세 이하는 가격이 저화 4천 장이고 15세 이하 50세 이상은 3천 장이다.

　　　　　　　　　　　　　　　　　　　　　　　　　　　　　　　　　　　－『경국대전』－

● **출제 포인트 분석**

노비는 혼인하여 가정을 이룰 수 있었지만, 재산으로 취급되어 매매 · 상속 · 증여의 대상이 되었다. 노비를 함부로 죽이지 못하며 자식이 없는 노비의 재산은 주인에게 귀속되었고 요역과 군역의 의무는 없었다. 재산 소유 및 토지의 독립 경영이 보장되고 독자적 생활이 허락되기도 하였다.

② 사회 정책과 사회 시설

1) 사회 정책 : 농본 정책을 통한 농민 생활의 안정이 목적임

2) 사회 제도

① 민생 안정책

　㉠ 환곡제 운영 : 흉년이나 춘궁기에 곡식을 빌려주고 추수기에 이를 갚도록 함, 본래 의창에서 담당하였으나 이후 상평창에서 운영함

　㉡ 의창 설치 : 고려 시대 운영되던 것을 다시 설치함, 빌려 준 원곡만을 거두거나 무상으로 나누어줌, 원곡 감소로 규모가 축소되면서 중종 때 폐지

　㉢ 상평창 운영 : 곡가의 부당한 변동 방지, 물가를 조절하여 백성들의 생활을 안정시키려 함

ⓔ 사창제 실시 : 백성들이 갚지 못하는 환곡이 증가하면서 의창의 운영
  이 어려워지자 민간 주도로 운영, 각 지방의 군현에 설치된 곡물 대여
  기관, 이후 지방 사림들이 주도하면서 사림 성장의 경제적 기반이 됨

② 의료 기관

혜민국	고려 예종 때 설치, 의약품 제공, 백성들의 질병 치료
동·서 대비원	수도권 관할, 서민 환자 치료 담당, 약재 판매
제생원	지방민의 구호와 진료 담당, 세조 때 혜민서로 이관
동·서 활인서	서민 환자 치료, 유랑자의 수용과 구휼 담당

❸ 법률 제도

1) 법률 체계 : 『경국대전』과 대명률을 적용함

① 대명률과 관습법 중심, 상속은 종법에 의거, 반역죄·강상죄를 중죄로 취
  급, 연좌제 적용
② 태형, 장형, 도형, 유형, 사형의 5형 존재

2) 사법 기관 : 행정 기관과 구분이 불분명, 재심 청구 가능

합격생의 비법

대명률

명의 기본 법전으로 태·
장·도·유·사의 5가지 형
벌 체제인 당률을 계승하면
서 자자(刺字, 글자로 문신
을 새기는 일)나 능지처사
같은 극형을 추가하였다.

중앙	• 의금부 : 국왕 직속 사법 기관, 대역·모반과 같은 중죄 • 사헌부 : 관리의 감찰 및 탄핵 • 형조 : 범죄 사건 담당, 노비와 재산 상속 문제 • 한성부 : 한양의 치안 담당 • 장례원 : 노비와 관련된 소송 담당
지방	관찰사와 수령이 사법권 행사

3) 법전의 편찬

합격생의 비법

『조선경국전』

정도전이 편찬한 조선 왕조
의 기본 정책을 기록한 책
으로, 정보위·국호·안국
본·세계·교서 등으로 내
용을 나누어 국가 형성의
기본을 서술하였다. 주례의
6전 체제에 따라 각 전의
업무를 규정하고 이후 간행
되는 여러 법전의 효시가
되었다.

『조선경국전』	태조 때 정도전이 편찬, 사찬 법전(공식적으로 인정받지 못함), 주례의 6전 체제에 의거하여 기본 정책과 문물제도 정리
『경제육전』	태조 때 조준 편찬, 최초의 공식 법전, 6전별로 수교 형태의 법안을 정리하여 체계화하였으나 통일성 부족
『경국대전』	• 목적 : 중앙 집권 강화, 법치주의에 입각한 통치 규범 체계 확립 • 원칙 : 『경국대전』 형전이 대명률보다 우선 적용됨(일반적 관점) • 구성 : 6전 방식(이·호·예·병·형·공전 순서) • 의의 : 양반 관료 체제 정비, 중앙 집권적 통치 체제 완비, 통치 규범 체계 확립, 고유법을 성문화함
『속대전』	영조 때 편찬, 조선 후기의 변화상 종합 정리
『대전통편』	정조 때 편찬, 『속대전』의 부족한 부분 보충, 영조와 정조의 개혁 정책의 법전화
『대전회통』	고종 때 편찬, 조선 시대 마지막 법전, 19세기 수교(受敎)와 조례(條例) 정리, 세도 정치를 해결하기 위한 개혁책의 법전화

❹ 호적 제도와 호패 제도

1) 호적 제도
① 부계친을 중심으로 하는 친족 관계로 바뀌면서 호적 기재 형식 변화, 3년
마다 작성, 3부 작성(본도 1부, 본읍 1부, 호조 1부 보관)
② 군역과 요역 부과, 신분 판별, 노비 소유권 확인
2) 호패 제도 : 16세 이상 정남에게 호패를 차게 하는 제도 → 군역 대상자 파악,
신분제 유지(인조 때부터 본격적으로 실시)

❺ 향촌 사회의 조직과 운영

1) 향촌의 운영 : 향촌 자치의 실현
① 향촌 : 향–중앙에서 관리를 파견한 지역(부·목·군·현), 촌–촌락이나
마을
② 유향소 설치 : 수시로 향회를 소집하여 여론 수렴, 수령 보좌 및 향리 감
찰, 향촌 사회의 풍속 교화 → 성종 때 이후로 훈척들이 지방을 지배하는
도구로 변질
③ 경재소 설치 : 유향소 통제 기구, 중앙과 지방의 연락 업무 담당, 현직 관
료에게 연고지의 유향소를 통제하도록 함
④ 사림의 향촌 지배 강화 : 향안(지방에 거주하는 사족들의 명단) 작성, 향안
에 이름이 오른 사족은 향회를 통해 결속을 다지고 지방민 통제, 향규(향
회의 운영 규칙) 제정
⑤ 사림의 세력 기반 : 향촌 사회에서 서원과 향약을 통해 세력 결집 → 16세
기 이후 사림 세력의 성장 기반이 됨

서원	• 기능 : 선현에 대한 제사, 교육과 학문 연구, 향촌 자치 운영 기구(사창제, 향사례, 향음주례, 향약 등), 향촌을 방어하는 의병 활동의 근거지 • 최초의 서원 : 백운동 서원(풍기 군수 주세붕이 설립) → 이후 이황의 건의로 소수서원으로 개칭(사액 서원) 풍기 군수 이황은 삼가 목욕재계하고 백 번 절하며 관찰사 상공 합하께 글을 올립니다. …… 문성공 안유가 살던 이 고을에는 백운동 서원이 있는데, 전 군수 주세붕이 창건하였습니다. …… 임금께 아뢰어 서적과 편액을 내려 주시고 겸하여 토지와 노비를 지급하여 재력을 넉넉하게 해 주실 것을 청하고자 합니다. • 역할 : 학문과 교육 발전에 기여, 향촌 사회의 관계 재정비, 지방 사림의 지위 향상, 사림의 여론 형성 주도 → 붕당의 근거지, 붕당의 결속 강화
향약	• 의미 : 양반 지배층이 유교 사상에 기초하여 만든 지방 행정의 자치적 말단 조직, 향촌의 자치 규약 • 최초 시행 : 중종 때 조광조가 처음 시행한 이후 이황, 이이 등에 의해 전국적으로 확산 → 사림의 주도로 보급 • 덕목 : 덕업상권(착한 일은 서로 권한다.), 과실상규(잘못된 것은 서로 규제한다.), 예속상교(좋은 풍속은 서로 나눈다.), 환난상휼(어려울 때는 서로 돕는다.) • 역할 : 풍속 교화, 향촌 사회의 질서 유지와 치안 담당, 지방 사림의 농민 지배 강화, 사림의 사회적 지위 확립, 봉건적 질서와 사회 신분 질서로 주민 통제 및 교화 → 서원과 함께 사림 성장의 원동력이 됨 • 폐해 : 지방 유력자들이 주민들을 위협하여 수탈하는 수단으로 이용하기도 함

합격생의 비법

향음주례
향촌의 선비나 유생이 학덕과 연륜이 높은 이를 주가 되는 손님으로 모시고 술을 마시며 잔치를 하는 의례의 하나로, 어진 이를 존중하고 노인을 봉양하는 의미를 지닌다.

백운동 서원(소수 서원)

합격생의 비법

사액 서원
사액은 왕이 서원의 이름이 쓰인 현판을 내리는 것으로, 사액 서원은 국왕으로부터 편액과 서적 등을 받은 서원을 말한다. 사액 서원은 부역과 세금을 면제받고 국가로부터 여러 지원을 받았다.

시험에 자주 등장해요

조선 시대 향촌 사회에서 사림 세력의 기반이 된 서원과 향약을 묻는 문제가 자주 출제됩니다. 서원과 향약의 내용을 꼭 기억하세요. 특히 백운동 서원, 소수 서원은 꼭 알아두세요.

2) 성리학적 사회 질서의 확산

① 성리학의 확대 : 사림의 집권 이후 성리학이 일상생활의 윤리로 확대되었음
② 유교 윤리의 보급 노력

합격생의 비법

예학과 보학
예학은 종족 내부의 의례를 규정한 것이고, 보학은 종족의 종적인 내력과 횡적인 관계를 확인시켜주는 족보에 대한 것이다.

㉠ 예학의 발달(16~17세기)

목적	성리학적 사상을 근거로 왕권을 견제하면서 양반 중심의 사회 질서 유지
내용	성리학적 도덕 윤리인 예학과 삼강오륜을 기본 덕목으로 가부장적 종법 질서 구현, 종족 내부의 의례 규정
영향	문벌 양반 중심의 신분제와 가부장적 사회 질서 확립 → 유교적 상장제례 의식 성립, 유교주의적 가족 제도 성립, 사림 간의 정쟁에 이용, 양반 사대부의 신분적 우월성 강조

㉡ 보학의 발달

개념	종족의 내력을 기록(족보)하고 암기, 가계의 영속과 씨족의 유대를 존중하는 사회의 특징임
기능	종족 내부의 결속 강화, 종족의 종적인 내력과 횡적인 관계 확인, 양반 문벌 제도 강화, 신분 제도 우위 유지
족보의 변화	내외자손을 모두 기록하는 자손보, 자녀의 구별 없이 출생 기재(조선 초기) → 부계친(父系親)만 수록하는 씨족보, 선남후녀(先男後女)로 기록

㉢ 종법 : 친족 조직 및 제사의 계승과 종족의 결합을 위한 친족 제도의 기본이 되는 법으로 17세기에 정착됨

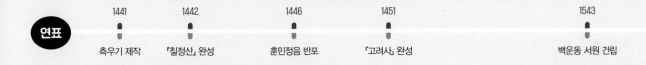
연표

04 | 근세의 문화

출제빈도 상 | **중** | 하

❶ 민족 문화의 발달

1) 특징
① 민족적, 실용적 성격의 학문 발달 → 민족 문화 융성
② 민생 안정과 북국강병을 위해 과학 기술과 실용적 학문 중시
③ 15세기 관학파 계열의 학자들이 성리학 이외의 학문과 사상 포용 →
민족적·자주적 민족 문화 발전, 과학 기술과 실용적 학문 발달

2) 훈민정음 창제

배경	지배층과 피지배층 간의 의사소통 필요성 인식, 말과 글의 불일치로 인한 불편함 극복 필요, 피지배층의 도덕적 교화 필요(양반 중심 사회 유지) → 백성들도 쉽게 사용할 수 있는 문자의 필요성 대두
창제	세종과 집현전 학자들이 문자와 음운에 대해 학문적 연구 → 훈민정음 창제·반포 (1446)
활용	• 한글 서적 발행 : 『용비어천가』(왕조의 정통성 강조), 『삼강행실도』(백성 교화) 등 • 일반 백성들에게 국가 시책을 알리는 데 이용, 서리 채용 시험 때 한글 시험 실시(행정 실무에 이용) • 시가나 산문 등 문학 창작에 이용(평민과 부녀자가 주로 사용)
한계	지배층의 문자인 한문을 보조하는 기능에 그침, 궁중의 비빈이나 양반집 부녀자들이 주로 사용
의의	• 교육과 지식의 보급, 민족 문화 발전의 토대 마련, 일반 백성들의 문자 생활 향유 • 과학적·독창적 문자 제작 → 유네스코 세계 문화유산으로 등록, 세계적으로 인정받음

> **합격생의 비법**
>
> **훈민정음**
> '백성을 가르치는 바른 소리'라는 뜻으로, 훈민정음의 창제로 백성들의 문자 생활이 가능해졌다.

> **시험에 자주 등장해요**
>
> 훈민정음 창제에 대해 묻는 문제가 출제될 수 있습니다. 세종 때 창제한 훈민정음을 꼭 기억하세요.

3) 편찬 사업
① 역사서 편찬
  ㉠ 목적

건국 초기	왕조의 정통성에 대한 명분 확보, 성리학적 통치 규범 장착
15세기	• 자주적 성격, 단군 강조, 관찬 사료, 고대사 정리 • 『고려국사』(정도전), 『동국사략』(권근), 『삼국사절요』(서거정), 『고려사』(정인지), 『동국통감』(서거정) 등
16세기	• 사림의 정치·문화 의식 반영, 존화주의와 왕도주의 반영, 기자 강조, 사략(史略)형 사서, 경학의 보조 수단 • 『동국사략』(박상), 『기자지』(윤두수), 『기자실기』(이이), 『동몽선습』(박세무) 등

『조선왕조실록』

합격생의 비법

시정기

사관들은 전임 사관의 입시 사초와 겸임 사관의 춘추관 일기, 승정원일기, 경연일기를 비롯한 각 관청의 업무 일지 등을 월별, 일별로 모아 초고를 작성하였다. 이 초고를 모아 매년 연말에 시정기를 만들었다.

합격생의 비법

『승정원일기』

1623년부터 1894년까지 승정원에서 처리한 왕명 출납 및 행정 사무 등을 기록하였다. 국정을 날짜순으로 기록한 최대 분량의 단일 역사 기록물로 세계 기록 유산으로 등록되었다.

ⓛ **『조선왕조실록』**

의미	태조 때부터 철종 때까지 25대 472년간의 역사를 연월일 순서대로 서술하여 편찬(편년체)
편찬 과정	• 사초 작성 : 사관들이 왕과 신하들의 국사에 관한 논의 및 처리 과정 등 기록 • 편찬 시기 : 국왕 사후 다음 국왕 때 이전 왕의 실록 편찬, 춘추관을 중심으로 실록청을 설치하고(임시 관청) 개인이 보관하던 사초 수합 • 기본 자료 : 사초와 시정기(기본 자료), 『의정부등록』, 『승정원일기』, 『비변사등록』, 『일성록』 등 • 실록 편찬 과정에 국왕이 간여할 수 없었고, 실록이 완성되면 사초를 모두 없앰
보관	세종 때부터 4대(춘추관, 충주, 전주, 성주) 사고를 만들어 보존 → 임진왜란 이후 마니산, 정족산, 적상산, 오대산, 태백산 사고에 보관
의의	• 정치, 사회, 경제, 문화, 천재지변 등 다양한 자료를 수록하여 조선 시대 연구의 기초 자료로 가치가 높음 • 유네스코 세계 기록 문화유산으로 지정(1997)

출제 사료	사관의 설치

조준 등이 사초를 거두어 임금이 보도록 바치고자 하니, 사관 신개 등이 상소하였다. "옛날에 여러 나라가 사관을 두고 임금의 언행과 정사, 신하의 시비 득실을 모두 바른 대로 쓰고 숨기지 않았습니다. 이 때문에 그 시대의 임금과 신하는 그 시대의 역사를 있는 그대로 후대에 전할 수 있었습니다. 이를 경계로 삼아 명령과 언어, 행동에서 감히 그릇된 짓을 하지 못하였으니, 사관을 설치한 뜻이 깊었던 것입니다."

— 『태조실록』 —

ⓒ **『고려사』와 『고려사절요』**

	『고려사』	**『고려사절요』**
특징	• 정인지 등이 조선 왕조 건국의 정당성을 밝힘 • 정도전의 『고려국사』를 여러 차례 개찬하는 과정에서 편찬 완료 • 세가 46권, 지 39권, 연표 2권, 열전 50권, 목록 2권 등 139권으로 구성 • 기전체, 군주 입장(불리한 입장 삭제), 기록 보존용	• 문종 때 김종서 등에 의해 간행 • 『고려사』의 열람이 불편한 점을 개선하기 위해 새롭게 편년체의 사서 편찬을 건의 • 5개월 만에 35권 편찬 • 편년체, 사마광의 『자치통감』 체제, 재상 중심, 보급용

ⓡ **『동국사략』**(권근) : 단군 조선에서 신라 말까지의 역사를 체계화, 『삼국사기』와 『삼국유사』를 축약하여 편년체 서술

ⓜ **『동국통감』**(서거정) : 단군 조선에서 고려 말까지의 우리 역사를 정리한 편년체 통사, 자주적 입장에서 고대사를 새롭게 재정리(세조~세종)

ⓗ **『동국사략』**(박상) : 사림의 정치와 문화 의식 반영, 『동국통감』 축약, 유교적 인물 중심으로 재구성(고려 왕조에 절의 지킨 인물 칭송)

시험에 자주 등장해요

조선 전기 역사서 편찬을 묻는 문제가 자주 출제됩니다. 『조선왕조실록』과 『동국통감』은 꼭 기억하세요.

② 지도·지리서 편찬 : 중앙 집권, 국방력 강화 목적

　㉠ 지도

15세기	• 혼일강리역대국도지도 : 태종 때 제작, 현존하는 동양 최고의 세계 지도 • 팔도지도 : 혼일강리역대국도지도를 바탕으로 제작 • 팔도도 : 세종 때 제작된 전국 지도 • 동국지도 : 최초의 실측 지도, 과학 기구인 규형과 인지 사용, 압록강 이북까지 상세히 기록하여 북방에 대한 관심을 보여 줌
16세기	조선방역지도 : 국내에 현존하는 최고 지도, 양성지의 팔도도를 참조로 제작, 전국 주현의 명칭을 8도별로 색을 달리하여 표시, 산과 강의 경계를 자세하고 정확하게 표시

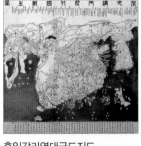

혼일강리역대국도지도
현존하는 동양 최고의 세계 지도이다. 조선 태종 2년 이회, 이무, 김사형 등이 왕명으로 만들었다. 유럽, 아프리카, 중국, 일본, 한반도 등이 그려져 있고, 중국과 조선을 실제보다 과장하여 표현하였다.

　㉡ 지리지

- 『신찬팔도지리지』(세종 때 편찬), 읍지(향토의 문화적 유산 관심)
- 『동국여지승람』(15세기, 성종 때 완성) : 군현의 연혁, 지세, 인물, 풍속, 산물, 교통 등을 자세히 기록
- 『신증동국여지승람』(중종 때 편찬) : 『동국여지승람』 보완, 오늘날까지 전해짐

③ 윤리서와 의례서 편찬 : 성리학적 규범의 확산 목적

『삼강행실도』	세종이 유교 윤리 보급을 위해 편찬, 충신·효자·열녀의 행적을 알리기 위해 간행
『국조오례의』	성종 때 국가의 여러 행사에 필요한 의례 정비, 제사 의식·관례와 혼례·사신 접대 의례·군사 의식·상례 의식 등 정리
기타	• 『효행록』 : 효행 설화에 대해 최초로 집대성 • 16세기 : 『소학』과 『주자가례』 보급, 『이륜행실도』, 『동몽수지』 등 간행

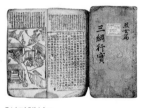

『삼강행실도』
우리나라와 중국에서 모범이 될 만한 충신, 효자, 열녀를 뽑아 그 행적을 그림으로 그리고 설명을 덧붙였다. 다른 책과 달리 한글을 사용하고, 그림을 그려 배포하였다.

④ 법전 : 유교적 통치 규범의 성문화 목적

　㉠ 조선 초기 : 『조선경국전』 편찬(정도전), 『경제육전』 편찬(조준)

　㉡ 『경국대전』 편찬 : 세조 때 시작하여 성종 때 완성, 이·호·예·병·형·공의 6전 체제로 구성, 조선의 기본 법전으로 유교적 통치 질서와 문물제도 완비

4) 과학 기술의 발달 : 부국강병과 민생 안정을 위한 과학 기술 중시, 서역과 중국의 과학 기술 수용

① 천문과 역법

천문	• 혼의·간의(천체 관측), 자격루·앙부일구(시간 측정), 측우기(세계 최초, 강우량 측정), 인지의·규형(토지 측량, 지도 제작 활용) • 천상열차분야지도 : 고구려 천문도를 바탕으로 돌에 새긴 천문도(태조)
역법	『칠정산』 제작 – 우리나라 최초로 서울을 기준으로 천체 운동을 정확히 계산함 – 중국의 역법(수시력)과 이슬람 역법(회회력)을 받아들여 우리나라 실정에 맞게 고쳐 자주적 역법을 확립함 – 『칠정산』 내편 : 원의 수시력, 명의 대통력의 영향력을 받음

혼일강리역대국도지도가 사진과 함께 자주 출제됩니다. 또 지리서인 『동국여지승람』, 윤리서인 『삼강행실도』, 법전인 『경국대전』은 꼭 기억하세요.

천상열차분야지도
천상을 12분야로 나누어 차례로 늘여놓은 그림으로, 1464개의 별이 그려져 있는 별자리 그림의 원 둘레에는 28수의 이름이 기록되어 있다. 돌에 새긴 석각본이 국립중앙박물관에 남아 있고, 각석은 덕수궁의 궁중 유물 전시관에 보존되어 있다.

『농사직설』

1429년 세종 때 정초, 변효문 등이 왕명으로 저술하였다. 중국의 농서인『제민요술』,『농사집요』등을 참고하면서도 경험이 많은 농민들의 농사법을 수집하고 정리하여 만들었다. 벼농사를 비롯한 곡물류의 효율적인 재배법을 해설하여 지방관의 권농 지침서로도 활용하게 하였다.

계미자와 갑인자

계미자로 서적을 인쇄할 때는 조판한 활자들이 인쇄할 때마다 흔들려서 하루에 큰 종이 몇 장밖에 못 찍어냈으나 세종 때는 청동 활자들의 네 귀와 몸통 부분이 꼭 들어맞아 황랍을 녹여 부어 고정시키면 활자가 흔들리지 않아 하루에 20여 장을 인쇄할 수 있었다.

조선 전기 과학 기술의 발달을 묻는 문제가 자주 출제됩니다. 특히 천문 관측 기구인 측우기와 칠정산,『농사직설』은 꼭 기억하세요.

성리학

성리학은 우주의 이치와 인간의 본성을 이기론을 통해 종합적으로 파악하려는 학문이다. 우주 만물은 이(理)와 기(氣)의 결합으로 이루어지는데, 이는 사물의 본성을, 기는 사물의 형질을 각각 형성한다고 본다.

측우기

자격루

혼천의(혼의)

② 의학

『향약집성방』	세종 때 편찬, 중국의 의서 취합, 우리 풍토에 맞는 약재와 치료 방법 개발 및 정리
『의방유취』	세계 최초, 동양 최대 의학대백과 사전

③ 농업

농업 기술의 발달	2년 3작과 이모작 시행, 모내기법, 목화 재배의 전국적 확산
농서의 편찬	『농사직설』편찬(세종, 우리나라 풍토에 맞는 농사 기술과 품종 등의 개발을 위한 씨앗의 저장법, 토질의 개량법, 모내기법 등 독자적 농법 정리 등)

④ 인쇄술과 제지술

인쇄술	태종 때 주자소 설치, 계미자 주조 → 세종 때 갑인자 주조, 식자판 조립 방법 창안
제지술	종이를 전문적으로 생산하는 관청인 조지서를 공조의 속아문으로 설치 → 서적 인쇄

⑤ 무기 제조

병서 편찬	『총통등록』(세종, 화포 제작법과 사용법),『병장도설』(문종, 군사 훈련 지침서),『동국병감』(한 · 중 전쟁사) 등
화약 무기	최해산의 활약(태종 때 발탁, 군기감에서 화약 무기 제조에 기여), 화포 · 화차 개발(비격진천뢰와 신기전)
병선 제조	판옥선 · 거북선(태종) · 비거도선(작고 날랜 전선) 제조

화차

❷ 성리학의 발달

1) 성리학의 정착

관학파 (훈구파)	• 정도전, 권근 등 • 사장 중심, 부국강병 추진 • 성리학 이외의 사상 포용, 주례를 국가의 통치 이념으로 여김
사학파 (사림파)	• 정몽주, 길재의 문인 • 경학 중시, 향촌 자치 추구 • 형벌보다 교화에 의한 통치 강조, 성리학적 명분론 중시

2) 성리학의 융성

서경덕	• 기를 중심으로 세계를 이해(기일원론자 선구자) • 불교와 노장 사상에 대해 개방적인 태도, 천문·지리·의약 등 학문 분야에 관심 • 개성을 중심으로 한 경기 지방과 호남 지방 일부에 서경덕 학파 형성
이언적	• 기(氣)보다 이(理)를 중심으로 이론 전개 • 이황을 비롯한 후대 성리학자들에 영향을 줌
조식	• 노장 사상 포용, 학문의 실천성 강조 • 정인홍, 김효원 등이 진주를 중심으로 경상 우도 지역에 조식 학파 형성 • 곽재우, 정인홍 등 의병장 배출, 의병을 일으켜 크게 활약 • 광해군 때 북인 정권에서 핵심적 역할 수행

3) 성리학의 집대성

이황 (주리론)	• 도덕적 행위의 근거로 인간의 심성 중시(근본적이며 이상주의적 성격), 이(理)의 능동적 역할 중시 • 주자의 이론을 계승하면서도 조선의 현실을 반영하여 나름대로 체계화 • 남인에 계승, 임진왜란 이후 일본의 성리학 발전에 영향 • 사회·경제적 문제 해결에 소극적임 • 저서 : 『주자서절요』(일본 주자학 발달 영향), 『성학십도』(군주 스스로 인격과 학식 수양을 위해 노력할 것 강조) 등
이이 (주기론)	• 이보다는 기(氣)의 역할 강조, 현실적·진보적·개혁적 성향 • 다양한 개혁 방안 제시 : 수미법 시행, 10만 양병설, 방군수포제 폐지 등 주장 • 저서 : 『동호문답』(인의를 바탕으로 한 왕도 정치 구현, 통치 체제 정비와 수취 제도 개혁 등 제시), 『성학집요』(현명한 신하가 왕의 수양을 도와야 한다고 주장)

4) 학파의 형성과 예학의 발달

① 학파의 형성 : 16세기 중반, 학설·지역적 차이에 따라 서원을 중심으로 형성

선조	동인 형성	• 서경덕 학파, 이황 학파, 조식 학파 • 남인과 북인으로 붕당
	서인 형성	• 이이 학파, 성혼 학파 • 노론과 소론으로 붕당
광해군	북인 집권	중립 외교 전개
인조반정 이후	서인과 남인의 공존	• 명에 대한 의리 명분론 강화, 북벌 정책 추진 • 호란 이후 척화론과 의리 명분론으로 대세 주도

② 예학의 발달 : 『주자가례』 중심의 생활 규범서 출현, 성리학자에 의해 관심 증대, 예치(禮治) 강조, 예학 연구의 심화 → 예송 논쟁의 전개

구분	주리론	주기론
특징	원리 중시, 주자의 철학체계화 이기이원론	경험적 세계 중시, 일원론적 이기론
계보	이언적 → 이황 → 김성일, 유성룡	서경덕 → 이이 → 조헌, 김장생
학파	영남 학파	기호 학파
당파	동인, 남인 계열	서인 계열

주리론과 주기론

시험에 자주 등장해요

조선 전기 성리학에 대해 묻는 문제가 자주 출제됩니다. 성리학을 집대성한 이황과 이이는 꼭 기억하세요.

합격생의 비법

도첩제

승려가 출가할 때 국가가 신분을 증명하는 제도이다. 군역의 면제자인 승려의 수를 제한하여 군정을 확보하고 불교 교세의 인적 기반을 제약하여 억압하려는 데 목적이 있었다.

원각사지 십층 석탑

합격생의 비법

악장

궁중에서 나라의 공식 행사에 쓰이던 노래 가사를 총칭하는 말이다.

창덕궁 인정전

평양 보통문

❸ 불교와 민간 신앙

1) 불교 정책 : 억불 정책

태종	궁중 불사 폐지, 사원 재산 몰수, 사원 축소, 도첩제 시행(승려 수 제한)
세종	선종과 교종 통폐합, 사찰 축소, 승려 수와 토지 축소(사원전 존속)
세조	배불 정책 외면, 간경도감을 설치하여 『석보상절』 등 불서 제작, 원각사지 십층 석탑 축조
명종	승과 부활, 보우 활동
성종	도첩제 폐지, 유교주의 심화

2) 도교 : 사원 정리, 행사 축소, 소격서 설치, 초제 시행

3) 풍수지리설과 도참사상 : 한양 천도에 반영(남경 길지설), 묘지 선정에 작용(산송 논쟁)

4) 민간 신앙 : 국가가 통제, 무격신앙·산신 신앙·삼신 숭배 등 성행, 세시 풍속 정착

❹ 문학과 예술의 발달

1) 문학

15세기	• 격식 존중, 질서와 조화를 내세움, 조선 왕조 건국 찬양, 민족의 자주 의식 표현 • 『동문선』(서거정) : 삼국 시대부터 조선 초기까지의 시와 산문 가운데 뛰어난 것을 골라 편집, 우리 글에 대한 자주 의식 표현 • 악장 : 새 왕조의 탄생과 업적 찬양, '용비어천가'·'월인천강지곡'
16세기	• 개인적 감정과 심성을 중시 • 설화 문학 : 서민의 풍속과 감정, 역사의식 표현 • 사림 문학 : 표현 형식보다 흥취, 정신 중시 → 한시와 시조, 가사 유행 • 여류 문인의 활동 : 황진이, 허난설헌 등

2) 건축

15세기	• 중심 : 궁궐, 관아, 성곽, 학교 등의 건축 발달 • 특징 : 다포식 유행, 사치 배격, 자연미 강조(창덕궁 비원) • 도성 건축 : 숭례문, 흥인지문, 창덕궁 돈화문, 평양 보통문 등 • 해인사 장경판전(당시 과학 기술 집약, 팔만대장경판 보관)
16세기	• 중심 : 서원 건축 발달 • 특징 : 정자 건축 양식(야산과 하천 끼고 있는 한적한 곳), 가람 배치 양식(강당 중심, 동·서재), 주택 양식(소규모, 단청 없음) • 경주 옥산 서원, 안동 도산 서원, 파주 자운 서원, 담양 소쇄원, 강릉 오죽헌 등

3) 회화

시험에 자주 등장해요

조선 전기 회화를 묻는 문제가 자주 출제됩니다. 15세기 회화와 16세기 회화를 구분하여 그림과 함께 꼭 기억하세요. 특히 안견의 몽유도원도와 강희안의 고사관수도를 알아두세요.

15세기	• 특징 : 고상한 생활 철학 반영, 필치가 힘차고 구상이 간결, 중국 역대 화풍을 선택적 수용, 독자적 경지 배척 • 몽유도원도(안견, 신선이 거주하는 이상 세계를 낭만적으로 묘사), 고사관수도(강희안, 선비가 수면을 바보면서 무념무상에 잠겨 있는 모습 묘사)
16세기	• 특징 : 자연 속에서 서정적인 아름다움과 개성 있는 화풍, 강한 필치의 산수화 계승, 선비들의 정신세계를 표현한 사군자 유행 • 이상좌의 송하보월도, 신사임당의 초충도, 이암(꽃·새·벌레·개 등 묘사), 이정(대나무), 황집중(포도), 어몽룡(매화) 등

몽유도원도

고사관수도

송하보월도

묵죽도

초충도

4) 도자기

15세기	분청사기 : 청자에 백토의 분을 칠함, 백자의 확대로 생산 감소
16세기	백자 : 선비들의 취향과 어울려 널리 이용, 담백과 순백의 고상함

분청사기 어문병
과감한 생략과 추상적 표현이 돋보이며, 물고기 문양이 많이 나타나 있다.

순백자
순백의 고상함과 아름다움이 깃들어 있다.

5) **공예** : 목공예·돗자리 공예에서 재료의 자연미를 살린 작품 제작, 화각 공예·자개 공예·자수와 매듭 발달

6) **글씨** : 안평 대군(송설체), 양사언(초서), 한호(석봉체)

7) **음악과 무용**

① 음악 : 국가의 의례와 밀접한 관련이 있음, 백성의 교화 수단, 아악 체계화(박연), 종묘 제례악 정비, 『악학궤범』 편찬(성현, 음악의 역사 정리)

② 무용 : 처용무(궁중), 농악무·무당춤·승무·산대놀이·꼭두각시 놀이(민간) 유행

01 ^{47회 19번} (가)에 해당하는 인물로 옳은 것은?

오늘 (가) 이 조선경국전을 지어 바쳤으니 말과 비단, 백은을 상으로 내려주도록 하라.

분부대로 거행하겠습니다.

태조

① 송시열   ② 정도전
③ 정약용   ④ 홍대용

정답 ②

해설 제시된 자료를 통해 (가)에 해당하는 인물이 정도전임을 알 수 있다. 이성계를 도와 조선 건국을 주도한 정도전은 문신 겸 학자로, 호는 삼봉이다. 그는 『조선경국전』을 지어 조선의 통치 제도를 정비하는 데 기여하였고, 『불씨잡변』을 지어 불교의 폐단을 비판하였다. 하지만 왕자의 난이 일어나 이방원에게 피살되었다.

오답 피하기
① 조선 후기 성리학자인 송시열은 예송 논쟁 때 『주자가례』를 따라야 한다고 주장하였다.
③ 조선 후기 실학자인 정약용은 토지 제도 개혁을 주장하였고, 『목민심서』, 『경세유표』 등을 저술하였다.
④ 조선 후기 실학자인 홍대용은 기술 혁신과 문벌 철폐를 주장하였고, 중국 중심의 세계관을 비판하였다.

02 ^{47회 20번} (가)에 들어갈 문화유산으로 옳은 것은?

2020 달빛 야행

태종 때 이궁으로 세워진 (가) 으로 초대합니다. 조선의 정원 조경이 잘 보존된 후원까지 관람할 수 있는 이번 행사에 많은 참여 바랍니다.

• 달빛 따라 걷는 길
돈화문 ▶ 인정전 ▶ 낙선재
연경당 ▶ 후원 숲길 ▶ 돈화문
• 일시 : ○○월 ○○일~○○월 ○○일
매주 목요일 20시~22시
• 주관 : △△ 문화재단

① 경복궁   ② 경희궁
③ 덕수궁   ④ 창덕궁

정답 ④

해설 제시된 자료를 통해 (가)에 들어갈 문화유산이 창덕궁임을 알 수 있다. 창덕궁은 조선 태종 때 이궁으로 지어진 왕궁으로 주변 지형과 조화롭게 건축하여 가장 한국적인 궁궐로 평가받고 있다. 임진왜란 시기에 불탄 궁궐 중 가장 먼저 복구되어 고종 때까지 왕이 머물렀다.

오답 피하기
① 경복궁 : 조선 태조 이성계가 수도를 한양으로 정하고 지은 정궁이다.
② 경희궁 : 조선 광해군 때 지어진 별궁이다.
③ 덕수궁 : 월산 대군의 집터를 임진왜란 때 임시로 사용하다 조선 광해군 때 정식 궁궐이 되었다.

03 ^{47회 23번} (가) 전쟁에 대한 탐구 활동으로 적절한 것은?

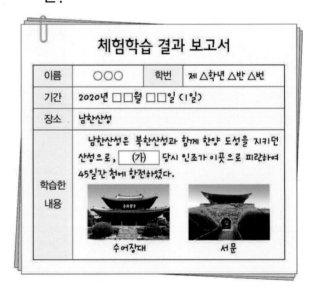

체험학습 결과 보고서

이름	○○○	학번	제 △학년 △반 △번
기간	2020년 □□월 □□일 (1일)		
장소	남한산성		
학습한 내용	남한산성은 북한산성과 함께 한양 도성을 지키던 산성으로, (가) 당시 인조가 이곳으로 피란하여 45일간 청에 항전하였다.		

수어장대   서문

① 보빙사의 활동을 조사한다.
② 삼별초의 이동 경로를 찾아본다.
③ 삼전도비의 건립 배경을 파악한다.
④ 을미의병이 일어난 계기를 살펴본다.

정답 ③

해설 제시된 자료를 통해 (가) 전쟁이 병자호란임을 알 수 있다. 청이 조선에 군신 관계를 요구하자 조선은 이를 거절하였다. 이에 1636년 청 태종이 조선을 침략하자 인조는 남한산성으로 피란하였다. 이후 인조가 삼전도에서 청에 굴욕적으로 항복하면서 병자호란이 끝났으며, 조선은 청과 군신 관계를 체결하였다.

오답 피하기
① 조·미 수호 통상 조약 체결 이후, ② 대몽 항쟁, ④ 명성 황후 시해 사건(을미사변)과 단발령 실시 이후에 대한 탐구 활동으로 적절한 역사적 사실이다.

04 (가)에 들어갈 기구로 옳은 것은?

① 승정원
② 어사대
③ 집사부
④ 홍문관

정답 ④

해설 제시된 자료를 통해 (가)에 들어갈 기구가 홍문관임을 알 수 있다. 옥당 및 옥서라고도 불린 홍문관은 집현전의 기능을 이은 기구로, 왕의 자문 및 관리 비리 감찰, 교육 등을 맡은 기구였다. 사헌부, 사간원과 함께 3사로 불린다.

오답 피하기
① 조선의 승정원은 국왕의 비서 기관으로 왕명 출납을 담당하였다.
② 고려의 어사대는 풍속 교정, 관리의 비리 감찰, 관리 임명에 대한 서경권을 지녔으며, 중서문하성의 낭사와 함께 대간으로 불렸다.
③ 통일 신라의 집사부는 왕의 직속 기구로, 장관인 시중이 왕명을 받들어 국정을 총괄하였다.

05 (가) 인물의 활동으로 옳은 것은?

① 거중기를 설계하였다.
② 대마도를 정벌하였다.
③ 성학십도를 저술하였다.
④ 대동여지도를 제작하였다.

정답 ③

해설 제시된 자료를 통해 (가) 인물이 퇴계 이황임을 알 수 있다. 조선 시대 성리학자인 이황은 풍기 군수, 성균관 대사성의 관직을 역임하였으며, 우리 실정에 맞는 예안 향약을 만들었다. 또 왕이 스스로 인격과 학식을 수양하기 위해 노력해야 한다는 점을 강조한 『성학십도』를 저술하였다.

오답 피하기
① 정약용, ② 이종무, ④ 김정호의 활동 내용이다.

06 (가)에 들어갈 내용으로 옳은 것은?

① 향교
② 성균관
③ 육영 공원
④ 4부 학당

정답 ②

해설 제시된 자료를 통해 (가)에 들어갈 내용이 성균관임을 알 수 있다. 성균관은 조선 시대 최고 교육 기관으로 대성전에서 공자 등 성현들에게 제사를 지냈다. 또 소과인 생원·진사시에 합격한 사람에게 성균관에 입학할 자격이 주어졌고, 성균관에 합격해 원점 300점 이상이 될 경우 대과에 응시할 수 있는 자격을 주었다.

오답 피하기
① 향교는 조선 시대 지방에 설립된 중등 교육 기관으로 대성전과 명륜당으로 이루어져 교육과 제사의 기능을 담당하였다.
③ 육영 공원은 1886년 우리나라 최초로 설립된 근대식 공립 교육 기관으로 주로 양반 자제들을 교육하였다.
④ 4부 학당은 조선 시대 서울에 설립된 중등 교육 기관으로 소학과 사서를 중심으로 교육하였다.

07 (가)에 들어갈 내용으로 옳은 것은?

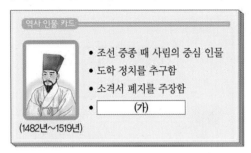

역사 인물 카드
- 조선 중종 때 사림의 중심 인물
- 도학 정치를 추구함
- 소격서 폐지를 주장함
- (가)

(1482년~1519년)

① 성학집요를 저술함
② 백운동 서원을 건립함
③ 현량과 실시를 건의함
④ 시헌력 도입을 주장함

정답 ③

해설 제시된 자료를 통해 역사 인물 카드 속 인물이 조광조임을 알 수 있다. 조선 중종 때 등용된 사림의 중심인물인 조광조는 도학 정치를 추구하였고, 소격서 폐지를 주장하였다. 또 전국 각지에서 유능한 인재를 천거하는 현량과를 실시할 것을 건의하였다.

오답 피하기
① 이이는 현명한 신하가 왕의 수양을 도와야 한다고 주장한 『성학집요』를 저술하였다.
② 주세붕은 성리학을 도입한 안향을 기리는 백운동 서원을 건립하였다.
④ 김육은 서양 역법의 영향을 받아 만들어진 시헌력 도입을 주장하였다.

08 다음 대화 이후에 전개된 사실로 옳은 것은?

이조 전랑 김효원의 후임으로 심충겸을 추천했으면 합니다.

심충겸은 외척이므로 이조 전랑에 마땅치 않습니다.

① 기묘사화가 일어났다.
② 신진 사대부가 등장하였다.
③ 수양 대군이 권력을 장악하였다.
④ 사림이 동인과 서인으로 나뉘었다.

정답 ④

해설 사림 세력은 이조 전랑의 임명 문제를 두고 김효원을 지지하는 신진 사림인 동인과 심의겸을 지지하는 기성 사림인 서인으로 나뉘며 붕당이 형성되었다.

오답 피하기
① 조선 중종 때 조광조의 개혁 정치와 위훈 삭제에 훈구 세력이 반발하여 사림 세력이 화를 입은 기묘사화가 일어났다.
② 고려 후기 성리학을 수용하고 과거를 통해 정계에 진출한 신진 사대부가 등장하였다.
③ 조선 초기 수양 대군은 조카 단종을 몰아내 권력을 장악하고 세조로 즉위하였다.

09 밑줄 그은 '이 왕'의 업적으로 옳은 것은?

우리 모둠에서는 존경하는 역사 인물로 이 왕을 선정하였습니다.

역 사 인 물 발 표 회

△△모둠

✿ 선정 이유 ✿
- 훈민정음을 창제하였다.
- 농사직설을 편찬하였다.

① 4군 6진을 개척하였다.
② 경국대전을 완성하였다.
③ 대동여지도를 제작하였다.
④ 백두산정계비를 건립하였다.

정답 ①

해설 제시된 자료를 통해 밑줄 그은 '이 왕'이 조선 세종임을 알 수 있다. 조선 세종은 집현전을 설치하고 경연 제도를 실시하였다. 훈민정음을 창제하였으며, 혼천의 · 측우기 · 앙부일구 · 자격루 등을 제작하였다. 또 『칠정산』, 『향약집성방』, 『농사직설』 등을 편찬하였다. 조선 세종 때 최윤덕은 여진족을 정벌하고 4군을 설치하였으며, 김종서는 6진을 설치하였다.

오답 피하기
② 조선 성종 때 『경국대전』을 완성하였다.
③ 조선 철종 때 김정호가 대동여지도를 제작하였다.
④ 조선 숙종 때 백두산정계비를 건립하였다.

10 (가) 시기에 있었던 사실로 옳은 것은?

이곳 탄금대에서 배수진을 치고 적을 섬멸하라!

신립

(가)

칠천량에서는 패배했지만 아직 우리에게는 열두 척의 배가 남아 있다!

이순신

① 최영이 홍산에서 왜구를 물리쳤다.
② 강감찬이 귀주에서 거란을 격퇴하였다.
③ 권율이 행주산성에서 대승을 거두었다.
④ 김윤후가 처인성에서 적을 막아내었다.

정답 ③

해설 제시된 자료를 통해 (가)는 임진왜란 시기임을 알 수 있다. 임진왜란이 장기화되는 가운데 권율은 행주산성에서 대승을 거두었다(행주대첩).

임진왜란의 전개 과정 : 왜의 조선 침략 → 부산(정발), 동래(송상현) 함락 → 충주 탄금대 방어 실패 → 선조의 의주 피란 → 왜의 한양 점령 → 명에 지원 요청 → 이순신과 수군, 의병의 활약 → 조 · 명 연합군의 평양성 탈환, 휴전 협상 시작 → 정유재란 → 이순신의 명량 해전 → 왜군 철수

오답 피하기
① 고려 말 최영이 홍산에서 왜구를 물리쳤다.
② 고려 시대에 강감찬이 귀주에서 거란을 격퇴하였다.
④ 고려 시대에 몽골이 침략하자 김윤후가 처인성에서 적을 막아내었다.

11

48회 21번

(가)에 들어갈 그림으로 옳은 것은?

이 작품은 조선 전기를 대표하는 그림으로, 안평 대군이 꿈에서 본 이상 세계에 대한 이야기를 듣고 안견이 그린 것입니다.

가상 현실 체험으로 만나는 조선 회화 특별전

(가)

①

무동도

②

세한도

③

인왕제색도

④
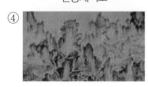
몽유도원도

정답 ④
해설 제시된 자료를 통해 (가)에 들어갈 그림이 몽유도원도임을 알 수 있다. 조선 전기를 대표하는 몽유도원도는 안평 대군이 꿈에서 본 이상 세계에 대한 이야기를 듣고 안견이 그린 그림이다.
오답 피하기
① 김홍도, ② 김정희, ③ 정선이 그린 조선 후기 그림이다.

12

51회 21번

(가)에 해당하는 책으로 옳은 것은?

조선 제9대 국왕인 성종의 재위 기간에는 통치에 관한 규범들을 확립하기 위해 많은 서적이 편찬되었다. 국가 운영 전반에 대한 법률을 담은 (가) 이/가 반포되었으며, 국가의 의례를 정비한 국조오례의와 궁중 음악을 집대성한 악학궤범이 완성되었다.

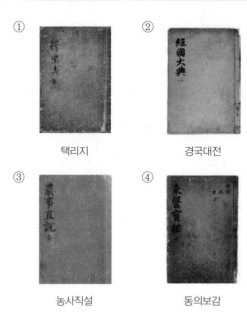

① 택리지 ② 경국대전 ③ 농사직설 ④ 동의보감

정답 ②
해설 제시된 자료를 통해 (가)에 해당하는 책이 『경국대전』임을 알 수 있다. 조선의 기본 법전인 『경국대전』은 세조 때 편찬을 시작하여 성종 때 완성되었다. 6전으로 구성되었으며, 국가 조직, 재정, 의례, 군사 제도 등 통치 제도 전반에 걸친 법령과 규정을 수록하였다.
오답 피하기
① 조선 후기 이중환은 자연환경과 인물, 풍속 등을 자세히 기록한 인문 지리서인 『택리지』를 저술하였다.
③ 조선 세종 때 우리나라의 기후와 풍토에 맞는 농업 기술을 소개한 『농사직설』을 편찬하였다.
④ 조선 광해군 때 허준은 의학서인 『동의보감』을 저술하였다.

	14세기		15세기				
	태조	정종	태종	세종	문종	단종	세조
정치	1392 조선 건국 1394 한양 천도		1402 호패법 시행 1413 지방 행정 조직 완성 1416 전국을 8도로 정비	1419 쓰시마 섬 토벌 1420 집현전 확장 1426 3포 개항			1457 중앙군을 5위로 개편
경제				1444 전분 6등법, 연분 9등법 실시			1466 직전법 실시
문화			1402 혼일강리역대국도 지도 제작	1429 『농사직설』 편찬 1432 『삼강행실도』 편찬 1434 앙부일구 제작 1441 측우기 제작 1446 훈민정음 반포			

❶ 통치 조직의 정비

중앙 통치 제도

조선의 중앙 정치 기구

조선은 의정부와 6조를 중심으로 중앙 정치 기구가 정비되었다.

지방 통치 제도

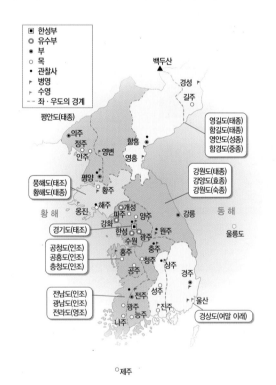

조선의 지방 행정 조직

조선은 전국을 8도로 구분하여 모든 지역에 지방관을 파견하였다.

15세기		16세기					17세기
예종	성종	연산군	중종	인종	명종	선조	광해군
	1485 『경국대전』 편찬	1498 무오사화 1504 갑자사화 1506 중종반정	1510 3포 왜란 1519 기묘사화		1545 을사사화 1555 을묘왜변	1575 동서 붕당 형성 1592 임진왜란 1593 훈련도감 설치	1623 인조반정
							1608 경기도에 대동법 시행
1469 『금오신화』 편찬	1478 『동문선』 편찬		1543 백운동 서원 설립			1568 이황, 『성학십도』 편찬 1575 이이, 『성학집요』 편찬	1610 허준, 『동의보감』 완성 1614 『지봉유설』 편찬

❷ 조선 전기의 문화

	15세기	16세기
건축		

해인사 장경판전　　　원각사지 십층 석탑　　　도산 서원

공예

분청사기(소박함)

백자(순백의 고상함, 선비의 취향)

그림

몽유도원도(안견)　　　고사관수도(강희안)

초충도(신사임당)　　　대나무(이정)

과학

혼천의(혼의)　　　자격루　　　양부일구　　　측우기　　　천상열차분야지도

최신350문항 빈출 키워드 랭킹

기출문제 출제경향 분석

5. 조선 후기(정치, 경제, 사회, 문화)

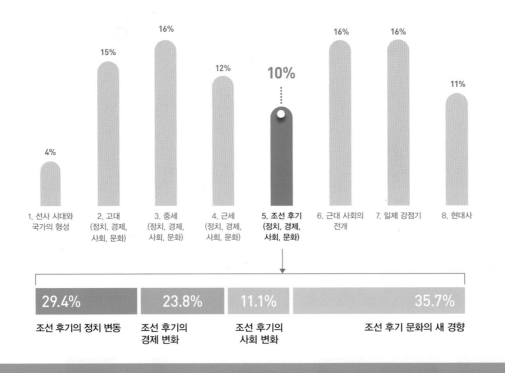

29.4%	23.8%	11.1%	35.7%
조선 후기의 정치 변동	조선 후기의 경제 변화	조선 후기의 사회 변화	조선 후기 문화의 새 경향

연표

1678　상평통보 유통

1680　경신환국

1696　안용복, 독도에서 일본인 쫓아냄

1708　대동법 전국에 확대 실시

1712　백두산정계비 건립

1725　영조, 탕평책 실시

1750　균역법 실시

5 PART

조선 후기(정치, 경제, 사회, 문화)

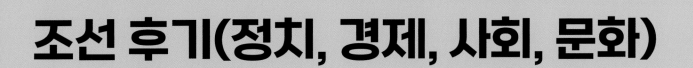

1776	1785	1801	1811	1860	1861	1862
규장각 설치	『대전통편』 완성	신유박해	홍경래의 난	최제우, 동학 창시	김정호, 대동여지도 제작	임술 농민 봉기

01 | 조선 후기의 정치 변동 _{출제빈도} 상 | 중 | 하

❶ 통치 체제의 변화

1) 비변사의 기능 강화

① 변천

시기	특징
중종	3포 왜란 이후 여진족과 왜구의 침략을 방어하기 위해 임시 기구로 설치
명종	을묘왜변을 전후로 독립된 상설 기구로 정비
선조	• 임진왜란을 겪는 동안 전쟁 수행을 위한 최고 기관으로 기능 확대 • 구성원 확대 : 문무 고위 관원들의 합의 기관으로 확대 • 기능 강화 : 군사뿐만 아니라 외교, 재정, 사회, 인사 문제 등 거의 모든 정무 총괄
고종	왕권 강화를 추진한 흥선 대원군에 의해 혁파

② 영향 : 비변사의 기능 강화 _{빈출} → 의정부와 6조의 기능 약화, 왕권 약화 초래

출제 사료	비변사

비변사는 중외의 군국 기무를 모두 관장한다. …… 도제조는 현임과 전임 의정이 겸하고, 제조는 정수가 없으며 전임으로 뽑아 임명한다. 이 · 호 · 예 · 병 · 형조 판서, 양국 대장, 양도 유수, 대제학은 직위에 따라 당연히 겸직한다. 4명은 유사당상이라 부르고 8명은 팔도 구관당상을 겸임한다.

— 『속대전』 —

2) 군사 제도의 변화

중앙군	• 조선 초기 : 5위 → 17세기 말 : 5군영 체제 확립 • 특징 : 상비군제, 대외 관계나 국내 정세의 변화에 따라 임기응변으로 설치, 서인의 사병적 성격 • 훈련도감 : 임진왜란 중 설치, 수도를 방위하는 핵심 부대, 삼수병(포수 · 살수 · 사수)으로 편제, 직업적인 상비군 • 후금과의 항쟁 과정에서 어영청(한성 수비, 북벌 준비), 총융청(북한산성, 경기 일대 방어), 수어청(남한산성, 수도 남부 방어) 설치, 숙종 때 왕실의 호위를 강화하기 위해 금위영 설치
지방군	• 속오군 : 속오법에 따라 양반에서부터 노비까지 포함하여 군대 편제, 평상시 생업에 종사, 유사시 전투에 투입 → 양반의 회피로 상민과 노비의 부담 가중 • 방어 체제 변화 : 임진왜란 이후 진관 체제로 복귀

합격생의 비법

『비변사등록』

조선 중기 이후 국가 최고 회의 기관이었던 비변사의 활동에 대한 일기체 기록이다. 『승정원일기』, 『일성록』과 함께 조선 후기의 제1차 사료로 중요한 의미를 갖는다. 특히 실록을 편찬할 때 『비변사등록』을 기본 자료로 사용하였기 때문에 그 사료적 가치가 높게 평가되고 있다.

시험에 자주 등장해요

조선 후기 비변사에 대해 묻는 문제가 자주 출제됩니다. 비변사의 기능의 강화와 구성원의 확대를 꼭 기억하세요.

합격생의 비법

어영청

인조반정으로 집권한 서인이 정권을 안정시키고 외적의 침입에 대비하기 위해 설치하였다. 총융청, 수어청과 함께 서인 세력의 군사적 기반이 되었다.

• 훈련도감

왕께서 환도하신 후, 훈련도감을 설치하여 군사를 훈련시키라 명하시고, 나를 도제조로 삼았다. 나는 "곡식 1천 석을 꺼내 하루 한 사람에게 두 되씩 준다고 하여 군인을 모집하면 응모하는 자들이 사방에서 모여들 것입니다."라고 아뢰었다. 얼마 안 되어 수천 명을 모집하여 조총 쏘는 법과 창, 칼 쓰는 기술을 가르쳤다.

                 – 유성룡, 『서애집』 –

• 속오군

신역(身役)의 유무와 공사천(公私賤)을 막론하고 조련을 감당할 만한 자로 모아서 대오를 편성한 것으로 …… 천인뿐만 아니라 양반·유사(儒士)·아전의 무리로서 토목의 역사(役事)를 견디지 못하는 자까지도 그 속에 섞여 있습니다.

                       – 『선조실록』 –

시험에 자주 등장해요

조선 후기 군사 제도의 변화 내용을 묻는 문제가 자주 출제됩니다. 특히 훈련도감은 꼭 기억하세요.

❷ 붕당 정치의 전개와 변질

1) 조선 후기 정치 세력의 변화

① 선조 : 이조 전랑 후임자 천거 문제로 동인과 서인으로 붕당, 정여립 모반 사건(기축옥사)을 계기로 동인은 남인(온건파)과 북인(강경파)으로 분열
② 광해군 : 북인의 권력 독점 → 서인과 남인 배제 → 인조반정으로 몰락
③ 인조 : 서인 집권, 남인 일부 세력 참여 → 서로의 학문적 입장을 인정하는 토대 위에서 상호 비판적인 공존 체제 형성

합격생의 비법

정여립 모반 사건

정여립은 본래 서인이었으나 이후 동인의 편에 들어갔다. 이로 인해 그는 벼슬을 버리고 고향으로 돌아갔으나 그곳에서 사람들을 모아 반역을 꾀한다는 의심을 받아 관군에 잡히기 전 자살하였다. 이 사건으로 동인이 박해를 받았다.

출제 사료   붕당 정치의 원인

붕당은 싸움에서 생기고 싸움은 이해관계에서 생긴다. 이해관계가 절실하면 붕당이 깊어지고, 이해관계가 오래될수록 붕당이 견고해지는 것은 당연하다. 지금 열 사람이 함께 굶주리고 있는데, 한 그릇의 밥을 같이 먹게 된다면, 그 밥을 다 먹기도 전에 싸움이 일어날 것이다. …… 관직은 적은데 과거에 응시하는 사람은 많아서 모두 등용할 수 없다는 것이다.

                     – 『성호집』 –

● 출제 포인트 분석
이익은 붕당이 발생한 원인을 관직의 수가 적은데 관직에 나가려는 자가 많았기 때문이라고 여겼다.

2) 예송 논쟁의 전개(현종)

배경	차남으로 왕위를 이은 효종의 정통성과 관련하여 서인과 남인들의 학문과 정치 노선 차이 → 두 차례 발생
서인과 남인의 입장	• 서인(송시열) : 『경국대전』, 『주자가례』에 따라 왕과 일반 사대부를 똑같이 취급해야 한다고 주장, 효종을 적장자로 보지 않음 • 남인(허목) : 『주례』, 『예기』 등에 따라 왕은 일반 사대부와 종법을 똑같이 적용할 수 없다고 주장, 효종을 왕위를 계승한 적통으로 봄
1차 예송 (기해예송)	• 계기 : 효종의 사망에 따른 인조의 계비인 자의 대비의 복상 문제 • 주장 : 서인(1년설, 기년설), 남인(3년설) • 결과 : 서인 승리로 1년설 채택, 남인 실각
2차 예송 (갑인예송)	• 계기 : 효종 비의 사망에 따른 인조의 계비인 자의 대비의 복상 문제 • 주장 : 서인(9개월설, 대공설), 남인(1년설, 기년설) • 결과 : 남인 승리로 1년설 채택
영향	붕당 간의 대립이 치열해짐(서인과 남인의 대립 격화)

송시열

서인을 대표하는 송시열은 효종의 세자 시절 스승이었다. 그는 예송 과정에서 남인과 치열하게 논쟁을 벌였으며, 경종의 세자 책봉에 반대하는 상소를 올렸다가 제주도로 유배되었다.

시험에 자주 등장해요

예송 논쟁을 묻는 문제가 자주 출제됩니다. 1차 예송은 서인, 2차 예송은 남인이 승리하였다는 사실을 알아 두세요.

합격생의 비법

이조 전랑의 권한 축소
환국을 왕이 직접 나서서 주도함에 따라 왕실 외척이나 종실과 직결된 집단의 정치적 비중이 커졌다. 또 3사와 이조 전랑은 환국이 거듭되는 동안 자기 당의 이익을 직접 대변하는 역할을 하여 정치적 비중이 줄어들었다. 이에 정치권력이 고위 관원에게 집중되면서 그들의 합좌 기구인 비변사의 기능은 강화되었다.

시험에 자주 등장해요

조선 후기 정치의 변화를 묻는 문제가 자주 출제됩니다. 특히 환국의 내용을 각각 잘 정리하여 기억하세요.

3) 환국의 발생

의미	숙종 때 정국을 주도하는 붕당과 견제하는 붕당이 서로 교체되어 정국이 급격하게 바뀌는 정치(왕권 강화를 목적으로 추진)
경신환국(1680)	허적이 왕의 허락 없이 기름 먹인 장막 사용, 서인이 남인을 역모로 모함 → 남인 축출, 서인 집권(서인이 노론과 소론으로 분화)
기사환국(1689)	장희빈의 아들을 원자로 책봉하는 문제를 서인이 반대 → 서인 축출, 남인 집권
갑술환국(1694)	서인의 인현 왕후 복위 운동을 남인이 탄압 → 남인 몰락, 서인 집권
결과	특정 붕당이 정권을 독점하는 일당 전제화 추세, 서인과 남인의 격렬한 대립 → 서인의 분화로 노론과 소론 경쟁, 붕당 정치의 변질

```
        인조반정      기해예송, 갑인예송      경신환국      기사환국      갑술환국
북인 ──────── 서인 ──────────── 남인 ──────── 서인 ──────── 남인 ──────── 서인
```

예송과 환국의 정치적 양상

출제 사료 | 환국의 전개

- 경신환국 : 궐내에 보관하던 기름 먹인 장막을 허적이 다 가져갔음을 듣고, 임금(숙종)이 노하여 "궐내에서 쓰는 장막을 마음대로 가져가는 것은 한명회도 못하던 것이다."라고 말하였다. 시종에게 알아보게 하니, 잔치에 참석한 서인(西人)은 몇 사람뿐이었고, 허적의 당파가 많아 기세가 등등하였다고 아뢰었다. …… 이에 임금이 남인(南人)을 제거할 결심을 하였다. …… 허적이 잡혀오자 임금이 모든 관직을 삭탈하였다.
  – 『연려실기술』 –
- 기사환국 : 1689년 1월, 숙종은 (장희빈이) 낳은 지 두 달된 왕자의 명호를 '원자(元子)'로 정하고자 하였다. 송시열이 시기상조라며 반대하자 관작을 삭탈하고 문외출송하도록 명하였다. 이를 계기로 서인들이 파직되고 남인 계열의 인물들이 대거 등용되었다.
- 갑술환국 : 1694년 3월, 남인 계열 대신들이 옥사를 일으키자 숙종은 남인 대신들의 관작을 삭탈하고 서인들을 대거 등용하였다. 이후 폐위되어 사가에 있던 인현 왕후를 복위시켰다.

4) 서인의 노론과 소론 분화

배경	정책 수립과 상대 붕당을 탄압하는 과정에서 노장 세력과 신진 세력의 갈등 심화 → 경신환국 이후 남인에 대한 입장 차이로 서인은 노론과 소론으로 분화 → 갑술환국으로 남인이 몰락한 후 노론과 소론 대립 격화
노론	송시열을 중심으로 결집, 대의명분 존중, 민생 안정 강조, 숙종과 숙빈 최씨 사이의 소생인 연잉군(영조) 지지
소론	윤증을 중심으로 결집, 실리 중시, 적극적인 북방 개척 주장, 성리학 이해의 탄력성을 보임(박세당, 정제두 등), 숙종과 희빈 장씨 사이에 태어난 경종 지지

조선 후기 정치 세력의 변화

❸ 영조와 정조의 탕평 정치

1) 탕평론의 대두

① 배경 : 붕당 정치의 변질로 정치 집단 간 세력 균형 붕괴 → 왕권의 불안 → 강력한 왕권을 토대로 세력의 균형을 유지하려는 탕평론 제기

② 숙종의 탕평책 : 인사 관리를 통한 세력 균형 유지, 탕평론 제시 → 편당적 인사 관리로 환국의 빌미 제공

③ 영조·정조의 탕평책 : 붕당 간 세력 다툼으로 왕권 약화 → 국왕 중심의 정국 운영 도모

2) 영조의 정책

탕평책	• 배경 　– 노론과 소론의 왕위 계승 문제, 왕세제(영조)의 대리청정 문제를 둘러싼 대립 심화 → 소론이 지지한 경종의 죽음 → 왕세제 영조가 노론의 지지로 즉위 　– 붕당 간의 대립 심화로 왕권 불안 → 강력한 왕권을 바탕으로 탕평책 실시 • 내용 　– 붕당 간의 화합을 위해 탕평 교서 발표, 이인좌의 난 이후 본격적으로 탕평책 실시 　– 탕평파 중심으로 정국 운영 → 완론 탕평(왕실이나 외척과 결탁한 특권 세력의 존재를 인정함) 　– 탕평비 설립 빈출 (성균관), 산림의 존재 부정, 붕당의 근거지인 서원 대폭 정리, 이조 전랑의 권한 축소(자신의 후임자 천거권 및 통청권 폐지)
사회 개혁	균역법 실시(군포를 1년에 2필에서 1필로 감액), 가혹한 형벌 폐지, 사형수에 대해 엄격한 삼심제 시행, 신문고 부활, 청계천을 정비하는 도성 정비 사업 추진(청계천 준천 사업)
문물 정비	『속대전』 빈출, 『동국문헌비고』, 『속오례의』, 『동국여지도』, 『속병장도설』, 『증수무원록』 등 편찬
한계	붕당 간의 다툼을 일시적으로 억누른 것에 불과 → 붕당 간의 균형 유지 실패

탕평비

성균관 입구에 새긴 탕평비에는 "두루 사귀어 편벽되지 않음은 곧 군자의 공정한 마음이고, 편벽하여 두루 사귀지 않음은 바로 소인의 사사로운 마음이다." 라는 내용의 글이 새겨져 있다.

시파와 벽파

시파는 남인과 소론 계통, 일부 노론 계통으로 사도 세자의 잘못은 인정하면서도 죽음 자체는 지나쳤다는 입장이다. 반면 벽파는 노론 강경파로 사도 세자의 죽음은 당연하고 영조의 처분은 정당하였다는 입장이다.

규장각도

시흥환어행렬도

정조가 화성에서 서울로 가는 도중 하룻밤을 머무르기 위해 시흥에 있는 행궁에 도착한 모습을 그린 그림이다.

3) 정조의 정책

탕평책	• 사도 세자의 죽음으로 시파와 벽파의 갈등 발생 • 준론 탕평(당파의 옳고 그름을 명백히 가리는 입장) → 외척이나 환관 세력 제거, 시파 기용, 소론과 남인 계열도 등용(능력 위주의 인재 등용)
왕권 강화 정책	• 초계문신제 시행 : 신진 인물이나 중하급 관원(당하관)들 가운데 능력 있는 자를 선발하여 규장각에서 재교육 → 정조의 친위 세력 양성 • 규장각 설치 : 왕실 도서관 기능에서 정치적 기구로 변화, 비서실 기능, 학술 연구 기관, 과거제 주관, 문신 교육 담당 등 → 왕권과 정책을 뒷받침하는 강력한 정치 기구로 육성 • 장용영 설치 ⚜빈출 : 국왕 직속의 친위 부대 → 왕권을 뒷받침하는 군사적 기반 확립 • 수원 화성 축조 : 이상 정치 실현 목적 → 정치적·군사적 기능 부여, 상업적 기반 강화, 사도 세자 묘지 이장(현륭원), 화성 행차 시 백성들과 접촉 기회 확대(백성의 의견을 정치에 반영) • 수령의 권한 강화 : 수령이 군현 단위의 향약을 직접 주관함 → 지방 사족의 영향력 억제, 백성에 대한 국가 통치력 강화
개혁 정책	• 서얼과 노비에 대한 차별 완화 : 유득공, 박제가, 이덕무 등 서얼 출신 검서관 등용 • 통공 정책 실시 : 자유로운 상업 행위 보장, 육의전을 제외한 시전 상인의 금난전권 폐지(신해통공) • 중국과 서양의 과학 기술 수용, 전통 문화 계승(중국의 『고금도서집성』 수입) • 격쟁 제도, 상언 제도, 암행어사 제도 등 활성화
문물 정비	『대전통편』, 『탁지지』, 『증동국문헌비고』, 『동문휘고』, 『일성록』, 『무예도보통지』 등 편찬
한계	정치 운영이 어느 정도 안정되어 조선 후기 문화 발달의 기반이 되었으나 강력한 왕권으로 붕당을 억눌러 근본적인 해결이 이루어지지 않음 → 정조 사후 세도 정치가 등장하는 배경이 됨

정조의 화성 건설

수원 화성

거중기

화성은 서쪽으로는 팔달산을 끼고 동쪽으로는 낮은 구릉의 평지를 따라 쌓은 평산성으로, 성곽의 둘레는 약 5.7km, 성벽의 높이는 4~6m 정도이다. 정약용의 지시로 1794년에 성을 쌓기 시작하여 2년여 만에 완성하였다. 정약용이 만든 거중기 등 당시의 발달된 과학 기기를 사용하여 공사 기간을 단축하고 공사비를 줄일 수 있었다.

● **출제 포인트 분석**

화성 성역 건설 사업은 1794년 정월에 시작되어 1796년에 완성되었다. 공사가 끝난 뒤에 『화성성역의궤』를 편찬하여 공사에 관련된 모든 경비, 인력, 기계, 물자, 건축물들을 상세히 기록하였다. 공사 기간 동안 소요된 화성 건설의 전 과정에 약 80만 냥의 경비가 지출되고 공사에 참여한 노동자인 장인들에게는 일당의 품값이 지불되었는데, 이에 대한 기록도 『화성성역의궤』에 남아 있다.

정조의 왕권 강화 정책과 개혁 정책을 묻는 문제가 자주 출제됩니다. 특히 초계문신제, 장용영, 규장각, 수원 화성, 신해통공은 꼭 기억하세요.

❹ 세도 정치와 삼정의 문란

1) 의미 : 특정 가문이 권력을 독점하는 정치 형태

2) 배경 : 정조 사후 정치 세력 간의 균형 붕괴 → 유력 가문에 권력 집중

집권층의 변화

붕당 정치가 변질되고 세도 정치가 이루어지면서 정치 참여 기회가 축소되었다. 세도 정치 시기에는 붕당 등 정치 집단들 사이의 대립 구도도 없어지고, 중앙 정치를 주도하던 소수의 유력 가문이 정치를 주도하였다.

3) 전개 : 순조, 헌종, 철종 3대 60여 년 동안 안동 김씨, 풍양 조씨 등 왕의 외척 세력이 권력 행사

순조	• 정순 왕후의 수렴청정, 노론 벽파의 정국 주도 → 신유박해를 이용하여 규장각 출신 축출, 장용영 혁파, 훈련도감 장악 • 순조의 장인 집안인 **안동 김씨**의 세도 정치 전개 → 반남 박씨, 풍양 조씨 등과 협력하여 정국 주도 • 순조가 국정을 주도하려 하였으나 개혁 세력의 부재로 실패
헌종	헌종의 외척인 **풍양 조씨**가 득세
철종	안동 김씨가 권력 장악

합격생의 비법

신유박해의 의미
• **내부** : 남인, 소론, 노론 시파에 대한 벽파의 정치적 공세, 홍경래의 난 등 각종 민란에 대해 공포 정치로 대응
• **외부** : 천주교를 앞세운 서양 세력의 침투에 대한 경계(황사영의 백서 사건)

4) 권력 구조

① 소수의 유력 가문이 정치 주도 → 정치 기반 축소

② 비변사 등 주요 관직 독점, 훈련도감 등 군영의 지휘권 장악 → 의정부와 6조의 유명무실화, 왕권 약화 초래

5) 폐단

① 정치 기강의 문란 : 개혁 의지 상실, 매관매직의 성행

② **삼정의 문란 심화** : 수령과 향리의 수탈 강화, 농민의 부담 증가 → 농민 봉기의 발생

전정	정해진 양 이상 세금 징수, 황무지에 세금 부과, 부당한 명목으로 세금 징수
군정	군포를 내지 못하는 사람의 가족이나 이웃에게 강제 징수(인징 · 족징), 군역의 의무가 없는 어린아이나 죽은 사람에게까지 징수(황구첨정 · 백골징포)
환곡	• 삼정 중 농민에게 가장 큰 고통을 줌 • 필요하지 않은 사람에게 억지로 곡식 대여, 환곡을 받지 않은 사람에게 이자 부과 등 환곡이 고리대화함

출제 사료   세도 정치의 폐단

가을에 한 늙은 아전이 대궐에서 돌아와서 처와 자식에게 "요즘 이름 있는 관리들이 모여서 하루 종일 이야기를 하여도 나랏일에 대한 계획이나 백성을 위한 걱정은 전혀 하지 않는다. 오로지 각 고을에서 보내오는 뇌물의 많고 적음과 좋고 나쁨만에 관심을 가지고, 어느 고을의 수령이 보낸 물건은 극히 정묘하고, 또 어느 수령이 보낸 물건은 매우 넉넉하다고 말한다. 이름 있는 관리들이 말하는 것이 이러하다면 지방에서 거둬들이는 것이 반드시 늘어날 것이다. 나라가 어찌 망하지 않겠는가?"하고 한탄하면서 눈물을 흘려 마지 않았다.

     — 『목민심서』 —

시험에 자주 등장해요

세도 정치가 전개된 시기에 정치 기강과 삼정이 문란해졌다는 사실을 꼭 기억하세요.

⑤ 조선 후기의 대외 관계

1) 청과의 관계
① **북벌론**의 대두
    ㉠ 인조의 치욕적인 항복, 소현 세자와 봉림 대군이 인질로 끌려감 → 청에 당한 치욕을 씻고 명의 원수를 갚자는 주장을 하며 **북벌 운동** 전개
    ㉡ 효종 즉위의 명분과 왕권의 정통성 마련을 위해 북벌론 제기 → 이완·송시열 등 서인 세력이 주도
    ㉢ 어영청 중심(군대 양성), 성곽 수리 등 추진 → 실천에 옮기지 못함
② **북학론**의 등장 : 박지원, 박제가, 이덕무 등을 중심으로 청의 선진 문물을 배우고 수용하자는 움직임이 일어남
③ 나선 정벌 추진 🏃빈출 : 흑룡강 부근으로 남하하는 러시아를 막기 위해 청이 조선에 파병 요구 → 조총 부대를 파견하여 두 차례에 걸쳐 큰 전과를 올림(1654, 1658)

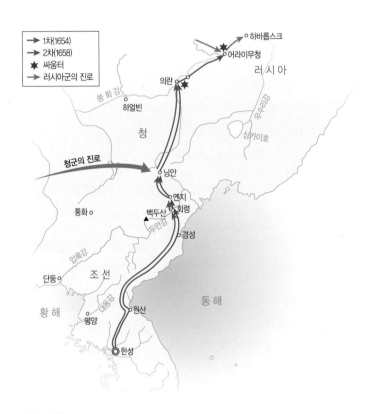

나선 정벌

④ 국경 분쟁의 발생

  ㉠ 원인 : 청의 만주 지방 성역화(봉금 지대 설정) → 조선인의 일부가 두
    만강 이북 지역에서 활동(인삼 채취, 수렵이 목적) → 청과 조선의 국
    경 분쟁 발생

  ㉡ 백두산정계비 건립

목적	청과 조선 정부가 국경을 명확히 하고자 함
건립	1712년 청과 조선 대표가 국경 지대를 답사한 후 건립 → 동쪽으로 토문강, 서쪽으로 압록강을 경계로 함
간도 귀속 문제 발생	토문강의 위치에 대한 해석상의 차이로 **간도 귀속 문제 발생**(청은 두만강, 조선은 송화강이라고 주장)

2) 일본과의 관계

① 일본의 국교 재개 요청 : 임진왜란 이후 국교 단절 → 도쿠가와(에도) 막부
  가 경제적 어려움 해결과 선진 문물 수용을 목적으로 요구 → 포로 쇄환
  문제로 국교 재개(조선인 포로 7,000여 명을 돌려받음)

② **기유약조 체결(1609)** : 일본 사신의 서울 입경 금지, 부산포에 왜관 설치
  (초량 왜관) → 제한된 범위 내에서 교섭 허용

③ **조선 통신사 파견** : 12차례 대규모 사절단 파견

  ㉠ 일본의 목적 : 선진 문물 수용, 쇼군의 권위를 국제적으로 인정

  ㉡ 조선의 목적 : 포로 쇄환, 일본의 정세 정탐

  ㉢ 영향 : **외교 사절 및 문화 사절 파견** → 일본의 학문과 문화 발전에 기여

④ 울릉도와 독도

울릉도	• 태종 : 왜구 침입을 예방하기 위해 공도 정책(空島 政策, 섬을 비우는 정책) 결정 • 숙종 : 일본 어민의 불법 침투 증가 → **안용복**이 울릉도의 일본 어민 축출, 일본에 건너가 울릉도와 독도가 조선의 영토임을 확인받고 귀환 → 19세기 말 조선 정부의 울릉도 적극 경영(주민 이주, 관리 파견, 독도 관할 등)
독도	• 『고려사』, 『동국여지승람』에 독도 기록이 있음 • 대한 제국 시기 울릉도를 군으로 승격하며 독도를 관할하도록 함(대한 제국 칙령 41호 반포, 1900) • 러·일 전쟁 때 일본이 죽도(다케시마)로 명명하며 **불법 점령**하여 영토 편입(시마네현 고시 제40호, 1905)

02 | 조선 후기의 경제 변화 _{출제빈도} 상 | 중 | 하

❶ 수취 체제의 변화

1) 배경
① **농촌 사회의 동요** : 임진왜란과 호란 등 전쟁으로 경작지 황폐화, 기근과 질병 만연 → 농민의 조세 부담 증가
② **양반 지배층의 대책** : 정치적 다툼에 몰두하여 민생 문제에 적극적으로 대처하지 못함 → 농민의 불만 증가, 농민의 도적화
③ **정부의 대책** : 농촌 사회 안정, 재정 기반 확대 → 수취 체제 개편, 양전 사업 실시, 농지 개간 사업, 수리 시설 확충 등

2) 영정법 ☆빈출 (인조, 1635)

배경	• 양 난 이후 토지의 황폐화(농경지 감소), 전세 제도의 문란 → 농민층의 궁핍, 재정 수입 감소 • 양전 사업 실시, 불법으로 누락된 은결 색출, 개간 사업 장려 등 → 은결, 면세지 증가(지세 수입 증가×)
내용	풍흉에 관계없이 토지 1결당 쌀 4두~6두로 고정
결과	• 전세율 다소 인하 → 대부분의 농민에게 도움이 되지 않음 • 각종 부가세(수수료, 운송비, 자연 소모비 등) 증가 → 농민의 부담 증가 • 전세를 소작인에게 전가 → 농민 고통 가중

3) 대동법 ☆빈출 (광해군~숙종, 1608~1708)

출제 사료	대동법의 실시 배경
	각 고을에서 공물을 상납하려 할 때 각 관청의 사주인(방납인)들이 여러 가지로 농간을 부려 좋은 것도 불합격시키고, 결국 자기가 갖고 있는 물품으로 관청에 대신 냅니다. 그리고 나서 그 고을 농민들에게는 자기가 낸 물건 값을 높게 쳐서 열 배의 이득을 취하니, 이것은 백성의 피땀을 짜내는 것입니다. －「선조실록」－

배경	• 방납의 폐단으로 농민의 부담 증가, 농민의 고통 과중으로 토지 이탈 현상 심화 → 국가 재정 악화, 농촌 경제 파탄 • 16세기 이이, 유성룡 등이 공물을 쌀로 거두는 수미법 주장 → 제대로 시행되지 못함
내용	• 광해군 때 경기도에서 시험적으로 시행 → 양반 지주층과 방납인의 반발로 단계적으로 시행 → 숙종 때 전국적으로 시행(잉류 지역 제외)

내용	• 집집마다 부과하여 토산물을 징수하던 공물 납부 방식 → **토지 결수에 따라 쌀, 삼 베나 무명, 동전 등을 선혜청에 납부**하는 방식으로 변화 • 대체로 토지 1결당 쌀 12두 납부 → 토지가 없거나 적은 농민의 부담 감소, 별공이 나 진상은 여전히 현물로 납부
결과	• 관청에서 공가를 미리 받아 필요한 물품을 사서 납부하는 어용상인인 **공인 등장** → 공인의 대량 구매로 상품 수요 증가, 상인 자본 규모의 확대로 **도고 성장**, 상업 발 달, 상업 도시 성장 → 상품 화폐 경제의 발달 • 양반 지주의 부담 증가 → 토지 소유자의 부담이 커져 양반 지주들이 시행을 반대함
한계	• 진상과 별공이 잔존 → 지방 관청이 수시로 특산물 징수 • 대동세가 소작농에게 전가 → 농민의 생활 궁핍

대동법의 확대

대동세의 징수와 운송

출제 사료	대동법의 시행

• 영의정 이원익이 아뢰기를, "지금 하나의 관청을 설치하여 매년 봄, 가을 백성에게서 쌀을 거두어들 이되, 1결당 8두씩 거두어 본청에 보내게 합니다. 그러면 본청은 당시 공물의 가격을 보고 넉넉히 값 을 쳐서 공인에게 지급하고, 때맞춰 구입하도록 하여 물가를 올리는 길을 끊어야 합니다. 그리고 두 차례 거둘 때마다 1두씩 빼서 해당 고을에 지급하고 수령의 공사 비용으로 삼게 하십시오." 하니, 왕 이 이를 따랐다.
　　－ 『광해군일기』 －

• 강원도에는 대동법을 싫어하는 이가 없는데, 충청 · 전라도에는 좋아하는 이와 싫어하는 이가 있습 니다. 왜 그렇겠습니까? 강원도에는 토호가 없으나 충청 · 전라도에는 토호가 있기 때문입니다. …… 이렇게 볼 때 토호들만 싫어할 뿐, 백성들은 모두 대동법의 시행을 좋아합니다.
　　－ 조익, 『포저집』 －

시험에 자주 등장해요

조선 후기 수취 체제 중 대 동법을 묻는 문제가 자주 출제됩니다. 특히 대동법 실시 배경과 결과를 꼭 기 억하세요.

4) 균역법 빈출 (영조, 1750)

배경	5군영의 성립으로 수포군 증가, 납속이나 공명첩으로 군포 수입 감소, 군적을 정비하 지 않고 이중 징수, 농민의 군역 회피 → 군역 부담 증가
내용	• **군포를 1년에 1필만 부담** • 감소된 재정 보완 : 토지 소유자에게 **결작 징수**(토지 1결당 2두), 일부 상류층에게 **선무군관포 부과**, 어장세, 선박세, 염세 등 **잡세 징수**
결과	일시적으로 농민의 부담 감소
한계	지주가 결작을 소작농에게 전가, 군적의 문란이 심해지면서 농민의 부담이 다시 가중

시험에 자주 등장해요

조선 후기 수취 체제 중 균역법을 묻는 문제가 자주 출제됩니다. 특히 균역법의 내용과 결작과 선무군관포, 잡세 등 재정 보충책은 꼭 기억하세요.

출제 사료　균역법의 시행

나라의 100여 년에 걸친 고질 병폐로 가장 심한 것은 양역(良役)이다. 호포니 구전이니 유포니 결포니 하는 주장들이 분분하게 나왔으나 적당히 따를 만한 것이 없다. 백성은 날로 곤란해지고 폐해는 갈수록 심해지니, 혹 한 집안에 부(父)·자(子)·조(祖)·손(孫)이 군적에 한꺼번에 기록되어 있거나 서너 명의 형제가 한꺼번에 군포를 납부해야 하며, 이웃의 이웃이 견책을 당하고 친척의 친척이 징수를 당하고, 황구(어린아이)는 젖 밑에서 군정으로 편성되고, 백골(白骨)은 지하에서 징수를 당하며, 한 사람이 도망하면 열 집이 보존되지 못하니, 비록 좋은 재상과 현명한 수령이라도 어찌할지를 모른다.　－『영조실록』－

● **출제 포인트 분석**

조선 후기 군포를 징수할 때 사망한 사람에게 군포를 징수하고(백골징포) 16세 미만의 어린아이에게 군포를 징수하며(황구첨정), 이웃에 연대 책임을 지워 군포를 징수하고(인징), 군포 부담자가 도망하면 친척에게 군포를 징수하는(족징) 등 여러 가지 폐단을 가져왔다. 이에 영조 때 군포를 2필에서 1필로 줄여주는 균역법을 실시하고 감소된 국가 재정을 보충하기 위해 결작세나 잡세 등을 거두었다. 그러나 군역의 폐단은 사라지지 않았으며, 실효를 얻지 못하였다.

② 농촌 경제의 변화

1) 농업 생산력의 발달

① 농촌의 상황

　㉠ 농촌 사회의 동요에 대한 대응으로 정부의 수취 체제 조정

　㉡ 농민 스스로의 자구 노력 : 농토의 재개간, 수리 시설 복구, 농기구와 시비법 개량, 새로운 영농 방법 확대

② 농업 기술의 발달

합격생의 비법

견종법

이랑보다 낮은 고랑에 뿌리는 견종법은 농종법에 비해 바람과 추위, 가뭄에 강하고 김매기가 쉬워 노동력이 2배 정도 절감되며, 거름 주기에 낭비가 없어 수확이 2~3배 정도 증산되었다.

논농사	직파법에서 모내기법(이앙법)으로 확대 **빈출** → 노동력 절감, 단위 면적당 생산량 증대, 벼와 보리의 이모작 가능 → 농업 생산량의 증가, 광작의 등장, 상품 화폐 경제의 발달
밭농사	• 농종법(밭두둑에 파종하는 농사법)에서 견종법(밭고랑에 파종하는 농사법)으로 변화·확대 • 견종법의 장점 : 심한 가뭄에도 씨가 쉽게 흙 바깥으로 나옴, 김매기가 쉬움, 통풍이 잘됨, 거름 줄 때 낭비가 없음, 바람과 가뭄에 강함 등 → 노동력 절감, 수확량 증대
기타	농토 개간, 수리 시설 확충, 시비법 개선, 농기구 개량, 농서 보급(신속의 『농가집성』, 박세당의 『색경』 등)

모내기법(이앙법)

출제 사료　모내기법(이앙법)의 보급

• 이앙법은 본래 그 금령이 지극히 엄한데, 근래 소민(小民)들이 농사를 게을리하고 이익을 탐하여 광작을 하며, 그 형세가 늘어나 지금은 여러 도에 두루 퍼져 있으니 모두 금지하기 어렵다.
　－『비변사등록』－

• 이른바 이앙법의 이(利)라는 것은 봄보리를 갈아먹고 물을 몰아 모내기를 하여 벼를 수확하니 1년에 두 번 농사지음이 그것이다.
　－『석천유집』－

● **출제 포인트 분석**

모내기법은 일정하게 자란 어린 모를 못자리에서 논으로 옮겨 심는 방법이다. 모를 옮길 때 가물면 농사를 망칠 수 있으므로 많은 물이 필요하다. 이 때문에 보와 저수지가 상대적으로 적었던 조선 초기까지 직파법이 이루어졌고 나라에서는 모내기법을 금지하였다. 모내기법은 일부 남부 지역에서만 시행되었으나, 임진왜란 이후 수리 시설이 확대되면서 전국적으로 보급되었다.

2) 농업 경영의 변화

① **광작의 유행** : 모내기법(이앙법) 확대 → 1인당 경작 면적 확대 → **농민층의 분화**(일부 농민은 광작으로 소득이 증가하여 **부농층**으로 성장, 토지를 상실한 다수의 농민은 영세 상인이나 **임노동자**로 전락)

조선 후기 농촌의 변화

② **상품 작물의 재배** : 쌀의 상품화(밭을 논으로 바꾸는 현상 증가), 인삼·목화·채소·담배 등 상품 작물 재배

출제 사료	상품 작물의 재배

농민들이 밭에 심는 것은 곡물만이 아니다. 모시, 오이, 배추, 도라지 등의 농사도 잘 지으면 그 이익이 헤아릴 수 없이 크다. 도회지 주변에는 파 밭, 마늘 밭, 배추 밭, 오이 밭 등이 많다. 특히 서도 지방의 담배 밭, 북도 지방의 삼 밭, 한산의 모시 밭, 전주의 생강 밭, 강진의 고구마 밭, 황주의 지황 밭에서의 수확은 모두 상상등전(上上等田)의 논에서 나는 수확보다 그 이익이 10배에 이른다.　－『경세유표』－

● **출제 포인트 분석**

상품 화폐 경제가 발달하면서 전국적으로 시장이 형성되었다. 자기 지역에서 모든 것을 생산하는 것보다는 각 지방별로 비교 우위가 있는 특산품을 집중적으로 생산하여 유통망을 통해 보급하는 것이 이득이 되었다.

시험에 자주 등장해요

조선 후기 농업의 변화를 묻는 문제가 자주 출제됩니다. 특히 모내기법의 확대, 광작의 유행, 농민층의 분화는 꼭 기억하세요.

③ **외래 작물의 재배** : 외국에서 고구마, 고추, 감자 등 외래 작물이 보급되어 재배 시작

④ **지대의 변화** : 타조법(수확량의 일정 비율을 소작료로 내는 방식) → **도조법**(수확량의 일정 액수를 소작료로 내는 방식)

❸ 민영 수공업의 발달

배경	• 상품 화폐 경제의 발달 → 시장 판매를 위한 수공업 제품의 생산 증가 • 도시 인구의 증가와 대동법의 실시 → 수공업 제품의 수요 증가
전개	• 농촌 수공업 발달 : 자급자족적 부업 형태 → 소득을 위한 상품 생산 증가 • 선대제 수공업 성행 : 수공업자가 공인이나 사상으로부터 자금과 원료를 미리 받아 제품 생산, 수공업자들이 상업 자본에 예속 • 독립 수공업자 등장 : 18세기 후반 독자적으로 제품을 생산하고 직접 판매하는 수공업자 등장

김홍도의 대장간

❹ 광업의 발달

1) 배경 : 수공업의 발달에 따른 광물 수요 증대, 청과의 무역으로 은의 수요 증가

2) 민영 광산의 증가 : 조선 초기 정부가 독점하여 광물 채굴 → 17세기 중엽 민간인에게 광산 채굴을 허용하고 세금을 받음(설점수세제) → 18세기 국가의 감독 없이 자유롭게 광물 채굴

3) 광산의 경영 방식

① **경영 방식의 변화** : 광산 경영 전문가인 덕대가 상인 물주에게 자본을 조달받아 채굴업자와 채굴 노동자, 제련 노동자 등을 고용하여 광물을 채굴하고 제련함

② **분업 형태** : 채굴, 운반, 분쇄, 제련 과정 등 분업을 토대로 협업 진행

4) 잠채의 성행 : 광산 개발로 이익이 증가하자 정부의 허가 없이 불법적으로 광산을 개발하는 잠채가 성행함

시험에 자주 등장해요

조선 후기 수공업과 광업을 묻는 문제가 출제됩니다. 특히 수공업의 선대제, 광업의 덕대는 꼭 기억하세요.

❺ 상품 화폐 경제의 발달

1) 상업의 발달

배경	농업 생산력의 증대, 수공업 생산의 활성화, 도시 인구의 증가, 조세와 소작료의 금납화, 상품 화폐 경제의 발달 → 상업 발전
내용	• **공인의 등장** : 대동법 실시 이후 등장한 어용상인, 관청에서 공가를 미리 받아 필요한 물품을 사서 납품 • **사상의 대두** : 각 지방의 장시를 연결하며 물품 교역·상권 장악 → 칠패, 송파 등 도성 주변에서 활동, 전국으로 사업 규모 확대 → 일부 도고로 성장 　－ **경강상인** : 한강에서 운송업 종사하며 거상으로 성장, 세곡 수송·선박 건조·곡물 도매업 등, 포구를 근거지로 활동 　－ **송상** : 개성 중심, 인삼 재배·판매, 전국에 송방이라는 지점 운영, 사개치부법이라는 독자적인 회계법 창안 　－ **만상** : 의주 중심, 청과 무역 　－ **내상** : 동래 중심, 일본과 교역 • **금난전권의 폐지** : 시전 상인과 육의전에게 부여한 금난전권(난전을 금지할 수 있는 권리)을 정조 때 신해통공으로 폐지(육의전 제외)

합격생의 비법

신해통공

정조 15년(1791) 육의전을 제외한 일반 시전이 가진 금난전권의 특권을 혁파하고 육의전에서 취급하는 상품을 제외한 모든 상품을 자유롭게 판매할 수 있게 한 조치이다. 이로 인해 상인층의 계층 분화 및 도고 상업이 촉진되었다.

시험에 자주 등장해요

조선 후기 상업의 발달을 묻는 문제가 자주 출제됩니다. 공인과 사상, 금난전권의 폐지는 꼭 기억하세요.

출제 사료 **금난전권의 폐지**

좌의정 채제공이 왕께 아뢰기를, "평시서로 하여금 30년 이내에 신설된 시전을 모두 혁파하게 하십시오. 그리고 형조와 한성부에 명하여 육의전 이외에는 금난전권을 행사하지 못하게 하십시오. 그러면 상인들은 자유롭게 매매하는 이익이 있을 것이고 백성들은 생활이 궁색하지 않을 것입니다."라고 하였다. 이에 왕이 여러 신하들에게 물으니, 모두 그의 말이 옳다고 하였다.

－『정조실록』－

● **출제 포인트 분석**

금난전권은 육의전과 시전 상인이 난전을 금지할 수 있는 권리로 한성부에서 관할하였다. 16세기 이후 사상의 활동이 활발해지고 시전의 독점 판매에 대한 비판이 일자, 정조는 신해통공을 발표하여 육의전을 제외한 시전의 금난전권을 폐지하였다.

그(허생)는 안성의 한 주막에 자리 잡고서 밤, 대추, 감, 배, 귤 등의 과일을 모두 사들였다. 허생이 과일을 도거리로 사두자, 온 나라가 잔치나 제사를 치르지 못할 지경에 이르렀다. 따라서 과일값은 크게 폭등하였다. 허생은 이에 10배의 값으로 과일을 되팔았다. 이어서 허생은 그 돈으로 곧 칼, 호미, 삼베, 명주 등을 사 가지고 제주도로 들어가서 말총을 모두 사들였다. 말총은 망건의 재료였다. 얼마 되지 않아 망건 값이 10배나 올랐다. 이렇게 하여 허생은 50만 냥에 이르는 큰돈을 벌었다. — 박지원, 『허생전』 —

● 출제 포인트 분석

조선 후기 상품의 매점매석을 통하여 이윤의 극대화를 노리며 상행위를 한 상인이나 상인 조직을 도고라고 한다. 신해통공으로 자유로운 상업 활동이 가능해지면서 일부 사상이 도고로 성장하였다. 자본력을 바탕으로 물가를 올려 중소 상인과 소비자가 많은 피해를 입었다.

2) 장시의 발달

① **상설 시장화** : 15세기 말부터 남부 지방에서 개설 → 18세기 중엽 전국에 1,000여 개소 개설, 주로 5일장, 일부는 상설 시장으로 발전함

② **전국적 유통망 형성**

  ㉠ 인근 장시와 연계하여 하나로 통합된 지역적 시장권 형성

  ㉡ 전국적 유통망을 가진 장시 등장 : 광주의 송파장, 은진의 강경장, 덕원의 원산장, 창원의 마산포장

  ㉢ 특수 시장 : 약령시(약재 시장), 파시(해산물 거래 시장)

③ **보부상의 활약** : 지방 장시를 돌아다니며 전국적인 장시를 무대로 활약 → 장시를 하나의 유통망으로 연계, 보부상단 조합 결성(엄격한 규율 아래 상행위)

3) 포구 상업의 발달

① **포구 상업** : 조선 후기 새로운 상업의 중심지로 포구 성장, 선상의 활약으로 전국의 포구가 하나의 유통망을 연결됨(대표적으로 경강상인이 있음)

② **객주와 여각** : 포구를 거점으로 활동, 상품의 매매 중개·운송·보관·숙박·금융 등의 업무 담당

4) 대외 무역의 발달 : 17세기 이후 대외 무역의 주체는 사무역이 공무역을 압도함, 송상·만상·내상 등은 **청과 일본과의 중계 무역**으로 자본을 축적함

청과의 무역	• 국경 지대를 중심으로 공무역인 개시와 사무역인 후시가 성행함 • 중강 개시와 중강 후시, 책문 후시, 회령 개시, 경원 개시 등
일본과의 무역	• 17세기 이후 일본과의 관계가 정상화되면서 활발하게 무역 전개 • 동래의 왜관 개시와 왜관 후시

조선 · 일본 · 청 간의 무역

보부상

봇짐장수와 등짐장수를 통틀어 보부상이라 한다. 봇짐장수는 물건을 보자기에 싸서 메고 다니며, 등짐장수는 물건을 등에 지고 다니며 장사를 하였다.

선상

배에 물건을 싣고 다니며 파는 상인으로 각 지방의 물품을 구입하고 처분하였다.

조선 후기 상품 화폐 경제의 발달을 묻는 문제가 자주 출제됩니다. 장시의 발달, 대외 무역의 발달은 꼭 정리해서 기억하세요.

범례
- ■ 국제 무역 도시
- ● 주요 상업 도시
- ■ 대표적인 장시
- ⬭ 대표적인 상인들
- ─ 육상 교역로
- ─ 해상 교역로

경원
회령
청진

임상옥
봉황성
강계
의주
만상

벽천 진두장
유상
평양
황주 읍내장
봉산 은파장
배천 비천장
송상
개성
시전 상인
강릉
송파장
평창 대화장
울릉도
울진

안성 읍내장
청주 읍내장
연풍장
강경장
경강상인
대구 약령시
전주 약령시
고부
남원 약령시
동래
내상
창원 마산포장

제주도

조선 후기의 상업과 무역 활동

상평통보

숙종 때부터 본격적으로 주조되어 조선 말까지 사용되었다. 동전, 엽전이라고도 불리었으며, 교환의 매개로 전국적으로 유통되었다.

시험에 자주 등장해요

조선 후기 화폐의 유통을 묻는 문제가 자주 출제됩니다. 상평통보를 꼭 기억하세요.

5) 화폐의 유통

배경	18세기 후반 세금과 소작료의 금납화, 상공업의 발달 및 상품 화폐 경제의 발달
내용	• 숙종 때 **상평통보**가 전국적으로 활발하게 유통(주전도감과 여러 관청에서 주조) • 대규모 상거래에 환, 어음 등 신용 화폐의 사용 증가 • **전황의 발생** : 지주와 대상인들이 동전을 재산 축적 수단으로 사용하면서 유통 화폐가 부족해지는 현상이 발생함

출제 사료 | 전황

- 서울의 재력 있는 관청과 지방의 영진(營鎭) 등은 돈을 많이 저축하고 있다. 돈이 국가 창고에 쌓인 채 아래로 유통되지 못하여 귀해지고 있는 것이다. ─『우서』─
- 요즘 곡물값이 싼 것은 대풍년 때문이 아니라 민간에 돈이 귀해서 나타난 것이다. 남부, 중부 지방에 대하여 말해 보면, 대흉년이 아니라도 가을이나 겨울에 돈 한 냥 값이 거의 쌀 10두에 이른다.
- 돈으로 내는 것이 쌀로 내는 것보다 훨씬 낫다. 황해도뿐 아니라, 경기, 호남 등지에서도 쌀로 상납하는 자가 모두 돈으로 하기를 원하여 서울 관청에 쌀이 귀하다. ─『비변사등록』─

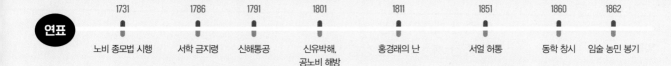

1731	1786	1791	1801	1811	1851	1860	1862
노비 종모법 시행	서학 금지령	신해통공	신유박해, 공노비 해방	홍경래의 난	서얼 허통	동학 창시	임술 농민 봉기

연표

03 | 조선 후기의 사회 변화 `출제빈도` 상 | 중 | 하

❶ 신분제의 동요

1) 특징 : 양반의 증가, 상민의 감소, 외거 노비의 소멸, 솔거 노비의 도망 등

2) 양반 중심의 신분 질서 동요

① **양반층의 분화 :** 붕당 정치의 변질과 일당 전제화 → 권반을 제외하고 다수 양반 몰락

권반	정권을 차지하고 관료로 진출하여 사회적 · 경제적 특권을 독차지함
향반	향촌 사회에서 위세를 유지한 양반 → 향촌 사회의 영향력이 잔존함
잔반	주로 상공업에 종사, 경제적으로 평민층과 비슷함

② **일반민의 신분 상승**

ㄱ 배경 : 상품 화폐 경제의 발달로 부를 축적한 농민과 상인 등장 → 역을 모면하기 위해 신분 상승 시도

ㄴ 농민층의 분화 : 일부 농민은 부농층으로 성장, 대다수 농민은 임노동자와 상공업자로 전락

ㄷ 상품 화폐 경제의 진전 : 상업 자본가와 독립 수공업자의 성장

ㄹ 하층민의 신분 상승 : 사회적 지위 상승, 조세 면세 목적

합법적	군공, 납속책, 공명첩 등
비합법적	양반 족보 매입, 호적과 족보 위조 등

ㅁ 결과 : 양반의 수 증가, 상민과 노비의 감소 → 양반 중심의 신분제 동요

③ **영향 :** 양반층의 증가로 양반의 권위 실추, 전통적 양반과 새롭게 등장한 양반 간의 갈등 발생(향전) → 신분제 사회의 동요

공명첩
공명첩에는 이름이 들어갈 곳이 비어 있다. 국가 재정을 보충하기 위해 돈이나 곡식을 받고 명목상의 관직을 주었지만 양반 신분의 상징이 되었다.

합격생의 비법

역관

조선 시대 역관이 되기 위해서는 사역원에서 교육을 받고, 시험을 치러 합격해야 하였다. 이들은 중국어, 만주어, 몽골어, 일본어 등의 외국어를 전문적으로 학습하였다. 『노걸대언해』는 당시 역관들이 사용한 중국어 교재이다.

3) 중간 계층의 성장

① 중간 계층의 신분 상승

서얼	• 성리학적 명분론에 의해 사회 활동 제한, 관직 임용 제한(서얼금고법) • 집단 상소를 통해 청요직으로의 진출 요구, 납속·공명첩 등을 이용하여 신분 상승 • 정조 때 유득공, 이덕무, 박제가 등 서얼 출신이 규장각 검서관으로 등용
중인	• 기술직이나 행정 실무만 담당, 고급 관료로 진출 제한 • 경제력과 전문 지식을 바탕으로 신분 상승 운동 전개 → 통청 운동, 소청 운동 등 전개, 지위 상승하여 양반 진출 확산 • 서얼 허통에 자극 → 19세기 청요직 허통 소청 운동 전개(실패), 북학을 사상적 기반으로 문화적 역량 과시 • 역관 계층은 외국 무역을 통해서 도고 세력으로 성장, 대청 외교 활동 참여와 외래 문화 수용에 주도적 역할 → 북학파에 영향

합격생의 비법

시사(詩社)

경제적으로 성장한 중인들은 시사를 결성하고 문학 활동을 전개하여 자신들의 학문과 교양을 보여 주고자 하였다.

② 중인들의 문화 활동

   ⊙ 독자적인 역사서 : 『연조귀감』(향리의 내력), 『규사』(서얼의 역사), 『호산외기』(중인 출신들의 전기) 등 편찬

   ⓒ 규장각 서리 중심으로 전개, 시사(詩社) 조직하여 문학 활동 전개

③ 의의 : 서학과 외래문화 수용의 선구적 역할 수행(→ 성리학적 가치 체계에 도전하는 새로운 사회의 수립 추구), 농민의 사회 지향적 움직임과 함께 조선 후기 새로운 변화를 이끌어내는 사회 세력으로 성장

시험에 자주 등장해요

조선 후기 중간 계층의 신분 상승 운동을 묻는 문제가 자주 출제됩니다. 서얼과 중인의 신분 상승 운동을 꼭 기억하세요.

4) 노비의 해방

① 신분 상승 방법

합법적	군공, 납속, 공명첩, 노비 속량 등
비합법적	도망, 홍패 위조, 족보 위조 등

② 노비 해방 과정 : 군역 대상자와 재정 보충을 위해 노비 해방

   ⊙ 노비 종모법 실시(영조) : 노비의 소생은 어머니의 신분을 따르도록 함

   ⓒ 공노비 해방(순조, 1801) : 중앙 관서의 노비 대상, 6만 6천여 명 해방

   ⓒ 노비 세습법 폐지(고종, 1886)

   ⓔ 갑오개혁 때 법제적으로 공·사노비 해방(1894)

시험에 자주 등장해요

조선 후기 신분제의 동요를 묻는 문제가 자주 출제됩니다. 특히 양반의 수가 증가하고, 상민의 수가 감소한 것이 특징입니다. 상민의 납속책과 공명첩을 통한 신분 상승, 공노비의 해방은 꼭 기억하세요.

출제 사료	신분제의 동요

• 옷차림은 신분의 귀천을 나타내는 것이다. 그런데 어찌된 까닭인지 근래 이것이 문란해져 상민과 천민들이 갓을 쓰고 도포를 입는 것이 마치 조정의 관리나 선비와 같이 한다. 진실로 한심스럽기 짝이 없다. 심지어 시전 상인들이나 군역을 지는 상민들까지도 서로 양반이라 부른다.

                                                       – 『일성록』 –

• 근래 아전의 풍속이 나날이 변하여 하찮은 아전이 길에서 양반을 만나도 절을 하지 않으려 한다. 아전의 아들·손자로서 아전의 역을 맡지 않은 자가 고을 안의 양반을 대할 때 맞먹듯이 너, 나 하며 자(字)를 부르고 예의를 차리지 않는다.

                                                       – 『목민심서』 –

❷ 향촌 질서의 변화

1) 양반의 향촌 지배 약화
① **배경** : 농촌 사회의 분화, 부농층 및 향반과 잔반의 등장으로 인한 신분제의 동요 → 사족 중심의 향촌 질서 변화
② **향촌 양반의 지위 유지 노력** : 부계 위주의 족보 작성, 청금록과 향안 등 양반의 명단 작성, 촌락 단위의 동약 실시, 문중 중심의 서원과 사우 건립, 족적 결합 강화를 위한 동족 마을 형성

2) 향촌 사회의 변화
① **부농층의 등장** : 향회를 장악하여 향촌 사회에서 영향력 확대, 정부의 부세 제도 운동에 적극적 참여, 신향으로 향임직 진출(구향과 향임직을 둘러싸고 향전 발생) → 관권과 결탁
② **수령권 강화** : 향청(유향소) 장악으로 자치적 기능 축소, 군현 단위의 향약 운영 주관, 향회가 수령의 부세 자문 기구화
③ **향리의 권한 강화** : 18세기 후반 농민에 대한 수탈 증가
④ **국가 권력의 향촌 장악** : 수령의 권한과 면리제의 향촌 통제 기능을 강화하고 오가작통법 실시
⑤ **향전의 발생** : 경제력을 바탕으로 양반 신분에 오른 신향과 향촌 지배력을 유지하고자 한 기존의 재지 사족인 구향 간의 충돌이 발생함

출제 사료	향촌 질서의 변화

• 영덕의 구향(舊鄕)은 사족이며 소위 신향(新鄕)은 모두 향리와 서리의 자식입니다. 근래 신향들이 향교를 주관하면서 구향들과 서로 마찰을 빚고 있습니다.   －「승정원일기」－

• 요사이 수령들이 한 고을을 제멋대로 다스려 다른 사람이 그 잘못을 고칠 수가 없습니다. 수령이 옳다고 하면 좌수 이하 모두 그렇다고 합니다.   －「비변사등록」－

● **출제 포인트 분석**
조선 후기는 부농 출신의 양반과 중인층의 신분 상승 운동이 활발하게 전개되던 시기였다. 이로 인해 새로운 세력인 신향과 구향 간에 향촌 운영 주도권을 둘러싼 갈등이 발생하였고, 이 과정에서 수령의 발언권이 커져 구향의 간섭을 받지 않고 독자적으로 향촌을 지배하였다.

합격생의 비법

향임직
향청(유향소)에서 일을 보는 직책이다. 이를 둘러싸고 구향인 사족과 신향인 부농층 사이에 갈등이 발생하였다.

합격생의 비법

오가작통법
5가구를 1통으로 묶어 서로 도망가는 것을 감시하는 제도이다.

❸ 가족 제도의 변화

구분	고려~조선 중기	조선 후기
상속	자녀 균분	장자 우대
제사	자녀 모두	장자
호적	연령순	아들 우선
여성 재가	허용	금지
혼인 생활	처가살이 가능	시집살이
호주	여성 가능	여성 불가

가족 제도의 변화

1) 가족 제도

전기	부계와 모계 함께 중시, 남녀 균분 상속, 자식들이 돌아가며 제사 분담
17세기 이후	부계 중심의 가족 제도 확립, 성리학적 윤리 보급, 양자 입양의 일반화, 장자의 제사 및 재산 상속 우대, 동성동본의 동성 마을 형성

2) 혼인 제도
① **친영 제도의 정착** : 혼인 후 거주 형태 변화, 혼인 후 곧바로 신부가 신랑 집에서 거주
② **일부일처제 기본** : 엄격한 일부일처제는 아님(첩을 들일 수 있음), 부인과 첩의 엄격한 구별
③ **서얼에 대한 차별** : 문과 응시 금지, 제사 및 재산 상속 차별
④ 여성의 이혼과 재혼 금지, 여성의 정절 중시

❹ 사회 변혁의 움직임

1) **배경** : 신분 제도의 동요, 지배층의 수탈, 재난과 질병의 만연, 삼정의 문란, 농민 의식의 고조, 도적의 횡행, 농민의 저항 운동 전개
2) **예언 사상의 대두** : 성리학적 명분론의 설득력 상실
① 예언 사상
  ㉠ 『정감록』 등 비기·도참 사상 유행
  ㉡ 말세가 도래하여 왕조가 교체되는 등 변란이 일어날 것이라고 예언 (현실 부정적, 혁명적) → 민심 혼란
② **무격 신앙** : 무당을 신과 인간의 매개체로 보는 신앙, 개인적·구복적 성격의 민간 신앙
③ **미륵 신앙** : 현세에서 얻지 못하는 복을 미륵 신앙을 통해 기대 → 미륵불 자처, 민중을 현혹하는 무리 발생

3) **천주교의 전래**
① 천주교의 수용

정감록
다양한 사람들이 오랜 세월 동안 집성하였고, 전통적인 유교에서 벗어나 왕조의 멸망을 예언한 도참서이다. 정여립 모반 사건 때 정치적으로 이용되었다.

전래	• 17세기 중국 베이징의 천주당을 방문한 사신들에 의해 서학으로 소개 • 이수광의 『지봉유설』에서 마테오 리치의 『천주실의』 소개
특징	• 17세기 서학(학문)으로 수용 → 18세기 후반 신앙으로 인식(서학 = 천주교) • 남인 계열의 일부 실학자들이 천주교 서적을 통해 신앙생활을 함

② 천주교의 확산과 탄압

확산	• 이승훈의 교회 창설(정조, 1783) : 베이징에 가서 서양인 신부로부터 세례를 받음 • 최초의 신부인 김대건의 귀국(헌종, 1845) : 병오박해 때 순교(1846) • 남인 계열 실학자를 중심으로 평등사상과 내세 신앙 전파 → 세도 정치로 인한 사회 혼란으로 천주교의 평등사상과 내세 신앙에 일부 백성들이 공감 • 중인, 서민, 부녀자층을 중심으로 비밀 조직을 통해 확산

탄압	• 천주교 교세의 확장(평등사상 전파), 조상에 대한 제사 의식 거부 → 양반 중심의 신분 질서 부정, 국왕의 권위에 대한 도전으로 여겨 탄압
	• 정조 때는 천주교에 대해 비교적 관대, 순조 즉위 후 대대적 탄압
	• 천주교 4대 박해
	  – 신해박해(정조, 1791) : 천주교 서적 수입 금지, 전북 진산 윤지충의 신주 소각 사건 (진산 사건)
	  – 신유박해(순조, 1801) : 노론 벽파 등 집권 보수 세력이 남인 세력을 탄압하는 과정에서 천주교도들 희생, 천주교의 확산에 위협을 느낀 지배 세력의 종교 탄압 → 이승훈, 이가환, 정약용 등 천주교도 처형·유배, 황사영 백서 사건 발생
	  – 기해박해(헌종, 1839) : 벽파인 풍양 조씨가 집권하면서 프랑스 신부 3명과 200명 천주교도 처형
	  – 병인박해(흥선 대원군, 1866) : 프랑스를 이용하여 러시아를 견제하고자 했던 대원군의 의도가 실패하면서 발생한 대규모의 천주교 박해, 프랑스 신부와 천주교도 8,000여 명 처형

합격생의 비법

황사영 백서 사건

천주교 신자 황사영이 베이징에 있는 주교에게 신유박해의 부당성과 조선에서의 신앙 및 포교의 자유를 무력을 동원하여 보장 받아줄 것을 요구하였다. 그러나 이 사실이 조선 정부에 발각되어 황사영은 사형당하였고, 이를 계기로 조선 정부의 천주교에 대한 박해가 더욱 가혹해졌다.

시험에 자주 등장해요

천주교의 전래를 묻는 문제가 자주 출제됩니다. 특히 서학으로 전래, 조상에 대한 제사 의식 거부, 신유박해는 꼭 기억하세요.

4) 동학의 창시

배경	지배 체제의 모순 심화, 성리학과 불교의 사회 지도력 상실(기존 종교에 대한 불만), 서양 세력의 접근으로 위기의식 고조
창시	경주 출신의 몰락 양반 최제우가 창시(1860) → 서학(천주교)에 대립되는 명칭으로 '동학'이라 칭함
사상	• 유·불·선에 민간 신앙 요소 결합, 시천주와 인내천 강조 • 인내천(人乃天) 사상 : '사람이 곧 하늘이다.' → 인간 평등 사상 • 후천개벽(後天開闢) 사상 : '새로운 세상이 열린다.' → 해석에 따라 혁명사상, 조선 왕조 부정 • 보국안민(輔國安民) 사상 : '나라를 튼튼히 하고 민중을 안정시킨다.' → 외세 배척

확장	• 삼남 지방에 급속히 전파 → 최제우 등을 혹세무민의 죄로 처형
	• 최시형의 활동(2대 교주) : 교단의 체계화 및 동학교도 확산
	  – 경전 : 『동경대전』, 『용담유사』 등 편찬
	  – 교단 조직 : 포접제 실시 → 동학의 확산에 기여

최제우

합격생의 비법

포접제

교단을 '포(包)'와 '접(接)'으로 나누고 포와 접마다 포주(包主)와 접주(接主)를 두었다. 일부에서는 대접주(大接主)를 따로 두는 경우도 있었다.

시험에 자주 등장해요

동학의 창시를 묻는 문제가 자주 출제됩니다. 특히 최제우, 인내천 사상은 꼭 기억하세요.

5) 농민 봉기의 확산

① 배경 : 탐관오리의 부정 심화, 삼정의 문란, 사회 불안의 고조, 농촌 사회의 피폐 등

② 항거의 형태 : 단계적 방법을 통해 확산, 소청 → 벽서 → 항조·거세 → 농민 봉기(소극적 방법 → 적극적 방법)

소청	징계 처분 등 본인에게 불이익 처분이 내려지면 그 처분을 따르지 않고 심사를 청구하는 행정 심판
벽서, 괘서	남을 비방하거나 민심을 선동하기 위해 여러 사람이 보는 곳에 붙이는 게시물
항조	지대 납부 거부
거세	세금 납부 거부

항거의 형태

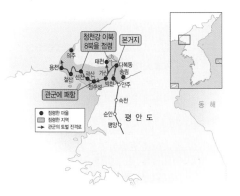

홍경래의 난

③ 홍경래의 난(1811)

배경	• 서북 지역민에 대한 차별 대우에 대한 반발 • 세도 정치 시기의 경제적 약탈 → 평안도 상공업계 위축, 평안도 재정 파탄, 신흥 상공업자와 일반민의 고통 가중
경과	• 주도 세력 : 몰락 양반 홍경래 중심, 영세 농민 · 중소 상인 · 광산 노동자 등 합세 • 평안도 가산에서 봉기 → 선천, 정주 점령 등 청천강 이북 지역 장악 → 지도부의 내분으로 패퇴, 정부군에게 진압(정주성 전투)
의의	농민의 정치적 각성, 반봉건 투쟁에 영향을 미침

④ 임술 농민 봉기(1862)

배경	• 직접적 원인 : 세도 정치 시기 삼정의 문란, 지방관과 향리의 착취 • 근본적 원인 : 부세 제도와 신분제가 결합된 지주 전호제의 모순
경과	경상 우병사 백낙신의 수탈 → 몰락 양반 유계춘 주도 → 진주 농민 봉기 발생 → 전국적으로 농민 봉기 확산(북쪽의 함흥으로부터 남쪽의 제주에 이르기까지 전국적으로 전개), 박규수를 안핵사로 파견하여 수습하고자 함
의의	농민 의식의 성장, 양반 중심 통치 체제의 붕괴 계기 마련

순무영진도

홍경래의 난이 일어났을 때 평안도 정주성을 점령한 봉기군과 이를 진압하기 위해 온 순무영군이 대치하고 있는 모습을 그린 그림이다.

합격생의 비법

삼정이정청

조선 철종 때 삼정의 폐단을 바로잡기 위해 설치한 임시 관아이다. 그러나 박규수가 건의한 양전 실시, 군포제 개선, 환곡 폐지 등은 제대로 논의해 보지도 못하고 폐지되었다.

시험에 자주 등장해요

조선 후기 농민 봉기를 묻는 문제가 자주 출제됩니다. 특히 홍경래의 난과 임술 농민 봉기의 배경과 전개 과정은 꼭 기억하세요.

19세기의 농민 봉기

출제 사료	임술 농민 봉기

철종 13년 4월, 경상도 안핵사 박규수가 아뢰기를, "금번 진주의 난민들이 소동을 일으킨 것은 오로지 전 우병사 백낙신이 탐욕을 부려 수탈하였기 때문입니다. …… 이 때문에 군정(群情)이 들끓고 여러 사람의 노여움이 한꺼번에 폭발하여 전에 듣지 못하던 변란이 갑자기 일어난 것입니다."라고 하였다.

– 『철종실록』 –

⑤ 정부의 대응 : 안핵사 및 암행어사 파견, 삼정이정청 설치 빈출 → 근본적인 해결을 하지 못함

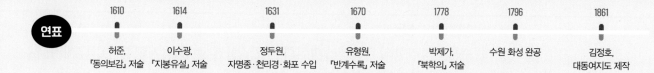

04 조선 후기 문화의 새 경향 출제빈도 상 | 중 | 하

① 성리학의 변화

1) 성리학의 절대화
① 배경 : 양 난 이후 사회 혼란 가속화 → 지식인들의 사회 질서 재확립 필요성 대두
② 성리학의 절대화 : 인조반정 이후 정국을 장악한 서인의 의리 명분론 강화 → 주자 중심의 성리학의 절대화, 학문적 기반 강화(송시열이 이론적 뒷받침)

2) 성리학의 비판(성리학의 상대화) : 17세기 후반부터 주자 중심의 성리학에서 벗어나 6경과 제자백가에서 사회 모순 해결의 사상적 기반 마련 → 윤휴, 박세당 등 유교 경전에 대해 독자적 해석, 송시열에 의해 사문난적으로 몰림

3) 성리학 논쟁
① 이기론 논쟁 : 16세기 후반 이황 학파(주리론)의 영남 남인, 이이 학파(주기론)의 노론 사이에 논쟁 전개
② 서인(노론과 소론)의 대립

노론	송시열 중심, 주자 중심의 성리학 절대화, 이이의 사상 계승
소론	윤증 중심, 양명학과 노장 사상 수용, 성리학 이해에 탄력적, 성혼 사상 계승(절충적 성격)

③ 호락 논쟁 : 18세기 심성론에 대한 관심이 증대하면서 충청도 지역의 호론, 경기 지역의 낙론 사이에 논쟁 전개

호론	충청도 지방 노론, 인물성이론(인간과 사물의 본성은 다르다, 기의 차별성 강조), 청과 서양에 배타적 → 위정척사 사상에 영향
낙론	서울·경기 노론, 인물성동론(인간과 사물의 본성은 같다, 이의 보편성 강조) → 북학파와 개화사상에 영향

합격생의 비법

사문난적
유교를 어지럽히는 도적이라는 뜻으로, 조선 후기 집권층이 성리학에 비판적인 입장을 가진 사람을 공격할 때 사용하였다.

4) 양명학의 수용

① **수용** : 성리학의 교조화·형식화 비판, 실천성 강조(지행합일), 17세기 후반 소론 학자들이 본격적으로 수용함

② **강화학파의 성립**

  ㉠ 조선에 수용된 양명학을 정제두가 이론 체계 확립 → 강화학파로 발전

  ㉡ 일반 백성을 도덕 실천의 주체로 상정, 양반 신분제의 폐지 주장

  ㉢ 경기도 중심으로 재야 소론학자와 정제두 집안의 후손 및 인척을 중심으로 구성·계승

③ **사상**

  ㉠ 양지(良知) : 사람마다 타고난 마음의 본체

  ㉡ 지행합일(知行合一) : 깨우친 진리를 구체적으로 실천하는 것이며, 실천을 통해 깨달음이 완성됨

  ㉢ 치양지(致良知) : 일상생활에서 양지를 지향하는 일

④ **계승** : 박은식(유교구신론 주장), 정인보(양명학연론) 등 양명학의 부흥 주장 → 민족주의 운동 전개

합격생의 비법

정제두

조선에 수용된 양명학을 학문으로 체계화한 최초의 인물로 강화학파를 성립시켰다. 그의 사상은 중국 양명학을 그대로 받아들이지 않고 독자적인 방식으로 생리(生理)와 실리(實理)를 강조하였다.

시험에 자주 등장해요

성리학의 변화를 묻는 문제가 자주 출제됩니다. 특히 호락 논쟁, 양명학과 정제두, 지행합일을 꼭 기억하세요.

❷ 실학의 발달

1) 실학의 등장

① **개념** : 18~19세기 서울·경기 지방에서 발생한 개신 유학적 사상 체계 → 성리학의 현실 문제 해결 능력 상실로 일부 학자들은 실증적인 연구로 현실 사회의 문제를 해결하려는 노력 전개

② **배경**

정치	붕당 간의 갈등과 특정 가문이나 관련된 사람들이 정권을 독점하여 정치 운영 → 몰락 양반의 발생
사회·경제	• 조선 후기 사회의 경제적 변화와 발전에 따른 모순 대두 • 양반 중심의 신분 질서 붕괴, 정치에서 소외된 양반층의 몰락과 피지배층의 신분 상승
사상	청의 고증학과 서양 과학 기술의 영향 → 실사구시, 실증적 방법 강조

2) 농업 중심의 개혁론(중농학파)

① **특징** : 남인 중심, 토지 개혁을 통한 자영농 육성과 농촌 사회 안정 등 주장, 경세치용 학파로 불림

② **대표적 학자**

유형원	• 『반계수록』 저술, 균전론 주장 • 균전론 : 관리, 선비, 농민 등에게 차등 있게 토지를 재분배하여 자영농 육성 주장 → 토지 국유화, 국가 재정 안정 • 자영농을 바탕으로 농병 일치의 군사 조직과 사농 일치의 교육 제도 확립 • 양반의 문벌 제도, 과거 제도, 노비 제도의 한계 지적

이익	<ul><li>『성호사설』 저술, 한전론 주장</li><li>한전론 : 자영농 육성을 위해 토지의 하한선을 영업전으로 설정하여 매매 금지, 나머지 토지는 매매 허용 → 점진적인 토지 균등 주장</li><li>나라를 좀먹는 여섯 가지 폐단으로 양반 제도, 노비 제도, 과거 제도, 사치와 미신, 승려, 게으름을 지적</li><li>고리대와 화폐의 폐단, 환곡 제도의 개선 주장, 붕당의 폐단 비판</li></ul>
정약용	<ul><li>실학의 집대성(성호학파 + 북학 사상) → 여전론, 정전제</li><li>여전론 : 토지의 공동 소유·공동 경작, 생산 후 노동량에 따른 수확량 분배 주장</li><li>『목민심서』(지방 행정 개혁), 『경세유표』(중앙 행정 개혁), 『흠흠신서』(사법 제도 운영), 『여유당전서』, 『아방강역고』, 『마과회통』 등 저술</li><li>기업농 육성, 사농공상의 평등적 직업관, 양반제 폐지</li><li>거중기(수원 화성 제작), 배다리(수원 행차) 설계</li></ul>

출제 사료 　중농학파의 토지 개혁론

• **유형원의 균전론**

　매 농부 한 명당 점하여 1경을 준다. 법에 따라 세금을 거두었다. 매 4경마다 군인 1명이 나온다. 선비 중에 처음으로 지방의 학교에 공부하러 들어간 자는 2경을 주며, 기숙사에 들어간 자는 4경을 주고, 병역을 면제한다. 관리로서 9품 이상 7품까지는 6경씩 주고 더해서 2품에 이르면 12경에 이르고, 아울러 병역을 면제한다. 벼슬하는 자는 관직에 있을 때는 녹봉을 받고 벼슬을 그만두고 집에 돌아가 있을 때에는 또한 그 농토를 가지고 생계를 쓴다. 　　　　　　　　　　　　　　　　　　－ 『반계수록』 －

• **이익의 한전론**

　국가가 마땅히 한 집안의 경제력을 토지 몇 부는 5000편으로 한정하여 한집의 영업전을 삼고, 당나라의 조세 제도처럼 한다. 많은 집은 빼지 않고 모자라는 자에게는 주지 않는다. 돈이 있어서 사고자 하는 자는 비록 천 백결이라도 허락하고, 토지가 많아서 팔고자 하는 자는 다만 영업전 몇 부외에는 역시 허락한다. 많되 팔기를 원하지 않는 사람은 강요하지 않고, 영업전에 미치지 않는 자도 재촉하지 않는다. 　　　　　　　　　　　　　　　　　　－ 『곽우록』 －

• **정약용의 여전론**

　이제 농사짓는 사람은 토지를 갖고, 농사짓지 않는 사람은 토지를 갖지 못하게 하려면 여전제를 실시하여야 한다. 산골짜기와 시냇물의 지세를 기준으로 구역을 획정하여 경계를 삼고, 그 경계선 안에 포괄되어 있는 지역을 1여로 한다. …… 1여마다 여장을 두며 무릇 1여의 인민이 공동으로 경작하도록 한다. …… 여민들이 농경하는 경우 여장은 매일 개개인의 노동량을 장부에 기록하여 두었다가 가을이 되면 오곡의 수확물을 모두 여장의 집에 가져온 다음 분배한다. 이때 국가에 바치는 세와 여장의 봉급을 제하며, 그 나머지를 가지고 노동 일수에 따라 여민에게 분배한다. 　　－ 『여유당전서』 －

● **출제 포인트 분석**

－ 유형원은 『반계수록』에서 균전론을 주장하였다. 토지를 국유화하여 국가 재정을 안정시키고, 관리·선비·농민 등에게 차등 있게 토지를 재분배하여 자영농을 육성할 것을 주장하였다.

－ 이익의 한전론은 가난한 농가라도 생계 유지에 필요한 최소한의 영업전을 확보할 수 있도록 팔지 못하게 하는 점진적인 토지 제도 개혁론이다.

－ 정약용은 마을 주민들이 여장의 지휘 하에 공동 경작하고, 노동량에 따라 소득을 분배하는 여전론을 주장하였다. 여전론은 토지를 공동 소유·공동 경작하는 공동 농장 제도이다.

3) 상공업 중심의 개혁론(중상학파)

① 특징 : 노론 중심, **상공업의 진흥과 기술 혁신 주장**, **청의 문물 수용 주장**, 북학파 및 이용후생 학파로 불림

② 대표적 학자

유수원	• 『우서』 저술, 중국과 조선의 문물 비교 → 정치 · 경제 · 신분 · 사상 등 개혁안 제시 • 상업 자본 육성, 상인 간 합작, 화폐 유통 강조 • 사농공상의 직업적 평등화와 전문화 주장
홍대용	• 『임하경륜』, 『의산문답』(서양의 과학 사상을 소개한 책, 지구의 1일 1주 회전설, 지구가 우주의 중심이 아니라는 우주무한론 등), 『담헌서』, 『주해수용』 등 저술 • 기술 문화 장려, 문벌 제도 철폐, 지전설, 성리학의 극복 주장 홍대용
박지원	• 『열하일기』(청에 다녀온 경험 바탕), 『과농소초』(농기구를 독립된 항목으로 처음 서술한 책, 조선 고유의 농기구가 갖는 기능과 장점을 기술함) 저술 • 수레와 선박의 이용 주장, 화폐 유통의 필요성 강조, 서양 문물의 도입 주장 • 상업적 농업 장려, 수리 시설 확충, 영농 방법 촉진, 농기구 개량 등 강조 • 양반전 · 호질(양반 풍자 및 사회의 부조리 비판), 허생전(중상론과 해외 무역 강조) 연암 박지원
박제가	• 『북학의』 저술, 중상주의 이론 정리 • 청의 문물 수용 주장, 수레 · 선박 · 벽돌의 이용 주장, 신분제 타파 주장 • 절약보다 소비 권장 : 소비와 생산의 관계를 우물물에 비유

박제가

서얼 출신으로 규장각 검서관에 기용된 박제가는 채제공을 따라 청에 다녀온 후, 재물을 우물에 비유하면서 적당한 소비가 생산을 자극한다고 주장하였고, 청의 문물 수용을 강조하는 『북학의』를 저술하였다.

출제 사료 　박지원의 청 문물 수용

오늘날 사람들이 진실로 오랑캐를 몰아내려면 중화의 유법을 모두 배워서 우리나라 풍속의 우둔함을 먼저 고치는 것이 더 중요하다. …… 타인이 100가지를 하여 먼저 우리 백성을 이롭게 하고 우리 백성들로 하여금 무기를 만들어서 넉넉히 저들의 견고한 갑옷과 날카로운 병기를 격파할 수 있게 한 다음에야 중국에는 볼 만한 것이 없다하여도 좋을 것이다.　　　　　　　　　　　　　　　－『열하일기』 －

● 출제 포인트 분석

박지원은 연행사를 따라 청에 다녀온 경험을 바탕으로 『열하일기』를 저술하였는데, 박지원의 주장은 박규수, 오경석 등 통상 개화론에 영향을 주었다.

시험에 자주 등장해요

조선 후기 실학의 발달을 묻는 문제가 자주 출제됩니다. 상공업 중심의 개혁론은 상공업 진흥과 청 문물 수용이 특징입니다. 특히 박지원, 박제가에 대한 내용을 꼭 기억하세요.

출제 사료 　박제가의 소비관

비유하건대 재물은 대체로 샘과 같은 것이다. 퍼내면 차고, 버려두면 말라 버린다. 그러므로 비단옷을 입지 않아서 나라에 비단 짜는 사람이 없게 되면 여공이 쇠퇴하고, 쭈그러진 그릇을 싫어하지 않고 기교를 숭상하지 않아서 공장(수공업자)이 도야(기술을 익힘)하는 일이 없게 되면 기예가 망하게 되며, 농사가 황폐해져서 그 법을 잃게 되므로 사농공상의 사민이 모두 곤궁하여 서로 구제할 수 없게 된다.　　　　　　　　　　　　　　　　　　　－『북학의』 －

● 출제 포인트 분석

박제가는 『북학의』에서 상공업의 발달을 도모하기 위해 청과의 통상을 강화하고 수레와 선박을 이용할 것을 주장하였다. 또 소비와 생산의 관계를 우물에 비유하면서 절약보다 소비를 해야 경제가 발전한다고 강조하였다.

---

4) 실학의 의의와 한계
① 의의 : 근대 지향적, 민족적, 실증적 학문 → 북학파 실학 사상은 개화사상으로 계승
② 한계 : 실학자들이 대부분 권력의 중심부에서 밀려난 인물들이므로 개혁안이 실제로 정책에 반영되지 못함

❸ 국학의 발달

1) 역사학

이익	• 중국 중심의 역사관 비판 → 민족의 주체적 자각 고취에 기여 • 삼한 정통론 제기(단군 – 기자 – 마한 – 삼국 – 통일 신라)
안정복	• 이익의 역사 인식 계승 • 『동사강목』 저술 : 이익의 삼한 정통론 수용, 우리 역사의 독자적 정통론의 체계화
이종휘	『동사』 저술 : 발해사 최초 서술, 고구려의 전통을 강조하여 고대사 연구의 시야를 만주 지방까지 확대
이긍익	『연려실기술』 저술 : 조선의 정치사를 객관적 · 실증적으로 체계화, 우리나라 역대 문화를 백과사전식으로 정리
한치윤	『해동역사』 저술 : 중국 및 일본의 자료 참고, 민족사 인식의 폭 확대, 성리학적 정통론 인식 청산
유득공	『발해고』 저술 : 신라의 삼국 통일을 불완전한 것으로 규정, 남쪽의 신라와 북쪽의 발해를 남북국 시대로 설정, 발해의 역사를 우리 역사의 체계 속에 포용, 고대사 연구의 시야를 만주 지방까지 확대
김정희	『금석과안록』 저술, 북한산비가 진흥왕 순수비임을 밝힘

출제 사료	유득공의 역사 인식

부여씨가 망하고 고씨(고구려)가 망한 다음, 김씨(신라)가 남방을 차지하고 대씨(발해)가 북방을 차지하고는 발해라 하였으니, 이것을 남북국이라 한다. 남북국에는 남북국의 사서가 있었을 텐데, 고려가 편찬하지 않은 것이 잘못이다. 저 대씨가 어떤 사람인가? 바로 고구려 사람이다. 그들이 차지하고 있던 땅은 어떤 땅인가? 바로 고구려 땅이다.
                                                    － 『발해고』 －

대동여지도(김정호)

김정호의 대동여지도는 목판을 대량으로 인쇄하여 대중들에게 보급하여 지도의 대중화에 공헌하였다. 휴대용 절첩식 지도로 진, 산성, 읍성을 자세히 표현하였다.

2) 지리서와 지도

지리서	• 우리 사회 · 문화에 대한 관심 반영, 산맥 · 하천 · 항만 · 도로 등이 정밀하게 표시 • 역사지리지 : 한백겸의 『동국지리지』, 정약용의 『아방강역고』 등 • 인문지리지 : 이중환의 『택리지』(각 지역의 자연환경과 인간 생활의 관계를 인과적으로 연결하여 설명)
지도	• 정상기의 동국지도 : 우리나라 최초로 100리척 사용, 최초의 축척 지도 • 신경준의 동국여지도 : 모눈으로 선을 구획하여 지도의 정밀성을 높임 • 김정호의 대동여지도 : 실측 지도, 산맥 · 하천 · 포구 · 도로망의 표시가 정밀하고 10리마다 눈금 표시

3) 국어 연구 : 신경준의 『훈민정음운해』, 유희의 『언문지』, 이의봉의 『고금석림』(우리나라의 방언과 해외 언어 연구) 등

4) 기타 : 정약전의 『자산어보』(흑산도 주변의 해양 생태계 관찰), 홍봉한의 『동국문헌비고』(역대 문물 제도 총정리)

❹ 과학 기술의 발달

1) 서양 문물의 수용

① 배경 : 17세기경부터 중국을 통해 서양의 과학 기술 수용

② 전래 : 화포, 천리경, 자명종, 『천주실의』(이수광의 『지봉유설』에 소개), 곤
여만국전도(세계 지도) 등

곤여만국전도(마테오 리치)
중국을 통해 전래된 곤여만국전도는
정확하게 제작된 세계 지도로, 조선
인의 세계관이 확대(중국 중심의 세
계관 붕괴)되는 데 기여하였다.

혼천의(홍대용)

합격생의 비법

시헌력

서양 선교사인 아담 샬을
중심으로 만든 것으로, 태
음력에 태양력 원리를 결합
하여 24절기의 시각과 하
루의 시각을 계산하여 만든
역법이다. 청에서 사용되었
는데, 종전의 역법보다 더
발전된 것이었다.

합격생의 비법

동의수세보원

이제마는 체질에 따라 병이
생기는 원인이 다르고 약
물의 반응도 다르기 때문
에 체질에 맞게 치료할 것
을 주장하였다. 특히 체질
을 태양인, 태음인, 소양인,
소음인의 네 가지로 분류하
였다.

2) 과학 기술의 발달

천문학	김석문(지전설 주장), 홍대용(지전설, 무한 우주론 주장) → 전통적 우주관에서 벗어나 근대적 우주관으로 접근, 성리학적 세계관 비판의 근거
역법	김육의 건의로 청에서 시헌력 도입
의학	• 허준의 『동의보감』: 병증에 따라 해설과 약 처방 수록, 한의학을 체계적으로 정리 • 정약용의 『마과회통』: 홍역, 종두법 연구 • 이제마의 『동의수세보원』: 사상 의학 확립, 체질에 맞는 치료법 제시
농업	• 신속의 『농가집성』: 벼농사 중심의 농법 소개, 이앙법의 보급 • 박세당의 『색경』, 홍만선의 『산림경제』: 채소, 과수, 화초 재배법 양잠 기술 등 소개 • 서유구의 『임원경제지』: 농촌 생활 백과사전, 농업 기술과 경영 이론을 종합하여 체계화
기타	정약용의 거중기 제작(수원 화성 건설), 배다리 설계(수원 화성 행차)

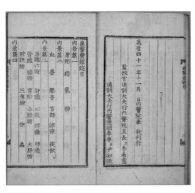

동의보감

배다리

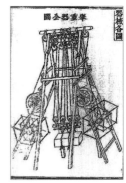

거중기

⑤ 조선 후기 문화의 변화

1) 서민 문화의 발달

배경	상공업 발달과 농업 생산력의 증대, 서당 교육의 보급 → 서민의 경제적·사회적 지위 향상
특징	• 감정을 적나라하게 표현하는 경향, 양반의 위선과 비리 비판, 사회의 부정과 비리 풍자 등 • 문예 활동 참여층 확대 : 양반 중심 → 중인층과 서민층도 참여
발전	• 판소리 [빈출] : 소리꾼이 일정한 줄거리가 있는 내용을 창과 사설로 직접 전달, 19세기 후반 신재효가 판소리 사설 정리(12마당 중 춘향가, 심청가, 흥부가, 적벽가, 수궁가만 남아 있음) • 탈놀이 : 마을 굿의 일부로 공연, 지배층과 승려의 부패와 위선 풍자 例 봉산 탈춤, 안동 하회 별신굿, 양주 산대놀이 등 • 한글소설 : 조선 후기 문화 향유 계층의 확대 → 허균의 『홍길동전』(현실을 날카롭게 비판), 『춘향전』(신분 차별의 비합리성), 『심청전』, 『장화홍련전』 등 • 사설시조 : 서민들의 감정을 솔직히 표현, 격식에 구애됨이 없이 감정을 구체적으로 표현

모흥갑의 판소리도

2) 예술의 새로운 경향

① 한문학

㉠ 특징 : 사회의 부조리한 현실을 예리하게 비판

㉡ 박지원의 **양반 위선 비판**(『허생전』, 『호질』, 『양반전』 등 저술), 정약용의 한시(삼정의 문란 폭로)

㉢ 시사(詩社)의 조직 : 중인들의 문학 활동 주도(사회적 지위 향상), 시 문학 모임인 시사 결성 → 시집 발간 등 활발한 문학 활동 전개

② 회화

18세기	• 진경 산수화 발달 : 우리나라의 산천을 사실적으로 묘사 　− 정선 : 진경 산수화의 개척, 인왕제색도·금강전도 　− 김홍도 : 진경 산수화의 완성, 옥순봉 • 풍속화 유행 : 백성들의 생활 모습과 일상적인 모습을 생동감 있게 표현 　− 김홍도 : 서민의 일상생활 표현, 밭갈이, 추수, 집짓기, 대장간 등 　− 신윤복 : 주로 도회지의 양반의 풍류 생활과 양반 부녀자들의 생활 표현, 남녀 간의 애정을 감각적·해학적으로 표현 • 강세황 : 서양화법 반영, 사물을 실감나게 표현
19세기	• 특징 : 실학적 화풍 쇠퇴와 서울 도시의 번영, 서울 양반의 귀족적 취향을 반영하여 화려하고 세련된 모습으로 발전 • 복고적 화풍 유행, 전문 화가인 화원과 양반 문인화의 작품 활발 • 김정희(세한도), 장승업(강렬한 필법과 채색법) 등

인왕제색도(정선)

영통동 입구(강세황)
서양화법의 영향을 받아 원근법과 명암법을 이용하여 그렸다.

③ 민화와 서예

㉠ 민화 : 민중의 미적 감각 표현, 해·달·나무·꽃·동물·물고기 등을 소재로 서민의 소박한 정서 반영, 집안을 장식하거나 행운과 복을 기원

㉡ 서예 : 김정희의 추사체(우리의 정서를 담은 독자적 필체, 굳센 기운과 다양한 조형성)

씨름도(김홍도)

서당(김홍도)

단오풍정(신윤복)

노상알현도(김득신)

까치와 호랑이(민화)

세한도(김정희)

추사체(김정희)

④ 건축

17세기	• 금산사 미륵전, 화엄사 각황전, 법주사 팔상전 • 양반 지주층의 성장 반영
18세기	• 평양의 대동문, 불국사 대웅전 • 논산 쌍계사, 부안 개암사, 안성 석남사 → 부농과 상인의 지원으로 건립 • 수원 화성 : 장안문, 화서문, 공심돈, 거중기 설계
19세기	경복궁 근정전, 경회루

법주사 팔상전

왜란 때 소실되었으나 1625년 중건하였다. 우리나라 유일의 5층 목탑으로 철제 상륜부를 갖춘 다층의 높은 건물이다. 1층은 주심포, 2층 이상은 다포 양식으로 만들었으며, 부처의 일생을 8개의 장면으로 표현한 불화가 그려져 있다.

시험에 자주 등장해요

조선 후기 건출물 중 법주사 팔상전을 묻는 문제가 자주 출제되었으므로 꼭 알아두세요.

김제 금산사 미륵전

구례 화엄사 각황전

⑤ **자기** : 민간에서 백자를 널리 사용, 청화 백자 유행(회회청 안료를 사용하여 제작)

청화 백자

01 밑줄 그은 '왕'의 정책으로 옳은 것은?
47회 24번

조선 제22대 왕이 아버지 사도 세자의 묘를 참배하러 가기 위해 만든 만안교입니다. 그 옆에는 다리를 조성한 과정이 기록된 비석이 있습니다.

증강 현실로 만난 역사

① 장용영을 창설하였다.
② 집현전을 설치하였다.
③ 척화비를 건립하였다.
④ 경국대전을 반포하였다.

정답 ①
해설 제시된 자료를 통해 밑줄 그은 '왕'이 조선 정조임을 알 수 있다. 정조는 왕권 강화를 위해 초계문신제를 실시하여 문신들을 재교육하였으며, 정책 자문 기구인 규장각과 왕권을 뒷받침할 군사 기반인 장용영을 창설하였다. 또 수원 화성을 축조하였고, 『대전통편』을 편찬하였다.
오답 피하기
② 조선 세종, ③ 흥선 대원군, ④ 조선 성종이 추진한 정책이다.

02 교사의 질문에 대한 학생의 답변으로 옳지 않은 것은?
50회 22번

현종 때 있었던 두 차례의 예송에 대해 발표해 볼까요?

① 서인과 남인이 예법을 둘러싸고 대립한 것이에요.
② 조광조 일파가 축출되는 결과를 가져왔어요.
③ 자의 대비가 상복을 입는 기간이 문제가 되었어요.
④ 효종과 효종비가 죽은 뒤 각각 일어났어요.

정답 ②
해설 예송 논쟁은 효종 사후 인조의 계비인 자의 대비의 복상 기간을 두고 벌어진 논쟁으로, 서인과 남인이 대립하였다. 1차 예송에서는 서인, 2차 예송에서는 남인의 주장이 받아들여졌다.
오답 피하기
② 조선 중종 때 조광조는 중종반정의 공신 중 공이 없이 공신에 책봉된 사람들의 공훈을 삭제해야 한다고 주장하였다(위훈 삭제). 이를 계기로 훈구파에 의해 기묘사화가 일어나 조광조 등 사림 세력이 큰 피해를 입었다.

03 다음 퀴즈의 정답으로 옳은 것은?
48회 29번

조선 시대에 정부가 부족한 국가 재정을 보충하기 위해 곡물, 돈 등을 받고 그 대가로 신분을 상승시켜 주거나 벼슬을 내린 정책을 무엇이라 할까요?

① 납속책
② 사창제
③ 영정법
④ 호포제

정답 ①
해설 제시된 자료를 통해 퀴즈의 정답이 납속책임을 알 수 있다. 임진왜란과 병자호란을 겪은 이후 정부는 부족한 국가 재정을 보충하기 위해 곡물, 돈 등을 받고 그 대가로 신분을 상승시켜 주거나 벼슬을 내린 납속책을 실시하였다.
오답 피하기
② 흥선 대원군 때 가장 폐단이 심했던 환곡을 개선하기 위해 사창제를 실시하였다.
③ 조선 영조 때 풍흉에 관계없이 토지 1결당 쌀 4~6두를 거두는 영정법을 시행하였다.
④ 흥선 대원군 때 양반에게도 군포를 부담하게 하는 호포제를 실시하였다.

04 선생님의 질문에 대한 학생의 대답으로 옳지 않은 것은?

조선 후기의 경제 상황에 대해 말해 볼까요?

① 과전법이 실시되었어요.

② 모내기법이 확산되었어요.

③ 상평통보가 널리 유통되었어요.

④ 장시가 전국 곳곳에서 열렸어요.

정답 ①

해설 조선 후기에는 모내기법이 확산되면서 벼와 보리의 이모작이 이루어졌고, 담배 · 면화 등 상품 작물이 재배되었다. 또 장시가 전국 곳곳에서 열렸고 보부상이 활발하게 활동하였으며, 상공업의 발달로 화폐가 활발하게 사용되면서 상평통보가 널리 유통되었다.

오답 피하기
① 조선 전기 1391년 경기 지역에 한하여 과전법이 실시되었다. 과전은 전 · 현직 관리에게 관직과 관품에 따라 수조권을 나누어주는 토지 제도이다.

05 (가)에 들어갈 인물로 옳은 것은?

이 작품은 (가) 이/가 북경에 갔을 때 우정을 나눈 청의 화가 나빙이 선물한 것입니다. (가) 은/는 4차례나 연행길에 올라 청의 지식인들과 교유하였고, 청의 제도와 문물을 소개한 북학의를 저술하였습니다.

① 이익   ② 김정희   ③ 박제가   ④ 유성룡

정답 ③

해설 제시된 자료를 통해 (가)에 들어갈 인물이 조선 후기 실학자인 박제가임을 알 수 있다. 박제가는 『북학의』를 저술하여 청의 문물을 적극적으로 수용할 것을 주장하였다. 또 생산과 소비 관계를 우물물에 비유하며 절약보다 소비를 권장해야 한다고 주장하였다.

오답 피하기
① 이익은 최소한의 토지를 제외한 토지의 거래만을 허용하자고 주장하였다.
② 김정희는 『금석과안록』을 통해 북한산비가 진흥왕 순수비임을 밝혔다.
④ 유성룡은 임진왜란에 대해 적은 『징비록』을 저술하였다.

06 다음 특별전에서 볼 수 있는 작품으로 옳은 것은?

특별전

우리 산천을 담다

우리나라 산천을 소재로 한 조선 후기 진경 산수화의 아름다움을 느껴 보세요.

2020.○○.○○.~○○.○○.

△△박물관 특별 전시실

①
수렵도

②
인왕제색도

③
몽유도원도

④
고사관수도

정답 ②

해설 조선 후기 겸재 정선은 우리나라의 산천을 사실적으로 표현한 진경산수화의 대표적인 화가로 인왕제색도, 금강전도 등의 작품이 있다.

오답 피하기
① 고구려 무용총 수렵도, ③ 조선 전기 안견의 몽유도원도, ④ 조선 전기 강희안의 고사관수도이다.

07 다음 퀴즈의 정답으로 옳은 것은?

① 과전법　② 균역법　③ 대동법　④ 영정법

정답 ③

해설 제시된 자료를 통해 퀴즈의 정답이 대동법임을 알 수 있다. 대동법은 방납의 폐단으로 고통 받는 백성의 부담을 줄이기 위해 경기도에서 처음 시행되었으며, 선혜청에서 주관하였다. 이는 공납을 특산물 대신 토지 결수를 기준으로 쌀, 베, 동전으로 납부하도록 하는 제도였다. 대동법 실시 결과 기존에 관청에 납품하던 물품을 조달하기 위해 공인이 새롭게 등장하였다.

오답 피하기

① 1391년 경기 지역에 한하여 실시된 과전법은 과전을 설치하여 전·현직 관리에게 지급하는 토지 제도이다.
② 조선 영조 때 1년에 2필씩 걷던 군포를 1필로 줄여 주는 균역법을 실시하였다.
④ 조선 인조 때 풍흉에 관계없이 토지 1결당 쌀 4~6두를 거두는 영정법을 실시하였다.

08 (가) 인물에 대한 설명으로 옳은 것은?

① 여전론을 주장하였다.
② 추사체를 창안하였다.
③ 북학의를 저술하였다.
④ 몽유도원도를 그렸다.

정답 ①

해설 제시된 자료를 통해 (가)에 들어갈 인물이 정약용임을 알 수 있다. 조선 후기 실학자로 실학을 집대성한 정약용은 토지 개혁론으로 마을 단위로 농민이 함께 경작하고 세금을 제외한 나머지 생산물을 일한 양에 따라 분배하자는 여전론을 주장하였다. 또 과학 기술에 관심이 많아 배다리와 거중기를 만들었으며, 『목민심서』, 『경세유표』 등 500여 권의 책을 저술하였다.

오답 피하기

② 김정희, ③ 박제가, ④ 안견에 대한 설명이다.

09 다음 대화가 이루어진 시기의 상황으로 옳지 않은 것은?

① 중인층의 시사 활동이 활발하였다.
② 춘향가 등의 판소리가 성행하였다.
③ 기존 형식에서 벗어난 사설 시조가 유행하였다.
④ 단군의 건국 이야기를 담은 제왕운기가 저술되었다.

정답 ④

해설 제시된 자료를 통해 대화가 이루어진 시기는 조선 후기임을 알 수 있다. 조선 후기에는 중인층의 시사 활동이 활발하였으며, 기존 형식에서 벗어난 사설시조가 유행하고 홍길동전 등의 한글 소설도 널리 읽혔다. 또 춘향가 등의 판소리가 성행하였고, 탈춤이 널리 인기를 얻는 등 서민 문화가 성장하였다.

오답 피하기

④ 고려 후기 이승휴는 단군의 건국 이야기를 담은 『제왕운기』를 저술하였다.

10 (가) 종교에 대한 설명으로 옳은 것은?

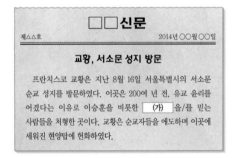

① 중광단 결성을 주도하였다.
② 기관지로 만세보를 발간하였다.
③ 초기에는 서학으로 소개되었다.
④ 동경대전을 기본 경전으로 삼았다.

정답 ③

해설 제시된 자료를 통해 (가) 종교가 천주교임을 알 수 있다. 천주교는 초기에는 청을 다녀온 사신들에 의하여 서학으로 소개되었으나 점차 남인 실학자들 사이에서 신앙 운동으로 널리 퍼졌다. 정부는 천주교가 조상에 대한 제사를 폐지하고 평등사상을 주장하자 사교로 규정하고 탄압하였는데, 순조 즉위 이후 노론 벽파가 대규모 박해를 가하였다(신유박해, 1801).

오답 피하기

① 대종교, ② 천도교, ④ 동학에 대한 설명이다.

	17세기			18세기	
	인조	효종	현종	숙종	경종
정치	1627 정묘호란 1636 병자호란	1654, 1658 나선 정벌	1659 1차 예송 1674 2차 예송	1680 경신환국(환국 정치 실시) 1682 금위영 설치, 5군영 완성 1696 안용복, 일본에 가서 울릉도와 　　　독도가 조선 땅임을 인정받음	
경제	1635 영정법 실시	1651 은광 개발 허용		1678 상평통보 주조 1708 대동법 전국 시행	
문화			1670 유형원, 『반계수록』 저술		

① 정치 상황의 변화

	붕당 정치				붕당 정치의 변질		탕평 정치		세도 정치		
선조	광해군	인조	효종	현종	숙종	경종	영조	정조	순조	헌종	철종
동인과 서인 분화 → 동인, 남인과 북인 분화	북인 정권	서인 정권 장악		예송 논쟁 1차 : 서인 우세 2차 : 남인 우세	경신환국, 기사환국, 갑술환국		탕평책 실시	탕평책 실시, 노론의 시파 와 벽파 분화	안동 김씨, 풍양 조씨의 권력 장악		
동인 vs 서인	북인 집권	서인 집권, 남인 참여		서인 vs 남인	일당 전제화, 노론 vs 소론		노론 집권, 소론 참여		노론 집권		

② 경제의 변화

대동법의 시행

대동세의 징수와 운송

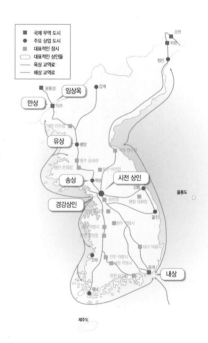

조선 후기 상업과 무역 활동

18세기		19세기		
영조	정조	순조	헌종	철종
1725 탕평책 실시 1741 서원 정리	1776 규장각 설치 1785 장용영 설치 1786 서학 금지 1796 수원 화성 완공	1801 신유박해, 황서영 백서 　　사건, 공노비 해방 1811 홍경래의 난		1851 서얼 허통 1860 최제우, 동학 창시 1862 임술 농민 봉기
1731 노비종모법 실시 1750 균역법 실시	1791 신해통공			
	1778 박제가, 『북학의』 저술			1861 김정호, 대동여지도 제작

❸ 서민 문화의 발전

회화

금강전도(정선)

인왕제색도(정선)

서당도(김홍도)

단오풍정(신윤복)

영통골 입구도(강세황)

세한도(김정희)

민화 – 까치와 호랑이

판소리와 탈춤

판소리

탈춤

서예

추사체(김정희)

건축

17세기		18세기		19세기	

금산사 미륵전

법주사 팔상전

수원 화성

논산 쌍계사

경복궁 근정전

경복궁 경회루

• 최신350문항 빈출 키워드 랭킹

• 기출문제 출제경향 분석

6. 근대 사회의 전개

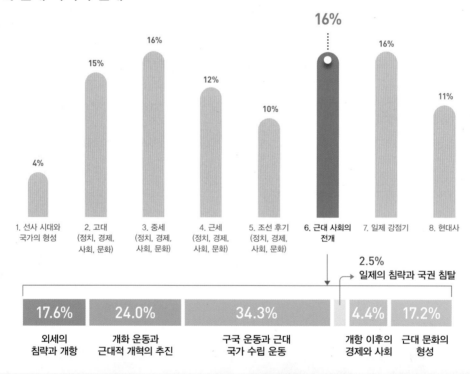

1. 선사 시대와 국가의 형성	2. 고대 (정치, 경제, 사회, 문화)	3. 중세 (정치, 경제, 사회, 문화)	4. 근세 (정치, 경제, 사회, 문화)	5. 조선 후기 (정치, 경제, 사회, 문화)	6. 근대 사회의 전개	7. 일제 강점기	8. 현대사
4%	15%	16%	12%	10%	16%	16%	11%

17.6%	24.0%	34.3%		4.4%	17.2%
외세의 침략과 개항	개화 운동과 근대적 개혁의 추진	구국 운동과 근대 국가 수립 운동	2.5% 일제의 침략과 국권 침탈	개항 이후의 경제와 사회	근대 문화의 형성

연표

1863	1866	1868	1871	1875	1876	1881	1882	1883	1884	1885	1886	1889
고종 즉위, 흥선 대원군 집권	병인박해, 제너럴 셔먼호 사건, 병인양요	오페르트 도굴 미수 사건	신미양요	운요호 사건	강화도 조약 체결	영선사와 조사 시찰단 파견, 별기군 설치	조·미 수호 통상 조약 체결, 임오군란	원산 학사 설립, 한성순보 발간	우정총국 설치, 갑신정변	거문도 사건, 광혜원 설립	이화 학당 설립	함경도에 방곡령 실시

6
PART

근대 사회의 전개

1894	1895	1896	1897	1898	1899	1904	1905	1906	1907	1908	1909	1910
동학 농민 운동, 갑오개혁	을미사변, 단발령 실시, 을미의병	아관 파천, 독립신문 창간, 독립 협회 설립	대한 제국 수립	만민 공동회 개최	경인선 개통	한·일 의정서 체결	을사늑약 체결	통감부 설치	국채 보상 운동, 신민회 설립, 헤이그 특사 파견,	의병, 서울 진공 작전	간도 협약, 안중근의 이토 히로부미 사살, 대종교 창시	한국 병합 조약

1863	1866	1868	1871	1875	1876	1882
흥선 대원군의 집권	병인박해, 제너럴 셔먼호 사건, 병인양요	오페르트 도굴 미수 사건	신미양요, 척화비 건립	운요호 사건	강화도 조약 체결	조·미 수호 통상 조약 체결

연표

01 | 외세의 침략과 개항

출제 빈도 상 | 중 | 하

흥선 대원군

❶ 흥선 대원군의 통치 체제 정비

1) 흥선 대원군 집권 무렵의 국내외 정세

국내	• 세도 정치의 전개 : 외척의 정권 장악, 매관매직 성행 → 왕권의 약화, 통치 질서 붕괴 • 농민 봉기의 반발 : 삼정의 문란, 수령과 아전의 농민 수탈 심화 예 홍경래의 난(1811), 임술 농민 봉기(1862) • 동학과 천주교의 전파
국외	• 외세의 접근 : 이양선의 출몰, 통상 요구의 본격화 • 중국의 개항 : 아편 전쟁의 패배로 난징 조약 체결(1842) • 일본의 개항 : 미 · 일 화친 조약으로 문호 개방(1854) • 러시아의 연해주 획득 : 조선과 국경을 접함

2) 흥선 대원군의 개혁 정치

① 정치 개혁

ⓐ 세도 정치 타파 : 안동 김씨 축출, 능력에 따른 인재 등용 → 붕당 정치의 폐단 제거

ⓑ 정치 기구 개혁 : 비변사의 기능 축소 및 폐지, 의정부(정치)와 삼군부(군사)의 기능 부활

ⓒ 법전 정비 : 『대전회통』, 『육전조례』 편찬 → 국가 통치 기강의 확립

② 삼정의 개혁 : 민생 안정 정책

전정	양전 사업을 실시하여 은결 색출, 지방관과 양반 토호의 토지 겸병 금지
군정	호포제 실시(양반에게도 군포 징수) → 국가 재정 확충, 양반의 반발 초래
환곡	사창제 실시(면 · 리별 빈민 구제) → 국가 재정 확충

출제 사료 호포제 실시

나라의 제도로써 인정(人丁)에 대한 세를 신포(身布)라고 하였는데, 충신과 공신의 자손에게는 모두 신포가 면제되었다. 대원군은 이를 수정하고자 동포라는 법을 제정하였다. 가령 한 동리에 2백 호가 있으면 매 호에 더부살이 호가 약간씩 있는 것을 정밀하게 밝혀내어 계산하고, 신포를 부과하여 고르게 징수하였다. 이 때문에 예전에는 면제되던 자도 신포를 바치지 않을 수 없게 되었다.

– 『근세조선정감』 –

③ 서원의 정리

목적	국가 재정의 확충, 민생 안정, 백성의 수탈과 붕당의 근거지 제거
내용	600여 개의 서원을 47개로 정리, 만동묘 철폐, 서원에 딸린 토지와 노비 몰수 → 양반과 유생의 횡포 근절(지방 통제력 회복) → 민생 안정, 왕권 강화에 기여
결과	유생들의 반발이 일어남

출제 사료	서원 정리

대원군이 크게 노하여 말하기를, "진실로 백성에게 해가 되는 것이 있으면, 비록 공자가 다시 살아난다 하더라도 나는 용서하지 않겠다. 하물며 서원은 우리나라에서 선유(先儒)를 제사하는 곳인데 지금은 도둑의 소굴로 되었음에랴."라고 하였다. 드디어 형조와 한성부 나졸들을 풀어서 대궐 문 앞에서 호소하려는 선비들을 강 건너로 몰아내 버렸다.
                                                                    - 『근세조선정감』 -

④ 경복궁 중건

목적	왕실의 권위 회복
과정	막대한 공사비 소요 → 원납전 강제 징수, 당백전 남발, 토목 공사에 백성 징발, 양반의 묘지림 벌목
결과	양반과 백성 모두 반발, 당백전 남발로 경제적 혼란 야기

3) 의의와 한계

① 의의 : 전통적인 통치 체제의 재정비 → 국가 기강 확립, 민생 안정에 기여
② 한계 : 전제 왕권 강화를 목적으로 하는 전통 체제 내에서의 개혁

❷ 흥선 대원군의 통상 수교 거부 정책

1) 배경 : 천주교의 교세 확산, 서양 물품의 유입, 서양 세력의 통상 요구 → 서양 세력에 대한 경계심 고조 → 조선 정부의 통상 수교 거부 정책(열강의 통상 수교 거부, 서양 물품의 유입 금지, 국방력 강화 등)

2) 천주교 박해 : 러시아의 남하를 막기 위해 프랑스와 교섭 → 프랑스와의 교섭 실패, 천주교 탄압 여론 고조 → 병인박해(1866, 9명의 프랑스 신부와 수천 명의 천주교도 처형)

3) 병인양요(1866)

배경	병인박해 당시 프랑스 신부와 천주교도 처형
전개	프랑스 로즈 제독의 극동 함대가 강화도 침략 → 문수산성의 한성근, 정족산성의 양헌수 부대 활약 → 프랑스군 격퇴
결과	프랑스군이 퇴각하면서 외규장각 도서(조선 왕조 의궤 등) 및 문화재를 약탈

4) 제너럴 셔먼호 사건 🏆빈출 (1866) : 미국 상선 제너럴 셔먼호가 대동강을 거슬러 올라와 통상 요구 → 약탈과 살육을 자행하자 평양 관민과 충돌 → 평양 감사 박규수와 평양 관민들이 제너럴 셔먼호 격침

합격생의 비법

만동묘
임진왜란 때 조선에 원군을 보내 준 명의 신종을 제사지내는 사당이다. 괴산 화양동에 송시열의 제자들이 세웠다. 1865년 대원군은 조정에서 대보단을 세워 명의 황제들을 제사지내므로, 개인적으로 제사를 지낼 필요가 없다는 이유로 만동묘를 철폐하였다.

합격생의 비법

원납전
경복궁 중건에 필요한 재원을 마련하기 위해 양반들에게 강제로 거둔 기부금이다.

당백전
상평통보보다 100배의 명목 가치로 통용되었으나 실질 가치는 5~6배에 그쳐 인플레이션을 야기하였다.

시험에 자주 등장해요

흥선 대원군의 개혁 정치를 묻는 문제가 자주 출제됩니다. 특히 호포법 실시, 서원 정리, 경복궁 중건(당백전)은 꼭 기억하세요.

합격생의 비법

외규장각 의궤
외규장각에 소장되어 있던 1천 7종, 5천 67책은 병인양요가 발생하면서 프랑스군에 의해 불에 타 없어지는 등 큰 피해를 입었다. 또 프랑스군은 은궤, 어새 등과 함께 외규장각 도서 중 의궤류와 고문서들을 약탈해 갔다. 2011년 외규장각 도서는 임대 형태로 반환되었다.

5) 오페르트 도굴 미수 사건(1868)

배경	미국이 독일 상인 오페르트를 내세워 통상 요구 → 조선 정부의 거부
전개	오페르트가 흥선 대원군의 아버지인 남연군 묘 도굴 시도(충남 덕산) → 지역 주민들의 저항으로 도굴 실패
결과	서양인에 대한 경계심 고조, 흥선 대원군의 통상 수교 거부 정책 강화

6) 신미양요(1871)

배경	제너럴 셔먼호 사건(1866)을 구실로 미국 침입
전개	미군의 강화도 침략 → 어재연의 부대가 광성보에서 활약, 조선군의 강력한 저항 → 미군 격퇴
결과	• 미군이 철수하며 어재연 부대의 수(帥)자기를 가져감 • 종로와 전국 각지에 척화비 건립 🪧 빈출 → 통상 수교 거부 정책의 강화

7) 의의
① 긍정적 측면 : 외세의 침입을 일시적으로 막음
② 부정적 측면 : 근대화를 지연시키는 결과를 초래함, 세계정세를 이해하지 못하여 서구 열강에 대한 적절한 대책을 세우지 못함

어재연 부대의 '수'자기

척화비

"서양 오랑캐가 침범하는 데 싸우지 않는 것은 곧 화의하는 것이요, 화의를 주장하는 것은 나라를 파는 것이다."라는 글이 새겨져 있다.

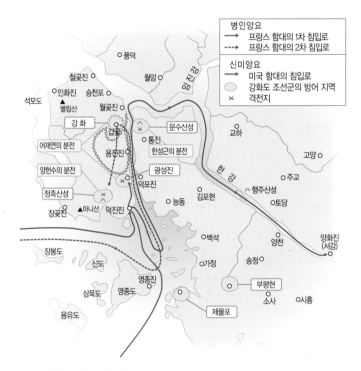

병인양요와 신미양요

❸ 개항과 불평등 조약

1) 배경

① **흥선 대원군의 하야** : 경복궁 중건, 서원 철폐, 호포제 시행 등에 대한 양반 유생들 반발, 최익현의 흥선 대원군 하야 요구 상소 → 최익현의 처벌 문제로 고종과 흥선 대원군 대립 → 고종의 친정 체제 성립, 민씨 정권의 수립(청과의 전통적 관계를 유지하면서 개방 정책 추진)

② **통상 개화론의 대두** : 박규수, 오경석, 유홍기 등이 서양 세력의 군사적 침략을 막기 위해서는 개항해야 한다고 주장함(문호 개방의 필요성 주장)

③ **일본의 압력** : 일본의 메이지 유신(1868, 근대 국가 체제 수립) → 세계 문제 발생(일본의 고압적인 국교 수립 요구를 흥선 대원군이 거부함) → 정한론 대두 → **운요호 사건(1875)** 도발

2) 일본과의 조약 체결

① 강화도 조약 📘빈출(1876, 조·일 수호 조규)

배경	일본이 운요호 사건을 빌미로 조선에 문호 개방 강요
내용	조선이 자주국임을 명시(청의 종주권 배제), 부산 이외에 2개 항구 개항(인천, 원산), 개항장에 일본인 거주 허용, 해안 측량권 허용, 치외법권 인정
성격	최초의 근대적 조약, 불평등 조약 → 일본의 침략 발판 마련

출제 사료	강화도 조약

제1관 조선은 자주국이며 일본과 똑같은 권리를 갖는다.
제4관 조선국은 부산 외에 두 곳의 항구를 개항하고 일본인이 와서 통상을 하도록 허가한다.
제7관 조선국 연해의 도서와 암초를 조사하지 않아 매우 위험하므로 일본의 항해자가 자유로이 해안을 측량하도록 허가한다.
제10관 일본국 인민이 조선국 항구에서 죄를 지었거나 조선국 인민에게 관계되는 사건은 모두 일본국 관원이 심판한다.

● **출제 포인트 분석**
제1관 : 조선에 대한 청의 종주권을 배제하고 일본이 간섭하려는 의도이다.
제4관 : 부산, 원산, 인천을 일본의 경제적·군사적·정치적 침략 거점으로 활용하려 하였다.
제7관 : 해안 측량권을 이용하여 연안의 자원과 항로를 확보하고 유사시 군사 작전에 이용하려 하였다.
제10관 : 치외법권을 강요하여 사법 주권을 침해하려 하였다.

② **부속 조약(1876)** : 경제적 침략의 발판 마련

조·일 수호 조규 부록	개항장 10리 이내에서 무역 허가, 개항장에 일본인 거류지(조계) 설정, 일본 외교관의 내지 여행 자유 허가, 개항장 내 일본 화폐 유통 허용
조·일 무역 규칙 (통상 장정)	조선 양곡의 무제한 유출 허용, 일본의 수출입 상품에 대한 무관세 규정

③ **조·일 통상 장정(1883)** : 일본 상품에 대한 관세 부과, 방곡령 시행 규정 추가, 최혜국 대우 인정

운요호 사건
1875년 일본 군함 운요호가 서해안에 출몰하여 일부 선원들이 허가 없이 한강을 거슬러 올라왔다. 이에 우리 군이 포를 쏘아 경고하자, 운요호가 함포를 발사하여 초지진을 파괴하고 영종진에 상륙하여 많은 피해를 입혔다.

강화도 조약의 체결

3) 서양 열강과의 조약 체결

① 조 · 미 수호 통상 조약(1882)

배경	미국의 수교 요청, 황쭌셴의 『조선책략』 유포, 청의 알선(러시아와 일본을 견제하고 조선에 대한 청의 종주권을 확인하려는 목적으로 조약 알선)
내용	치외법권과 최혜국 대우 인정, 거중조정, 낮은 비율의 관세 규정
성격	서양과 체결한 최초의 조약
결과	다른 서양 열강과의 조약 체결에 영향, 미국에 보빙사 파견(1883)

출제 사료	조·미 수호 통상 조약(1882)

제4조 미합중국 국민이 조선국에서 조선 인민을 때리거나 재산을 훼손하면 미합중국 영사나 그 권한을 가진 관리만이 미합중국 법률에 따라 처벌한다.

제5조 무역을 목적으로 조선국에 오는 미합중국 상인 및 상선은 모두 수출입 상품에 대하여 관세를 지불해야 한다.

제14조 조약을 체결한 뒤 본 조약에 부여되지 않은 어떠한 권리나 특혜를 다른 나라에 허가할 때는 자동적으로 미합중국 관민에게도 똑같이 주어진다.

② 서양 각국과의 수교

ⓐ 과정 : 영국과 독일(1883, 청의 알선으로 수교), 러시아(1884, 청의 알선 없이 독자적으로 수교), 프랑스(1886, 천주교 포교 인정)

ⓑ 특징 : 치외법권과 최혜국 대우가 포함된 불평등 조약

ⓒ 영향 : 근대 문물 수용의 확대 계기, 국제 사회의 일원으로 등장, 열강의 침략 가속화

출제 사료	조·프 수호 통상 조약(1886)

프랑스국 국민으로서 조선국에 와서 언어 · 문자를 배우거나 가르치며 법률과 기술을 연구하는 사람이 있으면 모두 보호하고 도와줌으로써 양국의 우의를 돈독하게 한다.

연표

1880	1881	1882	1883	1884	1885
통리기무아문 설치, 김홍집 2차 수신사 파견	별기군 창설, 조사 시찰단·영선사 파견, 영남 만인소	임오군란	보빙사 파견, 박문국, 기기창, 전환국 설치	갑신정변	거문도 사건 (~1887)

02 개화 운동과 근대적 개혁의 추진

출제빈도 상 | 중 | 하

❶ 개화 정책의 추진

1) 개화 세력의 대두
① 통상 개화론의 등장

시기	흥선 대원군 집권기에 등장
배경	• 국외 : 청의 양무운동(중체서용), 일본의 메이지 유신(문명 개화론) • 국내 : 북학파의 실학사상 계승(18세기 박지원, 박제가 → 19세기 이규경, 최한기)
인물	• 박규수(양반) : 박지원의 손자로 청을 왕래하며 조선의 부국강병을 위한 문호 개방의 필요성 역설 • 오경석(중인, 역관) : 청을 왕래하며 『해국도지』, 『영환지략』 등 서양 문물을 다룬 책을 국내에 소개 • 유홍기(중인, 의관) : 김옥균, 박영효, 유길준 등 양반 자제에게 개화사상 교육
주장	열강의 군사적 침략을 피하기 위해 문호 개방이 필요하다고 주장 → 개항에 영향

② 개화파의 형성
ㄱ 형성 : 박규수, 오경석, 유홍기의 지도 아래 신사상을 습득한 김옥균, 김윤식, 박영효, 홍영식, 서광범, 유길준, 김홍집 등이 개화파 형성

ㄴ 성장 : 개항 전후 정치 세력으로 성장 → 1880년대 정부의 개화 정책 뒷받침, 정부 기구 개편과 해외 시찰단 및 유학생 파견 등에 참여

③ 개화파의 두 흐름 : 임오군란 이후 청의 내정 간섭이 심화되자 개화의 방법과 속도를 둘러싸고 분화

구분	온건 개화파	급진 개화파
주요 인물	김홍집, 김윤식, 어윤중	김옥균, 박영효, 홍영식, 서광범
개혁 모델	청의 양무운동	일본의 메이지 유신
정치 성향	친청 사대 정책, 민씨 정권과 결탁	정부의 사대 정책과 청의 간섭에 불만 → 갑신정변
개화 방법	동도서기론에 입각한 점진적 개혁 추구	문명 개화론에 입각한 급진적 개혁 추구
개혁 내용	유교적 전통 문화를 유지하면서 서양의 과학 기술 수용	서양의 과학 기술뿐만 아니라 사상과 제도도 수용

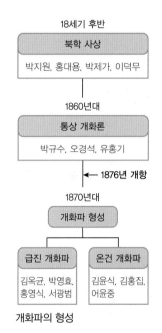

18세기 후반

북학 사상
박지원, 홍대용, 박제가, 이덕무

1860년대

통상 개화론
박규수, 오경석, 유홍기

← 1876년 개항

1870년대

개화파 형성

급진 개화파	온건 개화파
김옥균, 박영효, 홍영식, 서광범	김윤식, 김홍집, 어윤중

개화파의 형성

합격생의 비법

동도서기론
1876년 개항을 전후로 형성된 서양 문명에 대한 수용 논리이다. 전통적인 사상, 가치관, 문화, 풍습 등의 동도(東道)는 지키면서 서양의 기술, 기기 등 서기(西器)는 받아들이자는 주장이다.

합격생의 비법

문명 개화론
'서구화=근대화'라는 인식에 기초하여 우리의 전통은 버리고 새로운 서양의 문화, 사상, 종교, 풍습까지 적극적으로 수용하자는 주장이다.

개화 정책의 추진을 묻는 문제가 출제됩니다. 특히 통리기무아문과 별기군 설치는 꼭 기억하세요.

2) 개화 정책의 추진

① 관제 개편

　㉠ 통리기무아문 설치 🏷빈출 (1880) : 근대 문물 수용과 개화 정책을 추진하는 총괄 기구

　㉡ 통리기무아문 아래 12사 설치 : 외교, 군사, 경제 업무 등 개화 정책 담당

② 군제 개혁

　㉠ 구식 군대 : 5군영을 무위영, 장어영의 2영 체제로 개편·강화

　㉡ 신식 군대 : **별기군 설치**(일본인 교관 초빙, 근대적 군사 훈련)

③ 근대 시설 설치

박문국(1883)	최초의 근대식 인쇄 기관, 한성순보 간행
기기창(1883)	근대식 무기 제조
전환국(1883)	근대식 화폐 발행
우정국(1884)	근대적 우편 사업 시작, 갑신정변으로 폐지

④ 해외 시찰단 파견 : 개항 이후 세계정세의 변화를 파악하는 데 목적

수신사 **(일본)**	• 강화도 조약 이후 일본의 문명 개화 상황과 일본의 발전을 알기 위해 파견 • 1차(1876) : 김기수 파견 • 2차(1880) : 김홍집 파견 → 황쭌셴의 『조선책략』 소개 → 1880년대 정부의 개화 정책에 영향 • 3차(1882) : 임오군란 이후 박규수 등 파견
조사 시찰단 **(일본, 1881)**	• 일본의 정세 파악과 개화 정책에 필요한 정보 수집을 목적으로 파견 • 박정양, 어윤중, 홍영식 등이 고종의 밀명을 받고 비밀리에 파견(암행어사 파견 형식) • 일본의 정부 기관 및 각종 산업 시설 시찰과 보고서 제출 → 정부의 개화 정책 추진 뒷받침
영선사 **(청, 1881)**	• 근대적 무기 제조법, 군사 훈련법 습득을 목적으로 청에 김윤식 등 유학생 파견 • 근대 기술에 대한 기본 지식과 정부의 재정 부족으로 조기 귀국 → 기기창 설치
보빙사 🏷빈출 **(미국, 1883)**	• 조·미 수호 통상 조약 체결 후 조선 주재 미국 공사 파견에 대한 답례와 양국 간 친선 목적으로 파견 • 전권대신 민영익, 부대신 홍영식 등을 파견하여 근대 문물 시찰 • 최초의 미국 유학생 유길준은 『서유견문』 작성

보빙사

고종은 미국에 유길준, 홍영식, 민영익, 서광범 등을 보빙사로 파견하였다.

출제 사료	고종의 조사 시찰단 파견

동래부 암행어사 이헌영은 뜯어보아라.

일본의 조정 여론·정세·풍속·인물·교빙·통상 등의 대략을 시찰하고 오는 것이 좋겠다. 반드시 이 점을 염두에 두고 일본 배를 빌려 타고 그 나라로 건너가 해관이 관장하는 사무를 비롯하여 그 밖의 크고 작은 일들을 보고 듣고…… 그것을 별도의 문서로 보고하라.　　　　　　　　 - 고종의 봉서 -

시험에 자주 등장해요

일본, 청, 미국에 파견한 해외 시찰단을 묻는 문제가 자주 출제됩니다. 수신사, 조사 시찰단, 영선사, 보빙사는 꼭 기억하세요. 그리고 『조선책략』도 함께 알아두세요.

출제 사료 　『조선책략』

조선은 실로 아시아에서 중요한 위치에 있으므로, 열강들이 서로 차지하려고 할 것이다. 조선이 위태로우면 중국도 위급해진다. 러시아가 영토를 넓히려고 한다면 반드시 조선이 첫 번째 대상이 될 것이다. …… 그렇다면 오늘날 조선이 세워야 할 책략으로 러시아를 막는 것보다 더 급한 일이 없다. 러시아를 막는 책략은 무엇인가? 중국과 친하고, 일본과 맺고, 미국과 이어짐으로써 자강을 도모할 뿐이다.

ー 『조선책략』 ー

● **출제 포인트 분석**

『조선책략』은 청의 일본 주재 외교관인 황쭌셴이 쓴 책이다. 2차 수신사 김홍집이 가지고 들어온 이 책은 정부의 개화 정책 추진과 조선이 미국과 수교하는 데 영향을 주었다. 한편 양반 유생들은 이 책의 유포에 반발하여 개화 반대 운동을 전개하였다.

② 위정척사 운동

1) 의미 : 바른 것을 지키고(衛正) 사악한 것과 이단을 물리치자(斥邪)라는 뜻 → 정학(正學)인 성리학을 지키고 성리학 이외의 모든 종교와 사상 배척

2) 주도 세력 : 이항로, 기정진, 최익현, 유인석 등 보수적 유생층

3) 전개 과정

1860년대	• 서양의 통상 요구에 맞서 서양과의 교역을 반대하는 통상 반대 운동 전개 → 이항로, 기정진 • 척화 주전론을 주장하여 흥선 대원군의 통상 수교 거부 정책을 뒷받침함
1870년대	최익현을 비롯한 유생들이 강화도 조약 체결 전후 개항 반대 운동 전개 → 왜양 일체론
1880년대	• 『조선책략』 유포에 반대하여 개화 반대 운동 전개 • 유생들의 집단적 상소 운동 전개 → 이만손 등(영남 만인소) 빈출
1890년대	을미사변과 단발령으로 항일 의병 운동 전개 → 유인석, 이소응

최익현

출제 사료 　왜양 일체론 - 개항 반대 운동

일단 강화를 맺고 나면 저들의 욕심은 물화를 교역하는 데 있습니다. 저들의 물화는 모두 지나치게 사치하고 기이한 노리개로 손으로 만든 것이어서 그 양이 무궁합니다. 반면에 우리의 물화는 모두가 백성의 생명이 달린 것이고 땅에서 나는 것으로 한정이 있습니다. …… 저들이 비록 왜인이라고는 하나 실은 서양 도적과 같습니다. 강화가 이루어지면 사학(邪學) 서적과 천주의 초상화가 교역하는 속에 들어올 것입니다. 그렇게 되면 얼마 안 가서 선교사와 신자의 전수를 거쳐 사학이 온 나라 안에 퍼지게 될 것입니다.

ー 『면암집』 ー

● **출제 포인트 분석**

최익현은 강화도 조약 체결 무렵 개항에 반대하는 위정척사 운동을 전개하였다. 일본과 서양 세력을 같다고 인식하여 강화를 맺고 통상을 하면 경제적 침탈을 당하여 우리 경제가 황폐화될 것이라는 왜양 일체론을 주장하였다.

시험에 자주 등장해요

위정척사 운동을 묻는 문제가 자주 출제됩니다. 시기별 전개 과정을 꼭 정리하세요. 특히 이만손 등이 영남 만인소를 올린 이유는 꼭 기억하세요.

수신사 김홍집이 가지고 와서 유포한 황쭌셴의 사사로운 책자를 보노라면 어느새 털끝이 일어서고 쓸개가 떨리며 울음이 북받치고 눈물이 흐릅니다. 러시아, 미국, 일본은 같은 오랑캐입니다. 그들 사이에 누구는 후하게 대하고, 누구는 박하게 대하기는 어려운 일입니다. …… 더욱이 세계에는 미국, 일본 같은 나라가 헤아릴 수 없이 많습니다. 만일 저마다 불쾌해하며, 이익을 추구하여 땅이나 물품을 요구하기를 마치 일본과 같이 한다면, 전하께서는 어떻게 이를 막아내시겠습니까?　–「일성록」–

● 출제 포인트 분석
이만손과 영남의 유생들은 집단 상소를 올려 서양 열강과의 수교를 반대하고, 더 나아가 「조선책략」의 유포와 정부의 개화 정책 중단을 요구하였다.

4) 의의 및 한계

의의	반외세와 반침략 운동 : 제국주의 열강의 침략에 대한 저항
한계	근대화와 개화 정책 추진에 장애 : 정부의 개화 정책 반대, 봉건적 체제 유지

③ 임오군란 빈출 (1882)

배경	• 정부의 개화 정책 추진 : 보수 유생, 구식 군인, 도시 빈민층의 불만 고조 • 일본의 경제적 침투 : 곡물 유출로 곡물값 폭등, 하층민의 불만 증가 • 개화 세력과 보수 세력의 대립, 민씨 정권 세력과 흥선 대원군 간의 정치적 대립 • 구식 군대에 대한 차별 대우 빈출 : 신식 군대인 별기군 우대, 13개월 치 녹봉 미지급, 겨와 모래 섞인 쌀 지급, 군제 개혁으로 인한 실직 등	 별기군(신식 군대)
전개 과정	구식 군대의 봉기 → 정부 고관 및 일본인 교관 살해, 일본 공사관 습격, 도시 빈민층이 합세하여 궁궐 공격, 명성 황후의 피신 → 군란 수습을 위해 **흥선 대원군의 재집권**(개화 정책 중단, 통리기무아문 폐지, 2영 폐지, 5군영과 삼군부 부활) → 민씨 일파의 요구로 청군 출병(흥선 대원군을 군란의 책임자로 청으로 납치) → 임오군란 진압 → 민씨 일파의 재집권	
결과	• 제물포 조약의 체결(1882) : 일본과 체결, 일본에 배상금 지불, 일본 공사관의 경비병 주둔 • 청의 내정 간섭 본격화 : 청군의 조선 주둔(위안스카이), 마젠창(내정)과 묄렌도르프(외교) 등 고문 파견 • 조·청 상민 수륙 무역 장정 체결 : 청 상인에게 내지 통상 허용, 청의 경제적 침투 강화	

제1조　범인 체포는 20일로 한정하고 기한 내에 체포하지 못하면 일본 쪽에서 맡아서 처리한다.
제2조　일본 관리로서 조난당한 자를 후하게 장사 지낸다.
제3조　일본인 조난자와 유족에게 보상금으로 5만 원을 지급한다.
제4조　일본군의 출동비 및 손해에 대한 보상비로 50만 원을 조선측이 지불한다.
제5조　일본 공사관에 군대를 상주시키고 병영 설치, 수선 비용은 조선이 부담한다.

④ 갑신정변(1884)

1) 전개

배경	• 국내 – 임오군란 이후 청의 내정 간섭 심화 – 급진 개화파(김옥균)가 일본으로부터 차관 도입 실패 → 정치적 위기 심화 • 국외 : 청·프 전쟁의 발발로 조선에 주둔한 청군의 일부 철수, 일본의 군사적·재정적 지원 약속
목표	민씨 정권 타파, 청의 간섭에서 벗어나 자주적 근대 국가 건설
전개	김옥균 중심의 급진 개화파가 우정총국 개국 축하연을 계기로 정변 단행 → 민씨 정권의 핵심 인물 처단, 개화당 정부 수립 → 14개조 개혁 정강 발표 → 청군의 개입으로 3일 만에 실패(개화당 정부 붕괴, 김옥균 등 정변 주도 세력의 일본 망명)
결과	• 청의 내정 간섭 강화, 친청 보수 세력의 장기 집권 → 개화 세력의 도태, 개화 운동 위축 • 한성 조약 체결 : 일본과 체결, 일본에 배상금 지불, 일본 공사관의 신축 비용 부담 • 톈진 조약 체결 : 청과 일본이 체결, 청·일 양국군 동시 철수, 조선 파병 시 서로 통보 → 조선에서 청과 일본의 동등한 지위 인정, 청·일 전쟁의 원인 제공

2) 의의와 한계

의의	국가의 자주권 확립, 자주독립 국가 건설 → 최초의 근대 국가 수립 운동
한계	• 외세 의존적 : 일본의 침략 의도를 인식하지 못한 채 일본의 지원을 받아 일으킴 • 위로부터의 개혁 운동 : 소수의 지식인 중심, 민중 세력을 결집하기 위한 구체적인 시도 부재 • 토지 개혁 소홀 : 조세 제도 개혁에 중점을 두어 농민의 지지 부족

갑신정변의 주역들

왼쪽부터 박영효, 서광범, 서재필, 김옥균의 모습이다.

우정총국

초대 우정국 총판에 취임한 홍영식은 이곳을 갑신정변의 거사 장소로 활용하였다.

출제 사료   14개조 개혁 정강

1. 흥선 대원군을 빨리 귀국시키고 종래 청에 대해 행하던 조공의 허례를 폐지한다.
2. 문벌을 폐지하고 인민 평등권을 제정하여 능력에 따라 관리를 임명한다.
3. 지조법을 개혁하여 관리의 부정을 막고 백성을 보호하며 재정을 넉넉히 한다.
4. 내시부를 없애고 그중에서 우수한 인재를 등용한다.
5. 탐관오리 중에서 그 죄가 심한 자는 처벌한다.
6. 각 도의 환곡을 영구히 받지 않는다.
7. 규장각을 폐지한다.
8. 급히 순사를 두어 도둑을 방지한다.
9. 혜상공국을 혁파한다.
10. 귀양살이하거나 옥에 갇혀 있는 자는 그 정상을 참작하여 적당히 형을 감한다.
11. 4영을 1영으로 합하되, 영 가운데에서 장정을 뽑아 근위대를 설치한다.
12. 모든 재정은 호조에서 관할하고, 그밖에는 모두 폐지한다.
13. 대신과 참판은 의정부에 모여 정령을 의결하고 반포한다.
14. 의정부와 6조 외에 필요 없는 관청을 없앤다.

● **출제 포인트 분석**

정치 : 청과의 관계 청산, 입헌 군주제 수립

사회 : 문벌의 폐지, 인민 평등권의 확립, 능력에 따른 인재 등용

경제 : 지조법(토지에 부과하는 각종 조세에 대한 규정)의 개혁, 재정의 일원화(모든 재정의 호조 통합), 혜상공국(보부상을 총괄하는 기관) 폐지

군사 : 사관학교, 근위대, 신식 군대 창설 목표

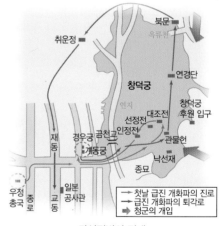

갑신정변의 전개

시험에 자주 등장해요

갑신정변을 묻는 문제가 자주 출제됩니다. 배경, 전개 과정, 결과를 모두 기억하세요. 특히 14개조 개혁 정강을 바탕으로 정치, 경제, 사회, 군사적 개혁 내용을 정리해 두세요.

3) 갑신정변 이후의 정세

① **청과 일본의 대립 격화** : 일본의 강요로 한성 조약 체결, 청과 일본 양국 간에 톈진 조약 체결, 일본이 청과 대등하게 조선에 대한 파병권 획득 → 청의 정치적·경제적 영향력 강화

출제 사료	톈진 조약
제1조	청은 조선에 주둔시키고 있는 군대를 철수하고, 일본은 공사관 호위를 위해 조선에 주둔시킨 군대를 철수한다.
제3조	장래 조선에 변란이나 중대한 사건이 있어 청, 일본의 두 나라 또는 한 나라가 파병하고자 할 때에는 사전에 상호 문서를 보내 알게 할 것이요, 그 사건이 진정되면 즉시 철병하여 주둔하지 않는다.

한반도를 둘러싼 열강의 각축

② **조선 정부의 자주적 외교 정책 추진**
  ㉠ 조·러 비밀 협약 추진 : 청과 일본의 간섭과 위협을 러시아 세력을 끌어들여 견제하려고 시도하였으나 청의 방해로 실패
  ㉡ 공사관 개설 시도 : 주미 대사관, 주일 대사관을 개설하여 조선이 자주독립국임을 과시하려 하였으나 청의 방해로 제약
③ **거문도 사건(1885~1887)** : 러시아의 남하를 견제한다는 구실로 영국군이 거문도를 불법으로 점령
④ **조선의 중립화론 대두**
  ㉠ 부들러 : 독일 영사 부들러는 조선의 주권을 지킬 방법으로 한반도의 영세 중립화를 조선 정부에 건의
  ㉡ 유길준 : 유길준은 열강의 침략으로부터 조선의 안전을 보장받기 위해 열강이 모두 참여하여 조선의 중립 조약을 체결할 것을 구상함, 『서유견문』 집필

출제 사료	유길준의 중립화론
대저 우리나라가 아시아의 중립국이 된다면 러시아를 방어하는 큰 기틀이 될 것이고, 또한 아시아의 여러 대국들이 서로 보전하는 정략도 될 것이다. 오직 중립만이 우리나라를 지키는 방책인데, 우리 스스로가 제창할 수 없으니 중국에 청하여 처리해야 할 것이다. 중국이 맹주가 되어 영국, 프랑스, 일본, 러시아 같은 아시아에 관계있는 여러 나라들과 회합하고 우리나라를 참석시켜 중립 조약을 체결토록 해야 될 것이다. 이것은 비단 우리나라만을 위한 것이 아니라 중국의 이익도 될 것이고, 여러 나라가 서로 보전하는 계책도 될 것이니 무엇이 괴로워서 하지 않겠는가.
– '중립화론' –

시험에 자주 등장해요

갑신정변 이후의 상황을 묻는 문제가 자주 출제됩니다. 거문도 사건과 중립화론의 대두는 꼭 기억하세요.

1894	1895	1896	1897	1898	1899	1907	1908	1909
동학 농민 운동, 청·일 전쟁, 갑오개혁	삼국 간섭, 을미사변, 을미개혁	아관 파천, 독립 협회 창립	대한 제국 선포	만민 공동회 개최	대한국 국제 반포	신민회 창립	서울 진공 작전	간도 협약 체결

연표

03 구국 운동과 근대 국가 수립 운동

출제빈도 **상** | 중 | 하

① 동학 농민 운동의 전개(1894)

1) 배경
① 개항 이후 농촌 사회의 동요
  ㉠ 지배층의 수탈 심화 : 지방관의 매관매직 성행, 배상금 지불과 근대 문물 수용의 경비 지출 등 → 국가 재정의 악화 → 농민의 세금 부담 증가
  ㉡ **일본의 경제 침투** : 영국산 면제품의 중계 무역 → 자국산 면제품 수출, 입도선매·고리대 방식으로 곡물 매입 → 농촌 경제의 파탄, 일부 지방관의 방곡령 선포
② 동학의 교세 확장과 교조 신원 운동
  ㉠ 동학의 교세 확장

창시	경주의 몰락 양반인 **최제우가** 창시(1860) → 혹세무민 죄로 처형
사상	**인내천 사상**, 보국안민과 제폭구민 등 사회 개혁 주장
확장	2대 교주 **최시형을 중심으로 교리 정비**(『동경대전』, 『용담유사』), 교단 조직 정비(포접제) → 삼남 지방의 농민을 중심으로 교세 확장

  ㉡ 교조 신원 운동

삼례 집회(1892)	교조 신원과 동학 탄압 중지 요구
서울 집회(1893)	복합 상소, 교조 신원과 포교의 자유 요구
보은 집회(1893)	교조 신원 운동에서 척왜양창의를 주장하며 정치 운동으로 전환(반봉건·반외세 운동)

2) 전개 과정

고부 농민 봉기	• 원인 : 고부 군수 조병갑의 횡포와 착취에 대항(만석보 수세 강제 징수) • 전개 : **전봉준** 등이 사발통문을 돌리고 고부 관아 습격, 점령 → 후임 군수 박원명의 회유로 자진 해산	 **사발통문** 호소문이나 격문을 쓸 때 누가 주모자인지 알지 못하도록 사발 모양으로 둥글게 이름을 적었다.

전봉준 체포 모습

제1차 동학 농민 운동	• 원인 : 안핵사 이용태의 고부 농민 봉기 관련자 탄압 • 전개 : 무장에서 전봉준, 손화중, 김개남 등 봉기(보국안민, 제폭구민 표방) → 동학 농민군의 백산 집결 → 농민군 4대 강령과 격문 발표 → 황토현 전투, 황룡촌 전투 승리 → 전주성 점령 → 정부가 청에 군대 파견 요청 → 일본도 톈진 조약을 구실로 군대 파견 • 동학 농민군의 4대 강령 1. 사람을 죽이지 않고 물건을 파기하지 않는다. 2. 충효를 다하고 세상을 구하며 백성을 편안케 한다. 3. 일본 오랑캐를 몰아내고 왕의 정치를 깨끗이 한다. 4. 군대를 끌고 서울로 올라가 권세가와 귀족을 없앤다.
전주 화약 체결 👑 빈출	• 동학 농민군은 청·일 양국 군대의 철수와 폐정 개혁을 조건으로 전주 화약 체결 → 동학 농민군의 해산 • 집강소 설치 👑 빈출 : 폐정 개혁안을 실천하기 위해 농민 자치 기구 설치
제2차 동학 농민 운동	• 원인 : 정부의 청·일 양국 군대 철수 요구 → 일본의 거절, 일본군의 경복궁 점령 → 친일 내각의 성립, 조선의 내정 간섭 심화(교정청 폐지, 군국기무처 설치와 개혁 강요), 청·일 전쟁의 발발 • 전개 : 일본군을 타도하기 위해 동학 농민군 재봉기 → 전봉준의 남접과 손병희의 북접이 연합 부대 결성 합의, 논산 집결, 서울 북상 → 공주 우금치 전투 👑 빈출 에서 관군과 일본군 연합 부대에 패배 → 전봉준, 김개남, 손화중 등 동학 농민군 지도자 체포 및 처형

출제 사료 | 폐정 개혁안 12개조 👑 빈출

1. 동학교도는 정부와 원한을 씻고 서정에 협력한다.
2. 탐관오리는 그 죄상을 조사하여 징벌한다.
3. 횡포한 부호들을 엄중히 징벌한다.
4. 불량한 유림과 양반의 못된 버릇을 징벌한다.
5. 노비 문서를 소각한다.
6. 7종의 천인 차별을 개선하고 백정이 쓰는 평량갓은 없앤다.
7. 청상과부의 개가를 허용한다.
8. 무명의 잡다한 세금은 일체 거두지 않는다.
9. 관리 채용에는 지벌을 타파하고 인재를 등용한다.
10. 왜와 통하는 자는 엄징한다.
11. 공사채는 물론하고 기왕의 것을 무효로 한다.
12. 토지는 평균하여 분작한다.

● **출제 포인트 분석**
폐정 개혁안 12개조는 조세 제도 개혁, 신분 차별 철폐, 탐관오리 척결, 일본의 침략 반대, 토지 제도 개혁 등 당시 사회 문제의 시정을 요구하는 내용이 담겨 있다. 전주 화약 체결 후 집강소를 설치하고 이를 실행하였다.

3) 성격 및 한계

성격	• 반봉건 운동 : 탐관오리 축출, 신분 차별 철폐, 양반의 수탈 금지 등 봉건적 지배 체제에 반대 → 갑오개혁에 영향, 전통적 봉건 질서의 붕괴 촉진 • 반외세 운동 : 일본의 침략을 막기 위한 반침략·반외세 운동 → 동학 농민군의 잔여 세력은 의병 운동에 가담하여 운동 지속
한계	• 근대 국가 건설을 위한 구체적인 방안을 제시하지 못함 • 근대 무기로 무장한 일본군을 물리치기에는 역부족이었음 • 각 지역의 농민군이 긴밀한 연대를 형성하지 못하고 농민층 이외의 폭넓은 지지 기반을 확보하지 못하였음

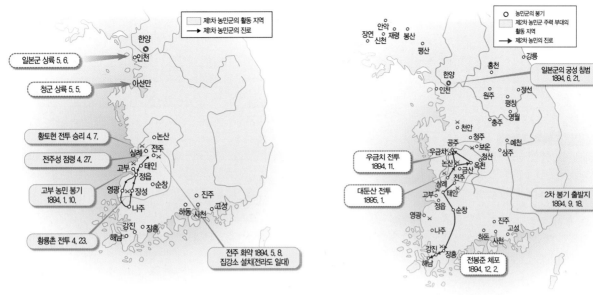

제1차 동학 농민 운동   제2차 동학 농민 운동

❷ 갑오 · 을미개혁의 추진

1) 배경

대내적	• 동학 농민 운동 당시 농민의 요구를 반영한 내정 개혁의 필요성 절감 • 자주적 개혁의 추진을 위해 교정청 설치(고종의 왕명)
대외적	일본의 내정 개혁 요구 → 일본 군대 주둔의 명분 확보, 내정 개혁과 청 · 일 전쟁을 통해 조선 침략의 기반 마련

2) 제1차 갑오개혁(1894)

배경		일본의 경복궁 점령 후 내정 개혁 강요 → 민씨 정권의 붕괴, 흥선 대원군의 섭정
전개		제1차 김홍집 내각 수립 → 교정청 폐지, 군국기무처 설치
주요 개혁	정치	'개국' 연호 사용(중국의 연호 폐지), 궁내부(왕실 사무)와 의정부(국정 사무) 분리, 의정부에 권한 집중, 국왕의 인사권 제한, 6조를 8아문(내무, 외무, 탁지, 군무, 법무, 학무, 공무, 농상)으로 개편, 과거제 폐지, 경무청 설치
	경제	재정의 일원화(탁지아문), 왕실과 정부의 재정 분리, 은본위 화폐 제도 실시, 조세의 금납화, 도량형의 개정과 통일
	사회	신분제 폐지(공 · 사노비 제도 혁파, 인신매매 금지), 봉건적 폐습 타파(과부의 재가 허용, 조혼 금지, 고문과 연좌법 폐지) → 근대적 평등 사회의 기틀 마련

3) 제2차 갑오개혁(1894)

배경	청 · 일 전쟁에서 일본이 승기를 잡음 → 박영효와 서광범 귀국, 흥선 대원군의 정계 은퇴
전개	군국기무처 폐지, 제2차 김홍집 내각(김홍집 · 박영효 연립 내각) 성립 → 일본인 고문관 파견 → 고종의 독립 서고문, 홍범 14조 반포

김홍집

군국기무처

제1차 갑오개혁을 진행한 초정부적인 입법부 회의 기구이다. 개혁에 관한 모든 사무를 관장하였는데, 군국기무처가 심의하고 통과시킨 의안은 국왕의 재가를 거쳐 국법으로 시행하였다.

주요 개혁	정치	의정부 → 내각제, 80아문 → 7부, 8도 → 23부
	사회	재판소 설치(사법권을 행정권에서 분리), 지방관의 권한 축소(사법권, 군사권, 경찰권 배제)
	군사	시위대와 훈련대 설치 → 군제 개혁은 소홀히 함
	교육	교육입국 조서 반포(1895) → 한성 사범 학교 · 소학교 · 외국어 학교 관제 반포, 일본에 유학생 파견

출제 사료 홍범 14조

1. 청국에 의존하려는 마음을 버리고 자주독립하는 기초를 확고히 세울 것.
2. 왕실 전범을 제정하여 왕위의 계승과 종실, 외척의 구별을 밝힐 것.
3. 대군주가 정전에서 일을 보되, 정사를 친히 각 대신에게 물어 재결하며 왕비와 후궁, 종실과 척신이 간여하지 못하게 할 것.
4. 왕실 사무와 국정 사무를 모름지기 나누어 서로 혼합하지 아니할 것.
5. 의정부와 각 아문의 직무와 권한을 명백히 규정할 것.
6. 인민에 대한 조세 징수는 법령으로 정하여 명목을 덧붙여 함부로 거두지 말 것.
7. 조세의 부과와 징수, 경비 지출은 모두 탁지아문이 관할할 것.
9. 왕실 비용 및 관부의 비용은 연간 예산을 작성하여 재정의 기초를 확립한다.
14. 문벌과 지연에 구애받지 말고 사람을 쓰고, 세상에 퍼져 있는 선비를 두루 구해 인재의 등용을 넓힐 것.
　　　　　　　　　　　　　　　　　　　　　　　　　　　　　　　　- 관보, 1894. 12. 12. -

● **출제 포인트 분석**

고종은 문무백관을 거느리고 종묘에서 독립 서고문을 바치고 홍범 14조를 반포하였다. 자주권, 행정, 재정, 교육, 민권 보장 등을 규정한 우리나라 최초의 헌법이다. 국정 개혁의 기본 강령이며, 자주독립을 내외에 선포한 최초의 선언이었다.

4) 을미개혁(1895)

배경	삼국 간섭 이후 일본의 세력 약화 → 박영효 실각 → 제3차 김홍집 내각 수립(친러 내각) → 제2차 갑오개혁 중단
전개	을미사변 발생 → 제4차 김홍집 내각 수립(친일 내각), 개혁 추진
주요 개혁	연호 제정(건양), 태양력 사용, 친위대(서울) · 진위대(지방) 설치, 단발령 실시, 종두법 실시, 소학교 설립, 우편 사무 시작
중단	아관 파천으로 김홍집 내각 붕괴 → 개혁 중단

5) 평가

긍정적	• 조선의 개화파 관료들이 주체적으로 개혁 추진 • 갑신정변과 동학 농민 운동의 요구 반영 • 정치 · 경제 · 사회 · 문화 전반에 걸쳐 봉건 질서 타파, 근대 사회로 이행하는 제도적 토대 마련
부정적	• 일본의 강요에 의한 타율적 개혁으로 일본의 조선 침략이 용이하게 제도를 개편함 • 조선의 군사력 강화를 꺼려 군제 개혁에 소홀함 • 토지 개혁, 상공업 진흥 등의 개혁에 소홀함 • 경제 개혁은 일본의 한반도 식민 통치의 기반 마련과 연관됨 • 일본의 개입과 간섭, 급진적인 개혁 추진으로 민중의 지지를 상실함

❸ 독립 협회의 활동

1) 창립

- ㉠ 아관 파천 이후 국내외 정세 : 친일 내각 붕괴, 친러 내각 성립 → 러시아의 영향력 강화(러·일 대립 심화), 열강의 이권 침탈 심화(최혜국 대우 근거)
- ㉡ 서재필 빈출 의 귀국과 활동 : 자유 민주주의적 개혁 사상 고취, 자주적 독립 국가의 수립 추구 → 독립신문 창간, 독립 협회 창립

지도부	서재필, 윤치호, 이상재, 남궁억 등 지식인과 정부 고관
참여 세력	도시 시민, 학생, 노동자, 여성, 천민 등 광범위한 사회 계층, 일부 관료

2) 목표 : 자유 민권, 자강 개혁, 자주 국권 사상 보급 → 민중의 정치의식 고취

3) 활동

민중 계몽 운동	독립문 건립 빈출 (영은문 자리, 국민 성금 모금), 독립관 건립(모화관 개수), 강연회와 토론회 개최, 독립신문 발행
자주 국권 운동	• 외세의 간섭과 이권 침탈 저지를 목표로 전개 • 고종의 환궁과 칭제 건원 요구 → 아관 파천 1년 후 환궁, 대한 제국 선포 • 만민 공동회 개최 빈출 (1898. 3. 최초의 민중 집회) → 러시아의 이권 침탈 저지 빈출 (러시아의 절영도 조차 요구 저지, 한·러 은행 폐쇄, 러시아의 군사 교관과 재정 고문 철수)
자유 민권 운동	• 근대 국민 국가 수립을 목표로 전개 • 국민의 신체와 재산권 보호 운동 전개, 언론·출판·집회·결사의 자유 확보를 위해 노력, 국민의 참정권 운동 전개
자강 개혁 운동	• 근대 개혁을 통한 국력 배양을 목표로 전개 • 의회 설립 운동 전개 → 보수파 내각 퇴진, 박정양의 진보적 내각 수립 • 관민 공동회 빈출 (만민 공동회에 박정양 내각의 대신 참여) 개최 → 헌의 6조 건의(국권 수호, 민권 보장, 국정 개혁 → 국왕의 재가를 받음), 의회식 중추원 관제 반포(최초로 국민 참정권 공인)

출제 사료	독립 협회의 의회 설립 운동

만약에 외국의 예를 들어서 말씀드린다면, 현재 허다한 민회가 있어 정부 대신일지라도 실정이 있으면 전국에 널리 알려 민중을 모이게 하여서 질문이 있고 논쟁과 탄핵이 있으며, 그리하여 민중이 불복하는 바가 있으면 감히 제거치 아니하는 것이 없거늘, 이것은 외국의 민회가 어찌 강론과 담소만하고 마는 것이라 하겠나이까. …… 흔히 말하기를 민권이 성하면 왕권이 손상된다 하오나 사람의 무식함이 어찌 이보다 더할 수가 있겠사옵니까. 오늘날에 이와 같은 민의를 없애게 한다면, 정치와 법률은 따라서 무너질 것이오며, 어디서 화가 일어나게 될지 모르는 것이온데, 폐하께서는 홀로 이에 미처 마음을 쓰지 않으실 이유가 있사옵니까.　　　　　　　　　　　　　　　　　　　－ 『대한계년사』 －

● 출제 포인트 분석

독립 협회는 의회 설립을 통하여 근대 개혁을 추진하고 백성들의 뜻을 국정에 반영하려는 운동을 전개하였다. 이로 인해 중추원 의원의 과반수를 독립 협회에서 선발한다는 고종의 의회식 중추원 관제 반포를 이끌어냈다.

합격생의 비법

아관 파천(1896)

일제가 을미사변을 일으킨 이후 신변에 위협을 느낀 고종은 1896년 경복궁을 떠나 러시아 공사관으로 거처를 옮겼다.

서재필

갑신정변 실패 이후 일본으로 망명하였다가 미국으로 건너가 유학하였다. 서재필은 귀국한 뒤 독립신문을 창간하였다.

독립문

합격생의 비법

중추원

갑오개혁 당시 의정부 산하 기구이다. 법률 및 칙령의 개정과 폐지, 의정부의 건의 및 자문 사항, 국민의 청원 등을 심의·의결하여 황제와 의정부를 견제하였다. 의장, 부의장, 50인의 의원으로 구성되었는데, 의원 50명 중 반을 독립 협회원이 선출하는 민선 의원으로 충당하는 것이 관제에 포함되었다.

출제 사료	헌의 6조

제1조 외국인에게 기대하지 아니하고 관민이 동심 협력하여 전제 황권을 공고히 할 것.
제2조 외국과 이권에 관한 계약과 조약은 각 대신과 중추원 의장이 합동 날인하여 시행할 것.
제3조 국가 재정은 탁지부에서 모두 관리하고 예산, 결산을 국민에게 공포할 것.
제4조 중대 범죄를 공판하되, 피고의 인권을 존중할 것.
제5조 지방관을 임명할 때에는 정부에 그 뜻을 물어 주의에 따를 것.
제6조 장정을 실천할 것.

합격생의 비법

황국 협회

1898년 홍종우, 이기동, 길영수 등이 보부상과 연계하여 만든 단체이다. 개화 세력을 탄압하기 위하여 수구 세력이 조직하였다. 황실과 정부의 정책을 지지하며 만민 공동회장을 습격하고 테러를 감행하는 등 독립 협회와 대립하였다.

시험에 자주 등장해요

독립 협회의 활동을 묻는 문제가 자주 출제됩니다. 서재필, 독립신문, 만민 공동회, 헌의 6조는 꼭 기억하세요.

4) 해산

배경	독립 협회의 적극적인 정치 활동, 의회식 중추원 관제 반포 → 보수 세력의 위기의식 고조
전개	독립 협회가 박정양을 대통령, 윤치호를 부통령으로 하는 공화정을 추진한다고 주장(보수 세력의 모함) → 박정양 내각의 해산, 고종의 독립 협회 해산 명령 → 독립 협회의 대응(만민 공동회 개최) → 황국 협회와의 충돌을 조장해 만민 공동회 강제 해산

5) 의의와 한계

의의	최초의 민주주의 정치 운동, 민중에 의한 근대화 운동, 근대적 민족 운동
한계	외세 배척 운동이 주로 러시아에 한정 → 미국, 일본, 영국에 대해서는 우호적 태도를 취함

❹ 대한 제국의 수립

고종 황제

황궁우와 원구단(환구단)

1) 대한 제국 수립 당시의 상황

대내적	• 아관 파천으로 열강의 이권 침탈 심화 → 자주성 손상 • 정부 관료, 유생, 독립 협회 등 고종의 환궁 요구 → 근대 국가 수립을 위한 국민의 여론 조성
대외적	조선에 대한 러시아의 세력 독점을 견제하려는 국제적 여론 조성

2) 대한 제국의 성립(1897) : 고종의 경운궁 환궁 → 대한 제국 선포(국호 : 대한 제국, 연호 : 광무), 원구단에서 황제 즉위식 거행(자주독립 의지 표명)

3) 광무개혁

① 원칙 : 구본신참(舊本新參, 옛 것을 근본으로 새 것을 참조)을 원칙으로 점진적인 개혁 추구

② 개혁 내용

정치	• 황제권 강화 : 황제가 모든 권력 독점, 왕실 재정 확충 → 독립 협회의 정치 개혁 운동 탄압 • 지방 행정 구역 변경 : 23부에서 13도제로 변경, 의정부 부활, 중추원 구성, 평양을 서경으로 격상 • 대한국 국제 반포(1899) : 자주독립과 전제 황권 강화 표방, 육해군의 통수권·입법권·사법권·행정권·관리 임면권·조약 체결권·외교권 등 모든 권한이 황제에게 있음을 천명

경제	• 양전 사업 실시 : 양지아문 설치, 지계 발급(근대적 토지 소유서) • 상공업 진흥책 실시 : 근대적 회사와 공장 설립, 외국에 유학생 파견
사회	• 실업 교육 강조 : 외국에 유학생 파견, 실업 · 기술학교 설립 • 교통 · 통신 · 전기 · 의료 등 근대적 시설 확충
군사	• 원수부 설치(1899) : 중앙과 지방의 군대 지휘 · 감독, 황제의 군대 장악 • 시위대(서울) · 진위대(지방) 증강, 무관학교 설립
외교	• 교민을 보호하기 위해 해삼위(블라디보스토크)에 통상 사무관, 간도 관리사 이범윤 파견 • 한 · 청 통상 조약 체결 : 대한 제국과 청이 대등한 주권 국가로 체결한 최초의 조약

지계
재정 확보를 위해 양지아문과 지계아문을 설치하고, 양전 사업을 실시하며 토지 소유권과 관련된 내용이 기록된 지계를 발급하였다.

원수부
국방, 용병, 군사에 관한 직무를 수행하기 위해 설치한 황제 직속의 최고 군 통수 기관이다. 대원수는 황제, 부원수는 황태자가 맡아 황제가 군 통수권을 장악하였다.

시험에 자주 등장해요
광무개혁의 내용을 묻는 문제가 자주 출제됩니다. 황제권 강화, 지계 발급, 원수부 설치, 대한국 국제는 꼭 기억하세요.

출제 사료	대한국 국제

제1조	한국은 세계 만국이 공인한 자주독립 제국이다.
제2조	대한국의 정치는 만세불변의 전제 정치이다.
제3조	대한국 대황제는 무한한 군권을 누린다.
제5조	대한국 대황제는 육해군을 통솔한다.
제6조	대한국 대황제는 법률을 제정하여 그 반포와 집행을 명하고, 대사, 특사, 감형, 복권 등을 명한다.
제7조	대한국 대황제는 행정 각 부의 관제를 정하고, 행정상 필요한 칙령을 발한다.
제9조	대한국 대황제는 각 조약 체결 국가에 사신을 파견하고, 선전, 강화 및 제반 조약을 체결한다.

③ 한계 : 집권층의 보수적 성향, 일본 등 열강의 간섭으로 큰 성과를 거두지 못하였음

❺ 항일 의병 운동의 전개

1) 을미의병(1895)

배경	을미사변(일본의 명성 황후 살해), 단발령 실시
주도 세력	유인석, 이소응 등 위정척사 사상을 바탕으로 보수적 양반 유생층
구성원	일반 농민과 동학 농민군 잔여 세력
활동	개화 정책을 추진하는 지방 관아 공격, 친일 관리 처단, 일본 수비대 공격
해산	아관 파천 이후 단발령 철회, 고종의 해산 권고 조칙 발표 → 유생 의병장의 자진 해산 → 일부 농민이 활빈당 조직(반침략 · 반봉건 활동 지속 전개)

출제 사료	을미의병

• 국모(國母)가 섬 오랑캐에 해를 입었으니 하늘과 땅이 바뀌었고, 성상(聖上)이 이 단발의 욕을 받았으니 해와 달이 빛을 잃었도다.
                                                            - 『관동창의록』 -
• 아! 왜놈들의 소위 신의나 법리는 말할 것도 없거니와 저 국적놈들의 몸뚱이는 뉘를 힘입어 살아왔던가. 원통함을 어찌하리. 국모의 원수를 생각하며 이를 갈았는데, 참혹함이 더욱 심해져 임금께서 또 머리를 깎으시는 지경에 이르렀다.
                                                            - 『창의견문록』 -

신돌석

평민 출신 의병장으로 평해, 울진 등 강원도와 경상도 경계 지역에서 태백산맥의 험준한 산악 지대를 기반으로 유격 전술을 펴 일본군에게 타격을 주었다.

2) 을사의병(1905)

배경	을사늑약(을사조약) 체결(외교권 박탈, 통감부 설치)
주도 세력	• 민종식, 최익현 등 유생 출신 전직 관료가 대부분 • 신돌석 등 일부 평민 의병장 출현
의의	• 폭넓고 다양한 계층의 참여 : 관료 출신, 유생, 평민 출신, 농민, 포수, 영학당과 활빈당의 무리 • 의병의 정예화 : 전투 능력 확보에 주력하여 전술상의 변화가 나타남

출제 사료   을사의병

아! 지난 10월 20일의 변은 전 세계 고금에 일찍이 없었던 것이다. 우리에게 이웃 나라가 있어도 스스로 결교(結交)하지 못하고 타인을 시켜 결교하니 이것은 나라가 없는 것이요, 우리에게 토지와 인민이 있어도 스스로 주장하지 못하고 타인을 시켜 대신 감독하게 하니, 이것은 임금이 없는 것이다. 나라가 없고 임금이 없으니 우리 삼천리 인민은 모두 노예이며 신첩일 뿐이다. 남의 노예나 남의 신첩이 된다면 살았다 하여도 죽는 것만 못하다.
                                     －『면암집』－

합격생의 비법

서울 진공 작전

13도 창의군이 서울의 일제 통감부를 타도하고, 서울을 일제로부터 해방시켜 국권을 회복하자는 목표로 서울 진공 작전을 펼쳤으나 실패하였다. 이때 의병은 서울 주재 각국 공사관에 의병을 국제법상 교전 단체로 승인해줄 것을 요구하는 서신을 발송하여 스스로 독립국임을 내세웠다.

합격생의 비법

남한 대토벌 작전

1909년 9월부터 약 2개월간 남한 지역 의병에 대한 대대적인 토벌 작전이 일본군에 의해 자행되었다.

시험에 자주 등장해요

항일 의병 운동을 묻는 문제가 자주 출제됩니다. 을미의병, 을사의병, 정미의병이 일어난 원인을 꼭 기억하세요.

3) 정미의병(1907)

배경	고종의 강제 퇴위, 군대 해산(1907. 7. 31.)
특징	• 해산한 군인의 합류 → 의병의 조직화, 전투력 강화 • 전면적인 의병 전쟁으로 발전 → 전 계층, 전 지역 참여
전개	• 연합 의병의 결성 : 양반 유생 의병장들 중심, 전국의 의병 부대 연합 → 13도 창의군 결성(총대장 이인영, 군사장 허위) → 서울 진공 작전 전개(1908) → 실패 • 호남 의병의 활동 : 서울 진공 작전 실패 이후 전국 연합 의병 해체 → 지역별 독자적 전투 전개, 호남 지역 중심으로 치열한 의병 활동 전개 → 일제의 '남한 대토벌 작전(1909)' 전개 → 의병 부대의 만주 및 연해주 이주(독립운동의 근거지 마련)

항일 의병의 모습

항일 의병 운동에 농민, 해산 군인, 노동자, 상인, 광부, 어민 등 각계각층이 참여하였다.

출제 사료   정미의병

• 융희 원년(1907) 8월 19일. 가평 · 원주 · 제천의 여러 의병 봉기는 모두가 해산병들로 서양 총을 가지고 있고 일찍이 조련을 거쳤으며 규율이 있어 일병과 교전에서는 살상이 심히 많고 세력이 대단히 장대하여 의병 수가 4~5천 명이라고 한다.   －『속음청사』－

• 군대를 움직이는 데 가장 중요한 점은 고립을 피하고 일치단결하는 것에 있다. 따라서 각 도의 의병을 통일하여 둑을 무너뜨릴 기세로 서울에 진격하면, 전 국토가 우리의 손 안에 들어오고 한국 문제의 해결에 있어서도 유리하게 될 것이다.   － 이인영의 격문 －

4) 의병 운동의 의의와 한계

의의	국권 회복을 위한 무장 투쟁 주도, 항일 무장 독립 투쟁의 기반 마련 → 일제의 식민지 정책에 타격
한계	조직력과 화력의 열세로 일본 군대 제압에 어려움, 양반 유생 의병장의 봉건적 지배 질서 체제 유지로 내적 결속 약화, 외교권 상실로 국제적 고립

5) 의열 투쟁의 전개

① 국내 : 나철·오기호(을사오적 암살단 조직), 이재명(이완용 저격 실패)

② 국외

　㉠ 전명운·장인환(1908) : 미국 샌프란시스코에서 친일 외교 고문인 스티븐스 사살

　㉡ 안중근(1909) : 만주 하얼빈에서 침략의 원흉인 이토 히로부미 사살

안중근

사회 진화론

영국의 생물학자 다윈이 주장한 진화론을 스펜서가 인간 사회에 적용한 이론이다. 약육강식과 적자생존의 원리가 국제 사회에서도 그대로 적용된다는 내용이다. 이는 제국주의 열강의 약소국 침략과 식민 지배를 인정하는 데 이용되었다.

❻ 애국 계몽 운동의 전개

1) 애국 계몽 운동의 의미

시기	을사늑약(을사조약) 체결 전후 ~ 국권 피탈
주도 세력	주로 개화 자강 계열의 지식인, 관료, 개혁적 유학자들이 주도
목표	교육과 산업을 통한 민족의 실력 양성, 국권 회복 추구
사상	당시 국제 관계를 약육강식, 적자생존의 원리가 지배하는 힘의 각축장으로 인식하는 사회 진화론을 바탕으로 함

2) 애국 계몽 운동 단체의 활동

안창호

보안회 빈출 (1904)	일제의 황무지 개간권 요구 반대 운동 빈출 → 일제의 요구 철회
헌정 연구회 (1905)	• 주도 : 독립 협회 출신 인사들 • 활동 : 입헌 군주제 수립, 국민의 민권 확대 주장 • 해산 : 일진회의 친일 행위 규탄으로 강제 해산
대한 자강회 빈출 (1906)	• 목표 : 교육 진흥, 산업 개발 등 실력 양성을 통한 국권 회복 • 활동 : 헌정 연구회 계승, 전국에 지회 설치, 월보 간행, 강연회 개최 • 해산 : 고종 강제 퇴위 반대, 정미 7조약 반대 운동 전개 → 보안법 적용 해산
대한 협회 (1907)	• 목표 : 대한 자강회 계승, 교육 보급, 산업 개발, 민권 신장 • 친일적 성격으로 변화
신민회 빈출 (1907)	• 조직 : 안창호, 양기탁, 이동휘, 이동녕 등이 주도한 비밀 결사 • 목표 : 국권 회복, 공화정체의 근대 국민 국가 건설 • 교육 활동 : 대성 학교(평양, 안창호)·오산 학교(정주, 이승훈) 설립, 태극서관 빈출 설립(교과서, 서적 출판 보급), 조선 광문회 조직(고전 간행) • 경제 활동 : 자기 회사 빈출 설립(평양), 방직 공장·연초 공장 건설 • 독립운동 : 서간도 삼원보에 독립운동 기지 건설, 신흥 무관 학교 설립 → 항일 무장 투쟁의 기반 마련 • 해체 : 일제가 조작한 105인 사건(1911)으로 해체

105인 사건

일제는 데라우치 총독 암살 미수 사건을 조작하여 600여 명의 민족 지도자를 체포·고문하고 105명을 유죄 판결하였다. 이 사건을 계기로 신민회가 해체되었다.

신민회의 활동을 묻는 문제가 자주 출제됩니다. 특히 교육 활동, 경제 활동, 독립운동으로 나누어 꼭 기억하세요.

- 무릇 우리나라의 독립은 오직 자강(自强)의 여하에 있을 따름이다. 우리나라가 과거에 자강의 방법을 강구하지 않아, …… 마침내 오늘날 외국인의 보호를 받게 되었으니 …… 자강의 방법은 다른 데 있는 것이 아니라 교육을 진작하고 산업을 일으키는 데 있다. 무릇 교육이 일어나지 못하면 국민의 지식이 열리지 않고, 산업이 일어나지 않으면 나라의 부가 늘어나지 못하는 것이다. 그러므로 국민의 지식을 열고 국력을 기르는 길은 무엇보다도 교육과 산업의 발달에 있지 않겠는가? 교육과 산업의 발달이 곧 하나뿐인 자강의 방도임을 알 수 있을 것이다.

                    – 대한 자강회 월보, 제1호 –

- 신민회는 무엇을 위하여 일어남이뇨? 민습(民習)의 완고 부패에 신사상이 시급하며, 민습의 우미(愚迷)에 신교육이 시급하며, …… 무릇 우리 대한인은 내외를 막론하고 통일 연합으로써 그 진로를 정하고 독립 자유로써 그 목적을 세움이니, 이것이 신민회가 원하는 바이며, 신민회가 품어 생각하는 소이이니, 간단히 말하면 오직 신정신을 불러 깨우쳐서 신단체를 조직한 후에 신국을 건설할 뿐이다.

                    – 신민회 결성 취지문 –

서북 학회

한성부에서 평안도, 황해도, 함경도 출신의 인사들이 조직한 서북 학회는 기존의 서우 학회와 한북 흥학회를 통합하여 창설하였다.

3) 교육 활동과 언론 활동

① 교육 활동 : 서양의 근대 학문 교육, 애국심 고취

  ㉠ 학회 설립 : 기호 흥학회(경기와 충청), 서북 학회(관서와 관북), 관동 학회(강원) → 학보 발간, 대중 계몽 활동

  ㉡ 사립학교 설립 : 보성 학교, 양정의숙, 대성 학교 등 → 신교육 보급

② 언론 활동 : 국민 계몽과 애국심 고취, 일제의 국권 침탈에 저항

  ㉠ 황성신문 : 장지연의 '시일야방성대곡' 게재(을사늑약 규탄)

  ㉡ 대한매일신보 : 국채 보상 운동 지원, 항일 의식 고취하는 논설 게재 (박은식, 양기탁, 신채호)

4) 식산흥업 활동

① 상권 보호 운동 : 상업 회의소, 협동 회의소 등 상업 단체 설립

② 근대 산업 발전 장려 : 상회사, 공장, 실업학교 설립

③ 국채 보상 운동 전개(1907) : 일제의 경제적 예속화 정책 차단이 목적

5) 의의와 한계

의의	• 국권 회복과 근대 국민 국가 건설 추구 • 경제적 · 문화적 실력 양성과 군사력 양성을 통한 무장 투쟁의 기반 마련 → 장기적인 민족 독립운동 기반 조성
한계	• 일제에 정치적 · 군사적으로 예속된 상황에서 전개 • 사회 진화론을 수용하여 강자의 약자에 대한 지배와 착취, 제국주의 침략을 긍정하는 논리 • 개혁의 주체를 지배층으로 한정 → 농민층과의 연결에 한계, 항일 의병 운동 비하

❼ 간도와 독도

간도	• 고대 : 고구려와 발해의 활동 무대
	• 19세기 중엽 이후 : 활발한 한국 농민의 이주, 간도 지역에 집단 거주지 형성 → 청과의 국경 문제 대두
	• 20세기 초
	  – 1902년 청의 간도 귀속 주장, 이범윤을 간도 관리사로 파견 → 간도 주민에 대한 직접적인 관할권 행사
	  – 1909년 간도 협약 체결 → 일본은 안봉선 철도를 비롯한 이권을 얻는 대가로 간도를 청의 영토로 인정함

독도	• 숙종 22년(1696) 동래 어민 안용복이 울릉도에 침입한 일본 어민 힐책 → 일본에 건너가 울릉도와 독도가 조선의 영토임을 확인 받음 • 1882년 일본 어민의 침범이 잦자 울릉도 경영에 나서 주민 이주 장려 → 개척령 반포 • 대한 제국 시기 울릉도를 울도군으로 승격시켜 독도를 관할하게 함 • 러 · 일 전쟁 때 일본이 죽도(다케시마)로 명명하면서 불법으로 점령함 • 독도에 관한 기록 : 『세종실록지리지』, 『삼국사기』, 『신증동국여지승람』, 『고려사』 등

시험에 자주 등장해요

간도와 독도를 묻는 문제가 자주 출제됩니다. 간도는 간도 협약, 독도는 안용복과 러 · 일 전쟁 때 일본의 불법 점령은 꼭 기억하세요.

연표
1904. 2.   1904. 8.   1905. 9.   1905. 11.   1907. 7.   1909   1910. 8.

러·일 전쟁 발발,   제1차 한·일 협약   포츠머스 조약   을사늑약   한·일 신협약   기유각서   한국 병합 조약
한·일 의정서

04 일제의 침략과 국권 침탈

출제 빈도 **상** | **중** | 하

① 20세기 초 동아시아의 정세 변화

합격생의 비법

한반도를 둘러싼 러시아와 일본의 대립

당시 한반도는 청·일 전쟁 이후 팽창 정책을 추진하는 일본에게는 대륙으로 진출하기 위한 관문이었고, 러시아에게는 시베리아 배후 지역이며 부동항을 얻을 수 있는 거점이었기 때문에 러시아와 일본 양국 모두에게 한반도로의 진출은 중요한 과제였다.

1) 러시아의 남하와 일본의 제국주의화

① **러시아의 남하** : 조·러 수호 통상 조약 체결(1884) → 조선이 러시아와 비밀 협약 체결 시도, 청의 방해로 실패(1885, 1886) → 조·러 육로 통상 장정 체결(1888) → 아관 파천(1896) → 러시아가 삼국 간섭을 통해 청으로부터 뤼순, 다롄을 조차하는 이권 확보(1898) → 중국에서 의화단 운동이 일어나자 러시아가 연합군에 가담하여 진압하고 만주 점령(1900)

② **일본의 제국주의화** : 19세기 말 경공업 발전 → 청·일 전쟁(1894~1895)에서 승리한 이후 청으로부터 받은 배상금을 기반으로 공업화 추진, 군사력 강화

2) 러시아와 일본의 대립

① **제1차 영·일 동맹**(1902) : 러시아의 남하를 경계하고 있던 일본이 영국과 동맹 체결

② **용암포 사건**(1903) : 러시아가 압록강 하구의 용암포를 강제로 점령하고 군사 기지로 조차 시도 → 러·일 전쟁 유발

③ **러시아의 한반도 39도선 분할 제시**(1903) : 러시아는 일본의 경부선 철도 부설로 일본이 한반도를 군사적으로 이용할 것을 우려 → 북위 39도선 이북 지역을 중립 지대로 설정할 것을 제안 → 일본의 거절

3) 러·일 전쟁(1904~1905) : 삼국 간섭 이후 러시아에 대한 일본의 적대감 증폭 → 러시아의 독주를 견제하려던 영국과 미국의 일본 지지 → 제1차 영·일 동맹(1902) → 대한 제국의 국외 중립 선언(1904) → 대한 제국의 국외 중립 선언 무시 → 일본의 러시아 기습 공격(1904, 러·일 전쟁) → 일본의 승리 → 포츠머스 조약 체결(1905. 9, 한반도에 대한 독점적 지배를 인정)

출제 사료	포츠머스 조약(1905)

러시아 제국 정부는 일본국이 한국에서 정치·군사상 및 경제상의 탁월한 이익을 갖는다는 것을 인정하고, 일본국 정부가 한국에서 필요하다고 인정하는 지도·보호 및 감리의 조치를 하는 데 이를 저지하거나 간섭하지 않을 것을 약정한다.

❷ 일본의 국권 침탈

1) 한국에 대한 일본의 내정 간섭

① **한·일 의정서**(1904. 2.) : 일본이 러·일 전쟁 수행에 필요한 **군용지를 임의로 사용**하기 위해 조약 체결 강요, 군사적 요지와 시설 점령, 한국과 러시아 간 모든 조약과 이권 계약 파기

출제 사료	한·일 의정서

1. 한국 정부는 시정 개선에 관한 일본 정부의 충고를 받아들인다.
2. 일본 정부는 한국 황실을 확실한 친의(親誼)로 안전하게 한다.
3. 일본 정부는 한국의 독립 및 영토 보전을 확실히 보증한다.
4. 한국 정부는 일본이 행동에 충분한 편의를 제공하고, 일본은 이 같은 목적 달성을 위해 군략상 필요한 지점을 언제든지 수용한다.
5. 한국 정부와 일본 정부는 상호 간 승인 없이는 후일 본 협정의 취지에 위배되는 협약을 다른 나라와 체결할 수 없다.
6. 본 협약에 관련되는 세부 사항은 일본 정부 대표와 한국 외부대신 간에 협의하여 정한다.

② **제1차 한·일 협약**(1904. 8.) : 러·일 전쟁이 일본에 유리하게 전개되자 일본은 재정과 외교 분야 등에 **일본이 추천하는 외국인 고문을 파견**하였음 (재정 고문 메가타, 외교 고문 스티븐스) → **일본의 내정 간섭 본격화**

출제 사료	제1차 한·일 협약

제1조 대한 제국 정부는 대일본 제국 정부가 추천한 일본인 1명을 재정 고문에 초빙하여 재무에 관한 사항은 모두 그의 의견을 들어 시행할 것.
제2조 대한 제국 정부는 대일본 제국 정부가 추천한 외국인 1명을 외교 고문으로 외부에서 초빙하여 외교에 관한 중요한 업무는 모두 그의 의견을 물어 시행할 것.

– 재정 및 외교 고문 용빙에 관한 한·일 각서(제1차 한·일 협약) –

2) 열강의 한국 지배 승인

가쓰라·태프트 밀약 (1905. 7.)	일본의 한국 지배권과 미국의 필리핀 지배권 상호 승인 → 러시아의 남하 저지 의도
제2차 영·일 동맹 (1905. 8.)	일본의 한국 지배권과 영국의 인도 지배권 상호 승인
포츠머스 조약 (1905. 9.)	러·일 전쟁 이후 체결 → 러시아군의 만주 철수, 일본의 한국 지배 인정, 랴오둥 반도 조차권 및 남만주 철도와 부속지 지배권 양도, 사할린 남부 할양 등

출제 사료	가쓰라·태프트 밀약

1. 일본은 필리핀에 대하여 하등의 침략적 의도를 품지 않으며, 미국의 필리핀 지배를 확인한다.
2. 극동의 평화를 위해 미·영·일 삼국은 실질적인 동맹 관계를 확보한다.
3. 러·일 전쟁의 원인이 된 한국은 일본이 지배할 것을 승인한다.

3) 을사늑약(제2차 한·일 협약, 을사조약, 1905. 11.)

① 체결 과정 : 고종과 한국 대신들이 을사늑약 체결 거부 → 일본 정부의 특사로 온 이토 히로부미가 군대를 동원하여 고종 위협 → 이완용 등 을사오적을 앞세워 강제로 조약 체결(고종의 비준을 거치지 않아 국제법상 효력을 가지지 못함)

② 내용 : 대한 제국의 외교권 박탈, 통감부 설치(초대 통감, 이토 히로부미), 각 개항장에 이사관 설치

출제 사료	을사늑약(제2차 한·일 협약)

제2조 일본 정부는 한국과 타국 간에 현존하는 조약의 실행을 완전히 하는 책임을 맡고, 한국 정부는 금후에 일본 정부의 중재를 거치지 아니하고 국제적 성질을 가진 어떠한 조약이나 약속을 맺지 않을 것을 서로 약속한다.

제3조 일본 정부는 그 대표자로 하여금 한국 황제 폐하의 밑에 1명의 통감을 두되, 통감은 오로지 외교에 관한 사항을 관리하기 위해 경성에 주재하고 친히 한국 황제 폐하를 알현할 권리를 가진다.

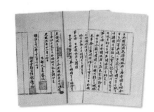

을사늑약

③ 저항의 모습

의병	최익현, 신돌석 등
자결·순국	민영환, 조병세, 홍만식, 송병선, 이상철, 김봉학 등
언론	황성신문(시일야방성대곡), 대한매일신보(고종의 친서 발표)
대한 제국(고종)	대한매일신보 창간 지원(반일 언론 활동), 러시아에 밀사 파견, 헤이그 특사 파견, 미국에 을사늑약 무효 전문 전달(헐버트) 등
오적 암살단 조직	나철, 오기호 등

4) 한·일 신협약(제3차 한·일 협약, 정미 7조약, 1907. 7.)

① 과정 : 일본이 헤이그 특사 파견 비출을 빌미로 고종 강제 퇴위 → 한·일 신협약 체결

② 내용 : 통감의 권한 강화(법령 제정, 고등 관리 임면 등), 차관 정치 제도(통감이 추천한 일본인이 정부의 주요 관직 차지), 군대 해산, 보안법 공포(집회와 결사의 자유 박탈) 등

③ 결과

각종 법령 제정	보안법, 신문지법, 출판법 등 제정 → 문화 계몽 운동 탄압
군대 강제 해산	해산된 군인의 일부가 일본에 저항하다 의병에 합류

출제 사료	한·일 신협약

제1조 한국 정부는 시정 개선에 관하여 통감의 지도를 받을 것.
제2조 한국 정부는 법령 제정 및 중요한 행정상 처분은 미리 통감의 승인을 거칠 것.
제3조 한국의 사법 사무는 보통 행정 사무와 이를 구분할 것.
제4조 한국 고등 관리의 임면은 통감의 동의로써 이를 행할 것.
제5조 한국 정부는 통감이 추천한 일본인을 한국 관리로 임명할 것.
제6조 한국 정부는 통감의 동의 없이 외국인을 한국 관리로 용빙(傭聘)하지 아니할 것.

부수 비밀 각서
제3조 다음 방법에 의하여 군비를 정리함.
1. 육군 1대대를 존치하여 황궁 수위를 담당하게 하고 기타 부대는 해체한다.

5) 기유각서 체결(1909. 7.) : 사법권과 감옥 사무 박탈, 통감부에 사법청 설치
6) 한국 병합 조약(1910. 8.) : 일본의 병합 여론 유도 → 일진회의 합방 청원서 제출 → 한국 병합 조약의 강제 체결 → 일본의 식민지로 전락

출제 사료	한국 병합 조약

제1조 한국 황제 폐하는 한국 정부에 관한 모든 통치권을 완전 또는 영구히 일본 황제 폐하에게 양여한다.
제2조 일본국 황제 폐하는 제1조에 기재한 양여를 수락하고 완전히 한국을 일본 제국에 병합함을 승낙한다.

한 · 일 의정서(1904. 2.)
↓
제1차 한 · 일 협약(1904. 8.)
↓
가쓰라 · 태프트 밀약(1905. 7.)
↓
제2차 영 · 일 동맹(1905. 8.)
↓
포츠머스 조약(1905. 9.)
↓
을사늑약(1905. 11.)
↓
한 · 일 신협약(1907)
↓
기유각서(1909. 7.)
↓
한국 병합 조약(1910. 8.)

일제의 국권 침탈 과정

1882	1889	1905	1907	1908
조·청 상민 수륙 무역 장정 체결	방곡령 실시(~1890)	화폐 정리 사업 실시	국채 보상 운동	동양 척식 주식회사 설립

05 개항 이후의 경제와 사회

출제 빈도 상 | 중 | 하

❶ 열강의 경제 침탈

1) 일본과 청의 경제 침탈

① 일본 상인의 무역 독점(개항 직후)

㉠ 특징

- 약탈 무역 전개 : 강화도 조약과 부속 조약, 조·일 통상 장정 이용 → 치외법권, 일본 화폐 사용, 무관세 등
- 거류지 무역 실시 : 개항장에서 10리 이내로 상인의 활동 제한 → 객주, 여각, 보부상 등 조선 상인 성장
- 중계 무역 실시 : 영국산 면직물을 조선에 판매하고 조선의 쌀, 콩, 쇠가죽, 금 등을 일본에 반출함(미면 교환 체제)

㉡ 영향 : 곡물의 대량 유출로 국내 곡식 가격이 폭등하고 식량이 부족해짐, 값싼 영국산 면제품의 유입으로 전통적인 가내 수공업이 타격을 받음

② 일본과 청의 상권 침탈 경쟁(임오군란 이후)

배경	조·청 상민 수륙 무역 장정 체결 이후 청 상인의 경제적 침투 강화
내용	청 상인의 내지 통상권, 서울에서의 점포 개설 허용 → 최혜국 대우에 따라 외국 상인도 내륙 진출 가능
영향	• 객주, 여각, 보부상 등 중개 상인 몰락, 서울 상인들의 상권 위협 • 조선을 둘러싸고 청과 일본 사이의 상권 경쟁이 치열해짐 → 청·일 전쟁 이후 일본 상인들이 조선 시장을 독점함

2) 열강의 이권 침탈

배경	아관 파천 이후 최혜국 대우의 규정을 적용하여 열강의 이권 침탈 심화
내용	• 정부가 열강에 이권을 나눠주어 일본을 견제하려 함 • 철도 부설권 : 경인선(미국 → 일본), 경의선(프랑스 → 일본), 경부선(일본) • 광산 채굴권 : 운산 금광(미국), 은산 금광(영국), 당현 금광(독일), 직산 금광(일본) • 삼림 채벌권 : 압록강, 두만강, 울릉도 삼림 채벌권(러시아)

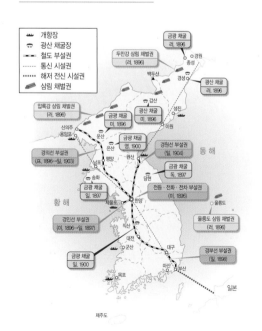

범례
- 개항장
- 광산 채굴장
- 철도 부설권
- ----- 통신 시설권
- ······ 해저 전신 시설권
- 삼림 채벌권

두만강 삼림 채벌권 (러, 1896)
금광 채굴권 (러, 1896)
광산 채굴 (러, 1896)
광산 채굴 (미, 1896)
압록강 삼림 채벌권 (러, 1896)
금광 채굴 (영, 1900)
경의선 부설권 (프, 1896 →일, 1903)
금광 채굴 (미, 1896)
경원선 부설권 (일, 1904)
광산 채굴 (독, 1897)
전등·전화·전차 부설권 (미, 1896)
금광 채굴 (일, 1897)
경인선 부설권 (미, 1896 →일, 1897)
울릉도 삼림 채벌권 (러, 1896)
금광 채굴 (일, 1900)
경부선 부설권 (일, 1898)

동 해
황 해
제주도
일본

열강의 이권 침탈

3) 일본의 토지 약탈과 재정 장악

① 일본의 토지 약탈

개항 초기	개항장 안의 일부 토지를 임대하여 사용, 고리대업으로 농지를 압류하여 빼앗음
청·일 전쟁 이후	일본 대자본가의 침투 → 전라도 일대에서 대농장을 경영함
러·일 전쟁 이후	• 경부선·경의선 등 철도 부지와 군용지 확보를 명목으로 토지 약탈 전개 • 동양 척식 주식회사 설립(1908) : 약탈한 토지를 관리하고 일본 농민의 이주를 장려하기 위해 설립 → 일제의 토지 약탈을 뒷받침함

② 일본의 재정 장악

⊙ **화폐 정리 사업(1905)** : 재정 고문 메가타의 주도로 전개, 금본위 화폐제 실시

내용	백동화와 엽전(상평통보)을 일본 제일 은행권으로 교체 → 전환국 폐쇄, 대한 제국의 화폐 발행권 박탈
문제점	교환 기간이 짧음, 백동화의 상태(갑종, 을종, 병종으로 구분)에 따라 교환 비율에 차별을 둠
영향	국내 상공업자들의 몰락, 화폐 부족 현상의 발생, 한국인이 설립한 은행의 파산, 제일 은행권이 조선의 통화로 인정(사실상 법정 통화)

출제 사료　　**구백동화 교환에 관한 건**

제1조　구백동화 교환에 관한 사무는 금고로 처리케 하여 탁지부 대신이 이를 감독함.
제2조　교환을 위하여 제공한 구백동화는 모두 화폐 감정역으로 이를 감정케 함. 화폐 감정역은 탁지부 대신이 이를 임명함.
제3조　구백동화의 품위(品位), 양목(量目), 인상(印象), 형체(形體)가 정화(正貨)에 준할 수 있는 것은 매개에 대하여 금 2전 5리의 비가로 신화로써 교환함이 가함.
　　　　　　　　　　　　　　　　　　　　　　　　　　　　　　　　　　　－ 관보, 1905 －

● **출제 포인트 분석**

일본에서 파견된 재정 고문 메가타는 화폐 정리 사업을 주도하였다. 화폐 정리 사업으로 백동화를 질에 따라 갑종, 을종, 병종으로 구분하고 을종과 병종 화폐는 제대로 교환해 주지 않아 국내 상공업자들이 몰락하였다. 또 일본은 식민 지배에 필요한 자금을 현지에서 조달할 수 있게 되면서 한국의 금융을 장악해 나갔다.

ⓛ **차관 제공** : 화폐 정리와 시설 개선을 명목으로 **일본의 차관 제공 강요** → 대한 제국의 재정 예속화

백동화

1894년 반포된 신식 화폐 발행 장정에 따라 발행된 보조 화폐이다. 재료 값이 액면가에 크게 못 미쳐서 인플레이션을 일으켰다.

❷ 경제적 구국 운동

1) 방곡령 실시

배경	개항 이후 일본 상인에 의해 곡물 반출 → 곡식 부족, 곡물 가격 폭등 → 도시 빈민, 농민층의 경제 파탄
내용	방곡령 선포 : 함경도(1889), 황해도(1889, 1890)에서 관찰사가 조 · 일 통상 장정(제37조)을 근거로 선포
결과	일본이 조 · 일 통상 장정의 절차상 규정 위반(통보받은 일수가 1개월이 되지 않는다고 주장)을 이유로 방곡령 철회 요구, 일본 상인들의 손해 배상 요구 → 방곡령 철회, 배상금 지불

출제 사료   방곡령의 선포

제37조   만약 조선국에 가뭄 · 수해 · 병란 등의 일이 있어 국내 식량 결핍을 우려하여 조선 정부가 잠정적으로 쌀의 수출을 금지하고자 할 때에는 반드시 1개월 전에 지방관이 일본 영사관에게 통고해야 한다. 또한 그러한 때는 그 시기를 미리 항구의 일본 상인에게 두루 알려 일률적으로 준수하게 한다.

– 조 · 일 통상 장정, 1883 –

2) 상권 수호 운동

합격생의 비법

상회사

근대적인 상업 체제로 설립된 회사이다. 외국 상인들의 침투에 대항하여 상권을 지키기 위해 설립되었으며, 1883년경부터 설립되었다. 평양에 설립된 대동 상회와 서울에 설립된 장통 회사가 가장 규모가 컸다.

배경	조 · 청 상민 수륙 무역 장정 체결 이후 외국 상인의 내륙 진출, 상권 침탈 심화 → 국내 상인의 몰락
내용	• 상회사의 설립 : 개항장의 객주를 중심으로 외국 자본과 경쟁하기 위해 설립 • 서울 시전 상인들의 철시(상인이 점포나 시장의 문을 닫고 휴업하는 집단 행동) 파업과 시위 투쟁 → 황국 중앙 총상회 결성(1898)

3) 독립 협회의 이권 수호 운동

합격생의 비법

황국 중앙 총상회

1898년 서울에서 시전 상인들이 결성한 단체이다. 외국 상인의 침투에 대항하여 민족적 권익을 수호하고 한국 시전 상인의 독점적 이익을 수호하고 유지하였다.

배경	아관 파천 이후 러시아를 비롯한 열강의 이권 침탈 심화
내용	만민 공동회 개최 → 러시아의 절영도 조차 요구 저지, 한 · 러 은행 폐쇄, 프랑스와 독일의 광산 채굴권 요구 저지

4) 황무지 개간권 요구 반대 운동

배경	러 · 일 전쟁 중 일제의 황무지 개간권 요구
내용	농광 회사의 설립, 보안회의 규탄 집회 개최 → 일제의 황무지 개간권 요구 철회

5) 국채 보상 운동(1907)

합격생의 비법

농광 회사

일부 관리와 한국인 실업가들은 우리의 힘으로 황무지의 개간을 주장하며 농광 회사를 설립하고 개간 특허를 요청하였다. 정부는 1904년 이를 허가하였다.

배경	일제의 차관 제공에 의한 경제 예속화
전개	대구에서 시작 → 국채 보상 기성회 조직(서울) → 금연, 패물 기부 등을 통한 모금 운동 전개, 애국 계몽 운동 단체와 언론 기관 참여, 각계각층의 호응으로 전국적으로 확대(일본 유학생, 미국과 러시아 동포 동참 등) → 통감부의 탄압으로 실패(양기탁 구속)
한계	상층민, 명문가, 부호 등의 참여가 저조하였음(서민층이 주로 호응)

국채 보상 운동 기념비

출제 사료	국채 보상 운동 취지서

지금 우리들은 정신을 새로이 하고 충의를 떨칠 때이니, 국채 1천 3백만 원은 우리 대한 제국의 존망에 직결된 것입니다. 이것을 갚으면 나라가 보존되고 이것을 갚지 못하면 나라가 망할 것은 필연적인 사실이나, 지금 국고에서는 도저히 갚을 능력이 없으며, 만일 나라에서 못 갚는다면 그때는 이미 3천리 강토는 내 나라 내 민족의 소유가 못 될 것입니다. …… 2천만 인민들이 3개월 동안 흡연을 금지하고, 그 대금으로 한 사람에게 매달 20전씩 거둔다면 1천 3백만 원을 모을 수 있습니다.

– 대한매일신보, 1907 –

● **출제 포인트 분석**

일제의 차관 제공으로 대한 제국의 경제가 일제에 예속화하자 **국민의 힘으로 국채를 갚고 국권을** 지키자는 국채 보상 운동이 대구를 시작으로 전국으로 확산되었다.

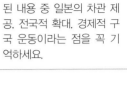

시험에 자주 등장해요

경제 구국 운동을 묻는 문제가 자주 출제됩니다. 특히 국채 보상 운동과 관련된 내용 중 일본의 차관 제공, 전국적 확대, 경제적 구국 운동이라는 점을 꼭 기억하세요.

6) 민족 자본의 육성

① 정부의 상공업 진흥 정책 : 서양 과학 기술의 도입, 도로와 항만 시설 확충, 상회사·해운 회사·철도 회사 등 설립, 일본에 유학생 파견 등

② 근대적 민족 자본의 형성

상업 자본의 성장	• 상회사 설립 : 대동 상회(1883, 평양), 장통 회사(1883, 서울) 등 → 근대적 주식회사로 발전 • 시전 상인의 활동 : 황국 중앙 총상회 조직(1898) → 상권 수호 운동 전개, 근대적 생산 공장에 투자 • 경강상인의 활동 : 일본 세곡 운반 증기선 독점 → 증기선을 구입하여 서울 중심의 미곡 유통 분야의 상권 유지 • 객주, 여각, 보부상의 활동 : 개항 초기 개항장과 내륙 연결 → 1880년대 이후 대다수 상인은 상권을 빼앗김, 객주는 성장하여 상회사를 설립함
산업 자본의 성장	조선 유기 상회(유기 공장), 종로 직조사 등 직조 공장(면직물 공업) 설립 → 근대적 공장으로 발전
금융 자본의 성장	조선은행(1896, 조선인 관료 중심), 한성은행(1897), 천일은행(1899, 민간 자본 은행) 등 설립 → 화폐 정리 사업으로 몰락

③ 한계 : 자본의 영세성, 기술 및 운영 방식의 미숙, 일본의 화폐 정리 사업 등으로 인해 어려움이 있었음

❸ 사회 구조와 의식의 성장

1) 평등 의식의 확산

신분제의 동요	• 조선 후기 상품 화폐 경제의 발달로 양반 수 증가, 상민과 노비의 수 감소 • 공노비 해방(1801) → 서얼·중인 등 모든 계층의 관직 진출 허용(1882) → 노비 세습제 폐지(1886)
신분제의 폐지	• 갑신정변(1884) : 문벌의 폐지, 인민 평등권 확립 시도 • 동학 농민 운동(1894) : 노비 문서 소각, 천인 차별 개선, 토지 균분 등 봉건 체제 타파 시도 • 갑오개혁(1894) : 법제적으로 신분제 폐지, 봉건적 악습 폐지 → 근대적 평등 사회의 제도적 기틀 마련
신분제의 폐지 이후	대한 제국의 광무개혁 : 호적 제도 개편 → 신분 대신 직업 기재

관민 공동회에서 연설하는 백정 박성춘의 모습

| 출제 사료 | 평등 의식의 확산 |

나는 대한의 가장 천한 사람이고 무지몰각합니다. 그러나 충군애국의 뜻은 대강 알고 있습니다. 이에 이국편민(利國便民)의 길인즉, 관민이 합심한 연후에야 가하다고 생각합니다. 저 차일에 비유하건대, 한 개의 장대로 받친 즉 역부족이나, 많은 장대를 합한 즉 그 힘이 공고합니다. 원컨대, 관민이 합심하여 우리 황제의 성덕에 보답하고, 국운이 만만세 이어지게 합시다.

– 백정 박성춘의 관민 공동회 연설문, 1898 –

● **출제 포인트 분석**
신분제가 폐지되고 평민과 천민의 사회의식이 성장하면서 백정이 관민 공동회의 연사로 등장하거나 시전 상인이 만민 공동회의 의장으로 선출되는 등 점차 평등 의식이 확산되었다.

2) 근대적 사회의식의 확산

독립 협회	자주 국권, 자유 민권, 자강 개혁을 바탕으로 민중 계몽 운동 전개
애국 계몽 운동	교육과 언론 활동을 통한 민중의 근대 의식과 민족의식 고취 → 근대적 사회의식 확산
평민과 천민의 활동	독립 협회 활동, 의병 운동, 활빈당, 국채 보상 운동 등에 참여 → 민족의식을 지닌 사회적 존재로 성장
여성의 사회 진출	• 개항 이후 남성과 동등한 권리 주장 → 여권통문 발표, 여학교 설립 주장 → 교육계, 의료계, 종교계 등 진출 • 국채 보상 운동을 계기로 여성의 사회 참여가 더욱 활발해짐

❹ 생활 모습의 변화

1) 의식주 생활의 변화
① 배경 : 서양과의 수교 이후 서양인과 접촉 → 본격적으로 서양 문물 도입
② 의식주 생활

양장한 엄귀비

의생활	• 신분에 따른 의복 차이 폐지, 갑오개혁 이후 관복의 간소화 • 서양 의복의 보급, 한복 개량, 여성의 장옷과 쓰개치마 폐지 주장, 양산 사용 등
식생활	• 겸상과 두레상 보급 • 커피 · 홍차 · 양과자 · 양식(서양), 중국요리 · 찐빵(중국), 어묵 · 단무지(일본) 등 외국 음식 전래
주생활	• 신분에 따른 집의 크기나 장식 규제 철폐 → 대규모 기와집 축조 • 개항장과 서울 지역 등에 일본식 건물과 서양식 건물 등장 **예** 명동 성당, 정동 교회, 덕수궁 석조전 등

2) 이주민의 생활 모습
① 배경 : 자연재해, 전염병, 생활고, 독립운동 기지 마련 등
② 지역

만주 지역	• 19세기 후반 : 가난한 농민들이 생활 터전을 찾아 이주 시작 • 20세기 초반 : 의병, 애국 계몽 운동가들의 독립운동 기지 건설
연해주 지역	• 19세기 후반 : 러시아가 변방 개척을 위해 조선인의 이주 장려 → 러시아의 귀화 정책 • 20세기 초반 : 한인 집단촌(신한촌) 형성 → 독립운동 기지 건설
미주 지역	• 보빙사 파견 이후 외교관, 유학생, 정치 망명객 등 미국 거주 • 하와이 사탕수수 농장으로 노동 이민 시작(1902) • 독립운동을 지원하기 위해 대한인 국민회 결성

06 근대 문화의 형성

출제 빈도 **상** | 중 | 하

❶ 근대 문물의 수용

근대 시설	• **박문국**(1883) : 최초의 근대식 인쇄 기관, 한성순보 간행 • **기기창**(1883) : 근대식 무기 제조 • **전환국**(1883) : 근대식 화폐 발행, 재정 고문 메가타에 의해 폐지(1904)
통신	• 우편 : **우정총국** 설치(1884) → 갑신정변으로 폐지(1884) → 을미개혁(1895) 때 부활, 만국 우편 연합 가입(1900) • **전화** : 경운궁에 가설(1898) → 점차 서울 시내로 확대 • 전신 : 부산~일본(1884, 일본), 서울~인천, 서울~의주(1885, 청)
전기	경복궁에 전등 가설(1887), **한성 전기 회사** 설립(황실과 미국인 콜브란의 합작, 1898)
교통	• **전차** : 서대문~청량리 사이에 운행 시작(1898) • 철도 : **경인선**(1899, 우리나라 최초의 철도, 제물포~노량진), **경부선**(1905, 서울~부산), **경의선**(1906, 서울~신의주)
의료	• 종두법(지석영) : 천연두의 예방과 치료 • **광혜원**(1885, 최초의 근대식 병원, 알렌의 경영, 후에 제중원으로 개칭), 세브란스 병원(1904), 대한 의원(1907, 중앙 국립 병원), 자혜 의원(1909, 지방 도립 병원) 등 설립
근대 건축	독립문(1896, 파리 개선문 모방), **명동 성당**(1898, 고딕 양식), **덕수궁 석조전**(1909, 르네상스 양식) 등

합격생의 비법

알렌

미국의 의료 선교사로 우리 나라에 온 알렌은 갑신정변 당시 개화당의 칼에 맞아 중상을 입은 민영익을 치료 하는 과정에서 왕실의 신임 을 얻었다. 고종은 알렌의 건의로 최초의 근대식 병원 인 광혜원을 설립하였다.

전화 교환원

전차의 개통

경인선 개통

독립문

명동 성당

덕수궁 석조전

시험에 자주 등장해요

근대 시설의 도입을 묻는 문제가 자주 출제됩니다. 철도의 부설, 우편 제도, 광 혜원, 근대 건축의 양식은 꼭 기억하세요.

❷ 언론 기관의 발달

1) 근대 신문의 발간 : 국민 계몽, 여론 활동 → 국권 회복 운동 확산, 민족의식 고취

2) 신문의 발행

① 개항 이후 정부의 신문 발행

한성순보(1883)	순한문	• 우리나라 **최초의 신문**, 박문국에서 10일에 한 번씩 간행(관보의 성격) → 개화 정책의 취지 설명, 국내외 정세 소개 • 갑신정변으로 박문국이 파괴되면서 중단
한성주보(1886)	국한문 혼용	• 한성순보 계승, 최초의 상업 광고 게재 • 재정난으로 박문국이 폐쇄되면서 중단

한성순보

출제 사료	한성순보

그러므로 우리 조정에서도 박문국을 설치하고 관리를 두어 외국 소식을 폭넓게 번역하고 아울러 국내 일까지 실어, 나라 안에 알리는 동시에 여러 나라에 반포하기로 하였다. 이름을 한성순보라 하여 견문을 넓히고 여러 가지 의문점을 풀어 주며 상리(商利)에도 도움을 주고자 하였다. 중국과 서양의 관보(官報), 신보(申報)를 우편으로 교신하는 것도 이런 뜻이다. ─ 한성순보 창간사 ─

● 출제 포인트 분석

당시 신문은 외국 신문을 번역하여 게재하고 국내 사건을 실었다. 한성순보는 당시 강대국과 약소국 사이에 벌어지는 전쟁, 군사 장비, 개화 문물, 의회 제도 등을 소개하였으며, 국내 기사로는 개인적인 일, 관에서 하는 일, 한성에서 하는 일 등을 게재하였다.

② 아관 파천 이후 민간의 신문 발행

독립신문(1896)	한글판, 영문판	• 서재필이 주도한 독립 협회의 기관지 • **최초의 민간 신문**, 한글판과 영문판 발행 • 독립 의식과 근대 민권 의식 고취 → 민중 계몽에 기여
매일신문(1898)	순한글	• 우리나라 최초의 일간 신문 • 배재 학당의 협성회보 계승
제국신문(1898)	순한글	• 서민층과 부녀자가 주요 독자층 • 한글의 중요성 강조, 신교육과 실업 발달 강조
황성신문(1898)	국한문 혼용	• 지식층과 양반 유생들이 주요 독자층 • 광무개혁의 구본신참 원칙에 따라 온건적·점진적 개혁 주장 • 장지연의 '시일야방성대곡' 게재(을사늑약 체결 반대)
대한매일신보 (1904)	순한글, 국한문판, 영문판	• 영국인 베델과 양기탁이 발행 • 강력한 반일 논조로 일제의 침략성 폭로 • 의병에 호의적인 기사를 통해 많은 독자 확보 • 국채 보상 운동의 확산에 기여
만세보(1906)	국한문 혼용	천도교 기관지
경향신문(1906)	순한글	천주교 기관지, 주간 신문
대한민보(1909)	국한문 혼용	대한 협회의 기관지, 만화 게재
국민신보(1906)	국한문 혼용	일진회의 기관지

베델
영국 특파원 출신인 베델은 양기탁과 함께 대한매일신보를 창간하였으며, 항일 언론을 주도하여 배일 사상을 고취하였다.

시험에 자주 등장해요

신문의 발간과 관련된 내용을 묻는 문제가 자주 출제됩니다. 특히 독립신문, 제국신문, 황성신문, 대한매일신보는 꼭 기억하세요.

독립신문

제국신문

황성신문

대한매일신보

3) 신문지법 제정(1907)

① 목적 : 애국 언론 기관들의 활동을 제약하고 탄압하기 위해 제정, 반일 논조 억압

② 내용

　㉠ 신문, 잡지 등 정기 간행물의 허가제와 보증금제로 발행 허가 억제

　㉡ 허가받은 정기 간행물도 발매·배포 금지

　㉢ 정간과 폐간 등의 규제를 할 수 있도록 법률로 정함

출제 사료	신문지법

제1조　신문지를 발행하려는 자는 발행지를 관할하는 관찰사를 거쳐 내부대신에게 청원하여 허가를 받아야 한다.

제10조　신문지는 매회 발행에 앞서 먼저 내부 및 그 관할 관청에 각 2부를 납부하여야 한다.

제11조　황실의 존엄을 모독하거나 국헌을 문란 혹은 국제 교의를 저해하는 사항을 기재할 수 없다.

제21조　내부대신은 신문지로써 안녕 질서를 방해하거나 풍속을 괴란케 한다고 인정될 때는 그 발매, 배포를 금지하고 이를 압수하며 그 발행을 정치 혹은 금지할 수 있다.

－ 신문지법, 1907 －

합격생의 비법

신문지법 제정·개정

일제는 반일 민족 운동을 탄압하기 위해 1907년 신문지법을 제정하였다. 이후 영국인 베델이 운영하는 대한매일신보가 반일 논조로 항일 민족 운동을 전개하자, 일제는 이를 탄압하기 위해 신문지법을 개정하기도 하였다.

❸ 근대 교육의 보급

1) 근대 교육의 시작

원산 학사 (1883)	• 최초의 근대 사립 학교 • 개화파 관리와 함경도 덕원부 상인들이 설립 → 근대 학문과 무술 교육
동문학 (1883)	통역관 양성을 위해 정부가 세운 영어 강습 기관
육영 공원 (1886)	• 최초의 근대 관립 학교 • 미국인 교사 헐버트 등 초빙 • 일부 상류층 자제에게 근대 학문 교육

2) 근대적 교육 제도의 마련

① 갑오개혁(1894) : 학무아문 설립, 과거 제도 폐지

② 교육입국 조서 반포(1895) : 소학교, 사범학교, 외국어 학교 등 관립 학교 설립, 근대식 교과서 편찬 → 교육의 필요성과 중요성 강조

③ 대한 제국 시기 : 한성 중학교 설립(1900, 관립 중학교), 각종 실업학교 및 기술 교육 기관 설립, 외국에 유학생 파견

합격생의 비법

육영 공원의 설립

우리나라 최초의 관립 학교인 육영 공원은 미국에서 헐버트, 길모어, 번커를 교수로 초빙하여 1894년 정부의 재정난으로 폐교될 때까지 양반 고관 자제들에게 근대 교육을 실시하여 인재를 키웠다.

시험에 자주 등장해요

근대 교육의 발달을 묻는 문제가 출제됩니다. 원산 학사, 육영 공원, 교육입국 조서는 꼭 기억하세요.

세계의 형세를 보면, 부강하고 독립하여 잘사는 모든 나라는 다 국민의 지식이 밝기 때문이다. 이 지식을 밝히는 것은 교육으로 된 것이니 교육은 실로 국가를 보존하는 근본이 된다. …… 이제 짐은 정부에 명하여 널리 학교를 세우고 인재를 길러 새로운 국민의 학식으로써 국가 중흥의 큰 공을 세우고자 하니, 국민들은 나라를 위하는 마음으로 덕(德)과 체(體)와 지(智)를 기를지어다. 왕실의 안전이 국민들의 교육에 있고, 국가의 부강도 국민들의 교육에 있도다.

– 교육에 관한 특별 조서, 1895 –

● 출제 포인트 분석

교육입국 조서는 고종이 발표한 교육에 관한 특별 조서로, 갑오개혁 이후 근대 국가를 건설함에 있어 교육을 국가의 중흥과 국가 보전의 기본으로 천명하였다. 이에 따라 정부는 소학교, 사범학교, 외국어 학교 등 각종 관립 학교를 설립하였다.

3) 사립학교의 설립

개신교 계열	• 기독교 선교, 근대 학문 교육 • 배재 학당, 이화 학당, 경신 학교, 정신 여학교, 숭실 학교 등 설립
민족주의 계열	• 을사늑약(을사조약) 체결 이후 교육 구국 운동, 민족의식 고취 • 대성 학교, 오산 학교, 보성 학교, 진명 여학교, 숙명 여학교 등 설립

배재 학당(1885)

이화 학당(1886)

대성 학교(1907, 평양)

4) 일제의 탄압 : 사립학교의 설립과 운영을 통제하기 위해 사립 학교령 발표 (1908)

❹ 국학의 연구

1) 배경 : 을사늑약(을사조약) 체결 이후 국권 상실의 위기감 고조 → 민족의식 고취, 민족 문화 수호를 위해 국학 연구가 활발해짐

2) 국어 연구

문체의 변화	• 국·한문체 보급 : 갑오개혁 이후 공문서와 교과서에 사용, 유길준의 『서유견문』 • 순한글 신문 간행 : 독립신문, 제국신문, 대한매일신보
국문 연구소 설립 (1907)	• 학부 내 설치한 국어 연구 기관 • 주시경(『국어문법』)과 지석영 중심, 국문 정리, 우리말 표기법 통일 노력

3) 역사 연구 : 근대 계몽 사학을 통해 민중 계몽, 애국심 및 민족의식을 고취하고자 함

국사 연구	• 신채호 : '독사신론' 발표(1908) → 역사 서술의 주체를 민족으로 설정, 일제의 식민 사관 비판, 근대 민족주의 사학의 연구 방향 제시 • 박은식 : 국가를 구성하는 정신적 요소인 '국혼'을 중시하여 민족정신 고취 • 역사 서적의 간행 　－ 현채의 『유년필독』, 정교의 『대한계년사』, 황현의 『매천야록』 등 → 일제의 침략 비판, 조국의 독립, 민족정신 강조 　－ 『을지문덕전』, 『강감찬전』, 『이순신전』 등 민족 영웅전 간행
외국 흥망사 소개	『미국독립사』, 『이태리건국삼걸전』, 『월남망국사』 등 소개

출제 사료 　독사신론

국가의 역사는 민족의 소장 성쇠를 서술하는 것이다. 민족을 빼면 역사가 없을 것이며, 역사를 알지 못한다면 그 민족의 애국심이 사라질 것이니, 역사가의 책임이 얼마나 큰가? …… 역사를 쓰는 사람은 먼저 민족의 형성 과정을 적고, 정치는 어떻게 번영하고 어떻게 쇠퇴하였는지, 산업은 어떻게 융성하고 쇠퇴하였는지, 무공(武功)은 어떻게 나아가고 물러갔으며, 그 문화는 어떻게 변화하였으며, 다른 민족과의 관계는 어떠하였는지를 서술해야 한다. 만일 민족을 주체로 한 역사 서술이 이루어지지 않는다면, 이는 무정신의 역사라. 무정신의 역사는 무정신의 민족을 낳고, 무정신의 국가를 만들 것이니 두렵지 아니한가.

－ 신채호, 대한매일신보, 1908 －

● **출제 포인트 분석**

'독사신론'은 신채호가 대한매일신보에 50회에 걸쳐 연재하던 글을 모은 미완성 논설이다. 신채호는 민족을 역사 서술의 주체로 설정하여 민족주의 사학의 기반을 마련하였고, 당시 일제에 의한 고대사의 왜곡을 강력하게 비판하였다.

시험에 자주 등장해요

국학의 연구를 묻는 문제가 자주 출제됩니다. 특히 신채호의 '독사신론'은 꼭 기억하세요.

4) **조선 광문회** : 최남선, 박은식 등이 춘향전, 심청전 등 민족 고전 정리 및 간행 → 민족 문화와 사상의 기원 연구

❺ 문예와 종교의 새 경향

1) 문예의 새 경향

① 문학

신소설	• 주제 : 자주독립, 신식 교육, 여권 신장, 신분 타파, 자유 결혼 등 계몽적인 내용 • 순한글, 언문일치의 문장 • 고전 소설에서 근대 소설로 넘어가는 과도기 역할(권선징악적 성격, 고전 소설의 요소를 완전히 극복하지 못함) • 이인직의 『혈의 누』(1906), 이해조의 『자유종』(1910), 안국선의 『금수회의록』(1908) 　◀ 『금수회의록』 안국선이 쓴 『금수회의록』은 1인칭 관찰자 시점의 '나'가 꿈속에서 까마귀, 여우, 개구리, 파리, 호랑이 등 동물의 회의를 참관한 내용을 기록한 소설이다. 동물들을 통해 개화기 당시 인간 사회를 신랄하게 비판하였고, 일본의 정책과 친일 정부 대신들을 비판하고 풍자하였다.
신체시	• 전통적인 가사의 틀에서 벗어나 자유시로 노래 • 최남선의 '해에게서 소년에게'
번역 문학	• 한국인의 서구 문화에 대한 이해와 근대 문학 발달에 기여 • 성경, 천로역정, 이솝 이야기, 로빈슨 표류기, 걸리버 여행기 등

합격생의 비법

해에게서 소년에게

어린이 잡지인 『소년』 창간호에 실린 최남선의 작품으로 가장 처음 쓰여진 신체시이다(1908). 신체시는 형식에서 어느 정도 벗어나 근대시의 형식을 갖추었다.

원각사

합격생의 비법

창극

한 사람이 부르던 전통적인 판소리가 여러 배우들이 1인 1역의 배역을 맡아 나누어 부르는 공연 형태로 변화하였다.

합격생의 비법

유교 구신론

유교가 시대의 흐름에 역행한다는 비판을 받자 박은식은 유교 구신론을 제창하였다. 그는 양명학에 의한 유교의 개량을 통해 변화하는 현실에 적극적으로 대처함으로써 유학계를 혁신하고자 하였다.

시험에 자주 등장해요

문예와 종교의 변화를 묻는 문제가 출제됩니다. 특히 신체시, 유교 구신론, 조선 불교 유신론, 대종교는 꼭 기억하세요.

② 예술

음악	• 찬송가, 서양 민요 보급 : 서양의 근대 음악 소개 • 창가 유행 : 서양식 악곡에 우리말 가사를 붙여 부르는 노래(학도가, 권학가, 독립가, 애국가) • 판소리 정리 : 신재효에 의해 판소리 여섯 마당 정리
연극	• 신극 운동 : 원각사 건립(1908, 최초의 서양식 극장), 은세계와 치악산 공연 • 민속 가면극 성행, 창극 등장
미술	• 도화서 폐지 후 전문 화가들의 독립적인 활동 전개(직업 미술가 등장) • 서양 화풍과 서양화 보급(고희동), 서양화가의 등장 • 장승업 : 전통 회화의 바탕 위에 입체적 음영법 등 새로운 화풍 수용 • 안중식 : 조선 후기 전통 회화를 근대적 회화로 이행

2) 종교의 변화

유교	박은식의 유교 구신론(양명학에 토대, 실천적인 유교 정신 강조)
불교	한용운의 조선 불교 유신론(조선 불교의 개혁 주장, 불교의 자주적 근대화 추진)
천주교	• 1886년 프랑스와의 수교로 선교의 자유 획득 • 고아원 · 양로원 운영, 교육과 언론 활동을 통한 애국 계몽 운동에 참여
개신교	• 1880년대부터 포교 활동 활발 • 서양 의술과 근대 교육 보급에 기여, 한글 보급, 미신 타파, 평등사상 전파에 기여
천도교	• 손병희가 동학을 천도교로 개칭(1905) → 민족 종교로 발전 • 만세보 발간(민족 신문 발간), 교육 활동 전개(보성 학교, 동덕 여학교 운영)
대종교	• 나철, 오기호가 단군 신앙을 바탕으로 창시(1909) → 민족 종교로 발전 • 국권 침탈 이후 교단의 총본사를 간도로 옮겨 간도와 연해주에서 항일 독립운동 전개

01 다음 다큐멘터리에서 볼 수 있는 장면으로 가장 적절한 것은?

47회 27번

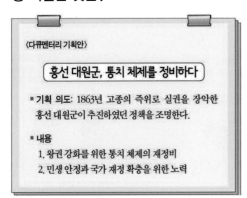

〈다큐멘터리 기획안〉

흥선 대원군, 통치 체제를 정비하다

▪ 기획 의도: 1863년 고종의 즉위로 실권을 장악한 흥선 대원군이 추진하였던 정책을 조명한다.

▪ 내용
1. 왕권 강화를 위한 통치 체제의 재정비
2. 민생 안정과 국가 재정 확충을 위한 노력

① 서원 철폐에 반대하는 양반
② 배재 학당에서 공부하는 학생
③ 탕평비 건립을 바라보는 유생
④ 만민 공동회에서 연설하는 백정

정답 ①

해설 흥선 대원군은 통치 체제를 정비하기 위해 안동 김씨 세력을 축출하고 비변사 기능을 축소 및 폐지하였다. 또 왕실의 권위를 회복하기 위해 경복궁을 중건하였다. 흥선 대원군은 민생 안정과 국가 재정 확충을 위해 호포법과 사창제를 실시하였고, 서원을 정리하였다.

02 (가)~(다)를 일어난 순서대로 옳게 나열한 것은?

49회 31번

(가)	(나)	(다)
역사 신문	역사 신문	역사 신문
박승환 대대장, 군대 해산에 항의하며 순국하다	헤이그 특사, 을사늑약의 부당성을 폭로하다	고종, 일본에 의해 강제 퇴위되다

① (가)-(나)-(다)
② (가)-(다)-(나)
③ (나)-(다)-(가)
④ (다)-(가)-(나)

정답 ③

해설 을사늑약이 체결되자, (나) 고종은 1907년 헤이그에서 열리는 만국 평화 회의에 이상설, 이준, 이위종을 특사로 파견하여 을사늑약의 부당성을 폭로하고자 하였다. (다) 그러나 이를 이유로 일본은 고종을 강제 퇴위시켰다. (가) 이후 일본은 한·일 신협약을 강제로 체결하고 대한 제국 군대를 강제로 해산시켰다.

[03~04] 다음 자료를 읽고 물음에 답하시오.

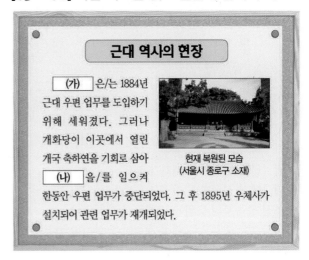

근대 역사의 현장

[(가)] 은/는 1884년 근대 우편 업무를 도입하기 위해 세워졌다. 그러나 개화당이 이곳에서 열린 개국 축하연을 기회로 삼아 [(나)] 을/를 일으켜 한동안 우편 업무가 중단되었다. 그 후 1895년 우체사가 설치되어 관련 업무가 재개되었다.

현재 복원된 모습
(서울시 종로구 소재)

03 (가)에 들어갈 기구로 옳은 것은?

47회 29번

① 기기창
② 우정총국
③ 국군기무처
④ 통리기무아문

정답 ②

해설 제시된 자료를 통해 (가)에 들어갈 기구가 우정총국임을 알 수 있다. 1884년 우정총국 개국 축하연을 계기로 김옥균, 박영효 등이 주도하여 일어난 갑신정변은 14개조 개혁 정강을 발표하는 등 근대적 개혁을 추구하였으나 청군의 개입으로 3일 만에 실패로 끝났다.

오답 피하기
① 기기창은 1883년에 설치되어 근대적 신식 무기를 만들던 공장이다.
③ 군국기무처는 제1차 갑오개혁을 진행하고 개혁에 관련된 모든 사무를 관장한 초정부적인 정책 의결 기구이다.
④ 통리기무아문은 1880년 개화 정책을 총괄하기 위해 설치된 기구이다.

04 (나) 사건에 대한 설명으로 옳은 것은?

47회 30번

① 구본신참을 개혁 원칙으로 내세웠다.
② 한성 조약이 체결되는 계기가 되었다.
③ 외규장각 도서가 약탈당하는 결과를 가져왔다.
④ 사태 수습을 위해 박규수가 안핵사로 파견되었다.

정답 ②

해설 제시된 자료를 통해 (나) 사건이 갑신정변임을 알 수 있다. 1884년 우정총국 개국 축하연을 계기로 김옥균, 박영효 등이 주도하여 일어난 갑신정변은 14개조 개혁 정강을 발표하는 등 근대적 개혁을 추구하였으나 청군의 개입으로 3일 만에 실패로 끝났다. 이후 조선과 일본은 한성 조약, 청과 일본은 톈진 조약을 체결하였다.

오답 피하기
① 광무개혁, ③ 병인양요, ④ 임술 농민 봉기에 대한 설명이다.

05 (가)에 대한 설명으로 옳은 것은?
47회 31번

□□신문

제△△호   2019년 ○○월 ○○일

(가) 의 국가 기념일, 5월 11일로 지정되다

정부는 농민군이 황토현에서 관군을 물리친 5월 11일(음력 4월 7일)을 국가 기념일로 지정하였다.

(가) 은/는 1894년 제폭구민과 보국안민을 기치로 부패한 정치를 개혁하고 외세에 맞서 싸우기 위해 봉기한 사건이다.

황토현 전적비

① 별기군을 창설하는 계기가 되었다.
② 대구에서 시작하여 전국으로 확산되었다.
③ 조선 총독부의 탄압과 방해로 실패하였다.
④ 집강소를 중심으로 폐정 개혁안을 실천하였다.

정답 ④

해설 제시된 자료를 통해 (가)가 동학 농민 운동임을 알 수 있다. 고부 군수 조병갑의 횡포에 전봉준과 농민들이 봉기하여 고부 관아를 점령하였다. 고부 농민 봉기를 시작으로 동학 농민군은 황토현에서 관군과 전투를 벌여 격파하였다. 이후 농민군이 전주성을 점령하자 정부는 청에 지원을 요청하였고, 일본군도 톈진 조약을 구실로 군대를 파견하였다. 청군과 일본군의 개입으로 생길 혼란을 막기 위해 농민군은 외국 군대 철수와 폐정 개혁을 조건으로 관군과 전주 화약을 체결하고 전주성에서 물러났으며, ④ 집강소를 중심으로 폐정 개혁안을 실천하였다.

06 (가) 단체의 활동으로 옳은 것은?
48회 37번

우리 대조선국이 독립국이 되어 세계 여러 나라와 어깨를 나란히 하니, 우리 동포 이천만이 오늘날 맞이한 행복이다. 여러 사람의 의견으로 (가) 을/를 조직하여 옛 영은문 자리에 독립문을 새로 세우고, 옛 모화관을 고쳐 독립관이라 하고자 한다. 이는 지난날의 치욕을 씻고 후손들에게 본보기를 보여 주고자 함이다.

① 형평 운동을 전개하였다.
② 만민 공동회를 개최하였다.
③ 한국광복군을 창설하였다.
④ 한글 맞춤법 통일안을 제정하였다.

정답 ②

해설 제시된 자료를 통해 (가) 단체가 독립 협회임을 알 수 있다. 1896년 서재필을 중심으로 창립한 독립 협회는 독립신문을 창간하고 독립문을 건립하였으며, 러시아의 절영도 조차 요구와 한러 은행 설립 등의 요구에 반대하였다. 또 만민 공동회를 개최하여 자주 국권 운동을 전개하였으며, 중추원 개편을 통한 의회 설립을 추구하는 내용을 포함한 헌의 6조를 관민 공동회를 개최하여 채택하였다.

오답 피하기

① 1923년 백정들은 진주에서 조선 형평사를 조직하고 형평 운동을 전개하였다.
③ 1940년 대한민국 임시 정부는 지청천을 총사령관으로 한국광복군을 창설하였다.
④ 1931년 개편된 조선어 학회는 한글 맞춤법 통일안으로 제정하였다.

07 (가)에 대한 신문으로 옳은 것은?
49회 28번

여러분은 어떤 신문을 주로 보시나요?

양기탁과 베델이 창간한 (가) 을/를 주로 봅니다.

저도 같은 신문을 읽습니다. 국채 보상 논설을 읽고 의연금을 내기도 했죠.

①
만세보

②
독립신문

③
해조신문

④
대한매일신보

정답 ④

해설 제시된 자료를 통해 (가)에 해당하는 신문이 대한매일신보임을 알 수 있다. 대한매일신보는 1904년 양기탁이 영국인 베델과 함께 창간하였으며, 일본의 국권 침탈을 비판하고 의병 운동을 호의적으로 보도하였다.

오답 피하기

① 손병희가 동학을 천도교로 개칭하고 1908년 기관지인 만세보를 발행하였다.
② 독립신문은 1896년 서재필 등이 창간한 독립신문은 한글판과 영문판으로 발행되었으며, 우리나라 최초의 민간 신문이다.
③ 해조신문은 1908년 러시아 블라디보스토크에 거주한 한인들이 발행하였으며, 국권 회복과 한인 동포들의 계몽이 목적이었다.

08 교사의 질문에 대한 학생의 답변으로 옳은 것은?

화면의 사진은 1907년 영국 기자 매켄지가 의병들을 취재하면서 찍은 것입니다. 당시 의병 활동에 대해 말해 볼까요?

① 13도 창의군을 결성하였어요.
② 정부에 헌의 6조를 건의하였어요.
③ 백산에 집결하여 4대 강령을 발표하였어요.
④ 곽재우, 고경명 등이 의병장으로 활약하였어요.

정답 ①

해설 제시된 자료를 통해 정미의병에 대한 질문임을 알 수 있다. 일본이 헤이그 특사 파견을 구실로 고종을 강제 퇴위시키고 대한 제국 군대를 해산하자 1907년 정미의병이 일어났다. 의병 운동이 점차 확산되면서 13도 창의군이 결성되었으며, 이인영을 총대장, 허위를 군사장으로 하여 서울 진공 작전을 전개하였다.

오답 피하기
② 독립 협회는 관민 공동회를 개최하여 정부에 헌의 6조를 건의하였다.
③ 동학 농민군은 백산에 집결하여 4대 강령을 발표하였다.
④ 임진왜란 때 곽재우, 고경명 등이 의병장으로 활약하였다.

09 (가) 인물에 대한 설명으로 옳은 것은?

역사 신문

제△△호　　　　○○○○년 ○○월 ○○일

(가) 의 넋을 기리는 일본인들

일본 미야기현 다이린사에는 이토 히로부미를 처단한 후 뤼순 감옥에서 순국한 (가) 을/를 기리는 비석이 세워져 있다. 이 절에서 매년 열리는 추모 법회에는 한국인들뿐만 아니라 그의 사상에 감명 받은 일본인들도 참여하고 있다.

① 대종교를 창시하였다.
② 동양 평화론을 집필하였다.
③ 조선 혁명 선언을 작성하였다.
④ 파리 강화 회의에 파견되었다.

정답 ②

해설 제시된 자료를 통해 (가) 인물이 안중근임을 알 수 있다. 안중근은 하얼빈 역에서 이토 히로부미를 사살하고 체포되어 뤼순에서 재판을 받았다. 사형 판결을 받은 안중근은 일제의 침략성을 비판하고 한·중·일이 대등한 위치에서 상호 협력해야 한다는 동양 평화론을 저술하던 중 순국하였다.

오답 피하기
① 1909년 나철·오기호 등은 단군 신앙을 기반으로 대종교를 창시하였다.
③ 1923년 신채호는 의열단 김원봉의 요청으로 조선 혁명 선언을 작성하였다.
④ 1919년 신한 청년당은 독립 청원서를 작성하고 파리 강화 회의에 김규식을 대표로 파견하였다.

10 (가) 단체의 활동으로 옳은 것은?

(가) , 애국 계몽 운동을 펼치다

안창호, 양기탁 등이 중심이 되어 조직한 비밀 결사로, 국권 회복과 공화 정체의 근대 국가 건설을 목표로 하였다.
이를 위해 국내에서는 교육 진흥, 국민 계몽, 산업 진흥을 강조하였다. 국외에서는 독립운동 기지 건설을 통한 군사적 실력 양성을 꾀하였다.
일제가 날조한 105인 사건으로 국내 조직이 해산되었다.

안창호

① 독립신문을 창간하였다.
② 한성 사범 학교를 설립하였다.
③ 태극 서관, 자기 회사를 운영하였다.
④ 일본의 황무지 개간권 요구를 저지하였다.

정답 ③

해설 제시된 자료를 통해 (가) 단체가 신민회임을 알 수 있다. 1907년 안창호, 양기탁, 이승훈을 중심으로 조직된 비밀 결사 단체인 신민회는 공화 정체의 국가 수립을 목표로 실력 양성에 힘을 쏟아야 한다고 주장하였다. 대성 학교와 오산 학교를 설립하였으며, 태극 서관과 자기 회사도 운영하였다. 또 남만주 삼원보에 신흥 강습소 등 독립운동 기지를 건설하였다. 신민회는 1911년 일제가 조작한 105인 사건으로 와해되었다.

오답 피하기
① 독립 협회, ④ 보안회에 대한 설명이다.
② 1895년 교사를 양성하기 위해 관립 학교인 한성 사범 학교를 설립하였다.

근대 사회의 전개

연도	핵심 내용	위정척사	개화 운동
1863 ~ 1873	**흥선 대원군의 정치** • 왕권 강화 정책 • 통상 수교 거부 정책 : 병인양요, 신미양요, 척화비	1860년대 : 통상 반대 운동	북학파 → 통상 개화론
1876	• 강화도 조약 체결 : 최초의 근대적 조약, 불평등 조약 • 1차 수신사 파견(김기수)	1870년대 : 개항 반대 운동	
1880	• 2차 수신사 파견(김홍집) • 통리기무아문-12사, 2영 개편, 별기군 창설		
1881	• 조사 시찰단 파견(일) • 영선사 파견(청)		
1882	• 조 · 미 수호 통상 조약 체결 • 임오군란 : 일본과 제물포 조약 체결, 조 · 청 상민 수륙 무역 장정 체결 → 청의 내정 간섭 심화	1880년대 : 개화 정책 반대 운동, 『조선책략』 유포에 반발 (이만손, 영남 만인소)	• 온건 개화파 : 양무운동(청) – 동도서기론
1883	• 박문국 설치(한성순보) • 전환국 설치(근대적 화폐 주조) • 보빙사(미국으로 파견)		• 급진 개화파 : 메이지 유신(일) – 문명개화론
1884	갑신정변 : 14개조 개혁 정강 → 한성 조약과 텐진 조약 체결		
1885	거문도 사건 → 한반도 중립화론 (부들러, 유길준)		
1889	방곡령 선포		

척화비

강화도 조약의 체결

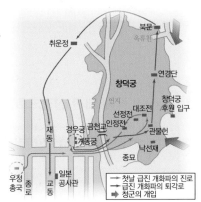

갑신정변의 전개 과정

한반도를 둘러싼 열강의 각축

연도	핵심 내용	위정척사	개화 운동
1894	• 동학 농민 운동 : 집강소 설치, 폐정 개혁안 실시 → 반봉건, 반외세적 성격 • 갑오개혁(1894~1895) : 홍범 14조 반포		
1895	삼국 간섭(러, 프, 독) → 을미사변 → 을미개혁	을미의병 : 고종의 의병 해산 명령으로 유생들 해산, 농민들은 활빈당 등의 무장 투쟁 전개	
1896	• 아관 파천 : 러시아 등 열강들의 이권 침탈 심화 • 독립 협회(1896~1898) : 독립문, 독립신문, 만민 공동회, 관민 공동회		
1897	대한 제국(1897~1910) 광무개혁 : 구본신참의 원칙, 대한국 국제 발표(1899)		
1904	러·일 전쟁 → 한·일 의정서 → 1차 한·일 협약(고문 정치)		애국 계몽 운동(1904 ~ 1910) : 보안회(1904), 헌정 연구회(1905), 대한 자강회(1906), 신민회(1907)
1905	을사늑약(을사조약) 체결 : 외교권 박탈, 통감부 설치	을사의병 : 평민 의병장(신돌석)의 활약	
1907	헤이그 특사 파견 → 고종 강제 퇴위 → 한·일 신협약(차관 정치) → 군대 해산	정미의병 : 의병 전쟁으로 발전. 평민 의병장이 다수 차지, 13도 창의군(연합 의병), 서울 진격 작전 실패 → 호남의 유격전	
1909	• 사법권, 경찰권 박탈(기유각서) • 간도 협약 체결 • 안중근 의거(이토 히로부미 사살)	남한 대토벌 작전	
1910	한국 병합 조약 체결 : 국권 피탈		

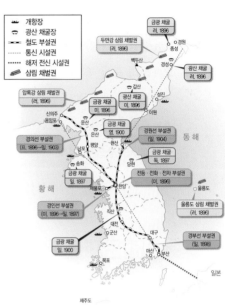

열강의 이권 침탈

항일 의병의 모습

헤이그에 파견된 특사

독립문

안중근

최신350문항 빈출 키워드 랭킹

기출문제 출제경향 분석

7. 일제 강점기

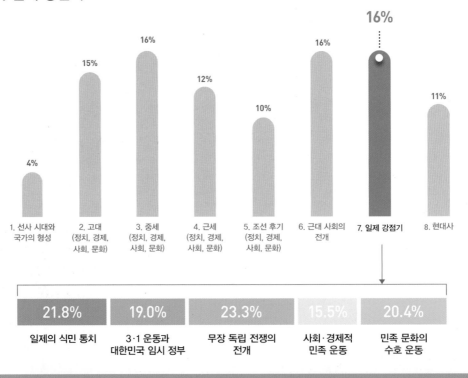

4%	15%	16%	12%	10%	16%	16%	11%
1. 선사 시대와 국가의 형성	2. 고대 (정치, 경제, 사회, 문화)	3. 중세 (정치, 경제, 사회, 문화)	4. 근세 (정치, 경제, 사회, 문화)	5. 조선 후기 (정치, 경제, 사회, 문화)	6. 근대 사회의 전개	7. 일제 강점기	8. 현대사

21.8%	19.0%	23.3%	15.5%	20.4%
일제의 식민 통치	3·1 운동과 대한민국 임시 정부	무장 독립 전쟁의 전개	사회·경제적 민족 운동	민족 문화의 수호 운동

연표

1910	1912	1914	1919	1920	1921	1925	1926	1927	1929
국권 피탈	토지 조사령 공포	대한 광복군 정부 수립	2·8 독립 선언, 3·1 운동, 대한민국 임시 정부 수립	봉오동 전투, 청산리 대첩, 간도 참변	자유시 참변	치안 유지법 제정	6·10 만세 운동	신간회 결성	원산 노동자 총파업, 광주 학생 항일 운동

7 PART

일제 강점기

1931	1932	1933	1934	1936	1938	1940	1942	1944	1945
김구, 한인 애국단 조직	이봉창, 윤봉길 의거	한글 맞춤법 통일안 제정	진단 학회 조직	손기정, 베를린 올림픽 대회 마라톤 우승	국가 총동원법 공포	한국광복군 창설	조선어 학회 사건	여운형, 조선 건국 동맹 조직	광복

01 | 일제의 식민 통치

출제빈도 **상** | 중 | 하

❶ 일제의 식민 통치

	1910년대	1920년대	1930년대	1930년대 후반
계기		3·1 운동	경제 공황	중·일 전쟁
식민 통치 정책	헌병 경찰 통치 (무단 통치)	민족 분열 통치 (문화 통치)	민족 말살 통치	
경제 수탈 정책	토지 조사 사업	산미 증식 계획	병참 기지화 정책	
국내 독립운동	비밀 결사 운동	민족주의, 사회주의	지하 조직화	
국외 독립운동	독립군 기지 건설 운동	무장 투쟁과 참변	한·중 연합 작전, 한국광복군	

통치 시기 구분

1) 1910년대 일제의 헌병 경찰 통치(무단 통치)

① 식민 통치 제도

조선 총독부	• 일제 식민 통치의 중추 기관 • **조선 총독** : 일본의 현역 육해군 대장 중에서 임명, 일본 천황 직속, 일본 내각의 통제를 받지 않음, 입법·사법·행정 및 군사 통수권 장악 • 조직 : 총독 아래에 정무총감(행정 담당)과 경무총감(치안 담당)을 둠 • **중추원** : 조선 총독부의 형식적인 직속 자문 기관
지방 행정 조직	전국을 13도 12부 220군으로 정비, 최하위 행정 기구로 면(面) 설치(면장에 친일 인사 선출)

② 무단 통치 실시

헌병 경찰 제도 실시	• 현역 군인인 헌병이 경찰을 지휘하고 경찰의 업무까지 관여 → 헌병이 일반 경찰 업무 담당 • 범죄 즉결례(1910)를 제정하여 즉결 처분권 행사, 조선 태형령(1912)으로 갑오개혁 때 폐지되었던 태형 제도 부활, 경찰범 처벌 규칙 시행(1912)으로 일상생활 간섭·통제 **조선 태형령(1912)** 제1조 3개월 이하의 징역 또는 구류에 처하여야 할 자는 그 정상에 따라 태형에 처할 수 있다. 제11조 태형은 감옥 또는 즉결 관서에서 비밀리에 행한다. 제13조 본령은 조선인에 한하여 적용한다.

조선 총독부

합격생의 비법

중추원

일제가 한국인의 정치 참여를 선전하려는 목적으로 설치하였으나 3·1 운동(1919)이 일어나기 전까지 단 한 번도 소집되지 않아 형식적인 총독부의 자문 기구에 불과하였다.

합격생의 비법

즉결 처분권

헌병 경찰은 정식 법 절차나 재판을 거치지 않고 벌금, 구류, 태형, 3개월 이하의 징역 등에 해당하는 범죄에 대해 재량으로 즉결 처분할 수 있는 즉결 처분권을 갖고 있었다.

위협적인 분위기 조성	일반 관리 및 학교 교원까지 제복을 입고 칼을 착용하도록 함
기본권 박탈	한국인의 언론·출판·집회·결사의 자유 박탈, 신문 폐간(황성신문, 대한매일신보 등), 단체와 학회 해산(대한 협회, 서북 학회 등), 신민회 해체(105인 사건)

③ 교육 정책 : 우민화 교육 실시

제1차 조선 교육령 반포(1911)	수업 연한 단축(4년제 보통학교), 기본적인 소양만 기르는 교육 실시, 보통 교육과 실업 교육에 주력, 고등 교육의 기회×(대학 교육 미실시), 조선어·조선 역사·지리 축소 및 왜곡
서당 규칙 공포 (1918)	서당 개설 시 도지사의 인가, 서당 교과서는 조선 총독부에서 편찬한 교과서 사용, 서당 개설자와 교사는 조선 총독부가 인정하는 자이어야 함

시험에 자주 등장해요

일제의 1910년대 식민지 지배 정책인 무단 통치를 묻는 문제가 자주 출제됩니다. 특히 조선 총독부, 헌병 경찰 제도, 조선 태형령은 꼭 기억하세요.

출제 사료 제1차 조선 교육령

제2조 교육은 충량한 국민을 육성하는 것을 본의로 한다.
제3조 교육은 시세와 민도에 적합하도록 한다.
제5조 보통 교육은 보통의 지식·기능을 부여하고, 특히 국민된 성격을 함양하며 국어(일어)를 보급함을 목적으로 한다.
제6조 실업 교육은 농업·상업·공업 등에 관한 지식과 기능을 가르치는 것을 목적으로 한다.
제7조 전문 교육은 고등 학술과 기예를 가르치는 것을 목적으로 한다.

2) 1920년대 일제의 민족 분열 통치(문화 통치)

① 배경 : 3·1 운동으로 무단 통치의 한계 인식, 국제 여론의 악화
② 목적 : 민족의 이간과 분열, 문화 운동 유도, 경제적 수탈 강화, 하급 부역 노동자 양성
③ 명분과 실상

합격생의 비법

문화 통치
일본이 3·1 운동 이후 실행한 식민지 통치 방식이다. 문화적으로 통치하겠다는 선전에 불과하였고, 실제로는 각계각층에서 친일파를 양성하고자 하였다.

구분	명분	실상
조선 총독	문관 총독제	실제로 단 한명의 문관 총독도 임명되지 않음
경찰 제도	보통 경찰제 실시, 일반 관리와 교원의 제복과 칼 착용 폐지	경찰 수는 오히려 증가, 고등 경찰제 실시, 치안 유지법 제정(1925)
언론 정책	언론·집회·결사 허용	검열 강화, 기사의 삭제·정간·폐간을 통해 친일 언론으로 만듦(조선일보와 동아일보)
지방 제도	도 평의회, 부·면 협의회 등 설치(지방 자치제 표방)	자문 기구의 역할, 일본인 친일 인사가 회원의 대부분을 차지함
교육 정책	교육 기회의 확대	중등 교육을 표방하였으나 식민 교육 강화

출제 사료 치안 유지법

국체를 변혁하는 것을 목적으로 결사를 조직하는 자 또는 결사의 임원, 그 외 지도자로서 임무에 종사하는 자는 사형, 무기 또는 5년 이상의 징역 또는 금고에 처한다.

● 출제 포인트 분석

1925년 일제가 제정한 법률로 무정부주의, 공산주의 운동을 비롯한 사회 운동을 조직하거나 선전하는 사람에게 중벌을 가하도록 하였다.

④ 성격 : 친일파 양성을 통해 우리 민족을 이간시키고 내부 분열을 조장하고자 하였던 고도의 기만적인 통치 술책

출제 사료	총독 사이토 마코토의 시정 방침 훈시(1919)

정부는 관제를 개혁하여 총독 임명의 범위를 확장하고, 경찰 제도를 개정하고 또는 일반 관리나 교원 등의 복제를 폐지함으로써 시대의 흐름에 순응한다. …… 조선인 임용과 대우 등에 관하여 더욱 고려하여 각각 그 할 바를 얻게 하고 …… 나아가 장래 기회를 보아 지방 자치 제도를 실시하여 …….

3) 1930년대 이후 민족 말살 통치

① 배경 : 세계 경제 대공황 이후 일본의 대륙 침략 전쟁 확대(만주 사변, 중·일 전쟁, 태평양 전쟁)

② 목적 : 한민족의 민족정신 말살, 천황 숭배 사상 주입 → 일제의 침략 전쟁 수행에 필요한 인적·물적 자원 수탈 강화

③ 정책

　㉠ 황국 신민화 정책

내선일체

　• 내선일체(內鮮一體 : 내(內, 일본)와 선(鮮, 조선)이 일체(一體, 한 몸)라는 주장), 일선동조론(一鮮同祖論 : 일본인과 조선인의 조상이 같다는 주장) 주입

　• 황국 신민 서사 암송·신사 참배·창씨개명 강요

신사 참배

출제 사료	황국 신민 서사(아동용)

1. 우리는 대일본 제국의 신민입니다.
2. 우리는 마음을 합하여 천황 폐하께 충의를 다합니다.
3. 우리는 인고 단련하여 훌륭하고 강한 국민이 되겠습니다.

황국 신민 서사를 암송하는 학생들

● **출제 포인트 분석**

일제는 1937년부터 일왕의 신하나 백성이 되어 충성을 다하겠다고 맹세하는 황국 신민 서사를 모든 행사에 앞서 암송하도록 강요함으로써 한국인의 민족정신을 말살하였다.

　㉡ 교육 정책

　• 소학교의 명칭을 황국 신민 학교를 의미하는 국민학교로 변경

　• 제3차 조선 교육령(1938) : 한국어 사용 금지, 한국사 폐지, 황국 신민 서사 암송

　• 제4차 조선 교육령(1943) : 교육 기관에 대한 수업 연한 단축, 군사 훈련 실시

　㉢ 문화 말살 정책

　• 조선일보, 동아일보 등 신문 및 잡지 폐간

　• 진단 학회, 조선어 학회 등 한국학 단체 해산

ⓔ 사상 탄압 : 조선 사상범 보호 관찰령(1936, 일제의 사상 통제책), **조선 사상범 예방 구금령**(1941, 독립운동가에 대한 감시와 탄압, 재판 없이 구금 가능), 국민 정신 총동원 조선 연맹

② 일제의 경제 수탈

1) 1910년대의 경제 수탈

① 토지 조사 사업 (1910~1918)

ㄱ 목적 : 근대적 토지 소유권 제도와 지세 제도의 확립 → 토지세의 안정적 확보, 토지 약탈

ㄴ 원칙 : 일정한 기한 안에 토지의 소유권자가 직접 신고하는 **기한부 신고제**

ㄷ 과정 : 토지 소유권자가 정해진 날까지 신고 → 신고된 토지에 토지세를 매김 → 미신고 토지는 총독부가 차지 → **동양 척식 주식회사나 일본인에게 헐값에 매각**

ㄹ 결과 : **농민 몰락**(농민들이 기한부 계약 소작농으로 전락, 국외 이주), 봉건적 지주층의 친일 세력화, 일본인 대지주의 출현

토지 조사 사업

기한부 신고제
토지 소유권을 주장하는 사람이 필요한 서류를 구비하여 지정된 기일 내에 신고해야만 소유권을 인정해주는 제도이다. 그러나 실제로는 복잡한 절차와 홍보 부족으로 신고 자체가 미비하였고, 신고의 법적 주체를 개인으로 한정하였기 때문에 마을이나 문중의 공유지의 경우 신고에서 누락될 수밖에 없었다.

출제 사료	토지 조사령(1912)

제1조 토지의 조사 및 측량은 본령에 따른다.
제4조 토지 소유자는 조선 총독이 정하는 기간 내에 주소, 씨명, 명칭 및 소유지의 소재, 지목, 자번호, 사표, 등급, 지적, 결수를 임시 토지 조사 국장에게 신고해야 한다. 단, 국유지는 보관 관청이 임시 토지 조사 국장에게 통지해야 한다.
제6조 토지의 조사 및 측량을 할 때 조사 측량 지역 내의 2인 이상의 지주로 총대를 선정하고 조사 및 측량에 관한 사무에 종사하게 할 수 있다.

– '조선 총독부 관보' –

② 산업 침탈

ㄱ **회사령**(1910)

목적	• 조선의 산업을 장악하여 식민지 구조로 재편 • 민족 자본 및 기업의 성장 억제, 한국인의 기업 설립 통제 • 일본 자본의 한국 진출 유도, 민족 자본의 성장 저지
방법	회사 설립 시 총독 허가제 실시, 총독이 회사를 해산하는 것이 가능함
결과	일본 기업이 주요 산업과 자본 장악

동양 척식 주식회사

출제 사료	회사령

제1조 회사 설립은 조선 총독의 허가를 받아야 한다.
제2조 조선 밖에서 설립한 회사가 조선에 본점이나 지점을 설립하고자 할 때는 조선 총독의 허가를 받아야 한다.
제5조 회사가 본령이나 본령에 따라 발하는 명령과 허가 조건에 위반하거나 공공질서와 선량한 풍속에 반하는 행위를 할 때 조선 총독은 사업 정지, 지점 폐쇄, 회사 해산을 명한다.

ⓒ 자원 수탈

삼림령(1911)	삼림의 이용 금지
임야 조사령(1918)	국유지 등 임야 박탈
어업령(1911)	어업을 총독의 허가 사항으로 하고 일본인이 어장 독점
광업령(1915)	허가제 실시(기존 한국인 경영 광산의 등록 거부, 경제성이 있는 경우 일본인에게 이관)

ⓒ 자본 약탈

금융 자본 감시	동양 척식 주식회사 내 금융부 설치, 조선은행과 조선식산은행을 통해 금융업에 대한 감독권 행사
지세령 개정	과세 대상을 확대하고 세율 증대(식민지 경영을 위한 경비는 식민지에서 마련한다는 원칙)

2) 1920년대의 경제 수탈
① 산미 증식 계획 [산] [빈출] (1920~1934)

일제의 쌀 수탈

　　㉠ 배경 : 일본의 산업화 정책으로 이촌향도 현상 발생 → 일본 내 식량 부족 사태 발생 → 쌀값 폭등 → 일본의 부족한 식량을 한국에서 수탈
　　㉡ 방법

토지 개량 사업	관개 시설 개선, 개간·간척 사업 전개
농사 개량 사업	품종 개량, 비료 사용 증가 등

　　㉢ 결과
　　• 일제의 증산량보다 많은 양의 쌀 수탈 → 한국인 1인당 쌀 소비량 감소 → 부족한 쌀을 보충하기 위해 만주에서 잡곡(조·수수·콩) 수입
　　• 농민 생활의 악화 → 화전민이 되거나 만주 등지로 이주, 소작 쟁의 빈발
　　• 일제의 벼농사 강요로 쌀의 단작화 현상 가속
② 일제의 자본 침투
　　㉠ 회사령 폐지(1920) : 일본 자본의 한국 진출을 원활히 하기 위해 회사 설립을 허가제에서 신고제로 전환
　　㉡ 관세 철폐(1923) : 일본 상품의 수출을 확대하고자 일본 상품에 한해 관세 철폐
　　㉢ 신은행령 반포(1927) : 일본의 대자본으로 한국인 소유의 은행을 쉽게 합병하기 위해 제정

3) 1930년대의 경제 수탈
① 병참 기지화 정책 : 일제가 한반도를 침략 전쟁에 필요한 군수 물자와 인력을 공급하는 병참 기지로 삼고자 함
② 남면북양 정책 : 남부 지방에 목화(면화) 재배, 북부 지방에 양을 기르도록 강요
③ 광업·중화학 공업 육성 : 군수품 생산을 위해 북부 지방에 대규모 공장 설립 → 공업 구조의 불균형 초래, 지역적 편중 심화

남면북양 정책

조선 총독부는 강제로 남부 지방의 농민에게는 면화를, 북부 지방의 농민에게는 양을 기르도록 하였다. 이는 세계 경제 공황 뒤 선진 자본주의 국가들의 보호 무역주의로 인해 원료 공급이 부족할 것에 대비하여 조선을 값싼 원료 공급지로 삼으려고 하는 의도에서였다.

④ 인적 · 물적 자원 수탈

인력 동원	지원병제(1938), 국민 징용령(1939), 학도 지원병제(1943), 징병제(1944), 여자 정신대 근무령(1944), 일본군 위안부(성노예) 등
물자 수탈	광산 개발(금 · 철 · 석탄 등 지하자원 약탈), 산미 증식 계획 재개(1939), 미곡 공출제 빈출 실시, 식량 배급 제도 시행, 금속류 등 전쟁 물자 공출

강제 공출

출제 사료   국가 총동원법(1938)

제1조   국가 총동원이란 전시에 국방 목적을 달성하기 위해 국가의 전력을 가장 유효하게 발휘하도록 인적 및 물적 자원을 운용하는 것이다.

제4조   정부는 전시에 국가 총동원상 필요할 때에는 칙령이 정하는 바에 따라 신민을 징용하여 총동원 업무에 종사하게 할 수 있다.

제7조   노동 쟁의의 예방 혹은 해결에 관하여 필요한 명령을 내리거나 작업소의 폐쇄, 작업 혹은 노무의 중지, 기타의 노동 쟁의에 관한 행위의 제한 혹은 금지를 행할 수 있다.

제8조   정부는 전시에 국가 총동원상 필요할 때에는 칙령이 정하는 바에 따라 물자의 생산 · 수리 · 배급 · 양도 · 기타의 처분 · 사용 · 소비 · 소지 및 이동에 관하여 필요한 명령을 내릴 수 있다.

● **출제 포인트 분석**

일제는 중 · 일 전쟁(1937~1945)을 일으키고 대륙 침략을 본격적으로 추진하면서 전쟁 수행에 필요한 인적 · 물적 자원을 수탈하기 위해 국가 총동원법을 제정하였다.

시험에 자주 등장해요

1930년대 이후 일제가 전시 수탈 체제를 강화한 사실이 자주 출제됩니다. 병참 기지화 정책, 국가 총동원법, 징용령, 징병령, 일본군 위안부, 미곡 공출제 등의 내용을 모두 기억하세요.

02 3·1 운동과 대한민국 임시 정부

출제 빈도 **상** 중 하

105인 사건

1911년 일제가 무단 통치의 일환으로 민족 운동을 탄압하기 위해 독립운동 자금을 모으다 체포된 안명근 사건을 데라우치 총독 암살 미수 사건으로 조작하여 105인의 독립운동가를 감옥에 가둔 사건이다. 이 사건으로 신민회가 해체되었다.

합격생의 비법

복벽주의

뒤집혔던 왕조를 회복하거나 물러난 임금을 다시 복위시키겠다는 움직임을 말한다.

❶ 1910년대 국내 민족 운동

1) 특징 : 남한 대토벌 작전, 105인 사건 등으로 국내 항일 민족 운동 약화 → 애국지사의 국외 망명, 채응언 등 의병 부대의 저항 → 점차 비밀 결사의 형태로 전개

2) 비밀 결사의 활동

① 조직 배경 : 일제의 강력한 무단 통치로 의병 투쟁이 한계에 도달

② 주도 계층 : 지식인, 교사와 학생 및 종교인 규합, 농민과 노동자 연계

③ 국내의 비밀 결사

독립 의군부 (1912)	• 조직 : 고종의 비밀 지령을 받은 임병찬이 결성 • 활동 : 복벽주의에 따라 고종의 복위 시도, 국권 반환 요구서 제출 추진
대한 광복회 (1915)	• 조직 : 대구에서 박상진을 중심으로 개편 • 활동 : 일반 부호로부터 거둔 자금으로 무장을 준비하고 친일파 처단 활동 전개, 만주에 사관 학교를 세워 사관 양성 • 의의 : 복벽주의 청산, 공화 정체 수립 지향
조선 국권 회복단 (1915)	• 조직 : 단군 신앙을 믿는 경북 지방의 유생들로 구성된 비밀 결사 • 활동 : 상하이 대한민국 임시 정부에 군자금 송금, 3·1 운동 당시 만세 운동 주도, 파리 강화 회의에 제출된 독립 청원서 운동 참여
송죽회 (1913)	• 조직 : 평양 숭의 여학교의 학생과 여교사 등 여성을 중심으로 조직 • 활동 : 만주와 연해주 등지에 독립운동 자금 전달, 3·1 운동 참여
기성단 · 자립단	대성 학교 출신 학생들이 조직

출제 사료	대한 광복회 강령

1. 부호의 의연금 및 일인이 불법 징수하는 세금을 압수하여 무장을 준비한다.
2. 남북 만주에 군관 학교를 세워 독립 전사를 양성한다.
3. 종래의 의병 및 해산 군인과 만주 이주민을 소집하여 훈련한다.
7. 무력이 완비되는 대로 일본인 섬멸전을 단행하여 최후 목적을 달성한다.

3) 의의 : 의병 활동과 비밀 결사의 활동은 3·1 운동으로 계승되었음

❷ 1910년대 국외 민족 운동

1) 배경
① 의병 계열 : 국내에서는 일제의 강력한 민족 운동 탄압 (남한 대토벌 작전 등)
② 애국 계몽 운동 계열 : 애국 계몽 운동의 한계성 인식 → 독립 전쟁론 제기

2) 활동
① 만주

㉠ 서간도(남만주)

독립군 기지 및 중심	삼원보, 이회영·이시영 등 신민회 중심
자치·군정 기구	경학사(1911) → 부민단(1912) → 한족회(1919) → 서로 군정서군으로 개편(군정부 기능 보유)
학교	신흥 강습소(1911) → 신흥 학교(1912), 신흥 무관 학교 🏔빈출 (1919), 동림 무관 학교

㉡ 북간도(북만주)

독립군 기지	한흥동(밀산부), 대한인 국민회와 신민회 간부들이 건설
자치·군정 기구	• 간민 자치회 → 간민 교육회 → 간민회 → 대한 국민회 • 중광단 🏔빈출 (1911) → 정의단·군정회 → 북로 군정서군
교육	간민 교육회, 서전서숙, 명동 학교 설립(민족 교육과 군사 교육 실시)

② 러시아·연해주

독립군 기지	신한촌(블라디보스토크) 건설
자치·군정 기구	• 권업회(1911) : 신한촌에서 의병 계열과 계몽 계열이 합작하여 조직, 권업신문 발행 • 대한 광복군 정부(1914) : 권업회가 모체, 이상설과 이동휘가 정·부통령이 되는 망명 정부 효시(임시 정부의 단초 제공)
군사 활동	• 의병 부대 편성과 국내 진공 작전 : 간도 관리사 이범윤의 망명(1906) 뒤 연해주 각지에서 의병 편성 → 안중근, 전제익 등을 중심으로 대규모 국내 진공 작전 전개(1908) • 13도 의군(1910) : 의병 운동과 계몽 운동 노선이 결합하여 공동 건설(유인석·홍범도 등)

③ 중국

신한 청년당 (1918, 상하이)	• 조직 : 김규식, 여운형, 문일평, 정인보, 신규식, 신채호 등 • 활동 : 미국에 독립 청원서 제출, 파리 강화 회의에 김규식 파견

④ 미국

대한인 국민회(1910)	장인환·전명운의 스티븐스 암살 사건을 계기로 하와이 교민과 본토 교민이 연합하여 설립
흥사단(1913)	안창호가 샌프란시스코에서 기독교인 중심으로 설립, 군인 양성과 외교 활동
대조선 국민 군단(1914)	박용만이 하와이에서 조직

학교
독립운동 단체

이회영

연해주·만주 지역의 독립운동 기지 건설

합격생의 비법

이회영의 활동
• 1905년 을사오적 암살을 모의하였다.
• 1907년 신민회 설립에 참여하였다.
• 1910년 전 가족(6형제 50여 명)이 전 재산을 처분하고 서간도로 이주하여 독립운동 기지를 건설하였다.
• 1911년 경학사를 조직하고 신흥 강습소를 설립하였다.

합격생의 비법

이상설의 활동
• 1906년 간도 용정촌에서 서전서숙을 설립하였다.
• 1907년 고종의 밀지를 받고 을사늑약(을사조약)의 무효를 주장하기 위해 헤이그 만국 평화 회의에 특사로 파견되었다. 헤이그 특사 파견을 구실로 국내에서 궐석 재판이 진행되어 사형을 선고받자, 귀국하는 대신 블라디보스토크로 가서 성명회를 조직하였다.
• 이동녕 등과 권업회를 조직하여 '권업신문' 등을 발행하였다.
• 1914년 대한 광복군 정부를 세우고 정통령에 취임하였다.

⑤ **일본** : 조선 유학 학생 학우회(합법 단체, '학지광' 발표), 조선 학회(정치적 계몽 사업), **조선 청년 독립단**(도쿄 유학생 중심) 등 조직 → 2·8 독립 선언의 기반

❸ 3·1 운동

1) 배경
① 국외

국제 정세의 변화	• 레닌의 피압박 약소민족에 대한 지원 선언 • 미국 대통령 윌슨의 민족 자결주의 제창 • 신해혁명 이래 전개된 중국의 근대 민족 운동이 한국인의 근대 민족의식 자극
외교 활동	• 신한 청년당(독립 청원서 작성, 김규식을 대표로 파리 강화 회의에 파견) • 대한인 국민회(이승만이 미국 대통령에게 청원서 제출)의 활동 전개
독립 선언서 발표	• 대동 단결 선언(1917, 조소앙 등이 박은식, 신채호 등의 지도를 받아 각지 독립 운동 세력에 전달) • 대한 독립 선언(1919, 만주의 지린 성에서 민족 지도자 39명이 발표) • 2·8 독립 선언(1919, 도쿄에서 유학생들이 한국의 독립 요구 선언서와 결의문 발표)

합격생의 비법

민족 자결주의

민족 자결주의는 민족의식을 지닌 한 집단이 독자적으로 국가를 형성하고 자신의 정부를 선택할 수 있다는 사상이다. 제일차 세계 대전이 끝나갈 무렵 당시 미국 대통령이었던 윌슨은 14개조의 평화 원칙을 발표하여 새로운 세계 질서와 평화를 모색하고자 하였다. 여기에서 윌슨은 식민지 문제의 해결을 위한 원칙으로 민족 자결주의를 제창하였는데, 이는 그동안 제국주의의 침략을 받았던 약소 민족이 독립에 대한 희망을 가지게 하였다.

출제 사료 | **독립 선언서 발표**

• **대한 독립 선언(무오 독립 선언)**

궐기하라 독립군! 독립군은 일제히 천지를 휩쓸라! 한번 죽음은 인간의 면할 수 없는 바이니, 개, 돼지와 같은 일생을 누가 구차히 도모하겠는가? …… 국민의 본령을 자각한 독립임을 기억하고 동양의 평화를 보장하고 인류의 평등을 실시하기 위한 자립임을 명심하여 황천(皇天)의 명령을 받들고 일체의 못된 굴레에서 해탈하는 건국임을 확신하여 육탄 혈전(血戰)으로 독립을 완성하라.

• **2·8 독립 선언**

1. 우리는 한·일 합병이 우리 민족의 자유의사에서 비롯되지 않았으며, 그것이 우리 민족의 생존 발전을 위협하고 동양의 평화를 저해하는 원인이 된다고 생각하므로 독립을 주장하는 것이다.
3. 우리는 만국 평화 회의에 대해 민족 자결주의를 우리 민족에게 적용할 것을 청구한다.

● **출제 포인트 분석**

대한 독립 선언은 중광단이 중심이 되어 선언한 것으로, 외교가 아닌 '전쟁'으로써 독립을 쟁취할 것을 주장하였다. 2·8 독립 선언은 조선 청년 독립단과 도쿄의 한국인 유학생이 중심이 되어 선언한 것으로, 2·8 독립 선언은 이후 국내에 알려져 3·1 운동의 도화선이 되었다.

---

② 국내
　　㉠ **고종 독살설** : 고종 황제가 승하한 이후 독살설이 유포되어 민심 동요, 반일 감정 증폭
　　㉡ 일제에 대한 불만 고조 : 일제의 무단 통치와 토지 조사 사업 등으로 인해 불만 고조

2) 전개 과정
① 1단계(점화) : 민족 대표를 중심으로 시위 점화, 지식인·종교인 및 일제에 피해를 본 일부 민족 자본가와 지주 참여

독립 선언 준비	• 천도교(손병희), 기독교(이승훈), 불교(한용운) 등 종교계 인사와 학생의 민족 대연합 전선 구축 • 최남선의 독립 선언서를 기초로 기미 독립 선언문 작성
독립 선언	1919년 3월 1일 민족 대표 33인이 태화관에서 독립 선언서를 낭독한 후 자진하여 체포당함 → 탑골 공원에서 학생과 시민들이 독립 선언서 낭독

탑골 공원

② 2단계(**도시 확산**) : 청년과 학생을 중심으로 시위가 전국 도시로 확산, 상인과 노동자도 참여

선언문 낭독	탑골 공원(학생)
시위	탑골 공원에서 독립 선언서 낭독 후 전국으로 확대, 학생(동맹 휴업) · 상인(철시) · 노동자(파업) 동참

유관순

③ 3단계(**농촌 확산**) : 농촌 및 산간벽지 등으로 시위 확대
  ㉠ 농촌의 장터를 중심으로 확산(유관순 활동), 농민의 적극적인 참여, 비밀 결사와 단체를 중심으로 조직적인 시위 전개
  ㉡ 무력 투쟁으로 변모
④ 4단계(**국외 확산**) : 만주, 연해주, 미주, 일본 등 해외에서 만세 운동 전개
3) 일제의 탄압 : 만세 시위가 일어나자 군중에 무차별 총격, 학살 자행(제암리 학살 사건 등)
4) 의의
① **최대 규모의 민족 운동** : 전 민족의 독립운동 역량을 확인한 거족적인 운동
② **독립운동의 조직적 기반 마련** : 대한민국 임시 정부가 수립되는 계기 마련
③ **독립운동의 참여 폭 확대** : 학생 · 농민 · 노동자 등이 근대 민족 운동의 주도 세력으로 등장
④ **독립운동의 분수령** : 이념 분화(사회주의와 민족주의), 민족주의 분화(타협적 민족주의와 비타협적 민족주의), 방법론 분화(무장 투쟁, 실력 양성론, 외교 독립론, 민족 해방 운동 등)
⑤ **약소민족의 해방 운동에 영향** : 중국의 5 · 4 운동, 인도의 비폭력 · 불복종 운동 등에 영향
⑥ **일제의 식민지 통치 방식의 변화** : 일제의 통치 방식이 무단 통치에서 문화 통치로 전환

제암리 학살 사건

1919년 4월 15일에 일본 군경은 만세 운동이 일어났던 경기도 화성군 제암리에서 주민들을 교회로 모이게 한 후 출입문과 창문을 모두 잠그고 집중 사격하였다. 이와 같은 학살을 저지른 일제는 증거 인멸을 위하여 교회와 민가에도 불을 지르는 행위를 저질렀다.

시험에 자주 등장해요

3·1 운동을 묻는 문제가 자주 출제됩니다. 3·1 운동의 배경과 의의를 정리해 두세요.

❹ 대한민국 임시 정부의 수립과 활동

1) 배경
① 국권 피탈 후 독립 단체들의 항일 투쟁 확대, 3 · 1 운동 이후 독립운동의 체계화와 조직화의 필요성 인식
② 월슨의 민족 자결주의가 일본의 식민지 조선에도 적용될 것이라는 기대
③ 외교 선전 활동의 효율적인 수행을 위해 통일된 조직 필요

2) 수립과 통합

① 수립 : 각 지역에 분산적인 형태의 임시 정부 수립

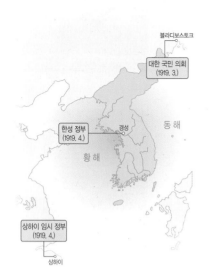

임시 정부의 통합

대한 국민 의회(1919. 3.)	연해주, 전로 한족회 중앙 총회를 정부 형태로 개편
상하이 임시 정부(1919. 4.)	중국 상하이, 신한 청년당 중심의 민족 운동가들이 임시 의정원을 구성하여 임시 정부 구성
한성 정부(1919. 4.)	국내, 13도 대표가 모여 국민 대회를 개최하고 수립

② 통합 : 외교적 노력을 강조하는 상하이 중심안과 무력 투쟁을 중시하는 만주안의 대립 → 상하이안 채택 → 상하이에서 한성 정부의 법통을 계승한 대한민국 임시 정부 수립(1919. 9.)

③ 임시 정부의 체제 : 대통령 중심제, 삼권 분립에 입각한 민주 공화제 채택, 대통령 이승만·국무총리 이동휘 임명, 임시 의정원(입법)·법원(사법)·국무원(행정) 등 설치

출제 사료	대한민국 임시 정부의 수립

제1조 대한민국은 민주 공화제로 한다.
제2조 대한민국은 임시 정부가 임시 의정원의 결의에 의하여 이를 통치한다.
제3조 대한민국 인민은 남녀 귀천 및 빈부의 계급이 없고 일체 평등하다.

― 대한민국 임시 헌장(1919. 4.) ―

● 출제 포인트 분석
1919년 3·1 운동 직후 각 지역에 수립되었던 임시 정부는 통합 논의를 거쳐 상하이에서 대한민국 임시 정부를 수립하였다. 대한민국 임시 정부는 국내의 한성 정부를 계승하고 상하이로 정부의 위치를 결정하였으며, 우리 역사상 최초로 삼권 분립의 원칙에 기초한 민주 공화제를 채택하였다.

상하이 임시 정부

3) 활동

① 연통제와 교통국 조직

연통제 빈출	• 국내 및 서간도·북간도 지방과의 연락 조직망 • 정부 문서와 명령 전달, 군자금 조달, 정보 보고, 독립운동 지휘·감독 등
교통국 빈출	• 군(교통국), 면(교통소), 만주의 안동(단둥) 지부 교통국 중심 • 통신 기관, 정보의 수집·분석·교환·연락 업무 관장 등 국내외 연락 담당

② 외교 활동
　㉠ 파리 강화 회의에 김규식을 파견하여 독립 청원서 제출
　㉡ 워싱턴에 구미 위원부 빈출(이승만을 중심으로 외교 독립 활동 전개), 필라델피아에 한국 통신부(서재필) 설치

③ 군사 활동 : 직할 군단 편성(서간도에 광복군 사령부, 광복군 총영 설치), 서로 군정서군과 북로 군정서군을 임시 정부 산하 조직으로 편제, 육군 주만 참의부(1923)

④ 독립운동 자금 모금 : 독립(애국) 공채 발행 빈출, 인두세·의연금 충당, 만주의 이륭 양행·부산의 백산 상회의 활동(연통제와 교통국 조직 등을 통해 정부에 전달)

독립(애국) 공채

⑤ 교육과 문화 : 독립신문 간행, 사료 편찬소 설치(한·일 관계 사료집 간행, 일제 침략의 부당성과 독립 요구 정리)

4) 국민 대표 회의

① 배경 : 연통제 및 교통국 조직 파괴(1921), 국내로부터 지원 감소, 외교 활동의 성과 미비, 독립운동 방략을 둘러싼 대립

② 국민 대표 회의 개최(1923)

배경	• 이승만의 위임 통치 청원서 제출 → 이승만과 외교 독립론에 대한 불만 제기 • 레닌의 임시 정부 개조 요청
개최	• 상하이에서 박은식·원세훈 등이 국민 대표 회의 소집을 요구하는 연설회 개최(우리 동포에게 고함) • 미국 주도의 태평양 회의가 끝난 후 예비 회의를 열고 개최(1923) • 창조파(임시 정부 해체, 새 정부 수립 주장, 무력 항쟁 강조)와 개조파(임시 정부의 개혁과 존속 주장, 실력 양성 우선, 외교 활동 강조)로 분열 • 성과 없이 결렬됨
의의	• 임시 정부의 한계를 명확히 함으로써 독립운동 조직론에 대한 논의 형성 • 민족 통일 전선 결성의 노력을 더욱 진전시키는 중요한 계기 마련 • 임시 정부의 성격 전환의 계기

5) 임시 정부의 재정비

① 국민 대표 회의가 결렬된 이후 임시 정부 분열, 김구·이시영·이동녕 등 소수 독립운동가가 주도함, 이승만 탄핵(1925)·박은식의 2대 대통령 취임, 정치 체제 변화(대통령 중심제 → 국무위원 중심의 집단 지도 체제)

조소앙

② 한인 애국단 활동(1931), 중국과 동맹 관계(1930~1940년대), 삼균주의 선포(조소앙), 한국광복군 창설(1940)

③ 임시 정부의 헌법 개정 및 변천 과정

구분	시기	정부 형태	정부 수반	활동의 중점
제헌	1919	대통령 중심제	이승만	민족 운동 통할
제1차	1925	내각 책임제(국무령 중심)	이동녕 등	내부 혼란 수습
제2차	1927	집단 지도 체제		이념 대립 통합
제3차	1940	주석 중심 체제	김구	대일 선전 포고
제4차	1944	주석·부주석 체제	김구, 김규식	광복 대비

6) 의의와 한계

의의	최초의 민주 공화제 정부, 3·1 운동의 정신 계승, 독립운동 통합 기구
한계	독립운동 세력의 분화, 대중적 기반 결여와 최고 지도부로서의 지위를 확보하지 못함, 인적·물적 기반의 부족

합격생의 비법

독립신문
임시 정부의 기관지로 1919년 8월에 창간되어 국내외 동포들에게 독립운동 소식을 알리고 일제의 만행을 폭로함으로써 항일 투쟁에 앞장섰다. 상하이를 중심으로 국내와 만주, 러시아, 미주 지역까지 널리 배포되었으며, 1925년까지 6년이 넘는 기간에 모두 1백 89호가 발행되었다.

시험에 자주 등장해요

대한민국 임시 정부의 활동을 묻는 문제가 자주 출제됩니다. 연통제, 교통국, 독립 공채는 꼭 기억하세요.

합격생의 비법

조소앙의 활동
• 1887년 경기도 파주에서 출생한 정치가 겸 독립운동가이다.
• 삼균주의를 주장하고, 이를 바탕으로 대한민국 건국 강령을 기초하였다.
• 김구, 이동녕 등과 한국독립당을 창당하였고, 대한민국 임시 정부에서 국무위원, 외무부장 등을 역임하였다.

합격생의 비법

삼균주의(三均主義)
보통 선거를 통한 정치적 균등, 생산 기관의 국유화를 통한 경제적 균등, 의무 교육을 통한 교육적 균등을 의미한다.

03 | 무장 독립 전쟁의 전개   출제빈도 상 | 중 | 하

❶ 1920년대 국내 항일 민족 운동

1) 국내의 무장 항일 투쟁
① 특징 : 친일파 숙청, 식민지 통치 기관 파괴, 만주 독립군과 연결, 군자금 모금 등
② 단체

천마산대	• 평북 의주 천마산 중심 • 식민지 통치 기관 파괴, 친일파 숙청
보합단	• 평북 의주 동암산 중심 • 군자금 모금 활동 전개, 친일파 처단, 일제 관리 및 친일 경찰 사살
구월산대	• 황해도 구월산 중심 • 독립운동을 방해하던 은율 군수 처단

순종 장례 행렬

합격생의 비법

6·10 만세 운동

1926년 6월 10일 돈화문에서 홍릉까지 수많은 인파가 늘어선 가운데 순종의 장례 행렬이 단성사 앞에 이르렀다. 이때 중앙고보생 30~40명이 조선 독립 만세를 외치며 격문을 살포하였다. 수백 명의 학생이 만세를 부르자 모여 있던 군중들도 이에 동조하였고, 이 만세 시위로 210여 명의 학생이 검거되었다.

시험에 자주 등장해요

6·10 만세 운동을 묻는 문제가 자주 출제됩니다. 순종 인산일, 민족 유일당 운동의 계기 등을 꼭 기억하세요.

2) 6·10 만세 운동(1926)

배경	일제의 식민지 차별 교육에 대한 학생의 반발, 일제의 수탈에 대한 노동자와 농민의 저항 의식 고조, 순종의 서거
주도 세력	사회주의 계열, 학생, 천도교 세력
전개 과정	사회주의 세력과 천도교 세력의 만세 시위 계획 → 일제의 감시로 지도부가 중도 발각 → 순종 인산일에 학생 중심으로 만세 시위 전개 → 시민 가담 → 일제의 탄압
영향	• 학생의 민족의식 고취 → 각지에 학생 항일 결사 조직 • 동맹 휴학 → 광주 학생 항일 운동으로 발전
의의	• 3·1 운동에 이어 만세 운동의 형태로 일어난 전국적인 시위 • 학생들이 항일 민족 운동의 주체로 부상 • 민족 유일당 결성의 공감대 형성 → 신간회 창설에 영향을 줌

출제 사료   6·10 만세 운동의 격문

조선 민중아! 우리의 철천지 원수는 자본 제국주의 일본이다. 2천만 동포여! 죽음을 각오하고 싸우자. 만세, 만세, 만세, 조선 독립 만세!

● 출제 포인트 분석

1920년대 들어 사회주의 사상이 유입되면서 학생들의 사회의식이 성장하였다. 사회주의자와 학생들은 순종의 인산일을 기해 만세 운동을 준비하였는데, 이러한 연대는 이후 사회주의 계열과 민족주의 계열이 연합하는 계기를 마련해 주었다.

3) 광주 학생 항일 운동(1929)

배경	일제의 민족 차별과 식민지 차별 교육에 대한 불만, 학생 운동의 조직화
전개	일본 학생의 한국 여학생 희롱 사건 → 한·일 학생의 충돌 → 경찰과 교육 당국의 편파적인 사건 처리로 불만 증폭 → 광주 지역 학생들의 대규모 시위 → 목포·나주 등지를 거쳐 전국으로 확산 → 신간회의 진상 조사단 파견(허헌, 김병로, 황상규 등), 민중 대회 개최
주장	식민지 교육 철폐, 일제 타도, 민족 해방 등
의의	3·1 운동 이후 전개된 최대 규모의 항일 민족 운동, 일본 제국주의 식민 통치에 타격, 국내 각계각층에 독립운동 고양

합격생의 비법

신간회 진상 조사단
신간회는 광주 학생 항일 운동을 민족적·민중적 운동으로 확산시키기 위해 현지 조사단을 파견하여 진상을 조사하고, 그 진상 보고를 위한 민중 대회를 서울에서 개최할 것을 계획하였다. 대회 직전 경찰 당국이 대회 준비 간부를 일제히 검거함으로써 대회는 좌절되었다.

시험에 자주 등장해요

3·1 운동 이후 국내에서 일어난 항일 민족 운동을 묻는 문제가 자주 출제됩니다. 특히 광주에서 시작하여 전국으로 확산된 광주 학생 항일 운동, 신간회의 지원을 꼭 기억하세요.

> **출제 사료**　광주 학생 항일 운동 당시의 격문
>
> 친애하는 전 조선 피압박 계급 제군이여!
> 일본 제국주의는 전 조선 민족의 피를 착취하는 데 한순간도 쉬지 않고 있다. …… 3·1 운동 때 수만 명의 동포를 학살한 것을 비롯하여 불같이 일어난 노동자의 파업, 농민의 봉기, 학생의 동맹 휴학, 사회 단체의 집회 등을 얼마나 유린하고 우리의 전위를 검거, 학살해 가고 있는가를! 학생, 청년, 교원 제군 이여! 우리는 공장, 농촌, 광산, 학교로 몰려 가서 우리의 슬로건을 철저히 관철할 것을 기약하자.
> － 1930년 1월 격문 －

② 의열 투쟁

1) 의열단 🔼빈출 (1919)

배경	3·1 운동 이후 평화적 시위의 한계를 인식하고 독립을 위한 강력한 무장 조직의 필요성 대두
결성	김원봉🔼빈출 을 중심으로 만주의 지린 성에서 결성
활동	식민 통치 기관 파괴, 일제 요인과 민족 반역자 처단, 신채호의 '조선 혁명 선언(1923)', 민중의 직접 혁명 주장
의거	조선 총독부에 폭탄 투척(김익상, 1921), 종로 경찰서에 폭탄 투척(김상옥, 1923), 동양 척식 주식회사와 조선식산은행에 폭탄 투척(나석주, 1926) 등
변화	1920년대 후반 개별 의열 투쟁의 한계 인식 → 조직적인 항일 무장 투쟁 준비

합격생의 비법

의열 투쟁
비밀 결사 조직을 통해 요인 암살, 관청 파괴 등의 독립운동을 전개하는 방식을 의미한다.

김원봉

> **출제 사료**　신채호의 '조선 혁명 선언'
>
> 민중은 우리 혁명의 대본영이다. 폭력은 우리 혁명의 유일한 무기이다. 우리는 민중 속으로 가서 민중과 손잡고 폭력·암살·파괴·폭동으로 강도 일본의 통치를 타파하고, 우리 생활에 불합리한 일체의 제도를 개조하여 인류로써 인류를 압박하지 못하며, 사회로써 사회를 박탈하지 못하는 이상적 조선을 건설할지니라.

2) 한인 애국단 🔼빈출 (1931)

결성 배경	• 임시 정부 활동의 침체, 일제의 감시와 탄압, 자금과 인력 부족 → 적극적인 의열 투쟁을 통해 임시 정부에 활기를 불어넣기 위해 김구를 중심으로 조직 • 만보산 사건과 만주 사변으로 중국 내 활동 위축
활동	일제의 주요 인물 암살 제거

이봉창

윤봉길

윤봉길의 의거에 대해 중국의 장제스는 "중국의 100만 대군도 해내지 못한 일을 한국의 용사가 해냈다."라고 높이 평가하였다. 이후 중국 국민당 정부와 중국인들은 임시 정부의 독립운동을 적극 지원하게 되었다.

시험에 자주 등장해요

일제 강점기 의열 투쟁을 묻는 문제가 자주 출제됩니다. 의열단의 김원봉, 김상옥, 나석주, 한인 애국단의 이봉창, 윤봉길은 꼭 기억하세요.

합격생의 비법

훈춘 사건(1920)

일제가 중국 마적을 매수하여 훈춘의 민가와 일본 영사관을 습격하게 한 자작극으로, 일본은 이를 핑계로 군대를 진주시켰다.

시험에 자주 등장해요

1920년대 국외에서 전개된 무장 독립 전쟁인 봉오동 전투와 청산리 대첩을 묻는 문제가 자주 출제됩니다. 특히 대한 독립군의 홍범도, 북로 군정서의 김좌진을 꼭 기억하세요.

의거	이봉창이 히로히토 일왕 마차에 폭탄 투척(1932), 윤봉길이 상하이 훙커우 공원에서 폭탄 투척(1932)
의의	대한민국 임시 정부에 대한 중국인들의 원조를 이끌어냄, 중국 국민당 정부가 임시 정부의 활동을 적극 지원 → 한국광복군 창설 기반

3) 기타 의열 투쟁

① 강우규 : 65세 노인, 사이토 총독에 투탄(1919)

② 조명하 : 육군대장 구니노미야 구니히코 암살

③ 박열 : 불령사, 일본 황태자 암살 미수 사건(1923)

④ 송학선 : 사이토 총독 암살 미수 사건(1926)

❸ 1920년대 무장 독립 전쟁

1) 봉오동 전투와 청산리 대첩

① 봉오동 전투(1920. 6.)

배경	만주의 한국 독립군이 한반도 북부의 일본군과 관청 공격(삼둔자 전투) → 일본군이 독립군의 근거지를 소탕하기 위해 작전 전개 → 일본군이 독립군의 본거지인 봉오동 공격
경과	대한 독립군(홍범도) 중심의 독립군 연합 부대가 봉오동에서 일본군 격파
결과	일본이 한국, 관동, 연해주 지역의 군대를 동원하여 간도 지방의 독립군 공격

② 청산리 대첩(1920. 10.)

배경	일본군의 봉오동 전투 패배
훈춘 사건 조작	중국이 일본의 진입을 거부하자 출병 구실을 위해 훈춘 사건 조작 → 일본군 파견
경과	북로 군정서(김좌진), 대한 독립군(홍범도) 중심의 연합 부대가 일본의 토벌에 대응하여 일본군 격파, 독립 전쟁사에서 가장 큰 전과를 올림(6일간 백운평, 완루구, 천수평, 어랑촌 등 9차례의 전투에서 일본군 1,200여 명 사살)

북로 군정서군

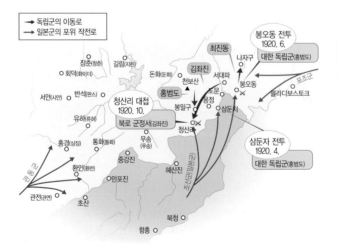

봉오동 전투와 청산리 대첩

홍범도
포수 출신으로 의병 활동을 전개한 홍범도
는 국권 피탈 후 만주로 건너가 독립군을
양성하고 대한 독립군 사령관이 되었다.

김좌진
대한 제국 육군 무관 학교 출신인 김좌진은
만주로 건너가 북로 군정서군 사령관이 되
었다.

2) 독립군의 시련

① **간도 참변**(1920. 10.) : 봉오동 전투와 청산리 대첩에서 패한 일제의 보복
→ 한인 학살, 한인촌 폐허화, 독립군 타격

② **대한 독립군단 조직** : 독립군의 부대 재정비, 한인 동포 학살 방지, 중국측
의 독립군 해산 요구에 밀산으로 이동하여 집결 → 서일을 총재로 대한
독립군단 결성(1920) → 자유시(스보보드니)로 이동

③ **자유시 참변**(1921) : 대한 독립군단의 자유시 이동 → 한인 부대들 간의 지
휘권 다툼 발생 → 소련의 무장 해제 요구 → 러시아 적군의 공격으로 독
립군 희생

3) 독립군의 재정비

① **3부의 성립**(1923~1925)

배경	독립군의 만주 복귀 → 독립군의 통합 진행
특징	삼권 분립(입법 · 사법 · 행정)에 기반한 공화주의 자치 정부, 지방 조직을 갖춘 정부 형태, 민정 기관과 군정 기관을 갖춤
3부의 관할 지역	참의부(압록강 연안 지안 현, 대한민국 임시 정부 직속, 1923), 정의부(남만주 지린 성과 봉천성 일대, 1924), 신민부(북만주 지역, 1925)

② **미쓰야 협정**(1925) : 독립운동 탄압을 위해 일제
가 만주 군벌과 체결, 만주에서 활동하는 독립
군 탄압에 대한 상호 협정 → 독립군 탄압(독립
군을 체포하여 일본 경찰에 인계하면 상금을 주
는 방식) → **만주의 독립군 활동 위축**, 만주에서
민족 유일당 운동의 배경이 됨

3부의 성립

출제 사료	미쓰야 협정

1. 한국인이 무기를 가지고 다니거나 한국으로 침입하는 것을 엄금하며, 위반하는 자는 검거하여 일본
경찰에 인도한다.
2. 만주에 있는 한인 단체를 해산시키고 무장을 해제하며, 무기와 탄약을 몰수한다.
3. 일본이 지명하는 독립운동 지도자를 체포하여 일본 경찰에 인도한다.

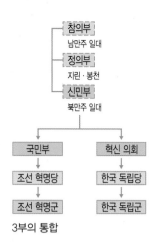

참의부
남만주 일대

정의부
지린·봉천

신민부
북만주 일대

↓

국민부 → 조선 혁명당 → 조선 혁명군

혁신 의회 → 한국 독립당 → 한국 독립군

3부의 통합

③ 3부 통합 운동(1920년대 말) : 민족 유일당 운동의 확산으로 독립군 단체의 통합 필요성 제기 → 북만주의 혁신 의회와 남만주의 국민부로 통합 재편

혁신 의회 (1928)	북만주 지역에서 결성 → 한국 독립당으로 개편, 한국 독립군 조직
국민부(1929)	남만주 지역에서 결성 → 조선 혁명당 조직, 산하에 조선 혁명군 편성

❹ 1930년대 이후 무장 독립 전쟁

1) 한·중 연합군의 활동

한국 독립군	총사령관 지청천, 북만주에서 활동, 중국 호로군과 연합하여 쌍성보·동경성·대전자령 전투 등에서 일본군 격퇴 → 일제의 거듭된 공세와 임시 정부의 요청으로 1930년대 후반 중국 본토로 이동, 일부는 한국광복군 참여
조선 혁명군	총사령관 양세봉, 남만주에서 활동, 중국 의용군과 연합하여 영릉가·흥경성 전투에서 일본군 격퇴 → 총사령관 양세봉이 피살된 이후 세력 약화

지청천

양세봉

지청천은 1930년 한국 독립군 총사령관, 1940년 대한민국 임시 정부의 직할 부대인 한국광복군의 총사령관을 역임하였다. 또한 양세봉은 1930년대 조선 혁명군의 총사령관을 역임하였으나 1934년 일본군과 싸우다 순국하였다.

시험에 자주 등장해요

1930년대 무장 독립 전쟁을 묻는 문제가 자주 출제됩니다. 1930년대 한국 독립군(지청천)과 조선 혁명군(양세봉)의 한·중 연합 작전을 꼭 기억하세요.

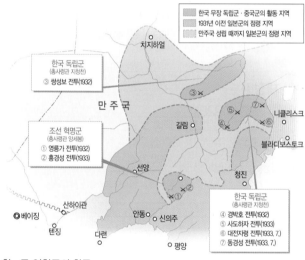

한·중 연합군의 활동

2) 만주 지역의 항일 유격 투쟁

① 배경 : 사회주의 사상의 보급, 중국 공산당의 항일 유격대 조직 지원 → 만주의 한인 사회주의자들의 유격대 조직, 무장 투쟁 전개

② 동북 인민 혁명군(1933) : 일제의 만주 침략 후 만주 지역에 소규모 항일 유격대 등장 → 중국 공산당이 만주 지역의 항일 유격대를 규합하여 조직 → 이후 동북 항일 연군으로 발전

③ 동북 항일 연군(1936) : 반(反)파쇼 인민 전선 형성(코민테른 7차 대회) → 항일 민족 통일 전선의 강화를 주장하면서 동북 인민 혁명군을 동북 항일 연군으로 개편하여 확대

④ 조국 광복회(1936) : 동북 항일 연군 중에 일부 한국인 공산주의자들이 민족주의자들과 결합하여 결성 → 보천보 전투(1937)에서 일본군에 승리 → 소련 이동

3) 민족 연합 전선의 형성

민족 혁명당 (1935)의 조직	• 조직 : 한국 독립당(조소앙), 의열단(김원봉), 조선 혁명당(지청천) 등이 참여하여 민족 독립운동의 단일 정당 건설을 목표로 결성 • 한계 : 김구 중심의 임시 정부 고수파 불참, 김원봉의 의열단 계열이 단체를 주도하자 조소앙(한국 독립당)과 지청천(조선 혁명당) 계열 이탈 → 중·일 전쟁 이후 조선 민족 전선 연맹 결성(1937)
조선 의용대 🏔 빈출 (1938)의 창설	• 창설 : 김원봉 중심, 조선 민족 혁명당이 중국 정부의 협조로 편성 • 활동 : 중국 국민당 정부의 지원을 받아 항일 투쟁 전개 → 중국군의 보조적 역할에 머물자 일부가 화북 지역으로 이동하여 투쟁, 조선 의용대 화북 지대 결성 → 1942년 조선 의용군으로 개편, 중국 공산군(팔로군)과 항일 투쟁 전개, 나머지 일부는 한국광복군에 편입
임시 정부와 **한국 국민당** **통합**	• 김구를 중심으로 한 대한민국 임시 정부의 인사들이 한국 국민당 창당(1935) → 일부 조선 혁명당 및 한국 독립당 세력 편입 → 한국 광복 단체 연합 결성(1937) → 한국 독립당 결성(1940) • 대한민국 건국 강령 발표(1941) : 조소앙의 삼균주의에 기초, 민주 공화국 수립 지향

조선 의용대 설립 기념사진

4) 대한민국 임시 정부의 이동과 한국광복군 창설

① 임시 정부의 이동

㉠ 윤봉길 의거(1932) 이후 일제의 탄압 가중, 일제의 중국 침략과 상하이 점령으로 이동 불가피

㉡ 경로 : 상하이 → 항저우 → 난징 → 류저우 → 구이양 → 치장 → 충칭

② 충칭 시기의 임시 정부 : 집행력 강화(주석 중심제 개헌 → 김구 주석 중심의 단일 지도 체제), 한국 독립당 결성, 대한민국 건국 강령 발표

③ 한국광복군(1940)

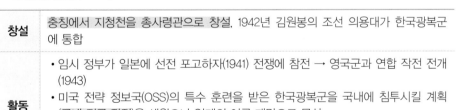

대한민국 임시 정부의 이동

창설	충칭에서 지청천을 총사령관으로 창설, 1942년 김원봉의 조선 의용대가 한국광복군에 통합
활동	• 임시 정부가 일본에 선전 포고하자(1941) 전쟁에 참전 → 영국군과 연합 작전 전개(1943) • 미국 전략 정보국(OSS)의 특수 훈련을 받은 한국광복군을 국내에 침투시킬 계획(국내 진공 작전)을 세웠으나 일제의 이른 패망으로 무산 • 한국광복군의 기관지인 『광복』 발행 : 한국어판·중국어판, 한국광복군의 선전과 홍보 목적

한국광복군 총사령부 창설
기념 사진

시험에 자주 등장해요

대한민국 임시 정부의 정규 군인 한국광복군을 묻는 문제가 자주 출제됩니다. 한국광복군의 활동 내용을 꼭 기억하세요.

1923	1926	1927	1929	1931
암태도 소작 쟁의	정우회 선언	신간회 창립, 근우회 결성	원산 총파업, 문자 보급 운동	신간회 해소, 브나로드 운동

연표

04 사회·경제적 민족 운동 ^{출제빈도} 상 | 중 | 하

❶ 사회 운동

1) 농민 운동

① 배경
　㉠ 토지 조사 사업과 산미 증식 계획 등 일제의 식민지 경제 정책으로 인한 농민의 몰락, 소작농의 증가
　㉡ 학생의 농촌 계몽 운동 및 사회주의 사상의 보급 등으로 인한 농민들의 사회의식 각성

② 전개

1단계(1920~1924) 농민 운동의 태동기	• 조직 : 면 · 리 단위의 소작인 조합, 조선 노농 총동맹(1924) • 요구 : 소작료 인하(대지주 투쟁, 합법적)
2단계(1925~1927) 농민 운동의 본격화	• 조직 : 농민 조합 중심(자작농 포함), 조선 농민 총동맹(1927) • 요구 : 소작료 인하, 소작권 안정, 일제의 경제 약탈 반대 • 대표적인 소작 쟁의 : 암태도 소작 쟁의(1923)
3단계(1930~1935) 농민 운동의 절정기	• 조직 : 사회주의자들과 연대(신간회 해체 이후), 비합법적인 혁명적 농민 조합 • 요구 : 반봉건(계급 투쟁), 반침략(반제국주의) → 일제 타도, 민족 차별 폐지 등

2) 노동 운동

① 배경 : 노동자 수의 증가, 열악한 노동 환경(저임금 · 장시간 노동 등), 3 · 1 운동 이후 사회주의 사상의 유입으로 노동자의 의식 성장

② 전개

1단계(1920~1924) 노동 운동의 태동기	• 조직 : 조선 노동 연맹회(1922), 조선 노농 총동맹(1924) • 요구 : 임금 인상과 8시간 노동제 실시 등 노동 조건의 개선 • 대표적인 투쟁 : 부산 노동자 파업(1921), 경성 인력거 파업(1922)
2단계(1925~1929) 노동 운동의 본격화	• 조직 : 조선 노농 총동맹에서 조선 농민 총동맹과 조선 노동 총동맹으로 분리(1927) • 요구 : 경제 투쟁과 함께 정치 투쟁 • 대표적인 투쟁 : 원산 총파업(1929)
3단계(1930~1936) 노동 운동의 절정기	• 조직 : 사회주의자와 연합, 비합법적인 혁명적 노동 조합의 형태로 전개 • 요구 : 민족 해방과 계급 해방 주장(정치적 성격)

합격생의 비법

암태도 소작 쟁의
전라남도 신안군 암태도의 소작인들이 소작료 인하를 위해 지주 문재철을 상대로 벌인 쟁의이다. 1년여의 투쟁으로 70% 이상의 고율 소작료를 40%로 낮추는 데 성공하였다.

원산 총파업
영국인이 경영하는 문평 라이징 선(Rising Sun) 석유회사에서 일본인 현장 감독이 한국인 노동자들을 구타하는 사건이 일어나자, 이를 계기로 노동자들이 노동 쟁의를 벌였다. 일제 강점기 최대 규모의 노동 쟁의로, 이후 반제국주의 항일 투쟁에 영향을 주었다.

시험에 자주 등장해요

일제 강점기 사회주의 운동의 확산과 이로 인한 노동 운동 · 농민 운동의 활성화를 묻는 문제가 자주 출제됩니다. 암태도 소작 쟁의와 원산 총파업을 꼭 기억하세요.

3) 여성 운동

① 배경 : 일제 강점기 여성의 낮은 지위, 가부장적 호주제 실시, 여성 노동자 수 증가, 청년 운동 및 사회주의 사상의 여성 해방 강조 및 사회 진화론의 영향

② 조선 여성 동우회(1924) : 사회주의 단체, 여성 교육·대중적 교양과 훈련 강조

③ 근우회 빈출(1927)

특징	민족주의 계열과 사회주의 계열의 협동 단체, 신간회와 자매 조직
활동	'근우' 잡지 발간, 강연회, 토론회, 강좌, 야학 등을 통한 선전과 계몽 활동, 여성 노동자의 이익 옹호, 여성의 사회적 지위 개선, 여학생 운동 전개

출제 사료 　근우회 창립 취지문

인간 사회는 많은 불합리를 산출하는 동시에 그 해결을 우리에게 요구하여 마지않는다. 여성 문제는 그중의 하나이다. …… 우리 자체를 위하여, 우리 사회를 위하여 분투하려면 우선 조선 자매 전체의 역량을 공고히 단결하여 운동을 전반적으로 전개하지 아니하면 아니 된다. 일어나라, 오너라, 단결하자, 분투하자. 조선의 자매들아! 미래는 우리의 것이다.

출제 사료 　근우회 강령 및 행동 강령

강령
조선 여자의 공고한 단결을 도모한다.
조선 여자의 지위 향상을 도모한다.

행동 강령
여성에 대한 사회적·법률적인 일체의 차별 철폐
일체의 봉건적인 인습과 미신 타파
조혼 방지와 결혼의 자유
부인 노동에 대한 임금 차별 철폐 및 산전 산후 임금 지불
부인과 소년공에 대한 위험한 노동 및 야업 폐지

'근우' 표지

4) 소년·학생·청년 운동

소년 운동	• 주도 : 조선 소년 연합회(전국적인 소년 운동), 방정환(색동회 조직, 어린이날 제정) • 활동 : 천도교에서 '어린이'라는 이름 정함, 어린이에게 존댓말 쓰기 운동 • 분열 : 중·일 전쟁 이후 청소년 운동 금지
학생 운동	등교 및 수업 거부, 교내 농성 등으로 동맹 휴학 투쟁 → 민족 차별 중지, 한국인 본위의 교육 실시 주장
청년 운동	• 강연회, 토론회, 야학 강습회 등 계몽 운동 • 조선 청년 총동맹(1924) : 민족주의 계열과 사회주의 계열의 연합 → 신간회 해체 이후 해체

어린이날 표어

5) 형평 운동

① 배경 : 갑오개혁 이후 신분제는 폐지되었으나 백정에 대한 사회적 편견과 차별 지속(조선 총독부는 백정의 호적에 '도한'이라고 기록하여 제도적 차별 존속, 백정의 자녀들은 학교 입학이나 취직 등에 차별 받음)

합격생의 비법

형평 운동

형(衡)이란 저울을 의미하는 것으로, 형평 운동은 백정들 자신이 사용했던 작업 도구인 저울처럼 평등한 사회를 만들려는 운동이라는 의미가 담겨 있다.

시험에 자주 등장해요

일제 강점기 형평 운동을 묻는 문제가 자주 출제됩니다. 형평 운동은 진주에서 창립된 형평사를 중심으로 한 백정들의 차별 철폐 운동이었음을 기억하세요.

② 차별 철폐 운동 : 조선 형평사 조직(진주, 1923), 사회적 차별 철폐와 자유주의적 신분 해방 주장 → 신분 해방을 넘어 민족 해방 운동으로 발전, 사회주의와 연계 → 반형평 운동과 일제의 탄압으로 약화

출제 사료	형평 운동

공평은 사회의 근본이고 사랑은 인간의 본성이다. 고로 우리는 계급을 타파하고 모욕적인 칭호를 폐지하여 교육을 장려하고 우리도 참다운 인간으로 되고자 함이 본사의 중요한 뜻이다. 지금까지 조선의 백정은 어떠한 지위와 압박을 받아 왔던가? 과거를 회상하면 종일 통곡하고도 피눈물을 금할 수 없다. …… 직업의 구별이 있다고 한다면 금수의 생명을 빼앗는 자는 우리들만이 아니다.

－ 조선 형평사 설립 취지문 －

조선 형평사 포스터

❷ 민족 유일당 운동의 전개

1) 배경

① 민족주의 계열 : 타협적 민족주의자와 비타협적 민족주의자로 분화 → 비타협적 민족주의자들이 사회주의 세력과 손을 잡으려는 움직임

② 사회주의 계열 : 치안 유지법 제정(1925) 이후 궤멸 상태, 조선 공산당 내의 분열 → 부르주아와 협력하여 제국주의 세력과 투쟁하려는 움직임

③ 국외 : 독립운동가들이 이념을 초월한 유일당 건설 제안 → 한국 독립 유일당 북경 촉성회 창립, 만주에서 3부 통합 운동

2) 경과 : 비타협적 민족주의 계열과 사회주의 계열의 통합 움직임 → 조선 민흥회 설립(1926), 사회주의 계열의 '정우회 선언' 발표(민족주의 세력과의 연대를 주장, 신간회 창립의 주요한 계기)

합격생의 비법

자치론의 대두

이광수, 최린 등은 일제가 허용하는 범위 내에서 자치권을 획득하자는 자치론을 주장하며 일제에 타협적인 태도를 보였다. 이에 비타협적 민족주의자들은 이러한 태도를 비판하며 사회주의 세력과 연대하여 민족 운동을 강화하고자 하였으며, 사회주의 계열의 정우회는 비타협적 민족주의 세력과의 제휴 등을 내용으로 하는 선언문을 발표하였다.

합격생의 비법

신간회 강령

1. 우리는 정치적·경제적 각성을 촉진한다.
2. 우리는 단결을 공고히 한다.
3. 우리는 기회주의를 일체 부인한다.

출제 사료	정우회 선언(1926)

우리의 승리로의 구체적 전진을 위하여 현실적 모든 가능의 조건을 충분히 이용하지 않으면 아니 될 것이다. 따라서 민족주의적 세력에 대하여는 그 부르주아 민주주의적 성질을 명백하게 인식하는 동시에 또 과정적 동맹자적 성질도 충분히 승인하여, 그것이 타락하는 형태로 출현되지 아니하는 것에 한하여 적극적으로 제휴하여 대중의 개량적 이익을 위하여서도 종래의 소극적 태도를 버리고 분연히 싸워야 할 것이다.

－ 조선일보, 1926. 11. 17. －

3) 신간회(1927)의 창립과 해소

결성	비타협적 민족주의 계열과 사회주의 계열이 연합
조직	서울에 본부 설치, 각 군 단위에 140여 개 지회 설립, 약 4만 명의 회원 보유
활동	자치 운동 규탄, 한국어 교육 실시, 강연을 통한 민족의식 고취, 노동 쟁의와 소작 쟁의 지원, 일본인 이민 정책 반대, 광주 학생 항일 운동에 진상 조사단 파견, 근우회 결성
해소	일제의 탄압 정책, 민중대회 개최 시도 실패와 급진 지도부 검거 이후 지도부에 온건파 등장, 사회주의 계열의 이탈, 코민테른의 노선 변경 등 → 사회주의 계열의 해소론 제기 및 가결(1931)
의의	민족주의 계열과 사회주의 계열이 결성한 최대 규모의 정치·사회 단체

시험에 자주 등장해요

민족 유일당인 신간회의 창립과 해소를 묻는 문제가 자주 출제됩니다. 신간회는 비타협적 민족주의 계열과 사회주의 계열이 연합하여 결성한 단체임을 기억하세요.

❸ 실력 양성 운동의 전개

1) 실력 양성 운동 : 민족주의 계열의 주도, 사회 진화론에 입각, 즉각적인 독립의 어려움 인식 → 민족의 실력을 키워 독립할 것을 주장함

2) 민족 기업의 성장

배경	회사령 폐지로 민족 기업의 설립 증가, 제1차 세계 대전 이후 호황으로 일본 자본의 조선 투자 급증 및 일본 기업의 침투가 활발해짐
대표적 민족 기업	경성 방직 주식회사(지주 출신 기업), 평양 메리야스 공장, 고무신 공장(서민 출신 기업) 등 설립 → 한국인 기업은 일본인 기업에 비해 소규모임
의의	민족의 근대적 교육 · 경제 · 문화 발전 추구
한계	제국주의 침략의 합리화, 점차 독립보다 실력 양성만 강조, 1930년대 이후 친일 세력화

3) 민립 대학 설립 운동

배경	3 · 1 운동 이후 교육열 고조(조선인 본위의 교육 강조), 식민지 교육 정책에 대항, 독립 쟁취를 위한 방안으로 고등 교육 기관 필요
주도 단체	조선 교육회, 조선 민립 대학 기성 준비회 → 대대적인 모금 활동 전개
실패	일제의 탄압과 경성 제국 대학 설립
한계	다수의 민중들을 위한 대중 교육에는 소홀

4) 문맹 퇴치 운동

야학	노동 · 농민 · 여성 야학 등 다양한 형태로 운영 → 일제는 1면 1교주의를 내세워 탄압
개량 서당	재래 서당을 개편, 농촌 아동에게 근대적 초등 교육 실시 → 일제는 '서당 규칙'을 제정하여 탄압
문자 보급 운동 (1929)	조선일보 주도, "아는 것이 힘, 배워야 산다."는 구호 제시
브나로드 운동 (1931)	동아일보 주도, "배우자, 가르치자, 다함께."라는 구호 제시

5) 물산 장려 운동

배경	회사령 철폐, 한 · 일 간 관세 철폐, 자본과 경영 능력 면에서 우위에 있는 일본 기업과 경쟁
목적	국산품 장려와 근검절약을 통한 민족 산업 육성 → 민족 경제의 자립
참여	조선 물산 장려회, 자작회, 토산 애용 부인회, 청년회 등
내용	'조선 사람 조선 것으로', '내 살림 내 것으로' 등의 구호, 일본 상품 배격, 국산품 애용, 소비 절약 운동(근검 저축 · 금주 · 단연 운동 추진)
한계	수요를 뒷받침할 수 있는 생산력 부족, 상인이나 자본가 계급이 이득을 챙기는 데 이용, 일제와의 타협

문자 보급 운동 한글 교재

브나로드 운동

'민중 속으로'라는 뜻의 러시아 말로, 이 구호를 앞세우고 1874년에 수많은 러시아 학생들이 농촌으로 가서 계몽 운동을 벌였는데, 그 뒤부터 계몽 운동의 별칭으로 사용되었다. 국내 계몽 운동은 1920년대 초 서울 학생과 문화 단체, 도쿄 유학생들이 중심이 되어 시작되었다. 동아일보사는 1931년부터 1934년까지 4회에 걸쳐 전국적인 문맹 퇴치 운동을 전개하였는데, 제3회까지 '브나로드'라고 불렸고 제4회부터는 계몽 운동으로 바뀌었다.

브나로드 운동 포스터

출제 사료	물산 장려 운동

제기의 실행 안건

1. 의복은 우선 남자는 주의(두루마기), 여자는 상(치마)을 음력 계해 정월 1일부터 조선인 산품 또는 가공품을 염색하여 착용할 일
1. 음식물에 대하여는 식염, 사탕, 과물, 청량음료 등을 제외하고는 모두 조선인 산물을 사용할 일
1. 일용품은 조선인 제품으로 대용할 수 있는 것은 이를 사용할 일

경성 방직 주식회사의 국산품 애용 선전

❹ 국외 이주 동포의 활동

1) 만주

만주의 이주민

이주 배경	조선 후기 농민들의 생계 유지, 독립운동가들의 망명
생활	주로 황무지 개간
민족 독립운동 기여	• 이주민 집단촌 건설 → 독립운동 기지 마련(민족 교육 · 군사 교육 병행) • 3 · 1 운동 때에는 국내와 호응 → 만세 시위 운동 전개

2) 연해주

이주 배경	러시아의 변방 개척 정책(토지 제공 등 한인 이주 허용 및 장려), 한인촌 건설
독립운동	13도 의군 결성, 만세 시위 참가, 대한 국민 의회 조직 등
연해주 동포의 이주 (1937)	스탈린이 일제 침략을 빌미로 중앙아시아로 강제 이주시킴

3) 일본

이주 배경	정치적 망명, 유학생(19세기 말) → 일제의 경제 수탈로 생활 터전을 상실한 농민들이 산업 노동자로 취업(국권 피탈 이후)
이주 동포의 고난	민족 차별과 저임금 등 → 조선인 학살 등의 대참사(관동(간토) 대지진)

4) 미주

미주 동포(캘리포니아 농장)

이주 배경	사탕수수 농장 및 철도 건설 노동자로 이주(20세기 초)
민족 운동	• 애국 단체 결성 : 군자금 송금, 신문 · 잡지 발행 • 대한민국 임시 정부에 대한 지원 : 독립 공채 구입, 각종 의연금 송금 • 군사 훈련 : 숭무 학교 건설 • 외교 활동 : 일제 식민지 지배의 허구성 폭로, 한국의 독립 문제가 열강 사이에서 논의되는 계기가 마련됨

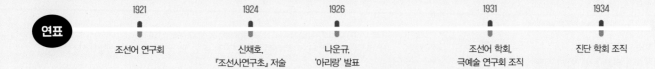

1921	1924	1926	1931	1934
조선어 연구회	신채호, 『조선사연구초』 저술	나운규, '아리랑' 발표	조선어 학회, 극예술 연구회 조직	진단 학회 조직

05 민족 문화의 수호 운동

출제 빈도 상 | 중 | 하

❶ 국어 연구

1) **조선어 연구회(1921)** : 국어의 학문적 이론 연구와 한글 보급, 가갸날 제정 (한글날로 개칭), 잡지 '한글' 발간, 강연회와 연구 발표회 개최 → 민중을 대상으로 문자 보급 운동 전개

2) **조선어 학회(1931)** : 조선어 연구회 확대 개편, 한글 맞춤법 통일안(1933) 제정, 『우리말 큰 사전』 편찬 시도 → 조선어 학회 사건(1942)으로 강제 해산

> **합격생의 비법**
>
> **가갸날**
> 1926년 11월 4일 당시 민족주의 국어학자 단체인 조선어 연구회가 주동이 되어 세종 대왕이 훈민정음을 반포한 것을 기념하고 우리나라 고유 문자인 한글의 연구·보급을 장려하기 위하여 정한 기념일이다. 양력으로 10월 9일이다.

❷ 국사 연구

1) **배경** : 일제가 식민 사관(타율성론, 정체성론, 당파성론)으로 한국의 역사를 열등하게 왜곡하여 식민 지배 정당화, 조선사 편수회 설치(『조선사』 편찬)

구분	일제의 주장	잘못된 점
타율성론	한국의 역사는 중국이나 일본에 의해 타율적으로 발전해 옴	역사 왜곡을 통해 고대에 일본이 한반도 남부를 지배하였다는 임나일본부설 등을 날조하는 등 한국사의 자율성과 녹자성을 부정함
정체성론	한국 사회는 근대 사회(자본주의)로의 이행에 필요한 봉건 사회의 단계를 거치지 못한 상태에 머물러 있었음	조선 후기에 상품 화폐 경제가 발전하고 자본 축적을 통해 자본주의의 싹이 트고 있던 한국사의 내재적 발전을 무시함
당파성론	우리 민족은 본래 당파성이 강하여 단결하지 못함	조선 시대 지배층의 권력 투쟁(당쟁)을 우리 민족 전체의 민족성으로 일반화함

> **합격생의 비법**
>
> **조선어 학회 사건**
> 민족 말살 정책에 따라 일제는 조선어 학회를 독립 운동 단체로 간주하여 치안 유지법의 내란죄를 적용하는 등 회원들에게 실형을 선고하고 민족의식을 고양시켰다는 죄목으로 탄압·투옥한 사건이다.

> **시험에 자주 등장해요**
>
> 일제 강점기 국어 연구를 묻는 문제가 출제됩니다. 조선어 학회의 민족 문화 수호 활동으로 한글 맞춤법 통일안 제정, 『우리말 큰 사전』 편찬 시도 등이 있었음을 기억하세요.

2) 민족주의 사학

배경	민족 운동의 일환으로 한국사 연구, 민족사 수호, 우리 역사의 주체적 발전과 민족의 자주성 고양
특징	• 기전체와 편년체 탈피, 사대주의적 역사 인식과 위정자 중심의 역사관 비판, 민중 주체적 역사 서술 지향 • 민족정신 강조 : 박은식의 혼, 신채호의 낭가 사상, 정인보의 얼, 문일평의 조선심 등

역사학자	• 박은식 : '국혼' 강조, 『한국통사』·『한국독립운동지혈사』 저술 • 신채호 : 고대사 연구, 역사의 주체를 영웅으로 보고 영웅 출현 기대, 『조선상고사』·『조선사연구초』 저술 • 정인보 : '얼' 강조, 『조선사연구』 저술 • 문일평 : '조선심' 강조, 『호암전집』·『한미 50년사』

출제 사료   박은식의 혼과 백

옛 사람들이 말하기를 나라는 가히 멸할 수 있으나, 역사는 가히 멸할 수 없으니, 대개 나라는 형이나 역사는 신(神, 또는 혼)이기 때문이다. 지금 한국의 형(形)은 허물어졌으나 신은 가히 홀로 존재하지 못하겠는가. …… 무릇 형체는 서로 생각하고 늘 잊지 말며, 형과 신을 전멸시키지 말 것을 구구히 바란다.   — 박은식, 『한국통사』 —

박은식

● **출제 포인트 분석**
박은식은 국가를 구성하는 요소를 혼(魂)과 백(魄)으로 구분하였고, 이중에서 민족정신으로서의 국혼을 강조하였다.

출제 사료   신채호의 한국사 연구

역사란 무엇이뇨? 인류 사회의 아(我)와 비아(非我)의 투쟁의 시간부터 발전하며 공간부터 확대하는 심적 활동 상태의 기록이니, 세계사라 하면 세계 인류의 그리된 상태의 기록이며, 조선사라면 조선 민족의 그리되어 온 상태의 기록이니라. 무엇을 '아'라 하며, 무엇을 '비아'라 하느뇨? …… 그러므로 역사는 아와 비아의 투쟁의 기록이니라.   — 신채호, 『조선상고사』 —

신채호

● **출제 포인트 분석**
신채호는 역사를 '아(我)'와 '비아(非我)'의 투쟁으로 인식하였는데, 이는 역사가 투쟁 속에서 발전한다는 인식을 담고 있는 것이다.

시험에 자주 등장해요

일제 강점기의 민족주의 사학을 묻는 문제가 자주 출제됩니다. 대표적인 민족주의 역사학자 박은식과 신채호를 저서와 함께 꼭 기억하세요.

3) 사회 경제 사학

특징	정체성론과 한국 사회의 특수성론 타파 → 유물 사관을 토대로 세계사적 보편 법칙에 따른 한국사의 발전 강조, 역사 발전의 원동력을 민중으로 강조, 계급 투쟁의 역사 강조
역사학자	백남운 : 한국사의 발전 과정을 세계 일원론의 변증법적 역사 발전 법칙에 의하여 규명, 『조선사회경제사』·『조선봉건사회경제사』 저술

출제 사료   백남운의 역사관

우리 조선의 역사적 발전 과정은, 지리적인 조건·인종적인 골상·문화 형태의 외형적인 특징 등 다소의 차이를 인정한다 하더라도, 외관상 특수성이 다른 문화 민족의 역사적 발전 법칙과 구별되어야 할 독자적인 것은 아니며, 세계사적 일원인적 역사 법칙에 의해 다른 제 민족과 거의 동궤적인 발전 과정을 거쳐 왔던 것이다.   — 백남운, 『조선사회경제사』 —

백남운

● **출제 포인트 분석**
백남운은 일제의 식민 사관을 비판하며 우리의 역사가 유물론에 입각하여 세계사적인 보편주의적 법칙에 따라 발전 과정을 거쳐 왔다고 주장하였다.

4) 실증주의 사학

특징	• 개별적인 사실을 객관적으로 밝히려는 실증적인 연구, 랑케 사학의 기반 위에서 고증주의 표방, 민중 운동의 수단으로서의 역사 연구 거부 → 과거의 이해에만 충실 • 문헌 고증을 통해 객관적인 사실 강조 → 역사학을 과학화하고 독립 학문으로 정립하는 데 공헌
진단 학회	식민 사학에 저항하기 위해 이병도·손진태 등이 결성, 『진단학보』 발간

❸ 종교계의 활동

1) 일제의 종교 탄압 : 기독교(안악 사건), 불교(사찰령 공포), 천도교·대종교 탄압(일제의 탄압으로 본거지를 만주로 옮김)

2) 각 종교계의 활동

불교	조선 불교 유신회 조직, 일제의 사찰령 폐지 운동(한용운), 근대적 교육 기관 설립
천주교	고아원·양로원 등 사회사업 확대, 잡지 '경향' 간행, 만주에서 무장 항일 단체인 의민단 조직
개신교	신사 참배 거부 운동, 교육과 의료 지원 활동
대종교	• 무장 독립운동 전개, 교단을 만주로 이동 • 중광단(1911) → 정의단(1919. 3.) → 군정부(1919. 8.) → 북로 군정서군으로 활동 (청산리 대첩)
천도교	제2의 3·1 운동 계획, 청년·소년·여성 운동 전개, 개벽사 설립(1919), 잡지 '개벽' 발행, 보성 학원·동덕 학원 등 학교 운영
원불교	박중빈이 창시(조선 불교 혁신론), 새 생활 운동 전개(남녀 평등과 허례허식 폐지 등), 민족 역량 배양 운동(개간 사업과 저축 운동으로 민족 경제 자립 촉구)

❹ 문학과 예술 활동

1) 문학

1910년대	• 계몽적 성격 • 이광수 : 『무정』을 통하여 근대 소설의 역사 개척
1920년대	• 자연주의, 낭만주의 문학 : '창조'(1919), '백조'(1922) 등 → 사실 문학과 순수 문학 지향, 민족 현실 외면 • 민족주의 : 현진건(빈처), 염상섭(만세전), 한용운(님의 침묵) 등 → 감상적 문학 비판, 민족의식 표현 • 사회주의 : 조선 프롤레타리아 예술가 동맹(KAPF) → 일제의 카프 회원 검거 사건으로 해체(1935) • 국민 문학 운동 : 사회주의 문학에 대항하여 민족주의 계열 문인들이 문학을 통해 민족주의 이념 선양(복고주의)
1930년대 이후	• 친일 문학 활동 • 청록파 시인 : 일제 말기의 사회 현실 외면, 자연에서 영감을 구함 • 저항 문학 : 이육사의 '청포도'·'절정', 윤동주의 '하늘과 바람과 별과 시'·'별 헤는 밤', 이상화의 '빼앗긴 들에도 봄은 오는가' 등
1940년대	민족 말살 정책에 의해 한국 문단의 암흑기

이육사

윤동주

출제 사료	저항 문학

지금은 남의 땅 – 빼앗긴 들에도 봄은 오는가?
나는 온몸에 햇살을 받고
푸른 하늘 푸른 들이 맞붙는 곳으로
가르마 같은 논길을 따라 꿈속을 가듯 걸어만 간다.
⋮
그러나 지금은 들을 빼앗겨 봄조차 빼앗기겠네.

– 이상화, '빼앗긴 들에도 봄은 오는가' –

● 출제 포인트 분석

이상화는 '빼앗긴 들에도 봄은 오는가'라는 작품을 통해 일제에 대한 저항 의식과 조국에 대한 애정을 표현하였다.

2) 예술

① 음악

1910년대	창가 유행, 음악을 통해 국권 상실과 망국의 아픔 노래
1920년대	서양 음악을 통한 민족의 정서 노래 → 홍난파(봉선화), 현제명(고향 생각) 등
1930년대	안익태(코리아 환상곡 → 애국가), 홍난파와 현제명(친일화)

② 미술 : 근대 회화의 시작 → 민족 풍자화를 통한 식민지 수탈상 표현

이중섭	소를 주제로 그림, 민족의 현실 표현
전형필 · 고유섭	문화재를 수집하고 연구
기타	안중식(한국의 동양화를 전승 · 발전), 고희동(최초의 서양 화가), 나혜석(여성 화가), 이상범(한국화 발전)

③ 연극

극예술 협회 (1920)	김우진 등 도쿄 유학생들이 조직
토월회 (1923~1926)	신극 운동(도쿄 유학생), 농촌 계몽과 예술이 목표(민중의 각성을 요구하는 연극 공연)
극영 동호회, 극예술 연구회 (1931)	일제의 만행과 당시의 비참한 사회상을 고발하는 민족 작품 공연 → 일제의 탄압 → 해체

④ 영화 : 조선 키네마 설립(1924, 최초의 영화사), 나운규가 민족의 비애를 담은 '아리랑' 발표(1926)

⑤ 기타 : 판소리 · 가면극 · 꼭두각시 놀음 · 사당패의 퇴조, 신파극(나라 잃은 민족의 애환 표현)

합격생의 비법

토월회

도쿄의 유학생들이 중심이 되어 1923년 조직한 신극 운동 단체이다. 봉건적 폐습 비판, 남녀평등 등을 주제로 한 작품을 공연하였다.

나운규와 영화 제작진

01 47회 36번 (가)에 들어갈 내용으로 옳은 것은?

이 시는 만해 한용운의 작품입니다. 승려이자 독립운동가인 그는 3·1 운동 당시 민족 대표 33인 중 한 명으로 활동하였고, (가)

님의 침묵

님은 갔습니다.
아아, 사랑하는 나의 님은 갔습니다.
푸른 산빛을 깨치고 단풍나무 숲을 향하여 난 작은 길을 걸어서 차마 떨치고 갔습니다.
:

① 대성 학교를 설립하였습니다.
② 잡지 어린이를 발간하였습니다.
③ 해동 천태종을 개창하였습니다.
④ 조선불교유신론을 저술하였습니다.

정답 ④

해설 제시된 자료를 통해 (가)에 들어갈 내용이 만해 한용운의 활동임을 알 수 있다. 만해 한용운은 3·1 운동 당시 민족 대표 33인 가운데 한 사람이었고, 승려이자 시인, 독립운동가였다. 그는 『조선불교유신론』, 『님의 침묵』 등을 저술하였다.

오답 피하기
① 안창호, ② 방정환, ③ 의천의 활동 내용이다.

02 47회 37번 (가)~(다)를 일어난 순서대로 옳게 나열한 것은?

(가)
안중근, 이토 히로부미 저격

(나)
홍범도, 봉오동 전투 승리

(다)
윤봉길, 홍커우 공원 의거

① (가)-(나)-(다)
② (가)-(다)-(나)
③ (나)-(가)-(다)
④ (다)-(나)-(가)

정답 ①

해설 (가) 1909년 안중근은 중국 하얼빈 역에서 이토 히로부미를 저격하였다.
(나) 1920년 홍범도는 대한 독립군을 이끌고 봉오동 전투에서 일제에 큰 승리를 거두었다.
(다) 1932년 윤봉길은 상하이 홍커우 공원에서 벌어진 전승 기념식에서 단상에 폭탄을 던져 일본군과 고관들을 처단하였다.
따라서 사건이 일어난 순서는 (가)-(나)-(다) 순이다.

03 47회 38번 밑줄 그은 '이 책'으로 옳은 것은? [3점]

이 책에 대해 소개해 주세요.

일제 강점기에 단재 신채호가 저술했어요.

역사를 아(我)와 비아(非我)의 투쟁을 기록한 것으로 정의하고 있어요.

①
제왕운기

②
동서강목

③
연려실기술

④
朝鮮上古史
조선상고사

정답 ④

해설 제시된 자료를 통해 밑줄 그은 '이 책'이 단재 신채호가 일제 강점기에 저술한 『조선상고사』임을 알 수 있다. 일제의 역사 왜곡이 심했던 고대사 부분에서 우리 민족의 전통과 정신을 강조한 민족주의 사학자 신채호는 『조선상고사』에서 역사를 아(我)와 비아(非我)의 투쟁을 기록한 것으로 정의하고 있다.

오답 피하기
① 이승휴, ② 안정복, ③ 이긍익이 저술한 책이다.

04 (가)에 들어갈 인물로 옳은 것은? [2점]

호외요! 호외!
의열단원 (가) 이/가 조선 식산 은행과 동양 척식 주식회사에 폭탄을 던졌다!

① 김규식
② 나석주
③ 안창호
④ 이육사

정답 ②

해설 제시된 자료를 통해 (가)에 들어갈 인물이 의열단 단원인 나석주임을 알 수 있다. 김원봉을 중심으로 결성된 의열단은 친일파 처단, 일제 수탈 기구 파괴 등의 의거 활동을 하였다. 나석주는 조선 식산 은행과 동양 척식 주식회사에 폭탄을 던졌고, 이 외에 김익상, 김상옥, 김지섭 등이 의열단으로 활동하였다.

오답 피하기
① 김규식은 파리 강화 회의에 민족 대표로 파견되어 독립 청원서를 제출하였다.
③ 안창호는 비밀 결사 단체인 신민회를 조직하고 평양에 대성 학교를 설립하는 등 독립운동에 일생을 바쳤다.
④ 이육사는 일제 강점기에 민족의 의지를 시를 통해 표현한 대표적인 저항 시인이다.

05 (가)의 활동으로 옳지 않은 것은?

이것은 1919년 (가) 직원들이 청사 앞에서 찍은 사진입니다. (가) 은/는 3·1 운동을 계기로 상하이에서 수립되어 독립을 위한 다양한 활동을 전개하였습니다.

① 연통제를 실시하였다.
② 독립 공채를 발행하였다.
③ 신흥 강습소를 설립하였다.
④ 한일 관계 사료집을 발간하였다.

정답 ③

해설 제시된 자료를 통해 (가)는 대한민국 임시 정부임을 알 수 있다. 대한민국 임시 정부는 국내 독립운동가들과 연락하기 위해 연통제와 교통국을 조직하였고, 독립 공채를 발행하여 독립운동 자금을 마련하였다. 또 미국에 구미 위원부를 설치하여 외교 활동을 전개하였으며, 한·일 관계 사료집을 간행하여 독립에 대한 의식을 높이고자 하였다.

오답 피하기
③ 신민회는 국외에 독립군 기지를 세울 계획을 세워 삼원보에 경학사라는 독립운동 단체와 독립군 양성을 위한 신흥 강습소를 세웠다. 신흥 강습소는 1919년 신흥 무관 학교로 이름을 바꿨다.

06 다음 법령이 제정된 이후 시행된 일제의 정책으로 옳은 것은?

제4조 정부는 전시에 국가 총동원상 필요한 경우에는 칙령이 정하는 바에 따라 제국 신민을 징용하여 총동원 업무에 종사시킬 수 있다.

⋮

제8조 정부는 …… 물자의 생산, 수리, 배급, 양도, 그 밖의 처분, 사용, 소비, 소지 및 이동에 관하여 필요한 명령을 할 수 있다.

① 징병제를 실시하였다.
② 조선 태형령을 제정하였다.
③ 토지 조사령을 공포하였다.
④ 헌병 경찰제를 시행하였다.

정답 ①

해설 제시된 자료의 법령은 1938년 제정된 국가 총동원법임을 알 수 있다. 1938년 이후 일제는 대륙 침략을 본격적으로 추진하면서 국가 총동원법을 만들어 인적·물적 자원을 수탈하였다. 징집제, 지원병제, 징병제 등으로 전쟁터로 끌고 나가고, 징용령, 여자 정신대 근무령 등으로 노예처럼 일을 시켰다. 또 공출 제도, 식량 배급 등을 실시하여 물자도 수탈하였다.

오답 피하기
②·③·④ 1910년대 일제의 식민지 정책이다. 1910년대는 일제에 의해 무단 통치(헌병 경찰 통치)가 이루어졌고, 토지 조사 사업과 회사령 제정 등 경제 정책을 시행하였다.

07 (가) 단체의 활동으로 옳은 것은?

① 독립 공채를 발행하였다.
② 정부에 헌의 6조를 건의하였다.
③ 한글 맞춤법 통일안을 발표하였다.
④ 광주 학생 항일 운동에 조사단을 파견하였다.

정답 ④

해설 제시된 자료를 통해 (가) 단체가 신간회임을 알 수 있다. 1927년 비타협적 민족주의자와 사회주의자가 협력하여 창립한 신간회는 140여 개 지회와 4만 명 회원을 보유한 민족 운동 단체로, 전국 순회강연을 통해 민족의식을 고취시키고 식민 통치 정책을 비판하는 등 다양한 활동을 하였다. 또 신간회는 ④ 1929년 광주 학생 항일 운동이 일어나자 조사단을 파견하고 민중 대회를 계획하였다.

오답 피하기
① 대한민국 임시 정부, ② 독립 협회, ③ 조선어 학회의 활동 내용이다.

08 (가) 독립군 부대에 대한 설명으로 옳은 것은?

① 국내 진공 작전을 준비하였다.
② 고종의 밀지를 받아 조직되었다.
③ 간도 참변 이후 자유시로 이동하였다.
④ 청산리 전투에서 일본군에 승리하였다.

정답 ①

해설 제시된 자료를 통해 (가) 독립군 부대가 한국광복군임을 알 수 있다. 1940년 중국 충칭에서 창설한 한국광복군은 지청천을 사령관으로 군사 활동을 전개하였다. 대일 선전 포고를 하고 연합군과 합동 작전을 전개하였으며, 미얀마·인도 전선에 파견되어 포로 심문, 정보 수집 등의 활동을 하였다. 또 미국 전략 정보국(OSS)과 합작하여 국내 진공 작전을 준비하였으나 일본의 항복으로 실현하지 못하였다.

오답 피하기
② 독립 의군부, ③ 대한 독립군단, ④ 북로 군정서에 대한 설명이다.

09 밑줄 그은 '이 운동'으로 옳은 것은?

① 브나로드 운동
② 문자 보급 운동
③ 물산 장려 운동
④ 민립 대학 설립 운동

정답 ③

해설 제시된 자료의 밑줄 그은 '이 운동'이 물산 장려 운동임을 알 수 있다. 조만식 등의 주도로 평양에서 시작된 물산 장려 운동은 '내 살림 내 것으로'라는 구호를 내걸고 전개된 토산품 애용 운동이다. 자작회, 토산 애용회 등과 같은 단체들이 활발하게 활동하면서 전국적으로 확대되었다.

10 다음 퀴즈의 정답으로 옳은 것은?

이것은 한글 맞춤법 통일안과 외래어 표기법 통일안을 마련한 단체에서 사전을 편찬하기 위해 만든 원고입니다. 이 단체의 이름은 무엇일까요?

①
보안회

②
독립 협회

③
대한 광복회

④
조선어 학회

정답 ④

해설 제시된 자료를 통해 퀴즈의 정답이 조선어 학회임을 알 수 있다. 1921년 국어 연구 및 운동 단체인 조선어 연구회가 조직되었으며, 1931년 조선어 학회로 개칭하였다. 조선어 학회는 한글 맞춤법 통일안과 표준어를 제정하였다.

오답 피하기
① 1904년 보안회는 일본의 황무지 개간권 요구에 반대하는 운동을 전개하였다.
② 1896년 서재필을 중심으로 창립한 독립 협회는 독립신문을 창간하고 독립문을 건립하였다.
③ 1915년 박상진은 공화 정체를 목표로 대구에서 대한 광복회를 조직하였다.

11 (가)에 들어갈 인물로 옳은 것은?

① 윤동주   ② 이상화   ③ 이육사   ④ 한용운

정답 ③

해설 제시된 자료를 통해 (가)에 들어갈 인물이 이육사임을 알 수 있다. 이육사는 일제 강점기 저항 시인으로 민족의 비극과 의지를 시를 통해 표현하여 '청포도', '광야', '절정' 등의 작품을 남겼다.

오답 피하기
① 윤동주는 민족의 의지를 문학 작품을 통해 표현하여 '서시', '별 헤는 밤' 등의 저항시를 남겼다.
② 이상화는 초기에는 낭만적인 시를 쓰다 이후 '빼앗긴 들에도 봄은 오는가'와 같은 민족시를 발표하였다.
④ 한용운은 3·1 운동 당시 민족 대표 33인 가운데 한 사람이었고, 승려이자 시인, 독립운동가였으며, 『조선불교유신론』, 『님의 침묵』 등을 저술하였다.

12 (가)에 들어갈 내용으로 옳은 것은?

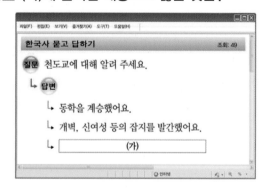

① 어린이날 제정에 기여했어요.
② 여성 교육을 위해 이화 학당을 설립했어요.
③ 을사오적 처단을 위해 자신회를 결성했어요.
④ 항일 무장 투쟁 단체인 의민단을 조직했어요.

정답 ①

해설 손병희는 동학을 천도교로 개칭하고 민족 종교로 발전시켰다. 기관지인 '만세보'를 발간하였고, 잡지인 '개벽', '신여성' 등을 발간하였다. 또 방정환은 천도교 소년회를 조직하여 어린이날을 제정하고 잡지 '어린이'를 간행하였다.

오답 피하기
② 미국인 선교사 스크랜턴은 여성 교육을 위해 이화 학당을 설립하였다.
③ 나철과 오기호 등은 을사오적을 처단하기 위해 자신회를 결성하였다.
④ 천주교는 만주에서 항일 무장 투쟁 단체인 의민단을 조직하였다.

13 밑줄 그은 '부대'로 옳은 것은?

우표 수집 기록

봉오동 전투 전승 100주년

380

• 수집일 : 2020년 ○○월 ○○일
• 수집처 : ○○ 우체국

이 우표는 만주에서 있었던 봉오동 전투 승리 100주년을 기념하기 위해 우정 사업 본부에서 발행한 것이다. 학교에서 홍범도 장군에 대해 인상 깊게 배운 적이 있는데, 그분이 이끈 부대가 참여했던 전투이기 때문에 더욱 관심이 갔다.

① 대한 독립군
② 조선 의용대
③ 조선 혁명군
④ 한국광복군

정답 ①

해설 제시된 자료를 통해 밑줄 그은 '부대'가 홍범도가 이끈 대한 독립군임을 알 수 있다. 홍범도는 대한 독립군 총사령관으로 1920년 봉오동 전투에서 일본군을 상대로 승리를 거두었다.

오답 피하기

② 1938년 김원봉이 창설한 조선 의용대는 중국 관내(關內)에서 결성된 최초의 한인 무장 부대이다.
③ 조선 혁명군은 총사령관 양세봉이 이끌었으며, 남만주 일대에서 중국 의용군과 연합하여 영릉가, 흥경성 등 전투에서 일본군을 상대로 승리를 거두었다.
④ 한국광복군은 대한민국 임시 정부 산하의 군대로 1940년 충칭에서 지청천을 총사령관으로 창설되었으며, 미국과 연계하여 국내 진공 작전을 계획하였다.

14 (가) 민족 운동에 대한 설명으로 옳은 것은?

가네코 후미코는 일제 강점기 최대 규모의 민족 운동인 (가) 을/를 목격하고 깊은 감동을 받았습니다. 이후 일본에서 박열 등과 함께 반제국주의 활동을 전개하다 체포되어 감옥에서 생을 마감하였습니다.

[외국인 독립 유공자]

로버트 그리어슨   조지 새넌 맥큔
가네코 후미코   후세 다쓰지

화면을 누르면 설명을 들을 수 있습니다.

① 순종의 인산일에 일어났다.
② 대한매일신보의 후원을 받았다.
③ 단발령에 대한 반발로 일어났다.
④ 만주, 연해주, 미주 등지로 시위가 확산되었다.

정답 ④

해설 제시된 자료를 통해 (가) 민족 운동이 3·1 운동임을 알 수 있다. 3·1 운동은 민족 자결주의와 2·8 독립 선언을 배경으로 1919년 고종의 인산일을 기점으로 일제의 식민지 지배에 항거하여 전국적으로 일어났다. 서울과 전국 주요 도시에서 시작된 3·1 운동은 농촌 지역까지 확산되었으며, 만주, 연해주, 미주 등지로도 시위가 확산되었다.

오답 피하기

① 6·10 만세 운동, ② 국채 보상 운동, ③ 을미의병에 대한 설명이다.

15 (가)~(다)를 일어난 순서대로 옳게 나열한 것은?

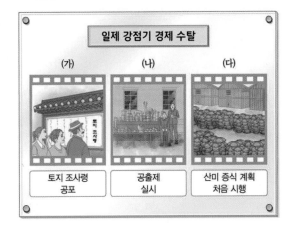

일제 강점기 경제 수탈

(가)   (나)   (다)

토지 조사령   공출제   산미 증식 계획
공포   실시   처음 시행

① (가) - (나) - (다)
② (가) - (다) - (나)
③ (나) - (가) - (다)
④ (다) - (나) - (가)

정답 ②

해설 (가) 1910년대 일제는 우리나라 토지를 빼앗기 위해 토지 조사령을 공포하고 토지 조사 사업을 실시하였으며, 회사 설립 시 총독의 허가를 받도록 하는 회사령을 적용하였다.
(다) 1920년대 쌀 수탈을 목적으로 하는 산미 증식 계획을 실시하였다.
(나) 1930년대 이후 일제는 국가 총동원법을 만들어 인적·물적 자원을 수탈하였다. 징집제, 지원병제, 징병제 등으로 전쟁터로 끌고 갔고, 징용령, 여자 정신 근무령 등으로 노예처럼 일을 시켰다. 또 미곡 공출 제도, 식량 배급 등을 시행하여 물자도 수탈하였다.
따라서 일어난 순서는 (가)-(다)-(나) 순이다.

일제 강점기 국내외 항일 민족 운동

	1910년대	1920년대
식민 정책	• 무단 통치(헌병 경찰 통치) • 토지 조사 사업(1910~1918)	• 문화 통치(민족 분열 통치, 기만적 통치) • 산미 증식 계획
국내 항일 민족 운동	• 105인 사건(1911) • 비밀 결사 형태로 전개 : 독립 의군부(1912), 대한 광복회(1915) • 3 · 1 운동(1919) : 독립 선언서 낭독, 전국적 · 거족적 만세 시위 전개 → 화성 제암리 학살 사건	• 형평 운동(1923) • 6 · 10 만세 운동(1926) • 신간회(1927~1931) 신간회 강령 1. 우리는 정치 · 경제적 각성을 촉진함 2. 우리는 단결을 공고히 함 3. 우리는 기회주의를 일체 부인함 • 광주 학생 항일 운동(1929)
국외 항일 민족 운동	• 독립군 기지 건설 ① 연해주 블라디보스토크의 신한촌 : 권업회(1911), 대한 광복군 정부(1914) ② 만주 – 서간도 : 신민회의 삼원보, 경학사, 신흥 무관 학교 – 북간도 : 중광단(대종교) – 북만주 : 밀산부 한흥동 ③ 미주 : 대한인 국민회	• 독립군 단체의 결성 ① 연해주 : 대한 국민 의회 ② 만주 – 서간도 : 서로 군정서군 – 북간도 : 북로 군정서군(대종교, 김좌진), 대한 독립군(홍범도) ③ 중국 – 대한민국 임시 정부(1919, 상하이 : 외교) – 의열단(김원봉, 1919), 한인 애국단(김구, 1931) • 독립군의 활동 봉오동 전투(1920. 6.) → 청산리 대첩(1920. 9.) → 간도 참변(1920. 10.) → 대한 독립군단 결성 → 자유시 참변(1921. 6.) → 3부 성립(1924~1925) : 참의부, 정의부, 신민부 → 미쓰야 협정(1925) → 3부 통합 운동(국민부(1929) – 조선 혁명당(군), 혁신 의회(1928) – 한국 독립당(군))

임시 정부의 통합

봉오동 전투와 청산리 대첩

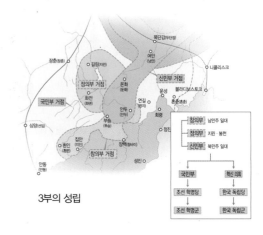

3부의 성립

	1930년대	1940년대
식민 정책	• 민족 말살 통치 : 황국신민화(신사 참배, 창씨개명) • 남면북양(섬유 원료 증산), 병참 기지화(군수 공장), 국가 총동원법(미곡 공출, 식량 배급, 금속 강제 공출), 징용 · 징병 · 일본군 위안부 · 여성 정신대	
국내 항일 민족 운동	• 브나로드 운동(1931) • 비합법적 노동 운동, 혁명적 농민 조합 • 국학 　– 국어 : 조선어 학회(1931) 　– 국사 : 사회 경제 사학(백남운) 　　↔ 실증주의 사학(진단 학회)	• 조선어 학회 사건(1942) • 조선 건국 동맹(1944) : 여운형, 안재홍 중심
국외 항일 민족 운동	• 만주 　– 조선 혁명군(양세봉) + 중국 　　의용군 → 영릉가 전투(1932), 　　흥경성 전투(1933) 　– 한국 독립군(지청천) + 중국 　　호로군 → 쌍성보 전투(1932), 　　대전자령 전투(1933) • 중국 : 한인 애국단(윤봉길 의거) • 민족 협동 전선 운동(1935) 　– 민족 혁명당(1935, 김원봉) → 　　조선 민족 전선 연맹, 조선 의 　　용대(1938) 　– 한국 국민당(김구, 1935) → 　　한국 광복 운동 단체 연합회 　　(1937)	• 충칭의 대한민국 임시 정부 　– 1940년 한국 독립당 중심, 한 　　국광복군 창설 　– 1941년 '대한민국 건국 강령' 　　발표 　– 1942년 조선 의용대 일부가 　　한국광복군에 편입 • 1942년 김두봉의 조선 독립 동맹 결성, 조선 의용군

신사 참배

조선어 학회 회원들

브나로드 운동 포스터

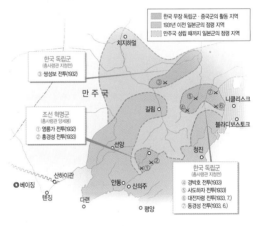

1930년대 만주의 무장 독립 투쟁

대한민국 임시 정부의 이동

최신350문항 **빈출 키워드 랭킹**

기출문제 **출제경향 분석**

8. 현대사

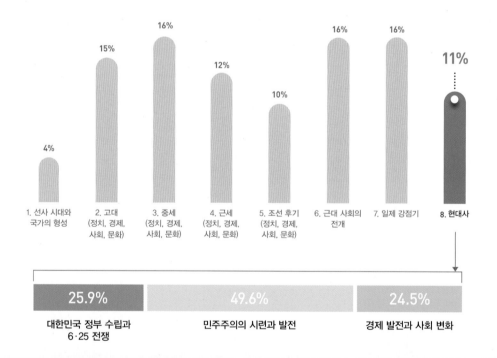

1. 선사 시대와 국가의 형성	2. 고대 (정치, 경제, 사회, 문화)	3. 중세 (정치, 경제, 사회, 문화)	4. 근세 (정치, 경제, 사회, 문화)	5. 조선 후기 (정치, 경제, 사회, 문화)	6. 근대 사회의 전개	7. 일제 강점기	8. 현대사
4%	15%	16%	12%	10%	16%	16%	11%

25.9%	49.6%	24.5%
대한민국 정부 수립과 6·25 전쟁	민주주의의 시련과 발전	경제 발전과 사회 변화

연표

1945	1946	1948	1950	1960	1961	1963	1969	1970	1972	1973	1977	1979	1980
광복	제1차 미·소 공동 위원회 개최	5·10 총선거 실시, 대한민국 정부 수립, 반민족 행위	6·25 전쟁	3·15 부정 선거, 4·19 혁명	5·16 군사 정변	박정희 정부 수립	3선 개헌안 통과	새마을 운동 시작, 경부 고속 국도 개통	7·4 남북 공동 성명, 10월 유신	6·23 평화 통일 선언, 제1차 석유	수출 100억 달러 달성	부·마 민주화 항쟁, 10·26 사태, 12·12 사태	5·18 민주화 운동

현대사

1981	1986	1987	1988	1991	1993	1997	1998	2000	2002	2003	2007	2008	2010
전두환 정부 수립	서울 아시아 경기 대회 개최	6월 민주 항쟁, 6·29 민주화 선언	노태우 정부 수립, 서울 올림픽 대회 개최	남북한 유엔 동시 가입	김영삼 정부 수립, 금융 실명제 실시	국제 통화 기금(IMF) 구제 금융 요청	김대중 정부 수립	남북 정상 회담, 6·15 남북 공동 선언	한·일 월드컵 대회 개최	노무현 정부 수립	제2차 남북 정상 회담	이명박 전부 수립	G20 서울 정상 회의

1945	1946	1947	1948	1950
광복, 모스크바 3국 외상 회의	제1차 미·소 공동 위원회, 정읍 발언, 좌우 합작 7원칙	제2차 미·소 공동 위원회	제주 4·3, 대한민국 정부 수립	6·25 전쟁

연표

01 대한민국 정부 수립과 6·25 전쟁

출제빈도 상 | 중 | 하

❶ 8 · 15 광복과 통일 정부 수립 노력

1) 광복 직전의 건국 준비 활동

① 대한민국 임시 정부

　㉠ 1940년 충칭 정착 → 민족의 자유와 독립, 민주주의 국가 건설 등을 내용으로 하는 대한민국 건국 강령 공포(1941)

　㉡ 조소앙의 삼균주의에 기초하여 정치·경제·교육 균등의 실현 주장

② 조선 독립 동맹(1942)

　㉠ 민주 공화국 수립, 남녀평등, 토지 분배, 대기업 국유화 등의 건국 강령 발표

　㉡ 조선 의용군과 항일 전쟁을 적극적으로 전개함

③ 조선 건국 동맹(1944)

조직	중도 좌파 여운형 등이 민족주의와 사회주의를 망라하여 조직한 비밀 단체
목적	일제 타도와 민주주의 국가 수립을 목적으로 한 건국 강령 제정
활동	보광단 조직(공출 · 징용 · 징병 등 반대), 노동군과 치안대 편성 준비, 국내 진공 계획, 조선 독립 동맹과 임시 정부에 연락원 파견 등 → 광복 직후 조선 건국 준비 위원회의 모태가 됨
성격	국내 좌우 세력이 연합한 민족 연합 전선

2) 국제 사회의 한국 독립 문제 논의

① 카이로 선언(1943) : 미국(루스벨트), 영국(처칠), 중국(장제스)이 한국의 독립을 최초로 약속, 일본의 무조건 항복 요구, '적당한 시기'(적절한 시기)에 '일정한 절차'를 밟아서 한국을 독립시키기로 약속

> **출제 사료** 　카이로 선언
>
> 3대 동맹국의 목적은 …… 일본이 중국으로부터 탈취한 일체의 지역을 중화민국에 반환하게 함에 있고, 일본국은 또 폭력과 탐욕에 의해 약취한 다른 일체의 지역으로부터 축출될 것이다. 전기 3대 동맹국은 한국 인민의 노예 상태에 유의하여 적당한 시기에 한국을 자주 독립케 할 것을 결정한다.

합격생의 비법

조소앙의 삼균주의 (三均主義)

조소앙은 정치의 균등(보통 선거 실시), 경제의 균등(토지와 대기업의 국유화), 교육의 균등(국비에 의한 무상 교육)이 실현된다면 전 민족이 참여하는 민주 공화국을 건설하고 궁극적으로는 인류의 평화에 기여할 수 있다고 주장하였다.

합격생의 비법

보광단

1944년 징용 및 징병 거부자를 중심으로 편성된 무장 대로, 지리산에 은신하면서 주재소 등을 습격하기도 하였다.

시험에 자주 등장해요

광복 직전 건국 준비 활동을 묻는 문제가 자주 출제됩니다. 특히 여운형의 조선 건국 동맹은 꼭 기억하세요.

② **얄타 회담**(1945) : 미국(루스벨트), 영국(처칠), 소련(스탈린) 참가 → 소련의 대일 참전 결정, 한국에 대한 신탁 통치 결정

③ **포츠담 선언**(1945)

　　㉠ 처음에는 미국(트루먼), 영국(애틀리), 중국(장제스) 참가 → 후에 소련(스탈린)이 참가하여 서명

　　㉡ 얄타 협정 재확인 → 소련의 대일 선전 포고

　　㉢ 일본에 무조건 항복 권고, 카이로 선언을 재확인함으로써 한국의 독립 재확인

3) 8·15 광복과 광복 직후 국내 상황

① **8·15 광복** : 제2차 세계 대전에서의 연합국 승리 → 1945년 일본의 무조건 항복으로 독립

② **38도선 설정** : 일본군의 무장 해제를 구실로 38도선을 군사 분계선으로 정할 것을 제안 → 소련의 수용 → 38도선을 경계로 미국이 남한, 소련이 북한을 각각 분할 점령

③ 미군정과 소군정

미군정	일제의 조선 총독부 체제를 이용한 직접 통치, 대한민국 임시 정부와 조선 인민 공화국 모두 부정
소군정	인민 위원회를 이용한 간접 통치, 공산주의 정권 수립 지원

④ 조선 건국 준비 위원회 🔺빈출 (1945)

배경	일본의 치안권 이양 교섭 과정에서 창설(조선 건국 동맹을 조선 건국 준비 위원회로 개편) **여운형이 조선 총독부에 요구한 5개 조항** 1. 전국적으로 정치범과 경제범을 즉각 석방할 것 2. 서울의 3개월분의 식량을 확보할 것 3. 치안 유지와 건국을 위한 정치 운동에 대하여 간섭하지 말 것 4. 학생과 청년을 조직 훈련하는 데 대하여 간섭하지 말 것 5. 노동자와 농민을 건국 사업에 동원하는 데 대하여 간섭하지 말 것  몽양 여운형
구성	여운형(위원장), 안재홍(부위원장) → 좌우 합작의 형태
활동	미군정이 실시되기 이전에 지역 행정과 치안 담당(사회 질서 유지, 생활필수품 확보 등에 주력) → 전국에 145개 지부 설치, 치안대 조직
해체	우익 세력의 대거 탈퇴, 미군정의 불인정 → 조선 인민 공화국 선포 이후 해체
의의	• 민중의 광범위한 지지를 얻어 해방 후 실질적인 행정 담당 • 해방 이후 국내 최초의 정치 단체로 통일 전선의 성격을 띰

출제 사료	조선 건국 준비 위원회 강령

1. 우리는 완전한 독립 국가의 건설을 기함.
2. 우리는 전 민족의 정치적·경제적·사회적 기본 요구를 실현할 수 있는 민주주의 정권의 수립을 기함.
3. 우리는 일시적 과도기에 있어서 국내 질서를 자주적으로 유지하며 대중 생활의 확보를 기함.

합격생의 비법

포츠담 선언

카이로 선언의 여러 조항은 이행되어야 하며, 또한 일본국의 주권은 혼슈·홋카이도·큐슈·시코쿠와 연합국이 결정하는 여러 작은 섬들에 국한될 것이다.

합격생의 비법

인민 위원회

조선 건국 준비 위원회의 지방 지부 조직이 확대·개편된 것도 있고, 이를 거치지 않고 직접 만들어진 것도 있다. 각 지역의 치안과 행정을 담당하였으며 일본 소유의 재산이었던 적산(敵産) 관리 등을 하였다.

합격생의 비법

여운형의 활동

• 1919년 신한 청년당을 결성하였다.
• 1933년 조선중앙일보사 사장에 취임하였다.
• 1944년 조선 건국 동맹을 결성하였다.
• 1945년 조선 건국 준비 위원회를 조직하였다.
• 1946년 좌우 합작 위원회를 조직하였다.

시험에 자주 등장해요

광복 직후 국내 정치 상황을 묻는 문제가 자주 출제됩니다. 특히 여운형의 활동과 조선 건국 준비 위원회는 꼭 기억하세요.

⑤ 조선 인민 공화국(1945)

성립	조선 건국 준비 위원회의 좌익 세력이 주도하여 선포(조선 건국 준비 위원회 해체)
조직	이승만(주석), 여운형(부주석), 친일파를 제외한 정치 세력 참여
방침	일제와 민족 반역자의 토지 몰수 및 농민에게 무상 분배, 생활필수품의 공정한 평등 분배, 국가 부담에 의한 의무 교육, 4개 조의 정강 발표
활동	각 지방에 인민 위원회를 조직함

⑥ 광복 후 여러 정치 세력

<table>
합격생의 비법

신탁 통치

신탁(信託) 통치란, 아직 정치적으로 성장하지 못해 유엔이나 또는 다른 나라에게 자기 나라를 다스리도록 부탁하는 것을 의미한다.

우익 세력	한국 민주당	송진우, 김성수	미군정과 긴밀한 관계 유지, 임시 정부 지지, 조선 인민 공화국 타도 주장
	독립 촉성 중앙 협의회	이승만	한국 민주당과 우호적 관계, 미군정의 지원
	한국 독립당	김구	대한민국 임시 정부의 요인 참여
중도 우파	국민당	안재홍	신민주주의, 신민족주의 표방
중도 좌파	조선 인민당	여운형	조선 인민 공화국 와해 이후 창당
좌익 세력	남조선 노동당	박헌영	조선 공산당에서 개편, 미군정의 탄압

신탁 통치 반대 운동

4) 정부 수립을 위한 노력
① 모스크바 3국 외상 회의(1945. 12.)

개최	미국 · 영국 · 소련의 외상들이 한반도 문제를 처리하고자 논의
내용	• 한반도에 임시 민주주의 정부 수립 • 미 · 소 공동 위원회 설치 • 최고 5년간 미 · 영 · 중 · 소의 신탁 통치 실시
신탁 통치에 대한 반응	좌익 : 처음에는 반탁 운동 전개 → 총체적 지지로 입장 선회
결과	신탁 통치 문제로 좌우 대립 격화 → 국내 정치 세력 분열 계기

모스크바 3국 외상 회의 총체적 지지

출제 사료	모스크바 3국 외상 회의 결정 사항

1. 조선을 독립시키고 민주주의 국가로 발전시키는 동시에, 가혹한 일본의 조선 통치 잔재를 빨리 청산하기 위해 조선에 임시 민주주의 정부를 수립한다.
2. 조선 임시 정부 구성을 위해 남조선 미합중국 관할구와 북조선 소련 관할구의 대표자들로 공동 위원회를 설치한다.
3. 공동 위원회의 역할은 조선인의 정치적 · 경제적 · 사회적 진보와 민주주의 발전 및 조선의 독립 국가 수립을 도와 줄 방안을 만드는 것이다. 또한 조선 임시 정부 및 조선 민주주의 단체를 참여시키도록 한다. 공동 위원회는 미 · 영 · 소 · 중 4국 정부가 최고 5년 기간의 4개국 통치 협약을 작성하는 데 공동으로 참작할 수 있는 제안을 조선 임시 정부와 협의하여 제출해야 한다.

미 · 소 공동 위원회

시험에 자주 등장해요

모스크바 3국 외상 회의, 미 · 소 공동 위원회를 묻는 문제가 자주 출제됩니다. 신탁 통치, 좌우 대립은 꼭 기억하세요.

② 제1차 미 · 소 공동 위원회 개최(1946. 3.) : 임시 정부 수립 문제 논의 → 임시 정부 구성에 참여하는 단체의 범위를 둘러싼 미 · 소의 갈등으로 결렬, 무기한 휴회

소련	반탁을 내세운 우익 정당과 사회 단체의 배제 요구
미국	찬탁과 반탁의 상관없이 모든 세력을 포함할 것을 주장

③ 단독 정부 수립론의 대두

　　㉠ 배경 : 제1차 미·소 공동 위원회의 무기한 휴회

　　㉡ 내용 : 이승만의 정읍 발언(1946. 6.), 남한만의 단독 정부 수립 주장
　　　→ 한국 민주당 등 우익 세력의 적극적 지지, 김구의 반대(통일 정부
　　　구상)

출제 사료	이승만의 정읍 발언

이제 우리는 무기 휴회된 미·소 공동 위원회가 재개될 기색도 보이지 않으며, 통일 정부를 고대하나 여의케 되지 않으니, 우리는 남방만이라도 임시 정부 혹은 위원회 같은 것을 조직하여, 38도 이북에서 소련이 철퇴하도록 세계 공론에 호소하여야 될 것이니 여러분도 결심하여야 될 것이다.

● 출제 포인트 분석

제1차 미·소 공동 위원회가 중단되고 신탁 통치 문제를 계기로 통일 정부 수립이 늦어지자 이승만을 비롯한 일부 우익 세력은 1946년 6월 정읍에서 남한만이라도 단독 정부를 세우자고 주장하였다.

④ 제2차 미·소 공동 위원회(1947. 5.) : 서울과 평양에서 회의 개최, 미·소 양
국의 입장 차이로 인해 완전 결렬(협의 대상 단체 선정 문제, 미군정의 남
로당 세력 검거 문제 등) → 미국은 한반도 문제를 유엔에 이관(1947. 9.)

⑤ 좌우 합작 운동(1946~1947)

배경	• 제1차 미·소 공동 위원회의 결렬 • 우익 진영의 단독 정부 수립 움직임(이승만의 정읍 발언) • 신탁 통치를 둘러싼 좌우 세력의 대립 격화
목적	좌우 합작을 통한 통일 정부 수립
전개	• 좌우 합작 위원회 설치(1946. 7.) : 여운형, 김규식, 안재홍 등 중도 우파와 중도 좌파로 구성 • 미군정의 지원을 받아 좌우 합작 7원칙 발표(1946. 10.) • 모스크바 3국 외상 회의 결정 지지, 친일파 처단, 토지 개혁 시행 주장
결과	좌익과 우익의 의견 대립과 미군정의 주도하에 남조선 과도 입법 위원 구성 → 냉전 격화로 인해 미군정의 지지 철회, 여운형 암살, 이승만과 공산당의 참여 거부 → 통일 정부 수립 시도 중단

출제 사료	좌우 합작 7원칙

1. 모스크바 3국 외상 회의 결정에 의하여 좌우 합작으로 임시 정부를 수립할 것.
2. 미·소 공동 위원회 속개를 요청하는 공동 성명을 발표할 것.
3. 토지는 몰수, 유조건 몰수, 매수하여 농민에게 무상으로 분배하고, 중요 산업을 국유화할 것.
4. 친일파, 민족 반역자를 처단할 조례를 제정할 것.
5. 정치범을 석방하고 남북, 좌우의 테러를 중지할 것.
6. 입법 기관의 권한, 구성, 운영 등을 좌우 합작 위원회에서 작성 실행할 것.
7. 언론, 집회, 결사, 출판, 교통, 투표의 자유를 보장할 것.

● 출제 포인트 분석

좌우 합작 위원회는 중도 우파의 김규식과 중도 좌파인 여운형 등을 중심으로 구성되었다. 이들은 좌파와 우파 간에 의견 차이가 심했던 신탁 통치 문제, 토지 문제, 친일파 처리 문제 등을 중도적인 입장에서 조화시킨 좌우 합작 7원칙을 발표하였다. 이들은 토지 문제에 대해서는 유상 몰수와 무상 분배, 친일파 처리 문제는 앞으로 구성될 입법 기구에서 처리할 것을 주장하며 미·소 공동 위원회를 다시 재개할 것을 요구하였다.

합격생의 비법

한국 민주당
송진우, 김성수 등을 중심으로 지주와 기업가들이 참여하여 결성된 정당이다. 조선 인민 공화국에 참여하지 않고, 주로 지주 계급의 이익을 대변하였다. 이승만의 단독 정부 수립 노선을 지지하였으나 이승만 정부 수립 후 이승만과의 갈등으로 야당으로 변하였다.

합격생의 비법

남로당
1946년 서울에서 결성된 공산주의 정당이다. 조선 공산당, 남조선 신민당, 인민당 3당이 합당하여 결성하였다.

시험에 자주 등장해요

좌우 합작 운동을 묻는 문제가 자주 출제됩니다. 좌우 합작 7원칙과 함께 좌우 합작 운동의 내용을 꼭 기억하세요.

합격생의 비법

유엔 한국 임시 위원단

1947년 11월 유엔 제2차 총회에서의 남북한 총선거 결의에 따라 선거 감독과 민주 정부 수립을 돕기 위해 유엔 한국 임시 위원단이 파견되었다. 미군정의 환대를 받은 유엔 한국 임시 위원단은 인도, 오스트레일리아, 캐나다, 중국, 프랑스 등의 대표로 구성되었다.

유엔 한국 임시 위원단 방한

시험에 자주 등장해요

한국 문제의 유엔 상정 과정과 남북 협상을 묻는 문제가 자주 출제됩니다. 유엔의 남북한 총선거 결의, 남한만의 단독 선거, 남북 협상의 남한 단독 선거 반대를 김구·김규식과 함께 기억하세요.

⑥ **한국 문제의 유엔 상정(1947)**

ㄱ 배경 : 제2차 미·소 공동 위원회의 결렬, 냉전 체제로 인한 미·소 대립의 심화 → 미국의 한국 문제 유엔 상정

ㄴ **유엔 총회 결의(1947. 11.)** : 인구 비례에 의한 총선거 실시 결의

ㄷ **남한만의 단독 선거 결정** : 유엔 한국 임시 위원단 파견 → 소련의 유엔 한국 임시 위원단 입국 거부 → 유엔 소총회의 결의(1948. 2.), 위원단이 접근 가능한 지역(남한)에서의 총선거 실시 결의

찬성	이승만, 한국 민주당
반대	김구, 김규식, 중도 세력 → 남북 협상 주장(통일 정부 구상)

⑦ **남북 협상의 전개(1948. 4.)**

배경	남한만의 단독 선거 움직임 전개
목적	남북한 단일 정부 구성
주도 세력	한국 독립당의 김구, 민족 자주 연맹의 김규식이 단독 정부 수립에 반대 → 남북 지도자 회의(남북 협상) 제의
과정	평양에서 '남북 제정당 사회단체 대표자 연석회의 개최(1948. 4. 김구와 김규식 등 참여) → 공동 성명 발표(남한 단독 정부 수립 반대, 미·소 양군 철수) → 남북 지도자들의 인식 차이로 실패
결과	특별한 성과 없이 종결, 남북 협상 세력의 5·10 총선거 불참, 김구 암살(1949. 6.)로 단절

38도선을 넘는 김구 일행

유엔의 단독 선거 결정이 국토 분단을 가져올 것이라고 생각한 김구는 김규식 등과 함께 남북 협상을 추진하여 38도선을 넘어가 김일성 등과 회담하였다.

출제 사료 | **김구의 통일 정부 구상**

한국이 있고서야 한국 사람이 있고, 한국 사람이 있고서야 민주주의도 공산주의도 또 무슨 단체도 있을 수 있는 것이다. 그러면 우리의 자주 독립적 통일 정부를 수립하여야 하는 이때에 있어서 자기의 집단의 사리사욕을 탐하여 국가 민족의 백년대계를 그르칠 자가 있으랴 …… 나는 통일된 조국을 건설하려다가 삼팔선을 베고 쓰러질지언정 구차한 안일을 취하여 단독 정부를 세우는 데는 협력하지 아니하겠다.
    – 김구, 삼천만 동포에게 읍고함 –

● **출제 포인트 분석**

이승만과 한국 민주당 세력 등에 의해 단독 정부 수립의 가능성이 점차 높아지자, 김구와 김규식은 통일 정부의 수립을 위해 북한 대표들과 남북한의 정당, 사회단체 지도자 협의회를 열어 공동 성명을 발표하였다. 평양에서 열린 남북 협상에 참여했던 김구와 김규식 일행은 서울로 돌아오자마자 외국 군대의 철수를 주장하며 총선거에 불참하면서 통일 정부 수립 운동을 전개하였다. 그러나 예정대로 총선거가 실시되었고, 북한에서도 일방적으로 단독 정부를 세우기로 결정하였다. 김구와 김규식의 통일 정부 수립을 위한 노력은 미·소 간 냉전이 심해지는 가운데 결실을 맺지 못하였다.

❷ 대한민국 정부의 수립

1) 단독 정부 수립 과정의 갈등

① **제주 4·3 사건**(1948) : 제주도의 좌익 세력과 일부 주민들이 단독 정부 수립에 반대하면서 무장 봉기 → 일부 지역에서 5·10 총선거 무산(3개 중 2개 선거구) → 좌익 세력의 유격전 전개 → 군경의 초토화 작전으로 수만 명의 제주도민이 희생됨

② **여수·순천 10·19 사건**(1948) : 제주 4·3 사건 진압에 동원된 여수 주둔 군대의 일부 세력이 무장 반란 → 여수와 순천 일대 점령, 진압 후 잔여 세력이 지리산 등지에서 활동

2) 5·10 총선거의 실시 : 남한 단독 선거 실시(1948. 5. 10.), 이승만과 한국 민주당 계열 압승 → 제헌 국회 구성, 제헌 국회의원 선출(임기 2년)

의의	우리나라 역사상 최초의 민주적 보통선거
한계	김구와 김규식 등 남북 협상파의 선거 불참, 좌익 세력의 총선 반대 투쟁 전개

3) 대한민국 정부의 수립

① **제헌 헌법 제정·공포**(1948. 7. 17.) : 제헌 국회에서 만든 헌법 공포
 ㉠ 국호 '대한민국', 대통령 중심제(내각 책임제 요소 포함), 삼권 분립, 간선제
 ㉡ 제헌 국회의원들의 간접 선거로 정·부통령 선거 실시(1948. 7. 20.) → 대통령 이승만·부통령 이시영 선출

② **대한민국 정부의 수립 선포**(1948. 8. 15.) : 제3차 유엔 총회에서 한반도 유일의 합법 정부로 승인

출제 사료	제헌 헌법

제1조 대한민국은 민주 공화국이다.
제32조 국회는 보통, 직접, 평등, 비밀선거에 의하여 당선된 의원으로 조직한다. 국회의원의 선거에 관한 사항은 법률로써 정한다.
제53조 대통령과 부통령은 국회에서 무기명 투표로써 각각 선거한다.
제55조 대통령과 부통령의 임기는 4년으로 한다. 단, 재선에 의하여 1차 중임할 수 있다.

4) 제헌 국회의 활동

① **반민족 행위 처벌법의 제정**(1948)

배경	• 반민족 행위자 처단을 통해 민족의 정기와 사회 정의를 확립할 것을 국민 다수가 요구 • 미군정청이 일제의 식민 통치 기구에서 일하던 관리와 경찰 등용, 친일 세력이 다시 득세하는 기회 제공(친일 → 친미)
내용	• 반민족 행위 처벌법 제정 : 반민족 행위 특별 조사 위원회(반민 특위), 특별 재판부, 특별 검찰부 설치 • 주요 친일파 조사 및 체포 : 박흥식, 노덕술, 최린, 최남선, 이광수 등 체포 • 이승만 정권의 소극적 태도, 친일 세력의 방해(국회 프락치 사건, 친일 경찰의 반민 특위 습격 사건 등)
해체	반민 특위 활동 기간 축소로 반민 특위 해체 → 친일파 청산 좌절

5·10 총선거 포스터

이승만 초대 대통령 취임

반민 특위에 체포된 친일파들

| 제1조 | 일본 정부와 통모하여 한일 합병에 적극 협력한 자, 한국의 주권을 침해하는 조약 또는 문서에 조인한 자와 모의한 자는 사형 또는 무기징역에 처하고 그 재산과 유산의 전부 혹은 2분의 1 이상을 몰수한다. |
| 제3조 | 일본 치하 독립운동자나 그 가족을 악의로 살상 · 살해한 자 또는 이를 지휘한 자는 사형, 무기 또는 5년 이상의 징역에 처하고, 그 재산의 전부 혹은 일부를 몰수한다. |

● 출제 포인트 분석

일제 강점기의 반민족 행위 처벌 및 재산 몰수를 위해 반민족 행위 특별 조사 위원회가 활동을 개시하였으나 682건의 친일 행위를 조사하는 데 그쳤고, 기소된 자 가운데 실형을 선고받은 사람은 이광수, 최남선 등 12명뿐이었다. 이에 친일파 처단이라는 민족적 과제를 해결하지 못하였다는 역사적 평가를 받고 있다.

구분	남한	북한
시기	1950. 3.	1946. 3.
원칙	유상 매입, 유상 분배	무상 몰수, 무상 분배
상한선	3정보	5정보
공통점	경자 유전의 원칙, 자영농 증가, 지주 전호제의 폐지, 토지 소유 상한선 지정	

남한과 북한의 토지 개혁

② 농지 개혁법의 제정(1949)

배경	• 국민 대다수가 소작농, 일본인 소유였던 토지의 분배와 지주제 개혁 요구 • 북한의 토지 개혁 실시(1946, 무상 몰수 · 무상 분배)
과정	농지 개혁법 공포(1949) → 개혁 실시(1950)
원칙	유상 매입 · 유상 분배, 1가구당 3정보 소유 제한, 지주에게 지가 증권 발급
결과	지주 중심의 토지 소유 폐지 → 농민 중심의 토지 소유 실현
한계	유상 분배에 따른 농민의 부담 증가, 농지 개혁의 실시 시기 지연으로 지주들이 미리 토지 처분

❸ 6 · 25 전쟁

1) 배경

① 국내 정세

남한	• 정치적 불안정, 이승만의 북진 통일론, 주한 미군의 철수 • 남북한 정권은 서로를 부정, 38도선 부근 빈번한 무력 충돌 발생
북한	• 북한과 소련의 군사 비밀 협정 체결 → 소련의 지원, 군사력 강화 • 김일성의 남진 무력 통일론

② 국외 정세 : 중국의 공산화(1949), 미국의 애치슨 라인 발표, 김일성의 전쟁 계획안에 대한 소련의 지지

2) 전개 과정

1단계	북한의 기습 남침(1950. 6. 25.) → 3일만에 서울 함락 → 국군의 낙동강 전선 후퇴 → 유엔 안전 보장 이사회의 유엔군 파견 결정 → 유엔군 참전
2단계	유엔군이 참전하여 인천 상륙 작전 전개 빈출 (1950. 9. 15.) → 서울 수복, 38도선 돌파 → 평양 탈환
3단계	중국군의 개입 → 흥남 철수 → 1·4 후퇴(1951. 1. 4.) → 서울 재함락
4단계	38도선을 중심으로 교착 상태, 소련군의 휴전 제의 → 유엔에서 휴전 회담 진행(군사 경계선의 설정, 포로 교환 문제 등으로 교착) → 이승만 휴전 반대, 거제도 반공 포로 석방(1953. 6. 18.) → 휴전 협정 성립(1953. 7. 27.)

북한군 남침

인천 상륙 작전

서울 수복

중국군 참전

1·4 후퇴

휴전 협정 조인

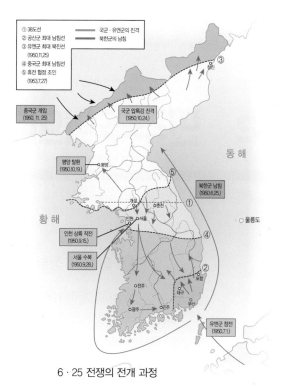
6·25 전쟁의 전개 과정

3) 결과

국내	• 전쟁의 피해 : 막대한 인명 피해, 국토의 초토화, 경제적 손실 • 민족 내부의 갈등 심화, 분단의 고착화 • 남·북한 정권 모두 체제 이데올로기를 강화하는 계기
국외	• 일본 : 전쟁 중에 병참 기지 역할을 하여 경제 부흥 • 중국 : 공산당의 지도력 향상, 타이완을 통일할 기회 상실, 미국과 대립 관계 형성 • 미국 : 세계의 경제·군사 대국으로 부상

4) 전후 처리

① 한·미 상호 방위 조약 체결(1953)

배경	한국 정부가 휴전에 반대하자 미국 정부가 이를 설득하기 위해 체결
목적	공산주의자들의 오판에 의한 재침 방지, 미국 개입의 정식 확약
결과	한국 내 미군 기지 설치 용인, 한국군의 작전 지휘권을 유엔 사령부에 양도

② 제네바 정치 회담(1954)

㉠ 참가 : 한국, 북한, 중국, 소련, 미국 등
㉡ 통일 방안 의견 차이

남한	북한으로부터 중공군 철수, 유엔 감시 하에 북한만의 자유 선거 실시
북한	외세(유엔 포함)를 배제한 자유 선거 실시, 외국군 철수, 전조선 위원회 구성

6·25 전쟁의 참상

합격생의 비법

남북한 정권의 체제 이데올로기 강화

북한에서는 남로당 계열을 비롯한 여러 정치 세력들이 숙청되고 김일성에게 권력이 집중되었으며, 남한에서는 반공 이데올로기를 내세워 정치적 반대 세력을 제거하고 이승만 정권이 유지되었다.

1954	1960	1961	1965	1972	1979	1980	1987
사사오입 개헌	4·19 혁명	5·16 군사 정변	한·일 기본 조약 체결	유신 헌법	10·26 사태, 12·12 사태	5·18 민주화 운동	6월 민주 항쟁

연표

02 | 민주주의의 시련과 발전
출제 빈도 상 | 중 | 하

❶ 이승만 정부의 장기 집권

1) 발췌 개헌(1952)

① 배경

ㄱ 이승만의 지지 세력 약화 : 제2대 국회의원 선거(5·30 총선)에서 반이 승만 성향의 세력들이 대거 국회의원으로 선출

ㄴ 소극적인 친일파 청산, 국민 방위군 사건 등 실정 → 이승만은 국회 간 선제로 대통령 재선이 어려워짐 → 자유당 창당, 직선제 개헌 준비

② 경과 : 부산 정치 파동(6·25 전쟁 중 임시 수도였던 부산에서 계엄령 선 포, 야당 의원들을 국제 공산당의 자금을 받았다는 혐의로 연행, 국회 탄 압) → 발췌 개헌안 통과(대통령 직선제 개헌안, 내각 책임제 개헌안)

③ 결과 : 제2대 대통령 선거에서 이승만 재선 성공

2) 사사오입 개헌(1954)

① 배경 : 이승만과 자유당의 장기 집권 추구

② 경과 : 헌법 개정안 제출(초대 대통령에 한해 연임 횟수 제한 철폐, 대통 령 중심제) → 1표 부족으로 부결 → 사사오입(반올림) 논리로 불법 통과

③ 결과 : 이승만 대통령의 연임(3선) 성공, 민주당 창당(야당 세력들이 반이 승만 전선 결성)

3) 이승만 정부 독재 체제 강화 : 1956년 선거에서 민주당의 장면이 부통령에 당선, 무소속 조봉암의 선전 → 자유당 정부의 위기감 고조, 반공 체제 강화를 통해 반대 세력 탄압, 독재 권력 정당화

진보당 사건(1958)	진보당 간부 구속, 조봉암 사형
신국가 보안법(1958)	기존의 국가 보안법보다 적용 범위 확대 → 정부 반대 세력 탄압
경향신문 폐간(1959)	경향신문이 1956년의 정·부통령 선거, 보안법 파동 등을 보도하면서 노골적으로 정부 비판 기사를 게재하자 1956년 폐간시킴

민주당의 부통령 당선

민주당의 구호 "못살겠다 갈아 보자"는 유권자들에게 인기를 끌었다.

❷ 4·19 혁명과 장면 내각

1) 4·19 혁명

① 배경 : 이승만 정부의 장기 집권과 부정부패, 3·15 부정 선거(1960)

출제 사료	민주당이 폭로한 3·15 부정 선거 지시 비밀 지령(요약)

1. 4할 사전 투표 : 투표 당일의 자연 기권표와 선거인 명부에 허위 기재된 유령 유권자 표, 금전으로 매수하여 기권하게 만든 기권표 등을 그 지역 유권자의 4할 정도씩 만들어, 투표 시작 전에 자유당 후보에게 기표하여 투표함에 미리 넣도록 할 것
2. 3인조 또는 9인조 공개 투표 : 자유당 후보에게 투표하도록 미리 공작한 유권자로 하여금 3인조 또는 9인조의 팀을 편성시켜서, 그 조장이 조원의 기표 상황을 확인한 후 다시 각 조원이 기표한 투표 용지를 자유당 측 선거 운동원에게 제시하고 투표함에 넣도록 할 것

– 동아일보, 1960년 3월 4일 –

● 출제 포인트 분석

1960년 제4대 정·부통령 선거에서 자유당은 이기붕을 부통령으로 당선시키기 위해 사전 투표, 대리 투표, 3인조 공개 투표, 투표함 바꿔치기 등의 부정 선거를 저질렀다.

3·15 부정 선거

시위에 나선 어린이들

② 전개

1960. 3. 15.	3·15 부정 선거 → 마산 시위
4. 11.	김주열 시신 발견
4. 18.	고려대학교 학생 시위
4. 19.	전국적으로 시위 확산 → 정부의 계엄령 선포, 경찰의 발포
4. 25.	대학교수단의 시국 선언문 발표
4. 26.	이승만 대통령의 하야 성명 발표 → 이승만, 하와이로 망명(5. 29.)

대학교수들의 시위
(1960. 4. 25.)

탱크로도 못 막은 민주화의 열기(4·19 혁명)
계엄군의 탱크 위에서 학생과 시민들이 승리의 만세를 외치고 있다.

출제 사료	4·19 혁명

대학교수단 시국 선언문(1960. 4. 25.)
1. 마산, 서울 기타 각지의 학생 데모는 주권을 빼앗긴 국민의 울분을 대신하여 궐기한 학생들의 순진한 정의감의 발로이며 부정과 불의에 항거하는 민족정기의 표현이다.
4. 누적된 부패와 부정과 횡포로써 민권을 유린하고 민족적 참극과 국제적 수치를 초래하게 한 현 정부와 집권당은 그 책임을 지고 속히 물러가라
5. 3·15 선거는 불법 선거이다. 공명선거에 의하여 정·부통령 선거를 다시 실시하라

● 출제 포인트 분석

1960년 4월 19일은 '피의 화요일'이라고 불릴 만큼 학생과 시민들의 대규모 시위와 이로 인한 큰 피해가 있었던 날이다. 이승만 정권은 폭력배를 동원하여 시위대를 습격하고, 경찰에 발포를 명하였으며, 계엄령을 선포하는 등 무차별 폭력을 행사하였다. 그러자 4월 25일 "학생들의 피에 보답하라."는 대학교수들의 시국 선언 발표와 시위가 일어났다. 결국 궁지에 몰린 이승만은 4월 26일 하야하고, 이후 하와이로 망명하였다.

시험에 자주 등장해요

4·19 혁명은 3·15 부정 선거 규탄 시위와 연계하여 자주 출제됩니다. 4·19 혁명의 배경, 전개 과정, 결과 및 의의에 대해 꼭 기억하세요.

③ 의의 : 독재 정권을 타도한 민주주의 혁명

합격생의 비법

양원제
의회가 2개의 합의체로 구성된 방식이다. 4·19 혁명 이후 제2공화국 시기에 상원(참의원)과 하원(민의원)을 둔 것이 대표적이다.

남북 학생 회담 요구 집회와 구호(1961. 5.)

"이 땅이 뉘 땅인데, 오도 가도 못하는가? 가자 북으로! 오라 남으로!"

시험에 자주 등장해요

장면 내각의 수립을 묻는 문제가 자주 출제됩니다. 장면 내각은 내각 책임제로 운영되었다는 사실을 기억하세요.

2) 장면 내각의 출범(1960~1961)

① 허정 과도 정부
- ㉠ 이승만 정권에서 장면 내각으로 넘어가는 중간에 임시적으로 허정이 중심이 된 과도 정부
- ㉡ 개헌 : 이승만 하야 후 민주당 주도로 내각 책임제, 양원제 국회를 골자로 하는 개헌 단행
- ㉢ 장면 민주당 내각 성립 : 대통령 윤보선·국무총리 장면 선출

② 장면 내각(제2공화국)
- ㉠ 주요 정책 : 경찰의 중립화, 사법 제도의 중립화, 지방 자치제 실시, 경제 개발 5개년 계획안 마련, 한·미 경제 및 기술 원조 협정 체결(1961), 민주화를 위한 각종 규제 완화(→ 각계각층의 민주화 요구)
- ㉡ 통일 운동 : 중립화 통일론, 남북 협상론, 남북 통일론 등 다양한 통일론 형성
- ㉢ 장면 내각의 한계 : 민주당 내분(민주당 내에서 구파가 분당하여 신민당 창당), 개혁 의지 미약(민주화 요구 억압, 혁신 세력과 학생들의 통일 논의를 수용하지 않음)
- ㉣ 붕괴 : 5·16 군사 정변으로 붕괴

❸ 5·16 군사 정변과 군사 정부

1) 5·16 군사 정변(1961)

5·16 군사 정변

① 배경 : 장면 내각의 감군 정책으로 인한 군부의 위기의식 고조
② 5·16 군사 정변 : 사회 혼란과 무질서를 구실삼아 박정희 주도로 군인들이 쿠데타를 일으킴 → 5·16 군사 정변의 주역들이 '혁명 공약' 발표 → 국가 재건 최고 회의를 구성하여 군정 시작

2) 군사 정부

① 경제 사회 정책 : 농가 부채 탕감, 화폐 개혁, 국민 재건 국민 운동, 경제 개발 5개년 계획 추진
② 중앙정보부 창설 : 군정 비판 세력의 탄압, 중요한 정보를 정부가 독점하고 개인적인 정보를 정치적으로 이용할 수 있는 기반 마련
③ 헌법 개정 : 국가 재건 최고 회의를 통해 대통령 중심제와 단원제 국회를 골자로 하는 헌법을 국민 투표로 개정
④ 민주 공화당 창당 : 윤보선을 누르고 박정희가 제5대 대통령으로 당선(1963), 국회의원 선거에서 민주 공화당 승리

합격생의 비법

혁명 공약(1961. 5. 16.)
박정희 등 군인 세력은 5·16 군사 정변 직후 '혁명 공약'을 발표하여 반공, 경제 개발, 사회 안정을 강조하면서 5·16 군사 정변을 합리화하였다. 그리고 이러한 과업이 달성되면 곧 본연의 임무, 즉 군인으로 돌아가겠다고 하였지만 실제로는 이를 지키지 않았다.

합격생의 비법

국가 재건 최고 회의
5·16 군사 정변 직후 혁명 주체 세력이 입법·사법·행정의 3권을 행사하였던 국가 최고 통치 의결 기관이다.

❹ 박정희 정부의 정책과 유신 체제

1) 박정희 정부의 정책
① 한 · 일 국교 정상화(1965)

배경	경제 개발 추진에 필요한 자금 부족, 한 · 미 · 일 3각 안보 체제 강화를 위한 미국의 요구
과정	김종필 · 오히라의 비밀 회담(비공개 진행, 독립 축하금 및 차관 제공으로 식민지 보상에 합의) → 6 · 3 시위 → 휴교령과 비상 계엄령 선포 등 강제 진압 → 위수령 선포 후 한 · 일 협정 체결(1965)
문제점	• 한국과 일본 사이에 맺어진 1910년 이전의 조약에 대한 한 · 일 양국의 입장 차이 • 일본 측으로부터 제공받은 자금이 식민지 시기 일본으로부터 받은 피해에 대한 청구권적인 성격임 → 일제의 식민지 지배에 대한 사과와 배상, 독도 문제 등 과거사 문제 미해결 • 협정에 있어서 일본의 요구를 거의 수용(주권 국가로써 위신 상실, 일본의 과거 조선 지배 합리화)

출제 사료　김종필-오히라 각서와 한·일 협정

1. 무상 원조에 한국 측은 3억 5천만 달러, 일본 측은 2억 5천만 달러를 주장한 바 3억 달러를 10년에 걸쳐 공여하는 조건으로 양측 수뇌에게 건의함
2. 유상 원조(해외 경제 협력 기구)에 대해 한국 측은 2억 5천만 달러(이자율 3% 이하, 7년 거치 20∼30년 상환), 일본 측은 1억 달러(이자율 3.5%, 7년 거치 20년 상환)를 주장한 바 2억 달러를 10년간에 걸쳐(이자율 3.5%, 7년 거치 20년 상환) 제공하기로 양측 수뇌에게 건의함
3. 수출입 은행 차관에 대해 한국 측은 별개 취급을 희망하고, 일본 측은 1억 달러 이상을 프로젝트에 따라 늘릴 수 있도록 하고자 주장한 바 양측의 합의에 따라 국교 정상화 이전이라도 협의토록 추진할 것
4. 독도 문제는 추후에 논의한다.

● **출제 포인트 분석**

한 · 일 협정은 한 · 일 양국 사이의 상호 관계를 규정하는 기본 조약하에 재일 교포의 법적 지위와 대우에 관한 협정, 어업에 관한 협정, 청구권 문제 해결과 경제 협력에 관한 협정, 한 · 일 문화재 및 문화 협력에 대한 협정 등 크게 네 가지로 구성되었다. 그러나 한 · 일 협정은 우선 기본 조약에서 한국과 일본 사이에 맺어진 1910년 이전의 조약에 대해 한국과 일본이 자국의 입장에 따라 임의적으로 해석할 수 있는 여지를 남겨 두었다. 또 식민지 시기 일본으로부터 받은 피해에 대한 청구권이라고 하는 애매한 성격의 자금을 제공받게 되었다. 이로 인하여 최근까지도 식민지 통치하에서 개인적으로 피해를 입은 사람들의 배상 문제가 해결되지 못하고 있다.

② 베트남 파병(1964∼1973)

배경	베트남 파병에 대한 대가로 경제 성장 촉진, 미국의 요청 → 브라운 각서(1966) 체결
결과	베트남 특수를 통하여 고용 증대와 경제 성장 촉진
문제점	젊은 파병 군인들의 희생, 고엽제 후유증, 베트남 민간인 학살, 라이따이한(베트남 파병 한국인과 베트남인 사이에서 태어난 한국인 혼혈)

③ 3선 개헌(1969. 9.)
　㉠ 내용 : 장기 집권을 위해 박정희 대통령의 3선 연임을 허용하는 개헌
　㉡ 과정 : 3선 개헌 추진 → 야당, 학생, 시민들의 반발 → 위수령을 선포하여 진압 → 민주 공화당 등 개헌안 지지 의원들이 농성 중인 야당 의원을 피해 개헌안 변칙 통과(3선 개헌, 1969)

합격생의 비법

6 · 3 시위
1964년 6월, 한 · 일 국교 정상화에 반대하는 시위가 전국에서 일어났다.

합격생의 비법

위수령
육군 부대가 일정한 곳에 주둔하면서 그 지역의 치안과 질서 유지, 시설물의 보호를 하게 하는 대통령령이다. 주로 정부 정책에 대한 반대를 억압하는 수단으로 이용하였다.

베트남 파병

합격생의 비법

브라운 각서
우리 정부가 베트남전에 국군을 파병하면서 미국측과 파병에 대한 보상 조치로 맺은 각서이다. 1965년부터 전투 부대를 파병하기 시작하여 1973년 철군할 때까지 8년 5개월 동안 월남전에 참전한 인원은 32만여 명에 달하였다.

시험에 자주 등장해요

박정희 정부 시기의 정책에 대해 묻는 문제가 자주 출제됩니다. 한 · 일 국교 정상화, 베트남 파병을 꼭 기억하세요.

통일 주체 국민 회의 선거

통일 주체 국민 회의는 대통령을 선출하는 기능을 맡았다. 국민의 직접 선거로 선출된 대의원으로 구성되었으나, 대의원은 정당에 소속되지 않았기 때문에 대통령의 직속 기구나 다름없었다.

합격생의 비법

긴급 조치권

유신 체제에서는 헌법에 의해 선출된 대통령이 헌법에 규정된 권리로 헌법의 일부 기능을 정지시킬 수 있었는데, 그 권한이 바로 긴급 조치권이다.

시험에 자주 등장해요

박정희 정부의 유신 체제를 묻는 문제가 자주 출제됩니다. 통일 주체 국민 회의, 유신 헌법, 긴급 조치권은 꼭 기억하세요.

2) 유신 체제의 성립

① 배경 : 미국의 닉슨 독트린 발표(미·소 냉전 체제 약화), 세계 경제 불황(제1차 석유 파동)과 우리 경제의 발전 주춤, 7·4 남북 공동 성명 등 발표 → 통일 문제를 권력 연장 수단 도구로 이용

② 과정 : 초헌법적인 국가 긴급권을 발동하여 국회 해산, 정치 활동 금지 → 전국에 걸쳐 비상계엄 선포(1971) → 통일 주체 국민 회의 대의원 선거법과 시행령이 공포되고, 총 대의원 선거 실시 → 박정희가 대통령으로 당선

③ 유신 헌법의 내용과 의미

    ㉠ 장기 독재의 토대 마련 : 대통령의 임기를 6년으로 규정, 중임 제한 철폐, 통일 주체 국민 회의에서 간선제로 대통령 선출

    ㉡ 대통령의 권한 강화 : 대통령에게 국회의원 1/3 추천권, 국회 해산권, 대법원장과 헌법 위원회 위원장 임명권, 긴급 조치권 부여

출제 사료	유신 헌법

유신 헌법

제39조 ① 대통령은 통일 주체 국민 회의에서 토론 없이 무기명 투표로 선거한다.

제53조 ① 대통령은 천재지변 또는 중대한 재정 경제상의 위기에 처하거나, 국가의 안전보장 또는 공공의 안녕 질서가 중대한 위협을 받거나 받을 우려가 있어, 신속한 조치를 할 필요가 있다고 판단할 때에는 …… 국정 전반에 걸쳐 필요한 긴급 조치를 할 수 있다.

제54조 ① 대통령은 전시 사변 또는 이에 준하는 국가 비상사태에 있어서 병력으로써 군사상의 필요 또는 공공의 안녕 질서를 유지할 필요가 있을 때에는 법률이 정하는 바에 의하여 계엄을 선포할 수 있다.

제59조 ① 대통령은 국회를 해산할 수 있다.

● **출제 포인트 분석**

1972년 10월 박정희 정부는 전국에 계엄령을 선포하여 국회를 해산시키고 모든 정치 활동을 금지시켰다. 그리고 평화 통일을 위해서는 강력한 정부가 필요하다며 유신 헌법을 제정하였다. 이 헌법은 대통령의 중임 제한을 없앴으며, 대통령의 직속 기구나 마찬가지인 통일 주체 국민 회의에서 대통령을 뽑도록 하였다. 또 대통령이 국회의원 3분의 1 임명권과 법관 인사권을 가져 의회와 사법부를 통제할 수 있게 하였으며, 긴급 조치권과 국회 해산권 등 절대 권력을 가지도록 하였고 통일이 될 때까지 지방 의회를 구성하지 않도록 하였다.

④ 유신 체제에 대한 반발과 저항 : 대학생·재야인사·언론인 등을 중심으로 개헌 청원 100만 인 서명 운동(1973), 3·1 민주 구국 선언(1976) 등 전개

출제 사료	3·1 민주 구국 선언(1976)

우리의 비원인 민족 통일을 향해서 국내외로 민주 세력을 키우고 규합하여 한 걸음 한 걸음 착실히 전진해야 할 이 마당에 이 나라는 1인 독재 아래 인권은 유린되고 자유는 박탈당하고 있다. 우리는 이를 보고 있을 수 없어 여야의 정치적 전략이나 이해를 넘어서 이 나라의 먼 앞날을 내다보면서 민주 구국 선언을 선포하는 바이다.

1. 이 나라는 민주주의의 기반 위에 서야 한다.

2. 경제 입국의 구상과 자세가 근본적으로 검토되어야 한다.

3. 민족 통일은 오늘 이 겨레가 짊어진 지상의 과업이다.

● **출제 포인트 분석**

윤보선·김대중·함석헌 등 각계각층의 지도급 인사들이 유신 체제에 반대하고 경제 발전 논리를 비판하며 발표한 선언으로, 민주화 운동의 목표와 방향을 제시하였다.

⑤ 유신 반대 세력 제압 : **긴급 조치 발동**(1호~9호, 유신 헌법은 행정 명령 하나로 대통령이 국민의 기본권을 일부 제한할 수 있도록 규정), 2차 인혁당 사건(1974), 민청학련 사건(1974), 김대중 납치 사건 등

⑥ 유신 체제의 붕괴 : YH 무역 사건 → 부·마 민주 항쟁 (빈출)(1979. 10.) → 10·26 사태(중앙정보부장 김재규의 박정희 살해, 1979. 10. 26.) → 유신 체제 종말

❺ 민주주의의 발전

1) 신군부 세력의 대두와 5·18 민주화 운동

① 12·12 사태(1979. 12. 12.) : 전두환, 노태우 등 신군부 세력이 군권을 장악한 후 정치적 실권 장악

② 서울의 봄(1980. 5.) : 학생과 시민들이 유신 헌법 폐지, 전두환 퇴진, 비상계엄 폐지 등을 요구하는 대규모 시위 전개 → 신군부 세력의 전국 계엄령 확대(1980. 5. 17.), 일체의 정치 활동 금지

③ 5·18 민주화 운동 (빈출)(1980)

배경	비상계엄의 전국 확대, 계엄군의 광주 민주화 운동 과잉 진압
전개 과정	계엄군의 발포로 사상자 발생 → 분노한 시민들이 합세하여 시민군 조직 → 시민군의 평화 협상 요구 → 계엄군의 무력 진압
의의	1980년대 민주화 운동의 기반이 됨, 5·18 민주화 운동 기록물이 유네스코 세계 기록 유산에 등재(2011), 타이완·필리핀 등 아시아 국가들의 민주화 운동에 영향

출제 사료 광주 시민군 궐기문(1980. 5. 25.)

우리는 왜 총을 들 수밖에 없었는가?
먼저 이 고장과 민주주의를 수호하기 위해 피를 흘리며 싸우다 목숨을 바친 시민, 학생들의 명복을 빕니다. 우리는 왜 총을 들 수밖에 없었는가. 그 대답은 너무나 간단합니다. 너무나 무자비한 만행을 더 이상 보고 있을 수만 없어서 너도나도 총을 들고나섰던 것입니다. 본인이 알기로는 우리 학생들과 시민들은 과도 정부의 중대 발표와 또 자제하고 관망하라는 말을 듣고 17일부터 학생들은 학업에, 시민들은 생업에 종사하고 있습니다. 그러나 정부 당국은 17일 야간에 계엄령을 확대 선포하고 일부 학생과 민주 인사, 정치인을 도무지 믿을 수 없는 구실로 불법 연행하였습니다. 이에 우리 시민은 모두 의아해하였습니다. 또한 18일 아침에 각 학교에 공수 부대를 투입하고 이에 반발하는 학생들에게 대검을 꽂고 "돌격 앞으로"를 감행하였고, 이에 우리 학생들은 다시 거리로 뛰쳐나와 정부 당국의 불법 처사를 규탄하였던 것입니다. …… 시민 여러분! 너무나 경악스런 또 하나의 사실은 20일 밤부터 계엄 당국은 발포 명령을 내려 무차별 발포를 시작하였다는 것입니다. 이 고장을 지키고자 이 자리에 모이신 시민 여러분! 그런 상황에 우리가 할 수 있는 일은 무엇이겠습니까. 우리가 어떻게 해야 되겠습니까? 묻고 싶습니다. 우리는 더 이상 당할 수만은 없었습니다. 그래서 우리는 이 고장을 지키고 우리의 부모 형제를 지키고자 손에 총을 들었던 것입니다.   - 신동아 편집실, 「선언으로 본 80년대 민족·민주 운동」 -

● **출제 포인트 분석**
1980년 5월 18일, 광주에서는 계엄군의 과잉 진압으로 인해 많은 학생들이 부상을 당하였고, 이에 분노한 시민들과 계엄군이 무력으로 충돌하는 사태가 일어났다. 광주 시민들은 이 문제를 평화적으로 해결하기 위해 자발적으로 무장을 해제하며 정부와의 협상을 시도하였으나 계엄군의 무자비한 진압으로 많은 사상자가 생겼다. 이후 사회 안정을 구실로 권력의 전면에 등장한 전두환은 언론을 통폐합하고 수만 명의 시민을 군대의 특수 훈련장에 보내는 등 공포 분위기를 조성하였고, 통일 주체 국민 회의에서 2,525명 중 2,524명의 표를 얻어 11대 대통령이 되었다. 이어 7년 단임의 대통령 간접 선거로 선출하도록 헌법을 개정하고, 이에 의거해 제12대 대통령에 당선되었다.

합격생의 비법

2차 인혁당 사건
중앙정보부가 유신 반대 운동을 벌였던 전국민주청년학생총연맹(민청학련)의 배후에 북한의 지령을 받은 인혁당이 있다고 사건을 조작하였다. 이 사건으로 구속된 관련자 중 8명이 긴급 조치 및 국가보안법 위반, 내란 예비·음모 등의 혐의로 기소되어 대법원 판결 18시간 만에 사형을 당하였다. 국내외 법조인들은 이를 '사법 살인'이라 비난하였다. 2007년 재심에서 법원은 관련자 모두에게 무죄를 선고하였다.

합격생의 비법

YH 무역 사건
YH 무역 노동자들은 회사의 폐업 조치에 항의하여 회사 정상화와 생존권 보장을 요구하며 신민당사에서 농성을 벌였으나 경찰에 의해 강제로 해산되었다. 당시 이를 지지한 신민당 총재 김영삼이 의원직에서 제명되면서 부·마 항쟁으로 이어지게 되었고, 결국 유신 체제가 몰락하였다.

부·마 민주 항쟁

비상계엄 철폐를 외치며 시위하는 전남 대학교 학생

시험에 자주 등장해요
5·18 민주화 운동에 대한 문제가 시험에 자주 출제됩니다. 비상계엄 확대에 저항한 민주화 운동이라는 점을 꼭 기억하세요.

삼청 교육대는 국가 보위 비상 대책 위원회가 사회 정화를 명분으로 군부대 내에 설치한 특수 교육 기관이다. 폭력배와 불량배 소탕을 구실로 무고한 사람들을 강제로 끌고 가 육체적 고통을 가하는 가혹한 방법의 훈련을 감행하였다. 끌려간 사람들 중에는 재야인사, 광주 시위 관련자, 대학생 등과 일반 시민도 상당수 포함되어 있었다. 삼청 교육대는 전두환 정권 초기의 대표적인 인권 침해 사례로 꼽힌다.

서울대학교 학생 박종철이 경찰의 조사를 받던 중 사망하였다. 경찰서에서는 이를 단순한 쇼크사로 발표하였으나 실제로는 경찰의 고문을 받고 숨진 것으로 드러났다. 이러한 사실이 알려지자 국민의 분노가 확산되었다.

6월 민주 항쟁

6월 민주 항쟁을 묻는 문제가 자주 출제됩니다. 박종철 고문치사 사건, 4·13 호헌 조치, 6·29 민주화 선언은 꼭 기억하세요.

2) 전두환 정부와 6월 민주 항쟁

① 전두환 정부의 강압 통치

출범 과정	신군부의 압력으로 최규하 대통령직 사퇴 → 국가 보위 비상 대책 위원회(대통령의 자문 및 보좌 기관이라는 명목으로 설치한 초헌법적 기구)를 설치(1980. 5.)하고 행정·사법 등 국정 전반의 주요 업무 처리 → 헌법 개정(대통령의 임기 7년 단임, 대통령 선거인단에 의한 간접 선거) → 전두환이 대통령으로 당선(1981. 2.)
정책	• 강압 정책 : 정치인의 활동 통제, 공직자 숙청, 언론 통폐합, 비판적인 기자 해직, 삼청 교육대 운영 등 • 유화 정책 : 학도 호국단 폐지, 교복 자율화, 학원 자율화, 해외여행 자율화, 야간 통행금지 해제, 프로 야구단 창설 등

② 6월 민주 항쟁 빈출(1987)

민주화·직선제 개헌 움직임	• 민주화 운동 : 민주화 추진 협의회 결성, 5·18 민주화 운동의 진상 규명과 책임자 처벌 요구 • 직선제 개헌 운동 : 1985년 국회의원 선거에서 대통령 직선제를 주장한 신한 민주당이 대거 당선 → 야당 중심의 개헌 운동 시작
민주화 요구 확산	부천 경찰서 성 고문 사건(1986), 박종철 고문치사 사건(1987. 1.) 발생 → 거국적인 민주 항쟁의 도화선 역할
4·13 호헌 조치(1987)	정부의 개헌 거부, 직선제 개헌 논의 금지
6월 민주 항쟁	시민과 학생들의 시위(호헌 철폐와 독재 타도, 민주 헌법 쟁취 등의 구호를 내세움) → 시위 도중 이한열 학생 최루탄 피격 사망 → 6·10 국민 대회 개최, 6월 민주 항쟁의 전국적 확산
6·29 민주화 선언	여당 대통령 후보 노태우가 직선제 개헌 수용

출제 사료	6월 민주 항쟁과 6·29 민주화 선언

• 6·10 대회 선언문

오늘 우리는 전 세계 이목이 주시하는 가운데 40년 독재 정치를 청산하고 희망찬 민주 국가를 건설하기 위한 거보를 전 국민과 함께 내딛는다. 국가의 미래요, 소망인 꽃다운 젊은이를 야만적인 고문으로 죽여 놓고 그것도 모자라서 뻔뻔스럽게 국민을 속이려 했던 정권에게 국민의 분노가 무엇인지를 분명히 보여 주고 국민적 여망인 개헌을 일방적으로 파기한 4·13 폭거를 철회시키기 위한 민주 장정을 시작한다.

– 신동아 편집실, 『선언으로 본 80년대 민족·민주 운동』 –

• 6·29 민주화 선언

첫째, 여야 합의하에 조속히 대통령 직선제 개헌을 하고 새 헌법에 의한 대통령 선거를 통해 88년 2월 평화적 정부 이양을 실현토록 해야겠습니다. 오늘의 이 시점에서 저는 사회적 혼란을 극복하고, 국민적 화해를 이룩하기 위하여 대통령 직선제를 택하지 않을 수 없다는 결론에 이르게 되었습니다. 국민은 나라의 주인이며, 국민의 뜻은 모든 것에 우선한다는 것입니다.

둘째, 직선제 개헌이라는 제도의 변경뿐만 아니라, 이의 민주적 실천을 위하여 자유로운 출마와 공정한 경쟁이 보장되어 국민의 올바른 심판을 받을 수 있는 내용으로 대통령 선거법을 개정하여야 한다고 봅니다. 또한 새로운 법에 따라 선거 운동·투개표 과정 등에 있어서 최대한의 공명정대한 선거관리가 이루어져야 합니다. – 동아일보, 1987. 6. 29. –

● 출제 포인트 분석

1987년 6월 10일 집권 여당인 민주 정의당이 노태우를 대통령 후보로 지목하였지만 국민들은 6월 민주 항쟁을 통해 호헌 철폐와 독재 타도를 외쳤다. 시위는 전국적으로 확산되었고, 시민들이 합세하였다. 6월 26일에는 전국 37개 도시에서 백만여 명이 시위에 참가하였으며, 서울에서는 시가전을 방불케 하는 격렬한 시위가 심야까지 계속되었다. 신군부는 국민들의 시위에 굴복하여 6월 29일 대통령 직선제 개헌을 골자로 하는 8개 항의 시국 수습 방안을 발표하였다(6·29 민주화 선언).

3) 민주주의의 진전

① 노태우 정부

㉠ 여소야대 정국 : 야당이 의석의 과반수 확보 → 여당이 정치적 어려움을 당하자 3당 합당을 통해 여소야대 극복 → 민주 자유당 창당

㉡ 활동 : 서울 올림픽 개최(1988), 동유럽 공산권 국가들과 수교(1990), 중국과 수교(1992), 남북한 유엔 동시 가입 ✓빈출 (1991)

② 김영삼 정부(문민 정부 출범)

㉠ 각종 개혁 단행 : 고위 공직자 재산 등록제, 금융 실명제 실시

㉡ 과거 역사 청산 : 전두환과 노태우 구속·유죄 판결(군사 정권의 정통성 부인)

㉢ 외환위기 : 외환 보유고 부족 → 국제 통화 기금(IMF)의 지원을 받는 등 경제적 위기 발생

③ 김대중 정부

㉠ 최초의 평화적 정권 교체, 민주주의와 시장 경제의 병행 발전, IMF 관리 체제의 조기 극복

㉡ 남북 관계 개선 : 대북 화해·협력 정책(햇볕 정책) 추진 → 남북 정상 회담, 6·15 남북 공동 선언

④ 노무현 정부

㉠ 행정 수도 건설 특별법 제정, 호주제 폐지

㉡ 경부 고속 철도(KTX) 개통, 한·미 자유 무역 협정(FTA) 체결 ✓빈출, 칠레와 FTA 체결

정부	개헌	헌법의 주요 내용	비고
이승만 정부	제헌 헌법 (1948. 7. 17.)	대통령 간선제, 국회 단원제	
	1차 개헌(1952. 7.)	대통령 직선제, 국회 양원제	발췌 개헌
	2차 개헌(1954. 11.)	대통령 직선제 (중임 제한 철폐)	사사오입 개헌, 이승만 3선 허용
허정 과도 내각	3차 개헌(1960. 6.)	내각 책임제, 대통령 간선제, 양원제 국회	4·19 혁명 영향, 민주당 정권 출범
장면 내각	4차 개헌(1960. 11.)	3·15 부정 선거 관련자 처벌	소급 특별법 제정
박정희 정부	5차 개헌(1962. 12.)	대통령 직선제, 국회 단원제	5·16 군사 정변, 공화당 정권 수립, 소급 입법 (정치 활동 정화법)
	6차 개헌(1969. 10.)	대통령 직선제	대통령의 3선 허용
	7차 개헌(1972. 12.)	대통령 권한 강화, 기본권 보장 약화, 대통령 간선제	유신 체제, 대통령 종신 집권 가능
전두환 정부	8차 개헌(1980. 10.)	7년 단임 대통령 간선제 (선거인단 간접 선거)	국가 보위 비상 대책 위원회 추진, 신군부 집권
노태우 정부	9차 개헌(1987. 10.)	5년 단임의 대통령 직선제, 기본권 보장 강화	6월 민주 항쟁, 여당과 야당의 합의로 개헌

대한민국 헌법 개정

서울 올림픽 대회

❻ 통일 정책과 평화 통일의 과제

1) 남북의 대립

이승만 정부	북진 통일론, 평화 통일론을 주장한 진보당 탄압(진보당 사건, 1958)
장면 내각	유엔 감시하에 남북 총선거를 통한 통일 주장, 민간에서 통일 운동 활성화
박정희 정부	• 반공을 국시로 설정, '선 건설, 후 통일' 주장 • 1960년대 후반 북한 무장 간첩의 침투 → 남북 관계 냉각

2) 남북 관계의 진전

① 박정희 정부

⊙ 닉슨 독트린(1969)으로 냉전 완화 → 남북 대화 시작

ⓒ 8·15 평화 통일 구상 선언(1970) : 남북한 무력 대결 지양, 선의의 경쟁 제의 → 종래의 대북한 정책 선회

ⓒ 남북 적십자 회담 제안(1971) : 이산가족 찾기를 위한 회담 개최

ⓐ 7·4 남북 공동 성명(1972)

배경	1970년대 미·소 간의 화해 기운으로 동서 진영의 평화 공존 분위기(데탕트) → 미국과 중국의 국교 수립, 닉슨 독트린 선언(1969), 주한 미군 감축 계기 등
내용	• 자주·평화·민족 대단결의 통일에 관한 기본 원칙을 담은 공동 성명을 서울과 평양에서 동시 발표 • 통일 문제 협의를 위한 공식 대화 기구로 남북 조절 위원회 설치
의의	남북한 정부가 최초로 합의한 평화 통일 원칙, 이후 진행되는 남북 간 통일 논의의 기본이 됨
한계	남북 대화가 남북한의 독재 체제 강화에 이용됨

출제 사료 7·4 남북 공동 성명

쌍방은 다음과 같은 조국 통일 원칙들에 합의를 보았다.
첫째, 통일은 외세에 의존하거나 외세의 간섭을 받음이 없이 자주적으로 해결하여야 한다.
둘째, 서로 상대방을 반대하는 무력행사에 의거하지 않고 평화적으로 실현하여야 한다.
셋째, 사상과 이념 제도의 차이를 초월하여 우선 하나의 민족으로 민족적 대단결을 도모하여야 한다.

● **출제 포인트 분석**

남북은 남북 사이의 긴장 상태를 완화하고 신뢰의 분위기를 조성하기 위하여 서로 상대방을 비방하지 않으며 무력 도발을 하지 않고, 불의의 군사적 충돌 사건을 방지하기 위한 적극적인 조치를 취하기로 합의하였다.

시험에 자주 등장해요

박정희 정부 시기의 7·4 남북 공동 성명은 시험에 자주 출제됩니다. 7·4 남북 공동 성명으로 남과 북이 자주·평화·민족적 대단결의 3대 통일 원칙에 합의하였음을 기억하세요.

② 전두환 정부

⊙ 민족 화합 민주 통일 방안(1982) : 남북 대표로 민족 통일 협의회 구성, 국민 투표로 통일 헌법 확정, 헌법에 의거한 남북한 총선거 실시로 통일 민주 공화국 건설 제시

ⓒ 이산가족 상봉(1985)

③ **노태우 정부**

ㄱ 통일 정책 : 7·7 특별 선언 발표(1988), 한민족 공동체 통일 방안 제시(1989)

ㄴ 남북 대화의 재개 : 남북한 총리 회담(1990) → 남북 기본 합의서 채택 빈출(1991, 남북한 사이의 화해와 불가침 및 교류·협력에 관한 합의서) → 한반도 비핵화에 대한 공동 선언 합의(1992)

남북 기본 합의서 체결

출제 사료	남북 기본 합의서

제1조 남과 북은 서로 상대방의 체제를 인정하고 존중한다.
제9조 남과 북은 상대방에 대하여 무력을 사용하지 않으며 상대방을 무력으로 침략하지 아니한다.
제15조 남과 북은 민족 경제의 통일적이며 균형적인 발전과 민족 전체의 복리 향상을 도모하기 위하여 자원의 공동 개발, 민족 내부의 교류로서의 물자 교류 합작 투자 등 경제 교류와 협력을 실시한다.

④ **김영삼 정부**

ㄱ 남북 교류의 위기 : 북한의 핵 확산 금지 조약(NPT), 비핵 보유국이 새로 핵무기를 보유하는 것과 보유국이 비보유국에 대하여 핵무기를 주는 것을 동시에 금지하는 조약) 탈퇴 선언

ㄴ 통일을 위한 노력 : 비전향 장기수 송환, 남북 정상 회담 개최 합의(→ 김일성 사망) 무산, 민족 공동체 통일 방안 제시(1994), 남북 경제 교류의 지속

⑤ **김대중 정부**

ㄱ 햇볕 정책 : 평화·화해·협력을 통한 남북 관계 개선을 목표로 하는 대북 화해 협력 정책

ㄴ 제1차 남북 정상 회담(2000) : 6·15 남북 공동 선언 발표 → 이산가족 방문단 교환, 서신 교환, 면회소 설치 등

ㄷ 남북 교류 : 금강산 관광 사업(1998), 경의선 복구 사업, 개성 공단 설치 사업 등

1차 남북 정상 회담(2000)

시험에 자주 등장해요

노태우 정부 시기의 남북 기본 합의서 채택과 김대중 정부 시기의 햇볕 정책, 6·15 남북 공동 선언은 시험에 자주 출제되므로 꼭 기억하세요.

1990년 9월
남북 고위급 회담 시작

↓

1991년 9월 17일
남북한 유엔 동시 가입

↓

1991년 12월 13일
남북 기본 합의서 채택
(원칙 : 화해, 불가침, 교류 협력)

↓

1991년 12월 31일
한반도 비핵화에 대한
공동 선언

↓

김대중 정부 출범
& 햇볕 정책 표방

↓

1998년 6월, 10월
정주영의 '소떼 방북'

↓

1998년
금강산 해로 관광

↓

2000년 6·15 남북 공동 선언

↓

2000년 8월 15일 이후
수차례 이산가족 상봉

↓

2003년 금강산 육로 관광

출제 사료　6·15 남북 공동 선언

1. 남과 북은 나라의 통일 문제를 그 주인인 우리 민족끼리 힘을 합쳐 자주적으로 해결해 나가기로 하였다.
2. 남과 북은 나라의 통일을 위한 남측의 연합제안과 북측의 낮은 단계의 연방제안이 서로 공통성이 있다고 인정하고, 앞으로 이 방향에서 통일을 지향해 나가기로 하였다.
3. 남과 북은 올해 8·15에 즈음하여 흩어진 가족·친척 방문단을 교환하며 비전향 장기수 문제를 해결하는 등 인도적인 문제를 조속히 풀어나가기로 하였다.
4. 남과 북은 경제 협력을 통하여 민족 경제를 균형적으로 발전시키고, 사회·문화·체육·보건·환경 제반 분야의 협력과 교류를 활성화하여 서로의 신뢰를 다져나가기로 하였다.

● **출제 포인트 분석**

2000년 6월 13일 남한의 김대중 대통령과 북한의 김정일 국방위원장은 평양의 순안 비행장에서 분단 이후 최초로 남북 정상이 만나는 역사적 순간을 보여 주었다. 남북 정상 회담에서는 한반도의 통일과 평화 정착, 민족 화해와 단합, 남북 간 교류와 협력 등이 논의되었다. 이후 남북 협력 사업은 더욱 활성화되어 끊어진 경의선과 동해선 연결이 추진되고, 북한의 개성에 남한 기업이 공업 단지를 조성하였다. 그러나 북한이 핵 개발을 추진하면서 남북 관계도 다시 어려움에 부딪혔다. 이를 해결하기 위해 4자 회담의 네 나라에 일본과 러시아를 추가한 6자 회담이 열리고 있다.

1962	1970	1979	1986	1988	1993	1997	2002
제1차 경제 개발 5개년 계획	경부 고속 국도 개통 전태일 분신 사건	YH 무역 사건	서울 아시안 게임 개최	서울 올림픽 대회 개최	금융 실명제 실시	외환위기	한·일 월드컵 대회 개최

연표

03 │ 경제 발전과 사회 변화 _{출제빈도} 상│중│하

❶ 대한민국의 경제 발전

1) 전후 복구와 원조 경제
① 전후 경제 상황 : 대다수 생산 시설의 파괴로 인한 생필품 부족, 화폐 가치의 폭락으로 물가 폭등
② 미국의 경제 원조

배경	잉여 농산물을 한국에 원조(생산 과잉으로 인한 자국 내 농업 공황 방지 목적) → 대충자금을 조성하여 사용
내용	미국의 경제 불황으로 1958년부터는 무상 원조에서 유상 차관 방식으로 전환 → 생산제 공업 투자, 경제 자립을 위한 경제 개발 계획 수립 시도
결과	• 삼백 산업의 발전 : 설탕·면화·밀가루를 이용한 농산물 가공 산업 발달 • 대외 의존 심화 → 파행적 산업 구조(소비재 중심의 산업 발전에 비해 생산재 산업 부분 부진) • 만성적인 식량 수입국으로 전락

③ **귀속 재산 처리** : 기업체의 민간 불하, 기업체에 원조 물자 배정 → 자본주의 정착, 재벌 등장, 정경 유착 발생

2) 박정희 정부의 경제 정책
① 특징 : 수출 주도형의 성장 전략 표방, 성장 위주의 정책 지향, 공업 분야 위주의 불균등 성장 전략 추진(1~2차는 경공업, 3~4차는 중화학 공업 중심), 정부 주도형의 경제 개발 추진(경제 기획원 중심), 외자 도입의 적극화로 재원 조달 → 외자 도입, 공장 건설 → 수출 → 자본 축적의 시스템 표방
② 경제 개발 5개년 계획

제1차 경제 개발 5개년 계획 (1962~1966)	• 전력·석탄의 에너지 자원과 기간산업을 확충하고, 사회 간접 자본을 충실히 하여 경제 개발의 토대 형성 • 농업 생산력을 확대하여 농업 소득을 증대시키며, 수출을 증대하여 국제 수지를 균형화하고 기술의 진흥을 목표로 함
제2차 경제 개발 5개년 계획 (1967~1971)	• 식량 자급화와 산림 녹화, 화학·철강·기계 공업의 건설에 의한 산업의 고도화 • 7억 달러 수출 달성, 고용 확대, 국민 소득의 비약적 증대, 과학 기술의 진흥, 기술 수준과 생산성 향상 목표 • 남북 간의 경제력이 균형을 이룸(남북 대화 개최 배경) • 외자 도입 증가, 국제수지 만성적 적자 초래

경부 고속도로
서울과 부산을 잇는 고속도로로 1968년에 만들기 시작하여 1970년에 완공되었다. 만들 때에는 경제성이 없다고 하여 국내외에서 반대가 심하였으나, 건설된 후 우리나라 경제 성장에 중요한 역할을 하였다.

합격생의 비법

제1, 2차 석유 파동
원유 가격이 크게 인상되면서 나타난 세계 경제의 혼란이다. 1973년 중동 전쟁 때문에 제1차 석유 파동이 발생하였고, 1979년 이란 혁명에 따른 이란의 원유 수출 중단으로 제2차 석유 파동이 발생하였다.

시험에 자주 등장해요

박정희 정부 시기 경제 개발 5개년 계획을 묻는 문제가 자주 출제됩니다. 초기에는 경공업 중심, 후기에는 중공업 중심으로 변했다는 사실을 꼭 기억하세요.

제3차 경제 개발 5개년 계획 (1972~1976)	중화학 공업화 추진(안정적 균형), 중동 건설의 붐, 새마을 운동 전개
제4차 경제 개발 5개년 계획 (1977~1981)	• 성장 · 형평 · 능률의 기조하에 자력 성장 구조 확립, 사회 개발을 통하여 형평 증진, 기술 혁신과 능률 향상 • 물가고와 부동산 투기, 생활필수품 부족(생필품 도매 물가 80% 상승) 등 고도성장 정책의 부작용 발생 • 제2차 석유 파동으로 경제 불황 및 마이너스 경제 성장 • 수출액 100억 달러 최초 돌파(1977) : 정부의 외자 도입, 수출 산업의 육성 결과

③ 1970년대 주요 경제 조치

㉠ 8·3 조치(경제의 안정과 성장을 위한 긴급 명령 제15호, 1972)

배경	외자 도입에 의한 고도성장 정책의 한계 → 차관 기업의 부실화
내용	사채 동결과 금리 인하로 독점 대기업의 재무 구조 개선
결과	산업 합리화 자금을 공급받은 기업들은 특혜 부여, 사채를 빌려 주었던 소자산가들은 재산 강탈, 은행 대출 증가로 인한 물가 상승(서민에게 전가)

㉡ 12·7 특별 조치(1974. 12. 7.) : 환율의 평가 절하와 석유류 등의 요금 인상

㉢ 부가가치세 실시(1977. 7. 1.) : 세율 13%의 단일세로 경기 조절을 위해 상하 3% 범위 내에서 대통령령으로 조절, 과세 기간은 6개월, 2개월마다 예정 신고 납부 조치

㉣ 수입 자유화 허용(1978. 5. 1.) : 3차에 걸쳐 753개 품목의 수입 자유화

㉤ 부동산 투기 억제 조치(1978. 8. 8.)

④ 경제 개발의 결과와 문제점

결과	• 경제 성장, 식량 증산으로 자급자족 가능 • 전국의 1일 생활권(고속도로 건설), 신흥 공업국으로 부상
문제점	• 분배면의 소홀 : 국민 간의 소득 격차와 사회 갈등 초래 • 정부 주도의 경제 정책 → 민간 기업이 정부에 예속(정경 유착) • 무역 의존도가 높아 국제 경제에 민감한 영향을 받음 • 개발독재 : 경제 성장을 강조하고 민주화 운동 탄압(정치적 · 경제적 민주주의 후퇴) • 농업과 공업 간의 불균등 심화, 외화 가득률 감소, 환경 문제 발생

3) 1980년대 이후의 경제 변화

① 전두환 정부

㉠ 산업 합리화 정책 : 경제 공황의 타개를 위한 공장 발전법(1986. 7.), 조세 감면 규제법(1986. 12.) 등 마련 → 부실기업 정리

㉡ 독점 자본 체제 강화 : 부실기업 정리 과정에서 재벌 기업 인수 → 3저 호황 속(저금리 · 저유가 · 저달러 현상으로 인한 경제 호황)에서 중화학 부문이 주력 산업으로 성장

시험에 자주 등장해요

각 정부의 경제 상황을 묻는 문제가 출제될 수 있습니다. 1980년대 3저 호황(저금리 · 저유가 · 저달러)의 내용은 꼭 기억하세요.

② 세계 경제 질서 변화 : 개방화, 산업 구조 개편
  ㉠ 개방화 : 국가 간의 장벽이 없어지고 상품·노동·자본 이동의 자유화, 우루과이 라운드 협상(다자간 무역 협상) → 세계 무역 기구(WTO) 체제 확립
  ㉡ 산업 구조 조정 개편 : 산업 구조 조정 정책, 자본·금융 시장의 개방, 농산물 개방(단계적 개방)
③ 김영삼 정부
  ㉠ 신경제 정책

목표	국민의 참여와 창의를 원동력으로 하는 신경제 건설 → 개혁, 자유 시장 경제, 경쟁력 강화 등
개혁	금융 실명제(1993), 부동산 실명제, 종합 과세·각종 경제 규제 완화, 국내외 금융 자유화, 국영 기업의 민영화 정책
결과	초기에는 국민들의 호응을 얻어 효과 → 금융 실명제의 부작용으로 개혁 의지 퇴색

  ㉡ 시장 개방 가속화, 경제 협력 개발 기구(OECD) 가입 👑빈출
④ 외환위기 발생 : 동남아시아 지역의 외환 반출, 재벌 중심의 발전 전략(차입 경영·문어발식 확장), 정경 유착, 세계화 정책에 따른 무분별한 시장 개방 등으로 인해 외환위기 초래 → 국제 통화 기금(IMF)의 긴급 금융 지원, 관리(1997)
⑤ 김대중 정부 : 금 모으기 운동, 구조조정 단행, 국제 통화 기금(IMF) 관리 체제 극복(2001) → 부실기업과 금융 기관 정리, 정리 해고제 도입, 많은 기업이 외국 자본의 손에 넘어감
⑥ 노무현 정부 : 미국과의 자유 무역 협정(FTA) 체결 👑빈출, 빈부 격차 해소를 위한 복지 정책 추진, 부동산 값 폭등 문제 미해결
⑦ 한국 경제의 성과 및 과제
  ㉠ 반도체·자동차·조선 등의 해외 시장이 확대된 반면, 농축수산물은 시장 개방이 확대됨
  ㉡ 산업 간 불균형 문제, 외국 의존도 심화 문제, 빈부 격차 문제 등의 과제

❷ 산업화와 사회·문화의 변화

1) 도시와 농촌 문제
① 산업화와 도시화 : 1차 산업의 비중 감소, 공업과 서비스업 증가 → 주택, 교통, 공해, 빈곤, 실업, 도시 빈민 문제(광주 대단지 사건)
② 농촌 문제 : 공업화와 저곡가 정책으로 도시와 농촌의 소득 격차 심화 → 이촌향도 현상 발생 → 농촌 인구 감소, 고령화
③ 새마을 운동(1970년대)
  ㉠ 근면·자조·협동을 바탕으로 정부 주도의 농촌 환경 개선을 위한 운동 → 농가 소득 증대 및 농어촌 근대화에 기여, 장기 집권을 정당하기 위한 수단으로 이용

새마을 운동

박정희 정부는 도시와 농촌의 균형 있는 발전을 위해 새마을 운동을 추진하였다(1970). 새마을 운동은 근면, 자조, 협동을 바탕으로 농촌 생활 환경을 개선하는 데 중점을 두었다. 정부는 주민 계도 및 소득 증대를 위해 노력하였고, 주택 개량, 도로 및 전기 확충 등 지역 개발 사업도 벌였다. 새마을 운동은 농가 소득을 증대시키고 농어촌 근대화에도 이바지하였지만, 박정희 정부의 지지도 확보를 위한 정치적 도구로 이용되기도 하였다.

시험에 자주 등장해요

1970년대 사회상을 묻는 문제가 출제됩니다. 새마을 운동, 전태일 분신 사건, YH 무역 사건은 꼭 기억하세요.

ⓒ 새마을 운동 기록물은 2013년 유네스코 세계 기록 유산으로 등재(대통령의 연설문, 행정부의 공문, 새마을 교재 등)

④ 농민 운동 : 함평 고구마 피해 보상 운동, 1980년대 이후 농산물 시장 개방에 저항

2) 노동 운동과 시민운동

① **노동 운동** : 산업화로 인한 노동자 급증 → 저임금, 장시간 노동, 열악한 노동 환경 등

1970년대	전태일 분신 사건(1970) 이후 본격적으로 노동 운동 전개, YH 무역 사건(1979)
6월 민주 항쟁 이후	대규모 노동 운동 전개(7, 8월 노동자 대투쟁, 1987) → 민주 노총 결성
외환위기 이후	노사정 위원회 조직(1998), 비정규직 급증

출제 사료　전태일이 대통령에게 보내려고 했던 진정서

존경하는 대통령 각하. 옥체 안녕하시옵니까? …… 기준법이 없다고 하더라도 인간으로서 어떻게 여자에게 하루 15시간의 작업을 강요한단 말입니까? 또한 3만여 명 중 40%를 차지하는 시다공들은 평균 연령 15세의 어린이들로서 육체적으로 정신적으로 성장기에 있는 이들은 회복할 수 없는 치명적인 타격을 입고 있습니다. 전부가 다 영세민의 자녀들로서 굶주림과 어려운 현실을 이기려고 하루에 70원 내지 100원의 급료를 받으며 1일 15시간의 작업을 합니다.

일반 공무원의 평균 근무시간 일주 45시간에 비해, 15세의 어린 시다공들은 일주 98시간의 고된 작업에서 시달립니다. …… 저희들의 요구는 1일 14시간의 작업 시간을 단축하십시오. 1일 10~12시간으로, 1개월 휴일 2일을 일요일마다 휴일로 쉬기를 희망합니다. 건강진단을 정확하게 하여 주십시오. 시다공의 수당 현 70원 내지 100원을 50% 이상 인상 하십시오. 절대로 무리한 요구가 아님을 맹세합니다. 인간으로서 최소한의 요구입니다. 기업주 측에서도 충분히 지킬 수 있는 사항입니다.

● **출제 포인트 분석**

1970년 동대문 평화시장에서 재단사로 일하던 전태일은 열악한 노동 조건에 대한 개선을 요구하며 분신하였다. 이 사건을 계기로 노동 문제에 대한 대학생과 지식인의 관심이 높아졌다.

② **시민운동** : 민주화 진전, 중산층 성장, 세계화, 지방 자치제 확산 → 경실련, 참여연대, 환경 운동 연합, 녹색 연합 등 많은 시민 단체의 활동 증가

③ **사회 보장 제도의 발전** : 의료 보험법(1977) → 국민 연금 제도(1988) → 전국민 의료 보험 실시, 도시 자영업자까지 확대(1989) → 고용 보험 제도, 사회 보장 기본법(1995) → 기초 생활 보장법(1999) → 국민 건강 보험으로 통합(2000)

④ **여성의 지위 향상** : 남녀 고용 평등법 제정(1987), 남녀 차별 금지법 폐지, 여성부 출범, 호주제 폐지(2005) 등

3) 교육 정책의 변화

박정희 정부	• 5 · 16 군사 정변 이후 군사 교육과 반공 교육 강화, 국민 교육 헌장 제정 (1968), 학도 호국단 부활 등 • 교육에 대한 열기 고조(지나친 교육열, 과외 열풍) → 입시 경쟁 과열(무즙 파동, 1964) → 중학교 무시험 제도(서울부터 단계적 시행, 1969) → 고교 평준화 실시(1970)
전두환 정부	과외 전면 금지, 본고사 폐지(1980), 교복 자율화 등
김대중 정부	기여 입학, 등급제와 본고사 금지, 중학교 의무 교육 실시(2002)

4) 언론과 문화

1960년대	정부의 언론 규제, 반공 이데올로기 홍보에 이용, TBC · MBC 방송사 설립, 라디오가 주요 매체, 영화(오발탄, 미워도 다시 한 번), 문학계(최인훈의 『광장』)
1970년대	동아일보 기자들의 언론 자유 수호 운동, 텔레비전의 보급, 통기타와 청바지의 청년 문화, 포크송 유행, 일부 가요의 금지곡 지정, 문학계(김지하의 『오적』, 조세희의 『난쟁이가 쏘아올린 작은 공』)
1980년대	신군부에 비판적인 언론인 해직, 언론 통폐합, 6월 민주 항쟁 이후 언론의 자유 확대, 정부의 통제와 외국 영화로 영화 산업 침체
1990년대 이후	대중문화의 확산, 영화 산업의 발달, 10대 청소년이 가요 시장의 중심 장악, 2000년대 이후 음악 파일의 불법 유통으로 음반 시장 위축, '한류'라는 이름으로 우리의 대중문화가 세계적으로 확산

스포츠의 발전
- 프로 스포츠의 등장(프로 야구, 프로 축구 등)
- 서울 아시안 게임(1986), 서울 올림픽 대회(1988), 한 · 일 월드컵 대회(2002) 개최

한 · 일 월드컵 대회(2002)

거리에서 장발 단속을 하는 경찰

미니스커트 단속

01 다음 인물 카드의 (가)에 들어갈 인물로 옳은 것은?
49회 43번

〈연보〉

• 1886년 경기도 양평군 출생
• 1918년 신한 청년당 결성
• 1945년 조선 건국 준비 위원회 위원장에 취임
• 1947년 좌우 합작 위원회 조직
• 1947년 서울 혜화동에서 피살

① 안창호

② 여운형

③ 김구

④ 김규식

정답 ②

해설 제시된 자료를 통해 인물 카드의 (가)에 들어갈 인물이 여운형임을 알 수 있다. 광복 직후 여운형, 안재홍 등은 좌우 연합으로 일본으로부터 치안권과 행정권을 받아내 조선 건국 준비 위원회를 결성하였다. 이후 제1차 미·소 공동 위원회가 결렬되자 여운형과 김규식을 중심으로 좌우 합작 위원회가 결성되어 좌우 합작 7원칙을 발표하였다. 그러나 여운형이 피살되고 미군정이 지원을 철회하면서 좌우 합작 운동은 실패하였다.

오답 피하기
① 안창호는 비밀 결사 단체인 신민회를 조직하고 평양에 대성 학교를 설립하는 등 독립운동에 일생을 바쳤다.
③ 김구는 대한민국 임시 정부에서 활동하였고 한인 애국단을 결성하였으며, 통일 정부 수립을 위해 남북 협상을 추진하였다.
④ 김규식은 파리 강화 회의에 민족 대표로 파견되어 독립 청원서를 제출하였다.

02 (가)에 들어갈 사건으로 옳은 것은?
47회 43번

이 조형물은 (가) 때 희생된 주민들을 추모하기 위해 만들어진 거란다. (가) 당시 남한만의 단독 선거에 반대하는 무장대와 이를 진압하려는 토벌대 간에 무력 충돌이 있었거든. 그 과정에서 수많은 주민이 희생되었지만 2000년에 진상 규명 등에 관한 특별법이 공포되었단다.

① 원산 총파업
② 제암리 사건
③ 제주 4·3 사건
④ 부마 민주 항쟁

정답 ③

해설 제시된 자료를 통해 (가)에 들어갈 사건이 제주 4·3 사건임을 알 수 있다. 제주 4·3 사건은 1948년 남한만의 단독 선거에 반대하는 무장대와 이를 진압하려는 토벌대 간에 무력 충돌이 발생하자, 그 과정에서 수많은 제주 주민이 희생된 사건이다.

오답 피하기
① 1929년 원산의 석유 회사에서 일본인 현장 감독이 한국인 노동자를 구타하자 분노한 노동자들이 노동 조건 개선을 요구하며 파업하였다.
② 1919년 3·1 운동이 일어나자 일제는 무력으로 만세 시위를 진압하였는데, 대표적으로 일제는 화성 제암리 주민들을 교회에 모아 무자비하게 학살한 제암리 사건이 있다.
④ 1979년 부산과 마산에서 유신 체제에 저항하는 부·마 민주 항쟁이 발생하였다.

03 (가)에 들어갈 사진으로 옳은 것은?
47회 44번

①  베트남 전쟁 파병

②  대한민국 정부 수립

③  신탁 통치 반대 운동 전개

④  제1차 미·소 공동 위원회 개최

정답 ②

해설 대한민국 정부 수립 과정 : 8·15 광복 → 모스크바 3국 외상 회의(신탁 통치 결정, 반대 운동 전개) → 제1차 미·소 공동 위원회 개최 및 결렬 → 좌우 합작 운동(좌우 합작 7원칙 발표) → 제2차 미·소 공동 위원회 결렬 → 미국, 한국 문제 유엔 상정 → 유엔, 남북한 총선거 실시 결정 → 소련, 유엔 한국 임시 위원단 입북 거부 → 유엔 소총회, 남한만의 단독 선거 결정 → 5·10 총선거 실시 → 대한민국 정부 수립(1948.8.15.) → 반민족 행위 특별 조사 위원회 활동, 농지 개혁

오답 피하기

① 박정희 정부 시기에 있었던 일이다.

04 47회 48번
(가) 민주화 운동에 대한 설명으로 옳은 것은?

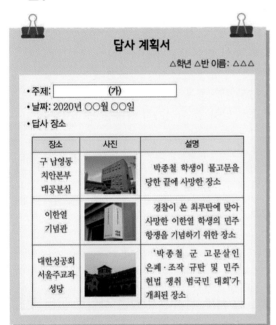

① 대통령이 하야하는 결과를 가져왔다.
② 유신 체제가 붕괴되는 계기가 되었다.
③ 5년 단임의 대통령 직선제 개헌을 이끌어냈다.
④ 신군부의 비상계엄 확대에 반대하여 일어났다.

정답 ③

해설 제시된 자료를 통해 (가) 민주화 운동이 6월 민주 항쟁임을 알 수 있다. 1987년 호헌 철폐와 독재 타도 등을 내세우며 전국 주요 도시에 시민들이 모여 시위를 전개한 6월 민주 항쟁으로 5년 단임의 대통령 직선제 개헌을 수용한다는 6·29 민주화 선언이 발표되었다.

오답 피하기

① 4·19 혁명, ② YH 무역 사건과 부·마 민주 항쟁, ④ 5·18 민주화 운동에 대한 설명이다.

05 47회 47번
밑줄 그은 '전쟁' 중에 있었던 사실로 옳은 것은?

① 금융 실명제가 실시되었다.
② 인천 상륙 작전이 전개되었다.
③ 여수·순천 10·19 사건이 일어났다.
④ 조선 건국 준비 위원회가 조직되었다.

정답 ②

해설 6·25 전쟁 전개 과정 : 북한의 남침 → 3일 만에 서울을 빼앗김 → 유엔군 참전 → 국군이 낙동강 유역까지 후퇴 → 국군과 유엔군의 인천 상륙 작전 성공 → 서울 수복 → 압록강 유역까지 진출 → 중국군 참전 → 1·4 후퇴 → 38도선 부근까지 진격, 전선의 고착화 → 휴전 협정 체결

오답 피하기

① 김영삼 정부 시기, ③·④ 6·25 전쟁 이전에 있었던 사실이다.

06 47회 45번
(가)에 들어갈 내용으로 옳은 것은?

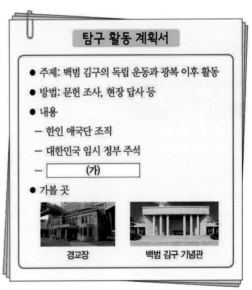

① 흥사단 결성
② 서전서숙 설립
③ 한국통사 저술
④ 남북 협상 추진

정답 ④

해설 제시된 자료를 통해 (가)에 들어갈 내용이 남북 협상 추진임을 알 수 있다. 백범 김구는 유엔 소총회가 남한만의 단독 선거를 결정하여 남북이 분단될 위기에 처하자 통일 정부 수립을 위해 남북 협상을 추진하였다.

07 (가)에 들어갈 사진으로 옳은 것은?

①

수출 100억 달러 달성

②

서울 올림픽 대회 개최

③

경제 협력 개발 기구
(OECD) 가입

④

아시아 · 태평양 경제 협력체
(APEC) 정상 회의 개최

정답 ①

해설 박정희 정부 시기에는 경제 개발 5개년 계획이 추진되었는데, 1, 2차 경제 개발 5개년 계획 때에는 경공업을 육성하고 수출을 늘리는 데 집중하였다. 이후 3, 4차 경제 개발 5개년 계획 때에는 중화학 공업 중심의 산업 구조로 개편하였으며, 경부 고속 국도 개통, 포항 종합 제철 공장 준공 등 급속한 경제 발전을 이룩하여 '한강의 기적'이라 불리기도 하였다. (가)에 들어갈 사진은 1977년 수출 100억 달러 달성이다.

오답 피하기

② 1988년 서울 올림픽 대회가 개최되었다.
③ 1996년 우리나라는 경제 협력 개발 기구(OECD)에 가입하였다.
④ 2005년 아시아 · 태평양 경제 협력체(APEC) 정상 회의를 개최하였다.

08 밑줄 그은 '정부'의 통일 노력으로 옳은 것은?

① 남북 조절 위원회를 개최하였다.
② 남북한이 유엔에 동시 가입하였다.
③ 6 · 15 남북 공동 선언을 발표하였다.
④ 최초로 남북 간 이산가족 상봉을 성사시켰다.

정답 ③

해설 제시된 자료를 통해 밑줄 그은 '정부'가 김대중 정부임을 알 수 있다. 김대중 정부 시기 대북 화해 협력 정책(햇볕 정책)을 실시한 결과, 남북 정상 회담이 개최되고 6 · 15 남북 공동 선언을 채택하였다. 또 금강산 관광이 시작되었으며, 남북한의 교류 협력을 위한 개성 공업 지구 건설에 합의하였다.

오답 피하기

① 박정희 정부, ② 노태우 정부, ④ 전두환 정부 시기의 통일 노력이다.

09 (가) 정부 시기에 있었던 사실로 옳은 것은?

① 금융 실명제를 실시하였다.
② 중국, 소련 등과 수교하였다.
③ 사사오입 개헌안을 가결하였다.
④ 개성 공단 건설 사업을 실현하였다.

정답 ③

해설 제시된 자료를 통해 (가) 정부가 이승만 정부 시기임을 알 수 있다. 이승만 정부는 1954년 초대 대통령에 한해 연임 횟수 제한 철폐, 대통령 중심제 등을 내용으로 하는 개헌안이 사사오입(반올림) 논리로 가결하였다.

오답 피하기

① 김영삼 정부, ② 노태우 정부, ④ 김대중 정부 시기에 있었던 사실이다.

10 (가)~(라)에 들어갈 내용으로 적절한 것은?

48회 46번

〈2020년 하계 한국사 특강〉

대한민국 경제의 발자취

우리 연구소에서는 대한민국의 경제 상황을 시기별로 살펴보는 온라인 특강을 준비하였습니다. 관심 있는 분들의 많은 참여를 부탁드립니다.

■ 특강 주제 ■

제1강 1950년대. (가)
제2강 1960년대. (나)
제3강 1970년대. (다)
제4강 1980년대. (라)

• 일시: 2020년 ○○월 ○○일 10:00～17:00
• 주관: ○○○○ 연구소
• 신청: 홈페이지 공지 사항 참조

① (가) – 삼백 산업과 원조 경제 체제
② (나) – 중화학 공업의 육성과 석유 파동
③ (다) – 산업 구조의 재편과 3저 호황
④ (라) – 외환위기 발생과 금 모으기 운동

정답 ①

해설 (가) 1950년대에는 미국의 경제 원조를 받아 삼백 산업이 발달하였다.

오답 피하기
② 1960년대에는 경공업을 육성하고 수출을 늘리는 데 힘썼다.
③ 1970년대에는 중화학 공업 중심의 경제 발전을 추진하였고, 석유 파동이 일어났다.
④ 1980년대에는 저유가, 저달러, 저금리의 3저 호황을 맞이하였고, 산업 구조를 재편하였다. 1990년대에는 외환위기를 맞아 국제 통화 기금으로부터 긴급 자금을 지원받았으며, 이를 극복하기 위해 금 모으기 운동이 전개되었다.

11 밑줄 그은 '이 사건'으로 옳은 것은?

48회 48번

이 문서가 미국 정부가 공개한 자료인가요?

네, 우리 정부의 요청으로 추가 공개된 기밀문서입니다. 이 문서는 40년 전 이 사건 당시 광주 시민들이 민주주의의 회복과 계엄령 철폐를 요구하며 신군부에게 저항했던 상황을 조금 더 구체적으로 파악하는 데 도움을 줄 것으로 기대됩니다.

① 4·19 혁명
② 6월 민주 항쟁
③ 부·마 민주 항쟁
④ 5·18 민주화운동

정답 ④

해설 제시된 자료를 통해 밑줄 그은 '이 사건'이 5·18 민주화 운동임을 알 수 있다. 1980년 5월 18일부터 27일까지 광주와 전남 지역에서 벌어진 시민들의 민주화 운동인 5·18 민주화 운동은 신군부 퇴진과 계엄령 해제를 요구하며 일어났다. 그러나 신군부가 무자비하게 시민군을 진압하면서 막을 내렸다. 5·18 민주화 운동 관련 기록물은 유네스코 세계 기록 유산으로 등재되었다.

오답 피하기
① 3·15 부정 선거가 발단이 되어 4·19 혁명이 일어났다.
② 4·13 호헌 조치와 대통령 직선제 개헌 거부로 6월 민주 항쟁이 일어났다.
③ 유신 체제에 반대하며 부·마 민주 항쟁이 일어났다.

12 (가)에 들어갈 사진으로 적절한 것은?

48회 50번

사진으로 보는 노무현 정부

10·4 남북 공동 선언 | (가) | 행정 중심 복합 도시 건설 시작

① 경부 고속 도로 준공

② 평창 동계 올림픽 개최

③ 경제 협력 개발 기구 (OECD) 가입

④ 아시아·태평양 경제 협력체 (APEC) 정상 회의 개최

정답 ④

해설 제시된 자료를 통해 (가)에 들어갈 사진은 노무현 정부 시기에 있었던 역사적 사실임을 알 수 있다. 노무현 정부 시기에는 행정 중심 복합 도시 건설을 시작하였으며, 경부 고속철도(KTX)를 개통하였다. 또 아시아·태평양 경제 협력체(AFEC) 정상 회의를 개최하였으며, 한·미 자유 무역 협정(FTA)를 체결하였다. 대북 포용 정책을 추진하여 제2차 남북 정상 회담을 열어 10·4 남북 공동 선언을 발표하였다.

오답 피하기
① 박정희 정부, ② 문재인 정부, ③ 김영삼 정부 시기의 사진이다.

❶ 광복 직후의 남한과 북한

	광복 직후(1945~)								
남	1945. 9.~ 미군정	1945. 12. 모스크바 3국 외상 회의		1946. 3. 1차 미·소 공동 위원회	1946. 6. 정읍 발언(이승만) – 남한만의 단독 정부 수립 주장	1947. 5. 2차 미·소 공동 위원회	1947. 9. : 한국 문제 유엔 이관 → 1947. 11. : 유엔 총회 → 1948. 1. : 유엔 한국 임시 위원단 내한 → 1948. 2. : 유엔 소총회(단독 선거 결정)	1948. 4. 남북 협상	1948. 5. 10. 5·10 총선거 1948. 8. 15. 대한민국 정부 수립
북	1945. 8.~ 소군정		1946. 2. 북조선 임시 인민 위원회 구성		1947. 2. 북조선 인민 위원회 구성		김구 : '삼천만 동포에게 읍고함', 단독 정부 수립 반대		1948. 9. 9. 조선 민주주의 인민 공화국 수립

❷ 대한민국의 발전과 변화

	정치	경제	통일 정책
이승만 정부 (1948~1960)	• 친일파 청산 좌절(1948. 9.~1949. 9.) • 농지 개혁(1949년 법 제정, 1950년 실시) • 6·25 전쟁(1950. 6. 25.~1953. 7. 23.) • 1차 개헌(1952. 7., 발췌 개헌) : 대통령 직선제, 양원제 국회 • 2차 개헌(1954. 11., 사사오입 개헌) : 초대 대통령에 한해 중임 제한 철폐 • 진보당 사건(1958) • 신국가 보안법(1958) • 경향신문 폐간(1959)	• 귀속 재산 처리 • 전후 복구 사업 : 미국의 원조 → 삼백 산업 발전	• 반공 강조 • 북진 통일론 주장
	3·15 부정 선거 → 4·19 혁명(1960. 4. 19.) → 3차 개헌(1960. 6.) : 내각 책임제, 대통령 간선제, 양원제 국회 → 제2공화국 출범		
장면 정부 (1960~1961)	4차 개헌 (1960. 11. 29., 부정 비리 축재자 처벌)	경제 개발 5개년 계획 마련 → 실현시키지 못함	민간에서 남북 학생 회담 주장
군사 정부 (1961~1963)	5·16 군사 정변(1961. 5. 16.) → 군정 실시 : 국가 재건 최고 회의 → 5차 개헌(1962. 12.) : 대통령 중심제, 단원제 국회	제1차 경제 개발 5개년 계획 시작(1962)	
박정희 정부 (1963~1972)	• 한·일 국교 정상화 : 한·일 회담 추진 → 6·3 시위(1964. 6.) → 한·일 협정(1965) 체결 • 베트남 전쟁 파병(1964~1973) → 베트남 특수 • 6차 개헌(1969. 10., 3선 개헌) : 대통령의 3선 허용	• 경공업 중심, 자립 경제 확립 목표 • 새마을 운동 시작	• '선 건설 후 통일' 주장 • 7·4 남북 공동 성명(1972)

박정희 정부 (1972~1979) : 유신 체제	• 유신 헌법으로 개헌(7차 개헌, 1972. 12.) : 통일 주체 국민 회의에서 대통령 간선제로 선출(6년 임기), 국회 해산권 및 긴급 조치권 부여 • 유신 반대 운동 : 개헌 청원 100만 인 서명 운동, 대학 시위, 3·1 민주 구국 선언 발표(1976) 등 • YH 무역 사건(1979), 부·마 민주 항쟁(1979. 10.), 10·26 사태(박정희 대통령 서거) → 유신 정권의 붕괴	• 3, 4차 경제 개발 5개년 계획(1972~1981) : 중화학 공업 육성 • 1차 석유 파동(1973), 2차 석유 파동(1979)	
1979. 10. 26. ~1981. 2.	최규하 권한 대행 → 최규하 10대 대통령 → 12·12 사태(1979) → 민주화 운동 전개 : 서울의 봄(1980), 5·18 민주화 운동(1980) → 전두환 11대 대통령 당선* : 국가 보위 비상 대책 위원회(국보위), 간선제 → 8차 개헌(1980. 10.) : 유신 헌법 폐지, 대통령 중심제, 7년 단임, 선거인단의 간접 선출		
전두환 정부 (1981~1988)	• '정의 사회 구현', '복지 사회 건설' • 6월 민주 항쟁(1987) : 박종철 고문치사 사건 → 4·13 호헌 조치 → 호헌 철폐 운동 → 범국민적인 반독재 민주화 운동 전개 → 6·29 민주화 선언 → 9차 개헌(1987. 10.) : 대통령 5년 단임제, 직선제	• 중화학 공업 투자 조정, 부실기업 정리 • 3저 호황으로 고도성장, 물가 안정	• 민족 화합 민주 통일 방안(1982) • 남북 경제 회담 및 적십자 회담 등 개최, 남북한 이산가족 고향 방문 및 예술 공연단 교환 방문(1985)
노태우 정부 (1988~1993)	• 여소야대 : 3당 합당의 정계 개편 • 북방 외교 정책 : 소련, 중국과 수교		• 한민족 공동체 통일 방안(1989) • 남북한 유엔 동시 가입(1991) • 남북 기본 합의서(1991) • 한반도 비핵화에 대한 공동 선언(1991)
김영삼 정부 (1993~1998)	• 문민 정부 출범 • 공직자 재산 등록 • 지방 자치제의 전면 실시	• 신경제 5개년 계획 • 금융 실명제 실시 • 경제 협력 개발 기구(OECD) 가입 • 외환위기 초래	• 한민족 공동체 건설을 위한 3단계 통일 방안 • 한반도 에너지 개발 기구(KEDO) 참여
김대중 정부 (1998~2003)	정권 교체	• 신자유주의 정책 • 노·사·정위원회 구성 • 외환위기 극복 • 구조 조정으로 실업자 증가	• '햇볕 정책' 실시 　– 6·15 남북 공동 선언(2000) 　– 경제 협력 : 금강산 관광 사업, 경의선 복구 사업, 개성 공단 설치 사업 등
노무현 정부 (2003~2008)	행정 수도 건설 특별법 제정	• 미국과 FTA 체결 • 신자유주의 개방 정책 • 독점 기업 규제	• 제2차 남북 정상 회담 → 10·4 남북 정상 선언(2007)
이명박 정부 (2008~2013)		• 저탄소 녹색 성장 • 4대강 사업	
박근혜 정부 (2013~2017)	• 박근혜–최순실 게이트로 대통령직에서 파면 • 역사교과서 국정화 논란 • 위안부 합의 체결, THAAD 배치 논란		개성공단 폐쇄

* 1979년 12월 12일 이후 1980년 통일 주체 국민 회의에서 11대 대통령으로 전두환을 선출하였으나, 1981년 제5공화국 수립 후 12대 대통령으로 다시 취임하였다.

9
PART

기출공략집

70만 년 전	기원전 8000년경	기원전 2333	기원전 2000년경
구석기 시대 시작	신석기 시대 시작	고조선 건국	청동기 문화 등장

❶ 선사 시대와 국가의 형성

1. 선사 시대의 모습

구분	구석기 시대	신석기 시대	청동기 시대	초기 철기 시대
시기	약 70만 년 전	기원전 8000년경	기원전 2000~1500년경	기원전 5세기경
도구	뗀석기 : 사냥 도구(주먹도끼, 찍개), 조리 도구(밀개, 긁개)	간석기, 빗살무늬 토기, 뼈바늘과 가락바퀴(원시적 수공업)	비파형 동검, 거친무늬 거울, 청동 방울, 반달 돌칼(농기구), 민무늬 토기, 미송리식 토기	• 철제 농기구 사용, 철제 무기 등장 • 세형 동검, 잔무늬 거울, 거푸집 • 민무늬 토기, 검은 간 토기
경제	사냥 · 채집 · 고기잡이 → 이동 생활	농경과 목축 시작	농경 발달 : 벼농사 시작	벼농사 발달 : 저수지 축조
사회	무리 생활, 평등한 공동체 생활	정착 생활, 씨족 단위 부족 사회, 평등한 공동체 생활	사유 재산 형성, 계급 분화, 정복 활동 → 지배자의 등장, 국가의 출현	정복 전쟁 증가 → 연맹 국가 발전
주거	동굴, 바위 그늘, 막집	강가 및 해안가의 움집	배산 임수의 취락 형성, 지상 가옥화	직사각형 움집, 지상 가옥화
예술 · 신앙	동물의 뼈 · 뿔을 이용한 조각품, 동굴 벽화 등 → 주술적 의미(다산, 사냥의 성공)	• 조개껍데기 가면, 치레걸이 등의 예술품 • 애니미즘, 토테미즘, 샤머니즘 등	• 청동제 의식용 도구 • 고인돌	• 바위그림 • 널무덤, 독무덤

2. 고조선의 성립과 발전

성립	기원전 2333년 청동기 문화를 바탕으로 성립
영역	만주와 한반도 북부 일대
정치	왕위 세습(기원전 3세기 부왕, 준왕 등장), 관직 존재(상, 대부, 장군 등), 중국과 대립
발전	기원전 194년 위만의 집권 → 철기 문화의 본격적 수용, 한반도 남부를 잇는 중계 무역 독점
사회	범금 8조(8조법) : 인간 생명과 노동력 중시, 사유 재산 보호, 형벌 존재, 계급 사회, 화폐 사용 등
멸망	기원전 108년 한의 침략으로 멸망 → 한 군현 설치

기원전 5세기경 — 철기 문화 보급
기원전 194 — 위만의 집권
기원전 108 — 고조선 멸망

3. 여러 나라의 성장

	위치	정치	경제	풍속	제천 행사
부여	만주 쑹화 강 유역 평야 지대	5부족 연맹체, 사출도 → 왕권 미약	농경, 목축 특산물(말, 주옥, 모피)	점복, 순장, 1책 12법	영고(12월)
고구려	압록강 동가강 유역 졸본 지방	5부족 연맹체, 제가 회의	산악 지대 위치 → 약탈 경제	1책 12법, 서옥제, 형사취수제	동맹(10월)
옥저	함경도 북부 동해안 지방	군장 국가 → 읍군, 삼로 등이 지배, 연맹 왕국으로 발전하지 못함	해산물 풍부 → 고구려에 공납	민며느리제, 가족 공동 무덤	
동예	강원도 북부 동해안 지방		해산물 풍부, 단궁 · 과하마 · 반어피(특산물)	족외혼, 책화	무천(10월)
삼한	한강 이남 진의 성장	• 마한, 진한, 변한 성립 • 정치적 지배자 : 신지, 견지, 부례, 읍차 등 • 제정 분리 : 제사장인 천군, 신성 지역인 소도 존재	벼농사 발달(저수지), 변한 지역의 철을 낙랑과 왜에 수출	두레 조직 (공동 작업)	수릿날(5월) 계절제(10월)

부여
• 정치 : 사출도
• 경제 : 농경과 목축
• 사회 : 순장, 형사취수제, 1책12법
• 문화 : 영고(12월, 제천 행사)

고구려
• 정치 : 5부족 연맹, 제가 회의
• 경제 : 정복 활동, 평야 지대 진출
• 사회 : 서옥제(데릴사위제)
• 문화 : 동맹(10월, 제천 행사)

옥저와 동예
• 정치 : 읍군, 삼로
• 경제 : 농경과 어로
• 사회 : 민며느리제(옥저), 족외혼/책화(동예)
• 문화 : 가족 공동 무덤(옥저), 무천(동예 : 10월, 제천 행사)

삼한
• 정치 : 신지, 견지, 읍차, 부례
• 경제 : 벼농사 발달, 철 생산(변한)
• 사회 : 천군과 소도(제정 분리)
• 문화 : 계절제(5월/10월, 제천 행사)

연표	기원전 57	기원전 37	기원전 18	(기원후) 194	371	372	384	400	427
	신라 건국	고구려 건국	백제 건국	고구려 진대법 실시	백제 평양성 공격	고구려 불교 수용	백제 불교 수용	고구려 왜구 격퇴	고구려 평양 천도

676	682	685	698	732	751	757	780	788
기벌포 해전 신라, 삼국 통일	신문왕 국학 설치	9주 5소경 정비	대조영 발해 건국	발해 무왕 당 공격	불국사 창건	신라 녹읍 부활	혜공왕 피살	원성왕 독서삼품과 실시

❷ 고대 시대

1. 고구려의 성장과 발전

태조왕	고대 국가의 기틀 마련, 계루부 고씨의 왕위 세습 확립, 옥저 복속
고국천왕	부자 상속제 확립, 5부족 → 5부로 개편
미천왕	서안평 점령, 낙랑 축출
고국원왕	전연의 침략, 백제 근초고왕의 침입으로 전사
소수림왕	불교 수용, 태학 설립, 율령 반포
광개토 대왕	백제 공격 → 한강 이북 점령, '영락' 연호 사용, 신라에 침입한 왜구 격퇴, 후연 격파
장수왕	평양 천도(남진 정책 추진) → 나·제 동맹 체결, 백제의 한성 함락(한강 유역 차지, 충주 고구려비)

2. 백제의 성장과 발전 : 고구려 계통 유이민 세력과 한강 유역 토착 세력의 결합

고이왕	한강 유역 장악, 6좌평과 16관등 정비, 공복 제정
근초고왕	영토 확장(마한 정복, 평양성 공격), 해외 진출(중국의 요서 지방, 일본의 규슈 지방), 부자 상속제 확립, 고흥의 『서기』 편찬
침류왕	불교 수용(동진)
무령왕	중국 남조(양)와 교류, 22담로 설치(지방)
성왕	사비 천도, 국호 '남부여' 변경, 22부 설치, 한강 일시 회복, 관산성에서 전사

3. 신라의 성장과 발전 : 거서간 → 차차웅 → 이사금 → 마립간 → 왕

내물 마립간	김씨 왕위 세습, 고구려의 도움으로 왜구 격퇴(호우명 그릇)
눌지 마립간	나·제 동맹 체결, 왕위 부자 상속제 확립
지증왕	국호 '신라' 사용, '왕' 칭호 사용, 우산국 정복(이사부), 순장 금지, 우경 장려, 동시전 설치
법흥왕	병부와 상대등 설치, 관등제 정비, 율령 반포, 공복 제정, 불교 공인, 금관가야 병합, 연호 '건원' 사용
진흥왕	한강 유역 점령(북한산 순수비), 함경도 진출, 대가야 정벌, 화랑도 국가 조직으로 개편, 거칠부의 『국사』 편찬

4. 가야 연맹의 발전과 쇠퇴 : 연맹 왕국 단계에서 멸망

전기 가야 연맹	금관가야 중심(김해), 농경 문화와 철기 문화 발달, 법흥왕 때 멸망
후기 가야 연맹	대가야 중심(고령), 진흥왕 때 멸망

5. 신라의 삼국 통일

신라의 삼국 통일	나·당 연합 → 백제 멸망(660) → 고구려 멸망(668) → 당의 도호부, 도독부 설치(한반도 지배 야욕) → 나·당 전쟁 전개 → 매소성 전투, 기벌포 전투 → 신라의 삼국 통일(676)
부흥 운동의 전개	• 백제 : 복신·도침·부여풍(주류성), 흑치상지(임존성) • 고구려 : 검모잠(한성), 고연무(오골성) → 안승, 보덕국왕으로 추대
의의와 한계	• 의의 : 민족 문화의 토대 마련 • 한계 : 외세 이용한 통일(대동강~원산만)

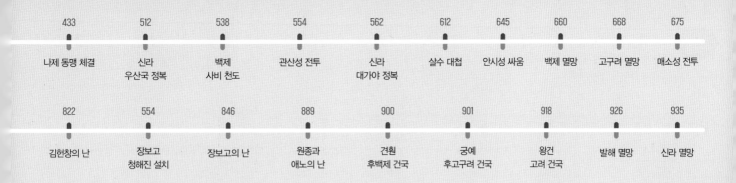

433	512	538	554	562	612	645	660	668	675
나제 동맹 체결	신라 우산국 정복	백제 사비 천도	관산성 전투	신라 대가야 정복	살수 대첩	안시성 싸움	백제 멸망	고구려 멸망	매소성 전투

822	554	846	889	900	901	918	926	935
김헌창의 난	장보고 청해진 설치	장보고의 난	원종과 애노의 난	견훤 후백제 건국	궁예 후고구려 건국	왕건 고려 건국	발해 멸망	신라 멸망

6. 통일 신라와 발해의 발전과 쇠퇴

통일 신라	**중기**	**신문왕** 중앙 집권 강화(관료전 지급·녹읍 폐지 → 진골 약화·6두품 세력 강화), 9주 5소경, 9서당 10정, 국학
		경덕왕 한화 정책, 전제 왕권 동요(녹읍 부활)
	후기	• 새로운 세력 등장 : 6두품의 골품제 비판, 호족 (지방 세력)의 성장 • 선종(실천과 수행 중시) 및 풍수지리설의 대두 (호족의 사상적 기반)
	후삼국	후백제(견훤, 완산주), 후고구려(궁예, 송악 도읍, 국호 마진, 태봉)
발해		• 무왕 : 연호 '인안', 당과 대립 관계(장문휴의 수군이 산동 반도 공격) • 문왕 : 연호 '대흥', 당과 친선 관계, 상경 천도 • 선왕 : 연호 '건흥', 5경 15부 62주, 요동 진출, 해동성국

7. 고대의 문화

유교	• 태학(고구려), 국학·독서삼품과(통일 신라), 주자감(발해) • 신집 5권(고구려), 서기(백제), 국사(신라) • 설총의 이두, 강수의 외교 문서, 최치원의 도당 유학
불교	• 원효 : 불교의 대중화(아미타 신앙, 무애가), 화쟁 사상 • 의상 : 화엄종, 화엄일승법계도 • 선종 유행(신라 말): 참선 중시, 호족 및 6두품과 연계, 승탑과 탑비 유행
도교	사신도(고구려 벽화), 산수무늬 벽돌·금동 대향로(백제)
풍수 지리설	지방 중심의 국토 재편성 주장(경주 중심 탈피) → 호족의 독자적 세력 형성에 영향
고분	**고구려** 돌무지무덤 → 굴식 돌방무덤(고분 벽화)
	백제 돌무지무덤 → 벽돌무덤(무령왕릉), 굴식 돌방무덤
	신라 돌무지덧널무덤(도굴에 어려움), → 굴식 돌방무덤

신라

경주 분황사 모전 석탑 | 경주 배동 석조여래 삼존 입상 | 임신서기석 | 첨성대 | 금관총 금관

통일 신라

불국사 | 석굴암 본존불상 | 경주 불국사 삼층 석탑 | 경주 불국사 다보탑 | 경주 감은사지 삼층 석탑

구례 화엄사 4사자 삼층 석탑 | 양양 진전사지 삼층 석탑 | 쌍봉사 철감 선사 승탑 | 상원사 동종 | 성덕 대왕 신종 | 법주사 쌍사자 석등

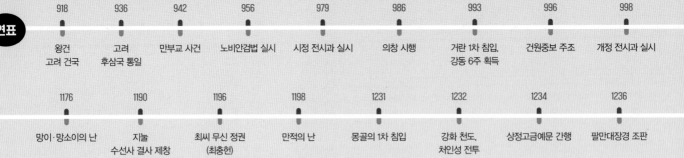

918	936	942	956	979	986	993	996	998
왕건 고려 건국	고려 후삼국 통일	만부교 사건	노비안검법 실시	시정 전시과 실시	의창 시행	거란 1차 침입, 강동 6주 획득	건원중보 주조	개정 전시과 실시

1176	1190	1196	1198	1231	1232	1234	1236
망이·망소이의 난	지눌 수선사 결사 제창	최씨 무신 정권 (최충헌)	만적의 난	몽골의 1차 침입	강화 천도, 처인성 전투	상정고금예문 간행	팔만대장경 조판

❸ 고려 시대

1. 고려 전기 : 고려의 건국 및 민족의 재통일 → 통치 체제의 정비

집권 체제의 구축	태조	고려 건국, 후삼국 통일(936), 호족 통합(혼인 정책, 사성 정책) 및 견제(사심관 제도, 기인 제도), 북진 정책(서경 중시), 영토 확장(청천강~영흥), 훈요 10조, 민생 안정(세율 1/10)
	광종	노비안검법과 과거제 실시, 공복 제정, 독자적 연호('광덕', '준풍')
	성종	최승로의 시무 28조 수용, 통치 체제 정비(2성 6부, 12목) 및 지방관 파견, 유학 장려(국자감 정비, 등), 의창
통치 제도	중앙 정치	• 2성 6부 : 중서문하성(재신과 낭사), 상서성(6부 통솔) • 중추원, 삼사, 어사대, 대간, 도병마사, 식목도감
	지방 행정	• 구성 : 5도(안찰사 파견), 양계(군사 행정 단위, 병마사 파견) • 특징 : 주현과 속현, 특수 행정 구역(향·부곡·소)
	군사	중앙군(2군 6위), 지방군(주현군, 주진군)
	관리 등용	과거(제술과, 명경과, 잡과), 음서(공신·5품 이상 관료 자손)

2. 고려 중기 : 문벌 귀족 사회의 성립과 동요와 무신 정권

문벌 귀족 사회	• 성립 : 성종 이후 지방 호족 출신의 관료, 신라 6두품 세력 계통의 유학자 등이 지배층화→ 음서, 공음전 혜택 및 왕실 및 상호 혼인으로 정권 장악 • 동요 : 문벌 귀족 간의 갈등, 과거 출신 지방 세력과 문벌 귀족의 갈등 → 이자겸의 난(1126), 묘청의 서경 천도 운동(1135, 개경파와 서경파의 대립)
무신 정권	• 배경 : 문벌 귀족 지배 체제의 동요, 문신 우대, 하급 군인들의 불만 • 과정 : 정중부, 이의방의 무신정변(1170) → 중앙 중심의 무신 집권 → 무신들 간의 권력 쟁탈전 / 농민·천민의 봉기(망이·망소이의 난, 만적의 난) • 최씨 무신 정권 : 최충헌(교정도감, 도방) → 최우(정방, 서방, 삼별초) → 몽골의 침입, 최우의 강화도 천도 → 무신 정권의 붕괴

3. 고려의 대외 관계의 변화

10~11세기 (거란)	• 1차 침입 : 소손녕의 침입 → 서희의 담판, 강동 6주 확보 • 2차 침입 : 강조의 정변을 구실로 침입 → 양규의 선전 • 3차 침입 : 소배압의 침입 → 강감찬의 귀주 대첩(1019)
12세기 (여진)	• 여진족의 성장 → 윤관의 별무반, 여진 정벌(1107), 동북 9성 축조 • 여진의 금 건국(1115) : 고려에 형제 관계 요구 → 거란(요) 멸망 후 군신 관계 요구, 이자겸의 수용 → 묘청의 서경 천도 운동 발생
13세기 (몽골)	• 몽골 침입(몽골 사신의 피살사건 계기), 최우의 강화 천도 → 처인 부곡의 항전(김윤후), 팔만대장경 조판, 초조대장경 소실 → 몽골과 강화 • 삼별초의 항쟁 : 강화도 → 진도(배중손) → 제주도(김통정)

1019	1055	1076	1097	1107	1126	1135	1145	1170
귀주 대첩	최충, 9재 학당 설립	경정 전시과 실시	의천, 천태종 창시	윤관, 여진 정벌	이자겸의 난	서경 천도 운동	삼국사기 편찬	무신 정변

1270	1281	1356	1377	1388	1391	1392
개경 환도, 삼별초의 항쟁	일연, 삼국유사 편찬	공민왕 쌍성총관부 수복	직지심체요절 편찬	위화도 회군	과전법 실시	고려 멸망

4. 고려 후기 정치 변동 : 원의 내정 간섭 → 공민왕의 개혁 추진

원의 내정 간섭	• 일본 원정, 영토 상실(쌍성총관부, 동녕부, 탐라총관부), 부마국 체제, 내정 간섭(정동행성, 다루가치), 인적·물적 수탈 • 권문세족 : 원 세력을 바탕으로 정권 장악, 대농장 경영
공민왕의 개혁	• 반원 자주 정책 : 친명 외교, 몽골풍 근절, 친원 세력 숙청, 정동행성 이문소 폐지, 쌍성총관부 수복, 관제 복구, 요동 지방 공략 • 왕권 강화 정책 : 정방 폐지, 전민변정도감(신돈), 신진 사대부 등용, 성균관 중건 등
신진 사대부의 등장	• 배경 : 과거를 통해 중앙 정계 진출, 공민왕 때 성장 • 개혁 : 성리학 수용, 불교 폐단 비판, 권문세족 견제 → 향후 신흥 무인 세력과 연결, 온건파(정몽주)·급진파(정도전)로 분열, 과전법

해동통보   건원중보   삼한통보   은병(활구)

고려의 화폐

5. 고려의 경제

토지 제도	• 역분전 : 태조가 후삼국 통일 공로자에게 지급 • 전시과 : 시정 전시과(경종, 관직 고하, 인품 기준, 전현직 관료) → 개정 전시과(목종, 관직 기준, 전현직 관료) → 경정 전시과(문종, 현직 관료) • 토지 지급 : 전지와 시지로 구성, 토지의 수조권 지급, 세습 불가 • 기타 : 공음전(5품 이상 관료, 세습), 한인전(6품 이하 관리 자제), 구분전(하급 관리와 군인의 유가족), 군인전 등
수취 제도	조세(비옥도 기준), 공물(상공, 별공), 역(정남에 부과, 군역과 요역)
농업	경작지 확대(개간, 간척), 깊이갈이(소 이용), 시비법(휴경지 감소), 윤작법(2년 3작), 『농상집요』, 목화 재배
수공업	(전기) 관청 수공업, 소 수공업 → (후기) 사원 수공업, 민간 수공업
상업	• 도시(개경의 시전, 대도시의 관영 상점, 경시서), 지방(행상) → (후기) 지방 행상의 활동 활발, 소금 전매제 • 화폐 : 건원중보(성종), 삼한통보·해동통보·은병(숙종) → 유통 부진 • 대외 무역 : 벽란도(국제 무역항)

6. 고려의 사회

신분 제도	• 귀족 : 왕족 및 고위 관료(5품 이상), 음서와 공음전의 혜택, 개경 거주 • 중류층 : 서리, 남반, 역리, 향리, 잡류, 하급 장교, 직역 세습 • 양민 : 농민층(백정), 향·부곡·소의 주민(차별 대우, 거주지 이전 금지) • 천민 : 공노비와 사노비, 재산으로 간주
사회 정책	• 민생 : 의창, 상평창, 동·서 대비원, 혜민국, 구제도감, 구급도감, 제위보 등 • 농민 공동체 : 향도 조직

7. 고려의 사상과 문화

유학	• 발달 : 광종(과거제), 성종(최승로의 시무 28조 수용) • 교육 기관 : 관학(국자감, 향교), 사학(최충의 문헌공도 등 사학 12도) • 역사서 : 『삼국사기』(김부식, 유교적 합리주의 사관), 『해동고승전』(각훈, 신라 고승전), 『삼국유사』(일연, 불교사 중심, 단군 이야기), 『제왕운기』(이승휴, 단군 이야기), 『동명왕편』(이규보, 고구려 계승의식), 『사략』(이제현)
불교	• 의천 : 천태종 창시, 불교 통합 운동(교종 중심), 교관겸수 제창 • 지눌 : 수선사 결사(송광사), 불교 통합(선종 중심), 정혜쌍수 · 돈오점수 • 혜심(유불 일치설), 요세(법화신앙에 기반한 백련 결사 제창) • 대장경 : 초조대장경(현종), 교장(의천 주도, 교장도감), 팔만대장경
건축 및 조각	• 건축 　– 주심포 양식(안동 봉정사 극락전, 영주 부석사 무량수전) 　– 다포 양식(사리원 성불사 응진전) • 석탑 : 다각 다층탑(평창 월정사 팔각 구층 석탑, 개성 경천사 십층 석탑) • 불상 : 논산 관촉사 석조 미륵보살 입상, 부석사 소조 아미타여래 좌상
공예	청자(고려 자기, 상감 청자), 금속 공예(은입사 기술), 나전 칠기 공예 발달
과학 기술	• 인쇄술 : 목판 → 금속 활자 인쇄술(상정고금예문, 직지심체요절) • 화약 무기 제조술 : 최무선의 화약 제조, 화통도감 설치

『삼국사기』

경남 합천 해인사 팔만대장경판

주심포 양식

영주 부석사 무량수전

다포 양식

사리원 성불사 응진전

청자 참외모양 병

청자 상감 운학문 매병

『직지심체요절』

개성 불일사 오층 석탑

평창 월정사 팔각 구층 석탑

개성 경천사지 십층 석탑

여주 고달사지 승탑

하남 하사창동 철조 석가여래
좌상(광주 춘궁리 철불)

파주 용미리 마애이불 입상

안동 이천동 마애여래 입상

논산 관촉사
석조 미륵보살 입상

영주 부석사
소조 아미타여래 좌상

천산대렵도

수월관음도

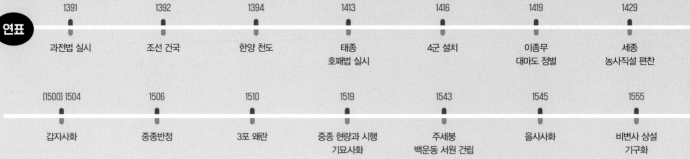

1391	1392	1394	1413	1416	1419	1429
과전법 실시	조선 건국	한양 천도	태종 호패법 실시	4군 설치	이종무 대마도 정벌	세종 농사직설 편찬

(1500) 1504	1506	1510	1519	1543	1545	1555
갑자사화	중종반정	3포 왜란	중종 현량과 시행 기묘사화	주세붕 백운동 서원 건립	을사사화	비변사 상설 기구화

❹ 조선 시대

1. 조선 전기의 건국과 통치 체제 정비

태조	• 국호 '조선', 한양 천도 • 정도전의 활약(재상 중심 정치 강조 『조선경국전』, 『불씨잡변』)
태종	• 국왕 중심의 정치 강화(6조 직계제 실시, 사병 혁파) • 경제 기반 확충(양전 사업, 호패법) • 혼일강리역대국도지도 제작, 주자소 설치(계미자)
세종	• 왕권과 신권의 조화(집현전 설치, 경연 활성화) • 의정부 서사제 실시 • 4군 6진 개척 및 대마도 정벌 • 민족문화 발달(훈민정음 창제 및 반포, 『칠정산』 내외편, 혼의 · 앙부일구 · 측우기 등 제작, 『향약집성방』, 『농사직설』 편찬)
세조	• 왕권 강화(6조 직계제 실시, 집현전과 경연 폐지) • 직전법 실시
성종	• 홍문관 설치, 경연 활성화 • 『경국대전』 완성 및 반포 • 편찬 사업(『동국통감』, 『동국여지승람』, 『악학궤범』)

2. 통치 기구 및 제도의 정비

중앙 정치 조직	의정부(국정 총괄), 6조(행정 업무), 승정원(국왕 비서 기관, 왕명 출납), 의금부(국왕 직속 사법 기구), 3사(사헌부, 사간원, 홍문관), 춘추관(역사서 편찬), 성균관, 한성부(수도 행정과 치안)
지방 행정 조직	• 관찰사(8도, 수령 감찰), 수령(군현, 지방의 행정권 · 사법권 · 군사권 보유), 향리(수령 보좌, 직역 세습) • 유향소(향촌 자치 기구), 경재소(정부와 유향소의 연락 기능)
군사 제도	양인개병제(16~60세의 양인 남자)
관리 등용 제도	• 과거 : 문과[문관 선발, 소과(생원시 및 진사시), 대과(초시, 복시, 전시)], 무과(무관 선발), 잡과(역과, 율과, 음양과 등 기술관 선발, 해당 관청에서 시행) • 음서 : 고위 관리 자제를 등용, 고려시대에 비해 축소 • 천거 : 학식과 덕망 갖춘 인물의 추천을 통한 관직 등용
교육 제도	• 관립 : 중앙(성균관, 4부 학당), 지방(향교) • 사립 : 서원, 서당

조선의 중앙 정치 기구

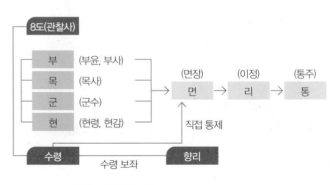

조선의 지방 행정 조직

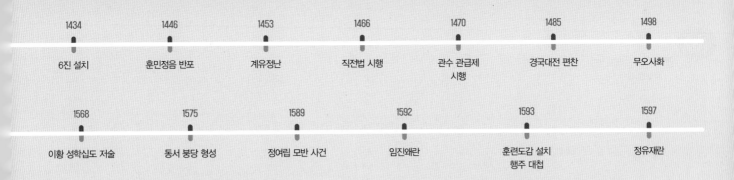

	1434	1446	1453	1466	1470	1485	1498
	6진 설치	훈민정음 반포	계유정난	직전법 시행	관수 관급제 시행	경국대전 편찬	무오사화

	1568	1575	1589	1592	1593	1597
	이황 성학십도 저술	동서 붕당 형성	정여립 모반 사건	임진왜란	훈련도감 설치 행주 대첩	정유재란

3. 조선 중기의 사림 성장과 붕당의 형성

훈구와 사림	훈구(공신 세력 및 대지주 출신)과 사림(중소 지주, 3사 언관직으로 중앙에 진출)의 대립
사화 발생	• 무오사화(연산군, 1498) : 김종직의 조의제문을 빌미로 사림 몰락 • 갑자사화(연산군, 1504) : 폐비 윤씨 사사 사건과 관련된 세력 제거 • 기묘사화(중종, 1519) : 조광조의 급진적인 개혁 정치(위훈 삭제, 현량과)에 대한 훈구 세력의 반발 → 훈구 공신의 사림 공격 • 을사사화(명종, 1545) : 외척 간의 권력 다툼
붕당 형성	• 배경 : 사림이 서원과 향약을 바탕으로 세력 증대, 선조 즉위 후 사림의 정국 주도 → 척신 정치 청산과 이조 전랑 임명 문제로 대립 • 형성 : 동인(신진 사림, 척신 정치 청산에 적극적, 이황과 조식 계승), 서인(기성 사림, 척신 정치 청산에 소극적, 이이와 성혼 계승)

4. 조선 전기의 경제와 사회

경제	과전법 체제	• 과전법(공양왕) : 관리에게 수조권 지급(경기 지역에 한정), 전현직 관리에 대상, 세습 불가 (수신전, 휼양전 제외) • 직전법(세조) : 현직 관리만 수조권 지급, 수신전 · 휼양전 폐지 • 관수관급제(성종) : 지방 관청이 세금을 거두어 수조권자에게 지급 • 직접법 폐지(명종) : 관리에게 녹봉만 지급 → 지주 전호제 확산
	경제 생활	• 농업 : 2년 3작 확대, 남부 일부에 모내기법 확대, 시비법 • 수공업 : 관청 수공업(관청 소속 장인이 물품 제작) • 상업 : 시전, 경시서, 장시, 화폐 등 발달
	신분 제도	• 양천제(법적으로 양인, 천인 구분) → 반상제 (양인이 양반, 중인, 상민으로 분화)
사회	서원	• 성립 : 주세붕의 백운동 서원이 시초 • 기능 : 선현 제사, 학문 연구, 후진 양성 → 사림의 정치적 구심점
	향약	• 시행 : 중종 때 조광조가 처음 시행, 이후 이황과 이이에 의해 보급 • 내용 : 4대 규약 제정 → 사회 풍속 교화와 향촌 질서 유지 → 사림의 농민 지배 강화

5. 조선 전기의 문화

훈민정음 창제	유교 윤리 보급, 서리의 행정 실무에 이용
성리학 발전	• 이황 : 근본적 · 이상적, 이(理) 강조, 『성학십도』 저술, 영남학파 형성, 일본 성리학에 영향 • 이이 : 현실적 · 개혁적 성향, 기(氣) 강조, 『동호문답』, 『성학집요』 저술, 기호학파 형성, 수미법 등 개혁안 제창
편찬서 작업	• 역사서 : 『고려사』(조선 왕조의 정통성 확보), 『동국통감』(고조선부터 고려 말까지의 역사), 『고려사절요』 • 지도 : 혼일강리역대국도지도, 동국여지승람(각 군현의 지리, 풍속) • 윤리, 의례서 : 『삼강행실도』, 『국조오례의』 • 법전 : 『경국대전』(6전 체제 구성, 통치 질서 확립) • 역법 : 『칠정산』(서울 기준 역법, 수시력 · 회회력 참조) • 농서 : 『농사직설』(우리 풍토의 농사법) • 의서 : 『향약집성방』(우리 풍토의 약재와 치료법)

1608	1610	1623	1627	1635	1636	1654
광해군, 경기도에서 대동법 실시	동의보감 완성	인조반정	정묘호란	인조 영정법 실시	병자호란	1차 나선 정벌

1694	1708	1712	1725	1750	1776	1791
갑술환국	대동법 전국 실시	숙종 백두산 정계비 수립	영조 탕평책 실시	영조 균역법 실시	정조 규장각 설치	신해통공 신해박해

6. 조선의 대외 관계

임진왜란	• 배경 : 도요토미 히데요시의 일본 통일 및 대외 진출욕 • 침략 : 임진왜란(1592) → 부산진, 동래성의 함락 → 충주 탄금대 전투 패배 → 한성 함락(선조 피란, 명에 원군 요청) → 평양성 함락 • 수군과 의병의 활약 : 수군의 활약(이순신의 한산도 대첩 → 남해안의 제해권 장악), 의병의 활약(곽재우 등) • 조 · 명 연합군의 반격 → 행주 대첩, 진주 대첩, 훈련도감 설치 → 휴전 협상 → 휴전 협상 결렬 → 정유재란(1597) → 조 · 명 연합군의 승리 → 왜군 철수 • 영향 : 국토 황폐화, 인구 감소, 양안과 호적 소실, 문화재 소실
광해군의 중립 외교	• 전후 복구 사업 : 양안, 호적 작성, 경기도에 대동법 시행 • 명과 후금 사이에서 중립 외교 추진(강홍립이 후금에 항복)
정묘호란과 병자호란	• 정묘호란(1627) : 인조의 친명 배금 정책, 이괄의 난 → 후금의 침입 → 후금과 화의(형제 관계) • 병자호란(1636) : 후금의 청 건국, 군신 관계 요구 → 조선 내 주화론과 주전론의 대립 → 청의 침략 → 인조의 항전 및 항복 → 강화
양 난 이후의 전개	• 북벌 운동(효종) : 청을 정벌하고 명에 대한 의리를 지키자는 운동 • 나선 정벌(효종) : 청을 도와 러시아군과 교전 • 북학론 : 18세기 이후 일부 실학자 중심으로 청의 문물 수용 주장

7. 통치 체제 및 수취 체제의 변화

통치 체제의 변화	• 비변사 강화 : 을묘왜변 때 상설화 → 임진왜란 이후 국정 총괄 기구로 부상 → 왕권 약화, 의정부과 6조 약화, 세도 정치기의 권력 기반 • 군사 제도의 변화 : 5군영의 완성, 훈련도감, 속오군 개편
수취 체제의 개편	• 영정법 : 인조 실시, 풍흉 관계 없이 1결당 4~6두 납부 • 대동법 : 방납의 폐단이 계기, 토산물 대신 토지 결수 기준 쌀 · 면포 · 삼베 · 동전 징수, 공인 등장, 경기도(광해군)에서 전국으로 확산(숙종) • 균역법 : 1년 1필로 감소, 선무군관포(상류층 대상), 결작세(토지) 부과

8. 붕당 정치의 전개와 탕평 정치~세도 정치

붕당 정치	• 선조 : 동인의 정국 주도 → 정여립 모반 사건으로 남인과 북인 분화 • 광해군 : 북인의 권력 독점 → 서인의 인조반정으로 몰락 • 인조 : 서인이 남인 일부와 연합하여 정국 주도 → 붕당 정치의 본격화 • 현종 : 1차 예송(효종의 죽음, 서인 승), 2차 예송(효종비의 죽음, 남인 승) • 숙종 : 경신환국(1680, 서인 집권), 기사환국(1689, 남인 집권), 갑술환국(1694, 서인 집권)
탕평 정치	• 영조 : 탕평파, 서원 정리, 탕평비, 이조 전랑의 권한 제한, 산림 불인정 • 정조 : 외척 제거, 노론 · 소론 · 남인의 세력 균형 유지 • 한계 : 강력한 왕권으로 일시적으로 붕당 간의 정쟁을 억누른 것에 불과
개혁 정치	• 영조 : 균역법 시행, 신문고 부활, 가혹한 형벌 제도 개선, 『속대전』, 『속오례의』, 『동국문헌비고』 편찬 • 정조 : 규장각 육성, 초계문신제 실시, 장용영 설치, 화성 축조, 신해통공(육의전 제외한 금난전권 폐지), 『대전통편』, 『탁지지』 편찬, 서얼과 노비에 대한 차별 완화
세도 정치	• 전개 : 3대 60여 년 동안 외척 중심으로 소수의 유력 가문이 권력 독점 • 폐단 : 정치 기강의 문란(매관매직 활성화), 삼정의 문란 • 농민 봉기 : 홍경래의 난(1811, 평안도에 대한 차별 대우가 계기, 신흥 상공업자 및 광산 노동자, 상공업자 등이 참여), 임술 농민 봉기(1862, 삼정 문란 시정 요구, 진주 농민 봉기 후 전국으로 확산) • 정부의 대응 : 안핵사 및 암행어사 파견, 삼정이정청 설치 등 미봉책에 불과

1658	1659	1674	1678	1680	1682	1689
2차 나선 정벌	1차 예송	2차 예송	숙종 상평통보 주조	경신환국	숙종 금위영 설치 (5군영 완성)	기사환국

1796	(1800) 1801	1811	1860	1861	1862
수원 화성 완성	신유박해 공노비 해방	홍경래의 난	동학 창시	김정호, 대동여 지도 제작	임술 농민 봉기

9. 상품 화폐 경제의 발달

농업과 수공업, 광업의 발달	• 농업 : 이앙법의 확대, 이모작 가능, 단위 면적당 생산량 증가, 광작 유행(일부 부농층 성장, 토지 상실한 농민은 임노동자로 전락), 상품 작물(쌀, 인삼 등)의 재배, 외래 작물 전래, 도조법(정액 지대) • 수공업 : 민영 수공업 발달, 선대제 성행, 독립 수공업자 등장 • 광업 : 민영 광산 확대(덕대가 경영 담당)
상품 화폐 경제의 발달	• 배경 : 농업 생산력의 증대, 수공업과 상품 유통의 발달, 조세와 소작료의 금납화, 정조의 신해통공 • 공인 : 대동법 실시 이후 상업 활동 주도, 도고로 성장 • 장시 : 15세기 말 등장, 18세기 중엽 전국적 확산, 보부상의 활동 • 포구 : 선상의 활약, 객주 · 여각(매매, 숙박, 운송, 금융 등) • 화폐 경제 발달 : 상평통보의 전국적 유통 → 전황 발생
대외 무역	• 개시 무역(공무역), 후시 무역(사무역) 발달 • 무역 상인: 만상(대청 무역, 의주 중심), 내상(대일 무역, 동래 중심), 송상(중계 무역, 개성 중심, 송방 경영), 경강상인(한강 중심)

10. 실학의 발전과 서민 문화의 등장

실학	중농학파	• 유형원 : 『반계수록』, 균전제 주장, 노비세습제 혁파 주장 • 이익 : 『성호사설』, 한전론 주장, 노비 매매 금지 주장 • 정약용 : 『목민심서』, 『경세유표』 등, 여전론 · 정전론 주장
	중상학파	• 유수원 : 『우서』, 사농공상의 직업적 평등화 주장 • 박지원 : 『열하일기』, 수레와 선박 이용, 화폐 유통 강조 • 홍대용 : 『의산문답』, 기술 혁신, 문벌제도 철폐, 지전설 주장 • 박제가 : 『북학의』, 소비 권장, 수레와 선박 이용, 청과 통상 확대 주장
	국학	• 역사 : 『동사강목』(안정복), 『발해고』(유득공), 『금석과안록』(김정희) • 지리 : 『택리지』(이중환), 『아방강역고』(정약용), 『동국지리지』(한백겸) • 지도 : 동국지도(정상기), 대동여지도(김정호)
서민 문화 및 새로운 사상 등장		• 서민 문화 : 한글 소설, 한문학, 시사 활동, 진경산수화, 풍속화 등 유행 • 동학 : 최제우 창시, 인내천 · 보국안민 · 후천개벽 강조 • 천주교 : 평등과 내세 사상으로 민간에 확산 → 제사 거부로 탄압받음

금강전도(정선)

인왕제색도(정선)

서당도(김홍도)

단오풍정(신윤복)

민화 – 까치와 호랑이

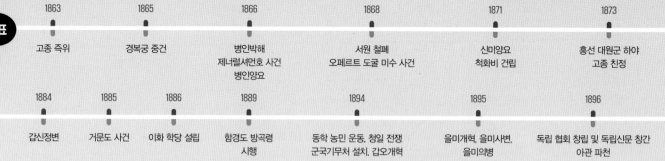

1863	1865	1866	1868	1871	1873
고종 즉위	경복궁 중건	병인박해 제너럴셔먼호 사건 병인양요	서원 철폐 오페르트 도굴 미수 사건	신미양요 척화비 건립	흥선 대원군 하야 고종 친정

1884	1885	1886	1889	1894	1895	1896
갑신정변	거문도 사건	이화 학당 설립	함경도 방곡령 시행	동학 농민 운동, 청일 전쟁 군국기무처 설치, 갑오개혁	을미개혁, 을미사변, 을미의병	독립 협회 창립 및 독립신문 창간 아관 파천

❺ 근대 시대

1. 흥선 대원군의 개혁 정치

개혁	세도 정치 일소, 인재 등용(능력), 비변사 축소, 의정부·삼군부의 기능 부활, 서원 정리, 『대전회통』, 『육전조례』, 경복궁 중건(당백전 등)
삼정의 개혁	전정(은결 색출, 토지 겸병 금지), 군정(호포법), 환곡(사창제)

2. 통상 수교 거부 정책과 양요

병인양요 (1866)	병인박해(1866)를 구실로 프랑스군이 강화도 점령 → 한성근(문수산성), 양헌수(정족산성)에서 항전 → 외규장각 도서(의궤) 등 약탈
신미양요 (1871)	제너럴 셔먼호 사건(1866)을 구실로 미국의 통상 요구, 조선의 거부 → 미군의 강화도 점령 → 어재연 부대의 항전 → 척화비 건립(통상 수교 거부 정책의 강화)

3. 문호 개방과 근대적 개혁의 추진

강화도 조약 (1876)		• 계기 : 운요호 사건(1875)로 개항 강요 • 내용 : 조선의 자주국 규정, 부산 외 2개 항구 개항, 해안 측량권 허용, 치외법권 → 조선의 자주권 침해 • 성격 : 외국과 맺은 최초의 근대적 조약, 불평등 조약 • 부속 조약 : 조·일 수호 조규 부록(1876), 조·일 무역 규칙(1876)
조·미 수호 통상 조약 (1882)		• 배경 : 『조선책략』의 유포, 일본에 대한 견제 위한 청의 알선 • 내용 : 치외 법권, 최혜국 대우 인정, 거중 조정 → 서양 국가와 맺은 최초의 근대적 조약(불평등 조약), 보빙사 파견
개화 정책	추진	• 개화 정책 : 동도서기론 바탕 → 통리기무아문 설치, 2영(무위영, 장어영), 별기군, 근대 시설(기기창, 박문국, 전환국) • 해외 사찰단 : 수신사(일), 조사 시찰단(일), 영선사(청), 보빙사(미)
	반발	• 1860년대 : 이항로, 통상 반대 운동, 척화 주전론 • 1870년대 : 최익현, 왜양 일체론, 개항 불가론 → 개항 반대론 • 1880년대 : 이만손(영남 만인소), 『조선책략』 유포에 반발 • 1890년대 : 유인석, 단발령·을미사변에 반발, 항일 의병 운동
임오군란 (1882)		• 배경 : 구식 군인 차별, 일본의 경제적 침탈, 개화 정책에 반발 • 전개 : 구식 군인의 봉기 → 흥선 대원군의 재집권 → 청군의 개입 • 결과 : 친청 정권 수립, 청의 내정 간섭(고문 파견), 조·청 상민 수륙 무역 장정(청 상인의 내륙 진출), 제물포 조약(일본군 주둔)
갑신정변 (1884)		• 배경 : 민씨 정권에 대한 견제, 청군의 일부 철수, 일본의 지원 약속 • 과정 : 우정총국 개국 축하연에서 정변 → 개화당 정부 수립, 14개조 개혁 정강(청에 대한 사대 관계 폐지, 인민 평등권, 지조법, 내각 중심의 정치 등 주장) 마련 → 청의 개입으로 실패 → 한성 조약(일본에 배상금), 톈진 조약(청·일군 동시 철수, 조선 파병 발생 시 상호 통보)

4. 동학 농민 운동(1894)

과정	고부 농민 봉기(고부 군수 조병갑의 학정에 반발, 전봉준 등 봉기) → 제1차 봉기(안핵사 이용태의 농민 탄압에 반발, 백산 봉기, 황토현 전투, 황룡촌 전투, 전주성 점령) → 정부의 청 원병 요청, 일본의 개입(톈진 조약 구실) → 전주 화약(집강소, 폐정 개혁안) → 제2차 봉기(일본의 경복궁 점령, 내정 간섭에 반발, 남접·북접군의 논산 집결, 우금치 전투 패배, 전봉준 등 체포)

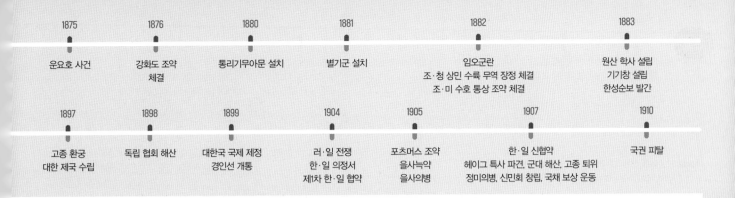

5. 구국 운동과 근대 국가 수립 운동의 전개

갑오 · 을미 개혁 (1894~1895)	갑오 개혁	• 제1차 : 군국기무처 설치, 김홍집 내각 구성 → '개국' 연호, 왕실과 정부 사무 분리, 80아문 개편, 과거제 폐지, 재정 일원화(탁지아문), 은 본위 화폐 제도, 신분제 폐지 • 제2차 : 일본의 내정 간섭 심화, 김홍집 · 박영효 내각 구성, 홍범 14조 → 7부 개편, 훈련대와 시위대 설치, 재판소 설치, 교육 입국 조서, 지방관의 사법권 및 군사권 폐지
	을미 개혁	'건양' 연호, 친위대 · 진위대 설치, 단발령 실시, 태양력, 종두법, 우편 사무 재개
독립 협회		• 배경 : 아관 파천 이후 친미 · 친러 내각 구성, 열강의 이권 침탈 • 창립 : 서재필의 귀국, 독립신문 창간, 독립 협회 창립 • 활동 : 자주 국권(독립문, 만민 공동회, 한러 은행 폐쇄, 절영도 조차 저지), 자강 개혁(관민 공동회 개최, 헌의 6조, 의회 설립 운동), 자유 민권(국민 기본권 확보 운동, 국민 참정권 운동)
대한 제국과 광무개혁		• 국호 '대한 제국', 연호 '광무', 황제 즉위 → 대한국 국제(1899) • 광무개혁 : 구본 신참의 점진적 개혁 추구 → 전제 왕권의 강화 　– 정치 : 황제의 군권 장악(원수부), 진위대 증강, 무관 학교 설립 　– 경제 : 양전 사업(지계 발급), 근대적 공장 및 회사 설립 　– 교육 : 외국 유학생 파견, 기술 교육 기관, 실업 학교 설립

6. 일본의 국권 침탈과 대응

일제의 국권 침탈	한 · 일 의정서(1904, 군사권 요충지 점령) → 제1차 한 · 일 협약(1904, 고문 정치) → 가쓰라 · 태프트 밀약(1905) → 제2차 영 · 일 동맹(1905) → 을사늑약(제2차 한 · 일 협약, 1905, 외교권 박탈, 통감부 설치) → 한 · 일 신협약(1907, 차관 정치, 대한 제국의 군대 해산) → 한 · 일 병합 조약(1910, 대한 제국 국권 강탈)
의병 항쟁	• 을미의병(1895) : 을미사변과 단발령 계기, 유생층 주도, 동학 농민군 잔여 세력 가담 • 을사의병(1905) : 을사늑약 계기, 유생 의병장 주도, 평민 의병장 등장 • 정미의병(1907) : 고종의 강제 퇴위, 군대 해산에 반발 → 해산 군인 가담, 의병 연합 부대 결성(13도 창의군), 서울 진공 작전
애국 계몽 운동	• 단체 : 보안회(1904), 헌정 연구회(1905), 대한 자강회(1906) • 신민회 : 국권 회복과 공화 정체의 근대 국민 국가 건설 목표 → 교육 운동(대성 학교, 오산 학교), 민족 산업(태극 서관, 자기 회사), 해외 독립군 기지 건립(삼원보)

7. 일본의 경제적 침탈 및 경제적 구국 운동

화폐 정리 사업		메가타 주도, 상평통보, 백동화를 일본 화폐로 전환 → 일본 제일 은행의 중앙 은행화, 대한 제국 재정이 일본에 예속
경제적 구국 운동		방곡령 사건, 상권 수호 운동, 이권 수호 운동, 황무지 개간권 요구 반대 운동
	국채 보상 운동	일본의 강제적 차관 제공 → 대구, 국채 보상 기성회 → 모금 운동 전개, 대한매일신보의 후원

1910	1912	1914	1915	1919	1920	1921
국권 피탈 회사령 제정	토지 조사령 공포 독립 의군부 조직	대한 광복군 정부 조직	대한 광복회 조직	3·1 운동/대한민국 임시 정부 수립/의열단 조직/ 신흥 무관 학교 설립	봉오동 전투/청산리 대첩/ 간도 참변/대한 독립군단 결성/ 산미 증식 계획 시작/물산 장려 운동	자유시 참변

1931	1932	1933	1935	1936	1937	1938
한인 애국단 조직 브나로드 운동/조선어 학회 창립/ 신간회 해소/만주 사변	이봉창, 윤봉길 의거/ 한국 독립군, 쌍성보 전투/ 조선 혁명군, 영릉가 전투	동북 인민 혁명군 조직	민족 혁명당 결성	손기정 마라톤 우승	동북 항일 연군 보천보 전투	국가 총동원법 제정/지원 병제/제3차 조선 교육령/ 조선 의용대 결성

❻ 일제 강점기

1. 일제의 식민 통치 및 경제 침탈

1910년대	• 무단 통치 : 조선 총독부(현역 대장 출신 조선 총독이 입법 · 사법 · 행정 · 군사권 장악), 헌병 경찰 제도, 태형 부활, 언론 · 출판 · 집회권 박탈 • 경제 수탈 : 토지 조사 사업(1912~1918, 기한부 신고제 → 조선 총독부의 토지 약탈), 회사령(1910, 허가제)
1920년대	• 문화 통치 : 문관 총독 임명 가능, 보통 경찰 제도, 언론 · 출판의 자유(검열), 교육의 기회 확대, 도 평의회, 부 · 면 협의회 설치, 치안 유지법 • 경제 수탈 : 산미 증식 계획(1920~1934, 일본의 공업화에 따른 식량 부족을 해결하기 위해 한국 개간 · 간척, 수리 시설 확충 등 → 증산량 이상의 쌀 유출 → 식민지 지주제 강화, 쌀 중심의 단작형 농업 구조화)
1930년대 이후	• 민족 말살 통치 : 황국 신민화 정책(황국 신민 서사, 신사 참배, 국민 학교), 민족 말살 정책(내선 일체, 일선 동조론 주장, 창씨 개명) 등 • 국가 총동원법(1938) : 전시 수탈 체제 　– 물적 수탈 : 미곡 공출제, 식량 배급제, 금속 강제 징출 등 　– 인적 수탈 : 지원병제, 징용제, 징병제, 학도 지원병제, 일본군 위안부, 여자 정신대 등 • 경제 수탈 : 병참 기지화 정책, 농촌 진흥 운동, 남면북양 정책

동양 척식 주식회사

토지 조사 사업

일제의 쌀 수탈

내선일체 포스터

황국 신민 서사 암송

신사 참배

남면북양 정책

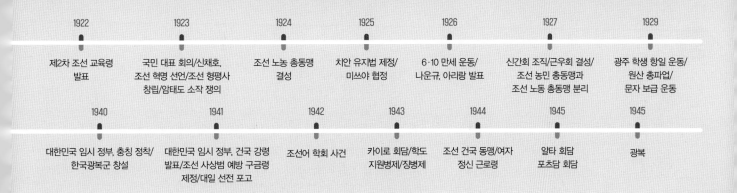

1922	1923	1924	1925	1926	1927	1929
제2차 조선 교육령 발표	국민 대표 회의/신채호, 조선 혁명 선언/조선 형평사 창립/암태도 소작 쟁의	조선 노동 총동맹 결성	치안 유지법 제정/미쓰야 협정	6·10 만세 운동/나운규, 아리랑 발표	신간회 조직/근우회 결성/조선 농민 총동맹과 조선 노동 총동맹 분리	광주 학생 항일 운동/원산 총파업/문자 보급 운동

1940	1941	1942	1943	1944	1945	1945
대한민국 임시 정부, 충칭 정착/한국광복군 창설	대한민국 임시 정부, 건국 강령 발표/조선 사상범 예방 구금령 제정/대일 선전 포고	조선어 학회 사건	카이로 회담/학도 지원병제/징병제	조선 건국 동맹/여자 정신 근로령	얄타 회담 포츠담 회담	광복

2. 일제 강점기 국내외 독립운동 및 항일 민족 운동

	국내	국외
1910년대	• 독립 의군부 : 임병찬, 복벽주의 • 대한 광복회 : 박상진, 공화 정체 • 3·1 운동(1919) : 민족 자결주의 대두, 국외 독립 선언에 영향 받음 → 독립 선언서 낭독, 대도시에서 중소 도시, 농촌, 국외로 확산 → 일제의 무력 진압으로 실패 → 일본 문화 통치, 대한민국 임시 정부 수립에 영향	• 독립 기지 건설 : 서간도(경학사, 신흥 강습소), 북간도(서전서숙, 명동 학교), 연해주(신한촌, 권업회), 상하이, 미주 • 대한민국 임시 정부(1919) : 연통제, 교통국, 구미 위원부 설치 등 → 국민 대표 회의(1923) 이후 분열 • 의열단 결성(1919) : 김원봉 중심, '조선 혁명 선언' 지침, 의거 활동, 조선 혁명 간부 학교 설립(1932)
1920년대	• 물산 장려 운동, 민립 대학 설립 운동 • 6·10 만세 운동(1926, 민족 유일당 운동에 영향) • 신간회(1927) : 민족의 정치적·경제적 각성 촉진, 민족의 단결, 기회주의 배척 제창, 각지에 지회 설치, 강연회 개최, 광주 학생 항일 운동에 진상 조사단 파견, 최대의 민족 협동 전선 단체	• 무장 독립 전쟁 : 봉오동 전투(1920, 대한 독립군), 청산리 대첩(1920, 북로 군정서 등) • 독립군의 시련 : 간도 참변, 자유시 참변 → 3부(참의부, 정의부, 신민부)의 성립 → 3부 통합 운동(국민부, 혁신 의회 성립) • 미쓰야 협정(1925) : 만주, 독립군 탄압
1930~1940 년대	• 문맹 퇴치 운동 : 문자 보급 운동(1929, 조선일보), 브나로드 운동(1931, 동아일보) • 조선어 학회(1931) : 문맹 퇴치 운동, 한글 맞춤법 통일안 등 제정 • 노동 운동과 농민 운동 : 비합법적 혁명적 노동 조합, 농민 조합 운동 격화 → 토지 개혁, 일본 제국주의 타도 주장	• 만주 : 한·중 연합 작전 → 한국 독립군, 조선 혁명군 • 중국 관내 : 민족 혁명당, 한국 국민당, 조선 의용대(1938) • 한인 애국단 결성(1931) : 김구 중심, 의거 활동 • 한국광복군(1940) : 김원봉의 조선 의용대 일부 흡수, 국내 진공 작전 수행 • 조선 의용군(1942) : 중국 공산군과 연합

봉오동 전투와 청산리 대첩

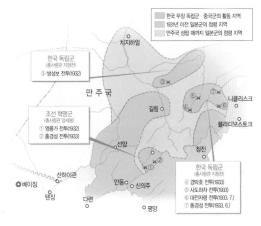

1930년대 만주의 무장 독립 투쟁

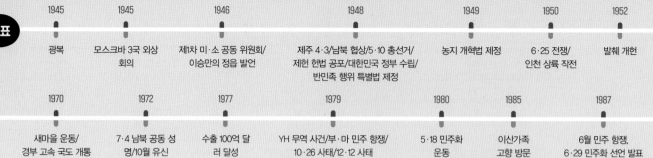

연표

1945	1945	1946	1948	1949	1950	1952
광복	모스크바 3국 외상 회의	제1차 미·소 공동 위원회/ 이승만의 정읍 발언	제주 4·3/남북 협상/5·10 총선거/ 제헌 헌법 공포/대한민국 정부 수립/ 반민족 행위 특별법 제정	농지 개혁법 제정	6·25 전쟁/ 인천 상륙 작전	발췌 개헌

1970	1972	1977	1979	1980	1985	1987
새마을 운동/ 경부 고속 국도 개통	7·4 남북 공동 성명/10월 유신	수출 100억 달러 달성	YH 무역 사건/부·마 민주 항쟁/ 10·26 사태/12·12 사태	5·18 민주화 운동	이산가족 고향 방문	6월 민주 항쟁, 6·29 민주화 선언 발표

❼ 현대 사회

1. 광복과 통일 정부 수립 노력

광복 이후 상황	조선 건국 준비 위원회(여운형, 전국에 지부, 치안대 조직) → 모스크바 3국 외상 회의(4개국의 한반도 신탁 통치 결정 → 반탁 운동 대두, 좌우 대립 심화) → 제1차 미·소 공동 위원회, 이승만의 정읍 발언 → 좌우 합작 운동(1946~1947), 제2차 미·소 공동 위원회 → 한국 문제의 유엔 상정(남한만의 총선거 결의) → 남북 협상(1948)
대한민국 정부와 제헌 국회	• 과정 : 5·10 총선거 → 제헌 헌법 공포 → 대한민국 정부 수립 • 제헌 국회 : 반민법 제정, 농지 개혁법(유상 매수, 유상 분배)
6·25 전쟁	북한의 남침 → 서울 함락 → 유엔군 파병 결정 → 국군, 유엔군의 낙동강 방어선 구축 → 인천 상륙 작전 → 서울 수복 → 평양 탈환 → 중국군 개입 → 국군, 유엔군의 최대 북진 → 1·4 후퇴(1951) → 서울 재수복 → 전선 교착 → 휴전 협정(1953)

2. 민주주의의 발전과 경제 성장

이승만 정부	박정희 정부	전두환 정부
• 발췌 개헌(대통령 직선제), 사사오입 개헌(초대 대통령의 중임 제한 철폐) • 4·19 혁명(1960) : 3·15 부정 선거 규탄 시위 → 이승만 대통령 하야, 허정 과도 정부 수립(내각 책임제와 국회 양원제) • 미국의 경제 원조와 삼백(제분, 제당, 면방직) 산업	• 5·16 군사 정변으로 정권 장악 → 군정 실시 → 대통령 중심제와 국회 단원제 헌법 개정 → 민주공화당 창당, 박정희 대통령 당선 • 한·일 국교 정상화(1965), 베트남 파병(1964~1973) • 3선 개헌(대통령의 3선 허용) → 유신 체제(통일 주체 국민 회의에서 대통령 선출, 중임제 제한 없음), 대통령 권한(긴급 조치권, 국회 해산권) → 부·마 민주 항쟁, 10·26 사태로 붕괴 • 제1, 2차 경제 개발 5개년 계획(1962~1971, 경공업 중심), 제3, 4차 경제 개발 5개년 계획(1972~1981, 중화학 공업 중심), 새마을 운동	• 10·26 사태 후 계엄령 선포, 12·12 사태로 신군부가 군사권 장악 • 5·18 민주화 운동(1980) : 광주 비상 계엄 → 시민군 편성 → 진압 • 전두환 정부 수립 : 국회 해산, 국가 보위 비상 대책 위원회 설치 → 통일 주체 국민 회의에서 전두환 대통령 선출 • 민주화 탄압, 유화 조치, 3저 호황(저유가, 저금리, 저달러) • 6월 민주 항쟁(1987) : 대통령 직선제 개헌 운동 → 박종철 고문 치사 사건 → 4·13 호헌 조치 → 이한열 의식 불명, 전국 시위 → 6·29 민주화 선언, 헌법 개정(대통령 직선제, 5년 단임제)

노태우 정부	김영삼 정부	김대중 정부
• 여소야대 정국(1988) → 5공 청문회 개최 → 3당 합당 • 북방 외교 추진(소련, 중국과 수교), 서울 올림픽 개최	• 지방 자치제 전면 실시 • 금융 실명제 • 시장 개방 가속화 • OECD 가입 • 외환 위기 → 국제 통화 기금(IMF) 금융 지원·관리(1997)	• 최초로 선거에 의한 평화적 여·야 정권 교체 • 금융 기관과 대기업 구조조정, 노사정 위원회 구성, 외환위기 극복

1953	1954	1958	1960	1961	1962	1964	1965	1969
휴전 협정	사사오입 개헌	진보당 사건	3·15 부정 선거, 4·19 혁명	5·16 군사 정변	제1차 경제 개발 5개년 계획 시작	베트남 파병	한·일 협정 체결	3선 개헌

1988	1991	1993	1997	1998	2000	2007
서울 올림픽 대회 개최	남북한 유엔 동시 가입/남북 기본 합의서	금융 실명제 실시	외환 위기, 국제 통화 기금 금융 지원	금강산 해로 관광 시작	제1차 남북 정상 회담, 6·15 남북 공동 선언 발표	제2차 남북 정상 회담

3. 통일을 위한 노력

박정희 정부	남북 적십자 회담(1971), 7·4 남북 공동 성명(1972, 3대 통일 원칙 합의, 남북 조절 위원회), 6·23 평화 통일 외교 정책 선언(1973)
전두환 정부	민족 화합 민주 통일 방안, 이산가족 고향 방문단과 예술 공연단 교환
노태우 정부	남북한 유엔 동시 가입, 남북 기본 합의서 채택(남북한 상호 체제 인정, 상호 불가침 합의), 한반도 비핵화 공동 선언
김영삼 정부	3단계 통일 방안 발표, 북한 경수로 건설 사업 지원
김대중 정부	대북 화해 협력 정책(금강산 관광 산업), 남북 정산 회담(6·15 남북 공동 선언), 경의선 복구 사업, 개성 공단 건설 등
노무현 정부	제2차 남북 정상 회담(10·4 남북 공동 선언)

인천 상륙 작전

서울 수복

1·4 후퇴

휴전 협정 조인

3·15 부정 선거

4·19 혁명

남북 학생 회담 요구 집회와 구호 (1961. 5.)

5·18 민주화 운동

6월 민주 항쟁

01 (가) 시대의 생활 모습으로 옳은 것은? [1점]

> 여러분은 (가) 시대의 벼농사를 체험하고 있습니다. 이 시대에는 처음으로 금속 도구를 만들었으나, 농기구는 여러분이 손에 들고 있는 반달 돌칼과 같이 돌로 만들었습니다.

① 우경이 널리 보급되었다.
② 철제 무기를 사용하였다.
③ 주로 동굴이나 막집에 살았다.
④ 지배자의 무덤으로 고인돌을 만들었다.

02 (가) 나라에 대한 설명으로 옳은 것은? [2점]

만화로 보는 (가) 의 사회 모습 / 범금 8조

> 사람을 죽인 자는 사형에 처한다.
> 남에게 상해를 입힌 자는 곡식으로 갚아야 한다.
> 도둑질한 자는 노비로 삼되, 용서받고자 할 때에는 50만 전을 내야 한다.

① 낙랑과 왜에 철을 수출하였다.
② 영고라는 제천 행사를 열었다.
③ 서옥제라는 혼인 풍습이 있었다.
④ 건국 이야기가 삼국유사에 실려 있다.

03 다음 가상 인터뷰에 등장하는 왕의 업적으로 옳은 것은? [2점]

> 즉위하신 이후에 어떤 일을 하셨나요?

> 한강 유역을 차지한 뒤, 이를 기념하여 북한산에 순수비를 세웠습니다. 그리고 화랑도를 국가적인 조직으로 개편했습니다.

① 국학을 설립하였다.
② 병부를 설치하였다.
③ 대가야를 정복하였다.
④ 독서삼품과를 실시하였다.

04 (가), (나) 사이의 시기에 있었던 사실로 옳은 것은? [2점]

> (가) 장수왕 63년, 왕이 군사 3만 명을 거느리고 백제에 침입하여 도읍인 한성을 함락시키고 백제 왕을 죽였다.
>
> (나) 보장왕 4년, 당의 여러 장수가 안시성을 공격하였다. …… [당군이] 밤낮으로 쉬지 않고 60일 간 50만 명을 동원하여 토산을 쌓았다. …… 고구려군 수백 명이 성이 무너진 곳으로 나가 싸워서 마침내 토산을 빼앗았다.

① 원종과 애노가 봉기하였다.
② 김흠돌이 반란을 도모하였다.
③ 을지문덕이 수의 군대를 물리쳤다.
④ 장문휴가 당의 산둥반도를 공격하였다.

05 (가) 국가에 대한 설명으로 옳은 것은? [2점]

① 노비안검법을 실시하였다.
② 지방에 22담로를 설치하였다.
③ 화백 회의에서 국가의 중대사를 결정하였다.
④ 여러 가(加)들이 별도로 사출도를 주관하였다.

06 다음 가상 뉴스에서 보도하고 있는 사건이 일어난 시기를 연표에서 옳게 고른 것은? [3점]

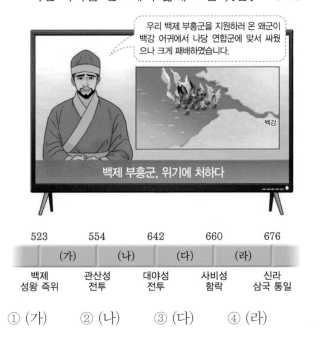

① (가)   ② (나)   ③ (다)   ④ (라)

07 학생들이 공통으로 이야기하는 문화유산으로 옳은 것은? [3점]

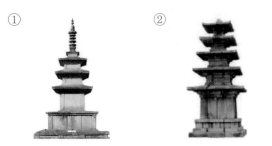

08 다음 퀴즈의 정답으로 옳은 것은? [1점]

① 설총
② 이사부
③ 이차돈
④ 최치원

09 (가) 국가에 대한 설명으로 옳은 것은? [2점]

① 기인 제도를 실시하였다.
② 9주 5소경을 설치하였다.
③ 한의 침략을 받아 멸망하였다.
④ 대조영이 동모산에서 건국하였다.

10 (가)~(다)를 일어난 순서대로 옳게 나열한 것은? [2점]

① (가) - (나) - (다)
② (가) - (다) - (나)
③ (나) - (가) - (다)
④ (다) - (가) - (나)

11 다음 상황 이후에 일어난 사실로 옳은 것은? [2점]

① 상대등이 설치되었다.
② 12목에 지방관이 파견되었다.
③ 쌍기의 건의로 과거제가 실시되었다.
④ 웅천주 도독 김헌창이 반란을 일으켰다.

12 (가)에 들어갈 내용으로 옳은 것은? [2점]

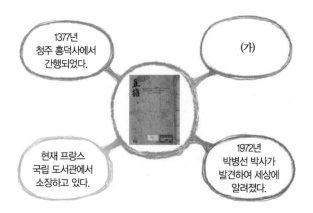

① 김부식이 왕명을 받아 편찬하였다.
② 사초와 시정기를 바탕으로 제작되었다.
③ 우리나라 풍토에 맞는 농법을 소개하였다.
④ 현존하는 세계에서 가장 오래된 금속 활자본이다.

14 (가) 시기에 있었던 사실로 옳은 것은? [3점]

① 이자겸이 난을 일으켰다.
② 묘청이 서경 천도를 주장하였다.
③ 만적이 개경에서 봉기를 모의하였다.
④ 강감찬이 귀주에서 큰 승리를 거두었다.

13 (가) 인물의 활동으로 옳은 것은? [1점]

① 강동 6주를 확보하였다.
② 동북 9성을 축조하였다.
③ 화통도감을 설치하였다.
④ 4군과 6진을 개척하였다.

15 밑줄 그은 '이 국가'의 경제 상황으로 옳은 것은? [3점]

① 전시과 제도가 실시되었다.
② 고구마, 감자가 널리 재배되었다.
③ 모내기법이 전국적으로 확산되었다.
④ 시장을 감독하기 위한 동시전이 설치되었다.

16 (가)에 해당하는 문화유산으로 옳은 것은?

[2점]

문화유산 답사 보고서

답사 목적	한국의 산성 알아보기
답사 장소	(가)
답사 날짜	2021년 ○○월 ○○일
새롭게 알게 된 점	백제가 웅진에 수도를 두었을 당시 웅진성이라 불렸어. 산성 안에는 쌍수정, 연지 등의 유적이 있어. 2015년에 유네스코 세계유산으로 등재되었어.

① 공산성

② 삼랑성

③ 삼년산성

④ 오녀산성

17 (가)에 들어갈 내용으로 옳은 것은?

[2점]

(앞면)

〈주요 활동〉

- [(가)]
- 위화도 회군으로 권력을 장악함
- 정도전 등과 함께 개혁을 추진함
- 조선을 건국함

(뒷면)

① 별무반을 편성함
② 우산국을 정벌함
③ 전민변정도감을 설치함
④ 황산에서 왜구를 격퇴함

18 밑줄 그은 '유적'으로 옳은 것은?

[1점]

제주도 방문을 환영합니다. 우리 비행기에서는 선사 시대부터 현대까지 제주의 다양한 역사 유적을 가상으로 체험해 볼 수 있습니다. 지금부터 역사 여행을 떠나 볼까요?

① 참성단

② 다산 초당

③ 향파두리성

④ 부석사 무량수전

19 다음 대화가 이루어진 시기에 볼 수 있는 모습으로 적절한 것은? [2점]

박연 등이 새로 아악을 정비하여 바쳤으니 논공행상을 하려는데 어떠한가?

아악 정비에 참여한 모두에게 차등을 두어 상을 주는 것이 마땅하옵니다.

① 단성사에서 공연하는 배우
② 집현전에서 연구하는 관리
③ 청해진에서 교역하는 상인
④ 해동통보를 주조하는 장인

20 (가)에 들어갈 책으로 옳은 것은? [2점]

책이 완성되어 여섯 권으로 만들어 바치니, ___(가)___ 이라는 이름을 내리셨다. 형전과 호전은 이미 반포되어 시행하고 있으나 나머지 네 법전은 미처 교정을 마치지 못하였는데, 세조께서 갑자기 승하하시니 지금 임금[성종]께서 선대의 뜻을 받들어 마침내 하던 일을 끝마치고 나라 안에 반포하셨다.

① 경국대전
② 동국통감
③ 동의보감
④ 반계수록

21 (가)에 들어갈 문화유산으로 옳은 것은? [2점]

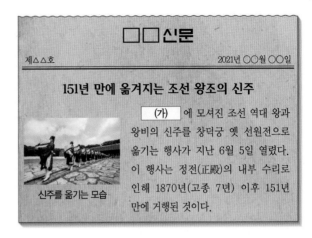

□□신문

제△△호   2021년 ○○월 ○○일

151년 만에 옮겨지는 조선 왕조의 신주

___(가)___ 에 모셔진 조선 역대 왕과 왕비의 신주를 창덕궁 옛 선원전으로 옮기는 행사가 지난 6월 5일 열렸다. 이 행사는 정전(正殿)의 내부 수리로 인해 1870년(고종 7년) 이후 151년 만에 거행된 것이다.

신주를 옮기는 모습

① 종묘
② 사직단
③ 성균관
④ 도산 서원

22 다음 상황 이후에 일어난 사실로 옳은 것은? [3점]

왕이 세자와 함께 신하들을 거느리고 삼전도에 이르렀다. …… 용골대 등이 왕을 인도하여 들어가 단 아래 북쪽을 향해 설치된 자리로 나아가도록 요청하였다. 청인(淸人)이 외치는 의식의 순서에 따라 왕이 세 번 절하고 아홉 번 머리를 조아리는 예를 행하였다.

① 송시열이 북벌론을 주장하였다.
② 조광조가 위훈 삭제를 주장하였다.
③ 광해군이 인조반정으로 폐위되었다.
④ 곽재우가 의령에서 의병을 일으켰다.

23 (가)에 들어갈 세시 풍속으로 옳은 것은? [1점]

① 단오
② 추석
③ 한식
④ 정월 대보름

24 밑줄 그은 '제도'로 옳은 것은? [2점]

① 과전법
② 균역법
③ 대동법
④ 영정법

25 (가) 왕이 실시한 정책으로 옳은 것은? [2점]

① 경복궁을 중건하였다.
② 대마도를 정벌하였다.
③ 장용영을 창설하였다.
④ 탕평비를 건립하였다.

26 (가)에 들어갈 인물로 옳은 것은? [2점]

조선 후기 지전설과 무한우주론을 주장한 과학 사상가이자 실학자인 담헌 (가) 을/를 기리는 과학관을 다녀왔다. 다양한 체험 활동을 하며 …… 더 보기

① 박제가
② 이순지
③ 장영실
④ 홍대용

27 다음 직업이 등장한 시기의 사회 모습으로 옳은 것은? [2점]

(앞면)

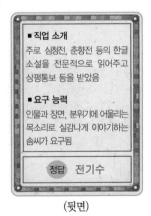
(뒷면)

① 변발과 호복이 유행하였다.
② 판소리와 탈춤이 성행하였다.
③ 골품에 따라 일상생활을 규제하였다.
④ 특수 행정 구역인 향과 부곡이 있었다.

28 밑줄 그은 '신문'으로 옳은 것은? [2점]

① 만세보
② 한성순보
③ 황성신문
④ 대한매일신보

29 (가) 시기에 있었던 사실로 옳은 것은? [3점]

①
신미양요

② 보빙사 파견

③
황룡촌 전투

④
만민 공동회 개최

30 (가)에 들어갈 사건으로 옳은 것은? [1점]

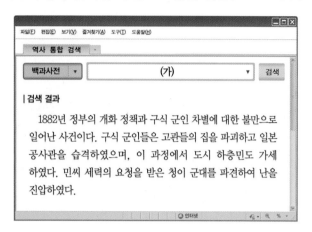

① 임오군란
② 삼국 간섭
③ 거문도 사건
④ 임술 농민 봉기

31 밑줄 그은 '개혁'의 내용으로 옳지 <u>않은</u> 것은? [3점]

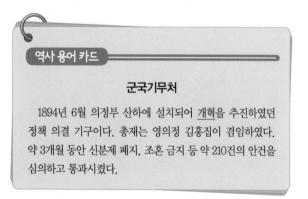

① 지계를 발급하였다.
② 과거제를 폐지하였다.
③ 도량형을 통일하였다.
④ 연좌제를 금지하였다.

32 (가)에 들어갈 근대 교육 기관으로 옳은 것은? [2점]

① 서전서숙
② 배재 학당
③ 육영 공원
④ 이화 학당

33 밑줄 그은 '이 단체'로 옳은 것은? [2점]

① 보안회
② 신민회
③ 대한 자강회
④ 헌정 연구회

제55회 한국사능력검정시험 (기본)

34 (가)에 들어갈 문화유산으로 옳은 것은? [2점]

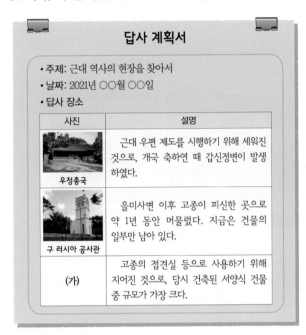

답사 계획서

• 주제: 근대 역사의 현장을 찾아서
• 날짜: 2021년 ○○월 ○○일
• 답사 장소

사진	설명
우정총국	근대 우편 제도를 시행하기 위해 세워진 것으로, 개국 축하연 때 갑신정변이 발생하였다.
구 러시아 공사관	을미사변 이후 고종이 피신한 곳으로 약 1년 동안 머물렀다. 지금은 건물의 일부만 남아 있다.
(가)	고종의 접견실 등으로 사용하기 위해 지어진 것으로, 당시 건축된 서양식 건물 중 규모가 가장 크다.

①
황궁우

②
명동 성당

③
운현궁 양관

④
덕수궁 석조전

35 (가)에 해당하는 인물로 옳은 것은? [3점]

이 작품은 (가) 이 여성의 의병 참여를 독려하기 위해 만든 노래입니다. 그녀는 이 외에도 의병을 주제로 여러 편의 가사를 지어 의병들의 사기를 높이려 하였습니다. 일제에 나라를 빼앗긴 이후에는 만주로 망명하여 항일 투쟁을 이어갔습니다.

①
권기옥

②
남자현

③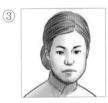
박차정

④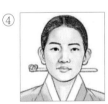
윤희순

36 밑줄 그은 '특사'에 대한 설명으로 옳은 것은? [2점]

그는 1907년 만국 평화 회의에 특사로 파견되었어.

이상설, 이위종도 함께 활동했었지.

여기가 이준 열사가 묻힌 곳이구나.

① 서양에 파견된 최초의 사절단이었다.
② 조선책략을 국내에 처음 소개하였다.
③ 기기국에서 무기 제조 기술을 배우고 돌아왔다.
④ 을사늑약의 부당함을 전 세계에 알리고자 하였다.

37 (가)에 들어갈 기구로 옳은 것은? [1점]

저는 지금 일제 식민 통치의 최고 기구였던 (가) 청사 철거 현장에 나와 있습니다. 정부는 광복 50주년을 맞아 '역사 바로 세우기' 사업의 일환으로 이번 철거를 진행한다고 밝혔습니다.

① 조선 총독부
② 종로 경찰서
③ 서대문 형무소
④ 동양 척식 주식회사

38 밑줄 그은 '이 정책'으로 옳은 것은? [2점]

이 사진은 일제 강점기 일본으로 반출하기 위해 쌀을 쌓아 놓은 군산항의 모습입니다. 일제는 자국의 식량 문제를 해결하기 위하여 1920년부터 조선에 이 정책을 실시하여 수많은 양의 쌀을 수탈해 갔습니다.

① 회사령
② 농지 개혁법
③ 산미 증식 계획
④ 토지 조사 사업

39 (가)에 들어갈 인물로 옳은 것은? [1점]

이 유물은 (가) 이 1936년 베를린 올림픽 마라톤 경기에서 우승하여 받은 투구입니다. 당시 조선중앙일보, 동아일보 등이 그의 우승 소식을 보도하면서 유니폼에 그려진 일장기를 삭제하여 일제의 탄압을 받았습니다.

고대 그리스 청동 투구

① 남승룡
② 손기정
③ 안창남
④ 이중섭

40 (가) 민족 운동에 대한 설명으로 옳은 것은?
[2점]

① 개혁 추진을 위해 집강소가 설치되었다.
② 조선 물산 장려회를 중심으로 전개되었다.
③ 대한민국 임시 정부 수립의 계기가 되었다.
④ 신간회의 지원을 받아 민중 대회가 추진되었다.

41 다음 대화가 이루어진 시기를 연표에서 옳게 고른 것은?
[3점]

① (가)   ② (나)   ③ (다)   ④ (라)

42 교사의 질문에 대한 학생의 답변으로 옳은 것은?
[2점]

① 헌병 경찰제가 실시되었어요.
② 경성 제국 대학이 설립되었어요.
③ 국채 보상 운동이 전개되었어요.
④ 황국 신민 서사의 암송이 강요되었어요.

43 (가)에 들어갈 단체로 옳은 것은?
[1점]

① 중광단
② 흥사단
③ 한인 애국단
④ 대조선 국민 군단

44 (가)에 해당하는 인물로 옳은 것은? [1점]

한국사 설문 조사

일본 유학 중 독립운동 혐의로 수감되어 옥사한 저항 시인, (가) 하면 떠오르는 작품에 스티커를 붙여 주세요.

| 서시 | 별 헤는 밤 | 쉽게 씌어진 시 |

① 심훈

② 윤동주

③ 이육사

④ 한용운

45 (가) 군대에 대한 설명으로 옳은 것은? [2점]

이달의 독립운동가

1940년 대한민국 임시 정부가 창설한 (가) 의 총사령관

지청천 장군
(1888~1957)

① 자유시 참변으로 큰 타격을 입었다.
② 봉오동 전투에서 일본군을 격퇴하였다.
③ 미군과 연계하여 국내 진공 작전을 계획하였다.
④ 흥경성에서 중국 의용군과 연합 작전을 펼쳤다.

46 (가)에 들어갈 사진으로 옳지 <u>않은</u> 것은? [2점]

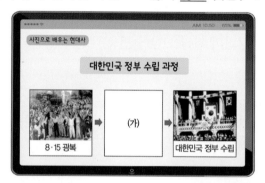

사진으로 배우는 현대사

대한민국 정부 수립 과정

8·15 광복 ➡ (가) ➡ 대한민국 정부 수립

① 5·10 총선거 실시

② 유엔 한국 임시 위원단 내한

③ 제1차 미소 공동 위원회 개최

④ 반민족 행위 특별 조사 위원회 활동

47 밑줄 그은 '이 전쟁' 중에 있었던 사실로 옳은 것은? [2점]

이것은 이 전쟁 중인 1951년 11월 판문점 인근에서 열기구를 띄우려는 모습을 촬영한 사진입니다. 이 열기구는 휴전 회담이 진행되던 당시 판문점 일대가 중립 지대임을 표시하기 위한 것이었습니다.

① 애치슨 선언이 발표되었다.
② 흥남 철수 작전이 전개되었다.
③ 사사오입 개헌안이 가결되었다.
④ 한미 상호 방위 조약이 체결되었다.

48 (가) 민주화 운동에 대한 설명으로 옳은 것은? [2점]

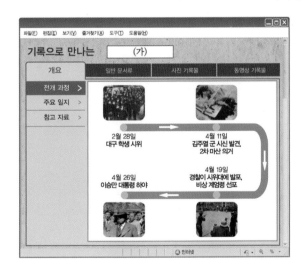

① 3·15 부정 선거에 항의하였다.
② 4·13 호헌 조치 철폐를 요구하였다.
③ 유신 체제가 붕괴하는 계기가 되었다.
④ 신군부의 비상 계엄 확대에 반대하였다.

49 다음 연설문을 발표한 정부 시기의 경제 상황으로 옳은 것은? [3점]

우리 민족의 숙원이던 경부 간 고속 도로의 완전 개통을 보게 된 것을 국민 여러분들과 더불어 경축해 마지않는 바입니다. 이 길은 총 연장 428km로 우리나라의 리(里) 수로 따지면 천 리하고도 약 칠십 리가 더 되는데, 장장 천릿길을 이제부터는 자동차로 4시간 반이면 달릴 수 있게 됐습니다. …… 이 고속 도로가 앞으로 우리나라 국민 경제의 발전과 산업 근대화에 여러 가지 큰 공헌을 하리라고 믿습니다.

① 서울에서 G20 정상 회의가 개최되었다.
② 한미 자유 무역 협정(FTA)이 체결되었다.
③ 제2차 경제 개발 5개년 계획이 추진되었다.
④ 경제 협력 개발 기구(OECD)에 가입하였다.

50 다음 발표에 해당하는 정부 시기에 있었던 사실로 옳은 것은? [2점]

① 개성 공단이 조성되었다.
② 서울 올림픽 대회가 개최되었다.
③ 베트남 전쟁에 국군이 파병되었다.
④ 국민 기초 생활 보장법이 제정되었다.

01 다음 축제에서 체험할 수 있는 활동으로 적절한 것은? [1점]

전곡리
구석기 문화제

주로 동굴이나 강가의 막집에서 살았던 구석기 시대의 생활상을 체험할 수 있는 축제에 초대합니다.

• 기간: 2022년 ○○월 ○○일~○○월 ○○일
• 장소: 연천 전곡리 유적 체험 마을

① 가락바퀴로 실 뽑기
② 뗀석기로 고기 자르기
③ 점토로 빗살무늬 토기 빚기
④ 거푸집으로 청동검 모형 만들기

02 (가)에 들어갈 내용으로 옳은 것은? [2점]

우리 모둠은 이 나라를 만화로 표현할 거야. 어떤 장면으로 구성할지 이야기해 보자.

제천 행사인 무천을 여는 모습을 그리자.

책화라는 풍습을 표현하자.

(가)

① 서옥제라는 혼인 풍습을 표현해 보자.
② 무예를 익히는 화랑도의 모습을 보여주자.
③ 특산물인 단궁, 과하마, 반어피를 그려 보자.
④ 지배층인 마가, 우가, 저가, 구가를 등장시키자.

03 다음 자료에 해당하는 나라에 대한 설명으로 옳은 것은? [2점]

○ 위서에 이르기를, "지금으로부터 2천여 년 전에 단군왕검이 아사달에 도읍을 정하였다."고 하였다.

— 『삼국유사』 —

○ 누선장군 양복(楊僕)이 군사 7천을 거느리고 먼저 왕검성에 도착하였다. 우거가 성을 지키고 있다가 양복의 군사가 적은 것을 알고 곧 나가서 공격하니 양복이 패하여 달아났다.

— 『삼국유사』 —

① 신성 지역인 소도가 있었다.
② 낙랑, 왜 등에 철을 수출하였다.
③ 화백 회의에서 중요한 일을 결정하였다.
④ 사회 질서를 유지하기 위해 범금 8조를 만들었다.

04 (가) 왕에 대한 설명으로 옳은 것은? [2점]

이것은 경주의 고분에서 출토된 청동 그릇입니다. 바닥 면에 (가) 을/를 나타내는 글자가 새겨져 있어, 당시 신라와 고구려의 관계를 알 수 있습니다. (가) 은/는 군대를 보내 신라에 침입한 왜를 격퇴하였습니다.

호우총 청동 그릇

① 태학을 설립하였다.
② 낙랑군을 몰아내었다.
③ 천리장성을 축조하였다.
④ 영락이라는 연호를 사용하였다.

05 (가), (나) 사이의 시기에 있었던 사실로 옳은
것은? [3점]

① 고구려가 옥저를 정복하였다.
② 백제가 신라와 동맹을 맺었다.
③ 백제가 관산성 전투에서 패배하였다.
④ 고구려가 안시성에서 당군을 물리쳤다.

06 밑줄 그은 '그'로 옳은 것은? [1점]

① 김대성
② 김춘추
③ 사다함
④ 이사부

07 (가) 국가에 대한 설명으로 옳은 것은? [3점]

① 송악에서 철원으로 도읍을 옮겼다.
② 수의 군대를 살수에서 크게 무찔렀다.
③ 인재 선발을 위하여 독서삼품과를 시행하였다.
④ 정당성 아래 6부를 두어 행정을 담당하게 하였다.

08 다음 일기의 소재가 된 유적으로 옳은 것은?

[2점]

> ○○월 ○○일 ○요일 날씨: ☀
>
> 오늘은 동해안에 있는 절터에 갔다. 신문왕이 아버지 문무왕에 이어 완성한 곳으로, 절의 이름은 선왕의 은혜에 감사하는 마음을 담아 지었다고 한다. 마침 그곳에는 축제가 열려 대금 연주가 시작되었다. 마치 만파식적 설화 속 대나무 피리 소리가 들리는 것 같았다.

①
경주 감은사지

②
여주 고달사지

③
원주 법천사지

④
화순 운주사지

09 다음 답사가 이루어진 지역으로 옳지 않은 것은?

[2점]

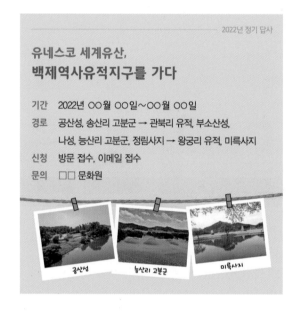

2022년 정기 답사

유네스코 세계유산,
백제역사유적지구를 가다

기간	2022년 ○○월 ○○일~○○월 ○○일
경로	공산성, 송산리 고분군 → 관북리 유적, 부소산성, 나성, 능산리 고분군, 정림사지 → 왕궁리 유적, 미륵사지
신청	방문 접수, 이메일 접수
문의	□□ 문화원

공산성   능산리 고분군   미륵사지

① 공주
② 부여
③ 익산
④ 전주

10 밑줄 그은 '그'가 활동한 시기에 볼 수 있는 모습으로 적절한 것은?

[2점]

지금 촬영하는 곳은 부산 해운대 동백섬이야. 해운대라는 지명은 그의 호에서 유래했어. 진성 여왕에게 10여 조의 개혁안을 올렸던 그는 신라 조정에 크게 실망하여 여러 곳을 떠돌아다녔는데, 이곳에도 한동안 머물렀다고 해.

① 성리학을 공부하는 유생
② 금속 활자를 주조하는 장인
③ 판소리 공연을 하는 소리꾼
④ 군사를 모아 장군이라 칭하는 호족

11 (가) 왕에 대한 설명으로 옳은 것은? [2점]

① 훈요 10조를 남겼다.
② 과거제를 시행하였다.
③ 만권당을 설립하였다.
④ 전시과를 마련하였다.

12 (가)~(다) 학생이 발표한 내용을 일어난 순서대로 옳게 나열한 것은? [3점]

① (가) - (나) - (다)
② (가) - (다) - (나)
③ (나) - (가) - (다)
④ (다) - (가) - (나)

13 교사의 질문에 대한 학생의 답변으로 옳지 않은 것은? [2점]

14 (가)에 들어갈 세시 풍속으로 옳은 것은? [1점]

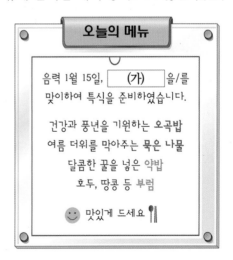

① 동지
② 추석
③ 삼진날
④ 정월 대보름

15 (가) 시기에 있었던 사실로 옳은 것은? [3점]

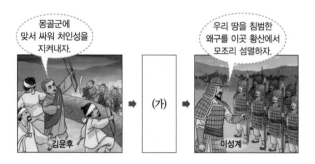

① 과전법이 시행되었다.
② 이자겸이 난을 일으켰다.
③ 궁예가 후고구려를 세웠다.
④ 팔만대장경판이 제작되었다.

16 다음 퀴즈의 정답으로 옳은 것은? [1점]

① 양규
② 일연
③ 김부식
④ 이제현

17 다음 다큐멘터리에서 볼 수 있는 장면으로 적절하지 않은 것은? [2점]

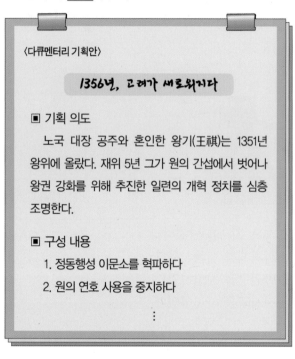

① 수원 화성을 축조하는 백성
② 쌍성총관부를 공격하는 군인
③ 숙청당하는 기철 등 친원 세력
④ 정방 폐지 교서를 작성하는 관리

제57회 한국사능력검정시험 (기본)

18 다음 기사에 보도된 문화유산으로 옳은 것은? [2점]

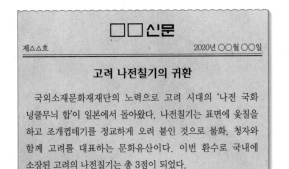

□□신문

제△△호　　　　　　　　2020년 ○○월 ○○일

고려 나전칠기의 귀환

국외소재문화재재단의 노력으로 고려 시대의 '나전 국화 넝쿨무늬 합'이 일본에서 돌아왔다. 나전칠기는 표면에 옻칠을 하고 조개껍데기를 정교하게 오려 붙인 것으로 불화, 청자와 함께 고려를 대표하는 문화유산이다. 이번 환수로 국내에 소장된 고려의 나전칠기는 총 3점이 되었다.

① ② ③ ④

19 (가) 인물의 활동으로 옳은 것은? [2점]

이 전투는 고려 말 (가) 이/가 제작한 화포를 이용하여 왜구를 크게 물리친 진포 대첩입니다.

① 거중기를 설계하였다.
② 앙부일구를 제작하였다.
③ 비격진천뢰를 발명하였다.
④ 화통도감 설치를 건의하였다.

20 밑줄 그은 '탑'으로 옳은 것은? [2점]

POST CARD

아빠
저는 지금 강원도 평창에서 산사 체험을 하고 있어요. 이른 아침 일어나 명상을 하고 고려 시대에 만들어진 다각 다층 탑을 돌면서 새해 기도를 드렸어요. 오후에는 오대산 선재길을 따라 상원사에도 가볼 계획이에요. 곧 뵐게요.

보내는 사람

- 작은 딸 올림

① 불국사 다보탑　　② 신륵사 다층 전탑
③ 월정사 팔각 구층 석탑　　④ 화엄사 사사자 삼층 석탑

21 (가)에 들어갈 사건으로 옳은 것은? [2점]

학습지

주제: (가)　　　　이름:

학습 내용1　왜 일어났나요?
　위훈 삭제 등 조광조가 주장한 개혁에 대한 반발 때문에 일어났어요.

학습 내용2　어떻게 진행되었나요?
　조광조는 유배된 후 사약을 받아 죽임을 당하였고, 그를 따르던 많은 사람들도 처형되거나 관직에서 쫓겨났어요.

① 기묘사화　　② 신유박해
③ 인조반정　　④ 임오군란

22 (가)에 들어갈 인물로 옳은 것은? [1점]

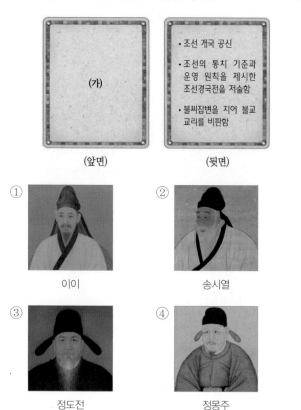

- 조선 개국 공신
- 조선의 통치 기준과 운영 원칙을 제시한 조선경국전을 저술함
- 불씨잡변을 지어 불교 교리를 비판함

(앞면)　(뒷면)

① 이이
② 송시열
③ 정도전
④ 정몽주

23 밑줄 그은 '왕'이 추진한 정책으로 옳은 것은? [2점]

계유정난으로 정권을 잡고 단종을 몰아낸 왕에 대해 말해 볼까요?

왕권 강화를 위해 6조 직계제를 부활시켰어요.

집현전을 폐지하고 경연을 정지하였어요.

① 삼별초를 조직하였다.
② 직전법을 시행하였다.
③ 한양으로 천도하였다.
④ 훈민정음을 창제하였다.

24 (가)에 들어갈 정치 기구로 옳은 것은? [2점]

오전 11:00　　100%

검색 결과입니다.

1. 개관

　조선의 중앙 정치 기구로 비국, 주사라고도 불린다. 중종 때 외적의 침입에 대응하기 위해 설치되었고 양 난을 거치며 국정을 총괄하게 되었다. 세도 정치 시기에는 외척 가문의 권력 기반이 되었는데, 흥선 대원군이 집권한 후에 폐지되었다.

2. 관련 사진

(가) 에 대해 검색해 줘.

① 비변사
② 어사대
③ 도병마사
④ 군국기무처

25 (가) 전쟁 중에 있었던 사실로 옳은 것은? [2점]

1592년 7월 이순신이 이끄는 조선 수군은 이곳 한산도 앞바다에서 학익진을 펼치며 일본 수군을 크게 격파하였습니다. 그 결과 조선군은 (가) 당시 남해안 일대의 제해권을 장악하게 되었습니다.

증강 현실로 만난 역사

① 최윤덕이 4군을 개척하였다.
② 서희가 강동 6주를 확보하였다.
③ 권율이 행주산성에서 승리하였다.
④ 이종무가 쓰시마섬을 토벌하였다.

26 다음 학생이 생각하고 있는 책으로 옳은 것은?
[1점]

광해군 때 허준이 편찬하였어.

당시 중국과 우리나라 의서를 망라하여 전통 의학을 집대성하였지.

2009년에 유네스코 세계 기록 유산으로 등재되었어.

① 동의보감
② 목민심서
③ 열하일기
④ 향약집성방

27 다음 퀴즈의 정답으로 옳은 것은?
[2점]

이것은 충북 보은군에 소재한 조선 후기 건축물입니다. 내부에는 석가모니의 생애를 여덟 장면으로 그린 불화가 있으며, 현재 우리나라에 남아 있는 가장 오래된 5층 목탑입니다. 이것은 무엇일까요?

도전! 한국사 퀴즈왕

①
금산사 미륵전

②
법주사 팔상전

③
봉정사 극락전

④
부석사 무량수전

28 (가)에 대한 역대 왕조의 시기별 정책으로 옳은 것은?
[3점]

○ (가) 의 변경 침략 때문에 [예종이] 법왕사에 행차하여 분향하고, 신하들을 나누어 보내 여러 사당에서 기도하게 하였다.

○ 동북면 도순문사가 아뢰었다. "경성, 경원에 (가) 의 출입을 허락하면 떼 지어 몰려들 우려가 있고, 일절 금하면 소금과 쇠를 얻지 못하여 변경에 불화가 생길까 걱정됩니다. 원하건대, 두 고을에 무역소를 설치하여 저들로 하여금 와서 교역하게 하소서." [태종이] 그대로 따랐다.

① 백제 의자왕 때 대야성을 공격하였다.
② 신라 흥덕왕 때 완도에 청해진을 설치하였다.
③ 고려 숙종 때 윤관의 건의로 별무반을 편성하였다.
④ 조선 고종 때 종로와 전국 각지에 척화비를 건립하였다.

29 다음 가상 뉴스가 보도된 시기의 경제 상황으로 옳은 것은?
[2점]

오늘 전하께서 군포를 2필에서 1필로 감면하라고 하셨습니다. 이로 인해 부족해진 국가 재정을 보충할 대책도 마련하라고 명하셨습니다. 앞으로 어떤 방안이 결정될지 주목됩니다.

속보 | 군역제 개편 결정

① 당백전이 유통되었다.
② 동시전이 설치되었다.
③ 목화가 처음 전래되었다.
④ 모내기법이 전국으로 확산되었다.

30 (가) 왕이 추진한 정책으로 옳은 것은? [3점]

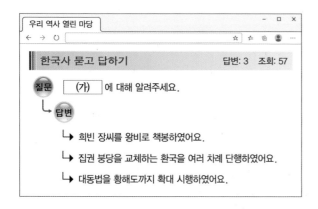

① 장용영을 설치하였다.
② 탕평비를 건립하였다.
③ 상평통보를 발행하였다.
④ 동국여지승람을 편찬하였다.

32 다음 책이 국내에 유포된 영향으로 적절한 것은? [2점]

이 책은 청의 외교관 황준헌이 쓴 것으로, 제2차 수신사로 일본에 갔던 김홍집이 들여온 것입니다. 러시아의 남하를 막기 위해 조선이 중국을 가까이하고, 일본과 관계를 공고히 하며, 미국과 연계해야 한다는 내용을 담고 있습니다.

① 병인박해가 일어났다.
② 제너럴 서먼호 사건이 발생하였다.
③ 이만손 등이 영남 만인소를 올렸다.
④ 어재연 부대가 광성보에서 항전하였다.

31 밑줄 그은 '변고'가 일어난 시기를 연표에서 옳게 고른 것은? [3점]

답서
영종 첨사 명의로 답서를 보냈다.

귀국과 우리나라 사이에는 원래 소통이 없었고, 은혜를 입거나 원수를 진 일도 없었다. 그런데 이번 덕산 묘지(남연군 묘)에서 일으킨 <u>변고</u>는 사람으로서 차마 할 수 있는 일이겠는가? …… 이런 지경에 이르렀으니 우리나라 신하와 백성은 있는 힘을 다하여 한마음으로 귀국과는 같은 하늘을 이고 살 수 없다는 것을 맹세한다.

1863		1876		1884		1894		1905
	(가)		(나)		(다)		(라)	
고종 즉위		강화도 조약		갑신 정변		갑오 개혁		을사 늑약

① (가) ② (나) ③ (다) ④ (라)

33 (가) 운동에 대한 탐구 활동으로 가장 적절한 것은? [2점]

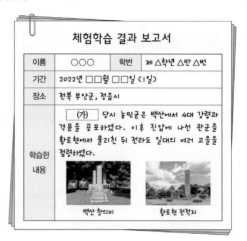

① 삼전도비의 건립 배경을 조사한다.
② 산미 증식 계획의 실상을 파악한다.
③ 나선 정벌군의 이동 경로를 알아본다.
④ 전주 화약이 체결되는 과정을 살펴본다.

제57회 한국사능력검정시험 (기본)

34 다음 사건 이후에 일어난 사실로 옳은 것은?

[2점]

> **역사 신문**
>
> 제△△호　　　　　　　　　○○○○년 ○○월 ○○일
>
> ### 국왕, 경복궁을 떠나다
>
> 2월 11일 국왕과 세자가 비밀리에 러시아 공사관으로 거처를 옮겼다. 일본군 감시가 허술한 틈을 타 궁녀의 가마를 타고 경복궁을 나왔는데, 공사관에 도착한 때는 대략 오전 7시 30분이었다.

① 훈련도감이 설치되었다.
② 청에 영선사가 파견되었다.
③ 외규장각 도서가 약탈되었다.
④ 대한 제국 수립이 선포되었다.

35 밑줄 그은 '이 단체'로 옳은 것은?

[1점]

① 근우회
② 찬양회
③ 조선 여자 교육회
④ 토산 애용 부인회

36 다음 자료에 해당하는 인물로 옳은 것은? [2점]

① 심훈
② 이회영
③ 전형필
④ 주시경

37 (가)의 활동으로 옳은 것은?

[2점]

① 구미 위원부를 설치하였다.
② 만민 공동회를 개최하였다.
③ 국채 보상 운동을 전개하였다.
④ 신흥 무관 학교를 설립하였다.

38 (가)~(라)에 들어갈 내용으로 옳은 것은? [2점]

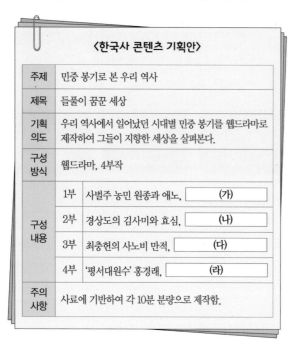

<한국사 콘텐츠 기획안>

주제	민중 봉기로 본 우리 역사
제목	들풀이 꿈꾼 세상
기획 의도	우리 역사에서 일어났던 시대별 민중 봉기를 웹드라마로 제작하여 그들이 지향한 세상을 살펴본다.
구성 방식	웹드라마, 4부작

구성 내용	1부	사벌주 농민 원종과 애노, (가)
	2부	경상도의 김사미와 효심, (나)
	3부	최충헌의 사노비 만적, (다)
	4부	'평서대원수' 홍경래, (라)

주의 사항	사료에 기반하여 각 10분 분량으로 제작함.

① (가) - 환곡의 폐단과 탐관오리의 횡포에 항거하다
② (나) - 정감록 신앙을 바탕으로 왕조 교체를 외치다
③ (다) - 무신정변 이래 격변한 세상에서 신분 해방을 도모하다
④ (라) - 특수 행정 구역인 소의 주민에 대한 수탈에 저항하다

39 (가)에 들어갈 내용으로 적절한 것은? [1점]

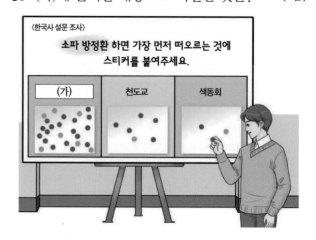

① 서유견문
② 어린이날
③ 진단 학회
④ 통리기무아문

40 (가)에 들어갈 사진으로 옳은 것은? [2점]

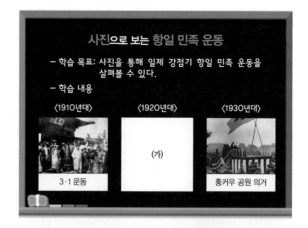

①
정미의병

②
6·10 만세운동

③
조선 의용대 창설

④
헤이그 특사 파견

41 밑줄 그은 '합의'가 이루어진 배경으로 옳은 것은? [3점]

① 만주 사변이 일어났다.
② 카이로 회담이 개최되었다.
③ 태평양 전쟁이 발발하였다.
④ 조선 건국 준비 위원회가 결성되었다.

42 밑줄 그은 '이 시기'에 일제가 추진한 정책으로 옳은 것은? [3점]

① 회사령을 공포하였다.
② 미곡 공출제를 시행하였다.
③ 치안 유지법을 제정하였다.
④ 헌병 경찰 제도를 실시하였다.

43 (가)에 해당하는 지역을 지도에서 옳게 찾은 것은? [2점]

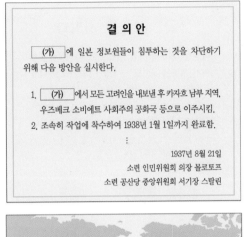

① ㉠　　② ㉡　　③ ㉢　　④ ㉣

44 밑줄 그은 '선거'가 실시된 시기를 연표에서 옳게 고른 것은? [2점]

① (가)　　② (나)　　③ (다)　　④ (라)

45 (가)에 들어갈 단체로 옳은 것은? [1점]

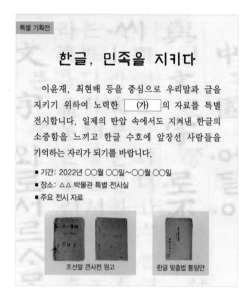

특별 기획전

한글, 민족을 지키다

이윤재, 최현배 등을 중심으로 우리말과 글을 지키기 위하여 노력한 (가) 의 자료를 특별 전시합니다. 일제의 탄압 속에서도 지켜낸 한글의 소중함을 느끼고 한글 수호에 앞장선 사람들을 기억하는 자리가 되기를 바랍니다.

■ 기간: 2022년 ○○월 ○○일~○○월 ○○일
■ 장소: △△ 박물관 특별 전시실
■ 주요 전시 자료

조선말 큰사전 원고   한글 맞춤법 통일안

① 토월회
② 독립 협회
③ 대한 자강회
④ 조선어 학회

46 (가)에 들어갈 민주화 운동으로 옳은 것은?

[1점]

역사 동아리 답사 계획서

◈ 주제: (가) 당시의 광주를 걷다
◈ 일시: 2022년 ○○월 ○○일 09:00~12:00
◈ 경로

부상당한 시민들을 치료한 곳
시민군 활동의 주요 거점
구 적십자 병원
금남로 일대
구 전남도청
YWCA 옛터
계엄군의 진압에 맞서 시민들의 대규모 시위가 일어난 곳
시민군 최후의 항전지

① 6·3 시위
② 6월 민주 항쟁
③ 2·28 민주 운동
④ 5·18 민주화 운동

47 (가)에 해당하는 인물로 옳은 것은? [2점]

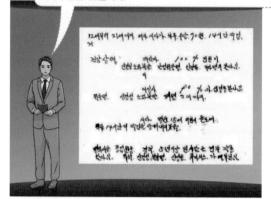

이 문서는 (가) 이/가 작성한 평화시장 봉제공장 실태 조사서입니다. 당시 노동자들의 노동 시간과 건강 상태 등이 상세히 기록되어 있습니다. 열악한 노동 환경의 개선을 요구하던 그는 1970년에 "근로 기준법을 지켜라.", "우리는 기계가 아니다."를 외치며 분신하였습니다.

①
김주열

②
장준하

③
전태일

④
이한열

48 밑줄 그은 '이 회담' 이후에 있었던 사실로 옳은 것은? [2점]

> 이것은 분단 이후 처음으로 남과 북의 정상이 평양에서 만나 개최한 이 회담을 기념하는 우표 사진입니다. 우표에는 한반도 중심 부근에서 희망의 새싹이 돋아나고 있는 모습이 그려져 있습니다.

① 개성 공단이 건설되었다.
② 남북 조절 위원회가 설치되었다.
③ 남북한이 유엔에 동시 가입하였다.
④ 남북 이산가족 상봉이 최초로 성사되었다.

49 (가) 정부 시기에 있었던 사실로 옳은 것은? [2점]

① 새마을 운동을 시작하였다.
② 금융 실명제를 전면 실시하였다.
③ G20 정상회의를 서울에서 개최하였다.
④ 미국과 자유 무역 협정(FTA)을 체결하였다.

50 밑줄 그은 '대책'으로 옳지 않은 것은? [3점]

> 코로나19가 장기화되면서 정부의 방역 조치와 더불어 의료진의 헌신이 지속되고 있습니다. 이러한 위기 상황이 우리 역사 속에도 있었을 텐데, 감염병에 대처한 기록이 있나요?

> 네! 천연두와 홍역, 급성 유행성 열병 등이 자주 기록되어 있는데요. 감염병이 발생하면 나라에서는 다양한 대책을 마련하여 백성을 구제하기 위해 노력하였습니다.

① 고려 시대에 구제도감 등의 임시 기구를 설치하였다.
② 고려 시대에 양현고 등을 설치하여 기금을 마련하였다.
③ 조선 시대에 구질막, 병막 등의 격리 시설을 운영하였다.
④ 조선 시대에 간이벽온방, 신찬벽온방 등을 편찬하여 보급하였다.

01 (가) 시대의 생활 모습으로 옳은 것은? [1점]

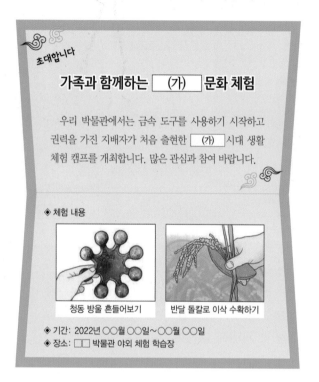

초대합니다

가족과 함께하는 (가) 문화 체험

우리 박물관에서는 금속 도구를 사용하기 시작하고 권력을 가진 지배자가 처음 출현한 (가) 시대 생활 체험 캠프를 개최합니다. 많은 관심과 참여 바랍니다.

◆ 체험 내용

청동 방울 흔들어보기 / 반달 돌칼로 이삭 수확하기

◆ 기간: 2022년 ○○월 ○○일~○○월 ○○일
◆ 장소: □□ 박물관 야외 체험 학습장

① 우경이 널리 보급되었다.
② 비파형 동검을 사용하였다.
③ 가락바퀴가 처음 등장하였다.
④ 주로 동굴이나 막집에서 살았다.

02 다음 퀴즈의 정답으로 옳은 것은? [2점]

한국사 퀴즈 대회

제시된 힌트를 종합하여 알 수 있는 나라는 어디일까요?

1단계	군장으로 읍군, 삼로 등이 있었습니다.
2단계	민며느리제라는 풍습이 있었습니다.
3단계	가족이 죽으면 뼈를 추려 가족 공동 무덤에 안치하였습니다.

① 동예
② 부여
③ 삼한
④ 옥저

03 (가)~(다)를 일어난 순서대로 옳게 나열한 것은? [3점]

만화로 보는 고구려의 역사

이곳 평양성을 새로운 도읍으로 정하였노라.

보병과 기병 5만을 보내 신라 내물왕을 구원하도록 하라.

이곳 살수에서 수의 군대를 크게 물리쳤노라.

(가) / (나) / (다)

① (가) - (나) - (다)
② (가) - (다) - (나)
③ (나) - (가) - (다)
④ (다) - (가) - (나)

04 밑줄 그은 '이 왕'의 업적으로 옳은 것은? [2점]

부여 나성 발굴 과정에서 성의 북문 터가 확인되었습니다. 부여 나성은 백제 사비 도성을 감싸는 방어 시설로, 수도를 웅진에서 사비로 옮긴 이 왕 때 축조된 것으로 추정됩니다.

부여 나성 북문 터 확인

① 동진으로부터 불교를 받아들였다.
② 고흥에게 역사서인 서기를 편찬하게 하였다.
③ 진흥왕과 연합하여 한강 유역을 회복하였다.
④ 대야성을 비롯한 신라의 40여개 성을 빼앗았다.

05 밑줄 그은 '이 나라'에 대한 설명으로 옳은 것은? [2점]

이 사진에 대해 설명해 주세요.

사진은 이 나라의 왕성인 경주 월성입니다. 월성은 2014년부터 본격적인 발굴 작업이 진행 중이며, 올해에는 방어 시설인 해자의 복원이 마무리될 예정입니다.

① 골품제라는 엄격한 신분 제도가 있었다.
② 전국을 5도 양계로 나누어 통치하였다.
③ 빈민 구제를 위해 진대법을 실시하였다.
④ 정사암에서 국가의 중대사를 결정하였다.

06 (가) 나라의 경제 상황으로 옳은 것은? [2점]

(가) 문화유산 발표회

이 토기는 김해에서 출토되었으며, 갑옷으로 무장한 인물의 모습이 묘사되어 있습니다.

이것은 김해 대성동 고분에서 출토된 철제 판갑옷입니다.

① 정기 시장인 장시가 전국 각지에서 열렸다.
② 시장을 감독하기 위한 동시전이 설치되었다.
③ 활구라고도 불린 은병이 화폐로 사용되었다.
④ 낙랑군과 왜 사이의 중계 무역으로 이익을 얻었다.

07 (가)에 들어갈 전투로 옳은 것은? [2점]

〈역사 다큐멘터리 기획안〉

신라, 최후의 승자가 되다!

1. 기획 의도: 한반도를 차지하려 한 당을 몰아내고 신라가 삼국 통일을 이룬 과정을 집중 조명한다.

2. 구성
   1편 – 당이 웅진도독부, 안동도호부를 설치하다
   2편 – 신라가 고구려 부흥 운동을 지원하고 군사력을 보강하다
   3편 – 신라가 당에 맞서 에서 승리하다

① 기벌포 전투
② 우금치 전투
③ 진주성 전투
④ 처인성 전투

08 (가) 국가에 대한 설명으로 옳은 것은?   [1점]

이것은 (가) 의 중대성에서 일본으로 보낸 외교 문서입니다. 화면에 보이는 것처럼 이 문서에 기록된 사절단에 고구려의 왕족 성씨인 고씨가 다수 포함된 것이 확인됩니다.

중대성첩

① 대조영이 동모산에서 건국하였다.
② 청해진을 중심으로 해상 무역이 전개되었다.
③ 여러 가(加)들이 별도로 사출도를 주관하였다.
④ 지방 세력 견제를 위해 기인 제도가 실시되었다.

09 (가) 왕의 업적으로 옳은 것은?   [2점]

이 무덤은 신라의 31대 왕인 (가) 의 능으로 전해지고 있습니다. 이 왕은 관리에게 관료전을 지급하고 녹읍을 폐지하여 귀족들의 경제 기반을 약화시켰습니다.

① 국학을 설립하였다.
② 대가야를 정복하였다.
③ 독서삼품과를 실시하였다.
④ 김헌창의 난을 진압하였다.

10 (가)에 들어갈 문화유산으로 옳은 것은?   [3점]

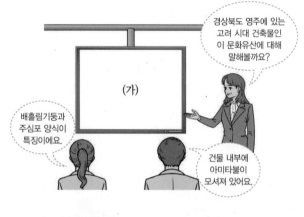

경상북도 영주에 있는 고려 시대 건축물인 이 문화유산에 대해 말해볼까요?

(가)

배흘림기둥과 주심포 양식이 특징이에요.

건물 내부에 아미타불이 모셔져 있어요.

①
금산사 미륵전

②
법주사 팔상전

③
화엄사 각황전

④
부석사 무량수전

11 (가), (나) 사이의 시기에 있었던 사실로 옳은 것은?   [3점]

(가) 견훤이 완산주를 근거지로 삼고 스스로 후백제라 일컬으니, 무주 동남쪽의 군현들이 투항하여 복속하였다.

(나) 태조가 대상(大相) 왕철 등을 보내 항복해 온 경순왕을 맞이하게 하였다.

① 연개소문이 천리장성을 쌓았다.
② 최영이 요동 정벌을 추진하였다.
③ 왕건이 고창 전투에서 승리하였다.
④ 이순신이 명량에서 일본군을 물리쳤다.

12 밑줄 그은 '왕'의 업적으로 옳은 것은? [2점]

① 훈요 10조를 남겼다.
② 수도를 강화도로 옮겼다.
③ 노비안검법을 시행하였다.
④ 기철 등 친원파를 숙청하였다.

13 (가)에 들어갈 내용으로 옳은 것은? [1점]

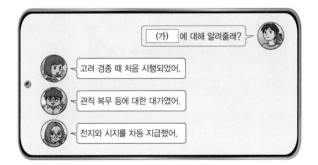

① 과전법
② 납속책
③ 전시과
④ 호포제

14 다음 상황이 일어난 시기를 연표에서 옳게 고른 것은? [3점]

918	1019	1170	1270	1392
	(가)	(나)	(다)	(라)
고려 건국	귀주대첩	무신 정변	개경 환도	고려 멸망

① (가)   ② (나)   ③ (다)   ④ (라)

15 (가)에 들어갈 인물로 옳은 것은? [2점]

① 원효   ② 의천
③ 지눌   ④ 혜심

제58회 한국사능력검정시험 (기본)

16 교사의 질문에 대한 학생들의 대답으로 옳지 않은 것은? [2점]

17 (가)의 활동으로 옳은 것은? [2점]

> ○ __(가)__ 이/가 아뢰기를, "신이 여진에게 패배한 까닭은 그들은 기병이고 우리는 보병이어서 대적하기 어려웠기 때문입니다."라고 하였다. 이에 건의하여 비로소 별무반을 만들었다.
> ― 『고려사절요』 ―
> ○ __(가)__ 이/가 여진을 쳐서 크게 물리쳤다. [왕이] 여러 장수를 보내 경계를 정하였다.
> ― 『고려사』 ―

① 강동 6주를 획득하였다.
② 동북 9성을 축조하였다.
③ 쓰시마섬을 정벌하였다.
④ 쌍성총관부를 수복하였다.

18 (가)에 들어갈 기구로 옳은 것은? [2점]

① 중방
② 상평창
③ 어사대
④ 식목도감

19 밑줄 그은 '왕'의 업적으로 옳은 것은? [2점]

① 탕평비를 건립하였다.
② 현량과를 실시하였다.
③ 호패법을 시행하였다.
④ 훈민정음을 창제하였다.

20 (가) 왕의 재위 기간에 있었던 사실로 옳은 것은? [2점]

그림으로 보는 한국사

야연사준도

이 작품은 조선 후기 서화집인 『북관유적도첩』에 실려 있는 그림으로, (가) 의 명령을 받은 김종서가 여진을 물리치고 6진을 설치했을 때의 일화를 그린 것입니다.

① 장용영 설치
② 칠정산 편찬
③ 경국대전 완성
④ 나선 정벌 단행

21 (가)에 들어갈 교육 기관으로 옳은 것은? [1점]

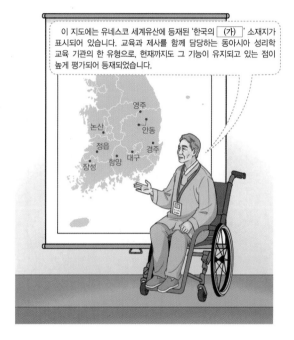

이 지도에는 유네스코 세계유산에 등재된 '한국의 (가) ' 소재지가 표시되어 있습니다. 교육과 제사를 함께 담당하는 동아시아 성리학 교육 기관의 한 유형으로, 현재까지도 그 기능이 유지되고 있는 점이 높게 평가되어 등재되었습니다.

① 서원
② 향교
③ 성균관
④ 4부 학당

22 밑줄 그은 '의병장'으로 옳은 것은? [2점]

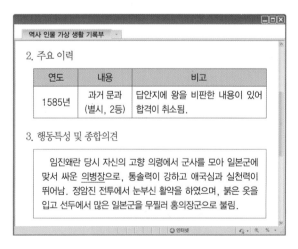

역사 인물 가상 생활 기록부

2. 주요 이력

연도	내용	비고
1585년	과거 문과 (별시, 2등)	답안지에 왕을 비판한 내용이 있어 합격이 취소됨.

3. 행동특성 및 종합의견

임진왜란 당시 자신의 고향 의령에서 군사를 모아 일본군에 맞서 싸운 의병장으로, 통솔력이 강하고 애국심과 실천력이 뛰어남. 정암진 전투에서 눈부신 활약을 하였으며, 붉은 옷을 입고 선두에서 많은 일본군을 무찔러 홍의장군으로 불림.

① 조헌
② 고경명
③ 곽재우
④ 정문부

23 밑줄 그은 '이 전쟁' 중에 있었던 사실로 옳은 것은? [3점]

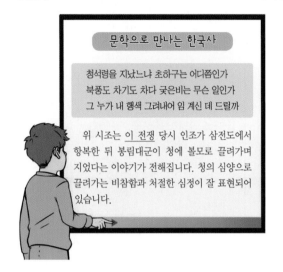

문학으로 만나는 한국사

청석령을 지났느냐 초하구는 어디쯤인가
북풍도 차기도 차다 궂은비는 무슨 일인가
그 누가 내 행색 그려내어 임 계신 데 드릴까

위 시조는 <u>이 전쟁</u> 당시 인조가 삼전도에서 항복한 뒤 봉림대군이 청에 볼모로 끌려가며 지었다는 이야기가 전해집니다. 청의 심양으로 끌려가는 비참함과 처절한 심정이 잘 표현되어 있습니다.

① 왕이 남한산성으로 피신하였다.
② 양헌수가 정족산성에서 항전하였다.
③ 김윤후가 적장 살리타를 사살하였다.
④ 조명 연합군이 평양성을 탈환하였다.

24 (가)에 들어갈 기구로 옳은 것은? [2점]

<u>(가)</u> 은/는 본래 외적의 침입에 대비하고자 설치한 임시 군사 회의 기구였으나, 양 난을 계기로 국방뿐만 아니라 국정 전반을 총괄하는 최고 기구가 되었습니다. 이로 인해 기존의 의정부와 6조가 유명무실해졌습니다.

① 비변사 ② 사헌부 ③ 의금부 ④ 홍문관

25 밑줄 그은 '제도'로 옳은 것은? [2점]

양민의 부담을 덜고자 군포를 절반으로 줄이는 제도를 시행하였는데, 부족해진 군포를 메울 방도를 논의하였는가?

어장세나 소금세 등으로 보충하는 것이 좋겠습니다.

① 균역법 ② 대동법 ③ 영정법 ④ 직전법

26 (가)에 들어갈 인물로 옳은 것은? [1점]

추사, 조선 서예의 새 지평을 열다

우리 박물관에서는 추사체를 창안하여 조선 서예의 새 지평을 연 추사 선생의 특별전을 개최합니다. 관심 있는 여러분의 많은 관람 바랍니다.

(가)

기간: 2022년 ○○월 ○○일~○○월 ○○일
장소: □□□박물관 특별 전시실

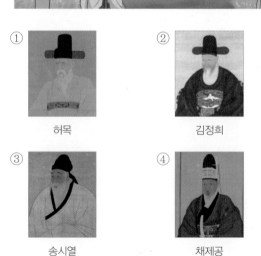

① 허목 ② 김정희 ③ 송시열 ④ 채제공

27 밑줄 그은 '사건'에 대한 설명으로 옳은 것은?

[3점]

① 남접과 북접이 논산에서 연합하였다.
② 삼정이정청이 설치되는 계기가 되었다.
③ 우정총국 개국 축하연을 이용하여 일어났다.
④ 청군에 의해 흥선 대원군이 톈진으로 납치되었다.

29 밑줄 그은 '조약'으로 옳은 것은? [2점]

① 한성 조약
② 정미 7조약
③ 강화도 조약
④ 제물포 조약

28 다음 대화가 이루어진 시기에 볼 수 있는 모습으로 옳은 것은?

[2점]

① 국자감에 입학하는 학생
② 팔관회에 참석하는 관리
③ 판소리 공연을 구경하는 농민
④ 삼별초의 일원으로 훈련하는 군인

30 (가)에 들어갈 내용으로 옳은 것은? [2점]

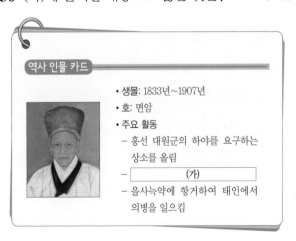

① 북학의를 저술함
② 왜양일체론을 주장함
③ 신흥 무관 학교를 설립함
④ 시일야방성대곡을 작성함

31 밑줄 그은 '이 사건'의 결과로 옳은 것은? [2점]

이것은 민응식의 옛 집터 표지석입니다. 구식 군인들이 별기군과의 차별 등에 반발하여 일으킨 이 사건 당시, 궁궐을 빠져나온 왕비가 피란하였던 곳임을 알려주고 있습니다.

① 집강소가 설치되었다.
② 조사 시찰단이 파견되었다.
③ 외규장각 도서가 약탈되었다.
④ 청의 내정 간섭이 심화되었다.

32 밑줄 그은 '단체'로 옳은 것은? [2점]

학술 발표회

우리 학회에서는 제국주의 열강의 침략으로부터 주권을 수호하고자 서재필의 주도로 창립된 단체의 의의와 한계를 조명하고자 합니다. 많은 관심과 참여를 바랍니다.

◆ 발표 주제 ◆
• 민중 계몽을 위한 강연회와 토론회 개최 이유
• 만민 공동회를 통한 자주 국권 운동 전개 과정
• 관민 공동회 개최와 헌의 6조 결의의 역사적 의미

■일시: 2022년 4월 ○○일 13:00~18:00
■장소: △△문화원 소강당

① 보안회
② 신민회
③ 독립 협회
④ 대한 자강회

33 다음 법령이 시행된 시기 일제의 경제 정책으로 옳은 것은? [2점]

회사령
제1조 회사의 설립은 조선 총독의 허가를 받아야 한다.
제2조 조선 외에서 설립한 회사가 조선에 본점이나 또는 지점을 설립하고자 할 때는 조선 총독의 허가를 받아야 한다.

① 미곡 공출제 시행
② 남면북양 정책 추진
③ 농촌 진흥 운동 전개
④ 토지 조사 사업 실시

34 밑줄 그은 '정부'의 활동으로 옳지 **않은** 것은? [3점]

할머니, 이 건물은 무엇인가요?

3·1 운동을 계기로 수립된 정부가 상하이에 있을 때 청사로 사용했던 건물이란다.

① 연통제를 실시하였다.
② 독립 공채를 발행하였다.
③ 구미 위원부를 설치하였다.
④ 대한국 국제를 반포하였다.

35 (가)에 들어갈 종교로 옳은 것은? [1점]

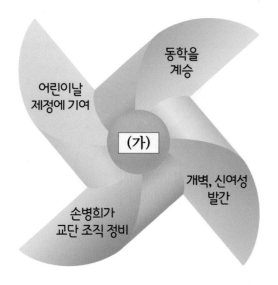

① 대종교 ② 원불교
③ 천도교 ④ 천주교

36 (가)에 해당하는 인물로 옳은 것은? [2점]

봉오동 전투를 승리로 이끈 (가) 장군의 유해가 대한민국 특별수송기로 카자흐스탄에서 돌아오고 있습니다. 우리나라 공군 전투기 6대가 안전하게 호위하고 있습니다.

① 김좌진

② 양세봉

③ 지청천

④ 홍범도

37 학생들이 공통으로 이야기하는 민족 운동으로 옳은 것은? [2점]

1920년 평양에서 조만식 등이 중심이 되어 시작했어.

우리 민족 산업을 보호하고 육성하기 위해 전개했지.

사회주의자로부터 자본가의 이익만을 추구한다고 비판받기도 했어.

① 브나로드 운동
② 문자 보급 운동
③ 물산 장려 운동
④ 민립 대학 설립 운동

38 (가)에 들어갈 단체로 옳은 것은? [1점]

이것은 일제 경찰에서 제작한 감시 대상 인물 카드에 있는 (가) 단원들의 사진입니다. 사진에서는 단장 김원봉과 조선 총독부에 폭탄을 던진 김익상을 비롯한 총 7명의 모습을 확인할 수 있습니다.

① 의열단
② 중광단
③ 흥사단
④ 한인 애국단

39 (가)에 들어갈 단체로 옳은 것은? [2점]

민족 유일당을 만들기 위한 노력의 결과 드디어 우리가 (가) 를 만들었습니다.

맞습니다. 기회주의자를 배제하고 일제에 맞서 함께 싸웁시다.

사회주의 계열

비타협적 민족주의 계열

① 신간회
② 토월회
③ 대한 광복회
④ 조선어 학회

40 밑줄 그은 '이 시기'를 연표에서 옳게 고른 것은? [3점]

황국 신민 서사가 새겨진 이 전시물은 일제의 침략상을 고발하기 위해 쓰러뜨린 채로 '홀대 전시' 중입니다. 일제는 황국 신민 서사 암송을 강요하고 조선어 과목을 폐지하는 등 이 시기에 우리 민족의 정체성을 말살시키려 하였습니다.

1910	1919	1926	1937	1945
(가)	(나)	(다)	(라)	
국권 피탈	3·1 운동	6·10 만세 운동	중일 전쟁	광복

① (가) ② (나) ③ (다) ④ (라)

41 (가)에 들어갈 내용으로 옳은 것은? [3점]

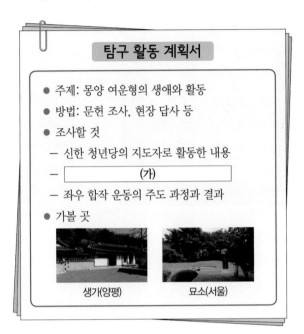

탐구 활동 계획서

● 주제: 몽양 여운형의 생애와 활동
● 방법: 문헌 조사, 현장 답사 등
● 조사할 것
  − 신한 청년당의 지도자로 활동한 내용
  − (가)
  − 좌우 합작 운동의 주도 과정과 결과
● 가볼 곳

생가(양평)   묘소(서울)

① 헤이그 특사로 파견된 배경
② 암태도 소작 쟁의에 참여한 계기
③ 한국독립운동지혈사의 저술 이유
④ 조선 건국 준비 위원회의 결성 목적

42 (가) 전쟁 중에 있었던 사실로 옳지 <u>않은</u> 것은? [2점]

史 오늘의 역사
30분 전
#사건 #1953년_7월_27일

👍 좋아요 58   💬 댓글 3   ➤ 공유하기

□□
무슨 사진이야?

△△
(가) 전쟁의 정전 협정 체결 모습이야.

○○
판문점에서 찍은 사진이지.

① 반공 포로가 석방되었다.
② 미소 공동 위원회가 개최되었다.
③ 중국군의 개입으로 서울을 다시 빼앗겼다.
④ 국군과 유엔군이 인천 상륙 작전에 성공하였다.

43 (가)에 들어갈 민주화 운동으로 옳은 것은?

[2점]

① 4·19 혁명

② 6월 민주 항쟁

③ 부마 민주 항쟁

④ 5·18 민주화 운동

44 (가) 정부 시기에 있었던 사실로 옳은 것은?

[2점]

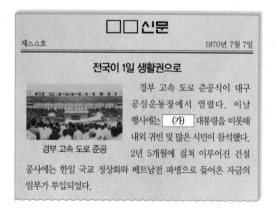

① 3저 호황으로 수출이 증가하였다.

② 제2차 경제 개발 5개년 계획이 실시되었다.

③ 경제 협력 개발 기구(OECD)에 가입하였다.

④ 미국과 자유 무역 협정(FTA)을 체결하였다.

45 밑줄 그은 '이 인물'로 옳은 것은?

[1점]

① 김대중

② 김영삼

③ 노태우

④ 전두환

46 다음 뉴스가 보도된 정부 시기의 통일 노력으로 옳은 것은?

[2점]

① 이산가족 최초 상봉

② 남북 기본 합의서 채택

③ 남북한 유엔 동시 가입

④ 10·4 남북 정상 선언 발표

47 (가)~(다)를 일어난 순서대로 옳게 나열한 것은? [3점]

① (가) – (나) – (다)
② (가) – (다) – (나)
③ (나) – (가) – (다)
④ (다) – (가) – (나)

48 밑줄 그은 '섬'으로 옳은 것은? [1점]

① 독도　　　　② 진도
③ 거제도　　　④ 흑산도

49 밑줄 그은 '놀이'로 옳은 것은? [1점]

① 널뛰기　　　② 비석치기
③ 제기차기　　④ 쥐불놀이

50 학생들이 공통으로 이야기하는 지역으로 옳은 것은? [2점]

① 상주　② 원주　③ 전주　④ 청주

한국사능력검정시험 정답 및 해설

01 출제 포인트 : 청동기 시대의 생활 모습

문제 분석 ④

제시된 자료를 통해 (가) 시대가 청동기 시대임을 알 수 있다. 청동기 시대에는 반달 돌칼처럼 돌로 만든 농기구를 사용하여 곡물을 수확하였고, 민무늬 토기에 곡식을 저장하였다. 지배자의 무덤으로 고인돌을 만들었는데 이를 통해 당시 계급이 발생하였고, 지배층이 가진 정치 권력과 경제력이 막강하였음을 짐작할 수 있다.

오답 피하기

① 고려 시대, ② 철기 시대, ③ 구석기 시대의 생활 모습이다.

02 출제 포인트 : 고조선의 특징

문제 분석 ④

제시된 자료를 통해 (가) 나라가 고조선임을 알 수 있다. 환웅과 웅녀 사이에서 태어난 단군왕검이 아사달에 도읍을 정하고 고조선을 세웠다는 단군왕검의 건국 이야기가 전해지는데, 이러한 건국 이야기는 『삼국유사』에 실려 있다. 또 고조선은 지리적 위치를 이용해 중계 무역을 하며 성장하였고, 사회 질서를 유지하기 위해 범금 8조로 백성을 다스렸다.

오답 피하기

① 가야, ② 부여, ③ 고구려에 대한 설명이다.

03 출제 포인트 : 신라 진흥왕의 업적

문제 분석 ③

제시된 자료를 통해 가상 인터뷰에 등장하는 왕이 신라 진흥왕임을 알 수 있다. 신라 진흥왕은 백제 성왕과 함께 고구려를 공격하여 한강 유역을 되찾았는데, 한강 상류 지역을 차지한 이후 다시 백제를 공격하여 한강 하류 지역까지 빼앗아 한강 유역을 모두 장악하였다. 진흥왕은 이를 기념하기

위해 북한산에 순수비를 세웠다. 또 화랑도를 국가적인 조직으로 개편하였고, 대가야를 정복하였다.

오답 피하기

① 통일 신라 신문왕, ② 신라 법흥왕, ④ 통일 신라 원성왕의 업적이다.

04 출제 포인트 : 475년과 645년 사이의 역사적 사실

문제 분석 ③

(가) 장수왕은 남진 정책을 추진해 국내성에서 평양으로 천도하고, 475년 백제를 공격해 한성을 함락시키고 한반도 중부 지역까지 영토를 확장하였다.
(나) 당 태종은 연개소문의 정변과 고구려의 신라 공격 등을 구실로 삼아 고구려를 침입하였다. 645년 당 태종은 대군을 이끌고 고구려 안시성을 공격하였으며, 안시성 성주와 백성들이 저항하여 당을 크게 물리쳤다(안시성 전투).
612년 수 양제가 우문술, 우중문 등에게 30만 명의 별동대를 이끌고 고구려를 공격하게 하였으나 고구려의 을지문덕은 평양까지 침입한 수의 군대를 살수에서 크게 물리쳤다(살수 대첩).

오답 피하기

① 889년 통일 신라 진성 여왕 때 원종과 애노가 봉기하였다.
② 681년 통일 신라 신문왕 때 김흠돌이 반란을 도모하였다.
④ 732년 발해 무왕 때 장문휴가 당의 산둥반도를 공격하였다.

05 출제 포인트 : 백제의 특징

문제 분석 ②

제시된 자료를 통해 (가) 국가가 백제임을 알 수 있다. 백제 금동 대향로는 부여 능산리 절터에서 출토된 것으로, 도교와 불교 사상이 함께 표현되어 있다. 특히 백제의 금속 공예 기술을 보여 주는 대표적인 문화유산이다. 백제 무령왕은 지방에 22담로를 설치하고 왕족을 관리로 파견하였다.

오답 피하기

① 고려 광종은 노비안검법을 실시하였다.
③ 신라는 화백 회의에서 국가의 중대사를 결정하였다.
④ 부여는 여러 가(加)들이 별도로 사출도를 주관하였다.

06 출제 포인트 : 백제 부흥 운동

문제 분석 ④

나·당 연합군이 백제를 침략하자, 660년 계백이 이끄는 군대가 황산벌에서 항전하였으나 패배하고 사비성이 함락되며 백제는 멸망하였다. 이후 흑치상지를 중심으로 복신, 도침, 왕자 풍이 주류성과 임존성에서 백제 부흥 운동을 전개하였다. 하지만 663년 나·당 연합군은 백제 부흥군과 백제 부흥군을 지원하러 온 왜의 연합군을 백강에서 물리쳤다(백강 전투). 백제 부흥 운동은 지도층의 내분으로 실패하였고, 676년 신라가 삼국 통일을 이룩하였다.

07 출제 포인트 : 통일 신라의 문화유산

문제 분석 ①

제시된 자료를 통해 학생들이 공통으로 이야기하는 문화유산이 불국사 삼층 석탑임을 알 수 있다. 통일 신라 시대 김대성이 조성하였다고 전해지는 불국사에는 불국사 삼층 석탑과 다보탑이 있다. 불국사 대웅전 앞에 있는 불국사 삼층 석탑은 2층 기단 위에 3층의 탑신을 세웠고, 탑을 보수하던 중 현존하는 세계에서 가장 오래된 목판 인쇄물인 무구정광대다라니경이 발견되었다.

오답 피하기

② 부여 정림사지 오층 석탑, ③ 경주 분황사 모전 석탑, ④ 익산 미륵사지 석탑이다.

08 출제 포인트 : 최치원의 업적

문제 분석 ④

제시된 자료를 통해 퀴즈의 인물은 최치원임을 알 수 있다. 신라 6두품 출신의 학자인 최치원은 당의 빈공과에 합격해 관직에 올랐다. 귀국한 이후에는 6두품 출신으로 관직 진출에 제약을 받았으며, 진성 여왕에게 정치 개혁안인 시무책 10여 조를 올렸다. 또 『계원필경』, 『삼대목』 등을 편찬하였다.

오답 피하기

① 설총은 통일 신라 시대에 이두를 정리하여 우리말을 쉽게 풀이하였다.
② 이사부는 신라 지증왕 때 우산국을 정벌하였다.
③ 이차돈은 신라 법흥왕 때 불교가 공인받는 데 기여하였다.

09 출제 포인트 : 발해의 특징

문제 분석 ④

제시된 자료를 통해 (가) 국가가 발해임을 알 수 있다. 고구려를 계승하여 대조영이 동모산 부근에서 발해를 건국하였다. 고구려의 옛 영토를 대부분 획득한 발해 선왕 때 전성기를 이루며 중국으로부터 해동성국이라 불렸다. 또 온돌 시설, 치미, 기와 등의 유물을 통해 발해가 고구려 문화의 영향을 받았음을 알 수 있다.

오답 피하기

① 고려, ② 통일 신라, ③ 고조선에 대한 설명이다.

10 출제 포인트 : 후삼국의 통일 과정

문제 분석 ③

(가) 930년 고창에서 고려군과 후백제군이 대치하였을 때 고려가 승리하면서 고려가 우위에 있게 되었다(고창 전투).
(나) 후고구려를 건국한 궁예는 거듭된 잘못으로 왕위에서 쫓겨나고 918년 왕건이 고려를 건국하였다.
(다) 936년 고려는 일리천 전투에서 신검이 이끄는 후백제군을 격파하면서 후삼국을 통일하였다.
(나) – (가) – (다)의 순서대로 일어났다.

11 출제 포인트 : 고려 성종 시기의 역사적 사실

문제 분석 ②

제시된 자료를 통해 고려 성종 때 최승로가 시무 28조를 건의하여 유교를 통치 이념으로 확립하는 데 이바지한 사실임을 알 수 있다. 고려 성종 시기 중앙 정치 기구를 2성 6부제로 마련하였으며, 지방 행정 조직을 12목으로 정비하고 지방관을 파견하였다. 또 최승로가 건의한 시무 28조를 수용하였으며, 경학박사와 의학박사를 지방에 파견하여 인재를 양성하였다. 물가 조절 기관인 상평창도 설치하였다.

오답 피하기

① 신라 진흥왕, ③ 고려 광종, ④ 통일 신라 헌덕왕 시기에 일어난 역사적 사실이다.

12 출제 포인트 : 고려의 문화유산 – 『직지심체요절』

문제 분석 ④

제시된 자료를 통해 (가)에 들어갈 내용이 『직지심체요절』에 관한 내용임을 알 수 있다. 『직지심체요절』은 고려 시대 청주 흥덕사에서 간행된 현존하는 세계 최고의 금속 활자본으로 세계 기록 유산으로 지정되었다. 1972년 박병선 박사가 발견하여 세상에 알려졌으며, 현재 프랑스 국립 도서관이 소장하고 있다.

오답 피하기

① 『삼국사기』, ② 『조선왕조실록』, ③ 『농사직설』에 해당하는 설명이다.

13 출제 포인트 : 서희의 활동

문제 분석 ①

제시된 자료를 통해 (가) 인물이 서희임을 알 수 있다. 993년 거란은 소손녕을 보내 고려를 침략하였고, 이에 서희는 소손녕과의 외교 회담을 통해 거란의 침입을 막아내고 강동 6주를 확보하였다.

오답 피하기

② 윤관, ③ 최무선, ④ 최윤덕과 김종서의 활동 내용이다.

14 출제 포인트 : 무신 정변과 충주성 전투 사이의 역사적 사실

문제 분석 ③

1170년 정중부와 이의방 등 무신들이 무신 정변을 일으키고 권력을 장악하였다. 무신 정권이 성립된 이후 몽골 사신 피살 사건을 구실로 1231년 몽골이 침략하였는데, 이후 30년간 대몽 항쟁이 지속되었다. 김윤후는 1232년 처인성에서 적장 살리타를 사살하였고, 1253년 충주성에서 몽골군을 방어하였다. (가) 시기에는 만적이 개경에서 봉기를 모의하였다(1198).

오답 피하기

①·② 고려 인종 때 이자겸이 난을 일으켰고, 묘청이 서경 천도를 주장하였다.
④ 거란의 3차 침입 때 강감찬이 귀주에서 큰 승리를 거두었다.

15 출제 포인트 : 고려의 경제 상황

문제 분석 ①

제시된 자료를 통해 밑줄 그은 '이 국가'가 고려임을 알 수 있다. 고려는 성종 때 건원중보를 발행하였고, 숙종 때 의천의 건의로 주전도감에서 삼한통보, 해동통보, 동전과 은병(활구) 등을 발행하였으나 활발하게 유통되지 못하였다. 또 예성강 하구의 벽란도는 국제 무역항으로 번성하였으며, 송, 거란, 여진, 일본, 아라비아 상인들과 교류하였다. 고려는 문무 관리 등에게 전지(토지)와 시지(임야, 땔감)를 지급하는 토지 제도인 전시과 제도를 실시하였다.

오답 피하기

② · ③ 조선 후기, ④ 신라 지증왕 때의 경제 상황이다.

16 출제 포인트 : 백제의 문화유산

문제 분석 ①

제시된 자료를 통해 (가)에 해당하는 문화유산이 공산성임을 알 수 있다. 고구려 장수왕의 남진 정책으로 공격을 받은 백제는 한성에서 웅진성(공주)으로 도읍을 옮겼다. 백제가 웅진에 수도를 두었을 당시 웅진성이라 불린 공산성은 2015년 유네스코 세계문화유산으로 등재되었다.

오답 피하기

② 강화도의 정족산성으로 병인양요 당시 양헌수가 프랑스군의 침략을 방어하였다.
③ 충북 보은의 삼년산성은 백제 성왕이 침략하였을 때 신라의 주요 방어지였다.
④ 오녀산성은 중국 랴오닝성에 있는 고구려 시대의 성곽으로 졸본성으로 추정하고 있다.

17 출제 포인트 : 이성계의 활동

문제 분석 ④

제시된 자료를 통해 (가)에 들어갈 내용은 이성계의 주요 활동임을 알 수 있다. 고려 말 이성계는 황산에서 왜구를 격퇴하며 신흥 무인 세력으로 성장하였고, 위화도 회군으로 권력을 장악하였다. 이후 정도전 등 신진 사대부와 함께 개혁을 추진하고 조선을 건국한 이후 수도를 한양으로 정하고 경복궁을 비롯한 궁궐, 종묘, 사직, 관아, 시전 등을 건설하였다.

오답 피하기

① 윤관, ② 이사부, ③ 고려 공민왕의 주요 활동 내용이다.

18 출제 포인트 : 제주도 지역의 역사

문제 분석 ③

제시된 자료를 통해 밑줄 그은 '유적'이 제주도 지역의 항파두리성임을 알 수 있다. 고려 시대 몽골이 침략하였을 당시 삼별초를 이끈 김통정은 제주도로 이동하여 항파두리성을 쌓고 여·몽 연합군에 저항하였다.

오답 피하기

① 강화도, ② 전라남도 강진, ④ 경상북도 영주에 위치하고 있다.

19 출제 포인트 : 조선 세종 시기의 모습

문제 분석 ②

제시된 자료를 통해 대화가 이루어진 시기가 조선 세종 때임을 알 수 있다. 조선 세종 때 집현전을 설치하고 경연 제도를 실시하였다. 훈민정음을 창제하고, 혼천의·측우기·앙부일구·자격루 등을 제작, 『칠정산』, 『향약집성방』, 『농사직설』 등이 편찬된 것도 조선 세종 시기이다.

오답 피하기

① 일제 강점기, ③ 통일 신라 시기, ④ 고려 숙종 시기에 볼 수 있는 모습이다.

20 출제 포인트 : 조선의 편찬 사업

문제 분석 ①

제시된 자료를 통해 (가)에 들어갈 책이 『경국대전』임을 알 수 있다. 『경국대전』은 조선 세조 때 편찬하기 시작하여 조선 성종 때 완성한 법전이며, 6전으로 구성된 조선의 기본 법전으로 조선의 통치 체제를 확립하였다.

오답 피하기

② 조선 성종 때 서거정이 고조선부터 고려 말까지의 역사를 정리한 『동국통감』을 저술하였다.
③ 조선 광해군 때 허준은 의학서인 『동의보감』을 저술하였다.
④ 조선 후기 중농학파 실학자인 유형원은 『반계수록』을 저술하였다.

21 출제 포인트 : 조선의 문화유산

문제 분석 ①

제시된 자료를 통해 (가)에 들어갈 문화유산이 종묘임을 알 수 있다. 종묘는 조선 역대 왕과 왕비의 신주를 모신 사당이다.

오답 피하기

② 사직단은 토지와 곡식의 신에게 제사를 지내는 제단이다.
③ 성균관은 조선 시대 최고 국립 교육 기관이다.
④ 도산 서원은 이황을 기리기 위해 안동에 세운 서원이다.

22 출제 포인트 : 병자호란의 전개

문제 분석 ①

제시된 자료를 통해 병자호란이 일어난 상황임을 알 수 있다. 청이 조선에 군신 관계를 요구하자 조선은 이를 거절하였다. 이에 1636년 청 태종이 조선을 침략하였고, 인조는 남한산성으로 피란하였다. 하지만 인조가 삼전도에서 청에 굴욕적으로 항복하면서 병자호란은 끝났고, 조선은 청과 군신 관계를 체결하였다. 병자호란 이후 송시열은 청에 복수하자는 북벌론을 주장하였다.

오답 피하기

② 1519년 조선 중종 때 조광조가 위훈 삭제를 주장하였다.
③ 1623년 광해군이 인조반정으로 폐위되었다.
④ 1592년 임진왜란 때 곽재우가 의령에서 의병을 일으켰다.

23 출제 포인트 : 세시 풍속

문제 분석 ②

제시된 자료를 통해 (가)에 들어갈 명절이 추석임을 알 수 있다. 추석은 음력 8월 15일로 한가위, 중추절이라고도 한다. 차례를 지내고 성묘를 하는 풍습이 있으며, 송편을 빚어 먹고 강강술래나 씨름 등을 하였다.

오답 피하기

① 단오는 음력 5월 5일로, 수릿날이라고도 한다. 창포물에 머리를 감고 그네를 뛰며 씨름을 하는 풍속이 있다.
③ 한식은 양력으로 4월 5일 무렵이며, 불을 금하고 찬 음식을 먹는다.
④ 정월 대보름은 음력 1월 15일로, 오곡밥을 먹고 부럼을 깼다. 또 달집 태우기나 쥐불놀이를 하는 풍속이 있다.

24 출제 포인트 : 대동법의 실시

문제 분석 ③

제시된 자료를 통해 밑줄 그은 '제도'가 대동법임을 알 수 있다. 대동법은 방납의 폐단으로 고통받는 백성의 부담을 줄이기 위해 경기도에서 처음 시행되었으며, 선혜청에서 주관하였다. 이는 공납을 특산물 대신 토지 결수를 기준으로 쌀이나 옷감, 동전으로 내는 제도였다. 대동법 실시 결과 기존에 관청에 납품하던 물품을 조달하기 위해 공인이 새롭게 등장하였다.

오답 피하기

① 1391년 경기 지역에서만 실시된 과전법은 과전을 설치하여 전·현직 관리에게 지급하는 토지 제도이다.
② 조선 영조 때 1년에 2필씩 걷던 군포를 1필로 줄여 주는 균역법을 실시하였다.
④ 조선 인조 때 풍흉에 관계없이 토지 1결당 쌀 4~6두를 거두는 영정법을 실시하였다.

25 출제 포인트 : 조선 정조의 정책

문제 분석 ③

제시된 자료를 통해 (가) 왕이 조선 정조임을 알 수 있다. 정조는 왕권을 강화하기 위해 초계문신제를 실시하여 문신들을 재교육하였으며, 정책 자문 기구인 규장각과 왕권을 뒷받침할 군사 기반인 장용영을 설치하였다. 또 수원 화성을 축조하였고, 『대전통편』을 편찬하였다.

오답 피하기

① 흥선 대원군, ② 조선 세종, ④ 조선 영조가 실시한 정책이다.

26 출제 포인트 : 홍대용의 업적

문제 분석 ④

제시된 자료를 통해 (가)에 들어갈 인물이 조선 후기 실학자인 홍대용임을 알 수 있다. 조선 후기 과학 사상가이자 중상주의 학파 실학자인 담헌 홍대용은 지전설과 무한우주론을 주장하는 등 천문학에 대한 연구를 수행하였고, 우주와 별의 움직임을 관측하는 기구인 혼천의를 만들었다.

오답 피하기

① 박제가는 중상주의 학파 실학자로 생산과 소비 관계를 우물물에 비유하

며 절약보다 소비를 권장해야 한다고 주장하였고, 『북학의』를 저술하였다.
② 이순지는 조선 세종 때 과학자로 갑인자를 제작하였고, 『칠정산』을 편찬하였다.
③ 장영실은 조선 세종 때 과학자로 자격루, 혼천의, 앙부일구 등 과학 기구를 제작하였다.

27 출제 포인트 : 조선 후기의 사회 모습

문제 분석 ②

제시된 자료를 통해 대화가 이루어진 시기가 조선 후기임을 알 수 있다. 조선 후기에는 중인층의 시사 활동이 활발히 이루어졌으며, 기존 형식에서 벗어난 사설시조가 유행하고 홍길동전 등의 한글 소설도 널리 읽혔다. 또 춘향가 등의 판소리가 성행하였고, 탈춤이 널리 인기를 얻는 등 서민 문화가 성장하였다.

오답 피하기

① 원 간섭기, ③ 신라, ④ 고려의 사회 모습이다.

28 출제 포인트 : 한성순보

문제 분석 ②

제시된 자료를 통해 밑줄 그은 '신문'이 한성순보임을 알 수 있다. 1883년 박문국에서 발행한 한성순보는 순 한문으로 열흘에 한 번씩 발행되었으며, 외국 소식도 폭넓게 소개한 우리나라 최초의 근대 신문이다.

오답 피하기

① 손병희가 동학을 천도교로 개칭하고 1908년 기관지인 '만세보'를 발행하였다.
③ 황성신문은 1898년 남궁억 등이 국한문 혼용체로 창간하였으며, 을사늑약의 부당함을 주장한 장지연의 '시일야방성대곡'을 게재하였다.
④ 대한매일신보는 1904년 양기탁이 영국인 베델과 함께 창간하였으며, 일본의 국권 침탈을 비판하고 의병 운동을 호의적으로 보도하였다.

29 출제 포인트 : 개항 이전의 역사적 사실

문제 분석 ①

제시된 자료를 통해 (가) 시기에 있었던 사실은 개항 이전의 일임을 알 수 있다. ① 1871년 제너럴 셔먼호 사건을 구실로 미국이 통상을 강요하며 군함을 이끌고 강화도를 침략하여 신미양요를 일으켰다. 미군은 초지진, 덕진진을 점령하고 광성보를 공격하였으며, 어재연 장군은 광성보에서 맞서 싸우다가 전사하였다.

오답 피하기

② 서양 국가들 중 최초로 미국과 근대적 통상 조약을 체결한 이후 미국의 공사 파견에 대한 답례로 1883년 미국에 사절단인 보빙사가 파견되었다.
③ 고부 군수 조병갑의 횡포에 전봉준과 농민들이 봉기하여 고부 관아를 점령한 고부 농민 봉기를 시작으로 1894년 황토현에서 관군과 전투를 벌여 격파하였다.
④ 1898년 독립 협회는 민중 대회인 만민 공동회를 개최하여 자주 국권 운동을 전개하였다.

30 출제 포인트 : 임오군란의 발생

문제 분석 ①

제시된 자료를 통해 (가)에 들어갈 사건이 임오군란임을 알 수 있다. 1882년 신식 군대인 별기군에 비해 구식 군대에 대한 차별 대우가 심해지자 군인들이 분노하여 군란을 일으켰다. 청 군대가 개입하여 군란이 진압되자 청은 군대를 조선에 주둔시키고 묄렌도르프를 고문으로 파견하여 내정을 간섭하였다.

오답 피하기

② 청·일 전쟁에서 일본이 승리하면서 체결한 시모노세키 조약으로 일본이 랴오둥 반도를 차지하자 1895년 독일, 러시아, 프랑스가 랴오둥 반도를 청에 돌려주라는 삼국 간섭이 일어났다.
③ 1885년 러시아의 남하 정책을 견제하기 위해 영국은 거문도를 불법 점령하였다.
④ 1862년 경상 우병사 백낙신의 탐학과 횡포에 맞서 유계춘이 농민들과 함께 진주에서 봉기하고, 이후 농민 봉기가 삼남 지방을 비롯한 전국으로 확산되었다(임술 농민 봉기).

31 출제 포인트 : 갑오개혁

문제 분석 ①

제시된 자료를 통해 밑줄 그은 '개혁'이 갑오개혁임을 알 수 있다. 1894년 설치된 개혁에 관련된 모든 사무를 관장한 초정부적인 정책 의결 기구인 군국기무처는 신분제 폐지, 조혼 금지, 과거제 폐지, 도량형 통일, 연좌제 금지 등을 내용으로 개혁을 추진하였다.

오답 피하기

① 광무개혁에 대한 내용이다.

32 출제 포인트 : 근대 교육 기관 – 육영 공원

문제 분석 ③

제시된 자료를 통해 (가)에 들어갈 근대 교육 기관이 육영 공원임을 알 수 있다. 1886년 영어, 수학, 자연 과학 등 근대식 신학문을 가르치는 공립 학교인 육영 공원이 설립되었다. 헐버트, 길모어, 벙커 등 외국인 교사를 초빙하였으며, 좌원과 우원으로 구성되어 있었다.

오답 피하기

① 이상설은 북간도 지역에 민족 학교인 서전서숙을 설립하였다.
② 미국 선교사 아펜젤러는 근대식 학교인 배재 학당을 설립하였다.
④ 미국 선교사 스크랜튼은 최초의 근대식 여성 학교인 이화 학당을 설립하였다.

33 출제 포인트 : 신민회의 활동

문제 분석 ②

제시된 자료를 통해 밑줄 그은 '이 단체'가 신민회임을 알 수 있다. 1907년 안창호, 양기탁, 이승훈을 중심으로 조직된 비밀 결사 단체인 신민회는 공화 정체의 국가 수립을 목표로 실력 양성에 힘을 쏟아야 한다고 주장하였다. 신민회는 대성 학교와 오산 학교를 설립하였으며, 태극 서관과 자기 회사도 운영하였다. 또 남만주 삼원보에 신흥 강습소 등 독립운동 기지를 건설하였다. 신민회는 1911년 일제가 조작한 105인 사건으로 와해되었다.

오답 피하기

① 보안회는 일본의 황무지 개간권 요구에 반대하는 운동을 전개하였다.
③ 대한 자강회는 고종 강제 퇴위에 반대하는 운동을 전개하였다.
④ 헌정 연구회는 의회 제도를 중심으로 하는 입헌 군주제 수립을 목표로 하였다.

34 출제 포인트 : 덕수궁 석조전

문제 분석 ④

제시된 자료를 통해 (가)에 들어갈 문화유산이 덕수궁 석조전임을 알 수 있다. 덕수궁 석조전은 덕수궁 내에 위치한 최초의 서양식 석조 건물이다. 1900년에 착공하여 10년 만에 완성하였으며, 고종의 접견실로 사용하기 위해 지어졌다. 당시 건축된 서양식 건물 중 규모가 가장 크다.

35 출제 포인트 : 독립운동가 – 윤희순

문제 분석 ④

제시된 자료를 통해 (가)에 해당하는 인물이 윤희순임을 알 수 있다. 독립운동가인 윤희순은 여성의 의병 참여를 독려하기 위해 '안사람 의병가'를 만들었으며, 의병들의 사기를 높이기 위해 여러 편의 가사를 지었다. 또 노학당과 조선 독립단을 만들어 항일 투쟁을 전개하였다.

오답 피하기

① 권기옥 : 최초의 여비행사
② 남자현 : 조선 총독 암살 기도, 국제 연맹 조사단에 혈서 전달 시도
③ 박차정 : 근우회 활동, 조선 의용대 부녀복무단장

36 출제 포인트 : 헤이그 특사 파견

문제 분석 ④

제시된 자료를 통해 밑줄 그은 '특사'가 헤이그에 파견된 특사임을 알 수 있다. 1905년 제2차 한·일 협약(을사늑약)의 체결로 일본이 외교권을 박탈하고 통감부를 설치하여 대한 제국 내정에 대한 지배권을 강화하자, 1907년 고종이 을사늑약의 부당함을 알리기 위해 네덜란드 헤이그에서 열린 만국 평화 회의에 이위종, 이상설, 이준 등 세 명을 특사로 파견하였다. 이를 구실로 1907년 일제에 의해 고종이 강제 퇴위당하고 한·일 신협약(정미 7조약)이 체결되었다.

오답 피하기

① 보빙사, ② 수신사, ③ 영선사에 대한 설명이다.

37 출제 포인트 : 조선 총독부

문제 분석 ①

제시된 자료를 통해 (가)에 들어갈 기구가 조선 총독부임을 알 수 있다. 일제 강점기에 조선을 지배한 최고 식민 통치 기구였던 조선 총독부는 김영삼 정부 시기에 '역사 바로 세우기' 사업의 일환으로 철거되었다.

오답 피하기

② 종로 경찰서 : 일제 강점기 의열단 김상옥이 폭탄을 투척한 곳
③ 서대문 형무소 : 일제 강점기 독립운동가를 가둔 감옥
④ 동양 척식 주식회사 : 일제 강점기 경제 수탈을 위해 만든 회사

38 출제 포인트 : 산미 증식 계획

문제 분석 ③

제시된 자료를 통해 밑줄 그은 '이 정책'이 산미 증식 계획임을 알 수 있다. 일제는 1920년부터 자국의 식량 부족 문제를 해결하기 위해 1920년대 조선에서 쌀 수탈을 목적으로 하는 산미 증식 계획을 실시하였다. 토지 개량 사업 등으로 쌀 생산량이 증가하자 더욱 많은 쌀이 일본으로 수출되었고, 국내에 식량 문제가 발생하자 만주산 등 외국 잡곡의 수입이 증가하였다.

오답 피하기

① · ④ 1910년대 시행된 정책이다.
② 1949년 유상 몰수, 유상 분배를 원칙으로 농지 개혁법을 제정하였다.

39 출제 포인트 : 손기정의 활동

문제 분석 ②

제시된 자료를 통해 (가)에 들어갈 인물이 손기정임을 알 수 있다. 1936년 베를린 올림픽 대회 마라톤에서 손기정 선수가 우승하자, 당시 조선중앙일보, 동아일보 등이 우승 소식을 보도하면서 유니폼에 그려진 일장기를 삭제하였다. 이에 일제에 의해 해당 신문들은 무기 정간당하거나 자진 휴간을 하였다.

오답 피하기

① 남승룡은 1936년 베를린 올림픽 마라톤에서 동메달을 획득하였다.
③ 안창남은 우리나라 최초의 비행사이다.
④ 이중섭은 서양 화가로, 「싸우는 소」 · 「흰소」 등의 작품을 남겼다.

40 출제 포인트 : 3 · 1 운동의 전개와 결과

문제 분석 ③

제시된 자료를 통해 (가) 민족 운동이 3 · 1 운동임을 알 수 있다. 3 · 1 운동은 민족 자결주의와 2 · 8 독립 선언을 배경으로 1919년 고종의 인산일을 기점으로 일제의 식민지 지배에 항거하여 전국적으로 일어났다. 서울과 전국 주요 도시에서 시작되어 농촌 지역까지 확산되었으며, 만주, 연해주, 미주 등지로도 시위가 확산되었다. 3 · 1 운동은 대한민국 임시 정부가 수립하는 계기가 되었다.

오답 피하기

① 동학 농민 운동, ② 물산 장려 운동, ④ 광주 학생 항일 운동에 대한 설명이다.

41 출제 포인트 : 6 · 10 만세 운동

문제 분석 ③

제시된 자료를 통해 대화가 이루어진 시기는 6 · 10 만세 운동이 벌어진 때임을 알 수 있다. 1926년 순종 인산일을 기회로 전개된 6 · 10 만세 운동은 사회주의 계열과 천도교 세력이 함께 대규모 만세 시위를 계획한 것으로, 학생들 중심으로 만세 시위운동이 벌어졌다. 준비 과정에서 사회주의 계열과 민족주의 계열이 연대하며 국내에서 민족 유일당 운동을 전개하는 계기가 되었다. 이로 인해 1927년 신간회가 창립되었고, 신간회는 광주 학생 항일 운동에 진상 조사단을 파견하여 지원하였다.

42 출제 포인트 : 1930년대 후반 이후 일제의 정책

문제 분석 ④

제시된 자료는 1938년 제정된 국가 총동원법의 내용이다. 1930년대 후반 일제는 대륙 침략을 본격적으로 추진하면서 국가 총동원법을 만들어 인적 · 물적 자원을 수탈하였다. 징집제, 지원병제, 징병제 등으로 전쟁터로 끌고 갔고, 징용령, 여자 정신대 근무령 등으로 노예처럼 일을 시켰다. 또 공출 제도, 식량 배급 등을 실시하여 물자도 수탈하였다. 1930년대 후반 민족 말살 정책으로 황국 신민 서사의 암송이 강요되었다.

오답 피하기

① 1910년대, ② 1920년대에 해당하는 내용이다.
③ 1907년 국채 보상 운동이 전개되었다.

43 출제 포인트 : 한인 애국단의 활동

문제 분석 ③

제시된 자료를 통해 (가)에 들어갈 단체가 한인 애국단임을 알 수 있다. 1935년 김구는 항일 의열 단체인 한인 애국단을 조직하고 일제의 주요 인물을 제거하는 활발한 의열 활동을 전개하였다. 한인 애국단의 이봉창은 1932년 1월 도쿄에서 일왕이 탄 마차를 향해 수류탄을 던졌고, 1932년 4월 윤봉길은 상하이 훙커우 공원에서 열린 상하이 사변 승리 축하 기념식에 폭탄을 던져 일본군 주요 인사들을 처단하였다.

오답 피하기

① 중광단 : 만주 지역에서 대종교가 결성하여 활동한 항일 독립운동 단체
② 흥사단 : 미국 샌프란시스코에서 안창호가 조직한 항일 독립운동 단체
④ 대조선 국민 군단 : 미국 하와이에서 박용만이 조직한 항일 독립운동 단체

44 출제 포인트 : 저항 시인 – 윤동주

문제 분석 ②

제시된 자료를 통해 (가)에 해당하는 인물이 윤동주임을 알 수 있다. 윤동주는 일본 유학 중 독립운동 혐의로 수감되어 옥사한 저항 시인이다. 그는 민족의 의지를 문학 작품을 통해 표현하여 '서시', '별 헤는 밤', '쉽게 씌어진 시' 등의 저항시를 남겼다.

오답 피하기

① 심훈은 1930년대 브나로드 운동을 소재로 소설 「상록수」를 저술하였고, 저항시 '그날이 오면'을 발표하였다.
③ 이육사는 일제 강점기 저항 시인으로 민족의 비극과 의지를 시를 통해 표현하여 '청포도', '광야', '절정' 등의 작품을 남겼다.
④ 한용운은 3 · 1 운동 당시 민족 대표 33인 가운데 한 사람이었고, 승려이자 시인, 독립운동가였으며, 「조선불교유신론」 · 「님의 침묵」 등을 저술하였다.

45　출제 포인트 : 한국광복군

문제 분석　③

제시된 자료를 통해 (가) 군대가 한국광복군임을 알 수 있다. 1940년 중국 충칭에서 대한민국 임시 정부가 창설한 한국광복군은 지청천을 총사령관으로 군사 활동을 전개하였다. 대일 선전 포고를 하고 연합군과 합동 작전을 전개하였으며, 미얀마·인도 전선에 파견되어 포로 심문, 정보 수집 등의 활동을 하였다. 또 미국 전략 정보국(OSS)과 합작하여 국내 진공 작전을 준비하였으나 일본의 항복으로 실현시키지 못하였다.

오답 피하기

① 대한 독립 군단, ② 대한 독립군, ④ 조선 혁명군에 대한 설명이다.

46　출제 포인트 : 대한민국 정부 수립 과정

문제 분석　④

제시된 자료를 통해 (가)에 들어갈 사진이 1945년 8·15 광복에서 1948년 대한민국 정부 수립까지 과정에 해당하는 것임을 알 수 있다.

> 8·15 광복 → 모스크바 3국 외상 회의(신탁 통치 결정, 반대 운동 전개) → 제1차 미·소 공동 위원회 개최 및 결렬 → 좌우 합작 운동(좌우 합작 7원칙 발표) → 제2차 미·소 공동 위원회 결렬 → 미국, 한국 문제 유엔 상정 → 유엔, 남북한 총선거 실시 결정 → 소련, 유엔 한국 임시 위원단 입북 거부 → 유엔 소총회, 남한만의 단독 선거 결정 → 5·10 총선거 실시 → 대한민국 정부 수립(1948. 8. 15.) → 반민족 행위 특별 조사 위원회 활동, 농지 개혁

오답 피하기

④ 대한민국 정부 수립 이후 이승만 정부 시기에 반민족 행위 특별 조사 위원회가 활동하였다.

47　출제 포인트 : 6·25 전쟁의 전개 과정

문제 분석　②

제시된 자료를 통해 밑줄 그은 '이 전쟁'이 6·25 전쟁임을 알 수 있다

> 북한의 남침(1950. 6. 15.) → 3일 만에 서울을 빼앗김 → 유엔군 참전 → 국군이 낙동강 유역까지 후퇴 → 국군과 유엔군의 인천 상륙 작전 성공(1950. 9. 15.) → 서울 수복(1950. 8. 28.) → 압록강 유역까지 진출 → 중국군 참전(1950. 10. 25.) → 흥남 철수 작전 전개(1950. 12.), 1·4 후퇴(1951. 1.) → 38도선 부근까지 진격, 전선의 고착화 → 휴전 협정 체결(1953. 7. 27.)

오답 피하기

① 1950년 1월 애치슨 선언이 발표되었다.
③ 1954년 사사오입 개헌안이 가결되었다.
④ 1953년 10월 한·미 상호 방위 조약이 체결되었다.

48　출제 포인트 : 4·19 혁명

문제 분석　①

제시된 자료를 통해 (가) 민주화 운동이 4·19 혁명임을 알 수 있다. 1960년 자유당과 이승만 정부의 3·15 부정 선거에 항의하며 학생과 시민이 적극적으로 참여하여 시위가 일어나자, 이를 경찰이 무력으로 진압하는 과정에서 김주열 학생의 시신이 마산에서 발견되면서 전국적으로 시위가 확산되었다. 학생, 시민 등이 대규모 시위를 전개하였고, 대학 교수단이 대통령 퇴진을 요구하며 시위행진을 벌였다. 그 결과 이승만 대통령이 하야하였다.

오답 피하기

② 6월 민주 항쟁, ③ 부·마 민주 항쟁, ④ 5·18 민주화 운동에 대한 설명이다.

49　출제 포인트 : 박정희 정부 시기의 경제 상황

문제 분석　③

제시된 자료를 통해 연설문을 발표한 때가 박정희 정부 시기임을 알 수 있다. 박정희 정부 시기에는 경제 개발 5개년 계획이 추진되었는데, 1, 2차 경제 개발 5개년 계획 때에는 경공업을 육성하고 수출을 늘리는 데 집중하였다. 이후 3, 4차 경제 개발 5개년 계획 때에는 중화학 공업 중심의 산업 구조로 개편하였으며, 경부 고속 도로 개통, 포항 종합 제철 공장 준공 등 급속한 경제 발전을 이룩하여 '한강의 기적'이라 불리기도 하였다.

오답 피하기

① 이명박 정부, ② 노무현 정부, ④ 김영삼 정부 시기에 있었던 사실이다.

50　출제 포인트 : 노태우 정부 시기의 통일 노력

문제 분석　②

제시된 자료를 통해 발표에 해당한 정부 시기가 노태우 정부임을 알 수 있다. 노태우 정부 시기에는 소련과 동중부 유럽 국가 등 공산권 국가와 수교하였으며, 1991년 남북한이 유엔에 동시 가입하였다. 또 남북 기본 합의서를 채택하였으며, 한반도 비핵화에 관한 공동 선언에 합의하였다. 노태우 정부 시기에 서울 올림픽 대회가 개최되었다(1988).

오답 피하기

①·④ 김대중 정부, ③ 박정희 정부 시기에 있었던 사실이다.

01 ②	02 ③	03 ④	04 ④	05 ②
06 ②	07 ④	08 ①	09 ④	10 ④
11 ①	12 ①	13 ②	14 ④	15 ④
16 ③	17 ①	18 ②	19 ④	20 ③
21 ①	22 ③	23 ②	24 ①	25 ③
26 ①	27 ②	28 ③	29 ④	30 ③
31 ①	32 ③	33 ④	34 ④	35 ①
36 ③	37 ①	38 ③	39 ②	40 ④
41 ①	42 ②	43 ②	44 ①	45 ④
46 ④	47 ③	48 ①	49 ①	50 ②

01 출제 포인트 : 구석기 시대의 생활상

문제 분석 ②

제시된 자료를 통해 구석기 시대의 생활상임을 알 수 있다. 구석기 시대에는 주먹도끼, 찍개 등 돌을 깨뜨려 만든 뗀석기를 처음 제작하였고, 사냥·물고기잡이 등으로 식량을 얻었다. 주로 동굴이나 강가의 막집에서 거주하였으며, 무리를 지어 이동 생활을 하였다.

오답 피하기

①·③ 신석기 시대, ④ 청동기 시대의 생활상이다.

02 출제 포인트 : 동예의 특징

문제 분석 ③

제시된 자료를 통해 (가)에 들어갈 내용이 동예에 대한 것임을 알 수 있다. 동예는 읍군·삼로가 통치하였으며, 10월에 무천이라는 제천 행사를 열었다. 산천을 중시하여 다른 읍락을 침략하면 소, 말 등으로 변상하게 하는 책화라는 풍속이 있었으며, 족외혼 풍속도 있었다. 동예의 특산물로는 단궁, 반어피, 과하마 등이 유명하다.

오답 피하기

① 고구려, ② 신라, ④ 부여에 대한 설명이다.

03 출제 포인트 : 고조선의 특징

문제 분석 ④

제시된 자료에 해당하는 나라는 고조선임을 알 수 있다. 환웅과 웅녀 사이에서 태어난 단군왕검이 아사달에 도읍을 정하고 고조선을 세웠다는 단군왕검의 건국 이야기가 전해지고 있다. 고조선은 지리적 위치를 이용해 중계 무역을 하며 성장하였고, 고조선이 강해지자 한 무제가 고조선을 공격하였다. 고조선은 강하게 저항하였으나 한에 왕검성이 함락되면서 기원전 108년 멸망하였다. 고조선은 사회 질서를 유지하기 위해 범금 8조(8조법)를 만들어 백성을 다스렸다.

오답 피하기

①·② 삼한, ③ 신라에 대한 설명이다.

04 출제 포인트 : 고구려 광개토 대왕의 업적

문제 분석 ④

제시된 자료를 통해 (가) 왕이 고구려 광개토 대왕임을 알 수 있다. 광개토 대왕은 요동 지역을 정복하였고, 군대를 보내 신라에 침입한 왜를 격퇴하면서 한반도 남부 지역까지 영향력을 확대하였다. 또 '영락'이라는 연호를 사용하였다.

오답 피하기

① 고구려 소수림왕, ② 고구려 미천왕, ③ 고구려 영류왕에 대한 설명이다.

05 출제 포인트 : 백제의 특징

문제 분석 ②

(가) 고구려 장수왕은 남진 정책을 추진하여 427년 국내성에서 평양으로 천도하였다.
(나) 475년 고구려 장수왕에 의해 한성이 함락된 이후 백제 문주왕이 웅진으로 천도하였다.
(가)와 (나) 사이에 고구려의 영토 확장에 위기감을 느낀 백제는 433년 신라와 동맹을 맺었다.

오답 피하기

① 1세기 고구려 태조왕 때 옥저를 정복하였다.
③ 554년 백제 성왕은 관산성 전투에서 패배하였다.
④ 645년 고구려가 안시성에서 당군을 물리쳤다.

06 출제 포인트 : 김춘추의 활동

문제 분석 ②

제시된 자료를 통해 밑줄 그은 '그'가 김춘추임을 알 수 있다. 백제 의자왕 때 신라는 대야성을 비롯한 40여 성을 빼앗긴 후, 위기감을 느끼고 김춘추를 고구려에 파견하여 동맹을 맺으려 하였으나 실패하였다. 이후 김춘추는 당으로 건너가 동맹을 제시하였고, 신라와 당은 나·당 연합군을 결성하고 백제를 공격하였다.

오답 피하기

① 김대성은 불국사와 석굴암을 건립하였다.
③ 사다함은 대가야를 정벌하였다.
④ 이사부는 우산국을 정벌하였다.

07 출제 포인트 : 발해의 특징

문제 분석 ④

제시된 자료를 통해 (가) 국가가 발해임을 알 수 있다. 고구려를 계승하여 대조영이 동모산 부근에서 발해를 건국하였다. 고구려의 옛 영토를 대부분 획득한 발해 선왕 때 전성기를 이루며 중국으로부터 '해동성국'이라 불렸다. 또 온돌 시설, 치미, 기와 등의 유물을 통해 발해가 고구려 문화의 영향을 받았음을 알 수 있다. 영광탑과 정효 공주 무덤탑이 대표적인 유물이다. 발해는 정당성 아래 6부를 두어 행정을 담당하게 하였다.

오답 피하기

① 후고구려, ② 고구려, ③ 통일 신라에 대한 설명이다.

08 출제 포인트 : 통일 신라의 문화유산 – 감은사지

문제 분석 ①

제시된 자료를 통해 일기의 소재가 된 유적은 경주 감은사지임을 알수 있다. 감은사는 신문왕이 아버지 문무왕에 이어 완성한 절로, 감은사지 삼층 석탑이 있다. 감은사지 삼층 석탑은 문무왕의 유업을 이어받아 신문왕 2년에 세워진 것으로 삼국 통일 이후 조성된 석탑 양식의전형을 보여 주며, 여러 개의 석재로 조립된 것이 특징이다.

09 출제 포인트 : 백제의 유적

문제 분석 ④

① 공주에는 공산성과 송산리 고분군 등이 위치하고 있다. 송산리 고분군에서 무령왕과 왕비의 무덤이 발굴되었다.
② 부여에는 관북리 유적, 부소산성, 능산리 고분군 등이 위치하고 있다. 능산리 고분군에서 백제 금동 대향로가 출토되었다.
③ 익산에는 왕궁리 유적과 미륵사지 등이 위치하고 있다. 미륵사지 석탑 해체 과정에서 금제 사리봉영기가 발견되었다.

10 출제 포인트 : 신라 하대의 역사적 사실

문제 분석 ④

제시된 자료를 통해 밑줄 그은 '그'가 통일 신라 시기에 활동한 최치원임을 알 수 있다. 통일 신라 시기 6두품 출신인 최치원은 당의 빈공과에 합격하고 귀국한 이후 진성 여왕에게 정치 개혁안인 시무 10여 조를 올렸다. 그가 활동한 신라 하대에는 혜공왕 피살 이후 진골 귀족의 왕위 쟁탈전이 심화되면서 정치적으로 혼란해지자 중앙 정부의 통제력도 약화되었다. 이에 새로운 세력인 호족이 등장하고 6두품 세력이 성장하였으며, 원종과 애노의 난, 적고적의 난 등 전국 각지에서 농민 봉기가 발생하였다.

오답 피하기

① 조선, ② 고려, ③ 조선 후기에 볼 수 있는 모습이다.

11 출제 포인트 : 고려 태조(왕건)의 업적

문제 분석 ①

제시된 자료를 통해 (가) 왕이 고려 태조 왕건임을 알 수 있다. 고려 태조는 평양을 서경으로 삼아 북진 정책의 전진 기지로 중시하였고, 민생 안정을 위해 흑창을 설치하여 빈민을 구제하였다. 또 호족 세력을 통제하기 위해 경순왕 김부를 경주의 사심관으로 삼았으며, 『정계』와 『계백료서』를 지어 관리의 규범을 제시하였다. 후대의 왕이 나라를 다스리는 데 새겨야 할 유언으로 훈요 10조를 남겼다.

오답 피하기

② 고려 광종, ③ 고려 충선왕, ④ 고려 경종에 대한 설명이다.

12 출제 포인트 : 고려의 교육 기관

문제 분석 ①

(가) 국자감은 고려 성종 때 인재 양성을 위해 설치된 최고 교육 기관으로, 유학과 기술 교육을 담당하였다.
(나) 9재 학당은 고려 문종 때 설립된 사립 교육 기관으로, 이후 사학 12도가 융성하였고 고려 정부는 관학 진흥을 위해 7재를 개설하였다.
(다) 성균관은 고려 공민왕 때 국자감을 개편한 것으로, 조선 시대 최고 국립 교육 기관으로 발전하였다.
(가)−(나)−(다) 순으로 일어났다.

13 출제 포인트 : 고려 시대의 경제 활동

문제 분석 ②

고려는 성종 때 건원중보를 발행하였고, 숙종 때 의천의 건의로 주전도감에서 삼한통보, 해동통보, 동전과 은병(활구) 등을 발행하였으나 활발하게 유통되지 못하였다. 또 예성강 하구의 벽란도는 국제 무역항으로 번성하였으며, 송, 거란, 여진, 일본, 아라비아 상인들과 교류하였다. 시전 상인들이 개경에서 물품을 판매하였고, 사원에서 종이와 기와를 만들어 파는 사원 수공업이 발전하였다.

오답 피하기

② 조선 후기 농민들은 고추, 담배 등 상품 작물을 재배하였다.

14 출제 포인트 : 세시 풍속

문제 분석 ④

제시된 자료를 통해 (가)에 들어갈 세시 풍속이 정월 대보름임을 알 수 있다. 정월 대보름은 음력 1월 15일로, 오곡밥을 먹고 부럼을 깼으며, 달집태우기나 쥐불놀이를 하는 풍속이 있다.

오답 피하기

① 동지는 1년 중 밤이 가장 길고 낮이 가장 짧은 날로 부적을 붙여 악귀를 쫓고 팥죽을 쑤어 먹는 풍속이 있다.
② 추석은 음력 8월 15일로 한가위, 중추절이라고도 한다. 차례를 지내고 성묘를 하는 풍습이 있으며, 송편을 빚어 먹고 강강술래나 씨름 등을 하였다.
③ 삼짇날은 음력 3월 3일로 강남에 갔던 제비가 돌아오는 날(봄의 시작을 알림)이다.

15 출제 포인트 : 처인성 전투와 황산 대첩 사이의 역사적 사실

문제 분석 ④

제시된 자료를 통해 (가) 시기는 처인성 전투와 황산 대첩 사이 시기임을 알 수 있다. 1232년 몽골군의 2차 침략 당시 김윤후는 처인성에서 적장 살리타를 사살하였다. 1380년 이성계는 황산에서 왜구를 격퇴하며 신흥 무인 세력으로 성장하였고, 위화도 회군으로 권력을 장악하였다. (가) 시기에는 부처의 힘을 빌려 몽골의 침략을 막아내고자 하는 염원을 담아 ④ 팔만대장경이 제작되었다.

오답 피하기

① 1391년 과전법이 시행되었다.
② 1126년 이자겸이 난을 일으켰다.
③ 901년 궁예가 후고구려를 세웠다.

16 출제 포인트 : 고려의 인물 – 김부식

문제 분석 ③

제시된 자료를 통해 퀴즈의 정답이 김부식임을 알 수 있다. 김부식의 본관은 경주로 고려의 유학자이자 정치가이다. 그는 1135년 묘청이 칭제 건원, 금국 정벌을 주장하며 서경에서 반란을 일으키자 진압군의 원수로 임명되어 이를 평정하였다. 또 왕명으로 현존하는 가장 오래된 역사서인 『삼국사기』를 편찬하였다.

오답 피하기

① 양규는 거란의 2차 침입을 막아냈다.
② 일연은 『삼국유사』를 편찬하였다.
④ 이제현은 만권당에서 원의 학자들과 학문적 교류를 하였다.

17 출제 포인트 : 고려 공민왕 시기의 역사적 사실

문제 분석 ①

제시된 자료를 통해 다큐멘터리에서 볼 수 있는 장면은 고려 공민왕의 개혁 정치와 관련된 내용임을 알 수 있다. 몽골의 침략 이후 원의 내정 간섭을 받았으나 공민왕 때 기철 등 친원 세력 숙청, 정동행성 이문소 혁파, 쌍성총관부 수복, 원의 연호 사용 중지 등 적극적인 반원 정책과 정방 폐지, 전민변정도감 설치 등 왕권 강화 정책을 추진하였다.

오답 피하기

① 조선 정조 때 수원 화성을 축조하였다.

18 출제 포인트 : 고려의 문화유산 – 나전칠기

문제 분석 ②

제시된 자료를 통해 기사에 보도된 문화유산이 나전칠기임을 알 수 있다. 고려 시대 나전칠기는 표면에 옻칠을 하고 조개껍데기를 정교하게 오려 붙인 것으로 고려를 대표하는 문화유산이다. ②가 나전 국화넝쿨무늬 합이다.

오답 피하기

① 금동 천문도
③ 청동 은입사 포류수금문 정병
④ 분청사기 철화 넝쿨무늬 항아리

19 출제 포인트 : 최무선의 활동

문제 분석 ④

제시된 자료를 통해 (가) 인물이 최무선임을 알 수 있다. 1377년 최무선은 왜구를 격퇴하기 위해 화통도감 설치를 건의하고 화포를 제작하였다. 최무선은 나세 및 심덕부 등과 화포를 이용하여 진포 대첩에서 왜구를 크게 물리쳤다.

오답 피하기

① 정약용, ② 장영실, ③ 이장손의 활동 내용이다.

20 출제 포인트 : 고려의 문화유산 – 탑

문제 분석 ③

제시된 자료를 통해 밑줄 그은 '탑'은 평창 월정사 팔각 구층 석탑임을 알 수 있다. 자장 율사가 창건한 월정사 안에 있는 평창 월정사 팔각 구층 석탑은 화강암으로 만들어진 다각 다층 탑이다.

21 출제 포인트 : 기묘사화

문제 분석 ①

제시된 자료를 통해 (가)에 들어갈 사건이 기묘사화임을 알 수 있다. 조광조는 중종반정의 공신 중 공 없이 공신에 책봉된 사람들의 공훈을 삭제해야 한다고 주장하였다(위훈 삭제). 이를 계기로 남곤 등 훈구 세력에 의해 기묘사화(1519)가 일어나 조광조 등 사림 세력이 큰 피해를 입었다.

오답 피하기

② 조선 순조 때 이승훈, 정약용 형제 등 천주교도들을 박해한 신유박해가 일어났다.
③ 서인 세력을 중심으로 광해군을 축출하고 인조를 즉위시킨 인조반정이 일어났다.
④ 1882년 구식 군인에 대한 차별에 반발하여 임오군란이 발생하였다.

22 출제 포인트 : 조선의 인물 – 정도전

문제 분석 ③

제시된 자료를 통해 (가)에 들어갈 인물이 정도전임을 알 수 있다. 조선 개국 공신인 정도전은 문신 겸 학자로, 호는 '삼봉'이다. 그는 조선의 통치 기준과 운영 원칙을 제시한 『조선경국전』을 지어 조선의 통치 제도를 정비하는 데 이바지하였고, 『불씨잡변』을 지어 불교 교리를 비판하였다. 하지만 왕자의 난이 일어나 이방원에게 피살되었다.

오답 피하기

① 이이는 조선 중기 학자로 이(理)와 기(氣)를 강조하였고, 신하의 역할을 강조한 『성학집요』와 다양한 개혁 방안을 담은 『동호문답』을 저술하였다.
② 송시열은 조선 후기 성리학자로 예송 논쟁 때 『주자가례』를 따라야 한다고 주장하였다.
④ 정몽주는 고려 말 신진 사대부로 온건 개혁을 주장하였으나 이방원에 의해 선죽교에서 사망하였다.

23 출제 포인트 : 조선 세조의 정책

문제 분석 ②

제시된 자료를 통해 밑줄 그은 '왕'이 조선 세조임을 알 수 있다. 조선 세조는 6조 직계제를 다시 시행하고 집현전과 경연 제도를 폐지하는 등 왕권 강화를 위해 노력하였다. 또 과전의 지급 대상을 현직 관리로 한정하는 직전법을 시행하였다.

오답 피하기

① 고려 무신 정권기 삼별초를 조직하였다.
③ 조선 태조 이성계는 한양으로 천도하였다.
④ 조선 세종은 훈민정음을 창제하였다.

24 출제 포인트 : 비변사의 특징

문제 분석 ①

제시된 자료를 통해 (가)에 들어갈 정치 기구가 비변사임을 알 수 있다. 조선 중종 때 외적의 침입에 대응하기 위해 설치된 비변사는 양 난을 거치면서 권한과 기능이 강화되어 국정을 총괄하는 기구로 발전하였다. 세도 정치 시기에는 외척 가문의 권력 기반이 되었으나 흥선 대원군 때 폐지되었다.

오답 피하기

② 어사대는 중서문하성의 낭사와 더불어 대간으로 불렸으며, 서경, 간쟁, 봉박 등 언론 기능을 담당하였다.
③ 도병마사는 중추원의 추밀과 중서문하성의 재신이 모여 국가 중요 정책을 결정하는 회의 기구이다.
④ 군국기무처는 1894년 제1차 갑오개혁을 추진하고 개혁에 관련된 모든 사무를 관장한 초정부적인 정책 의결 기구이다.

25 출제 포인트 : 임진왜란의 전개 과정

문제 분석 ③

제시된 자료를 통해 (가) 전쟁이 임진왜란임을 알 수 있다. 1592년 이순신이 이끄는 조선 수군은 한산도 앞바다에서 일본 수군을 크게 격파하였으며, 그 결과 조선군은 남해안 일대의 제해권을 장악하였다. 또 임진왜란이 장기화되는 가운데 권율은 행주산성에서(행주 대첩), 김시민은 진주성(진주 대첩)에서 대승을 거두었다.

> 임진왜란의 전개 과정 : 왜의 조선 침략 → 부산(정발), 동래(송상현) 함락 → 충주 탄금대 방어 실패 → 선조의 의주 피란 → 왜의 한양 점령 → 명에 지원 요청 → 이순신과 수군, 의병의 활약 → 조ㆍ명 연합군의 평양성 탈환, 휴전 협상 시작 → 정유재란 → 이순신의 명량 해전 → 왜군 철수

오답 피하기

① 조선 세종 때 최윤덕이 4군을 개척하였다.
② 고려 시대에 서희가 강동 6주를 확보하였다.
④ 조선 세종 때 이종무가 쓰시마 섬을 토벌하였다.

26 출제 포인트 : 조선의 편찬 사업

문제 분석 ①

제시된 자료를 통해 학생이 생각하고 있는 책이 『동의보감』임을 알 수 있다. 조선 광해군 때 허준이 편찬한 『동의보감』은 당시 중국과 우리나라 의서를 망라하여 전통 의학을 집대성한 것이다. 이는 2009년 유네스코 세계 기록 유산으로 등재되었다.

오답 피하기

② 정약용은 지방관이 지켜야 할 지침을 제시한 『목민심서』를 저술하였다.
③ 박지원은 청에 다녀온 후 기행문인 『열하일기』를 저술하였다.
④ 조선 세종 때 우리나라의 풍토와 실정에 맞춘 의학서인 『향약집성방』을 편찬하였다.

27 출제 포인트 : 법주사 팔상전

문제 분석 ②

제시된 자료를 통해 퀴즈의 정답이 법주사 팔상전임을 알 수 있다. 국보 제55호 법주사 팔상전은 충북 보은군에 소재한 조선 후기 건축물로, 현존하는 가장 오래된 5층 목탑이다. 내부에는 석가모니의 생애를 여덟 장면으로 그린 불화가 있고 여러 요소를 조화롭게 통일하여 만들어졌으며, 임진왜란 때 소실되었으나 복구하였다.

28 출제 포인트 : 여진에 대한 역대 왕조의 정책

문제 분석 ③

제시된 자료를 통해 (가)가 여진임을 알 수 있다. 여진을 정벌하기 위해 고려 숙종 때 윤관의 건의로 신기군, 신보군, 항마군으로 이루어진 별무반을 편성하였다. 이후 여진을 정벌하여 동북 9성을 축조하였으나 방어하는 데에도 어려움이 있고 여진의 요청도 있어 1109년 동북 9성을 돌려주었다.

오답 피하기

① 백제 의자왕 때 신라의 대야성을 공격하였다.
② 통일 신라 흥덕왕 때 장보고가 완도에 청해진을 설치하였다.
④ 흥선 대원군 집권 시기에 서양에 대한 통상 수교 거부 의지를 드러내는 척화비를 종로와 전국 각지에 건립하였다.

29 출제 포인트 : 조선 후기의 경제 상황

문제 분석 ④

제시된 자료는 조선 후기 경제 상황임을 알 수 있다. 조선 후기에는 모내기법이 전국으로 확산되어 벼와 보리의 이모작이 성행하였고, 담배ㆍ면화 등 상품 작물이 재배되었다. 또 설점수세제의 시행으로 민간의 광산 개발이 활기를 띠었으며, 덕대가 광산을 전문적으로 경영하였다. 송상, 만상이 대청 무역으로 부를 축적하였으며, 국경 지대에서는 청, 일본과 개시 무역 및 후시 무역이 이루어졌다.

오답 피하기

① 흥선 대원군 집권 시기에 경복궁 중건을 위해 발행한 당백전이 유통되었다.
② 신라 지증왕 때 동시전이 설치되었다.
③ 고려 후기 문익점이 원에서 가져온 목화가 처음 전래되었다.

30 출제 포인트 : 조선 숙종의 정책

문제 분석 ③

제시된 자료를 통해 (가) 왕이 조선 숙종임을 알 수 있다. 조선 숙종은 수도 방어를 위하여 금위영을 창설하여 기존 훈련도감, 어영청, 수어청, 총융청과 함께 5군영 체제를 완성하였다. 또 대동법을 확대 시행하여 전국적으로 실시하였고, 상평통보를 발행하여 전국적으로 유통시켰다.

오답 피하기

① 조선 정조, ② 조선 영조, ④ 조선 성종이 추진한 정책이다.

31 출제 포인트 : 오페르트 도굴 미수 사건

문제 분석 ①

제시된 자료를 통해 밑줄 그은 '변고'가 오페르트 도굴 미수 사건임을 알 수 있다. 1868년 독일 상인 오페르트가 충청도 덕산에 있는 흥선 대원군의 아버지 남연군의 묘를 도굴하려 실패한 사건으로, 이후 서양 세력에 대한 거부감이 심해졌다.

32 출제 포인트 : 『조선책략』 유포의 영향

문제 분석 ③

제시된 자료를 통해 '다음 책'이 『조선책략』임을 알 수 있다. 제2차 수신사 김홍집이 청의 외교관 황준헌이 쓴 『조선책략』을 들여와 유포되자 개항에 대한 필요성이 대두되었으며, 이를 계기로 조·미 수호 통상 조약이 체결되었다. 반면 러시아를 막기 위해 중국, 일본, 미국과 연합해 자강을 도모해야 한다는 내용에 거세게 반발하여 이만손 등이 영남 만인소를 올렸다.

오답 피하기

① 병인박해를 구실로 병인양요가 일어났다.
② 제너럴 셔먼호 사건을 구실로 신미양요가 일어났다.
④ 신미양요 당시 어재연 부대가 광성보에서 항전하였다.

33 출제 포인트 : 동학 농민 운동

문제 분석 ④

제시된 자료를 통해 (가) 운동이 동학 농민 운동임을 알 수 있다. 고부 군수 조병갑의 횡포에 전봉준과 농민들이 봉기하여 고부 관아를 점령한 고부 농민 봉기를 시작으로 백산에서 4대 강령과 격문을 공포하였다. 동학 농민군은 황토현에서 진압에 나선 관군을 물리친 뒤 전라도 일대 여러 고을을 점령하였다. 이후 농민군이 전주성을 점령하자 정부는 청에 지원을 요청하였고, 일본군도 톈진 조약을 구실로 군대를 파견하였다. 농민군은 청군과 일본군의 개입으로 생길 혼란을 막기 위해 외국 군대 철수와 폐정 개혁을 조건으로 관군과 전주 화약을 체결하고 전주성에서 물러났으며, 집강소를 중심으로 폐정 개혁안을 실천하였다.

오답 피하기

① 병자호란, ② 일제의 경제 수탈, ③ 조선 효종 때 나선 정벌과 관련된 내용이다.

34 출제 포인트 : 대한 제국의 수립

문제 분석 ④

제시된 자료를 통해 '다음 사건'이 아관 파천임을 알 수 있다. 1895년 을미사변과 단발령 시행을 계기로 일어난 을미의병을 진압하기 위해 일부 중앙군이 지방으로 출동한 틈을 타, 1896년 고종이 러시아 공사관으로 처소를 옮긴 아관 파천이 일어났다. 이후 환궁한 고종은 1897년 대한 제국 수립을 선포하였으며, 연호를 '광무'로 정하고 대한 제국 황제로 즉위하였다.

오답 피하기

① 임진왜란을 계기로 훈련도감이 설치되었다.
② 강화도 조약 체결 이후 청에 영선사가 파견되었다.
③ 병인양요 당시 외규장각 도서가 약탈되었다.

35 출제 포인트 : 근우회의 활동

문제 분석 ①

제시된 자료를 통해 밑줄 그은 '이 단체'가 근우회임을 알 수 있다. 1927년 민족주의 세력과 사회주의 세력의 여성들이 연합하여 설립한 근우회는 신간회의 자매단체로, 여성의 단결과 지위 향상을 목적으로 국내 및 해외에 60여 개 지회를 조직하고 활동하였다. 1931년 신간회가 해소되면서 함께 해산되었다.

오답 피하기

② 찬양회는 '여권통문'을 계기로 창설된 최초의 여성 운동 단체이다.
③ 조선 여자 교육회는 여성 계몽 운동 단체로, 전국 순회강연 등을 전개하였다.
④ 토산 애용 부인회는 물산 장려 운동을 주도하였다.

36 출제 포인트 : 일제 강점기의 인물 – 전형필

문제 분석 ③

제시된 자료에 해당하는 인물은 전형필임을 알 수 있다. 일제 강점기 전형필은 『훈민정음 해례본』 등 수많은 문화재를 수집하여 보존에 힘썼으며, 이를 보관하기 위해 보화각을 세웠다.

오답 피하기

① 심훈은 1930년대 브나로드 운동을 소재로 소설 『상록수』를 저술하였고, 저항시 '그날이 오면'을 발표하였다.
② 이회영은 신민회를 조직하여 활동하였으며, 중국 만주로 이주하여 독립군 양성 기관인 신흥 강습소를 설립하였다.
④ 주시경은 국문 연구소 위원으로 국문법, 발음, 글자체, 철자법 등을 연구하고 정리하였으며, 『국어문법』 등을 출간하였다.

37 출제 포인트 : 대한민국 임시 정부의 활동

문제 분석 ①

제시된 자료를 통해 (가)가 대한민국 임시 정부임을 알 수 있다. 대한민국 임시 정부는 국내 독립운동가들과 연락하기 위해 연통제와 교통국을 조직하였고, 독립 공채를 발행하여 독립운동 자금을 마련하였다. 또 미국에 구미 위원부를 설치하고 외교 활동을 전개하였으며, 독립신문과 한·일 관계 사료집을 간행하여 독립에 대한 의식을 높이고자 하였다.

오답 피하기

② 독립 협회, ③ 국채 보상 기성회의 활동 내용이다.
④ 신민회는 만주 삼원보에 신흥 강습소를 설립하였고, 이후 신흥 무관 학교로 발전하였다.

38 출제 포인트 : 민중 봉기의 역사

문제 분석 ③

고려 무신 정권기 최충헌의 사노비였던 만적은 신분 해방을 도모하였다.

오답 피하기

① 임술 농민 봉기는 환곡의 폐단과 탐관오리의 횡포에 항거하여 일어났다.
② 세도 정치기 정감록 신앙을 바탕으로 왕조 교체를 주장하기도 하였다.
④ 고려 시대 특수 행정 구역인 소의 주민에 대한 수탈에 저항하여 망이 · 망소이가 봉기하였다.

39 출제 포인트 : 방정환의 업적

문제 분석 ②

제시된 자료를 통해 (가)에 들어갈 내용이 소파 방정환과 관련된 것임을 알 수 있다. 방정환은 천도교 세력을 중심으로 소년 운동을 추진하였는데, 방정환의 주도로 1923년 색동회를 창립하였으며, 어린이날을 제정하고 잡지 '어린이'를 간행하였다.

오답 피하기

① 유길준, ③ 이병도 · 손진태와 관련된 내용이다.
④ 통리기무아문은 1880년 개화 정책을 총괄하기 위해 만든 기구이다.

40 출제 포인트 : 1920년대 항일 민족 운동 – 6 · 10 만세 운동

문제 분석 ②

제시된 자료를 통해 (가)에 들어갈 항일 민족 운동이 6 · 10 만세 운동임을 알 수 있다. 1926년 순종 인산일을 기회로 전개된 6 · 10 만세 운동은 사회주의 계열과 천도교 세력이 함께 대규모 만세 시위를 계획한 것으로, 학생들 중심으로 만세 시위운동이 벌어졌다. 준비 과정에서 사회주의 계열과 민족주의 계열이 연대하여 국내에서 민족 유일당 운동을 전개하는 계기가 되었다. 이로 인해 1927년 신간회가 창립되었고, 신간회는 광주 학생 항일 운동에 진상 조사단을 파견하여 지원하였다.

오답 피하기

① 1907년, ③ 1938년, ④ 1907년에 일어난 항일 민족 운동이다.

41 출제 포인트 : 한 · 중 연합 작전의 전개

문제 분석 ①

제시된 자료를 통해 밑줄 그은 '합의'가 한국 독립군과 중국 항일군의 합의임을 알 수 있다. 1931년 일제가 만주 사변을 일으키자 중국인의 반일 감정도 높아졌다. 이에 한국 독립군은 중국 항일군과 함께 한 · 중 연합 작전을 전개하며 일제에 대응하였다. 한국 독립군은 총사령 지청천이 이끌었으며, 중국 호로군과 연합하여 쌍성보 · 대전자령 · 동경성 등의 전투에서 일본군을 상대로 승리를 거두었다.

오답 피하기

② 1943년 한국의 독립을 약속한 카이로 회담이 개최되었다.
③ 1941년 일본이 미국을 공격하며 태평양 전쟁이 발발하였다.
④ 1945년 여운형과 김규식을 중심으로 조선 건국 준비 위원회가 결성되었다.

42 출제 포인트 : 1930년대 후반 이후 일제의 정책

문제 분석 ②

제시된 자료를 통해 밑줄 그은 '이 시기'가 1938년 국가 총동원법이 제정된 시기임을 알 수 있다. 1930년대 후반 일제는 대륙 침략을 본격적으로 추진하면서 국가 총동원법을 만들어 인적 · 물적 자원을 수탈하였다. 징집제, 지원병제, 징병제 등으로 전쟁터로 끌고 갔고, 징용령, 여자 정신대 근무령 등으로 노예처럼 일을 시켰다. 또 미곡 공출제, 식량 배급 등을 시행하여 물자도 수탈하였다.

오답 피하기

① · ④ 1910년대, ③ 1920년대 일제가 추진한 정책이다.

43 출제 포인트 : 연해주 지역의 독립운동

문제 분석 ②

제시된 자료를 통해 (가)에 해당하는 지역이 연해주 지역임을 알 수 있다. 연해주 지역에서는 한인 집단 거주지인 신한촌(블라디보스토크)이 건설되었고, 권업회를 창립하여 항일 신문인 권업신문을 발간하였다. 또 1914년 대한 광복군 정부를 수립하였다. 1937년 신한촌은 스탈린이 한인을 중앙아시아로 강제 이주시키면서 해체되었다.

오답 피하기

① 충칭에서 대한민국 임시 정부가 한국광복군을 창설하였다.
③ 하와이에서 박용만이 대조선 국민군단을 결성하여 독립운동을 전개하였다.
④ 멕시코에서 이근영 등이 독립군을 양성하기 위해 숭무 학교를 건립하였다.

44 출제 포인트 : 대한민국 정부 수립 과정

문제 분석 ①

제시된 자료를 통해 밑줄 그은 '선거'가 5 · 10 총선거임을 알 수 있다. 5 · 10 총선거는 1948년 제헌 국회 의원을 선출하기 위해 치러진 선거로, 김구, 김규식 등 단독 정부 수립에 반대한 인사들과 좌익 세력은 참여하지 않았다.

> 8 · 15 광복 → 모스크바 3국 외상 회의(신탁 통치 결정, 반대 운동 전개) → 제1차 미 · 소 공동 위원회 개최 및 결렬 → 좌우 합작 운동(좌우 합작 7원칙 발표) → 제2차 미 · 소 공동 위원회 결렬 → 미국, 한국 문제 유엔 상정 → 유엔, 남북한 총선거 실시 결정 → 소련, 유엔 한국 임시 위원단 입북 거부 → 유엔 소총회, 남한만의 단독 선거 결정 → 5 · 10 총선거 실시 → 대한민국 정부 수립(1948. 8. 15.) → 반민족 행위 특별 조사 위원회 활동, 농지 개혁

45 출제 포인트 : 조선어 학회

문제 분석 ④

제시된 자료를 통해 (가)에 들어갈 단체가 조선어 학회임을 알 수 있다. 1921년 국어 연구 및 운동 단체인 조선어 연구회가 조직되었으며, 1931년 조선어 학회로 개칭하였다. 이윤재, 최현배 등을 중심으로 조선어 학회는 한글 맞춤법 통일안과 표준어를 제정하였다.

① 1923년 창설된 토월회는 신극 운동을 전개하였다.
② 1896년 서재필을 중심으로 창립한 독립 협회는 독립신문을 창간하고 독립문을 건립하였다.
③ 1906년 대한 자강회는 고종 강제 퇴위에 반대하는 운동을 전개하였다.

46 출제 포인트 : 5 · 18 민주화 운동

문제 분석 ④

제시된 자료를 통해 (가)에 들어갈 민주화 운동이 5·18 민주화 운동임을 알 수 있다. 박정희 대통령이 시해당한 10 · 26 사태가 벌어진 이후 유신 체제가 끝나고 민주 사회가 올 것이라 여긴 것과는 달리, 1979년 전두환 등 신군부 세력이 쿠데타를 일으켜 군사권을 장악하고 계엄령을 확대하였다. 이에 1980년 5월 18일부터 27일까지 광주와 전남 지역에서 벌어진 시민들의 민주화 운동인 5 · 18 민주화 운동은 신군부 퇴진과 계엄령 해제를 요구하며 일어났다. 그러나 신군부가 무자비하게 시민군을 진압하면서 막을 내렸다.

오답 피하기

① 박정희 정부 시기에 한일 국교 정상화를 반대하며 6·3 시위가 일어났다.
② 전두환 정부 시기에 4·13 호헌 철폐와 독재 타도를 외치며 6월 민주 항쟁이 일어났다.
③ 이승만 정부 시기에 야당 선거 유세장에 가지 못하도록 일요일에 등교하게 하자 대구 지역 학생들을 중심으로 2·28 민주화 운동이 일어났다.

47 출제 포인트 : 전태일의 활동

문제 분석 ③

제시된 자료를 통해 (가)에 해당하는 인물이 전태일임을 알 수 있다. 1970년 평화 시장 재단사인 전태일은 노동 운동을 전개하다 "근로기준법을 준수하라."라고 외치며 분신자살하였다.

오답 피하기

① 3·15 부정 선거에 항의하는 마산 시위 과정에서 김주열이 최루탄을 맞고 숨진 채 바다에서 발견되었다.
② 한국광복군으로 활동한 장준하는 박정희 정부 시기에 독재 체제에 반대하며 시위운동을 전개하였다.
④ 1987년 호헌 조치에 저항하는 시위 중에 연세대생 이한열이 경찰이 쏜 최루탄에 맞아 사망하였다.

48 출제 포인트 : 김대중 정부 시기의 통일 노력

문제 분석 ①

제시된 자료를 통해 밑줄 그은 '이 회담'이 김대중 정부 시기 분단 이후 처음으로 개최한 남북 정상 회담임을 알 수 있다. 김대중 정부 시기 대북 화해 협력 정책(햇볕 정책)을 실시한 결과, 남북 정상 회담이 개최되고 6 · 15 남북 공동 선언을 채택하였다. 또 금강산 관광이 시작되었으며, 남북한의 교류 협력을 위한 개성 공단이 건설되었다.

오답 피하기

② 박정희 정부, ③ 노태우 정부, ④ 전두환 정부 시기의 통일 노력이다.

49 출제 포인트 : 박정희 정부 시기의 역사적 사실

문제 분석 ①

제시된 자료를 통해 (가)가 박정희 정부 시기임을 알 수 있다. 박정희 정부 시기에는 경제 개발 5개년 계획이 추진되었는데, 1, 2차 때에는 경공업을 육성하고 수출을 늘리는 데 집중하였고, 3, 4차 때에는 중화학 공업 중심의 산업 구조로 개편하였다. 외화를 벌기 위해 해외로 많은 노동자가 파견되었으며, 경부 고속 도로 개통, 포항 종합 제철 공장 준공 등 급속한 경제 발전을 이룩하여 '한강의 기적'이라 불리기도 하였다. 또 도시와 농촌 간의 격차를 해소하기 위해 새마을 운동을 시작하였다.

오답 피하기

② 김영삼 정부, ③ 이명박 정부, ④ 노무현 정부 시기에 있었던 사실이다.

50 출제 포인트 : 감염병에 대한 시기별 대책

문제 분석 ②

제시된 자료를 통해 밑줄 그은 '대책'이 감염병에 대한 다양한 대책임을 알 수 있다. 고려 시대에는 환자 치료와 빈민 구제를 위해 구제도감 등 임시 기구를 설치하였다. 또 조선 시대에는 질병을 치료하기 위해 구질막, 병막 등 격리 시설을 운영하였고, 『간이벽온방』, 『신찬벽온방』 등 의서를 편찬하여 보급하였다.

오답 피하기

② 고려 시대 관학 진흥을 위해 장학 재단인 양현고 등을 설치하여 기금을 마련하였다.

01 ②	02 ④	03 ③	04 ③	05 ①
06 ④	07 ①	08 ①	09 ①	10 ④
11 ③	12 ③	13 ③	14 ②	15 ②
16 ④	17 ②	18 ②	19 ③	20 ②
21 ①	22 ③	23 ①	24 ①	25 ①
26 ②	27 ②	28 ③	29 ①	30 ②
31 ④	32 ③	33 ④	34 ④	35 ③
36 ④	37 ③	38 ①	39 ①	40 ④
41 ④	42 ②	43 ①	44 ②	45 ②
46 ④	47 ④	48 ①	49 ③	50 ④

01 출제 포인트 : 청동기 시대의 생활 모습

문제 분석 ②

제시된 자료를 통해 (가) 시대는 청동기 시대임을 알 수 있다. 청동기 시대에는 반달 돌칼처럼 돌로 만든 농기구를 사용하여 곡물을 수확하였고, 민무늬 토기에 곡식을 저장하였다. 또 비파형 동검과 같은 청동으로 만든 무기나 방울 같은 장신구를 사용하였으며, 지배자의 무덤으로 고인돌을 만들었다.

오답 피하기

① 고려 시대, ③ 신석기 시대, ④ 구석기 시대의 생활 모습이다.

02 출제 포인트 : 옥저의 특징

문제 분석 ④

제시된 자료를 통해 퀴즈의 정답이 옥저임을 알 수 있다. 옥저는 군장인 읍군과 삼로 등이 다스렸으며, 혼인을 약속한 여자아이를 데려다 키워서 며느리로 삼는 민며느리제라는 혼인 풍속이 있었다. 또 가족이 죽으면 뼈를 추려 한 목곽에 안치하는 가족 공동 묘라는 장례 풍속이 있었다.

오답 피하기

① 동예는 무천이라는 제천 행사를 열었고, 책화라는 풍속이 있었다.
② 부여는 영고라는 제천 행사를 열었고, 형사취수제 등의 풍속이 있었다.
③ 삼한은 5월, 10월에 제천 행사를 열었고, 제사장인 천군이 신성 지역인 소도를 지배한 제정 분리 사회였다.

03 출제 포인트 : 고구려의 역사적 사실 흐름

문제 분석 ③

(가) 고구려 장수왕은 남진 정책을 추진하여 427년 국내성에서 평양성으로 천도하였다.
(나) 400년 고구려 광개토 대왕은 왜구의 침입을 받은 신라 내물왕을 돕기 위해 군대를 보냈다.
(다) 612년 수양제가 우문술, 우중문 등에게 30만 명의 별동대를 이끌고 고구려를 공격하게 하였으나 고구려 을지문덕은 평양까지 침입한 수의 군대를 살수에서 크게 물리쳤다(살수 대첩).
(나)-(가)-(다) 순서대로 일어났다.

04 출제 포인트 : 백제 성왕의 업적

문제 분석 ③

제시된 자료를 통해 밑줄 그은 '이 왕'이 백제 성왕임을 알 수 있다. 백제 성왕은 사비로 천도하고, 국호를 남부여로 변경하는 등 백제 중흥을 위해 노력하였다. 또 신라 진흥왕과 연합하여 한강 유역을 회복하였으나 이후 관산성 전투에서 신라군에게 살해되었다.

오답 피하기

① 백제 침류왕, ② 백제 근초고왕, ④ 백제 의자왕의 업적이다.

05 출제 포인트 : 신라의 특징

문제 분석 ①

제시된 자료를 통해 밑줄 그은 '이 나라'가 신라임을 알 수 있다. 신라에는 혈연에 따라 관등 승진의 상한선이 정해지는 등 사회적 제약이 있고 가옥 규모, 복색 등 일상생활까지 규제하는 골품제라는 엄격한 신분 제도가 있었다.

오답 피하기

② 고려, ③ 고구려, ④ 백제에 대한 설명이다.

06 출제 포인트 : 금관가야의 경제 상황

문제 분석 ④

제시된 자료를 통해 (가) 나라가 금관가야임을 알 수 있다. 금관가야는 풍부한 철 생산지를 바탕으로 낙랑군과 왜 사이의 중계 무역으로 이익을 얻으며 성장하였다. 김해 대성동 고분은 금관가야의 대표적 유적이며 철제 판갑옷과 투구, 말머리 가리개, 갑옷으로 무장한 인물이 묘사된 토기 등이 출토되었다.

오답 피하기

① 조선, ② 신라, ③ 고려의 경제 상황이다.

07 출제 포인트 : 신라의 삼국 통일

문제 분석 ①

제시된 자료를 통해 (가)에 들어갈 전투가 기벌포 전투임을 알 수 있다. 나·당 연합군이 백제와 고구려를 멸망시킨 이후 당은 한반도 전체를 차지하려는 야욕을 가지고 신라를 침략하여 나·당 전쟁이 일어났다. 그러나 신라는 당에 대항하여 675년 매소성 전투, 676년 기벌포 전투에서 승리하며 삼국을 통일하였다.

오답 피하기

② 동학 농민 운동, ③ 임진왜란, ④ 몽골 침략 당시 벌어진 전투이다.

08 출제 포인트 : 발해의 특징

문제 분석 ①

제시된 자료를 통해 (가) 국가가 발해임을 알 수 있다. 발해의 중앙 통치 제도는 당의 영향을 받아 정당성, 선조성, 중대성 3성으로 이루어졌으며, 지배층은 대씨와 고씨가 다수를 차지하였다. 고구려의 옛 영토를 대부분 획득한 발해 선왕 때 전성기를 이루며 중국으로부터 해동성국이라 불렸다. 또 온돌 시설, 치미, 기와 등의 유물을 통해 발해가 고구려 문화의 영향을 받았음을 알 수 있다. 발해는 대조영이 동모산에서 건국하였다.

오답 피하기

② 통일 신라, ③ 부여, ④ 고려에 대한 설명이다.

09 출제 포인트 : 통일 신라 신문왕의 업적

문제 분석 ①

제시된 자료를 통해 (가) 왕이 통일 신라 신문왕임을 알 수 있다. 통일 신라 신문왕은 김흠돌의 난을 진압하고 진골 귀족 세력을 숙청하여 왕권을 강화하였으며, 유학 교육을 위해 국학을 설립하였다. 또 중앙 정치 기구, 지방 행정 조직, 군사 조직을 정비하였으며, 귀족들의 경제 기반을 약화시키기 위해 관료전을 지급하고 녹읍을 폐지하였다.

오답 피하기

② 신라 진흥왕, ③ 통일 신라 원성왕, ④ 통일 신라 헌덕왕의 업적이다.

10 출제 포인트 : 고려의 문화유산

문제 분석 ④

제시된 자료를 통해 (가)에 들어갈 문화유산이 부석사 무량수전임을 알 수 있다. 고려 시대의 목조 건축물인 부석사 무량수전은 경상북도 영주에 위치하고 있으며, 주심포 양식과 배흘림기둥이 특징이다. 또 건물 내부에 아미타불이 모셔져 있다.

오답 피하기

①·②·③ 조선 시대 건축물이다.

11 출제 포인트 : 후삼국의 통일 과정

문제 분석 ③

(가) 900년 견훤은 완산주(전주)에 도읍하여 후백제를 건국하고 후당, 오월에 사신을 파견하였다.
(나) 935년 신라 경순왕은 고려 왕건에 항복하였다.
(가)와 (나) 사이 930년 고창에서 고려군과 후백제군이 대치하였을 때 고려가 승리하면서 고려가 우위에 있게 되었다(고창 전투).

오답 피하기

① 고구려 연개소문은 당의 침입에 대비하기 위해 천리장성을 쌓았다.
② 고려 말 명이 철령위 설치를 통보하자 최영이 요동 정벌을 추진하였다.
④ 정유재란 때 이순신이 명량에서 일본군을 물리쳤다.

12 출제 포인트 : 고려 광종의 업적

문제 분석 ③

제시된 자료를 통해 밑줄 그은 '왕'이 고려 광종임을 알 수 있다. 고려 광종은 인재 등용을 위해 후주 출신 한림학사 쌍기의 건의를 받아들여 과거제를 실시하였으며, 광덕, 준풍 등의 독자적인 연호를 사용하여 국가의 위상을 높였다. 또 호족 세력을 약화하고 왕권을 강화하기 위해 불법으로 노비가 된 자들을 양민으로 돌려놓도록 하는 노비안검법을 실시하였다.

오답 피하기

① 고려 태조 왕건, ② 고려 고종, ④ 고려 공민왕의 업적이다.

13 출제 포인트 : 고려의 토지 제도 – 전시과

문제 분석 ③

제시된 자료를 통해 (가)에 들어갈 내용이 전시과임을 알 수 있다. 고려 시대 관직 복무 등에 대한 대가로 전지(토지)와 시지(임야, 땔감)를 차등 지급한 토지 제도인 전시과는 고려 경종 때 처음 시행되었다.

오답 피하기

① 조선 시대 토지 제도인 과전법은 경기 지방에 한해 실시되었다.
② 조선 시대 국가 재정을 보충하기 위해 일정 금액을 납부하면 노비 신분을 면해주는 납속책을 실시하였다.
④ 흥선 대원군은 양반에게도 군포를 징수하는 호포제를 실시하였다.

14 출제 포인트 : 묘청의 서경 천도 운동

문제 분석 ②

제시된 자료는 묘청의 서경 천도 운동(1135)이 일어난 상황을 알 수 있다. 외척 세력인 이자겸(금의 사대 요구 수용)의 난을 수습한 고려 인종은 서경 세력을 이용하여 개혁을 추진하였다. 대표적인 서경 세력인 묘청은 금국 정벌, 칭제 건원, 서경 천도를 주장하였으나 김부식 등 개경 세력이 반대하자 서경에서 국호를 '대위국', 연호를 '천개'라고 하며 난을 일으켰다.

15 출제 포인트 : 고려 시대의 불교 – 의천

문제 분석 ②

제시된 자료를 통해 (가)에 들어갈 인물이 고려 승려 대각국사 의천임을 알 수 있다. 문종의 아들인 의천은 교종을 중심으로 선종을 통합하고자 국청사를 중심으로 해동 천태종을 창시하였으며, 이론 연마와 수행을 함께 강조하는 교관겸수를 제시하였다. 또 불교 경전에 대한 주석서를 모아 『교장』을 편찬하였으며, 『신편제종교장총록』을 만들었다.

오답 피하기

① 통일 신라 승려 원효는 불교의 대중화를 위해 누구나 나무아미타불을 외면 극락정토에 간다는 아미타 사상을 보급하였다.
③ 고려 승려 지눌은 수선사 결사를 통해 불교 개혁을 추진하였고, 조계종을 개창하였다.
④ 고려 승려 혜심은 유불 일치설을 주장하였다.

16 출제 포인트 : 우리나라와 중국 사이의 교류 활동

문제 분석 ④

① 통일 신라 시대 장보고는 당의 산둥반도에 법화원을 세웠다.
② 고려 시대 이제현은 원의 수도 연경에 세운 만권당에서 공부하였다.
③ 조선 시대 박지원은 청 사신단인 연행사의 일원으로 열하에 다녀와 『열하일기』를 저술하였다.

오답 피하기

④ 개항기에 미국에 파견된 사절단인 보빙사 대표로 민영익이 파견되었다.

17 출제 포인트 : 윤관의 활동

문제 분석 ②

제시된 자료를 통해 (가) 인물이 윤관임을 알 수 있다. 고려 시대 윤관은 여진의 침략에 대비하기 위해 신기군, 신보군, 항마군으로 이루어진 별무반 조직을 건의하였다. 이후 별무반을 이끌고 여진을 정벌한 후 동북 9성을 축조하였다. 그러나 방어하는 데에도 어려움이 있고 여진의 반환 요청으로 1109년 동북 9성을 여진에게 돌려주었다.

오답 피하기

① 서희는 거란 침입 때 외교 담판으로 강동 6주를 획득하였다.
③ 조선 세종 때 이종무는 쓰시마 섬을 정벌하였다.
④ 고려 공민왕은 원에 빼앗겼던 쌍성총관부를 수복하였다.

18 출제 포인트 : 고려의 사회 시책

문제 분석 ②

제시된 자료를 통해 (가)에 들어갈 기구가 상평창임을 알 수 있다. 고려 시대에는 개경과 서경 등에 상평창을 설치하였는데, 상평창은 풍년에는 곡물을 사들이고 흉년에는 곡물을 풀어 물가를 조절하는 물가 조절 기구였다.

오답 피하기

① 중방은 무신 정권의 회의 기구로 국정을 운영하였다.
③ 어사대는 풍속 교정, 관리의 비리 감찰, 관리 임명에 대한 서경권을 지녔으며, 중서문하성의 낭사와 함께 대간으로 불렸다.
④ 식목도감은 중추원의 추밀과 중서문하성의 재신 중심의 회의 기구로 국가 중요 행사를 관장하였다.

19 출제 포인트 : 조선 태종의 업적

문제 분석 ③

제시된 자료를 통해 밑줄 그은 '왕'이 조선 태종임을 알 수 있다. 조선 태종은 왕권을 강화하고 국가의 기틀을 마련하기 위해 양전 사업을 실시하고 호패법을 시행하였으며, 전국을 8도로 나누었고 계미자를 주조하였다. 또 6조가 의정부를 거치지 않고 국왕에게 직접 재가를 받아 시행할 수 있는 6조 직계제를 시행하였다.

오답 피하기

① 조선 영조, ② 조선 중종, ④ 조선 세종의 업적이다.

20 출제 포인트 : 조선 세종 재위 기간의 역사적 사실

문제 분석 ②

제시된 자료를 통해 (가) 왕이 조선 세종임을 알 수 있다. 조선 세종 때 최윤덕은 여진족을 정벌하고 4군을 설치하였으며, 김종서는 6진을 설치하였다. 또 집현전을 설치하고 경연 제도를 실시하였다. 세종은 훈민정음을 창제하였으며, 혼천의 · 측우기 · 앙부일구 · 자격루 등을 제작하였다. 『칠정산』, 『향약집성방』, 『농사직설』 등도 이때 편찬되었다.

오답 피하기

① 조선 정조, ③ 조선 성종, ④ 조선 효종 재위 기간에 있었던 사실이다.

21 출제 포인트 : 조선의 교육 기관 – 서원

문제 분석 ①

제시된 자료를 통해 (가)에 들어갈 교육 기관이 서원임을 알 수 있다. 서원은 주세붕이 안향을 제사하기 위해 세운 백운동 서원이 시초이며, 사액 서원으로 지정되어 국왕으로부터 편액과 함께 서적 등을 받기도 하였다. 선현의 제사와 유학 교육을 담당하였던 서원 중 아홉 곳은 2019년 유네스코 세계문화유산으로 등재되었다.

오답 피하기

② 향교는 조선 시대 지방에 설립된 중등 교육 기관으로 대성전과 명륜당으로 이루어져 교육과 제사의 기능을 담당하였다.
③ 성균관은 조선 시대 최고 교육 기관으로 대성전에서 공자 등 성현들에게 제사를 지냈으며, 소과인 생원 · 진사시에 합격한 사람에게 성균관에 입학할 자격이 주어졌다.
④ 4부 학당은 조선 시대 서울에 설립된 중등 교육 기관으로 소학과 사서를 중심으로 교육하였다.

22 출제 포인트 : 임진왜란 당시 의병의 활약

문제 분석 ③

제시된 자료를 통해 밑줄 그은 '의병장'이 곽재우임을 알 수 있다. 임진왜란이 장기화되는 가운데 이순신과 수군의 활약으로 왜군을 물리쳤으며, 전국 각지에서도 조헌, 고경명, 곽재우, 정문부 등의 의병이 활약하였다. 곽재우는 경상도 의령에서 활약하였다.

오답 피하기

① 충청도, ② 전라도, ④ 함경북도에서 활약한 의병장이다.

23 출제 포인트 : 병자호란의 전개

문제 분석 ①

제시된 자료를 통해 밑줄 그은 '이 전쟁'이 병자호란임을 알 수 있다. 청이 조선에 군신 관계를 요구하자 조선은 이를 거절하였다. 1636년 청 태종이 조선을 침략하자 인조는 남한산성으로 피란하였다. 하지만 인조가 삼전도에서 청에 굴욕적으로 항복하면서 병자호란이 끝났으며, 조선은 청과 군신 관계를 체결하고 봉림 대군과 소현 세자가 청에 볼모로 끌려갔다.

② 병인양요, ④ 임진왜란 중에 있었던 사실이다.
③ 고려 시대에 몽골이 침략하였을 때, 처인성 전투에서 김윤후가 적장 살리타를 사살하였다.

24 출제 포인트 : 비변사의 특징

문제 분석 ①

제시된 자료를 통해 (가)에 들어갈 기구가 비변사임을 알 수 있다. 조선 중종 때 외적의 침입에 대비하기 위해 설치된 임시 군사 회의 기구였던 비변사는 양 난을 계기로 권한과 기능이 강화되어 국방뿐만 아니라 국정을 총괄하는 기구로 발전하였다. 이로 인해 기존의 의정부와 6조가 유명무실해졌으며, 세도 정치 시기에는 외척 가문의 권력 기반이 되었으나 흥선 대원군 때 폐지되었다.

오답 피하기
② 사헌부는 관리의 비리 감찰을 담당한 기구로 사간원과 함께 대간이라 불리며 5품 이하의 관리 임명 과정에서 서경권을 행사하였다.
③ 의금부는 국왕 직속의 특별 사법 기구로 강상죄·반역죄 등을 왕명으로 처결하였다.
④ 홍문관은 왕의 자문 및 관리 비리 감찰, 교육 등을 맡은 기구로 사헌부, 사간원과 함께 3사로 불린다.

25 출제 포인트 : 균역법의 실시

문제 분석 ①

제시된 자료를 통해 밑줄 그은 '제도'가 균역법임을 알 수 있다. 조선 영조 때 1년에 2필씩 걷던 군포를 1필로 줄여 주는 균역법을 실시하여 국가 재정이 부족해지자 선무군관포를 징수하거나 어장세, 소금세 등으로 보충하였다.

오답 피하기
② 조선 광해군 때 공납을 특산물 대신 토지 결수를 기준으로 쌀, 베, 동전으로 납부하는 대동법을 시행하였다.
③ 조선 인조 때 풍흉에 관계없이 토지 1결당 쌀 4~6두를 거두는 영정법을 시행하였다.
④ 조선 세조 때 과전의 지급 대상을 현직 관리로 한정하는 직전법을 실시하였다.

26 출제 포인트 : 조선의 인물 – 김정희

문제 분석 ②

제시된 자료를 통해 (가)에 들어갈 인물이 추사 김정희임을 알 수 있다. 조선 후기 김정희는 북한산비가 진흥왕 순수비임을 처음으로 고증하고 『금석과안록』을 저술하였다. 또 역대 명필을 연구하여 추사체를 창안하였고, 제주도에 유배되어 머물렀을 때 세한도를 그렸다.

오답 피하기
① 허목은 예송 논쟁에서 송시열과 대립한 남인 세력이다.
③ 송시열은 효종과 함께 북벌을 주장하였고, 예송 논쟁에서 허목과 대립한 노론의 영수였다.
④ 채제공은 정조 때 삼정승을 역임하였으며, 정조의 탕평책을 뒷받침하고 신해통공을 실시하였다.

27 출제 포인트 : 진주 농민 봉기

문제 분석 ②

제시된 자료를 통해 밑줄 그은 '사건'이 진주 농민 봉기임을 알 수 있다. 1862년 경상 우병사 백낙신의 탐학과 횡포에 맞서 유계춘이 농민들과 함께 봉기하였다. 이후 농민 봉기가 삼남 지방을 비롯한 전국으로 확산되었다(임술 농민 봉기). 농민 봉기의 원인을 파악하고 사건을 수습하기 위해 박규수가 안핵사로 파견되었으며, 삼정을 개혁하기 위해 삼정이정청을 설치하였다.

오답 피하기
① 동학 농민 운동, ③ 갑신정변, ④ 임오군란에 대한 설명이다.

28 출제 포인트 : 조선 후기의 모습

문제 분석 ③

제시된 자료를 통해 대화가 이루어진 시기가 조선 후기임을 알 수 있다. 조선 후기에는 중인층의 시사 활동이 활발하게 전개되었으며, 기존 형식에서 벗어난 사설시조가 유행하고 홍길동전 등의 한글 소설도 널리 읽혔다. 또 춘향가 등의 판소리가 성행하였고, 탈춤이 널리 인기를 얻는 등 서민 문화가 성장하였다.

오답 피하기
① · ② · ④ 고려 시대의 모습이다.

29 출제 포인트 : 강화도 조약의 체결

문제 분석 ③

제시된 자료를 통해 밑줄 그은 '조약'이 강화도 조약임을 알 수 있다. 1875년 일본 군함 운요호의 초지진 공격으로 시작된 운요호 사건을 빌미로 일본이 조선에 개항을 강요하였다. 이에 1876년 조선은 일본과 최초의 근대적 조약이자 불평등 조약인 강화도 조약을 체결하게 되었다.

오답 피하기
① 갑신정변, ④ 임오군란의 결과 체결된 조약이다.
② 1907년 고종이 을사늑약의 부당함을 알리기 위해 네덜란드 헤이그에서 열린 만국 평화 회의에 이위종, 이상설, 이준 등 세 명을 특사로 파견하였다. 이를 구실로 일제에 의해 고종이 강제 퇴위당하고 한·일 신협약(정미 7조약)이 체결되었다.

30 출제 포인트 : 최익현의 주요 활동

문제 분석 ②

제시된 자료를 통해 (가)에 들어갈 내용이 최익현의 주요 활동임을 알 수 있다. 최익현은 흥선 대원군을 비판하는 상소를 올렸다가 제주도로, 왜양일체론을 주장하며 일본과의 조약 체결에 반대하는 상소를 올렸다가 흑산도로 유배되었다. 이후 최익현은 을사늑약에 항거하여 전라북도 태인에서 의병을 일으켰으나 관군의 공격을 받아 와해되었고 쓰시마 섬으로 유배되어 순국하였다.

① 박제가, ④ 장지연에 대한 설명이다.
③ 이회영, 이시영 등은 만주 삼원보에 신흥 강습소를 설치하였고, 이후 신흥 무관 학교로 발전하였다.

31 출제 포인트 : 임오군란의 결과

문제 분석 ④

제시된 자료를 통해 밑줄 그은 '이 사건'이 임오군란임을 알 수 있다. 1882년 신식 군대인 별기군에 비해 구식 군대에 대한 차별 대우가 심해지자 군인들이 분노하여 군란을 일으켰다. 청의 군대가 개입하여 군란이 진압되자 군대를 조선에 주둔시키고 묄렌도르프를 고문으로 파견하는 등 청의 재정 간섭이 심화되었다.

오답 피하기

① 동학 농민 운동, ③ 병인양요의 결과이다.
② 개항 이후 개화 정책을 전개하면서 조사 시찰단이 파견되었다.

32 출제 포인트 : 독립 협회

문제 분석 ③

제시된 자료를 통해 밑줄 그은 '단체'가 독립 협회임을 알 수 있다. 1896년 서재필을 중심으로 창립한 독립 협회는 독립신문을 창간하고 독립문을 건립하였으며, 러시아의 절영도 조차 요구와 한러 은행 설립 등의 요구에 반대하였다. 또 만민 공동회를 개최하여 자주 국권 운동을 전개하였으며, 중추원 개편을 통한 의회 설립을 추구하는 내용을 포함한 헌의 6조를 관민 공동회를 개최하여 채택하였다.

오답 피하기

① 보안회는 일본의 황무지 개간권 요구에 반대하는 운동을 전개하였다.
② 신민회는 비밀 결사 단체로 실력 양성을 통한 국권 회복, 국외 독립운동 기지 건설 등을 전개하였다.
④ 대한 자강회는 고종 강제 퇴위에 반대하는 운동을 전개하였다.

33 출제 포인트 : 1910년대 일제의 경제 정책

문제 분석 ④

제시된 법령이 시행된 시기는 1910년대 무단 통치 시기임을 알 수 있다. 1910년대 일제는 우리나라 토지를 빼앗기 위해 토지 조사령을 공포하고 토지 조사 사업을 실시하였으며, 회사 설립 시 총독의 허가를 받도록 하는 회사령을 적용하였다.

오답 피하기

① · ② · ③ 1930년대 중반 이후 민족 말살 통치 시기 일제의 경제 정책이다.

34 출제 포인트 : 대한민국 임시 정부의 활동

문제 분석 ④

제시된 자료를 통해 밑줄 그은 '정부'가 대한민국 임시 정부임을 알 수 있다. 대한민국 임시 정부는 국내 독립운동가들과 연락하기 위해 연통제를 실시하고 교통국을 조직하였으며, 독립 공채를 발행하여 독립운동 자금을

마련하였다. 또 미국에 구미 위원부를 설치하고 외교 활동을 전개하였으며, 독립신문과 한 · 일 관계 사료집을 간행하여 독립에 대한 의식을 높이고자 하였다.

오답 피하기

④ 대한 제국은 1899년 대한국 국제를 반포하였다.

35 출제 포인트 : 천도교

문제 분석 ③

제시된 자료를 통해 (가)에 들어갈 종교가 천도교임을 알 수 있다. 손병희는 동학을 천도교로 개칭하고 민족 종교로 발전시켰다. 기관지인 '만세보'를 발간하였고, 잡지인 '개벽', '신여성' 등을 발간하였다. 또 방정환은 천도교 소년회를 조직하여 어린이날을 제정하고 잡지 '어린이'를 간행하였다.

오답 피하기

① 대종교는 나철, 오기호 등이 단군 신앙을 바탕으로 창시하였고 항일 무장 투쟁을 전개하였다.
② 박중빈이 창시한 원불교는 민족의 자립정신 고취와 새 생활 운동을 전개하였다.
④ 천주교는 만주에서 항일 무장 투쟁 단체인 의민단을 조직하였다.

36 출제 포인트 : 독립운동가 – 홍범도

문제 분석 ④

제시된 자료를 통해 (가)에 해당하는 인물이 홍범도임을 알 수 있다. 홍범도는 대한 독립군 총사령관으로 1920년 일본군을 상대로 봉오동 전투를 승리로 이끄는 등 대한 독립군을 이끌며 크게 활약하였다. 이후 스탈린의 정책에 의해 중앙아시아로 강제 이주되었으며, 그곳에서 사망하였다.

오답 피하기

① 김좌진은 북로 군정서군을 이끌고 청산리 대첩에서 승리하였다.
② 양세봉은 조선 혁명군을 이끌고 영릉가 전투, 흥경성 전투 등에서 승리하였다.
③ 지청천은 한국 독립군을 이끌고 쌍성보 전투, 대전자령 전투 등에서 승리하였다.

37 출제 포인트 : 물산 장려 운동

문제 분석 ③

제시된 자료를 통해 학생들이 공통으로 이야기하는 민족 운동이 물산 장려 운동임을 알 수 있다. 1920년 평양에서 조만식 등의 주도로 시작된 물산 장려 운동은 우리 민족 산업을 보호하고 육성하기 위해 전개한 토산품 애용 운동으로 '내 살림 내 것으로'라는 구호를 내걸었다. 자작회, 토산 애용회 등과 같은 단체들이 활발하게 활동하면서 전국적으로 확대되었다.

오답 피하기

① 동아일보는 '배우자 가르치자 다 함께 브나로드'를 구호로 내세운 브나로드 운동을 전개하였다.
② 조선일보는 '아는 것이 힘, 배워야 산다.'라는 표어 아래 문자 보급 운동을 전개하였다.
④ 민족 실력을 양성하기 위해 '한민족 1천만이 한 사람이 1원씩'이라는 구호를 내걸고 모금을 하는 민립 대학 설립 운동이 전개되었다.

문제 분석　①

제시된 자료를 통해 (가)에 들어갈 단체가 의열단임을 알 수 있다. 김원봉을 중심으로 결성된 의열단은 친일파 처단, 일제 수탈 기구 파괴 등의 의거 활동을 하였다. 나석주는 조선 식산 은행과 동양 척식 주식회사에 폭탄을 던졌고, 이 외에 김익상, 김상옥, 김지섭 등이 의열단으로 활동하였다.

오답 피하기

② 중광단은 대종교에서 조직한 항일 무장 단체이다.
③ 흥사단은 안창호가 미국 샌프란시스코에서 조직한 한인 단체이다.
④ 한인 애국단은 김구가 조직한 항일 의열 단체로 일제의 주요 인물을 제거하는 활발한 의열 활동을 펼쳤다.

39　출제 포인트 : 신간회의 활동

문제 분석　①

제시된 자료를 통해 (가)에 들어갈 단체가 신간회임을 알 수 있다. 1927년 비타협적 민족주의계열과 사회주의 계열이 협력하여 민족 유일당 운동의 일환으로 조직한 신간회는 140여 개 지회와 4만 명 회원을 보유한 민족 운동 단체이다. 기회주의자 배격, 민족 대단결, 정치적·경제적 각성을 촉구하는 강령을 제정하였으며, 전국 순회강연을 통해 민족의식을 고취시키고 식민 통치 정책을 비판하는 등 다양한 활동을 하였다. 또 신간회는 1929년 광주 학생 항일 운동이 일어나자 조사단을 파견하고 민중 대회를 계획하였다.

오답 피하기

② 1923년 창설된 토월회는 신극 운동을 전개하였다.
③ 1915년 박상진이 조직한 대한 광복회는 공화정을 표방한 비밀 결사로 독립 전쟁을 대비하였다.
④ 1921년 조직된 국어 연구 및 운동 단체인 조선어 연구회는 1931년 조선어 학회로 개칭하고 한글 맞춤법 통일안과 표준어를 제정하였다.

40　출제 포인트 : 1930년대 후반 이후 일제의 정책

문제 분석　④

제시된 자료를 통해 밑줄 그은 '이 시기'가 1930년대 중반 이후 민족 말살 통치 시기임을 알 수 있다. 1937년 중·일 전쟁 이후 일제는 대륙 침략을 본격적으로 추진하면서 내선일체를 강조하며 황국 신민 서사 암송, 신사 참배 강요, 일본식 성명 강요 등 황국 신민화 정책을 추진하였다. 또 1938년 국가 총동원법을 만들어 인적·물적 자원을 수탈하였는데, 징집제, 지원병제, 징병제 등으로 전쟁터로 끌고 갔고, 징용령, 여자 정신대 근무령 등으로 노예처럼 일을 시켰다. 미곡 공출제, 식량 배급 등을 시행하여 물자도 수탈하였다.

41　출제 포인트 : 여운형의 활동

문제 분석　④

제시된 자료를 통해 (가)에 들어갈 내용이 여운형의 활동임을 알 수 있다. 광복 직후 여운형, 안재홍 등은 좌우 연합으로 일본으로부터 치안권과 행정권을 받아내 조선 건국 준비 위원회를 결성하였다. 이후 제1차 미·소 공동 위원회가 결렬되자 여운형과 김규식을 중심으로 좌우 합작 위원회가 결성되어 좌우 합작 7원칙을 발표하였다. 그러나 여운형이 피살되고 미군정이 지원을 철회하면서 좌우 합작 운동은 실패하였다.

오답 피하기

① 이준, 이상설, 이위종이 을사늑약 체결의 부당성을 알리기 위해 헤이그 특사로 파견되었다.
② 1920년대 지주 문재철의 착취에 항의하여 암태도 소작 쟁의가 일어났다.
③ 박은식은 일제의 침략과 탄압을 비판하고 독립 투쟁의 역사를 정리한 『한국독립운동지혈사』를 저술하였다.

42　출제 포인트 : 6·25 전쟁의 전개 과정

문제 분석　②

제시된 자료를 통해 (가) 전쟁이 6·25 전쟁임을 알 수 있다. 6·25 전쟁 중 소련의 제의로 정전 회담을 시작하였고, 이승만 정부는 회담에 반대하며 반공 포로를 석방하였다.

> 북한의 남침(1950. 6. 15.) → 3일 만에 서울을 빼앗김 → 유엔군 참전 → 국군이 낙동강 유역까지 후퇴 → 국군과 유엔군의 인천 상륙 작전 성공(1950. 9. 15.) → 서울 수복(1950. 8. 28.) → 압록강 유역까지 진출 → 중국군 참전(1950. 10. 25.) → 흥남 철수 작전 전개(1950. 12.), 1·4 후퇴(1951. 1.) → 38도선 부근까지 진격, 전선의 고착화 → 휴전 협정 체결(1953. 7. 27.)

오답 피하기

② 모스크바 3국 외상 회의 결정에 따라 한국에 임시 민주 정부를 수립하기 위해 덕수궁 석조전에서 1946년 미·소 공동 위원회를 개최하였다. 그러나 협의에 참여할 단체의 범위를 두고 논쟁하며 결렬되었다.

43　출제 포인트 : 4·19 혁명

문제 분석　①

제시된 자료를 통해 (가)에 들어갈 민주화 운동이 4·19 혁명임을 알 수 있다. 1960년 자유당과 이승만 정부의 3·15 부정 선거에 항의하며 학생과 시민이 적극적으로 참여하여 시위가 일어나자, 이를 경찰이 무력으로 진압하는 과정에서 김주열 학생의 시신이 마산에서 발견되어 시위가 전국적으로 확산되었다. 학생, 시민 등이 대규모 시위를 전개하였고, 대학 교수단이 대통령 퇴진을 요구하며 가두 시위를 벌였다. 그 결과 이승만 대통령이 하야하였다.

오답 피하기

② 전두환 정부 시기에 4·13 호헌 철폐와 독재 타도를 외치며 6월 민주 항쟁이 일어났다.
③ 1979년 10월 부산과 마산 지역에서는 유신 체제에 저항하는 부·마 민주 항쟁이 전개되었다.
④ 1980년 5월 18일부터 27일까지 광주와 전남 지역에서 벌어진 시민들의 민주화 운동인 5·18 민주화 운동은 신군부 퇴진과 계엄령 해제를 요구하며 일어났다.

문제 분석 ②

제시된 자료를 통해 (가)가 박정희 대통령임을 알 수 있다. 박정희 정부 시기에는 경제 개발 5개년 계획이 추진되었는데, 1, 2차 때에는 경공업을 육성하고 수출을 늘리는 데 집중하였고, 3, 4차 때에는 중화학 공업 중심의 산업 구조로 개편하였다. 외화를 벌기 위해 해외로 많은 노동자가 파견되었으며, 경부 고속 도로 개통, 포항 종합 제철 공장 준공 등 급속한 경제 발전을 이룩하여 '한강의 기적'이라 불리기도 하였다. 또 도시와 농촌 간의 격차를 해소하기 위해 새마을 운동을 시작하였다.

오답 피하기

① 전두환 정부, ③ 김영삼 정부, ④ 노무현 정부 시기에 있었던 사실이다.

---

45 출제 포인트 : 현대의 인물 – 김영삼 대통령

문제 분석 ②

제시된 자료를 통해 밑줄 그은 '이 인물'이 김영삼 대통령임을 알 수 있다. 김영삼 정부 시기에는 금융 거래의 투명성을 확보하기 위해 금융 실명제를 시행하였고, 지방 자치제를 전면 실시하였다. 경제 협력 개발 기구(OECD)에 가입하였고, 외환위기로 인해 국제 통화 기금(IMF)에 구제 금융 지원을 요청하였다. 또 조선 총독부 건물을 철거하는 등 역사 바로 세우기 운동을 전개하였다.

오답 피하기

① 김대중 정부 시기에는 외환위기 극복을 위해 노력하였고, 대북 화해 협력 정책(햇볕 정책)을 실시하였다.
③ 노태우 정부 시기에는 서울 올림픽을 개최하였고, 남북이 유엔에 동시 가입하였다.
④ 전두환 정부 시기에는 4 · 13 호헌 철폐와 독재 타도를 외치며 6월 민주 항쟁이 일어났다.

---

46 출제 포인트 : 노무현 정부 시기의 통일 노력

문제 분석 ④

제시된 자료를 통해 뉴스가 보도된 정부 시기는 노무현 정부임을 알 수 있다. 노무현 정부 시기에는 2007년 제2차 남북 정상 회담을 개최하고 10 · 4 남북 공동 선언을 발표하였다.

오답 피하기

① 전두환 정부, ② · ③ 노태우 정부 시기의 통일 노력이다.

---

47 출제 포인트 : 사회적 차별 극복 노력

문제 분석 ④

(가) 조선 후기 사회적으로 차별받던 서얼들이 청요직으로의 진출을 요구하는 통청 운동을 전개하였다.
(나) 일제 강점기인 1923년 백정에 대한 차별 철폐를 목표로 경남 진주에서 조선 형평사를 조직하여 형평 운동을 전개하였다.
(다) 고려 무신 정권기인 1198년 최충헌의 사노비였던 만적이 신분 해방을 주장하며 개경에서 봉기를 모의하였다.
(다)–(가)–(나) 순서대로 일어났다.

---

48 출제 포인트 : 독도의 역사

문제 분석 ①

제시된 자료를 통해 밑줄 그은 '섬'이 독도임을 알 수 있다. 독도는 512년 우산국에 복속되었으며, 1454년 『세종실록지리지』에 기록되어 있다. 또 1696년 안용복은 일본으로 건너가 독도가 우리 땅임을 명확히 하였으며, 1770년 『동국문헌비고』에 우산국의 땅으로 기록되어 있다. 1906년 울도 군수 심흥택 보고서에 따르면 독도가 울도군의 관할이라는 내용이 있으며, 1900년 대한 제국 칙령 제41호에서 관할 영토로 명시하고 있다.

---

49 출제 포인트 : 민속놀이

문제 분석 ③

제시된 자료를 통해 밑줄 그은 '놀이'가 제기차기임을 알 수 있다. 제기는 구멍 뚫린 동전을 천이나 한지로 접어 싸고 그 끝을 여러 갈래로 찢어 술을 너풀거리게 만든 놀이 기구로, 이를 발로 차며 즐기는 제기차기를 하였다.

---

50 출제 포인트 : 지역의 역사 – 청주

문제 분석 ④

제시된 자료를 통해 학생들이 공통으로 이야기하는 지역이 청주임을 알 수 있다. 청주 지역에는 삼국 시대에 만들어진 상당산성이 있으며, 일본 도다이사에서 발견된 신라 촌락 문서에 서원경(청주)에 대한 내용이 들어 있다. 또 고려 시대 청주 흥덕사에서 『직지심체요절』이 간행되었으며, 조선 시대 청주목의 관아 건물인 청녕각이 있다.

한국사능력검정시험 답안지

성명

수 험 번 호

0	0	0	0	0	0	0	0	0
1	1	1	1	1	1	1	1	1
2	2	2	2	2	2	2	2	2
3	3	3	3	3	3	3	3	3
4	4	4	4	4	4	4	4	4
5	5	5	5	5	5	5	5	5
6	6	6	6	6	6	6	6	6
7	7	7	7	7	7	7	7	7
8	8	8	8	8	8	8	8	8
9	9	9	9	9	9	9	9	9

문번	답 란	문번	답 란
01	① ② ③ ④ ⑤	26	① ② ③ ④ ⑤
02	① ② ③ ④ ⑤	27	① ② ③ ④ ⑤
03	① ② ③ ④ ⑤	28	① ② ③ ④ ⑤
04	① ② ③ ④ ⑤	29	① ② ③ ④ ⑤
05	① ② ③ ④ ⑤	30	① ② ③ ④ ⑤
06	① ② ③ ④ ⑤	31	① ② ③ ④ ⑤
07	① ② ③ ④ ⑤	32	① ② ③ ④ ⑤
08	① ② ③ ④ ⑤	33	① ② ③ ④ ⑤
09	① ② ③ ④ ⑤	34	① ② ③ ④ ⑤
10	① ② ③ ④ ⑤	35	① ② ③ ④ ⑤
11	① ② ③ ④ ⑤	36	① ② ③ ④ ⑤
12	① ② ③ ④ ⑤	37	① ② ③ ④ ⑤
13	① ② ③ ④ ⑤	38	① ② ③ ④ ⑤
14	① ② ③ ④ ⑤	39	① ② ③ ④ ⑤
15	① ② ③ ④ ⑤	40	① ② ③ ④ ⑤
16	① ② ③ ④ ⑤	41	① ② ③ ④ ⑤
17	① ② ③ ④ ⑤	42	① ② ③ ④ ⑤
18	① ② ③ ④ ⑤	43	① ② ③ ④ ⑤
19	① ② ③ ④ ⑤	44	① ② ③ ④ ⑤
20	① ② ③ ④ ⑤	45	① ② ③ ④ ⑤
21	① ② ③ ④ ⑤	46	① ② ③ ④ ⑤
22	① ② ③ ④ ⑤	47	① ② ③ ④ ⑤
23	① ② ③ ④ ⑤	48	① ② ③ ④ ⑤
24	① ② ③ ④ ⑤	49	① ② ③ ④ ⑤
25	① ② ③ ④ ⑤	50	① ② ③ ④ ⑤

한국사능력검정시험 답안지

성명	

수험 번호

⓪	⓪	⓪	⓪	⓪	⓪	⓪	⓪	⓪
①	①	①	①	①	①	①	①	①
②	②	②	②	②	②	②	②	②
③	③	③	③	③	③	③	③	③
④	④	④	④	④	④	④	④	④
⑤	⑤	⑤	⑤	⑤	⑤	⑤	⑤	⑤
⑥	⑥	⑥	⑥	⑥	⑥	⑥	⑥	⑥
⑦	⑦	⑦	⑦	⑦	⑦	⑦	⑦	⑦
⑧	⑧	⑧	⑧	⑧	⑧	⑧	⑧	⑧
⑨	⑨	⑨	⑨	⑨	⑨	⑨	⑨	⑨

문번	답 란	문번	답 란
01	① ② ③ ④ ⑤	26	① ② ③ ④ ⑤
02	① ② ③ ④ ⑤	27	① ② ③ ④ ⑤
03	① ② ③ ④ ⑤	28	① ② ③ ④ ⑤
04	① ② ③ ④ ⑤	29	① ② ③ ④ ⑤
05	① ② ③ ④ ⑤	30	① ② ③ ④ ⑤
06	① ② ③ ④ ⑤	31	① ② ③ ④ ⑤
07	① ② ③ ④ ⑤	32	① ② ③ ④ ⑤
08	① ② ③ ④ ⑤	33	① ② ③ ④ ⑤
09	① ② ③ ④ ⑤	34	① ② ③ ④ ⑤
10	① ② ③ ④ ⑤	35	① ② ③ ④ ⑤
11	① ② ③ ④ ⑤	36	① ② ③ ④ ⑤
12	① ② ③ ④ ⑤	37	① ② ③ ④ ⑤
13	① ② ③ ④ ⑤	38	① ② ③ ④ ⑤
14	① ② ③ ④ ⑤	39	① ② ③ ④ ⑤
15	① ② ③ ④ ⑤	40	① ② ③ ④ ⑤
16	① ② ③ ④ ⑤	41	① ② ③ ④ ⑤
17	① ② ③ ④ ⑤	42	① ② ③ ④ ⑤
18	① ② ③ ④ ⑤	43	① ② ③ ④ ⑤
19	① ② ③ ④ ⑤	44	① ② ③ ④ ⑤
20	① ② ③ ④ ⑤	45	① ② ③ ④ ⑤
21	① ② ③ ④ ⑤	46	① ② ③ ④ ⑤
22	① ② ③ ④ ⑤	47	① ② ③ ④ ⑤
23	① ② ③ ④ ⑤	48	① ② ③ ④ ⑤
24	① ② ③ ④ ⑤	49	① ② ③ ④ ⑤
25	① ② ③ ④ ⑤	50	① ② ③ ④ ⑤

한국사능력검정시험 답안지

성 명

수 험 번 호

문번	답 란	문번	답 란
01	① ② ③ ④ ⑤	26	① ② ③ ④ ⑤
02	① ② ③ ④ ⑤	27	① ② ③ ④ ⑤
03	① ② ③ ④ ⑤	28	① ② ③ ④ ⑤
04	① ② ③ ④ ⑤	29	① ② ③ ④ ⑤
05	① ② ③ ④ ⑤	30	① ② ③ ④ ⑤
06	① ② ③ ④ ⑤	31	① ② ③ ④ ⑤
07	① ② ③ ④ ⑤	32	① ② ③ ④ ⑤
08	① ② ③ ④ ⑤	33	① ② ③ ④ ⑤
09	① ② ③ ④ ⑤	34	① ② ③ ④ ⑤
10	① ② ③ ④ ⑤	35	① ② ③ ④ ⑤
11	① ② ③ ④ ⑤	36	① ② ③ ④ ⑤
12	① ② ③ ④ ⑤	37	① ② ③ ④ ⑤
13	① ② ③ ④ ⑤	38	① ② ③ ④ ⑤
14	① ② ③ ④ ⑤	39	① ② ③ ④ ⑤
15	① ② ③ ④ ⑤	40	① ② ③ ④ ⑤
16	① ② ③ ④ ⑤	41	① ② ③ ④ ⑤
17	① ② ③ ④ ⑤	42	① ② ③ ④ ⑤
18	① ② ③ ④ ⑤	43	① ② ③ ④ ⑤
19	① ② ③ ④ ⑤	44	① ② ③ ④ ⑤
20	① ② ③ ④ ⑤	45	① ② ③ ④ ⑤
21	① ② ③ ④ ⑤	46	① ② ③ ④ ⑤
22	① ② ③ ④ ⑤	47	① ② ③ ④ ⑤
23	① ② ③ ④ ⑤	48	① ② ③ ④ ⑤
24	① ② ③ ④ ⑤	49	① ② ③ ④ ⑤
25	① ② ③ ④ ⑤	50	① ② ③ ④ ⑤

자격증은 이기적!

합격입니다.

미리 맛보는
합격

한국사능력검정시험인증서

성　　명:

생 년 월 일:

성　　별:

합 격 등 급:

위 사람은 교육부 국사편찬위원회에서 주관한

제　　　회 한국사능력검정시험에서 위 급수에

합격하였기에 이 증서를 드립니다.

년　　　월　　　일

이기적 영진닷컴 합격